10., vollständig überarbeitete Auflage

Reiseziele und Routen

Travelinfos von A bis Z

Land und Leute

Süd-Bali

Zentral-Bali

West-Bali

Nord-Bali

Ost-Bali

Lombok

Anhang

Mischa Loose
unter Mitarbeit von Moritz Jacobi

BALI
Lombok

STEFAN LOOSE
TRAVEL HANDBÜCHER

Inhalt

Routenplaner ... 6
Highlights ... 6
Reiseziele und Routen ... 21
Klima und Reisezeit ... 29
Reisekosten ... 30

Travelinfos von A bis Z ... 32
Anreise ... 33
Botschaften und Konsulate ... 35
Einkaufen ... 36
Essen und Trinken ... 39
Fair reisen ... 45
Fotografieren ... 48
Frauen unterwegs ... 48
Geld ... 49
Gepäck und Ausrüstung ... 50
Gesundheit ... 52
Informationen ... 55
Kinder ... 56
Medien ... 58
Post ... 59
Reisende mit Behinderung ... 59
Sicherheit ... 60
Sport und Aktivitäten ... 62
Telefon und Internet ... 66
Transport ... 67
Übernachtung ... 73
Unterhaltung ... 74
Verhaltenstipps ... 74
Versicherungen ... 77
Visa ... 78
Zeit und Kalender ... 79
Zoll ... 79

Land und Leute ... 80
Geografie ... 81
Flora und Fauna ... 82
Umwelt und Naturschutz ... 84
Bevölkerung und Gesellschaft ... 85
Geschichte ... 93
Regierung und Politik ... 113
Wirtschaft ... 114
Religion ... 115
Kunst und Kultur ... 120

Süd-Bali ... 140
Denpasar ... 143
Kuta ... 148
Legian ... 159
Seminyak ... 163
Canggu und die umliegenden Strände ... 171
Sanur ... 176
Serangan ... 185
Benoa Harbour und Umgebung ... 186
Jimbaran ... 187
Bukit-Halbinsel ... 189
Nusa Dua ... 194
Tanjung Benoa ... 196

Zentral-Bali 198

Ubud	201
Eine Tagestour ab Ubud	209
Spaziergänge rund um Ubud	226
Südlich von Ubud	228
Östlich von Ubud	230
Nördlich von Ubud	233
Gianyar und Umgebung	236
Bangli und Umgebung	237

Nord-Bali 268

Singaraja	271
Lovina	274
Umgebung von Lovina	279
Touren in Nord-Bali	280
Bratan-Massiv	283
Munduk und Umgebung	286
Rundwanderungen um Munduk	288
Batur-Massiv	292
Von Singaraja nach Osten	296

West-Bali 240

Tanah Lot	243
Mengwi und Umgebung	244
Tabanan	246
Die Umgebung von Tabanan	247
Jatiluwih	251
Gunung Batukaru	252
Südliche Westküste	254
Negara und Umgebung	257
Christliche Dörfer	258
Gilimanuk	258
Bali-Barat-Nationalpark	260
Pemuteran	262

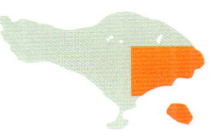

Ost-Bali 300

Semarapura (Klungkung)	302
Umgebung von Semarapura	305
Besakih	306
Gunung Agung	307
Sidemen	308
Nusa Penida	311
Von Rendang nach Tirtagangga	312
Nusa Lembongan	319
Goa Lawah	325
Padang Bai	326
Candi Dasa	330
Tenganan	335
Amlapura (Karangasem)	336
Umgebung von Amlapura	338
Gunung Seraya	341
Amed	342
Tulamben	348

Lombok — 350

Lembar	355
Sekotong-Halbinsel	356
Kuta Lombok	359
Die Umgebung von Kuta Lombok	365
Ekas-Halbinsel	366
Praya und der Flughafen	367
Sukarara	367
Tetebatu und Umgebung	368
Aik Berik	370
Mataram	371
Die Umgebung von Mataram	376
Senggigi	377
Bangsal und Umgebung	385
Gili Trawangan	386
Gili Meno	398
Gili Air	402
Gunung Rinjani	407
Besteigung des Gunung Rinjani	409
Die östlichen Gilis	413
Labuhan Lombok	413

Anhang — 414

Sprachführer	414
Glossar	422
Reisemedizin zum Nachschlagen	423
Bücher	429
Filme	431
Index	432
Danksagung	441
Bildnachweis	442
Impressum	443
Kartenverzeichnis	444

Reiseatlas — 445

Themen

Die 8 prächtigsten Statuen auf Bali	22	Die finstere Königin	233
Kleiner Einkaufsatlas	37	Die Reiher von Petulu	234
Bali-Wein	43	Petanu-Fluss und Pura Tirta Empul	236
Tsunami-Gefahr auf Bali	61	Naturkräfte bedrohen Tanah Lot	244
Tempel der Erholung und Ruhe	65	Wasserbüffelrennen	259
Die heiligen Banyan-Bäume	82	Tauchreviere rund um Pulau Menjangan	264
Balinesische Hunde und Tollwut	83	Das Biorock-Projekt	265
Lontar-Schriften	86	Die Legende vom Batur-See	293
Frauen auf Bali	87	Der Hof von Gelgel	305
Der Hahnenkampf	88	Die Salzmacher von Kusamba	306
		Die größte Zeremonie auf Bali	308
Warum es so viele Wayans und Ketuts gibt	91	Tauchen vor den Nusa-Inseln	316
Opfer ohne Anerkennung	104	Die Algenfarmer	322
Bali vor einem halben Jahrhundert	111	Die Unterweltschlangen	326
Das indonesische Staatswappen	112	Der verlorene Strand von Candi Dasa	333
Der Kris (Keris)	130	Die Traditionen der Bali Aga	335
Tänze für Touristen	136	Wie die Bali Aga zu ihren Ländereien kamen	336
Das Ramayana	138	Schaukämpfe und Bankette	338
Die Rolle des Clowns	139	Die Kultur der Sasak	354
Aus Liebe zu Musik und Tanz	146	Zwei Jahre für eine Perle	356
Der Kecak-Tanz am Uluwatu	193	Ein Fest für die Meereswürmer	359
Wie die Künstler nach Ubud kamen	210	Die rituellen Stockkämpfe der Sasak	369
Ratna Banten	231	Das grüne Gewissen der Gilis	391
Der „Mond von Pejeng"	232	Tauchen und Schnorcheln vor den Gilis	396

BALI LOMBOK
Die Highlights

Hier ist für jeden Geschmack etwas dabei: Magische Tempel und exotische Tänze für Kulturinteressierte, malerische Reisfelder, Wasserfälle und Vulkane für Naturliebhaber, vielseitige Tauchspots für Aktive, exzellente Restaurants für Gourmets und entspannte Strände zum Abhängen für Sonnenanbeter.

1

1 **SEMINYAK** Der beste Platz, um den pittoresken Sonnenuntergang zu genießen, sind die bequemen Sitzkissen der lässigen, bunten Strandbars, die ab dem späten Nachmittag mit guter Livemusik um Kundschaft werben. Bei einem eisgekühlten Bier oder einem Cocktail kommt mit Blick auf die letzten sich in der tosenden Brandung reflektierenden Sonnenstrahlen garantiert Urlaubsstimmung auf. Anschließend lohnt ein abendlicher Spaziergang in die vollkommen zu Recht als „Eat Street" bekannte Jalan Kayu Aya. Hier reihen sich so viele exzellente Restaurants aneinander, dass die Wahl schwerfällt. S. 163

2 **PURA LUHUR ULUWATU**
In atemberaubender Lage direkt auf den steilen Klippen oberhalb der tosenden Brandung thront der Tempel, der zu den wichtigsten Heiligtümern der Insel zählt. S. 192

3 **TANZAUFFÜHRUNGEN IN UBUD** Der Besuch einer Tanzaufführung im kulturellen Zentrum Balis ist der beste Einstieg in die einmalige Kultur der Insel. Die Exotik der Darbietungen und die Kunstfertigkeit der Tänzer und Tänzerinnen ziehen jeden in ihren Bann. S. 206

GUNUNG KAWI Spektakulär in den Fels geschlagene hinduistische Monumente, Einsiedlerhöhlen und kunstvolle Reisterrassen säumen die steile Schlucht des Pakrisan-Flusses – ein Heiligtum, das zum Verweilen einlädt. S. 233

PURA TIRTA EMPUL Die Tempelanlage rund um die sagenumwobenen heiligen Quellen ist ein beliebter Wallfahrtsort. Täglich pilgern viele Gläubige für ein heilsames Bad hierher, denn das Wasser soll magische Kräfte besitzen. S. 234

TANAH LOT (s. Folgeseite) Der meerumtoste Tempel ist der am eindrucksvollsten gelegene und der wohl meistfotografierte der Insel. S. 243

7

8

7 AFFENWALD VON SANGEH Der magisch anmutende Wald beherbergt nicht nur einen Tempel, sondern auch Hundertschaften frecher Affen und ist weit weniger touristisch als sein Pendant in Ubud. S. 249

8 JATILUWIH Die größten Reisterrassenformationen der Insel zählen zum Weltkulturerbe und laden zu einem Spaziergang am Hang des Gunung Batukaru ein. S. 251

9 PULAU MENJANGAN Die dem Bali Barat-Nationalpark vorgelagerte Insel ist unbewohnt, doch in den umliegenden Korallenriffen tummeln sich zahllose bunte Meeresbewohner. S. 261

10 MUNDUK Vom wunderbar gelegenen Dorf bieten sich beeindruckende Aussichten auf die Bergwelt. Bei Wanderungen lassen sich das geruhsame Dorfleben und die authentische Freundlichkeit der Menschen erleben. S. 286

11 CALDERA DES GUNUNG BATUR Der Blick auf den Bergsee und den Vulkan inmitten eines riesigen älteren Vulkankegels ist sagenhaft. Bei der Erkundung wähnt man sich in einer fremdartigen Mondlandschaft. S. 295

12 SEKUMPUL Einer der schönsten Wasserfälle Balis stürzt im Norden der Insel aus großer Höhe in eine dicht bewachsene Dschungelschlucht – ein beeindruckendes Naturschauspiel. S. 297

13

14

13 TAUCHEN VOR DEN NUSA-INSELN Die Unterwasserwelt mit Korallengärten, Hochseefischen und Steilwänden ist ein Paradies für erfahrene Taucher. Selbst Mantarochen sind zu entdecken. S. 316

14 AMED UND TULAMBEN An der Nordostküste liegen bunte Korallenstöcke, formenprächtige Schwämme und fischreiche Wracks praktisch vor der Haustür. S. 347

15 GILIS Auf den beliebtesten Strandinseln Indonesiens kommen Backpacker, Taucher, Partygänger und Ruhesuchende aus aller Welt zusammen. S. 387

16 GUNUNG RINJANI (s. Folgeseite) Die Besteigung von Indonesiens zweithöchstem Vulkan ist ein anstrengendes, aber sehr lohnendes Abenteuer. S. 407

Reiseziele und Routen

Die tropischen Inseln Bali und Lombok haben fast alles zu bieten, was Touristenherzen höher schlagen lässt. Ein unschlagbares Argument für eine Reise nach Bali ist die einzigartige, lebendig gelebte Kultur in all ihren Ausprägungen, vom klassischen Kunsthandwerk über die mystischen Tänze hin zur höchsten Tempeldichte der Welt. Bei einer Fahrt über die Insel wird man festlichen Prozessionen begegnen und auf reich verzierte und aufwendig geschmückte Tempelanlagen stoßen, denn dank des komplexen religiösen Lebens gibt's jeden Tag etwas zu feiern. Religion und Alltag sind untrennbar miteinander verwoben, weshalb die balinesische Kultur auch für Touristen erlebbar ist.

Weiterhin locken vielfältige, eindrucksvolle Naturlandschaften und moderne Annehmlichkeiten. Lange Sandstrände, Korallenriffe und Surfgebiete von Weltklasse, kunstvoll angelegte Reisterrassen und spektakuläre Vulkane, aber auch exzellente Hotels und Restaurants, Strand-

Die 8 schönsten Heiligtümer

- Gunung Kawi (S. 233)
- Pura Tirta Empul (S. 236)
- Pura Tanah Lot (S. 243)
- Pura Taman Ayun (S. 244)
- Pura Luhur Batukaru (S. 252)
- Pura Meduwe Karang (S. 297)
- Pura Dalem Segara Madhu (S. 297)
- Pura Gunung Kawi Sebatu (S. 235)

bars, Clubs und Shoppingoasen. Die Inseln sind von ihrer Größe her überschaubar – besonders auf Bali ist jeder Winkel innerhalb weniger Stunden problemlos zu erreichen.

Reiseziele

Der Natur auf der Spur

Egal, ob sich Besucher für Wasserschildkröten oder seltene Vogelarten interessieren, gern wandern oder lieber meditierend unter einem Banyan-Baum sitzen – Bali und Lombok bieten für jeden das Passende: von Palmen, Farn- und Bergwäldern bis hin zu kargen Vulkanlandschaften, von friedlichen, saftig-grünen Reisterrassen bis hin zu Steilklippen und tosender Brandung.

Die 8 schönsten Aussichtspunkte

- Veranda des Aditya Homestay in Munduk (S. 286)
- Patal Kikian Villas bei Sidemen (S.309)
- vom Pura Lempuyang Luhur am Gunung Seraya (S. 341)
- Leuchtturm östlich des Gunung Seraya (S. 342)
- Sunset Point oberhalb der Bucht von Jemeluk (S. 342)
- Gipfel des Gunung Agung (S. 307), Gunung Batur (S. 292) oder Gunung Rinjani (Lombok, S. 407)
- Restaurant des Lakeview Hotel im Batur-Massiv (S. 295)
- Pura Luhur Uluwatu zum Sonnenuntergang (S.192)

Für Bergsteiger sind der **Gunung Batur** (S. 292) im Norden von Bali, der **Gunung Agung** (S. 307 und Kasten S. 309) im Osten und der **Gunung Rinjani** (S. 407) auf Lombok die Highlights. Schöne Wanderungen sind zudem rund um **Munduk** (S. 286), **Sidemen** (S. 308) und **Tirtagangga** (S. 339) möglich.

Die entspannteste Möglichkeit, die vielfältige Natur zu genießen, bietet der **Botanische Garten** (S. 284) von Bedugul in Nord-Bali. Im Nord-

Die 8 prächtigsten Statuen auf Bali

Gatotkaca zieht in die Schlacht von Kurukshetra, eine Szene aus dem indischen *Mahabharata*-Epos.

In vielen Städten schmücken riesige, kunstvoll verzierte Statuen die zentralen Kreuzungen. Eine kleine Auswahl der spektakulärsten Figuren:

- An der Zufahrtsstraße zum Flughafen erinnert eine unübersehbare Statue an **Gatotkaca**, einen der tollkühnen Krieger des *Mahabharata*-Epos. Er reitet auf seinem Streitwagen seinem sicheren Tod im Kampf gegen den bösen Karna entgegen.
- Die **Dewa-Ruci-Statue** an der Kreuzung der Jl. By Pass Ngurah Rai mit der Sunset Rd. in Kuta zeigt Bima aus dem *Mahabharata*-Epos im Kampf mit einer Naga-Schlange.
- Im Zentrum von Denpasar blickt die Brahma repräsentierende **Catur-Muka-Statue** in alle Himmelsrichtungen (S. 143).
- Nördlich von Sanur an der Kreuzung der Jl. By Pass Ngurah Rai und Jl. By Pass Ida Bagus Mantra thront die **Titi-Banda-Statue**, die Rama aus dem *Ramayana*-Epos (s. Kasten S. 138) darstellt, der mit Hilfe einer Affenarmee eine Brücke über das tosende Meer baut, um seine geliebte Sita aus der Gefangenschaft zu befreien.
- Am östlichen Ende der Jl. Raya Ubud erhebt sich eine von zwei Naga-Schlangen beschützte **Arjuna-Statue**. Der Held des *Mahabharata*-Epos feuert auf einem Elefanten thronend einen Pfeil ab.
- Die Hauptkreuzung in Sakah südlich von Ubud überschattet **Patung Bayi**, die hochverehrte Baby-Statue des legendäre Kriegers Kebo Wanara, die in Vollmondnächten weinen und krabbeln soll.
- Westlich des Stadtkerns von Gianyar teilt der sagenumwobene Riese **Kebo Iwa** die Straße. Er soll für einige der beeindruckendsten Naturattraktionen und Tempel verantwortlich sein (s. Kasten „Die Legende vom Batur-See" S. 293).
- Im Botanischen Garten von Bedugul (S. 284) erinnert die pompöse **Kumbakarna-Laga-Statue** an eine Episode aus dem *Ramayana*-Epos, als der Beschützer des Dämonenfürsten Rawana von Affen angegriffen wird.

teil der Insel findet sich zudem die spektakuläre Mondlandschaft der **Caldera des Gunung Batur** (S. 295). An den Hängen des zentralen Bergmassivs verstecken sich in tiefen Dschungelschluchten die **Gitgit-Wasserfälle** (S. 283) und **Sekumpul-Wasserfälle** (S. 297), die wohl schönsten der Insel. Vor der Küste bei **Lovina** (S. 274) lassen sich zum Sonnenaufgang Delphine beobachten.

Die trockensten Gegenden Balis erstrecken sich entlang der Nordküste, vom ausgedehnten **Bali-Barat-Nationalpark** (S. 260) im Westen bis zum Gunung Seraya im äußersten Osten der Insel. Der Nationalpark bietet die Möglichkeit, seltene Vögel zu beobachten.

Um die vorgelagerten Inseln **Menjangan** (S. 264), **Nusa Penida** (S. 311) und **Nusa Lembongan** (S. 319) sowie vor **Amed** (S. 342) und **Tulamben** (S. 348) kommen Taucher und Schnorchler voll auf ihre Kosten.

Wer ein Faible für Affen hat, kann sich am Tempel von **Sangeh** (S. 249) oder im Monkey Forest in **Ubud** (S. 201) mit frechen Makaken auseinandersetzen. Imposante Wasserbüffel, die in Rennen gegeneinander antreten, gibt's mit dem richtigem Timing in **Negara** (West-Bali, S. 257) zu bestaunen.

Dass die vielen Besucher Umwelt und Infrastruktur der relativ dicht besiedelten Inseln zusätzlich belasten, ist eine Schattenseite des Tourismusbooms. Besonders der Müll und das Verkehrschaos können den euphorischen Gesamteindruck etwas trüben. Mehr zu Umweltproblemen und Naturschutz s. S. 84.

Balinesische Kunst und Kultur

Absolut niemand sollte Bali verlassen, ohne einen bleibenden Eindruck von der einmaligen Kultur und den Traditionen der Menschen bekommen zu haben. Für sie ist Religion ein essenzieller Bestandteil des Alltags. Die prächtigen Tempel werden hingebungsvoll gehegt und gepflegt, fast jeden Tag finden religiöse Feste und Umzüge statt, und die omnipräsenten Opfergaben bezeugen die ehrfürchtige Hinwendung zu ihren auf den Berggipfeln lebenden Göttern und den Dämonen der Unterwelt.

Die 8 besten Partylocations

- La Favela (S. 169)
- Motel Mexicola (S. 169)
- Potato Head Beach Club (S. 169)
- La Plancha (S. 170)
- Old Man's (S. 175)
- Pretty Poison (S. 247)
- Single Fin (S. 192)
- Ulu Cliffhouse (S. 192)

Im Kontakt mit den einheimischen Lebensweisen werden Reisenden viele Fragen in den Sinn kommen: Warum sehen balinesische Masken oft so böse aus? Warum wird beim Theater immer wieder die Geschichte des *Ramayana* aufgeführt? Welche Bedeutung haben all die Tänze? Warum liegen Opfergaben vor jedem Haus und an jeder Kreuzung?

Die besten Antworten auf diese und viele weitere Fragen gibt's in **Ubud** (S. 201). Die vielseitigen Tanzaufführungen, Musikdarbietungen, kulturellen Workshops und Kunsthandwerksbetriebe beweisen vor allem eines: Religion und Künste sind auf Bali fest mit dem Alltag verwoben.

Zigtausende von **Tempeln** sind über die ganze Insel verstreut. Viele sind vergleichsweise schlicht gestaltet, verwandeln sich aber zu ihrem Jahrestag, dem **Odalan-Fest** (S. 120), in herausgeputzte Prachtstücke. Dann schmücken die Frauen des Dorfes die Tempelmauern mit aufwendig gearbeiteten Blumengestecken und bunten Tüchern. Andere Tempel wie der Muttertempel **Besakih** (S. 306) sind an allen Tagen beeindruckend und ziehen Scharen von Touristen an. Im Südwesten der Insel zeigt

Die 8 besten Beach Clubs

- Potato Head Beach Club (S. 169)
- La Brisa (S. 175)
- Finns Beach Club (S. 175)
- The Lawn (S.176)
- Sundays Beach Club (S. 194)
- Karma Beach Club (S. 194)
- Café Del Mar (S. 174)
- Komune Resort & Beach Club (S. 237)

der auf einem meerumtosten Felsen thronende **Pura Tanah Lot** (S. 243), wie ein Tempel mit seiner natürlichen Umgebung verschmelzen kann. Auch die Heiligtümer des **Pura Ulun Danu Bratan** (S. 284) in Nord-Bali, **Pura Luhur Uluwatu** (S. 192) im äußersten Süden sowie **Gunung Kawi** (S. 233) und die heiligen Quellen von **Pura Tirta Empul** (S. 236) in Zentral-Bali beeindrucken durch ein atemberaubendes Zusammenspiel mit der Natur. Eine Übersicht der wichtigsten Tempel findet sich auf S. 128, die schönsten Tempel und Heiligtümer auf Bali s. Kasten S. 21.

Kunstinteressierten ermöglichen die **Museen in und um Ubud** (S. 201) und das **Bali Museum** (S. 144) in Denpasar Einblicke in das Schaffen auf der Insel beheimateter Künstler. In der Umgebung von Ubud werden Kunst und Kunsthandwerk nach alten Traditionen gepflegt. So ist **Celuk** (S. 228) für seine Schmiede, **Batubulan** (S. 230) für seine Bildhauer und **Mas** (S. 228) für seine Holzschnitzer bekannt.

Strände für Wassersportler und Sonnenanbeter

Bali und Lombok genießen unter Wassersportlern einen Ruf als erstklassige Surf- und Tauchdestinationen. Sowohl Surfanfänger als auch -profis finden Wellen jeglicher Schwierigkeitsstufe. Die Korallenriffe rund um die Inseln sind Lebensraum unzähliger bunter Meeresbewohner. Schöne Strände gibt's auch, viele mit weißem, andere mit schwarzem Sand oder Steinen.

Die 8 besten Surfspots

- Labuan Sait Beach (S. 191)
- Suluban Beach (S. 191)
- Pantai Berawa (S. 172)
- Pantai Batu Bolong (S. 172)
- Pantai Balian (S. 254)
- Pantai Medewi (S. 255)
- Keramas (S. 237)
- Kuta Lombok (Lombok, S. 359)

Die Gewässer vieler Strände, besonders im Süden und Westen, sind nur für Surfer geeignet: Dort wäre Schwimmen zu gefährlich, da die oftmals von Touristen unterschätzte Strömung bedrohlich stark ist.

Die anspruchsvollsten Wellen bilden sich vor der trockenen **Bukit-Halbinsel** (S.189) im äußersten Süden, gefolgt von der **Jembrana-Küste** (S. 257) in West-Bali. Wer kein Fortgeschrittener ist, sollte lieber an den Stränden von **Kuta** (S. 148), **Seminyak** (S. 163) oder **Canggu** (S. 172) üben, denn an den Reefbreaks der Profistrände kann ein Sturz schmerzhaft oder gar lebensgefährlich enden.

Die Riffe vor **Amed** (S. 342), **Tulamben** (S. 348), **Nusa Penida** (S. 311) und **Pulau Menjangan** (S. 264) sowie der **Sekotong-Halbinsel** (S. 356) und den **Gilis** (S. 395) vor Lombok eignen sich hervorragend zum Tauchen und meist auch zum Schnorcheln.

Wer einfach nur in der Sonne liegen und ab und zu ins Wasser springen möchte, ist gut in **Kuta** (S. 148), **Legian** (S. 159) und **Seminyak** (S. 163) aufgehoben. Ruhig und mit weniger gefährlichen Strömungen lässt es sich vor **Sanur** (S. 176), **Lovina** (S. 274) und **Amed** (S. 342) planschen. Zum Ausklang eines entspannten Strandtags lockt in Kuta, Seminyak und Canggu ein reges Nachtleben.

Reiserouten

Auf Bali kann man problemlos mehrere abwechslungsreiche Wochen füllen. Es spricht zwar nichts dagegen, sich vorwiegend an einem Ort aufzuhalten, um in den lokalen Alltag einzutauchen. Die für indonesische Verhältnisse gut ausgebaute Infrastruktur erleichtert es jedoch, viele Winkel der Insel zu erkunden und dabei immer wieder Neues und Spannendes zu entdecken.

Allein die Strände bieten neben dem Sonnenbaden eine Vielzahl von Aktivitäten: Surfen, Schnorcheln, Tauchen, Kitesurfing, Stand-Up-Paddling und etliches mehr. Doch auch wasserscheue Besucher kommen voll auf ihre Kosten. Die ausgesuchten Routenvorschläge ermöglichen es, von allem etwas mitzunehmen: der

Die 8 besten Tauchreviere

- Tulamben (S. 348)
- Amed (S. 342)
- Pulau Menjangan (S. 264)
- Nusa Penida (S. 311)
- Nusa Lembongan (S. 319)
- Pemuteran (S. 262)
- Sekotong-Halbinsel (Lombok, S. 356)
- Gilis (Lombok, S. 395)

quirlige Süden, Natur und Trekking, die malerischen Strände und natürlich die allgegenwärtige balinesische Kultur.

Die Routenvorschläge starten stets im Süden der Insel, wo sich der Flughafen befindet und die meisten Besucher die ersten Tage verbringen.

Bali für Einsteiger

- 7 Tage

Wer nur eine Woche Zeit hat, steht vor der Wahl: sieben entspannte Tage auf Bali zu verbringen, mit dem Wissen, nur einen kleinen Teil der Insel kennenzulernen, oder so viel zu sehen und zu erleben wie nur irgend möglich. Hier unsere Vorschläge für die zwei Extremvarianten:

So entspannt wie möglich

Für Touristen, die direkt aus Europa anreisen und mit der Zeitumstellung kämpfen, empfiehlt sich zunächst ein dreitägiger Aufenthalt in Süd-Bali. Die Strände zwischen **Kuta** (S. 148) und **Canggu** (S. 172) sowie in **Sanur** (S. 176) sind gut für die Akklimatisierung geeignet. Wer will, kann in einer Tagestour gen Nordwesten den eindrucksvollen Tempel **Tanah Lot** (S. 243) oder gen Süden den **Pura Luhur Uluwatu** (S. 192) besichtigen und an einem der beiden Tempel einer Aufführung des *Kecak*-Tanzes beiwohnen. Auf dem Rückweg kann man in **Jimbaran** (S. 187) in einem der Seafood-Restaurants ein Abendessen am Sandstrand genießen.

Am vierten Tag führt der Weg ins Landesinnere nach **Ubud** (S. 201), wo man in einem der Spas Entspannung findet, durch die Reisfelder spaziert und den mystischen Tänzen beiwohnt. Am fünften Tag wird die Umgebung von Ubud erforscht, etwa die beeindruckenden Tempelanlagen **Gunung Kawi** (S. 233) und **Pura Tirta Empul** (S. 236) sowie die Reisterrassen von **Tegallalang** (S. 233). Die letzten beiden Tage sind für die Erkundung der Berglandschaft rund um **Bedugul**

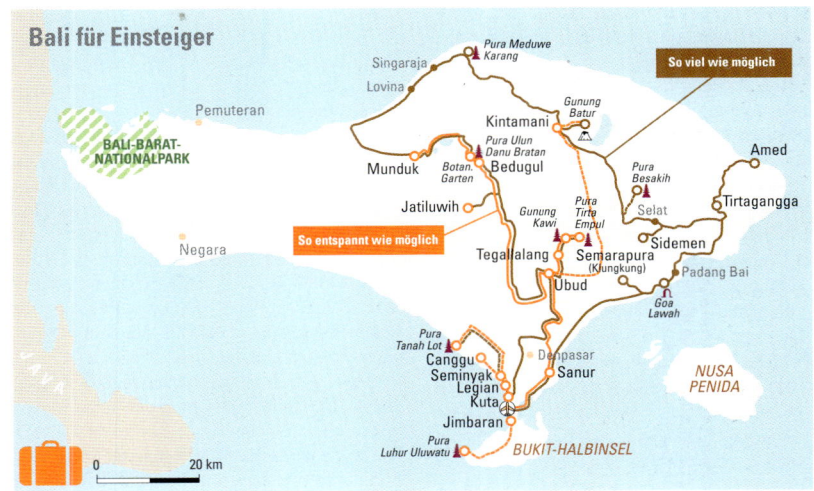

(S. 285) und **Munduk** (S. 286) oder der **Caldera des Gunung Batur** (S. 295) reserviert.

So viel wie möglich

Tag 1: Nach einem zweistündigen **Surfkurs** oder einem Ausflug zum Tempel **Tanah Lot** (S. 243) kann das Nachtleben von **Seminyak** (S. 163) erforscht und auf einen schönen Urlaub angestoßen werden.

Tag 2: Es geht ins kulturelle Zentrum der Insel, nach **Ubud** (S. 201). Beim Besuch des magischen **Affenwalds** (S. 249) taucht man in eine andere Welt ein. Hinterher bietet sich eine Stippvisite in einem der **Spas** an, und abends locken bezaubernde **Tanzaufführungen**.

Tag 3: Der Tag beginnt mit einer (geführten) **Wanderung durch die Reisfelder** oder einer **Fahrradtour** rund um Ubud. Am frühen Nachmittag geht's im Norden zum **Pura Gunung Kawi** (S. 233) und zum Quellheiligtum **Pura Tirta Empul** (S. 236). Die Reisterrassen von **Tegallalang** (S. 233) sind sehr touristisch, aber einen kurzen Zwischenstopp wert.

Tag 4: Nach dem Frühstück fährt man von Ubud zu den fantastischen Reisterrassen von **Jatiluwih** (S. 251) und weiter ins Hochland bei Bedugul. Auf den Besuch des am Bergsee gelegenen **Pura Ulun Danu Bratan** (S. 284) folgt ein Picknick im **Botanischen Garten** (S. 284). Frisch gestärkt geht's auf dem Grat über den Bergseen Danau Buyan und Danau Tamblingan nach **Munduk** (S. 286).

Tag 5: Nach einem morgendlichen Spaziergang zu den nahen Wasserfällen geht's an die Nordküste der Insel zum **Pura Meduwe Karang** (S. 297). Anschließend folgt man der Straße ins Inland zur Felswüste am Vulkan **Gunung Batur** (S. 292). Nachmittags geht's über Selat zu einer der Unterkünfte im idyllischen **Sidemen** (S. 308). Wer noch genügend Zeit findet, kann hier die Besichtigung des Muttertempels **Pura Besakih** (S. 306) einschieben.

Tag 6: Morgens geht's zum **Wassergarten von Tirtagangga** (S. 339) und nach **Amed** (S. 342). Hier kann man relaxen oder beim Tauchen und Schnorcheln die Unterwasserwelt erforschen.

Tag 7: Von Amed führt der Weg zurück gen Süd-Bali vorbei am Tempel in der Fledermaushöhle **Goa Lawah** (S. 325). Auch die Taman Gili genannten Reste des Palastes von **Semarapura** (Klungkung, S. 302) mit der alten Gerichtshalle sind einen Zwischenstopp wert, bevor es auf der Schnellstraße nach **Sanur** (S. 176) geht, 30 Minuten vom Flughafen entfernt.

Bali Standard

■ 2–3 Wochen

Viele Touristen entscheiden sich für einen mindestens zweiwöchigen Aufenthalt, was angesichts der langen Anreise und der Zeitumstellung eine gute Idee ist. Nach der Ankunft in Süd-Bali können zunächst die Strandorte **Kuta** (S. 148), **Legian** (S. 159), **Seminyak** (S. 163), **Canggu** (S. 172) und **Sanur** (S. 176) erkundet werden. Bei einem Ausflug auf die trockenkarge **Bukit-Halbinsel** (S. 189) kann man den erfahrenen Surfern bei ihren wagemutigen Manövern zuschauen.

Der Aufbruch nach West-Bali wird mit dem Besuch der **Pura Tanah Lot** (S. 243) eingeleitet. Nach einem Abstecher zu den monumentalen Reisterrassen von **Jatiluwih** (S. 251) kann man am **Pantai Balian** (S. 254) übernachten. Am nächsten Tag geht's quer durch den **Bali-Barat-Nationalpark** (S. 260) bis nach **Pemuteran** (S. 262). Es lohnt ein voller Tag, um vor **Pulau Menjangan** (S. 264) in die bunte Unterwasserwelt einzutauchen.

Weiter geht's ins charmante **Munduk** (S. 286), wo ein Tag für Spaziergänge oder eine Mountainbike-Tour eingeplant werden sollte. Danach führt eine landschaftlich imposante Straße ins fruchtbare Hochland von **Bedugul** (S. 285) und

> ### Organisierte Touren
>
> Reisebüros, Hotels und Tauchschulen sowie selbstständige, als Guides agierende Fahrer bieten Touren auf Englisch oder sogar Deutsch an. Bei diesen Touren stellen sich die Guides auf ihre Reisegruppe ein, die ihrerseits am Wissensschatz und den Erfahrungen eines Einheimischen teilhaben kann. Je kleiner die Gruppe, desto eher lassen sich spontane Stopps und Abstecher einbauen.

zum **Botanischen Garten** (S. 285). Anschließend lockt eine Fahrt über die nicht weniger schöne Bergstraße zu den idyllischen **Sekumpul-Wasserfällen** (S. 297) und zur Übernachtung zurück an die Küste. Zwischen Singaraja und Amed gibt's einige schöne Unterkünfte, etwa in **Tejakula** (S. 298).

Danach geht's nach Ost-Bali, zunächst für ein bis zwei Tage ins entspannte **Amed** (S. 342), wo schöne Tauchgänge möglich sind, und von dort weiter nach **Tirtagangga** (S. 339) zum Wassergarten. In der Umgebung von **Candi Dasa** (S. 330) ist nochmals ein kurzer Strandurlaub möglich, und auch das nahe **Tenganan** (S. 335), ein Dorf der balinesischen Ureinwohner, lohnt einen Besuch. Im Anschluss an die Besichtigung des Taman Gili in **Semarapura** (Klungkung, S. 302), bietet sich eine Übernachtung im beschaulichen **Sidemen** (S. 308) an. Von hier aus kann die **Besteigung des Gunung Agung** (S. 307) in Angriff genommen werden. Auch der Muttertempel **Pura Besakih** (S.306) am Südhang des Berges ist leicht zu erreichen.

Die Route endet mit einem mindestens dreitägigen Aufenthalt in oder um **Ubud** (S. 201), wo Besucher sich von Kunst und Kultur verzaubern lassen, Ausflüge unternehmen oder einfach die Seele baumeln lassen.

Bali und Lombok intensiv

■ ab 3 Wochen

Wer mehr als drei Wochen Zeit hat, kann länger an den Stränden und in den Bergen verweilen sowie stressfrei nach Lombok und auf die Gilis reisen. Los geht's wieder in **Süd-Bali**, wo Besucher sich die ersten Tage in einem der Touristenzentren, etwa **Seminyak** (S. 163), **Canggu** (S. 172) oder **Sanur** (S. 176), akklimatisieren können. Nachdem ein Transportmittel organisiert wurde, führt ein Ausflug auf die **Bukit-Halbinsel** (S. 189) zu den Surfstränden und dem feurigen *Kecak*-Tanz am **Pura Uluwatu** (S. 192). Ein Seafood-Dinner am Strand von **Jimbaran** (S. 187) ist eine lohnende Option.

Anschließend geht's ins Landesinnere nach **Ubud** (S. 201), ins Herz der balinesischen Kultur. In der Umgebung gibt's jede Menge zu entdecken, deshalb sollte man hier mindestens drei Tage verbringen. Danach führt der Weg zu den Reisterrassen von **Jatiluwih** (S. 251) und den Unterkünften am **Gunung Batukaru** (S. 252). Am nächsten Morgen geht's nach einem Abstecher zum **Pura Luhur Batukaru** (S. 252) weiter über **Tabanan** zum spektakulär gelegenen Tempel **Pura Tanah Lot** (S. 243), dessen Anblick man am besten bei Sonnenuntergang genießt. Eine anschlie-

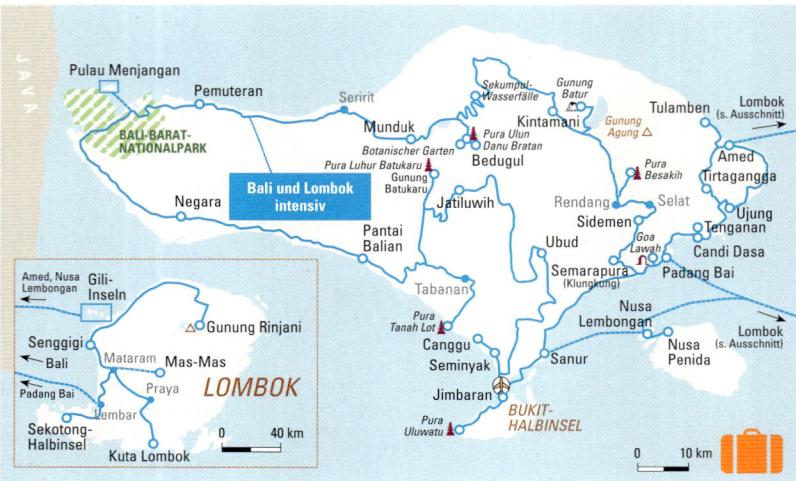

ßende Übernachtung bietet sich am entspannten **Pantai Balian** (S. 254) an. Die nächsten Stationen sind **Negara** (S. 257), vorausgesetzt, es findet gerade eines der berühmten Wasserbüffelrennen statt, und der **Bali-Barat-Nationalpark** (S. 260) im Westen der Insel. **Pemuteran** (S. 262) bietet sich als gute Basis an, um vor der Insel **Menjangan** (S. 264) zu schnorcheln und zu tauchen oder den Nationalpark zu erkunden.

Danach führt der Weg bis nach Seririt und landeinwärts nach **Munduk** (S. 286), wo Spaziergänge in der reizvollen Umgebung locken. Weiter geht's nach **Bedugul** (S. 285) in den **Botanischen Garten** (S. 285), zum **Pura Ulun Danu Bratan** (S. 284) und zu den **Sekumpul-Wasserfällen** (S. 297), in deren Nähe man übernachten kann. Dann ab in die Berge nach **Kintamani** (S. 293) und zum Gipfel des **Gunung Batur** (S. 292). Nach der frühmorgendlichen Besteigung des Gunung Batur führt die Tour durch die Berglandschaft zum heiligsten Heiligtum **Pura Besakih** (S. 306) und über Rendang und Selat in die für ihre Reisterrassen bekannte Gegend um **Sidemen** (S. 308). Danach geht's über **Semarapura** (Klungkung, S. 302) mit seiner Palastanlage Taman Gili, zur Fledermaushöhle **Goa Lawah** (S. 325) und nach **Candi Dasa** (S. 330), von wo aus das *Bali-Aga*-Dorf **Tenganan** (S. 335) besucht werden kann.

Nach einer Visite bei den Wassergärten von **Ujung** (S. 338) und **Tirtagangga** (S. 339) führt die Reise in die trockene Gegend um **Tulamben** (S. 348) und **Amed** (S. 342), die besonders bei Tauchern beliebt ist und mit dem leichtesten Wracktauchgang der Welt lockt. Von hier verkehren Schnellboote auf die Lombok vorgelagerten Gilis. Alternativ geht's zurück entlang der Küste in den Hafenort **Padang Bai** (S. 326), wo die langsamen Fähren nach Lombok übersetzen.

Auf den drei **Gilis** (S. 395) angekommen, lässt es sich einige Tage an den blendend weißen Stränden entspannen. Wer keine Lust mehr auf Strand hat, kann in **Kuta Lombok** (S. 359) surfen, vor der **Sekotong-Halbinsel** (S. 356) tauchen oder die Natur- und Berglandschaft des **Gunung Rinjani** (S. 407) erkunden. Eine Begegnung mit den Sasak ermöglicht das Besucherprogramm in **Mas-Mas** (S. 370).

Anschließend geht es mit dem Schnellboot zunächst nach **Nusa Lembongan** (S. 319). Man kann Lembongan mit dem Motorrad erkunden und als Ausgangspunkt für Tauchgänge vor **Nusa Penida** (S. 311) nutzen. Von Lembongan wiederum verkehren Schnellboote zurück nach Bali. **Sanur** (S. 176) bietet sich als ein letzter Zwischenstopp an.

Klima und Reisezeit

Die **tropische Insel Bali** liegt nur acht Grad südlich des Äquators: Das ganze Jahr über ist es fast gleichmäßig heiß, dazu kommt eine hohe Luftfeuchtigkeit. Die Tagestemperaturen betragen auf Meereshöhe durchschnittlich 30 °C, nachts kühlt es nur leicht ab. Pro 100 Höhenmeter verringert sich die Temperatur um etwa 1 °C, in Bergdörfern kann das Thermometer nachts bis auf 10 °C sinken.

Da die Insel sowohl im Einzugsbereich des feuchten Nordwest-Monsuns als auch des trockeneren Südost-Monsuns liegt, gibt's relativ deutlich ausgeprägte „Jahreszeiten": Die Trockenzeit dauert von April bis Oktober und die Regenzeit von November bis März. Selbst in der Regenzeit regnet es jedoch im Normalfall nur einige Stunden am Tag (oft nachmittags oder nachts).

Die zentrale Gebirgskette sorgt dafür, dass sich der **Regen** sehr ungleichmäßig verteilt. Im Durchschnitt fallen im fruchtbaren, dicht besiedelten Flachland von Süd- und Zentral-Bali 1800 mm Niederschlag bei 120 bis 160 Regentagen im Jahr. In den zentralen Gebirgsmassiven erhöht sich die Niederschlagsmenge auf über 3000 mm bei 160 bis 210 Regentagen. Zu den niederschlagsärmsten Gebieten zählt die Nordküste, die im Regenschatten der Berge liegt. Hier werden teils weniger als 1000 mm bei 50 bis 80 Regentagen im Jahr gemessen, und zur Zeit des Südost-Monsuns herrscht eine ausgeprägte Trockenheit.

Der Nordosten gleicht einer von Steinen und Lavamassen übersäten **Halbwüste**, auf der nur Kakteen und die genügsame, hoch wachsende *Lontar*-Palme (auch Palmyrapalme genannt) gedeihen. Hier regnet es manchmal sechs Monate gar nicht.

Vergleichsweise wenig Regen erhalten auch die Bukit-Halbinsel und die vorgelagerten Nusa-Inseln. Da die porösen Kalkböden kaum Feuchtigkeit speichern, handelt es sich um nur dünn besiedelte Gebiete mit wenig ertragreichen Böden.

Im Anbetracht des zunehmend spürbaren **Klimawandels** kann es auch auf Bali vorkommen, dass sich die Regenzeit verspätet, unerklärbare Winde auftreten oder es plötzlich deutlich wärmer oder kühler wird, als es für Region und Jahreszeit üblich wäre.

Die Veränderungen der Temperaturen und Niederschlagsmengen lassen sich durch kein Klimadiagramm erklären oder vorhersagen. Von daher sind Informationen zum Klima auch lediglich als Anhaltspunkte zu verstehen.

Allgemein lässt sich jedoch sagen, dass Bali das ganze Jahr über problemlos zu bereisen ist.

Auf Bali und Lombok gibt's eine touristische **Hochsaison** von Juni bis September und während der Feiertage im Dezember sowie in der Woche nach Ende des moslemischen Fastenmonats Ramadan. Zum Jahreswechsel wird es besonders teuer. In den übrigen Monaten herrscht Nebensaison.

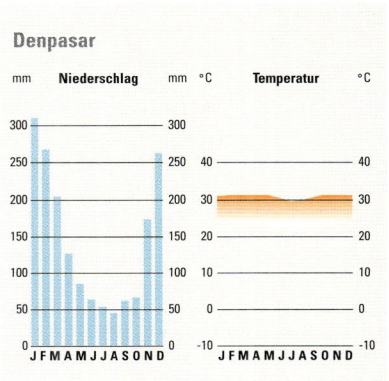

Reisekosten

Tagesbudget

Mit wie viel Geld man pro Tag rechnen muss, hängt von der Art des Reisens und der Saison ab. Wer viel Wert auf einen hohen Standard legt, kann sehr viel Geld auf den Inseln lassen. Doch auch für eingeschränkte Reisekassen sind fast überall preisgünstige Alternativen vorhanden. Budget-Reisende, die sich mit einfachen Unterkünften, öffentlichen Transportmitteln und Essen von Straßenständen *(Warung)* zufriedengeben und nicht allein unterwegs sind (ein Einzelzimmer kostet fast immer gleich viel wie ein Doppelzimmer), können in der Nebensaison mit Ausgaben unter 30 € pro Tag zurechtkommen. Wer sich ein Hotel mit Pool und Klimaanlage (AC) leistet, die Insel mit Leihwagen und Guide erkunden möchte, gerne auch mal Taxi fährt und kulinarisch mehr als nur *Nasi Goreng* erwartet, kommt in der Nebensaison mit 30 bis 70 € am Tag aus. Touristen, die einen luxuriösen Lebensstil bevorzugen, können weit mehr ausgeben.

Eintrittspreise und Guides

Bei einigen Tempeln wird kein Eintritt erhoben, immer mehr Dorfgemeinschaften fordern jedoch eine Gebühr von 10 000 bis 50 000 Rp, in seltenen Fällen auch bis zu 100 000 Rp. Hinzu kommt häufig eine Parkgebühr, die unabhängig von der Parkdauer 2000 bis 10 000 Rp beträgt. Bei fast allen Tempeln ist das Tragen eines Sarongs und eines Tempelschals *(Slendang)* Pflicht, für die gelegentlich eine geringe Leihgebühr eingefordert wird, meist ist eine Ausleihe jedoch im Eintritt inbegriffen. Falls für die Instandhaltung der Tempel eine Spende erwartet wird, sind 20 000 bis 50 000 Rp angemessen. Es kann durchaus vorkommen, dass Einheimische, manchmal auch Kinder, Touristen bei ihren Besichtigungen begleiten und Interessantes über die Tempel erzählen. Am Ende verlangen sie eine Entlohnung. Hier sind mindestens 30 000 Rp angebracht.

Bei einer selbst organisierten Trekkingtour müssen mindestens 300 000 Rp pro Tag für einen Guide einkalkuliert werden. Die Preise beziehen sich jedoch immer auf eine Gruppe und gelten nicht pro Person. Besteigungen des Gunung Agung, Gunung Batur und Gunung Rinjani auf Lombok sind weitaus teurer und anspruchsvoller, aber eine unvergessliche Erfahrung.

Was kostet wie viel?

1,5 l Trinkwasser	2000–12 000 Rp
0,3 l Softdrink	4000–15 000 Rp
Großes Bier	26 000–60 000 Rp
Frühstück	40 000–100 000 Rp
Nasi Goreng	ab 20 000 Rp
westliche Speisen	ab 30 000 Rp
Kaffee	5000–60 000 Rp
Eintrittspreise	10 000–150 000 Rp
1 l Benzin	10 000–15 000 Rp
Taxifahrt (3 km)	20 000 Rp

Hotelzimmer

Budget	bis 300 000 Rp
Mittelklasse	bis 1 Mio. Rp
Oberklasse	ab 1 Mio. Rp

Mietwagen

Selbstfahrer	ab 200 000 Rp pro Tag
mit Fahrer/Guide	ab 450 000 Rp pro Tag

Der breite Sandstrand von Kuta, Legian und Seminyak lädt zum Entspannen, Baden und Herumtollen ein.

Übernachtung

Für einfache Unterkünfte zahlt man 150 000 bis 300 000 Rp. Sie sind oft nur relativ spartanisch mit einem kleinen Bad und wenig Mobiliar ausgestattet. Ein einfaches Frühstück, häufig Toast, Marmelade und Spiegelei oder Banana-Pancake sowie Tee oder Kaffee, ist in der Regel inklusive.

Die vielen Begriffe, die es auf Bali für Unterkünfte gibt, geben über das Preisniveau wenig Aufschluss. So ist ein Homestay oft identisch mit einem Guesthouse oder Hotel. Ein Hotel kann aber auch ein riesiges Vier-Sterne-Resort sein. Bungalows unterscheiden sich von Villen vor allem in Design, Größe und niedrigerem Preisniveau. Ansonsten besteht kein enger Zusammenhang zwischen Preis und Qualität. Ältere, heruntergekommene Hotels sind oftmals teurer als neue oder frisch renovierte Anlagen und manches Vier-Sterne-Hotel ist schlechter als andere Zwei-Sterne-Unterkünfte. Es lohnt immer, nach Rabatten zu fragen oder nach Online-Angeboten Ausschau zu halten.

Transport

Für den Nahverkehr sind die meistgenutzten Optionen eine Fahrt mit dem **Taxi** oder einem über die Apps Gojek oder Grab georderten **Privatwagen** oder **Motorrad**. Daneben stehen in abnehmendem Maße **Minibusse** *(Angkot)* und **Shuttlebusse** zur Verfügung. Um ein *Angkot* anzuhalten, wird ein winkendes Handzeichen gegeben. Eine Fahrt kostet selten über 15 000 Rp. Bei einer Taxifahrt mit 3 km Entfernung ist mit etwa 20 000 Rp zu rechnen. Den Transport über längere Strecken und zwischen den wichtigen Touristenorten bieten Unternehmen und selbstständige Fahrer zu Festpreisen an.

Ein **Mietwagen** kostet mindestens 200 000 Rp pro Tag inkl. Versicherung (ohne Haftpflicht!), bei längerer Mietdauer wird es günstiger. Wer sich der Verkehrssituation auf Bali nicht selbst stellen möchte, kann ein Auto inkl. Fahrer ab 450 000 Rp pro Tag in Anspruch nehmen.

Zimmerpreise: Saisonaufschläge

Die in diesem Buch angegebenen Zimmerpreise beziehen sich auf die **Nebensaison**. In der touristischen **Hochsaison** von Ende Juni bis Mitte September werden vermehrt **Aufschläge** erhoben. Je nach Reiseziel können diese bis zu 80 % betragen, in der Regel fallen sie aber deutlich geringer aus. Bei der letzten Recherche waren die Preisunterschiede in Amed und Sidemen sowie auf Nusa Lembongan und den Lombok vorgelagerten Gilis am höchsten. Wo es ein Überangebot an Hotels gibt, macht sich die Hochsaison preislich weit weniger bemerkbar.

Travelinfos von A bis Z

Wer Bali und Lombok bereist, benötigt einen Reisepass, eine Reisekrankenversicherung und leichte, luftige Kleidung. In klimatisierten Räumen und Transportmitteln sowie im Hochland ist etwas Warmes zum Anziehen hilfreich. Auch eine gesunde Portion Geduld und Neugier darf nicht fehlen. Es gibt viel zu entdecken, Fremdes zu verstehen und Schönes zu erleben. Um gut vorbereitet zu sein, lohnt es sich, unsere Travelinfos in Ruhe zu lesen.

ALTE VW-KASTENWAGEN © MORITZ JACOBI

Kurz und knapp

Einreise EU-Bürger und Schweizer mit einem mind. 6 Monate gültigen Reisepass

Flugdauer Frankfurt/Main – Denpasar: mind. 16 Std. (keine Direktflüge)

Geld Währung ist die Indonesische Rupiah. Geldautomaten (ATMs) sind weit verbreitet.

Smartphones SIM-Karten gibt's in vielen Handyshops. Viele Restaurants und fast alle Hotels haben WLAN (WiFi).

Zeitverschiebung MEZ plus 7 Std., zur europäischen Sommerzeit plus 6 Std.

Inhalt

Anreise	33
Botschaften und Konsulate	35
Einkaufen	36
Essen und Trinken	39
Fair reisen	45
Feste und Feiertage	47
Fotografieren	48
Frauen unterwegs	48
Geld	49
Gepäck und Ausrüstung	50
Gesundheit	52
Informationen	55
Kinder	56
Medien	58
Post	59
Reisende mit Behinderung	59
Sicherheit	60
Sport und Aktivitäten	62
Telefon und Internet	66
Transport	67
Übernachtung	73
Unterhaltung	74
Verhaltenstipps	74
Versicherungen	77
Visa	78
Zeit und Kalender	79
Zoll	79

Anreise

Flughafen

Die meisten Bali-Besucher reisen auf dem Luftweg ein und landen am **I Gusti Ngurah Rai International Airport** (Denpasar, Abkürzung: DPS), 🖥 www.bali-airport.com. Der Flughafen liegt 3 km südlich von Kuta an der schmalsten Stelle der Insel und ist gemessen am Passagieraufkommen nach dem Flughafen von Jakarta der zweitgrößte des Landes. 2019 konnten 24,2 Mio. Passagiere abgefertigt werden. Restaurants und Geschäfte haben sich in den Terminals angesiedelt, und ein großes Parkhaus sorgt für ausreichend Parkplätze. Pläne für einen weiteren Flughafen an Balis Nordküste wurden bis auf Weiteres zurückgestellt.

Start- und Landebahn sowie die zwei Terminals nehmen fast die gesamte Ausdehnung der 3 km breiten Landenge zwischen Tuban und Jimbaran ein. Ein 750 m langes Teilstück der Landebahn wurde auf aufgeschüttetem Land ins Meer gebaut, sodass es bei der Ankunft bis kurz vor dem Aufsetzen spektakulär über die tosende Brandung hinweggeht.

Neben Verbindungen nach Lombok (s. Praya, Flüge S. 367), ins restliche Indonesien und in die Region Südostasien gibt's auch Flüge nach Europa und Australien (s. Flugverbindungen).

Flughafentransfers

Nach der Landung kann das Organisieren eines Transfers vom Flughafen zur gebuchten Unterkunft zu einer anstrengenden und überfordernden, wenn nicht gar unangenehmen Angelegenheit werden. Nach dem Passieren des Zolls warten in der Ankunftshalle zu jeder Tageszeit Massen von mehr oder weniger aufdringlichen (Taxi-)Fahrern, Schleppern und Vermittlern, die unerfahrene Touristen geradezu belagern und überhöhte Preise verlangen. Wer einen Transfer buchen möchte, hat folgende Optionen:

Man lässt sich auf das Spiel ein, handelt die erhöhten Preise herunter und geht nicht auf die häufig während der Fahrt spontan hinzukommenden „Extra-Kosten" ein, wie etwa Tank- oder Parkgebühren. Dabei sollte man aber bedenken, dass die **Schlepper** oft nur als Zwischenhändler fungieren und man schließlich in einem Privatwagen ohne Personenversicherung landen wird.

Eine nicht weniger kostenintensive Alternative sind die Taxis der **Kooperasi Taxi Ngurah Rai**. Die Kooperative besitzt ein fragwürdiges

---

Weniger fliegen – länger bleiben! Reisen und Klimawandel

Der Klimawandel ist vielleicht das dringlichste Thema, mit dem wir uns in Zukunft befassen müssen. Wer reist, erzeugt auch CO_2: Der Flugverkehr trägt in erheblichem Maße zur globalen Erwärmung bei. Wir sehen das Reisen dennoch als Bereicherung:

Es verbindet Menschen und Kulturen und kann einen wichtigen Beitrag zur wirtschaftlichen Entwicklung eines Landes leisten.

Reisen bringt aber auch eine Verantwortung mit sich. Dazu gehört, darüber nachzudenken, wie oft wir fliegen und was wir tun können, um die Umweltschäden auszugleichen, die wir mit unseren Reisen verursachen. Wir können insgesamt weniger reisen – oder weniger fliegen, länger bleiben und Nachtflüge meiden (da sie mehr Schaden verursachen). Und wir können einen Beitrag an ein Ausgleichsprogramm wie 🖥 www.atmosfair.de leisten.

Dabei ermittelt ein Emissionsrechner, wie viel CO_2 der Flug produziert und was es kostet, eine vergleichbare Menge Klimagase einzusparen. Mit dem Betrag werden Projekte in Entwicklungsländern unterstützt, die den Ausstoß von Klimagasen verringern helfen. Weitere Infos zum Thema umweltbewusstes und sozial verträgliches Reisen auf S. 84.

Praktische Apps und Websites für Buchung und Planung

Besonders in der Hochsaison und während der australischen Schulferien und Feiertage ist eine Vorbuchung von Unterkünften sinnvoll.
Eine lohnenswerte Anlaufstelle für Flug-, Hotel- und Mietwagenbuchungen sind **Vergleichsportale**, die das günstigste Angebot herausfiltern.

- **www.kayak.de** (auch als App)
- **www.skyscanner.de** (auch als App)

Hier kann man mit der Option „ganzer Monat" nach den günstigsten Flügen innerhalb eines Monats suchen.

- **http://tiket.com** für Inlandsflüge, Zugfahrten und Bustickets, die nicht über die großen Websites zu finden sind; Kreditkartenzahlung möglich.
- **www.urlaubsguru.de** (auch als App)

Seite mit täglich aktualisierten Reise-Schnäppchen und Error Fares.

- **www.seatguru.com** (auch als App)

Die Seite informiert über gute Sitzplätze und weitere Details im Flieger.

- **www.aerosecure.de**

Detaillierte Infos zur Flugsicherheit aller Airlines.

Monopol auf den „offiziellen" Taxitransport vom Flughafen aus und verlangt Festpreise, die im Vergleich zu den regulären Taxameterpreisen auf Bali stark erhöht sind.

Entspannter ist man innerhalb Süd-Balis mithilfe der Apps **Gojek** oder **Grab** unterwegs. Damit lassen sich mittels Flughafen-WLAN oder lokaler SIM-Karte Fahrten mit Privatfahrzeugen buchen. Aufgrund der Flughafenaufschläge sind sie nicht unbedingt günstiger, aber zumindest transparenter. Zurzeit der letzten Recherche waren die **Grab Lounge** zwischen internationalem Terminal und Parkhaus sowie das gegenüberliegende Parkhaus die präferierten Abholorte. Der aktuelle Standort der gebuchten Fahrzeuge lässt sich – Internetverbindung vorausgesetzt – jederzeit in der App abfragen.

Besonders für weiter entfernte Ziele, etwa Ubud oder Amed, kann es sich lohnen, einen **Flughafentransfer** bereits im Vorfeld zu buchen, entweder über die reservierte Unterkunft oder auf der Homepage von einem der zahlreichen Privatanbieter. Auf diese Weise wartet im Optimalfall ein Fahrer mit einem Namensschild in der Ankunftshalle.

Die mit Abstand günstigste, aber auch anstrengendste Alternative ist ein vertrauenswürdiges **Blue-Bird-Taxi** zu normalen „Meter"-Preisen, dass man außerhalb der Absperrungen zum Flughafengelände ergattern kann. Auf dem gut 700 m langen Fußweg sollte man sich nicht von aufdringlichen Taxifahrern und Schleppern beeindrucken lassen.

Einzelreisende oder Pärchen können zudem versuchen, in ein **Blue-Bird-Taxi** einzusteigen, das gerade Passagiere vor der Abflughalle absetzt. Doch Vorsicht, in der Vergangenheit kam es wiederholt zu aggressiven Konflikten mit den mafiös auftretenden Schleppern.

Flugverbindungen mit Europa

Tickets nach Bali gibt's je nach Reisezeitraum ab 600 €. Während der Hochsaison, besonders im Juli sowie im Dezember und Januar, wird es teurer. Am günstigsten fliegt man im Februar, März, Oktober und November.

Es gibt keine Direktflüge nach Bali, allerdings bieten eine Reihe von Gesellschaften gute Verbindungen, darunter **Emirates,** www.emirates.com, **KLM,** www.klm.com, **Qatar Airways,** www.qatarairways.com, **Singapore Airlines,** www.singaporeair.com, **Thai Airways,** www.thaiairways.com, und **Turkish Airlines,** www.turkishairlines.com.

Flugverbindungen mit Südostasien und Australien

Wenn man ein paar Euro sparen möchte oder noch ein anderes Land in der Region besuchen will, bietet es sich an, bis nach Bangkok, Jakarta, Kuala Lumpur oder Singapore zu fliegen und von dort mit einem asiatischen Billigflieger weiterzureisen.

AirAsia, 🖥 www.airasia.com, Bangkok, Kuala Lumpur, Manila, Penang und Singapore sowie Perth). Ab Lombok nach Kuala Lumpur.
Batik Air, 🖥 www.batikair.com, Kuala Lumpur sowie Melbourne, Perth und Sydney.
Garuda Indonesia, 🖥 www.garuda-indonesia.com, Singapore sowie Melbourne und Sydney.
Jetstar, 🖥 www.jetstar.com, Singapore sowie Adelaide, Brisbane, Cairns, Darwin, Melbourne, Perth und Sydney.
Lion Air, 🖥 www.lionairthai.com, Bangkok.
Scoot, 🖥 www.flyscoot.com, Singapore. Ab Lombok ebenfalls nach Singapore.
Vietjet Air, 🖥 www.vietjetair.com, Hanoi und Ho Chi Minh City (Saigon).

Flugverbindungen innerhalb Indonesiens

AirAsia, 🖥 www.airasia.com, Balikpapan, Bandung, Jakarta, Labuan Bajo, Lombok, Solo, Surabaya und Yogyakarta, zudem ab Lombok nach Jakarta und Surabaya.
Batik Air, 🖥 www.batikair.com, Jakarta und Labuan Bajo, zudem ab Lombok nach Jakarta.
Citilink, 🖥 www.citilink.co.id, Balikpapan, Bandung, Jakarta, Labuan Bajo, Lombok, Makassar und Surabaya. Ab Lombok nach Bali, Jakarta und Surabaya.
Garuda Indonesia, 🖥 www.garuda-indonesia.com, Jakarta, Makassar, Surabaya und Yogyakarta. Ab Lombok nach Jakarta.
Lion Air/Wings Air, 🖥 www.lionair.co.id, Bandung, Bima, Ende, Jakarta, Kupang, Labuan Bajo, Lombok, Makassar, Malang, Manado, Maumere, Semarang, Solo, Surabaya, Tambolaka, Waingapu und Yogyakarta. Ab Lombok nach Bali, Bima, Jakarta, Makassar, Sumbawa Besar und Surabaya.
Sriwijaya Air/NAM Air, 🖥 www.sriwijayaair.co.id, 🖥 www.flynamair.com, Alor, Bima, Jakarta, Labuan Bajo, Makassar, Maumere, Surabaya und Tambolaka.

Anreise mit Fähren und Booten

Es bietet sich die zeitaufwendige Alternative, mit den Fähren der staatlichen **PELNI** (Büro in Kuta: Jl. Raya Kuta 299, ☎ 0361-763 963, 🖥 www.pelni.co.id) bis zum Benoa Harbour (Pelabuhan Benoa) zu reisen. PELNI-Fähren verkehren nach festen Fahrplänen alle zwei Wochen oder jeden Monat auf vorgegebenen Routen. Die App **PELNI Mobile** hilft bei der Planung.

Von Banyuwangi auf Java setzen **Fähren** nach Gilimanuk im äußersten Westen Balis über (S. 258). Eine weitere Fährverbindung mit großen Schiffen besteht zwischen Padang Bai im Osten der Insel und Lembar auf Lombok (S. 356) sowie zwischen Surabaya auf Java und Lembar.

Botschaften und Konsulate

Indonesische Vertretungen

… in Deutschland
Botschaft der Republik Indonesien
Lehrter Str. 16-17, 10557 **Berlin**
☎ 030-4780 7200, 🖥 www.kemlu.go.id/berlin,
🖥 https://www.indonesianembassy.de.
🕒 Visastelle: Beantragung Mo-Do 9–12.30 Uhr, Abholung Mo-Do 14.30–15.30, Fr 9–12 Uhr
Konsulate in **Bremen**, 🖥 www.ri-bremen.de, **Frankfurt/Main**,
🖥 www.indonesia-frankfurt.de,
Hamburg, 🖥 https://kemlu.go.id/hamburg/en,
München, 🖥 www.hrconsulateindonesiamuc.de,
und **Stuttgart**, ☎ 0711-797 0788.

… in Österreich
Botschaft der Republik Indonesien
Gustav-Tschermak-Gasse 5-7, 1180 **Wien**
✆ 01-476 230, 🖥 www.kemlu.go.id/vienna
🕓 Visastelle: Beantragung Mo–Fr 9–12 Uhr, Abholung Mo–Do 13.30–16 und Fr 14.30–16 Uhr

Konsulat in **Linz**, ✆ 0732-652 077.

… in der Schweiz
Botschaft der Republik Indonesien
Elfenauweg 51, 3006 **Bern**
✆ 031-352 0984, 🖥 www.kemlu.go.id/bern
🕓 Visastelle: Mo–Fr 9–12 Uhr

Ausländische Vertretungen in Indonesien

Deutschland
Deutsche Botschaft
Jl. M. H. Thamrin 1, 10310 **Jakarta**
✆ 021-3985 5000, Notfalltelefon: 0811-152 526, Botschaftsarzt, ✆ 021-3985 5161, 🖥 www.jakarta.diplo.de
🕓 Konsularabteilung, Pass- und Visastelle: Mo–Fr 7.30–11.30 Uhr, Botschaft: Mo–Do 7.15–15 und Fr 7.15–13 Uhr

Deutsches Honorarkonsulat Bali
Robert Jantzen, Jl. Pantai Karang 17, 80228 **Sanur**
✆ 0361-288 535 (Mo–Do 13.30–16.30 Uhr), ✉ sanur@hk-diplo.de
🕓 Mo–Fr 8.30–12.30 Uhr

Österreich
Botschaft von Österreich
Jl. Diponegoro 44, Menteng, 10310 **Jakarta**
✆ 021-2355 4005 (Mo–Do 8–15, Fr 8–13 Uhr), Notfalltelefon: 0811-833 790, 🖥 www.bmeia.gv.at/oeb-jakarta
🕓 Mo–Fr 9–12 Uhr

Schweiz
Botschaft der Schweiz
Jl. H. R. Rasuna Said, Blok X 3/2, Kuningan, 12950 **Jakarta**
✆ 021-525 6061, 🖥 www.eda.admin.ch/jakarta
🕓 Mo–Fr 9–12 Uhr

Konsulat der Schweiz Bali
(auch für Österreicher zuständig)
Jl. Ganetri 9D, 80235 **Denpasar**
✆ 0361-264 149, ✉ bali@honrep.ch
🕓 Mo–Fr 9–12 Uhr

Einkaufen

Auf den ersten Blick wirken die Straßenzüge in Kuta, Legian, Seminyak oder Ubud und mit Abstrichen auch in Sanur wie ein Meer von Geschäften mit der Zugabe von Bars, Restaurants und Unterkünften. Besonders im Süden der Insel gibt's neben zahllosen Ständen mit Souvenirs, gefälschten Markenwaren und billigen einheimischen Textilien **Bekleidungsgeschäfte** aller namhaften Surfmarken sowie moderne **Einkaufszentren**. Schicke **Boutiquen** mit eigenständigen, geschmackvollen Designs sind vor allem in Seminyak und Canggu zu finden.

Man sollte sich nicht gleich am ersten Tag zu Spontankäufen verleiten lassen, sondern erst einmal das Angebot sondieren und später mehrere Dinge gleichzeitig in einem Laden erwerben, denn so hat man bessere Möglichkeiten zu handeln (Tipps zum Handeln S. 38). In großen Geschäften und Einkaufszentren hingegen werden Festpreise verlangt.

Wohin es auch geht, ein Gang über den **Markt** ist immer lohnenswert, denn er bietet einen Überblick über Angebot und Preise und die Möglichkeit, sich mit Waren des täglichen Bedarfs, Obst und lokalen Snacks einzudecken.

Auf den Kauf von **Antiquitäten** (für Gegenstände, die älter als 50 Jahre sind, benötigt man ohnehin eine Exportgenehmigung) und Gegenständen, die von geschützten Tierarten stammen (z. B. Schildpatt, Krokodilleder oder Korallen), sollte generell verzichtet werden. Der Zoll beschlagnahmt diese Gegenstände ersatzlos, und es muss mit hohen Strafen gerechnet werden!

Textilien

Batik-Stoffe (Sarongs, Kleidungsstücke, Taschen) sind ein beliebtes Mitbringsel. Sie brauchen wenig Platz im Gepäck, und ein Sarong kann zugleich als Kleidungsstück und als Decke benutzt werden. Da es große qualitative Unterschiede gibt, variieren die Preise erheblich. Vorsicht: Oft werden billige Drucke, die beim Waschen stark ausfärben, als echte Batik angepriesen.

Mit Goldfäden durchwirkte **Songket-Stoffe** für festliche Kleidungsstücke werden vor allem in Blayu (West-Bali) gewebt und teuer verkauft. **Ikat-Decken** von den östlichen Nachbarinseln Flores und Sumba, handgesponnen und mit Naturfarben gefärbt, können ebenfalls hochpreisig sein. Preiswertere Stoffe werden zu Taschen oder Kleidungsstücken verarbeitet.

Kleidung für Touristen, von T-Shirts über Badebekleidung bis zu grellbunten Shorts und dem obligatorischen Bintang-Tanktop, gibt's vor allem in Kuta, Legian, Seminyak und Sanur zur Genüge. Neben den billigen Kopien bekannter Surf- und Lifestyle-Marken bringen kreative Modefirmen besonders in Seminyak und Canggu Jahr für Jahr neue Designs auf den Markt.

Kunst, Kunsthandwerk und weitere Souvenirs

Walter Spies und Rudolf Bonnet begründeten in Ubud die moderne **Malerei**, die heute noch in der Umgebung beheimatet ist. In den Dörfern kann man Künstlern bei der Arbeit über die Schulter schauen und Gemälde erstehen. Im Dorf Penestanan sind die Young Artists zu Hause und in Keliki die traditionellen Miniaturmaler. Die dazu passenden Holzrahmen werden u. a. in Petulu gefertigt.

Die **Schattenspielfiguren** aus Büffelleder, Wayang Kulit, stammen überwiegend aus Yogyakarta. Selten werden noch balinesische Figuren aus Sukawati oder Klungkung angeboten.

Wer eine **Steinstatue** in Batubulan oder bei den Steinmetzen in den nördlichen Nachbarorten Singapadu oder Kutri kauft, sollte eine Spedition in Anspruch nehmen. Da mindestens 1 m^3 (unabhängig vom Gewicht) bezahlt werden muss, kann es sich lohnen, noch zuzuladen.

Weitere beliebte Mitbringsel sind Knochenschnitzereien, Messingwaren, Windspiele, Korbwaren und Lontar-Manuskripte, aber auch Kretek (Nelken-Zigaretten). Dabei sollten immer die jeweiligen Zollbestimmungen beachtet werden.

Weitere Tipps finden sich in den Regionalkapiteln.

Kleiner Einkaufsatlas

Die Preise für **Kunsthandwerk** sind in den Touristenzentren logischerweise höher als direkt bei den Produzenten.
Gut und günstig kauft man:
- **Kleidung** in Kuta (S. 154), Legian (S. 159), Seminyak (S. 170) und Denpasar (S. 147)
- **Batik-Stoffe** in Denpasar, Sukawati (S. 147) oder Sukarara (Lombok, S. 367)
- **Ikat-Stoffe** in Klungkung (S. 305) und Tenganan (S. 335)
- **Ikat-Stoffe und Masken** von den östlichen Nachbarinseln in Seminyak (S. 170) und Senggigi (Lombok, S. 382)
- **Holzschnitzereien und -masken** in Mas (S. 228), Buruan (S. 232), Sukawati (S. 147) und Sebatu (S. 235)
- **Gemälde** in und um Ubud (S. 218), klassische Miniaturmalerei in Keliki (s. Kasten S. 235)
- **Möbel** in Mas (S. 228) und Petulu (S. 233), der Umgebung von Ubud (S. 218) und an der Jl. Bypass Ngurah Rai bei Sanur (S. 182)
- **Steinmetzarbeiten** in und um Batubulan (S. 230)
- **Silberschmuck** in Celuk (S. 228) und Kamasan (S. 305),
- **Töpferwaren** in Pejaten (S. 249)
- **Musikinstrumente und Gongs** in Tihingan (S. 306)
- **Antiquitäten und Lontar-Schriften** in Klungkung (S. 305)

Besonders in und um Ubud werden Gemälde in jeglichen Stilrichtungen feilgeboten.

Handeln

Außerhalb der großen Geschäfte mit ausgewiesenen Fixpreisen gehört das Handeln zum Einkaufen dazu. Die Preise hängen ganz von dem Geschick des Käufers und der Laune des Verkäufers ab. Keiner sollte sich dabei betrogen fühlen, sondern sich vielmehr der Herausforderung stellen, ins Gespräch zu kommen und die Kunst des Handelns zu erlernen. Fast alle Verkäufer lassen mit sich reden. Falls nicht, sollte man lieber woanders einkaufen. Gerade in Indonesien gehört immer auch eine gesunde Lockerheit und eine Prise Humor zum erfolgreichen Handeln dazu.

In der Regel lohnt es sich, kein übermäßiges Interesse am ausgewählten Produkt zu zeigen und mit den Einkäufen zu warten, bis man sich akklimatisiert und einen Überblick über die Preisspannen verschafft hat. Auch helfen ein paar Worte Indonesisch und eine gute Urlaubsbräune – denn das deutet darauf hin, dass man schon eine Weile im Land ist – dabei, einen günstigeren Preis zu erzielen. Die Preise in den Touristenzentren sind oft überhöht, zudem sollte man sich beim Einkaufen nicht von einem Guide begleiten lassen, der am Ende eine Provision kassiert.

Zunächst gilt es zu überlegen, welchen Preis man selbst gerne zahlen würde. Der vom Verkäufer zuerst genannte Preis ist meist deutlich überhöht. Zuerst sollte man kein Gegengebot nennen, sondern einen zweiten, niedrigeren Preis einfordern. Erst dann sollte ein niedrigeres Gebot abgegeben werden. Nun geht es hin und her, und man tastet sich Stück für Stück an den Preis heran, der es beiden Seiten ermöglicht, den Handel ohne Gesichtsverlust abzuschließen. Verhandlungsgeschick und Sympathiepunkte spielen dabei eine durchaus relevante Rolle. Sollten die Verhandlungen dennoch ins Stocken geraten und der Preis nicht den eigenen Vorstellungen entsprechen, lohnt es sich, dem Straßenhändler mit einer gespielten Geste davonzulaufen. Oft wird man dann zurückgerufen und erhält das Produkt doch zum gewünschten Preis.

Gleichzeitig gilt es, als Käufer nicht durch unrealistisch niedrige Preisforderungen den Verkäufern gegenüber respektlos aufzutreten, die nicht selten auch die Hersteller der feilgebotenen Produkte sind. Auch ein Silberschmied oder ein Batik-Händler muss nach Deckung seiner

Kosten noch von etwas leben. Man sollte nicht um die letzten 10 000 Rp feilschen, sondern den geforderten Preis akzeptieren oder sich bei einem anderen Anbieter umsehen. Sehr unhöflich ist es, eine Arbeit absichtlich schlecht zu machen oder ihre Qualität in Zweifel zu ziehen.

Tunlichst vermeiden sollte man, ein Angebot nicht anzunehmen, wenn der Händler auf den gewünschten Preis eingegangen ist. Das ist schlichtweg respektlos und kann zu größeren Irritationen führen.

Essen und Trinken

Wie fast überall in Südostasien ist **Reis** das Grundnahrungsmittel Nummer eins. Berühmt hingegen ist die indonesische Küche vor allem für ihre **Gewürze**. Der Kampf europäischer Großmächte um das lukrative Monopol im Gewürzhandel zeugt von der historischen Bedeutung des Gewürzanbaus im Archipel. Die Europäer hinterließen aber auch ihre Spuren in der indonesischen Küche, z. B. in Form von Chilis, die die Portugiesen aus Amerika hierher mitbrachten.

Von der folgenden Typisierung abgesehen, geht Probieren stets über Studieren. Das Geschmackserlebnis einer unterwegs entdeckten Spezialität – ob köstlich oder gewöhnungsbedürftig – kann eine unvergessliche Erfahrung sein.

Wo essen?

Warung und Essensmärkte

Kleine **Garküchen** (manchmal mit Sitzgelegenheiten), sogenannte Warung, bieten warme Mahlzeiten für erstaunlich wenig Geld. Während einige hausgemachte Leckereien verkaufen, kochen andere lediglich Instant-Nudelsuppen auf und geben auf Wunsch eine einfache Zutaten bei. Wer hier essen möchte, braucht nur Fahrer oder Guides zu fragen, wo sie essen.

Es ist in Touristenorten kein Problem, zu jeder Tageszeit etwas Essbares zu bekommen, außer am Tag der Stille, Nyepi, auf Bali. Zudem ist es während Galungan auf Bali sowie während des islamischen Fastenmonats Ramadan auf Lom-

Vegetarier und Veganer

Für Vegetarier und Veganer gibt's eine gute Nachricht: Auch ohne Fleischverzehr kann man auf Bali überleben, und das auch abseits der Bio-Restaurants von Ubud. Speisen wie Nasi Campur, Nasi Padang, Nasi Goreng, Mie Goreng oder Gado-Gado sind meistens vegetarisch zubereitet, können aber tierische Bestandteile beinhalten. Schon bei der Bestellung der gewünschten Mahlzeit sollte darauf hingewiesen werden, dass man Vegetarier ist. Veganer müssen zudem darauf achten, dass keine Eier (Telur) ins Essen gemischt werden. Milch und Käse stehen ohnehin nicht auf der Speisekarte der Einheimischen.

Da einige Balinesen unter einem Vegetarier jemanden verstehen, der kein Rind- und Schweinefleisch, aber Fisch und Geflügel isst, sollte genau erklärt werden, was man essen möchte. Fleisch kann z. B. durch Tempeh oder Tofu substituiert werden.

Krupuk (Kräcker), oft als Beilage gereicht, enthalten neben Weizen, Cassava und Tapioka meist auch Fisch oder Krabben. Auch hier sollte man vorsichtshalber nachfragen, da es auf den ersten Blick (oder Riecher) nicht immer ersichtlich ist. Gleiches gilt für manche Sorten von Sambal.

bok außerhalb der Touristenzentren kompliziert, tagsüber zu essen.

Auf dem Land sind die Möglichkeiten, etwas zu essen zu bekommen, in der Regel auf Warung begrenzt. **Essensmärkte** an Straßen oder großen Plätzen locken (meist in den Abendstunden) als Alternative mit einem umfangreicheren Angebot. Fast jeder Stand bietet andere Spezialitäten: Sate, Krupuk, Klebreis, gebackene Bananen, aber auch komplette Gerichte.

Rumah Makan

In günstigen einheimischen Restaurants, Rumah Makan, muss es nicht unbedingt schlecht schmecken. In der Mittagshitze sitzt man angenehmer und vor allem kühler als in den Warung. Das Essensangebot ist zumeist in Schüsseln und auf Platten am Eingang unter Glas aufgestellt oder auf der Speisekarte aufgelistet. Man sucht sich die Gerichte heraus, die man haben möchte. Das Essen ist oft kalt, doch durch die reichlichen Mengen an Chilis oder ausgiebiges Frittieren verdirbt es auch in der tropischen Hitze nicht schnell. Für ein Gericht zahlt man etwa 40 000–60 000 Rp.

Restaurants

Ebenfalls günstig sind die Gerichte in Restaurants in den Touristenzentren, die westlichem Geschmack angepasstes **Traveller-Food** servieren und oft einfachen Unterkünften angeschlossen sind. Das Angebot ist vielfältig, man muss weder auf Sandwiches, Pizzas und Pasta noch auf Pancakes verzichten. Die Preise pro Gericht variieren zwischen 40 000 und 120 000 Rp.

Die qualitativ besten, aber auch teuersten Restaurants servieren hochwertige westliche und asiatische Gerichte sowie fangfrisches Seafood. Einige Köche zaubern zudem kreative **Fusionsküche**, die westliche und östliche Zutaten und Zubereitungsmethoden kombiniert, um neue Geschmackserlebnisse zu schaffen.

In fast allen Restaurants werden auf die ausgewiesenen Preise noch **Steuern und Trinkgeld** erhoben (je nach Preisklasse 5–21 %), in manchen wird aber nicht deutlich genug darauf hingewiesen.

Balinesische Spezialitäten

Balinesische Spezialitäten sind Gerichte mit Enten- und Schweinefleisch. Etwas ungewohnt schmecken einheimische **Süßspeisen** aus Klebreis, Palmzucker und Kokosmilch, wie z. B. der beliebte Kuchen Wajik.

Babi Guling

Babi Guling ist die balinesische Variante des Spanferkels. Dafür wird das ganze Schwein immer wieder mit einer Mischung aus Kokosnussöl und Kurkuma begossen, damit es seine orange schimmernde Farbe erhält. Mittags ist das Allerlei vom Spanferkel frisch gegrillt mit scharfen Beilagen – oft Lawar (s. unten) – in vielen Rumah Makan zu bekommen, in richtigen Restaurants wird es selten angeboten.

Bebek Betutu

Unbedingt probieren! Eine ganze Ente wird mit Haut und Knochen in einer scharfen Gewürzmischung mariniert und in Bananenblätter gewickelt gegart. Sie ist meist erst einen Tag nach Vorbestellung zu bekommen, da sie bis zu acht Stunden auf einer Glut aus Kokosnussschalen im Freien gart. Die Bananenblätter halten das Fleisch dabei zart und saftig, während die Marinade für die unverwechselbare Würze sorgt.

Lawar

Der mit Kräutern und Gewürzen abgeschmeckte Salat aus Schlangenbohnen, Frühlingszwiebeln, Kokosraspel und feingehacktem Fleisch (oft auch Innereien und manchmal Blut) ist ein traditionelles Zeremonien-Essen. Mit Hühnchen als Lawar Siap bekannt, mit Schweinefleisch heißt es Lawar Celeng und mit Jackfrucht Lawar Nangka. Letztere Variante wird oft in Nord-Bali angeboten. Da Lawar-Salate schnell verderblich sind, sollten sie innerhalb von einem halben Tag nach der Herstellung verzehrt werden.

Typische indonesische Gerichte

Nasi Goreng

Das bekannteste Gericht des Landes besteht aus gebratenem Reis mit Gemüse und Fleisch oder Krabben und süßer Sojasoße. Manchmal wird das Ganze noch von einem Spiegelei gekrönt (Nasi Goreng Spesial). **Mie Goreng** ist das Gleiche mit Nudeln. Es wird sowohl zum Frühstück als auch zum Mittag- oder Abendessen serviert – die kulinarische Allzweckwaffe Indonesiens.

Nasi Campur

Das indonesische „Nationalgericht" bekommt man an Essensständen und in fast allen lokalen Restaurants. Zum Reis gibt's diverse (oft kalte) Beilagen, meist verschiedene Gemüsesorten, geröstete Erdnüsse, Tempeh (frittierte fermentierte Sojabohnen), Kokosraspeln, Rindfleisch oder auch Huhn, Fisch und Ei.

Nasi Padang
Die Gerichte, die aus verschiedensten Zutaten mit viel Chili zubereitet werden, liegen rot und gelb leuchtend in den Auslagen der entsprechenden Restaurants und sind eine Spezialität aus West-Sumatra. Die hochkonzentrierte Würze und Schärfe einiger Speisen macht den Kühlschrank überflüssig und das Essen für Ungeübte zur Mutprobe. Fisch- und Hühnchencurry, Gemüse, getrocknetes Fleisch, kräftig gewürztes Rindfleisch (Rendang), Eier, Tempeh oder Tofu werden einzeln und in zahlreichen Schälchen kalt mit viel Reis serviert. Am Ende bezahlt man nur für Schälchen, aus denen man gegessen hat.

Sop und Soto
Sop ist der Überbegriff für aus dem Ausland importierte Suppenvariationen. Sop Buntut, auch als indonesische Ochsenschwanzsuppe bekannt, gilt als der Klassiker. Traditionelle einheimische Suppen werden unter dem Begriff **Soto** zusammengefasst. Die bekannteste ist die Soto Ayam, eine Hühnersuppe, die meist mit hauchdünnen Nudeln serviert wird.

Mie
Nudeln (Mie) kommen in Indonesien unterschiedlich zubereitet auf den Tisch: als Suppe (z. B. **Mie Bakso** mit Fleischbällchen oder **Mie Rebus** mit Blattgemüse und Ei) oder gebraten (**Mie Goreng Ayam** mit Huhn oder **Mie Goreng Daging** mit Rindfleisch). Nudelsuppen sind ein gängiges und günstiges Gericht an mobilen Garküchen.

Cap Cai
Cap Cai ist die indonesische Bezeichnung für das chinesische Chopsuey, ein Gericht aus gekochten, klein geschnittenen Gemüsestückchen, unter Umständen auch mit gebratenem Ei, Fleisch oder Krabben. Als Suppe heißt das Gericht Cap Cai Kuah. Einfaches gebratenes Gemüse ist **Sayur Goreng**.

Sate
Vor allem auf Märkten gibt's Stände, die kleine Fleischspieße (auch: Satay, sprich: Satee) verkaufen. Sie werden in Zucker und Gewürzen eingelegt und anschließend über Holzkohle gegrillt. Dazu gibt es eine würzig-süße Erdnusssoße und eingelegte Gurken und Zwiebeln. Man verwendet vor allem Ziegen- (Kambing) und Hühnerfleisch (Ayam), auf Bali oft auch Schweinefleisch (Babi).

Gado-Gado ✗
Ein kalter Salat aus gekochtem Mischgemüse und Kartoffeln mit Tofu oder Lontong mit vielen Sojasprossen, der mit Erdnusssoße angemacht wird. Dazu werden Krupuk (Krabbenmehlkräcker) gereicht.

Tempeh ✗
Tempeh, eine aus frittierten fermentierten Sojabohnen bestehende vegane Beilage, ist der traditionelle Eiweißlieferant in Indonesien und kann als Fleischersatz dienen. Das merkwürdige Aussehen ist durch den Herstellungsprozess bedingt. Geschälte Sojabohnen werden eingeweicht, gekocht, mit Schimmelpilzkulturen beimpft und schließlich in dichten Behältern zwei Tage fermentiert – ähnlich der Käseherstellung. Die Schimmelpilze sind äußerst gesund, sie helfen bei der Fermentation und sorgen dafür, dass die Proteine der Bohne aufgeschlossen werden. Oligosaccharide, die oft Blähungen beim Essen von Bohnen hervorrufen, werden so verringert. Wer Tofu nicht mag, sollte Tempeh eine Chance geben, 100 Gramm enthalten satte 20 Gramm Eiweiß!

Lontong ✗
In Bananenblättern gekochter Klebreis, häufig als Beilage zu Sate oder Gado-Gado.

Pisang Goreng ✗
Gebratene Bananen, als Frühstück oder Zwischenmahlzeit, sind auf nahezu jedem Markt erhältlich.

Martabak ✗
Beliebter Snack aus dem Nahen Osten, bestehend aus gefülltem Fladen, der herzhaft mit Fleisch, Zwiebeln, Ei und Knoblauch oder süß mit Honig, Schokolade oder Sirup belegt wird. Die süßen Martabak kommen oft als Schnitten aus Süßbrot daher, während die herzhafte Variante als dünner Teig frisch auf der heißen Platte ausgebraten und um die Füllung gefaltet wird.

Früchte

Alpukat Avocado
Belimbing Sternfrucht (Karambole), eine ovale, saftig-säuerliche Frucht mit wachsähnlicher, gelblich-grüner Schale, die geschnitten die Form eines Sterns hat.
Delima Granatapfel
Duku Samtige, taubeneigroße, süße Frucht mit weißem, durchscheinendem Fruchtfleisch.
Durian Stachelfrucht, Stinkfrucht. Grüne und stachelige Frucht bis zur Größe einer Wassermelone. Gilt als Königin der Früchte und ist entsprechend teuer. Wegen des eigenartigen, strengen Geruchs wird sie am liebsten gleich am Verkaufsstand verzehrt und hat in Hotels und anderen öffentlichen Einrichtungen Hausverbot. Es ist gesundheitlich riskant, sie zusammen mit Alkohol zu genießen, da der Körper stark erhitzt wird. Durian wird in großen Mengen eine berauschende, aphrodisierende Wirkung nachgesagt.
Jambu Air Wasserapfel, Rosenapfel. Die wachsige Schale der glockenförmigen Frucht ist weiß, grün oder rosarot. Das säuerlich-süße Obst mit hohem Wassergehalt und luftiger Konsistenz isst man zusammen mit einer süß-pfeffrigen Soja-Chili-Sauce. Schnell verderblich.
Jambu Biji Guave. Die grünlich-gelbe, apfelähnliche Frucht mit rosafarbenem oder gelbem Fruchtfleisch und winzigen Samen wird auch unreif mit Salz und Zucker genossen.
Jambu Bol Malacca-Apfel. Große rötliche Frucht.
Jambu Monyet Cashew-Apfel. Sein Kern ist die Cashewnuss.
Jeruk Zitrusfrüchte. Jeruk Bali = Pomelo, Jeruk Besar = Grapefruit, Jeruk Manis = Orange, Jeruk Kepruk = Mandarine, Jeruk Asam = Limone/Limette.
Kecapi Santolfrucht. Orangengroß, mit flaumiger, gelber Schale und weißem Fruchtfleisch.
Kedongdong Goldapfel oder Apfelmango. Kleine, grüngelbliche Frucht mit großem Kern.
Kelapa Kokosnuss
Longan Longanfrucht, auch Mata Kucing (Katzenauge) genannt. Unter einer dünnen, braunen Schale verbirgt sich weißes, saftiges Fruchtfleisch, das süßsäuerlich schmeckt, im reifen Zustand süßlich wie Litschi, wird in Bündeln verkauft.
Mangga Mango

Auf balinesischen Märkten lässt sich manch unbekannte Frucht entdecken und kosten.

Manggis Mangostane, apfelgroße, schwarzlila Frucht mit weißen, süßsauren Fruchtsegmenten mit großem Stein. Saft der Schale stark färbend. Nicht mit Zucker süßen!

Markisa Passionsfrucht. Grün bis rötlich violette Frucht.

Nanas Ananas

Nangka Jackfruit, eine riesige, grünlich-gelbe, ovale Frucht mit runden Stacheln, die bis zu 90 cm lang und 35 kg schwer werden kann. Die festen, gelben, herausgelösten Fruchtsegmente werden auf Straßenmärkten verkauft und auch als Kochgemüse verwendet.

Papaya Papaya, die ovale, grünlich gelbe bis orangerote, bis zu 40 cm lange Frucht schmeckt besonders gut mit Limettensaft beträufelt zum Frühstück.

Pisang Bananen, von denen es zahlreiche unterschiedliche Sorten gibt, werden nicht nur frisch, sondern auch gegrillt und gebacken, getrocknet und in Honig eingelegt oder als Chips verkauft.

Rambutan Zwillingspflaume, pflaumengroße, rötlich gelbe Frucht von haarigem Aussehen (Rambut = Haare). Das weiße Fruchtfleisch, das ähnlich wie Litschi schmeckt, umgibt einen großen Kern.

Salak Schlangenfrucht. Kleine, braune Frucht, deren feste Schale an eine Schlangenhaut erinnert, apfelartiger Geschmack der Fruchtsegmente. Schnell verderblich.

Sawo Sapodilla, die kleine, ovale, bräunliche Frucht schmeckt ähnlich einer reifen Birne und etwas süßsauer.

Semangka Wassermelone

Sirsak Sauersack, Stachelanone. Lange, herzförmige, grüne Frucht. Das weiße und saftige Fruchtfleisch mit schwarzen Samen eignet sich sehr gut für Fruchtsäfte, die es auch abgefüllt zu kaufen gibt.

Getränke

Neben den üblichen Softdrinks können viele exotische **Fruchtsäfte** probiert werden. Auch wenn frische Säfte direkt aus der Frucht gepresst werden, wird fast immer viel Zuckersirup dazu gemischt. Es lohnt sich, den Saft mit wenig Zucker *(sedikit gula/kurang manis)* oder komplett ungesüßt *(tanpa gula)* zu bestellen. Ungesüßter **Tee** *(Teh Pahit)* wird in Rumah Makan (S. 39) oft kostenlos serviert. **Frischmilch** gibt es nur in den großen Städten und Touristenzentren.

Bali-Wein

Im Norden der Insel werden seit über 100 Jahren Trauben geerntet, die bis Anfang der 1990er-Jahre ausschließlich als Obst verkauft oder dem süß-klebrigen Anggur Hitam beigesetzt wurden. Wie im gesamten südostasiatischen Raum hat das Keltern von Wein (Anggur) keinerlei Tradition. Die lokalen Reis-, Palm- oder Fruchtweine entsprachen selten dem Geschmack von Touristen, die lange auf importierte Weine angewiesen waren.

Doch die erfolgreiche Zusammenarbeit von Ida Bagus Rai Budarsa, dem Besitzer einer Reiswein-Produktion, und Vincent Desplat, einem französischen Winzer, machte es möglich: **Hatten Wines**, 🖳 www.hattenwines.com, werden seit 1994 in Nordwest-Bali zwischen Pemuteran und Lovina angebaut und gekeltert. Neben dem fruchtig-frischen Rosé, der auch zu indonesischen Speisen passt, werden weitere Weiß- und Rotweine sowie Schaumweine hergestellt und in vielen Hotels, Restaurants und Supermärkten angeboten.

Wem auch die Hatten-Weine nicht so recht zusagen, der kann die Weine von **Plaga Wine**, 🖳 www.plagawine.com, probieren. Sie werden aus importierten australischen und chilenischen Trauben unter Aufsicht eines Argentiniers auf Bali gekeltert – ein wahrhaft multikulturelles Produkt. Trauben aus dem Süden Australiens verwendet man bei **Two Islands**, 🖳 www.twoislands.co.id, einem Ableger von Hatten Wines.

Alkoholische Getränke

Tuak (Palmwein) und **Brem** (Reiswein) steigen schnell zu Kopf und variieren sowohl geschmacklich als auch in ihrem Alkoholgehalt lokal stark voneinander.

Arak ist destillierter Reisschnaps und unberechenbar in seiner Wirkung. Er kann sowohl klar als auch milchig trüb sein.

Anggur Hitam ist süßlicher, dickflüssiger, dunkler Wein aus Trauben, der als gesundheitsförderndes Tonikum verkauft wird.

Bier (Bir) bekommt man ab 15 000 Rp je kleine Flasche. Am weitesten verbreitet ist die einheimische Marke **Bintang**, ein annehmbares, recht schales Standardbier; mittlerweile gibt's sogar ein Bintang Radler, ganz nach deutschem Geschmack mit Zitronenlimonade. Ebenfalls zu finden sind Bali Hai, das bessere Bali Hai Draft Beer, Prost (auch als Prost Alster) sowie Anker. Ferner sind die ausländischen Marken Asahi, Carlsberg, Heineken und San Miguel erhältlich.

Ausgefallenere Geschmäcker werden von den auf Bali gebrauten Bieren der **Brauerei Stark**, 🖳 www.starkcraftbeer.com, und von mehreren kleinen lokalen Craft-Beer-Brauereien, etwa **Island Brewing**, 🖳 www.island-brewing.beer, **Islands of Imagination**, 🖳 www.ioi.beer, oder **Kura Kura**, 🖳 www.kurakurabeer.com, versorgt.

Warnung vor billigem Arak

In den vergangenen Jahren gab es wiederholt durch illegal destillierten Arak hervorgerufene Todesfälle, auch unter Touristen auf Bali und Lombok, daher sollte man auf billige Arak-Cocktails unbedingt verzichten und im Zweifelsfall stets bei Bier bleiben! Mehr dazu auf S. 382.

Nichtalkoholische Getränke

Teh	Tee
… tawar / pahit	… ohne alles
… manis	… mit Zucker
… panas	… heiß
Susu	Milch, oft süße Dosenmilch
Susu Lembu	Kuhmilch
Coklat	Schokolade
Es	Eiswürfel
Kopi	Kaffee
Kopi Susu Es	Eiskaffee mit Milch
Air/Air putih	Wasser/Trinkwasser
Jus (…)	Fruchtsaft
Jus Jeruk	Orangensaft
Jus Jeruk Nipis	Limettensaft
Jus Mangga	Mangosaft
Air Kelapa Mudah	junge Kokosmilch
Es Buah	geraspeltes Eis mit Fruchtgelee

Gemüse

Bawang Merah/ Bawang Putih	Zwiebel/Knoblauch
Jagung	Mais
Kacang	Erdnüsse
Kacang Hijau	grüne Bohnen
Kangkung	Wasserspinat, Nachtschattengewächs, das wie eine Kreuzung aus Spinat und Weißkohl schmeckt
Kentang	Kartoffel
Kol	Kohl
Kol Bunga/Kol Hijau	Blumenkohl/Brokkoli
Tahu/Tau	Tofu
Tomat	Tomate
Ubi Kayu	Maniok, Cassava, Brotwurzel. Wurzelknollen, die auch in trockenen Böden gedeihen und ähnlich wie Kartoffeln verwendet werden, mehlige Konsistenz
Wortel	Karotte

Fleisch und Fisch

Daging	Fleisch
Tanpa daging	fleischlos, ohne Fleisch
Ayam	Huhn
Babi	Schwein

Bakso	Fleischbällchen, die besonders in Suppen verwendet werden
Bebek	Ente
Kambing	Ziege
Sapi	Rind
Ikan	Fisch
Cumi-cumi	Tintenfisch
Siput	Muscheln, Schnecken
Tongkol	Thunfisch
Udang	Krabbe, Shrimp
Udang galah	Hummer

Gewürze

Asam	Tamarinde
Biji pala	Muskatnuss
Cabe	Chili
Cengkeh	Nelken
Garam	Salz
Gula	Zucker
Jahe	Ingwer
Kayu manis	Zimt
Kepulaga	Kardamom
Ketumbar	Koriander
Lada, Merica	Pfeffer
Serai	Zitronengras

Zudem runden folgende Bestandteile ein Essen geschmacklich ab:

Kecap manis	süße Sojasoße
Krupuk	in Öl gebackene (Krabbenmehl-)Kräcker
Sambal	Chilipaste/-soße
Santan	Kokosmilch

Weitere Begriffe sind im Sprachführer ab S. 417 erklärt.

Fair reisen

Reisen wirkt sich auf die Umwelt und die besuchten Menschen aus. Das reicht von der An- bzw. Abreise über die Arbeitsbedingungen für Angestellte der Tourismusbranche bis zur Nutzung lokaler Ressourcen und dem Entstehen von Abfällen und Bausünden. Touristen verbrauchen durchschnittlich mehr Wasser und Strom und produzieren mehr CO_2 und Müll als Einheimische. Viele Lebensmittel, die Touristen im Ausland verzehren, müssen umweltbelastend importiert werden. Auch werden Beschäftigte im Tourismus häufig schlecht bezahlt, arbeiten mehr als acht Stunden täglich und erhalten oft keine Sozialleistungen. Im Tourismus werden Menschenrechte verletzt, z. B. wenn Einheimische von ihrem Land vertrieben werden, damit neue Hotelanlagen entstehen können, oder unter Wassermangel leiden, während Touristen nebenan üppige Badelandschaften genießen. Zudem gibt's noch immer Fälle von Prostitution Minderjähriger und Kinderarbeit.

Natürlich hat der Tourismus auch gute Seiten. Er hat vielen Menschen einen Weg aus der Armut gezeigt, ihnen ermöglicht, einen Beruf zu ergreifen, sich weiterzubilden. Er stimuliert lokale Investitionen, verbindet Kulturen, fördert die Wertschätzung von Traditionen und trägt zur Gleichberechtigung der Geschlechter bei. Zudem hat er vielerorts Naturräume geschützt, die ohne Touristen zerstört worden wären.

Als bewusst reisender Tourist kann man heute eine Menge bewirken. Wer wissen möchte, wie er umweltfreundlich und sozial verantwortlich reisen kann, findet neben den Tipps hier im Buch unter folgenden Adressen zahlreiche Anregungen:

Fair unterwegs, **Arbeitskreis Tourismus & Entwicklung**, ☏ +41-61-261 4742, 🖥 www.fairunterwegs.org. Sehr umfangreicher Webauftritt mit aktuellen Hintergrundinfos, Themen, die von Menschenrechten über Ethik bis zu Tourismuskritik reichen, Länderprofilen und Tipps zum fairen Reisen. Auch Infos für junge Leute (z. B. zu Freiwilligenarbeit).

Forum anders reisen, ☏ 040-181 2604, 🖥 www.forumandersreisen.de. Im Forum haben sich über 130 kleine und mittlere Reiseveranstal-

> **Fair und grün – gewusst wo**
>
> 🌳 Einrichtungen, die sich durch besonders umweltfreundliches oder sozial verträgliches Verhalten auszeichnen, sind in diesem Buch mit einem Baum gekennzeichnet. Sie verwenden z. B. Solarenergie, bieten Bio-Produkte an, zahlen faire Löhne, nutzen Trockentoiletten, um Kompost herzustellen, investieren ihre Gewinne in soziale Projekte, propagieren nachhaltigen Tourismus oder stellen Besuchern Infos für umweltverträgliches Verhalten bereit.

ter zusammengeschlossen. Sie streben einen nachhaltigen Tourismus an, der laut eigenen Angaben „langfristig ökologisch tragbar, wirtschaftlich machbar sowie ethisch und sozial gerecht für ortsansässige Gemeinschaften sein soll".

Studienkreis für Tourismus und Entwicklung e. V., ☎ 08152-999 010, 🖥 www.studienkreis.org. Der Verein beschäftigt sich mit entwicklungsbezogener Informations- und Bildungsarbeit im Tourismus und veröffentlicht die lesenswerten Sympathie-Magazine, die einen guten Einstieg in die Landeskultur vermitteln, 🖥 www.sympathiemagazin.de.

Tourism Watch, ☎ 030-6521 11806, 🖥 www.tourism-watch.de. Website mit Hintergrundberichten zu den Themen Tourismuspolitik, Umwelt und Klima, Menschenrechte, Kultur und Religion, Unternehmensverantwortung sowie Wirtschaft. Zudem Links, Literaturkritiken und Veranstaltungshinweise.

Mehr zum Thema im sehr empfehlenswerten, gründlich recherchierten Buch **FAIRreisen** von Frank Herrmann (Oekom Verlag, 2016) und unter 🖥 www.stefan-loose.de/fair-gruen.

Tipps für umweltbewusstes und sozial verträgliches Reisen

Beim Umweltschutz ist jeder Einzelne gefordert, mit gutem Beispiel voranzugehen und die zwei goldenen Regeln einzuhalten:

1) Alle Plätze so zu verlassen, wie man sie selbst gerne vorfinden würde.

2) Take nothing but pictures, leave nothing but footprints.

Umweltbewusst reisen

- Den durch die An- bzw. Abreise verursachten CO_2-**Ausstoß** (Flug, Bus, Schiff, Zug) mithilfe des Kompensationsprogramms einer Klimaagentur wie 🖥 www.atmosfair.org oder 🖥 www.myclimate.ch neutralisieren.
- Inlandflüge vermeiden, stattdessen andere **Verkehrsmittel** wie Bus und Bahn nutzen.
- Bei **Busausflügen** den Fahrer bitten, beim Parken den Motor auszuschalten.
- Keine **Souvenirs** aus bedrohten Pflanzen oder Tieren kaufen! Das Washingtoner Artenschutzabkommen verbietet deren Import nach Europa.
- **Klimaanlagen** vermeiden und in jedem Fall Licht und AC ausschalten, wenn man das Zimmer verlässt.
- Mit **Wasser** stets sparsam umgehen. Duschen statt baden.
- Wasserflaschen so oft wie möglich wiederbenutzen. Vielerorts gibt's Möglichkeiten zum sehr kostengünstigen Nachfüllen.
- **Toilettenpapier** und andere **Hygieneartikel** nicht in die Toilette, sondern in die daneben stehenden Eimer werfen!
- Für Einkäufe einen **Baumwollbeutel** mitbringen oder kaufen; die Ware nicht in Plastiktüten packen lassen.
- **Hotels**, **Fluggesellschaften**, **Reiseveranstalter** usw. nach ihren Umweltschutzmaßnahmen fragen und auswählen.

Sozial verantwortlich reisen

- Auf **respektvollen Umgang** mit der Bevölkerung und den Angestellten der Tourismusbetriebe achten und gegebenenfalls auch Mitreisende darauf hinweisen.
- Den persönlichen **Wohlstand** nicht zur Schau stellen.
- **Bettelnden Kindern** kein Geld geben. Wirksamer ist es, einer lokalen Kinderhilfsorganisation Geld zu spenden.
- Kleinen lokalen Hotels, Restaurants, Veranstaltern und Guides gegenüber großen Ketten den Vorzug geben – das erhöht die Chance, **zu lokalen Einkommen beizutragen**.

Feste und Feiertage

Die meisten Feierlichkeiten sind religiöser Natur und wiederholen sich nach dem Pawukon-Kalender alle 210 Tage. Andere Feste richten sich nach dem islamischen oder gregorianischen Kalender, viele auch nach dem Saka-Mondkalender. Die wichtigsten Zeremonien und Feste sind ab S. 120 beschrieben, die Kalender ab S. 119. Vollmondtage s. **eXTra [2672]**.
Auf Bali werden staatliche, moslemische, chinesische, buddhistische, christliche und örtliche Feiertage begangen. Verschiedene Feiertage folgen verschiedenen Kalendersystemen und fallen jedes Jahr auf einen anderen Tag. Die Daten der religiösen Feiertage und Feste findet man unter 🖥 www.balitravelhub.com/events.

Staatliche Feiertage

1. Januar	Neujahr
Januar/Februar	Chinesisches Neujahr
März	Nyepi (balinesisches Neujahr)
März/April	Karfreitag, Ostersonntag
21. April	Kartini-Tag (indonesischer Muttertag)
Mai	Christi Himmelfahrt
17. August	Indonesischer Unabhängigkeitstag
25. Dezember	Weihnachten

Bewegliche Feiertage
Geburtstag des Propheten Mohammed
Mohammeds Himmelfahrt
Buddhas Geburtstag (Wesak)
Idul Fitri (Fest zum Ende des Ramadan)
Idul Adha (islamisches Opferfest)
Islamisches Neujahrsfest

Balinesische Feiertage 2023–2027

Galungan (Mi)	Kuningan (Sa)	Nyepi
04.01.2023	14.01.2023	22.03.2023
02.08.2023	12.08.2023	
28.02.2024	09.03.2024	11.03.2024
25.09.2024	05.10.2024	
23.04.2025	03.05.2025	29.03.2025
19.11.2025	29.11.2025	
17.06.2026	27.06.2026	19.03.2026
13.01.2027	23.01.2027	
11.08.2027	21.08.2027	08.03.2027

Mehr zum balinesischen Kalender S. 119

Moslemische Feiertage und Fastenzeiten 2023–2027

Ramadan	Idul Fitri	Idul Adha
22.03.–21.04.2023	22.04.2023	29.06.2023
10.03.–09.04.2024	10.04.2024	17.06.2024
28.02.–30.03.2025	31.03.2025	07.06.2025
17.02.–19.03.2026	20.03.2026	27.05.2026
07.02.–08.03.2027	09.03.2027	17.05.2027

- **Kunsthandwerk** möglichst direkt beim Produzenten oder Kleinunternehmer (wie dem Strandverkäufer) kaufen, um große Zwischenhändler zu umgehen.
- Landwirtschaftliche **Produkte aus der Umgebung** auf den Märkten statt importierte Waren in Supermärkten kaufen.
- Wenn möglich auf **fair gehandelte** und **biologisch erzeugte Waren** zurückgreifen.

Besuch von Naturschutzgebieten, Trekking, Tauchen und Schnorcheln

- Plastikmüll vermeiden, organischen **Müll** vergraben, nichtorganischen mit in die nächste Stadt nehmen sowie Flora und Fauna ungestört lassen.
- Taucher und Schnorchler, die sich auf Korallen stellen oder sie gar abbrechen, haben bereits ganze Riffe zerstört. Auch für Souvenirs wurden viele Korallenbänke abgetragen, wodurch der Lebensraum zahlloser Meeresbewohner zerstört wurde.
- Umweltbewusste Reisende sammeln den herumliegenden Müll auf einer Trekkingroute bzw. beim Schnorcheln oder Tauchen auf – eine schöne Art, Mitreisende und die lokale Bevölkerung für das Thema zu sensibilisieren.
- Beim Buchen eines Treks möglichst darauf achten, dass die Agentur ihren Mitarbeitern gesetzliche **Arbeitnehmeransprüche** wie Mindestlohn, Ausrüstung und Verpflegung garantiert.
- In ländlichen Gebieten nachfragen, ob die **lokale Bevölkerung** vom Besuch profitiert.
- **Tier-Attraktionen** wie die Präsentation von Affen- oder Tigerbabys für Fotos, *Kopi-Luwak*-Produktionsstätten mit eingesperrten Zibetkatzen, Vogelmärkte oder triste Zoos ohne artgerechte Haltung meiden.

Fotografieren

Dass man die Kamera wie eine Waffe handhaben kann und sie auch wie eine solche empfunden wird, wissen wir nicht erst, seitdem Touristen die entferntesten Winkel der Welt entdeckt haben. Das Fotografieren von Menschen erfordert Respekt und Sensibilität. Oft genügt es schon, sich vorzustellen, wie es ist, eine Kamera auf sich gerichtet zu fühlen, noch dazu bei solch privaten Tätigkeiten wie Essen, Schlafen, Beten oder beim Feiern von Festen.

Vor allem alte Menschen haben manchmal Angst davor, auf Fotos festgehalten zu werden, da sie glauben, dass ihre Seele nach dem Tod auf dem Foto gefangen gehalten wird. Kinder hingegen sind zumeist ganz wild darauf, ein Foto von sich schießen zu lassen und haben großen Spaß daran, die Bilder auf dem Display zu betrachten.

Die besten Fotos entstehen, wenn man sich Zeit nimmt, sich mit den Menschen unterhält, Witze macht und immer wieder lächelt. Das entspannt die Atmosphäre, und im Ergebnis hat man nicht nur schönere Fotos, sondern auch eine spannende Erfahrung gemacht. Unbedingt sollte das Gegenüber mit einem freundlichen „Boleh foto?" um Erlaubnis gefragt werden.

Die elementaren Regeln der Höflichkeit sollten auch beim Fotografieren eingehalten werden. Sich bei Zeremonien und religiösen Handlungen diskret im Hintergrund zu halten, ist nur eine davon. Fotos mit Geld oder Geschenken zu erkaufen, ist eine entwürdigende Instrumentalisierung und wird auch so empfunden.

Frauen unterwegs

Das Risiko, ernsthaft belästigt zu werden, ist auf Bali relativ gering. Harmlose Anmache ist meist mit einer guten Portion Humor und robustem, selbstsicherem Auftreten zu ertragen. Auf Lombok ist jedoch mehr Vorsicht geboten. Grundsätzlich sollten einige **Verhaltensregeln** beachtet werden.

Lockere **Umgangsformen** und allzu luftige Kleidung können zu unangenehmen Missverständnissen führen. Außerhalb der Touristenzentren auf Bali und auf ganz Lombok gilt es als unsittlich, keinen BH zu tragen oder zu viel vom Schulter oder Beinen zu zeigen. Ein realer oder fiktiver Ehemann, im Idealfall mit Foto, kann hilfreich sein. Schwanger oder gar mit Kindern wird eine Frau in den heiligen Status der Mutter erhoben und nahezu unantastbar.

Potenziell **gefährliche Situationen**, die man vermeiden sollte, reichen vom kostenlosen Übernachten in Wohnungen selbst ernannter Guides bis zu nächtlichen Spaziergängen an einsamen Stränden oder durch unbelebte Stadtviertel. Es empfiehlt sich auch, um Gruppen betrunkener Männer einen großen Bogen zu machen.

Anfassen ist nicht immer als Anmache zu verstehen. Indonesier berühren die Haut, auch die von Männern, und bewundern die helle Farbe, ein Kennzeichen von Menschen, die beschwerliche Feldarbeit nicht nötig haben. Trotzdem ist es wichtig zu wissen, dass sich einheimische Frauen eine solche Berührung von fremden Männern niemals gefallen lassen würden.

Ein Phänomen, das in vielen Urlaubsorten zu beobachten ist, sind die **Strandboys** (Buaya für „Krokodile"). Gut aussehend, außerordentlich charmant und chronisch pleite haben es sich viele dieser jungen Männer zum Hauptberuf gemacht, Touristinnen zu betören und sich als Ferienflirt zur Verfügung zu stellen. Neben Spaß spielt dabei vor allem Geld eine große Rolle.

Auf Bali ist die Anmache allerdings längst nicht so groß wie in einigen Ländern Nordafrikas, im Vorderen Orient oder in Indien, und Frauen können die Insel nahezu bedenkenlos allein erkunden.

Geld

Währung

Währungseinheit in Indonesien ist die indonesische **Rupiah** (Rp). In Umlauf sind Banknoten zu 1000, 2000, 5000, 10 000, 20 000, 50 000 und 100 000 Rp. Luftig leichte Münzen aus Aluminium gibt's im Wert von 100, 200, 500 und 1000 Rp. Anstelle der Münzen werden oft auch kleine Naschereien als Wechselgeld ausgegeben.

Größere Beträge werden bei Zimmer- und Tourpreisen manchmal in US-Dollar oder Euro angegeben und zum aktuellen Wechselkurs umgerechnet.

Wechselkurse

1 €	= 16 500 Rp	10 000 Rp	= 0,61 €
1 sFr	= 16 800 Rp	10 000 Rp	= 0,60 sFr
1 US\$	= 15 400 Rp	10 000 Rp	= 0,65 US\$

Aktuelle Wechselkurse unter 🖳 www.oanda.com.

Vorsicht beim Geldwechsel

Bei allzu attraktiven Wechselkursen ist besonders in Kuta, Legian und Sanur Vorsicht geboten: Man bekommt dann manchmal Falschgeld untergejubelt, alte Scheine, die längst nicht mehr im Umlauf sind, zu wenig Geld, oder aber es wird im Nachhinein eine Kommission erhoben, die es eigentlich nicht geben sollte. Auch gezinkte Taschenrechner finden mitunter Verwendung; also am besten mit dem Handy selbst nachrechnen.

Geldwechsler ohne Betriebserlaubnis werden mit auffälligen Stickern markiert, deren Entfernen strafbar ist. Die Tatsache, dass von 70 untersuchten Moneychangern 47 illegal betrieben wurden, zeigt, wie verbreitet sie sind.

Banken und Geldautomaten

Die **Öffnungszeiten** der Banken sind für gewöhnlich Montag bis Freitag (außer feiertags) von 8–15 Uhr. Neben Banken tauschen **Money Changer** Bargeld.

Geldautomaten gibt es in allen wichtigen Destinationen und zunehmend auch in den ländlichen Zentren. Der Höchstbetrag pro Abhebung liegt bei Automaten, die nur 50 000-Rp-Scheine ausspucken, meist bei 1,25 Mio. Rp, bei 100 000-Rp-Automaten bei 2,5 Mio. Rp. Auf Lombok ist die Geldautomaten-Dichte noch deutlich niedriger als auf Bali.

Tipp: Wird die Option angeboten, eine Abhebung in Euro umrechnen zu lassen, sollte man dies stets ablehnen. Der Kurs der eigenen Bank in der Landeswährung ist immer besser als der Kurs des Automatenbetreibers.

Reisekasse

Vollkommen ausreichend für die finanzielle Grundversorgung ist es, mit zwei Kreditkarten – die unabhängig voneinander aufbewahrt werden sollten – und einem gesunden Notvorrat an Bargeld zu reisen.

Girokarten

Einige **Bankkarten** können zum Geldabheben an Automaten in Indonesien verwendet werden, andere nicht. Deshalb ist es erforderlich, vor der Abreise bei seiner Bank nachzufragen und eventuell die Sperre für die internationale Nutzung aufheben zu lassen. Es schadet zudem nicht die Hausbank wissen zu lassen, dass man seine Karte in Indonesien nutzen wird. Schon manche Karte wurde wegen „ungewöhnlicher Aktivitäten" gesperrt. Umgerechnet wird stets zum Briefkurs.

Kreditkarten

Mit **Kreditkarten** kann man bargeldlos bezahlen oder Bargeld abheben. Abhebungen sind mit den Visa-Karten einiger Direktbanken, etwa der Barclays Bank, www.barclays.de, oder der Hanseatic Bank, www.hanseatic-bank.de, sowie als Aktivkunde der DKB Bank, www.dkb.de, kostenlos. Der Maximalbetrag, meist 500–1000 € pro Tag, und die Gebühren pro Transaktion variieren von Bank zu Bank. Umgerechnet wird stets zum Briefkurs.

Nicht selten verlangen Geschäfte entgegen den Vertragsvereinbarungen die **Verkäufergebühr** (3–5 %) vom Kunden. In diesem Fall sollte man sich diesen Betrag auf der Rechnung extra ausweisen lassen und diesen später beim Kreditkartenunternehmen zurückfordern.

Bei Mietwagen oder Flügen, die mit der Karte bezahlt wurden, ist in der Regel eine Unfallversicherung enthalten, bei einigen Karten sogar eine Mietwagen-Vollkaskoversicherung.

Verlust oder Diebstahl von Kreditkarten ist sofort zu melden, um Missbrauch zu verhindern.

Notrufnummern und Informationen

Zentraler Sperr-Notruf, +49-116 116, +49-30-4050 4050, www.sperr-notruf.de.
American Express, +49-69-9797 2000, www.americanexpress.com/germany. Schweizer wählen +41-44-659 6900.
MasterCard, +1-636 722 7111, www.mastercard.de.
Visa, 001-803 1933 6294 (international gebührenfreies R-Gespräch), www.visa.de.

Achtung: Selbstverständlich ist ein R-Gespräch nicht kostenlos, wenn bei einem Anruf aus Indonesien ein Handy mit deutscher, österreichischer oder Schweizer SIM-Karte verwendet wird!

Gepäck und Ausrüstung

Der **Rollkoffer** hat längst den ideologischen Graben zwischen Rucksack und Koffer geschlossen, und so reist heute jeder mit dem Gepäck, das er mag. Letztendlich hängt es von

---

Augen auf beim Abheben und Bezahlen

Beim Abheben an Geldautomaten sollten der Kartenleser und das PIN-Eingabefeld genau inspiziert werden. Es kommt immer wieder zu sogenanntem **Skimming**, bei dem die ATMs so manipuliert bzw. präpariert werden, dass Kreditkartendaten und Geheimzahl ausgelesen werden können oder das Geld stecken bleibt. Teils werden auch Kameras installiert, die die Eingabe des PINs filmen, also stets das Feld mit der Hand verdecken! Am sichersten ist das Abheben an ATMs in Bankfilialen. Bei Problemen kann man hier zudem direkt reklamieren.

Die Kreditkarte sollte **beim Bezahlen** nicht aus den Augen gelassen und in keinem Fall in Safes verwahrt werden, die für andere zugänglich sind. Schon viele Reisende mussten feststellen, dass während ihres Urlaubs hemmungslos eingekauft wurde. Wer eine Falschabbuchung bemerkt, kann innerhalb einer begrenzten Zeit die Zahlung reklamieren. Deshalb sollte man auch unterwegs regelmäßig die Kontobewegungen kontrollieren.

❌ Gepäck-Check

Kleidung
- [ ] **Badekleidung** (für Frauen außerhalb der Touristenzentren besser ein einteiliger Badeanzug)
- [ ] **Badelatschen/Flipflops** (wegen Pilzgefahr beim Duschen)
- [ ] **Kurze Hosen** (bei Männern mindestens bis zur Hälfte des Oberschenkels, bei Frauen bis zum Knie, Shorts nur am Strand)
- [ ] **Leichte Jacke** (für An- und Abreise, Nächte in den Bergen und kühl klimatisierte Busse)
- [ ] **Sandalen** oder **Trekkingsandalen**
- [ ] **Feste Schuhe** (für Trekkingtouren reichen Turnschuhe meist aus)
- [ ] **Socken** (dichte, nicht allzu kurze Socken als Moskitoschutz für den Abend)

Sonstiges
- [ ] **Gewebeklebeband** (zum Dämpfen zu stark eingestellter Klimaanlagen und zum Verschließen von Löchern, etwa im Moskitonetz oder Regenschirm)
- [ ] **Nähzeug** (Zwirn, Nähseide, Nadeln, Sicherheitsnadeln)
- [ ] **Ohrstöpsel**
- [ ] **Plastikbürste** (zum Reinigen von Wäsche und Schuhen)
- [ ] **Regenschirm** (keine Gummijacke wegen Wärmestau!)
- [ ] **Reiseapotheke** (S. 54)
- [ ] **Reiseführer** und **Reiselektüre**
- [ ] **Sonnenschutz** (Hut, Brille in unzerbrechlicher Box, Sonnencreme)
- [ ] **Taschen-/Stirnlampe**
- [ ] **Taschenmesser** (nicht ins Handgepäck)
- [ ] **Vorhängeschloss** (und kleine Schlösser fürs Gepäck)
- [ ] **Waschmittel** (in der Tube)

Dokumente
- [ ] **Geld** (Bargeld, Girokarte, Kreditkarte)
- [ ] **Impfpass**
- [ ] **Internationaler Führerschein**
- [ ] **Reisepass** (evtl. internationaler Studentenausweis, Personalausweis)

Wer in einfachen Unterkünften wohnen wird, braucht zudem
- [ ] **Handtücher**, die schnell trocknen
- [ ] **Moskitonetz** und **Kordel** zum Aufspannen
- [ ] **Schlafsack** (Seiden- bzw. Leinenschlafsack, ein Sarong oder zwei dünne Tücher, da es in Billigunterkünften teils keine Laken gibt bzw. diese nicht häufig gewechselt werden)

---

den gewählten Transportmitteln und Zielen ab, ob sich das eine oder andere unterwegs als bequemer erweist.

Zusätzlich ist ein **Tagesrucksack** von Vorteil, da er diebstahlsicherer und geräumiger ist als eine Handtasche. Beim Kauf sollte auf den Tragekomfort geachtet werden. Gerade in den Tropen lohnt ein Rucksack mit Rückenbelüftung.

Bei der Auswahl der **Kleidung** empfiehlt sich eine Kombination aus bequem, luftig und gut aussehend. In Indonesien beurteilt man die Menschen weit mehr als in Europa nach ihrem äußeren Erscheinungsbild, und ein ungepflegtes Auftreten stößt auf Ablehnung. In einer schicken Bar, auf einem Fest, bei einem formellen Essen und in Tempeln sollte man sich dem Umfeld entsprechend kleiden (S. 74).

Das meistgetragene Kleidungsstück auf dem Land ist, neben Flip-Flops, der **Sarong** (Wickelrock). Auch Touristen können ihn außer zum Baden als Rock im Haus oder am Strand und als Tempelbekleidung tragen.

Geht es um die **Technik**, möchte kaum jemand unterwegs auf sein Smartphone verzichten, viele Reisende nehmen auch Laptop oder Tablet mit. Gängige Flachstecker passen in indonesische **Steckdosen**, sodass man auf einen

Warme Sachen einpacken!

In den Bergen kann es nicht nur nachts empfindlich kalt und feucht werden, daher sollten lange Hosen und ein Pullover oder eine Windjacke in keinem Reisegepäck fehlen.

> **Wertsachen sicher verstaut**
>
> Geld, Pässe und Kreditkarten lassen sich am besten in einem breiten, unauffälligen **Hüftgurt** nah am Körper aufbewahren. Sämtliche Papiere sind zusätzlich durch eine Plastikhülle zu schützen, da Schweiß zerstörerisch wirken kann. Taschen mit großen Kameras oder Laptop sollten möglichst nicht schon von außen auf den teuren Inhalt schließen lassen, aus festem Material bestehen und gut verschließbar sein.

Adapter verzichten kann. Auf manchen Inseln gibt's keine ganztägige Stromversorgung, sodass sich Reisende mit Solarladegerät oder externer **Powerbank** behelfen.

Die **Stromversorgung** auf Bali ist für indonesische Verhältnisse sehr gut und erreicht nahezu alle Dörfer. Stromausfälle kommen nur selten vor (meist in der Regenzeit).

Gesundheit

Auf Bali sind die gesundheitlichen **Risiken** relativ gering. Größere Sorge bereitete zuletzt die Zunahme von Dengue-Fieber-Erkrankungen (S. 423) und Tollwut (S. 427). Wer ungeschältes Obst sowie nicht ausreichend gegarte Gerichte meidet und sich vor Mückenstichen schützt, braucht keine Angst vor schweren Krankheiten zu haben. Eine alphabetische Aufstellung der wichtigsten Gesundheitsrisiken findet sich im Anhang („Reisemedizin zum Nachschlagen", S. 423).

Über notwendige **Impfungen** und den besten Schutz gegen Dengue Fieber und Malaria (S. 423) sollte man sich sechs bis acht Wochen vor Reiseantritt von einem Reisemediziner beraten lassen. Auf jeden Fall sollte überprüft werden, ob der Schutz gegen Tetanus, Diphtherie und Kinderlähmung (Polio) noch besteht. Viele Reisemediziner raten zudem zu Impfungen gegen Hepatitis A und Typhus. Ob noch weitere Impfungen nötig sind, etwa gegen Tollwut, Tuberkulose, Hepatitis B oder Japanische Encephalitis, hängt von den besuchten Regionen, der Reiseart und -dauer und dem Gesundheitszustand des Reisenden ab.

Sämtliche Impfungen müssen mit Ort, Datum und Unterschrift des Arztes in einen **Internationalen Impfpass** eingetragen werden, der zu den Reiseunterlagen gehört.

Bei der Einreise nach Indonesien ist eine Impfung gegen Gelbfieber nur erforderlich, wenn man aus einem Infektionsgebiet (West- und Zentralafrika oder Südamerika) kommt.

Tropenmedizinische Institute
Berlin Postadresse: Augustenburger Platz 1, 13353 Berlin, Campus: Südring 2–3
✆ 030-4505 65700, 🖥 http://tropeninstitut.charite.de
Wien Am Heumarkt 3/1, 1030 Wien
✆ 01-307 0666, 🖥 www.dietropenordination.at
Basel Socinstr. 55, 4051 Basel
✆ 061-284 8255. Persönliche Beratung Mo–Fr 9–11 Uhr unter ✆ 0900-575 131 (2,69 sFr./Min.), 🖥 www.swisstph.ch
Die Adressen weiterer Tropenmedizinischer Institute und Ärzte findet man auf der Seite der **Deutschen Gesellschaft für Tropenmedizin**, 🖥 www.dtg.org.

Tipps für die Reise

Essen
Am besten hält man sich an die alte Tropenregel: kochen, braten, schälen – oder lassen. Denn ein Großteil der Infektionen wird durch unsauberes Essen übertragen. Wichtig ist auch die persönliche Hygiene, denn viele Krankheitserreger trägt man mit den eigenen Fingern zum Mund.

Wer unter **Durchfall** leidet, muss sich erst einmal Ruhe gönnen und den Flüssigkeits- und Salzverlust mit angereichertem Wasser ausgleichen. Mehr dazu im Anhang auf S. 424.

Klima
Sonne und Hitze machen Reisenden oft als Erstes zu schaffen. Wer aus Europa ins tropische Asien reist, hat nicht selten eine Temperaturdifferenz von 20 °C und mehr zu verkraften. Deswegen aus-

reichend trinken, denn der Körper schwitzt gerade in den ersten Tagen sehr. Als Faustregel gilt: **3 l Flüssigkeit** pro Tag (Alkohol zählt nicht!).

Wie überall in den Tropen ist die Sonnenstrahlung eine Gefahr. Je nach Typ braucht die Haut bis zu fünf Tage, um den Eigenschutz aufzubauen. **Sonnencreme mit hohem Lichtschutzfaktor** (30 und höher) und ein Basecap oder Fischerhut bieten zusätzlich Schutz.

Auch **Erkältungen** kommen häufiger vor, als man denkt. Im Wechselbad zwischen tropischen Außentemperaturen und klimatisierten Einkaufszentren, Transportmitteln und Hotelzimmern haben sich schon viele einen Schnupfen geholt.

Mückenschutz

Am Abend schützen helle Kleidung, lange Hosen, langärmlige Hemden, engmaschige lange Socken und ein **mückenabweisendes Mittel** auf der Basis von DEET oder dem hautverträglicheren Icaridin, das auf die Haut aufgetragen wird und die Geschmacksnerven stechender Insekten lähmt. Bewährt hat sich der Wirkstoff Permethrin, mit dem Kleidung und Moskitonetz eingesprüht werden. Er geht eine Verbindung mit dem Gewebe ein und bleibt wochenlang wirksam. Viele Apotheken und Bioläden bieten sanftere Mittel an, die auf Zitronella-, Eukalyptus- und Nelkenöl basieren.

Reisemedizin im Internet

Wer sich vor dem Besuch beim Reisemediziner über die Gesundheitsrisiken kundig machen möchte, findet Infos auf folgenden Websites:

Auswärtiges Amt
💻 www.auswaertiges-amt.de (auch als App)
Centrum für Reisemedizin
💻 www.crm.de
Fit for Travel
💻 www.fit-for-travel.de
Tropen- und Reisemedizinische Beratung Freiburg
💻 www.tropenmedizin.de
Robert Koch-Institut
💻 www.rki.de

Viele Hotelzimmer haben **Mückengitter** an Fenstern und Türen oder ein **Moskitonetz** über dem Bett. Wer ganz sichergehen will, bringt sein eigenes Netz mit. Löcher verschließt man am besten mit Gewebeklebeband. In klimatisierten Räumen sind Mücken weniger aktiv, aber keineswegs ungefährlich.

Notfalls verringern auch **Moskito-Coils**, grüne Räucherspiralen, die wie Räucherstäbchen abbrennen und ca. acht Stunden die Luft verpesten, das Risiko. Oft werden sie abends in Restaurants unter die Tische gestellt, um die herumschwirrenden Moskitos zu vertreiben. Der Einsatz in geschlossenen Räumen endet aber in üblen Kopfschmerzen.

Medizinische Versorgung vor Ort

Im Vergleich zu modernen **Privatkrankenhäusern** mit internationalem Standard sind die **öffentlichen Krankenhäuser** (Rumah Sakit Umum; RSU) merklich schlechter ausgestattet und genießen nicht den besten Ruf. Man sollte darauf vorbereitet sein, dass viele Dinge im indonesischen Gesundheitssystem anders funktionieren als daheim. Außerhalb der Städte findet man nur sogenannte **Puskesmas** (Pusat Kesehatan Masyarakat), Erste-Hilfe-Stationen oder Gesundheitszentren, die nicht rund um die Uhr besetzt sind.

Die **Behandlung** in öffentlichen Krankenhäusern ist bis auf die Aufnahmegebühr kostenfrei. Medikamente müssen hingegen selbst bezahlt werden, sind aber vergleichsweise günstig. In Privatkrankenhäusern kann man mit etwa 750 000 Rp für die erste Sprechstunde und 200 000 Rp für jede weitere rechnen.

In größeren Städten gibt's medizinische **Labors** (Laboratorium), die auch ohne Überweisung Tests (Stuhl, Urin, Malaria usw.) durchführen. Für kleinere Verletzungen und Schnittwunden steht in größeren Hotels ein medizinischer Dienst zur Verfügung.

In kleinen Krankenhäusern wird erwartet, dass Angehörige für Medikamente, Verpflegung und andere Materialien sorgen, d. h., es wird nicht gekocht. In größeren Einrichtungen kann bei stationärer Übernachtung auch Verpflegung des Hauses dazugebucht werden.

Liegen schwierige Probleme vor oder steht eine **Operation** an, sollte der Patient möglichst nach Surabaya, Jakarta oder besser gleich nach Singapore, Kuala Lumpur, Bangkok oder Darwin ausgeflogen werden. **Krankentransporte** ins Ausland werden u. a. von **International SOS Assistance**, SOS Medika Klinik, Jl. Bypass Ngurah Rai 505X, ℡ 0361-710 505, 🖳 www.internationalsos.co.id, organisiert.

Krankenhäuser auf Bali

Bali Royal Hospital, Jl. Tantular 6, Renon, Denpasar, ℡ 0361-222 588, 🖳 www.baliroyalhospital.co.id. 2010 gegründetes Privatkrankenhaus.

BIMC – Bali International Medical Center, Jl. By Pass Ngurah Rai 100X, ℡ 0361-761 263, 🖳 www.bimcbali.com. Das mit dem Siloam Hospital assoziierte Krankenhaus mit internationalem Standard ist wohl das beste und gemeinsam mit dem Siloam das modernste der Insel. Hier arbeiten auch ausländische

❌ Vorschläge für eine Reiseapotheke

Von allen regelmäßig benötigten Medikamenten sollte man einen ausreichenden Vorrat mitnehmen. Nicht zu empfehlen sind Zäpfchen oder andere hitzeempfindliche Medikamente.

Es kann durchaus sinnvoll sein, sich die Notwendigkeit der Mitnahme vom Arzt in Englisch schriftlich bestätigen zu lassen, um etwaigen Problemen mit dem indonesischen Zoll vorzubeugen. Es ist strikt verboten, Betäubungsmittel ins Land zu bringen. Wer narkotische Arzneimittel einführt, muss sie beim Zoll deklarieren, ein ärztliches Attest vorlegen, in dem der Einnahmegrund erläutert wird, und das Originalrezept dabeihaben. Die entsprechenden Medikamente müssen in der Originalverpackung sein und ihre Menge muss der Dauer des Aufenthalts entsprechen. Wer „Narkotika" schmuggelt, wird drastisch und entsprechend der drakonischen Drogengesetzgebung bestraft.

In den Apotheken vor Ort sind manche Präparate günstiger und ohne Rezept zu haben.

Basisausstattung
☐ **Verbandzeug**
☐ **Fieberthermometer**
☐ **Mückenschutz**
☐ alle **Beipackzettel**

Erkältungen
☐ **Nasenspray**
☐ **Halsschmerztabletten**

Erkrankungen der Haut
☐ **Antiseptikum** zur Desinfektion von Wunden
☐ **Mittel gegen Juckreiz** nach Insektenstichen und **allergische Reaktionen** (Allergiker sollten auch an Mittel gegen Heuschnupfen denken)
☐ **Wund- und Heilsalbe**
☐ **Antimykotikum** gegen Pilzinfektionen
☐ **Augentropfen** gegen Bindehautentzündung
☐ **Zinksalbe** bei nässenden, oberflächlichen Wunden oder Ausschlag

Magen- und Darmerkrankungen
☐ **Mittel gegen Durchfall** (loperamidhaltige Tabletten)
☐ **Elotrans** zur Rückführung von Mineralien (für Kinder: Oralpädon-Pulver)

Schmerzen und Fieber
☐ **Ibuprofen** oder **Paracetamol** (keine acetylsalicylsäurehaltigen Medikamente wie Aspirin)
☐ **Antibiotikum*** gegen bakterielle Infektionen (in Absprache mit dem Arzt)

Sonstiges
☐ **Malaria-Medikament*** zur Prophylaxe oder als Standby-Therapie (für Bali optional)
☐ **Mittel gegen Reisekrankheit**

Bitte bei den Medikamenten Gegenanzeigen und Wechselwirkungen beachten und sich vom Arzt oder Apotheker beraten lassen.

* rezeptpflichtig in Deutschland

Ärzte und das Personal spricht gut Englisch. Ableger in Nusa Dua nahe des Museum Pasifika, ✆ 0361-300 0911, und in Ubud, ✆ 0361-209 1030.

RSUP Prof. Dr. I.G.N.G Ngoerah (ehemals RSUP Sanglah), Jl. Diponegoro, Denpasar, ✆ 0361-227 911, 🖥 www.profngoerah hospitalbali.com (nur auf Indonesisch). Großes Krankenhaus mit allen im Notfall wichtigen Fachrichtungen und einer Dekompressionskammer.

Siloam Hospital Bali, Jl. Sunset Rd. 818, ✆ 0361-779 900, Notruf: 150 0911, 🖥 www. siloamhospitals.com. Die Niederlassung der Krankenhauskette bietet mehr als 350 Betten, internationalen Standard, moderne Geräte und die Möglichkeit, auf digitalem Wege auch von Experten in anderen Siloam-Krankenhäusern untersucht zu werden. Das teuerste Krankenhaus der Insel. Ableger in Canggu, ✆ 0361-934 8888.

SOS Medika Klinik, Jl. By Pass Ngurah Rai 505X, Kuta, ✆ 0361-720 100, 🖥 www. internationalsos.co.id. Auch diese Klinik entspricht internationalem Standard. Krankenhäuser auf Lombok S. 373.

Informationen

Viele Informationen in diesem Buch, etwa Einreisebestimmungen, Preise, Öffnungs- oder Abfahrtszeiten, sind unvorhersehbaren Veränderungen unterworfen. Um auf dem aktuellen Stand zu bleiben, können zusätzlich die Updates unter 🖥 www.stefan-loose.de/updates/ asien/bali-indonesien heruntergeladen, Fragen im Travel Forum gestellt oder bei den Fremdenverkehrsämtern Informationen eingeholt werden.

Für den deutschsprachigen Raum zuständig ist das **Visit Indonesia Tourist Office**, c/o Global Communication Experts GmbH, Hanauer Landstraße 184, 60314 Frankfurt, ✆ 0175-371 052, 0175-371 064.

Das Hauptbüro des Directorate General of Tourism befindet sich in Jakarta. Es besitzt Zweigstellen in allen Provinzhauptstädten. Daneben betreibt jede der indonesischen Provinzen ein eigenes Fremdenverkehrsamt, dessen Büros unter dem Namen **Dinas Pariwisata** bekannt sind. Auf Bali bekommt man Informationen beim staatlichen **Bali Government Tourism Office**, Jl. Raya Puputan 41, Denpasar (S. 147) und im **Indonesia Tourist Information Center (ITIC)**, Jl. Raya Kuta, Kuta (S. 156).

Websites

Über die aktuelle Lage informieren die **Websites der Außenministerien**:
🖥 **www.auswaertiges-amt.de** (dt.) (auch als „Sicher Reisen"-App)
🖥 **www.bmaa.gv.at** (dt.) (auch als „Auslandsservice"-App)
🖥 **www.eda.admin.ch** (dt.) (auch als „Travel Admin"-App)

… oder man informiert sich tagesaktuell in den lokalen **Medien**:
🖥 **http://en.tempo.co** (engl.) (auch als App) Homepage eines der bekanntesten Nachrichtenmagazine.
🖥 **http://jakartaglobe.id** (engl.)
🖥 **www.thejakartapost.com** (engl.) (auch als App)
Die beiden wichtigsten englischsprachigen Tageszeitungen.
🖥 **www.thebalitimes.com** (engl.)
Größte englischsprachige Tageszeitung auf Bali.
🖥 **http://en.antaranews.com** (engl.) (auch als App)
Aktuelle Meldungen der indonesischen Nachrichtenagentur.
🖥 **www.insideindonesia.org** (engl.) Umfangreiche Infos sowie kurze Artikel zu allem, was in Indonesien passiert.

… oder stellt Fragen ins **Forum**:
🖥 **www.stefan-loose.de/globetrotter-forum/ topics/indonesien_bali** (dt.)

Allgemeine Infos

🖥 **www.balitourismboard.org** (engl.)
🖥 **www.bali-paradise.com** (engl.)

Politik und Gesellschaft
💻 www.watchindonesia.de (dt.)
Kritische Informationen über Demokratisierung, Menschenrechte und Umweltschutz.
💻 www.fnpf.org (engl.)
Engagierte Naturschutzstiftung mit Projekten auf Bali und Kalimantan.

Traveller-Seiten
💻 www.bali-backpacker.com (engl.)
Empfehlenswerte, vom passionierten Radfahrer Roni Kuncoro regelmäßig aktualisierte Website mit vielen Infos zu Transport, Eintrittspreisen, besonderen (Budget-)Unterkünften usw.
💻 www.indojunkie.com (dt.)
Ansprechender, aktueller, von Melissa begründeter Blog.
💻 www.bayi.de (dt.)
Nachrichten und Informationen zum Leben in Indonesien mit vielen praktischen Tipps.
💻 www.sunda-spirit.com (dt.)
Artikel und Reportagen mit Schwerpunkt auf Java, Bali und Nusa Tenggara.

Weitere Adressen finden sich in den Regionalkapiteln.

> **✘ Nicht vergessen!**
> - **Babynahrung** für die Kleinsten
> - **Fläschchen** für Säuglinge
> - **Fotos** von Daheimgebliebenen gegen Heimweh
> - **Impfpass**
> - **Kopfbedeckung**
> - **Kuscheltier** (muss gehütet werden wie ein Augapfel, denn ein verloren gegangener Liebling kann allen den Rest der Reise verderben – reiseerprobte Kinder beugen vor, indem sie nur das zweitliebste Kuscheltier mitnehmen)
> - **Lieblingsmusik und Hörspiele**
> - **Spiele** und **Bücher**
> - **Reisepass** (Kinder jeden Alters brauchen einen Reisepass)
> - **Sonnencreme** mit hohem Lichtschutzfaktor (LSF 50 oder höher)
> - **SOS-Anhänger** mit allen wichtigen Daten

Kinder

Im Allgemeinen werden sich Kinder auf Bali und Lombok sehr wohlfühlen. Egal ob es die Eltern zu kulturellen Orten, an die Strände oder in die Berge zieht, Familien sind überall willkommen, denn Kinder sind beliebt und stets dabei. Sie krabbeln durch Läden und Restaurants, werden von Eltern, Großeltern, Geschwistern und Freunden herumgetragen – die sich auch ausländischer Kinder gerne annehmen. Balinesen sind außerordentlich kinderfreundlich, und der Kontakt zu einheimischen Sprösslingen ist schnell geknüpft. Einzig die fremde Umgebung und Sprachbarrieren grenzen Kinder etwas ein.

Kinder genießen vor allem die **Natur**. Es gibt Strände und Märkte, Blumen, leckere Früchte und exotische Tiere. Besonders für die Älteren ist ein Besuch in den **Werkstätten** interessant, wo sie Handwerkern und Künstlern bei der Arbeit zusehen können. Natürlich gibt es auch **Tier- und Vergnügungsparks**, und immer wieder finden faszinierende **Tempelfeste** mit exotischen Ritualen und Tänzen statt.

Sehr wichtig ist die **Einbeziehung der Kinder** bei der Planung und beim Kofferpacken. Am Familientisch kann man prima Bilder von Bali und Lombok betrachten und gemeinsam überlegen, was man sich anschauen möchte. Welches Kind wird nicht von der Vorstellung vom Buddeln am Strand, von sagenumwobenen Tempeln, bunten Märkten oder einer abenteuerlichen Bootsfahrt begeistert sein?

Ein eigener kleiner **Spielzeug-Rucksack**, den die Kinder selbst packen und tragen können, erleichtert manche Entscheidung darüber, welche Sachen unbedingt mitmüssen.

Anreise

Die Wahl der **Fluggesellschaft** entscheidet, wie entspannt die Familie in Indonesien ankommt. Für die ganz Kleinen (*infants* bis etwa 10 kg) empfiehlt sich das schwebende Kinderbettchen/ Bassinet. Der dazugehörende Platz bietet auch

Erwachsenen mehr Beinfreiheit. Kindermenüs werden zuerst ausgegeben. Wechselkleidung, Windeln und Babynahrung gehören ins Handgepäck. Die Behälter für Babynahrung dürfen entgegen den sonstigen Sicherheitsbestimmungen größer als 100 ml sein. Auch Wasser zum Anrühren der Babynahrung darf fast immer mitgenommen werden.

Da Kinder unter zwei Jahren zwar 10–20 % des regulären Flugpreises plus Steuern und Gebühren zahlen, ihnen aber kein eigener **Sitzplatz** zusteht, bleibt den Eltern, sofern sie keinen Extrasitz buchen, nur die Hoffnung, dass der Flug nicht ausgebucht ist. Kinder zwischen zwei und zwölf Jahren zahlen leider fast immer nur minimal weniger als Erwachsene.

Die lange Anreise mit dem Flugzeug, die **Zeitverschiebung** und die Klimaveränderung sind in den ersten Tagen etwas beschwerlich, doch bei umsichtiger Herangehensweise gut zu meistern. Es ist empfehlenswert, sich nach der Ankunft ein **ruhiges Zimmer** zu nehmen und in den ersten Tagen keine Anstrengungen zu planen. Es ist aufregend genug, die nähere Umgebung zu erkunden, das fremde Essen zu probieren und die Menschen kennenzulernen.

Gesundheit und Hygiene

Gerade in den ersten Tagen haben viele Kinder Probleme mit der **Hitze** und der feuchten Luft und neigen zu Hautausschlag, der sich in Form von roten Pusteln über den ganzen Körper ausbreitet. Wickelkinder haben besonders im Windelbereich damit zu kämpfen. Dagegen hilft Talcum-Baby-Puder, den es in Apotheken und Supermärkten gibt. Puder hilft auch gegen vermehrtes Schwitzen. Gegen Durst sollte in der Nacht viel zu trinken bereitstehen und in der Zeit des Jetlag vielleicht der eine oder andere Snack.

Keiner braucht sich vor Schmutz, **Krankheiten** und der fremden Sprache zu ängstigen! Kinder haben meist gute Abwehrkräfte, finden leicht Anschluss und regeln vieles nonverbal. Sie sehen schnell ein, dass sie sich öfter als zu Hause die Hände waschen müssen und weder Leitungswasser trinken noch ungeschältes Obst essen dürfen.

Vor der Reise sollte jedes Kind gründlich untersucht werden und spätestens einen Monat vor der Abreise alle nötigen **Impfungen** (einschließlich solcher gegen Kinderkrankheiten) erhalten haben. Wenn sich das Kind verletzt, müssen jede offene Wunde und jeder Kratzer desinfiziert werden. Dafür eignet sich am besten alkoholfreies, farbloses Desinfektionsspray, das nicht brennt (aus der heimischen Apotheke, denn in Asien sind die Mittel meist eingefärbt, was eine Beurteilung der Wundheilung erschwert). Bei Bissen von Tieren sollte schleunigst ein Arzt aufgesucht und Tollwutimpfungen vorgenommen werden.

Kinder sollten so gut es geht vor **Mückenstichen** geschützt werden. Am besten macht man es zum Ritual, vor Sonnenuntergang zu duschen, die Kleidung zu wechseln (lange Hosen und engmaschige Socken) und sich mit einem mückenabweisenden Mittel einzureiben. Auch für empfindliche Kleinkindhaut geeignet sind die in deutschen Apotheken und Drogerien erhältlichen Soventol Protect und Mosquito Protect Mückenschutzspray sowie das Insektenschutzspray von S-quitofree, für die ganze Familie und Kinder ab zwei Jahren hat sich auch Autan Family bewährt. Empfehlenswert ist bei Übernachtungen in günstigen Unterkünften ein Moskitonetz. Meist sind diese vorhanden, wenn nicht, kann man sie günstig kaufen. Sollte doch mal eine Mücke zugestochen haben oder auch eine Prellung schmerzen, raten erfahrene Eltern zu kühlendem Kräuterbalsam aus der Apotheke.

Wegwerfwindeln sind nahezu überall zu bekommen. Der Verbrauch wird sich ganz natürlich reduzieren, da die Kinder häufig ohne Windeln herumlaufen können. Eingenässte Kleidung trocknet schnell oder kann gegen mitgenommene Ersatzkleidung getauscht werden.

Übernachtung und Essen

Man braucht nicht unbedingt in teureren **Unterkünften** abzusteigen. Viele Hotels haben Familienzimmer, in denen eine vierköpfige Familie gut schlafen kann. Zudem gibt's Doppelbungalows oder nebeneinander liegende Hotelzimmer mit Verbindungstür, die sich für Familien mit älteren Kindern eignen. Vielerorts werden größere, komplett ausgestattete Bungalows und Villas mit mehreren Zimmern vermietet.

Mit dem **Essen** gibt's normalerweise keine Probleme. Den meisten Kindern schmecken vor allem das exotische Obst, Sate und Krupuk. Einige lokale Gerichte sind zu scharf, werden jedoch auf Nachfrage sofern möglich auch kindgerecht mild gewürzt. Vielerorts gibt's auch Burger, Pommes und Spaghetti. Lecker und nahrhaft sind Babybananen, die sich leicht zerdrücken lassen. Wenn das Kind noch zu klein zum Mitessen ist, findet sich fast immer ein Angestellter, ein Gast oder gleich eine ganze Gruppe, die sich des Babys annehmen und es unterhalten, solange die Eltern essen.

Als **Getränk** eignet sich kühles Wasser. Für Abwechslung sorgen eine große Auswahl an Trinkpäckchen und kleinen Fläschchen mit Tee, Milch, Kakao, Saft oder Joghurt. Meist sind sie sehr süß, doch vermehrt werden Tees, Sojagetränke und Säfte ohne Zuckerzusatz angeboten. Generell sollte man Nahrungsmittel in Plastikdosen aufbewahren, denn nur so sind sie vor Ameisen und anderen Kleinstlebewesen sicher.

Babyflaschen, importierte Babynahrung und Milchpulver gibt's in den Supermärkten in den Touristenzentren; Flaschenbürsten und andere Reinigungsmittel bringt man am besten von Zuhause mit.

Transport und Gepäck

Lange Fahrten sind gerade für kleinere Kinder anstrengend, sodass man ihnen möglichst immer einen eigenen Sitzplatz besorgen sollte. Sinnvoll ist es, im **Reisegepäck** stets etwas Spielzeug bereitzuhalten, auch ein als MP3-Player nutzbares Smartphone oder Tablet mit Geschichten und Liedern hat sich auf längeren Strecken als Zeitvertreib bewährt. Auf jeder noch so kurzen Strecke sollten sich im Handgepäck immer etwas zu trinken, zu essen und ein Satz Wechselgarderobe befinden. Eine aufstellbare **Kindertrage/Kraxe** (oder ein **Maxi Cosi**) für die Kleinsten hat sich bewährt. Sie kann notfalls auch im Flugzeug aufgestellt werden und dem Kind somit ein Minimum an Bewegungsfreiheit geben.

Die neue Umgebung und die Eltern

Viele Probleme lösen sich wie von selbst durch das Entgegenkommen der ausgesprochen kinderfreundlichen Menschen. Kleine Touristen stehen schnell im **Mittelpunkt** des Interesses. Sie werden beschenkt und gestreichelt, fotografiert und geküsst – bisweilen bis zum Rande des Erträglichen. Manchmal brauchen sie etwas Unterstützung – ein Hut auf dem blonden Lockenkopf kann helfen, neugierige Hände fernzuhalten.

Bei einer Reise, bei der man keinen festen Standort hat, sind die mitreisenden Erwachsenen die einzigen verlässlichen **Bezugspunkte** der Kinder. Kleine Kinder werden sich entsprechend anklammern. Größeren Kindern, die kein Englisch sprechen, fehlen bisweilen Freunde, mit denen sie sich unterhalten können. Andererseits bieten Reisen mit Kindern die Möglichkeit, zahlreiche neue Erfahrungen zu machen und besondere Kontakte zu einheimischen Familien zu knüpfen. Wann sonst hat man die Gelegenheit, so viel Zeit mit den eigenen Kindern zu verbringen? Reisen bieten da fantastische Möglichkeiten.

Medien

In den Touristenzentren gibt's **Buchhandlungen**, die schöne **Bildbände**, **Reiseführer** und **Karten** verkaufen. Das größte Angebot haben die Periplus-Buchläden auf Bali (in Canggu, Sanur, Seminyak und Ubud). Eine recht gute Auswahl an Taschenbüchern, zumeist in englischer Sprache, aber auch auf Deutsch, halten **Secondhand-Buchläden** in Kuta, Ubud und Amed bereit. Auch viele Unterkünfte haben eine Auswahl an von anderen Gästen zurückgelassenen Schmökern, die während des Aufenthalts gelesen oder gegen ausgelesene Bücher eingetauscht werden können.

Einige Hotels speisen das Fernsehprogramm der **Deutschen Welle** ein, um ihren Gästen u. a. deutsche Nachrichten bieten zu können. Einfacher ist es, die aktuellen Nachrichten im Internet z. B. unter 🖥 www.tagesschau.de anzusehen.

Post

Die **Pos Indonesia**, 🖳 www.posindonesia.co.id, ist nicht immer verlässlich. Eine Postkarte oder ein Brief aus Bali kommt zumeist nach ein bis vier Wochen in Europa an. Per Luftpost ist ein Brief in der Regel etwa eine Woche unterwegs. Die günstigeren Optionen, Pakete auf dem Seeweg zu verschicken, wurden aufgrund der stark gestiegenen Frachtkosten in der Corona-Pandemie bis auf Weiteres eingestellt. In der Vergangenheit ließen Pakete auf dem Seeweg meist zwei bis drei Monate auf sich warten. Manche Briefe oder Pakete kamen auch gar nicht an.

Briefe und Postkarten können in allen Postämtern aufgegeben werden, die Preise können jedoch variieren. Pakete sollten lieber zum Hauptpostamt gebracht werden, wo es Hilfe beim Einpacken, Einnähen und Beschriften gibt. Postbeamte werfen gerne einen zollgeschulten Blick in die noch unverpackten Päckchen. Vor dem Versand muss eine **Zollerklärung** ausgefüllt werden, auf der der Inhalt und sein Wert detailliert dargelegt wird.

Achtung: In Deutschland kann der Zoll wesentlich strenger und unnachgiebiger sein als in Indonesien.

Die größten Postämter sind das **Kantor Pos Denpasar**, Jl. Raya Puputan, Denpasar, ✆ 0361-223 565, ⏰ Mo–Fr 7–22, Sa 7–18, So 9–14 Uhr, und das **Kantor Pos Kuta**, Gang Selamet, Jl. Raya Kuta, ✆ 0361-754 012, ⏰ Mo–Fr 7.30–20, Sa 7.30–19 Uhr.

Bei größeren Einkäufen sollte man eine **Spedition** beauftragen, falls sich nicht der Händler darum kümmert (in diesem Fall auf eine exakte Quittung bestehen). Speditionskosten schlüsseln sich nach Seefracht (bis zum jeweiligen Hafen) und Landfracht (Hafen–Heimatort) auf. Letztere kann ein Vielfaches der Seefracht betragen.

DHL, Jl. Legian 451, Legian, ✆ 0361-762 138, 🖳 www.dhl.co.id. Weitere Filialen am Flughafen, in Canggu, Denpasar, Nusa Dua, Sanur, Sukawati und Ubud. ⏰ Mo–Fr 9–17, Sa 9–14 Uhr.

Reisende mit Behinderung

Für Menschen mit einer Behinderung ist eine Reise durch Bali möglich, aber oft beschwerlich und nur jenen anzuraten, die bereit sind, sich Herausforderungen zu stellen. Reiseerfahrung, eine Begleitung und gute Kondition sind sicher von Vorteil.

Nur wenige Einrichtungen sind explizit auf körperlich eingeschränkte Gäste eingestellt. Allerdings nehmen **behindertengerechte Einrichtungen** zu, und Unterkünfte wie Veranstalter, insbesondere in den höheren Preisklassen, stellen sich auf die Bedürfnisse ihrer Gäste ein. Auf Bali gibt's viele Unterkünfte mit behindertengerechten Zimmern. Wer sich in Städten und Resorts aufhält, wird sicher eine Unterkunft finden, die nicht nur auf Rollstuhlfahrer, sondern auf Besucher mit Behinderungen allgemein eingestellt ist. Allerdings sollte man sich unbedingt im Voraus erkundigen, ob das gewählte Hotel auf die persönlichen Bedürfnisse zugeschnitten ist. Bei knapper Reisekasse und abseits der ausgetretenen Pfade findet man kaum noch behindertengerechte Einrichtungen. Die Balinesen sind hilfsbereite Menschen, und man wird immer jemanden finden, der einem bei Treppen oder anderen Hindernissen unterstützt.

Der **Transport** mit öffentlichen Verkehrsmitteln ist für Rollifahrer sehr umständlich. Zum Glück sind die Mietpreise für Autos aber günstig, und viele Modelle (Avenza, Xenia usw.) bieten genug zusätzlichen Platz für einen Rollstuhl.

Auch das **Internet** hilft auf vielen Seiten mit Tipps und Tricks, etwa unter 🖳 www.barrierefrei1.de und 🖳 www.reisenmitrollstuhl.de. Wer denkt, er könne mit einem Rollstuhl nicht die ganze Welt bereisen, wird auf 🖳 www.

Luftpost-Porto nach Deutschland	
Paket bis 10 kg	2,43 Mio. Rp
Paket bis 5 kg	1,44 Mio. Rp
Paket bis 3 kg	1,04 Mio. Rp
Paket bis 1 kg	490 000 Rp
Postkarte	9000 Rp

wheeliewanderlust.de, 🖳 www.mitschontour.de 🖳 www.find-your-road.com eines Besseren belehrt. Ein Forum mit Infos und Adressen ist 🖳 www.enableme.de.

Bali Access Travel, ☏ 0361-851 9902, 0813-3776 6544, 🖳 www.baliaccesstravel.com.
Das erste Unternehmen auf Bali, das Betreuung, Transport und individuell zusammengestellte Touren für körperlich behinderte Menschen anbietet. Mit gut ausgebildeten Guides, feinfühligem Pflegepersonal und rollstuhlgerechten Fahrzeugen sorgen sie für eine schöne Zeit. Rollstuhlverleih und kostenpflichtiger Service, der Unterkünfte auf behindertengerechte Faktoren hin überprüft oder geeignete vorschlägt.
Bundesverband Selbsthilfe Körperbehinderte – Reiseservice (BSK-Reisen GmbH),
Altkrautheimer Str. 20, 74238 Krautheim,
☏ 06294-428 150, 🖳 www.bsk-reisen.org.
Die Organisation vermittelt Reiseassistenten, organisiert Reisen und hilft mit Ratschlägen.
Procap Reisen & Sport - Tourismus inklusiv - Fachstelle für barrierefreies Reisen,
Frohburgstr. 4, 4600 Olten, ☏ 062-206 8830,
🖳 www.procap-reisen.ch/tourismus-inklusiv.
Infos und Empfehlungen, Reiseführer für Behinderte, Touren und Austauschprogramme.
NatKo – Nationale Kommunikationsstelle Barrierefrei im Alltag, Speditionsstr. 21, 40221 Düsseldorf, 🖳 www.natko.de. Die Nationale Koordinationsstelle Tourismus für Alle unterstützt barrierefreies Reisen.

Sicherheit

Wertgegenstände

Nichts kann den Spaß am Reisen mehr verderben als der Verlust von Wertsachen. Es passiert immer wieder, dass Taschen entwendet, Zimmer aufgebrochen und durchwühlt werden oder ein netter „Freund" mit der Kamera das Weite sucht. Auch in einem Minibus verschwindet schnell mal etwas aus einer Tasche. Da Urlauber ihre Wertsachen fast immer mit sich führen,

Im Notfall

Wenn etwas gestohlen wurde, muss die **Polizei** verständigt werden. Eine etwaige Reisegepäckversicherung zahlt nur bei Vorlage eines Polizeiprotokolls. Manchmal wird dafür eine Gebühr von 100 000 Rp verlangt. Ist es nicht in Englisch abgefasst, lässt man es am besten umgehend übersetzen und beglaubigen.
Allerdings ist die Polizei bei Zwischenfällen mit Ausländern oft daran interessiert, etwas Geld zu verdienen. Man sollte keine gerechte Behandlung erwarten, denn häufig wird die Entscheidung von finanziellen Zuwendungen abhängig gemacht, was der Willkür Tür und Tor öffnet.
Speziell für die Probleme ausländischer Touristen ist die **Tourist Police** zuständig, 24-Std.-Hotline ☏ 0361-224 111.

sind sie einem erhöhten Diebstahlrisiko ausgesetzt. Gegenüber Reisebekanntschaften ist daher immer eine gesunde Skepsis angebracht.

Die einfachste Lösung besteht darin, möglichst wenige Wertsachen mit sich zu führen. Teurer Schmuck gehört nicht ins Reisegepäck, und im Hotel kann Wertvolles im **Safe** verschlossen oder gegen Quittung abgegeben werden (niemals Kreditkarten abgeben). Den Reisepass muss man nicht überallhin mitnehmen. So genügt bei nassen Bootsfahrten durchaus eine **Fotokopie**. **Tipp**: Gepäck zusätzlich mit kleinen Vorhängeschlössern und einem leichten Fahrradschloss absichern.

Der Handtasche ist ein **Tagesrucksack** vorzuziehen, da dieser nicht ohne weiteres vom Körper gerissen werden kann. Allerdings kann er leicht aus Fahrrad- und Mopedkörben gestohlen werden, auch während der Fahrt, was zu Unfällen führt. Wer Geld und Papiere nicht sicher einschließen kann, sollte stets eine unauffällig unter der Kleidung getragenen **Geldgürtel** umhaben. Geldscheine sind in Hosentaschen oder Brusttaschen sicherer aufgehoben als in Handtaschen und Portemonnaies. Unsicher sind dicke Bauch- oder Nierentaschen. Abzuraten ist ebenso vom Tragen wertvollen Schmucks oder vom Prahlen mit großen Geldbeträgen.

Einbruch und Diebstahl

Manche Zimmer in billigen Unterkünften sind nur mit einem Vorhängeschloss zu verschließen. Man erhält zwar ein Schloss und einen Schlüssel, doch ein **eigenes Hängeschloss** für die Tür verspricht mehr Sicherheit. Insbesondere in Schlafsälen und Gästehäusern kann es hin und wieder zu Diebstählen kommen, nicht selten durch Mitreisende. Manchmal wird das Gepäck von unehrlichen Mitarbeitern der Unterkunft durchwühlt oder Geld aus dem Safe gestohlen. Außerhalb der Hotels ist die Gefahr von Diebstählen an Orten mit vielen Touristen am größten: in überfüllten Bussen und auf Schiffen, an Stränden und nicht zuletzt in Touristenzentren.

Strafbare Handlungen

Drogen

Von jeglichen Drogen sollte man die Finger lassen damit der Aufenthalt in Indonesien nicht ungeplant verlängert wird – und zwar hinter Gittern. Gerade im Nachtleben von Kuta werden sie Ausländern beinahe aufgedrängt – vor allem von Dealern, die die Polizei anheuert, um Erfolge bei der Drogenbekämpfung vorzuweisen.

Die Strafen sind drastisch genug: Allein der Konsum (!) kann zwei bis drei Jahre Gefängnis nach sich ziehen. Der Besitz selbst geringer Mengen von Cannabis oder anderen Drogen

Zur Sicherheit

Alle **wichtigen Reisedokumente** zu Hause abfotografieren oder scannen und an die eigene E-Mail-Adresse schicken oder in die Cloud laden, eventuell auch Telefonnummern, Medikamentennamen, Blutgruppe, Impfpass usw. So können diese im Notfall unterwegs abgerufen werden.
Zudem sollten nach der Einreise Fotos vom Visum und Einreisestempel gemacht werden, um bei Diebstahl seine Aufenthaltsberechtigung nachweisen zu können und bei den notwendigen Behördengängen Zeit zu sparen. Der Verlust der Papiere kostet immer viele Nerven. Adressen der Botschaften und Konsulate S. 36.
Auch Fotos von aufgegebenen Gepäckstücken können sich bei Verlust des Fluggepäcks als große Hilfe erweisen.

Tsunami-Gefahr auf Bali

Die Schönheit der balinesischen Natur und die damit verbundenen Gefahren wie Erdbeben, Tsunamis und Vulkanausbrüche sind zwei untrennbare Seiten einer geologisch sehr dynamischen Region. Tsunamis treten sehr selten auf, haben aber eine verheerende Wirkung. Sie werden in den meisten Fällen von stärkeren Erdbeben verursacht. Da eine solche **Erdbebenzone** dicht vor Balis Küsten liegt, ist die Zeit zwischen Erdbeben und möglichem Auftreten eines Tsunamis sehr kurz. Deswegen sollte man sich frühzeitig mit den Vorsichtsmaßnahmen vertraut machen.
Jedes fühlbare Erdbeben ist ein erstes **Warnsignal**. Strände oder Flussuferbereiche in Küstennähe sollten umgehend verlassen werden. Ein rapides Zurückweichen der Wasserlinie ist ein weiteres Warnzeichen. Viele der großen Hotels haben Vorsorgepläne und Evakuierungswege ausgewiesen. Indonesien hat mithilfe deutscher Unterstützung ein **Tsunami-Frühwarnsystem** errichtet. Das nationale Warnzentrum in Jakarta gibt bereits innerhalb weniger Minuten nach einem starken Erdbeben eine Tsunami-Warnung oder -Entwarnung bekannt, die u. a. über Radio und Fernsehen verbreitet wird. An Stränden auf Bali (z. B. in Kuta, Legian, Nusa Dua und Sanur) wurden Sirenen installiert, die bei Tsunami-Gefahr aktiviert werden. Allerdings sind längst nicht alle Strandabschnitte abgedeckt. Weitere Informationen gibt's beim Deutsch-Indonesischen Projekt zur Tsunami-Frühwarnung, 🖥 www.gitews.de, und beim Indian Ocean Tsunami Information Center, 🖥 www.ioc-tsunami.org.

Ein Beitrag von Harald Spahn, GIZ-Experte für Tsunami-Frühwarnsysteme

bringt vier bis zwölf Jahre, dazu Geldstrafen ab 800 Mio. Rp. Bei Handel oder Schmuggel von Drogen (dazu zählen auch narkotische Medikamente ohne Rezept oder in zu hoher Dosierung!) droht gar die Todesstrafe. Mitwisser, die nicht die Polizei verständigen (betrifft häufig Ehefrauen), werden mit maximal einem Jahr bestraft. Informanten bleiben anonym und erhalten in vielen Fällen eine Belohnung. Bali ist also längst nicht mehr das Hippie-Paradies, das es vor 30 Jahren war. Zahlreiche Ausländer sitzen wegen Drogendelikten im berüchtigten Gefängnis von Kerobokan langjährige Strafen ab.

Gewarnt sei auch vor sogenannten **Magic Mushrooms**, die mittlerweile gesetzlich verboten sind, aber mancherorts nach wie vor angeboten werden. Sie haben ihre Tücken, bewirken Halluzinationen und Angstzustände.

Achtung: Unter Drogeneinfluss (auch Alkohol) sollte man keinesfalls Motorrad fahren oder schwimmen. Letzteres ist wegen der starken Strömungen an einigen Orten schon in nüchternem Zustand nicht ungefährlich.

Nacktbaden

Per Gesetz verboten ist **Nacktbaden**. Wer dabei erwischt wird oder in Badekleidung außerhalb der Strände herumläuft, kann mit bis zu drei Jahren Gefängnis bestraft werden. Zumindest in Süd-Bali ist die Polizei aus Angst, Touristen zu vergraulen, in der Regel nachsichtig. Dennoch ist es strafbar und den einheimischen Moralvorstellungen gegenüber respektlos, in Bikini oder Badehose in Restaurants zu sitzen oder durch die Straßen zu schlendern.

Sport und Aktivitäten

Wer sich aktiv betätigen möchte, findet auf Bali und Lombok abwechslungsreiche Gelegenheiten. An den Küsten ist Wassersport aller Art möglich, im Hinterland und den Bergregionen können Vulkane bestiegen und bei Trekking- oder Mountainbiketouren die ursprüngliche Seite der Inseln kennengelernt werden. Auch mit dem Motorrad lassen sich reizvolle Gegenden erkunden.

Abenteuer und Touren

Ein Tagesausflug mit dem **Mountainbike**, eine geführte **Wanderung**, eine **Rafting-**, **Canyoning-** oder **Trekkingtour** ermöglichen es, einen Blick auf das „wahre" Bali zu erhaschen, traditionelle Dörfer kennenzulernen und die geheimnisvolle Natur zu erforschen. Sämtliche Aktivitäten können vor Ort außerhalb der Hochsaison mit etwas Verhandlungsgeschick preiswerter gebucht werden. Der Transport vom Hotel zum Ausgangspunkt und zurück ist im Preis inkl. Alle Preise gelten pro Person.

Weitere Empfehlungen finden sich in den Regionalkapiteln, besonders in Ubud (S. 223).

Anbieter

Adventure and Spirit, Jl. Raya Mas 62, Mas, ✆ 0853-3388 5598, 🖥 http://adventureandspirit.com, www.instagram.com/adventureandspirit. Im vielgelobten Angebot sind eine ganze Reihe von abenteuerlichen Canyoning-Touren durch die Natur ab US$150, bei denen neben Abseilen entlang von Wasserfällen, Klettern, Rutschen und Schwimmen auch Wandern und Höhlenerkundungen auf dem Programm stehen.

Bali VW Cabriotour, ✆ 0814-3870 1548, 🖥 www.balivwcabriotour.com. Bei den abwechslungsreichen Touren von Gent und Made in ihren klassischen VW-Kübelwagen erfährt man in fließendem Deutsch viel Wissenswertes und kann Bali abseits der Touristenmassen kennenlernen. Tagestouren kosten 53–60 €, die Batur-Besteigung 70 €. Zudem können die Autos auch für 86 € pro Tag gechartert werden. Dann bleibt es jedem selbst überlassen, wo es hingeht.

Cocostravel, Jl. Sekuta, Gang Ester 10, Sanur, ✆ 0813-3764 0179, 🖥 www.cocostravel.de. Der Deutsche Werner Duderstadt und sein engagiertes Team veranstalten mehrtägige, abenteuerliche Touren mit dem Mountainbike durch Bali, Java und Lombok. Die 5-tägige Entdeckungstour durch Bali gibt's ab 579 €. Zudem Tagestouren mit dem Bike ab 65 € und Trekkingtouren ab 60 €. Verleih von ordentlichen Hardtail-Mountainbikes für 70 € pro Woche.

Mason Adventures, Jl. By Pass Ngurah Rai, Pesanggaran, ✆ 0811-397 9480, 🖥 www.

Radtour bei Munduk: fantastischer Blick auf die Bergseen Danau Tamblingan und Danau Buyan

masonadventures.com. Das breit gefächerte Programm des sehr kommerziellen, relativ teuren Anbieters beinhaltet Rafting auf dem Yeh Ayung ab 995 000 Rp, einfaches Downhill-Mountainbiking ab 850 000 Rp oder Trekking ab 775 000 Rp. Kinder zahlen etwa 30 % weniger.

Motor Adventure Bali, Jl. Teuku Umar Barat 268, Seminyak, ℡ 0361-934 6297, 🖥 www.motor-adventure-bali.com. Unter Leitung des Deutschen Chris werden nicht nur gut gewartete Motorräder angeboten (S. 71), sondern auch Motorrad-Tagestouren auf Bali ab US$95 und abenteuerliche mehrtägige Programme auf der Insel der Götter, Lombok, Java, Flores, Sumbawa und Sumba veranstaltet.

Nicktours, Jl. Danau Tamblingan 68, Sanur, ℡ 0361-287 792, 0812-376 8767, 🖥 www.nicktours.com. Empfehlenswerter, professioneller Veranstalter unter dänischem Management. Das breite Angebot umfasst Mountainbiking (700 000 Rp), Vulkanbesteigungen (Gunung Batur 950 000 Rp), Schnorchelausflüge (ab 700 000 Rp) und Touren nach Lombok, Komodo, Flores, Sumba, Java, Sumatra, Sulawesi, Kalimantan oder West-Papua. Autovermietung mit Fahrer für 750 000 Rp pro Tag. ⏰ Mo–Fr 9–17 Uhr.

Sobek, ℡ 0817-975 2345, 🖥 www.balisobek.com. Der etablierte Anbieter veranstaltet seit 1989 White Water Rafting auf dem landschaftlich imposanten Yeh Ayung (Stufe 2 und 3) und abenteuerlicher auf dem Telaga Waja (Stufe 3 und 4), zudem Fahrradtouren um Ubud und Mountainbiking am Batur. Alle Touren kosten US$79, Kinder bis 15 Jahre US$52 inkl. Mittagessen. Zudem geführte Wanderungen um Ubud für US$65. Es wird viel Wert auf Sicherheit gelegt.

Surfen, Stand-Up-Paddling und Wakeboarding

Die Inseln Bali und Lombok sind ein wahres **Paradies für erfahrene Wellenreiter**. Nicht ohne Grund finden hier jedes Jahr internationale Wettkämpfe statt. Die meisten Surfspots sind nur für Profis empfehlenswert, da die kräftigen Wellen über Riffen brechen und so jede kleine Unachtsamkeit schmerzhaft, wenn nicht gar fatal enden kann. Auch die unberechenbaren, starken Strömungen leisten ihren Beitrag dazu, dass traumhafte Bedingungen für Profisurfer herrschen.

Zum Glück gibt's aber auch Strände, die sich für die ersten Stehversuche eignen. Besonders in Kuta und Legian auf Bali finden sich **Surfschulen**, die Anfängerkurse veranstalten (S. 157). Die Strände um Canggu (S. 172) sowie Padang Galak und Keramas (S. 237) nordöstlich von Sanur sind beliebte Ziele für Fortgeschrittene, ebenso wie Pantai Balian (S. 254) und Pantai Medewi (S. 255) im Westen von Bali. Im äußersten Süden an den zerklüfteten Stränden der Bukit-Halbinsel (S. 189) sollten sich nur erfahrene Wellenreiter ins Wasser trauen, dies trifft besonders auf den legendären Uluwatu Break am Suluban Beach (S. 191) und auf Padang Padang am gleichnamigen Strand (S. 191) zu. Gleiches gilt für die Strände rund um Kuta Lombok (S. 359).

Surfspots auf Bali und Lombok mit detaillierten Bewertungen, Bildern und Erfahrungsberichten finden sich auf 💻 www.baliwaves.com, 💻 www.fb.com/baliwaves und 💻 www.wannasurf.com/spot/Asia/Indonesia, sowie im Reiseführer **Surf Bali** von Petra Hess, Melissa Schumacher und Barbara Nickl (Indojunkie 2017, auch als E-Book), einem umfassenden Werk zum Thema Surfen auf Bali.

Wer sich im Fitness und Gleichgewichtssinn zuträglichen **Stand-Up-Paddling (SUP)** – bei dem der Sportler aufrecht auf einem großen Surfbrett steht und sich mithilfe eines Paddels fortbewegt – versuchen möchte, findet im ruhigen Wasser vor Sanur (S. 176) und Jimbaran (S. 187) die besten Bedingungen vor. Zudem können in Karma Beach Club (S. 194) und Sundays Beach Club (S. 194) im Süden der Bukit-Halbinsel SUP-Boards ausgeliehen werden.

Ein **Wakeboarding**-Parcour, bei dem Besucher an einer Stahlseilkonstruktion entlang gezogen werden und sich dabei an Schanzen und Hindernissen versuchen können, befindet sich im Bali Wake Park (S. 187) an der Zufahrt zum Benoa Harbour.

Tauchen

Bali und Lombok sind für ihre lebendige Unterwasserwelt bekannt. Besonders vor den Küsten im Nordwesten und Osten der Insel Bali, den

---

Die beliebtesten Tauchreviere vor Bali und Lombok

Amed und Tulamben Das beliebteste und meistbesuchte Tauchziel der Insel. 5 Min. vor der Küste, Riffe in 6–30 m Tiefe und das Wrack der USAT Liberty, die 1942 von Japanern versenkt wurde. Sehr fischreich, kaum Strömungen. Sicht 10–20 m.
Gili Trawangan, Gili Meno und Gili Air Mehr als 20 ebenfalls für Anfänger geeignete Tauchspots. Am Shark Point gibt's auch Weißspitzen-Riffhaie zu sehen. Sichtweiten von 10–40 m.
Nusa Penida Sehr fischreiche Riffe mit Steilabfällen, zu erreichen über Padang Bai oder Sanur. Sicht ca. 15 m. Starke, unberechenbare Strömungen, die mitunter richtig gefährlich sein können.
Padang Bai Relativ flache Riffe, 15 Min. mit dem Auslegerboot vom Strand entfernt. Sicht 6–15 m. Keine starken Strömungen, aber recht niedrige Wassertemperaturen.
Pulau Menjangan Steil abfallende und zerklüftete Riffe, 30 Min. mit dem Boot von Labuan Lalang entfernt. Sehr gute Sichtweiten von 25–50 m. Die Insel ist Teil des Bali-Barat-Nationalparks.
Pulau Tepekong Äußerst fischreiche, steil abfallende Riffe und ein Unterwasser-Canyon. 30 Min. mit dem Boot ab Nusa Dua oder Padang Bai. Sicht 6–20 m. Wegen starker Strömungen nur für erfahrene Taucher geeignet.
Sanur und Nusa Dua Nicht die besten Riffe, aber fischreich, in Strandnähe und in wenigen Minuten mit dem Boot zu erreichen. Sicht 8–15 m.
Detaillierte Informationen zu einzelnen Tauchgebieten findet man in den Regionalkapiteln sowie unter 💻 www.taucher.net.

Tempel der Erholung und Ruhe

Bali weist wohl die höchste Konzentration an **Spas** in Südostasien auf, wenn nicht gar weltweit. Legendär sind die Wellnesspaläste in den Luxushotels, aber auch weniger Betuchte kommen etwa im Jari Menari in Seminyak, den Smart Salons in Kuta oder dem Nur Salon & Spa in Ubud auf ihre Kosten. Weitere Empfehlungen finden sich in den jeweiligen Regionalkapiteln.

Von warmen und kalten Pools eröffnet sich ein unverstellter Blick über Reisterrassen. Im orientalischen Stil gestaltete Behandlungsräume gehen nahtlos in üppig-grüne Tropengärten über. In dieser Umgebung ist es ein Genuss, sich von geschickten Händen die Muskulatur lockern zu lassen und durch ein Körper-Peeling die alte Haut abzustreifen, in einem Bad bedeckt von Hibiskus- und Jasminblüten im warmen Wasser zu schweben und in Joghurt oder Papayamus gepackt vor sich hin zu träumen. Auch kann man sich mit meditativer Musik auf der Entspannungsterrasse bei einer Tasse aromatischen Tees ausruhen und die betörenden Düfte ätherischer Öle aus Sandelholz, Zitronengras oder Ylang-Ylang einatmen, die unsere Sinne umschmeicheln und Verspannungen lösen. Es ist eine rituelle Reinigung, bei der unser Körper seine Balance wiederfindet und der Geist zur Ruhe kommt.

Im **Angebot** ist eine internationale Vielfalt: Ayurveda aus Sri Lanka, Massagen im thailändischen oder schwedischen Stil, Akupressur und Kinesiologie aus China, Shiatsu aus Japan und selbst Lomi Lomi aus Hawaii sowie Behandlungsmethoden aus der westlichen Badekultur, wie Fangopackungen, Wassergymnastik und Kneippkuren, die mit traditionellen asiatischen Methoden eine Symbiose eingehen. In erster Linie begeistern jedoch die ureigenen balinesischen Therapieformen: die kräftige traditionelle Massage mit einheimischen Ölen und Kräutern sowie die zartfühlende, zuvorkommende Art der Balinesen und ihre grundsätzlich große Bereitschaft, offen auf Fremde zuzugehen.

Massagen und Heilkräuter sind ein wesentlicher Bestandteil des balinesischen Alltags und damit auch des Gesundheitssystems. Traditionell werden viele Zutaten der balinesischen Küche wie Kokosöl, Kardamom, Gelbwurz, Pfeffer, Muskatnuss und Ingwer verwendet. Sie entfalten auch bei äußerlicher Anwendung ihre wohltuende Wirkung. Selbst Kaffee, Reis, Joghurt, Papaya und Karotten kommen zum Einsatz.

---

vorgelagerten Nusa Lembongan und Nusa Penida sowie den Gilis bei Lombok bieten sich gute Bedingungen für Taucher. Tauchspots s. Kasten S. 64.

Beim Tauchen wird mancher einen guten Eindruck davon bekommen, wieviel Plastikmüll bereits in den Ozeanen treibt, und danach hoffentlich versuchen, mit weniger Plastik auszukommen.

Nähere Auskünfte zu Tauchschulen und Tauchspots enthalten die Empfehlungen in den Regionalkapiteln. Die Preise beginnen bei 800 000 Rp für zwei Tauchgänge, können aber abhängig vom Tauchgebiet bei längeren Anfahrten deutlich höher liegen. Bevor man sich für einen Anbieter entscheidet, sollten die Ausrüstung, gegebenenfalls auch das Boot, in Augenschein genommen werden.

Wellness

An den Stränden in Süd-Bali, Senggigi und auf Gili Trawangan sowie in zahllosen kleinen Salons bieten **Massagefrauen** ihre Dienste an. Ab 80 000 Rp ölen sie den Körper ein und kneten ihn in rund einer Stunde von oben bis unten kräftig durch. Die meisten Frauen haben keinerlei Ausbildung, es entspricht jedoch der balinesischen Tradition, wenn gegen den venösen Blutstrom ausgestrichen wird.

In jedem Dorf gibt es *Tukang Pijit,* weibliche wie männliche **Masseure** und Heiler; manche von ihnen können sogar gebrochene Knochen richten und Krankheiten behandeln. Ihr Wissen wird von Generation zu Generation weitergegeben. Ziel ist es, die Körperenergien ins Gleichgewicht zu bringen und zwischen den ewigen

Gegensätzen des kosmischen Kreislaufs die Balance wiederherzustellen. Dabei wird die Muskulatur nicht geknetet, sondern gestreckt, gedehnt und an den Energiepunkten fest gedrückt, wobei diese mit sanften, ausstreichenden Bewegungen miteinander verbunden werden.

Eine richtige Massage dauert um die zwei Stunden, längere Behandlungen mit Packungen, Bädern, kosmetischen Kuren und anderen Therapien können durchaus einen ganzen Tag in Anspruch nehmen.

Wer Erholung für Körper und Geist sucht und Stress abbauen möchte, kann sich in einem **Spa** mit Thermal- und Blütenbädern, Massagen aller Art, Packungen und anderen wohltuenden Körperbehandlungen in luxuriöser Atmosphäre entspannen (s. Kasten S. 65).

Telefon und Internet

Handys gehören genauso zum Alltag wie das Internet. Wer sich die nach wie vor saftigen Roaming-Gebühren der heimischen Mobilfunkgesellschaften sparen möchte (1–3 € pro Min.), sollte sich eine indonesische **Prepaid-SIM-Karte** besorgen und diese am besten gleich beim Kauf aktivieren lassen oder eine **eSIM** kaufen.

Mobilfunk

SIM-Karten

Selbst in kleinsten Dörfern gibt's Stände, die SIM-Karten und Prepaid-Guthaben (Pulsa) verkaufen. Die **Preise** für SIM-Karten variieren sehr stark je nach Inklusivguthaben, Lage des verkaufenden Geschäfts und Laune des Verkäufers. Sie beginnen bereits bei 10 000 Rp, am Flughafen oder in den Touristenzentren (besonders Kuta) werden teils extrem überhöhte Preise verlangt.

Achtung: Die International Mobile Equipment Identity (IMEI)-Nummer von jeglichen mit einer SIM-Karte ausgestatteten Geräten, die vor Ort genutzt werden, muss registriert werden. Die Geräte können vor bzw. bei Einreise oder binnen 60 Tagen nach Einreise erfasst werden. Ohne diese Registrierung wird die Nutzung mit einer indonesischen SIM-Karte blockiert.

Vorwahlen			
Australien	0061	**Österreich**	0043
Indonesien	0062	**Schweiz**	0041
Deutschland	0049	**Singapore**	0065
Malaysia	0060	**Thailand**	0066

Neue SIM-Karten müssen also registriert werden, was theoretisch nur in den offiziellen Shops der Mobilfunkanbieter möglich ist. Viele Verkäufer in der Provinz registrieren die gekaufte Karte jedoch schlichtweg auf ihren eigenen Namen.

Den aktuellen **Guthabenstand** erfährt man über die Apps der jeweiligen Anbieter, etwa die MyTelkomsel-App. Auch Internetpakete lassen sich so am einfachsten buchen und kontrollieren. Alternativ wählt man bei Telkomsel die *888#. Unter der *999# kommt man bei Telkomsel ins Hauptmenü, in dem alle möglichen Tarifoptionen gebucht werden können.

eSIM

Eine neuere Alternative sind eSIM-Karten, die bei geeignetem Smartphone die physische SIM-Karte durch eine digitale ersetzen. Es gibt international agierende Vermittler, wie etwa **Airalo**, 🖵 www.airalo.com, die eSIMs für nahezu alle Länder anbieten. Zu beachten ist, dass die eSIMs nur zur Datennutzung berechti-

Wichtige Telefonnummern	
Polizei	112
vom Handy	110
Tourist Police	0361-224 111
Feuerwehr	112
vom Handy	113
Ambulanz	118 oder 119
Immigration	0361-846 8395
Flughafen	0361-935 1011

gen – man erhält also keine indonesische Mobilfunknummer. In Zeiten von Messengern wie WhatsApp oder Signal sollte das allerdings kein großes Problem darstellen.

Aktuell bekommt man so z. B. für US$11 3 GB oder für US$25 10 GB, jeweils für die Nutzungsdauer von 1 Monat im gut ausgebauten Netz des Marktführers Telkomsel. Für Besucher, die mehrere Länder in Südostasien bereisen, gibt's zudem **Asialink-eSIMs**, die für einen geringen Aufpreis bis auf Singapore alle Länder der Region beinhalten.

Netzabdeckung

Wenn man sich nur in den Touristenzentren und Hauptorten aufhält, können bedenkenlos Karten jedes Unternehmens genutzt werden. Soll die Reise auch in entlegene Regionen führen, lohnt eine Karte des Marktführers **Telkomsel** (Telkomsel PraBayar oder Halo, 🖥 www.telkomsel.com).

Dann ist die Netzabdeckung auch außerhalb der Ballungszentren erstaunlich gut. Oftmals ist eine schnelle LTE-Verbindung (4G) verfügbar, die auch datenintensivere Anwendungen wie das Streamen von Videos ermöglicht. Mancherorts sind die 4G-Netze zu Stoßzeiten so überlastet, dass ein Rückgriff auf die langsameren, aber zuverlässigeren UMTS-Netze (3G) zu empfehlen ist. Das 5G-Netz befindet sich hingegen noch in den Kinderschuhen.

Gespräche

Gespräche innerhalb Indonesiens kosten je nach Aufenthaltsgebiet, Tarif und Tageszeit mit einer Telkomsel-PraBayar-Karte, 🖥 www.telkomsel.com/en/prabayar, maximal 1300 Rp pro Min. (ca. 8 Cent). Netzinterne Gespräche sind oft deutlich günstiger.

Um ein günstiges **Gespräch nach Deutschland** zu führen, wird die 01017 vor der eigentlichen Nummer gewählt (also z. B. 01017-49-30-1234567). Dann zahlt man 1500 Rp pro Min. (ca. 9 Cent).

Bei bestehender Internetverbindung sind Gespräche über **Skype** zu Festnetznummern in Deutschland für zurzeit 2,4 Cent pro Minute plus 5 Cent Verbindungsgebühr und zu Handynummern für 10,3 Cent pro Minute plus 9,1 Cent Verbindungsgebühr möglich.

Kostenlos sind schließlich Gespräche über die gängigen **Messenger-Apps** wie etwa WhatsApp oder Signal.

Datentarife

Sinnvoll ist die Buchung günstiger **Datenpakete**, die es in unüberschaubar vielen Varianten gibt. Besonders an Orten ohne zuverlässige Internetverbindung empfiehlt sich die Nutzung des mobilen Internets als unkomplizierte Alternative.

Am einfachsten ist die Buchung der Pakete über die MyTelkomsel-App. Hier wählt man im Hauptmenü unter den Unterpunkten „Package" das gewünschte Datenpaket aus. Alternativ kann die *363# eingegeben und das entsprechende Paket ausgewählt werden. Das verbleibende Internetguthaben kann in der App oder über das Kürzel *889# abgerufen werden.

Anrufe aus Deutschland

Am günstigsten ist es, wenn man sich von den Daheimgebliebenen (vorausgesetzt, sie besitzen noch einen Telekom-Telefonanschluss) per **Call-by-Call** zurückrufen lässt. Hier kann man ab 2,95 Cent pro Minute indonesische Mobiltelefone anrufen. Die aktuellen Preise erfährt man unter 🖥 www.teltarif.de.

Bei bestehender Internetverbindung sind Gespräche über **Skype** zu Mobilfunknummern in Indonesien für 6,7 Cent pro Minute plus 9,2 Cent Verbindungsgebühr möglich.

Transport

Es steht ein breites Angebot an Verkehrsmitteln zur Verfügung, sodass jeder Ort auf Bali in weit unter einem Tag zu erreichen ist. Wer auf ein eigenes Transportmittel legt, hat die Wahl zwischen Minibus oder Auto mit Chauffeur, Mietwagen, Motorrad oder Fahrrad. Öffentliche Verkehrsmittel sind Minibusse (Angkot), Taxis und Busse. Zudem können vielerorts Fahrten mit Privatautos und Motorrädern über die beliebten **Apps Gojek und Grab** gebucht werden. In manchen Touristenhochburgen bzw. an spezifischen Stränden sind diese jedoch verboten.

Es existieren sehr ehrgeizige Pläne, die überlastete Verkehrsinfrastruktur massiv auszubauen: So sollen Highways, die den Süden mit dem Norden und Westen verbinden, und im Süden ein Schienennetz aufgebaut werden. Inwieweit diese hochfliegenden, enorm kostspieligen Vorhaben in die Tat umgesetzt werden können, wird nur die Zukunft zeigen. Im Zuge der Corona-Pandemie und des damit einhergehenden Stillstands der Tourismusindustrie sind sie sicher nicht wahrscheinlicher geworden.

Nahverkehr

Minibusse (Angkot)

Ein Angkot (Angkutan Kota, manchmal auch Bemo genannt) ist ein Minibus in der Größe eines Transporters, der festgelegte Strecken abfährt und auf der Straße angehalten werden kann. Sie verkehren immer seltener, da mehr und mehr Einheimische private Transportmittel besitzen. Es gibt keine festen Abfahrtszeiten, sondern es geht los, wenn nach Meinung des Fahrers keine weitere Person Platz hat. Besonders an Markttagen oder nach Schulschluss kann dies eine hautnahe Erfahrung werden. Start- und Endpunkt einer Route liegen oft in der Nähe eines Marktes oder Busbahnhofs. Vor einer Fahrt sollte man sich bei Einheimischen über den Preis informieren und das Geld passend bereithalten. Auf eine höhere Preisforderung sollte gar nicht erst eingegangen werden. Macht der Minibus auf Wunsch einen Umweg, so ist es besser, eventuelle Extrakosten bereits im Vorfeld zu klären. Ist z. B. die reguläre Fahrt nach 25 km an einem Marktplatz zu Ende und man wird noch 2 km weiter zum Strand gebracht, so kann es geschehen, dass sich der Fahrpreis verzehnfacht. Der Fahrer nimmt stillschweigend an, man hätte sein Fahrzeug gechartert.

Taxis

In den Touristenzentren Kuta, Legian, Seminyak und Sanur gibt's Taxis, doch viele schalten ihr Taxameter nicht anstandslos ein. Besonders zu späterer Stunde wollen die Fahrer häufig kein Taxameter verwenden, und der Preis muss vor Antritt der Fahrt ausgehandelt werden. Die Einschaltgebühr inkl. des ersten Kilometers beträgt auf Bali je nach Unternehmen 6000–7500 Rp, jeder weitere Kilometer kostet 5000–6600 Rp und die Wartezeit 750 Rp pro Minute.

Am empfehlenswertesten sind die **Blue-Bird-Taxis** (immer auf den Namen achten, denn andere Unternehmen haben das Logo und die Farbe der Taxis nahezu perfekt kopiert). Die Autos sind stets in einem gepflegten Zustand und mit einer funktionierenden Klimaanlage ausgestattet, die Fahrer sind freundlich und zuverlässig. Sollte man ein Gepäckstück im Taxi vergessen, hat man gute Chancen, es wiederzubekommen.

Taxis erreicht man rund um die Uhr über **Blue Bird Bali**, ✆ 0361-701 111, Customer Care Center: 021-797 1245, 0811-1794 1234, 🖥 www.bluebirdgroup.com. Für eine telefonische Bestellung müssen sich die Fahrtkosten mindestens auf 30 000 Rp belaufen. Zudem kann man über die Blue-Bird-App auf dem Smartphone Taxis rufen und bargeldlos bezahlen.

Preisgünstige Alternativen für Fahrten mit Privatwagen und Motorrädern sind die Apps **Gojek** und **Grab**, die anzeigen, wo sich das georderte Fahrzeug aktuell befindet und wie viel die Fahrt kosten wird. Hier sind auch bargeldlose Zahlungen möglich.

Fahrrad

Für Fahrräder zahlt man in Süd-Bali und Ubud ab 25 000 Rp pro Tag, auf Gili Trawangan, Gili Meno und Gili Air 40 000–50 000 Rp. Im Stadtgebiet von Denpasar, auf allen Hauptstraßen sowie im verkehrsreichen Süden ist Radfahren abseits der Strandpromenade von Sanur nicht zu empfehlen. Schwierige Bergstrecken können samt Drahtesel auch im Minibus bewältigt werden.

Transport über die Insel

Wer sich auf Bali selbstständig mit einem Mietfahrzeug bewegen will, sei gewarnt: Der **Verkehr** ist dicht, für Unerfahrene oft gefährlich und endet manchmal sogar tödlich. Motorräder sind die am häufigsten genutzten Fortbewegungsmittel. Im dicht besiedel-

Umgang mit Verkehrsstrafen und dem Internationalen Führerschein

Selbst bei kleinen Verkehrsvergehen verlangt die Polizei mancherorts – besonders in Süd-Bali und Ubud – von Westlern unverschämt hohe **Strafen** von bis zu 2 Mio. Rp. Man sollte sich auf keinen Fall auf eine längere Diskussion einlassen, sondern bestimmt darauf hinweisen, dass man die Situation auch vor Gericht klären könnte. Da dort die Maximalstrafe bei 200 000 Rp liegt, wird sich schnell eine günstigere Lösung finden.

Auch wer keinen **Internationalen Führerschein** vorweisen kann, muss mit einer Strafe rechnen. Die Polizei auf Bali hat diese Einnahmequelle entdeckt und kontrolliert besonders hellhäutige Roller- und Motorradfahrer fleißig und regelmäßig. Normalerweise reicht es – wie bei anderen Vergehen auch –, einen 50 000 Rp-Schein unauffällig in den Fahrzeugpapieren zu platzieren.

Falls man vergessen haben sollte, den Internationalen Führerschein in der Heimat zu beantragen, besteht auf Bali die Möglichkeit, für Quasi-Ersatz zu sorgen. Wer bei der Polizei z. B. den Verlust seines Portemonnaies meldet, in dem sich u. a. (!) der Internationale Führerschein befunden hätte, bekommt eine Verlustanzeige ausgehändigt, die innerhalb Indonesiens einen Monat lang als Ersatz für den Internationalen Führerschein akzeptiert wird. Mit einer Zahlung von 200 000 Rp in Kombination mit der Bemerkung „this here is for you" beschleunigt sich der Prozess zudem enorm, und man vermeidet unangenehme Nachfragen.

---

ten Süden verstopfen sie neben Pkw, Lkw und Bussen die Straßen, bevölkern die Fußwege und sind zudem häufig in Unfälle verwickelt.

Mietwagen

Dem Motorrad ist ein Mietwagen vorzuziehen, der bei einem Unfall mit einer Knautschzone vor Verletzungen schützen kann und praktisch von jeder Unterkunft organisiert werden kann. Es ist mit folgenden Mindestpreisen pro Tag zu rechnen: Suzuki Karimun 170 000 Rp, Toyota Agya oder Daihatsu Ayla (klein, modern, wendig, sparsam) 220 000 Rp und Toyota Avanza oder Daihatsu Xenia (mit Platz für bis zu 7 Pers.) 250 000 Rp. Günstigere Preise lassen sich ab einer Mietdauer von einer Woche aushandeln.

Die Preise für Kraftstoffe sind staatlich festgelegt und wurden zuletzt im September 2022 erhöht. **Normalbenzin** (Premium bzw. Pertalite, mind. 88 Oktan) kostet an Pertamina-Tankstellen 10 000 Rp pro Liter, Superbenzin (Pertamax, mind. 92 Oktan) 15 000 Rp, Diesel (Solar) 6800 Rp. Bei privaten Händlern sind Kraftstoffe teurer, in den Bergen kostet Benzin mitunter bis zu 18 000 Rp pro Liter.

Wenn es zu einem **Unfall** kommt, sollten der Versicherungsnachweis, die Fahrzeugpapiere und der internationale Führerschein bereitgehalten werden. Da fast alle Versicherungen mit einer Selbstbeteiligung von US$100 arbeiten, sollte man bei einem von einem anderen Verkehrsteilnehmer verursachten geringfügigen **Sachschaden** sofort versuchen, so viel Geld wie möglich vom Schadensverursacher zu bekommen. Bei einem größeren Schaden ist es ratsam, die Autovermietung direkt zu kontaktieren.

Sollte es **Personenschäden** geben, kann bei kleineren Blessuren die Behandlung direkt gezahlt werden, bei schwerwiegenderen Verletzungen sollten die Verletzten so schnell wie möglich ins nächstgelegene Krankenhaus gebracht werden und der Autovermieter verständigt werden.

Will man sich dem Verkehrschaos nicht aussetzen, kann ab 350 000 Rp pro 5 Std. bzw. 450 000 Rp pro 8 Std. ein **Wagen mit Fahrer** gechartert werden. Manche Fahrer fungieren auch als Guide und geben spannende Anekdoten zum Besten. Der Mietpreis beinhaltet zudem das Benzin, in der Regel jedoch nicht Unterkunft und Verpflegung des Fahrers. Wenn man in einer größeren Gruppe unterwegs ist (ab 3 Pers.), ist dies eine gute Alternative für Tagesausflüge, denn es lohnt sich oft mehr, ein Auto mit Fahrer zu mieten und sich ein eigenes Ausflugsprogramm zusammenzustellen, als auf festgelegte teurere Touren zurückzugreifen.

Die meisten Autovermietungen bringen das Fahrzeug gegen einen Aufpreis an fast jeden Ort auf der Insel und holen es auch wieder ab.

Anbieter

Avis, am Flughafen, ✆ 0811-399 309, 🖥 www.avis.de.
Golden Bird Bali, ✆ 0361-701 791, 🖥 www.bluebirdgroup.com. Hier gibt es neben normalen Mietwagen auch Luxuslimousinen mit Chauffeur zu mieten.
Trac – Astra Rent a Car, ✆ 0361-703 333, 🖥 www.trac.astra.co.id. In ganz Indonesien operierende Autovermietung mit Filialen am Flughafen, an der Jl. By Pass Ngurah Rai und am Bintang Supermarket in Ubud.

Motorräder

Motorräder lassen sich in allen touristischen Zentren für 60 000–120 000 Rp pro Tag ausleihen. Bei längerer Leihdauer kann ein kräftiger Rabatt ausgehandelt werden.

Auf Bali herrscht **Helmpflicht**, Zuwiderhandlungen werden von der Polizei mit einer Geldbuße geahndet, mehr dazu s. Kasten S. 69. Wer öfter mit dem Motorrad unterwegs ist, sollte seinen eigenen Helm im Gepäck haben, da die geliehenen häufig nicht passen und meist von minderer Qualität sind.

Ausländische Rollerfahrer, die mit Surfbrett beladen, nur mit Bikini oder Badehose be-

> ### Erfahrung, Service und Haftpflicht
>
> **Andre Sewatama Rent a Car**, Jl. By Pass Ngurah Rai 330, Sanur, ✆ 0361-288 126, 🖥 www.andre-sewatama-bali.com. Der zuverlässige Anbieter mit deutschstämmigem Management vermietet Jeeps und Autos für Selbstfahrer in gutem Zustand. Ein minimalistischer Suzuki Katana (Jimny) kostet 20 € pro Tag, ein agiler, kleiner Daihatsu Ayla bzw. Toyota Agya 25 €, ein geräumiger Daihatsu Xenia oder spritziger Suzuki Ignis 28 € und ein Suzuki APV mit Platz für bis zu 8 Pers. 32 €. Bei längerer Mietdauer werden Rabatte von bis zu 15 % gewährt.
>
> Andre Sewatama scheint der einzige Vermieter auf Bali zu sein, der für 10 % Aufschlag auf die oben genannten Mietpreise neben einer **Vollkaskoversicherung** auch eine deckende **Haftpflicht** mit 100 € Selbstbeteiligung anbietet. **Fahrer** können für 15 € pro Tag (maximal 10 Std.) gebucht werden, wenn sie abends nach Denpasar zurückkehren können (bis zu 40 km Distanz). Sollte der Fahrer eine Übernachtung benötigen kommen weitere 15 € hinzu.
>
> Die Übergabe des Autos findet stets im Büro statt, damit Andre seinen Kunden ein paar Ratschläge mit auf den Weg geben kann. Abholung vom Flughafen von 7–20 Uhr inkl.

> ### Navigation
>
> Smartphones lassen sich gut von Autofahrern wie Fußgängern einsetzen. Selbst Taxifahrer kann man mit Ortskenntnissen beeindrucken, und sie werden garantiert keinen Umweg fahren.
>
> Die kostenlose App von **Google Maps** leitet Reisende fast überall zuverlässig zum Ziel und beinhaltet auch kleinste Dorfstraßen. Zudem können ausgewählte Kartenausschnitte im Voraus heruntergeladen werden, sodass beim Fahren keine aktive Datenverbindung notwendig ist. Eine Alternative sind die länder- und regionenweise speicherbaren Karten von **MAPS.ME**.

kleidet über die schmalen Straßen brettern, überschätzen ihre Fahrkünste oft maßlos und landen dann (bestenfalls) im Krankenhaus. Beifahrer verbrennen sich zudem regelmäßig den rechten Unterschenkel am heißen, unverkleideten Auspuff. Nur geübte Fahrer sollten sich das Roller- und Motorradfahren in Süd-Bali zutrauen.

Auf **Handschuhe und Brille** verzichten viele ebenso wie auf **feste Kleidung**. Wer in Shorts und Gummisandalen fährt, holt sich aber selbst bei leichten Stürzen schwere Hautabschürfungen. Anfänger sollten langsam fahren und Bergstrecken sowie Feldwege meiden. Überall kann ein unerwartetes Hindernis auftauchen oder der Straßenbelag wechseln.

Ein besonders gefährlicher Schmierfilm bildet sich bei einsetzendem Regen. Deshalb sollte man auf keinen Fall versuchen, noch schnell nach Hause zu fahren. Sicherer ist die Fahrt mit eingeschaltetem Scheinwerfer.

Auf keinen Fall sollten Rucksäcke im Korb transportiert werden, da es wiederholt vorgekommen ist, dass diese während der Fahrt geklaut wurden.

Achtung: Es werden fast ausschließlich Motorräder/Roller mit 125ccm verliehen, für die ein normaler Führerschein der Fahrzeugklasse B nicht gültig ist, das heißt, die meisten deutschen Touristen besitzen keine gültige Fahrerlaubnis. Bei Polizeikontrollen interessiert nur, dass man einen internationalen Führerschein bei sich führt, bei Unfällen hingegen wird es sehr teuer, denn keine Versicherung zahlt ohne gültigen Führerschein die entstandenen Schäden und Behandlungskosten.

Anbieter

Bikago, Jl. Raya Kerobokan 71D, Seminyak, ✆ 0361-474 1753, 🖥 www.bikago.com, www.balibikerental.com. Zuverlässiger Verleih mit 9 Typen und über 300 Motorräder umfassendem Fuhrpark. Eine Honda Scoopy oder Vario gibt's ab 140 000 Rp pro Tag oder 820 000 Rp pro Woche, eine größere Honda PCX 160, ein Motorrad (Honda CB150) oder eine Cross-Maschine (Honda CRF 150) ab 280 000/1,8 Mio Rp. Die vergleichsweise hohen Preise rechtfertigen der gute Service, eine zuverlässige Vollkaskoversicherung mit US$95 Zuzahlung und sinnvolle Extras, wie eine Handyhalterung am Lenker, Regenponchos und Erste-Hilfe-Kits. Anlieferung und Abholung vom Hotel in Süd-Bali und Ubud inkl., andere Regionen kosten extra. Wer den internationalen Führerschein vergessen hat, kann ihn sich hier für 730 000 Rp in digitaler Form oder für 1 Mio. Rp physisch ausstellen lassen.

Motor Adventure Bali, Jl. Teuku Umar Barat 268, Seminyak, ✆ 0361-934 6297, 0821-4466 6186, 🖥 www.motor-adventure-bali.com. Unter Leitung des Deutschen Chris werden gut gewartete 125-ccm-Motorroller ab US$8,50 und Motorräder ab US$16 pro Tag angeboten, eine Versicherung kostet mindestens weitere US$4,50 pro Tag, im Preis inbegriffen sind Helme (außer bei den Motorrollern), Gepäcktaschen, Handyhalterung und USB-Ladevorrichtung. Ein Alleinstellungsmerkmal ist die Möglichkeit zur Einwegmiete (+US$110–130, Mietdauer mindes-

Fahrzeug-Checkliste

Bevor ein Fahrzeug gemietet wird, sollte es genau überprüft werden, deshalb ein paar Vokabeln:

Deutsch	**Englisch**	**Indonesisch**
Blinker	indicator	lampu sen
Hupe	horn	klakson
Bremsen	brakes	rem
Ersatzrad	spare wheel	roda serep
Zündkerze	spark plug	busi
(Ersatz-)Reifen	(spare) tyre	ban (serep)
Scheinwerfer	headlights	lampu sorot
Tank	tank	tanki
Werkzeug	tools	alat-alat
Wagenheber	jack	dongkrak
Werkstatt	garage	bengkel mobil
Tankstelle	gas station	pompa bensin
Führerschein	driving license	surat izin mengemudi (SIM)

tens 6 Tage) zwischen Java, Bali, Lombok und Flores. Neben dem Hauptbüro auf Bali gibt's Ableger in Jakarta, Labuan Bajo und Maumere sowie an den Flughäfen von Yogyakarta und Lombok.

Shuttlebusse

Es gibt eine Reihe von Unternehmen, die den Transfer zwischen den Touristenorten mit Minibussen organisieren, dabei unterscheiden sich die Preise nur geringfügig voneinander. Zielorte sowie aktuelle Preise sind in den jeweiligen Regionalkapiteln zu finden.

Linienbusse

Die in lustiger Schildkrötenform gestalteten, klimatisierten Minibusse von **Kura-Kura Bus**, 0811-3960 0777, www.kura2bus.com, verkehrten bis 2020 auf vier Routen durch die Touristenzentren Kuta, Legian und Seminyak sowie nach Jimbaran, Nusa Dua, Sanur und Ubud, wurden aber im Zuge der Corona-Pandemie temporär eingestellt. Aktuell fahren sie wieder, allerdings nur auf einer Route zwischen Kuta, Sanur und Ubud. Infos zum aktuellen Streckennetz sind auf der Website und über die gleichnamige App zu finden.

Verkehrsregeln auf Bali

Theoretisch gelten auf Bali ähnliche Verkehrsregeln wie in Deutschland. Praktisch sieht's jedoch etwas anders aus. Hier die wichtigsten Regeln und Tipps für Selbstfahrer:
- Es herrscht **Linksverkehr**.
- Immer mit **Fehlern anderer Verkehrsteilnehmer** rechnen.
- Immer **defensiv fahren** und nachgeben, vor allem gegenüber stärkeren Verkehrsteilnehmern wie Lkw oder Bussen!
- **Vorfahrt** hat der Stärkere, Größere, Schnellere oder Geschicktere. Im Zweifel stets Vorfahrt gewähren!
- Immer eher **nach vorn schauen** als zurück. Der Verkehr ist gerade im Süden und in der Zentralebene so komplex, dass ein vollumfängliches Beobachten des rückwärtigen Verkehrs kaum möglich ist und auch von Einheimischen meist vernachlässigt wird.
- Da Motorräder sowohl links als auch rechts überholen, sollten **Spurwechsel** und Abbiegen niemals abrupt, sondern immer langsam mit anzeigendem Blinker und viel Vorsicht durchgeführt werden.
- Viele **Einbahnstraßen** gelten nur für Autos, Busse und Lkw. Zweiräder fahren in beide Richtungen.
- Auch aus **Seitenstraßen** können immer Roller und Motorräder herausschießen.
- Steht die **Ampel** auf Orange, unbedingt weiterfahren, um Auffahrunfälle zu vermeiden.
- Nicht auf **Verkehrszeichen** verlassen, denn sie werden oft nicht beachtet.
- Nach Einbruch der **Dunkelheit** (ca. 18.15 Uhr) sollte man nicht fahren, da viele Roller ohne Licht unterwegs sind und schnell übersehen werden können.
- Bei einem **Unfall** ersetzen auf die Straße gelegte Zweige das Warndreieck.
- Das **Hupen** ist ein Mittel, um (besonders bei Überholvorgängen) auf sich aufmerksam zu machen. Wer nicht hupt, lebt gefährlich!
- Das Benutzen der **Lichthupe** bedeutet nicht, dass man ein entgegenkommendes Fahrzeug passieren lässt, sondern – ganz im Gegenteil – dass man sich die Vorfahrt erzwingt!
- Das **Setzen des Blinkers** in Richtung der Mitte der Straße bedeutet, dass das entgegenkommende Fahrzeug zu mittig fährt und ausweichen soll.
- Wenn ein **Militärkonvoi** oder die **Polizei** mit Sirene unterwegs ist, heißt es runter von der Straße, da sie nur äußerst selten die Bremse gebrauchen.
- Auf der Straße von Gilimanuk gen Denpasar und weiter bis Padang Bai sind viele Busse und Lkw aus bzw. nach Java unterwegs, die oftmals waghalsige **Überholmanöver** durchführen und vor denen man sich besonders in Acht nehmen sollte.

Die staatlich subventionierten **Trans-Sarbagita-Busse**, ✆ 0811-385 0900, verkehren nur noch auf zwei Routen zwischen dem Flughafen, Kuta und Denpasar sowie bis nach Nusa Dua für 3500 Rp, nachdem der reguläre Linienverkehr jahrelang große Verluste eingefahren hatte.

Transport auf die Nachbarinseln

Schiffe

Autofähren verkehren zwischen:
- Gilimanuk und Banyuwangi auf Java
- Padang Bai und Lembar auf Lombok
- Lembar auf Lombok und Surabaya auf Java

Schnellboote verkehren zwischen:
- Sanur und Nusa Lembongan
- Sanur und Nusa Penida
- Sanur und den Gilis
- Serangan und Nusa Lembongan
- Serangan und Nusa Penida
- Serangan und den Gilis
- Serangan und Gili Gede (Lombok)
- Padang Bai, Sengiggi und den Gilis
- Amed und den Gilis

Fähren der staatlichen Schifffahrtsgesellschaft **PELNI** (s. Anreise S. 35) bedienen zahlreiche Strecken im Archipel und laufen auf Bali Benoa Harbour (Pelabuhan Benoa) und auf Lombok Lembar an.

Reisebusse

Vom Terminal in Mengwi im Nordwesten von Denpasar verkehren viele Busse Richtung Westen nach **Java**, oft nonstop bis Jakarta, sowie einige Busse gen Osten frühmorgens via Lombok und Sumbawa nach Flores. Etwas weniger strapaziös ist es, den Bus bis Surabaya zu nehmen und von dort mit dem Zug weiterzufahren. Tickets gibt's bei Reisebüros und direkt bei den Büros der Busunternehmen in Denpasar oder am Terminal. Bei rechtzeitiger Buchung besteht auch die Möglichkeit am Busbahnhof in Tabanan zuzusteigen.

Preisbeispiele für Busse ab Mengwi:
Nach Westen:
BANDUNG für 480 000 Rp in 22 Std.
JAKARTA für 480 000 Rp in 24 Std.
MALANG für 180 000–220 000 Rp in 12–13 Std.
SEMARANG für 300 000 Rp in 18–20 Std.
SURABAYA für 180 000–220 000 Rp in 12 Std.
YOGYAKARTA für 300 000 Rp in 14–18 Std.

Nach Osten:
BIMA (Sumbawa) für 480 000 Rp in 22–29 Std.
LABUAN BAJO (Flores) für 580 000 Rp in 38 Std.
MATARAM (Lombok) für 230 000 Rp in 8 Std.

Flüge

Vom Flughafen **Ngurah Rai International** (S. 33) gibt's neben Verbindungen nach Lombok (s. Praya, Flüge S. 367), ins restliche Indonesien und in die Region Südostasien auch Flüge nach Europa und Australien (s. Anreise S. 34).

Übernachtung

Auf Bali und Lombok gibt's Unterkünfte jeder Komfort- und Preisklasse. In den letzten Jahren sind besonders im Süden Balis so viele Hotels gebaut worden, dass das Angebot weit über der Nachfrage liegt und außerhalb der Hauptsaison ein regelrechter Preiskampf ausbricht. Vorausbuchungen sind daher nur in der absoluten Hochsaison sowie an Orten mit einer beschränkten Zimmerauswahl notwendig. Weitere Informationen dazu in den jeweiligen Regionalkapiteln.

Zimmer verfügen je nach Preisklasse über Klimaanlage, TV, Safe, Kühlschrank und manch anderes komfortables Schmankerl. Nahezu alle Mittelklassehotels und eine zunehmende Zahl von Gästehäusern warten mit einem Swimmingpool auf. Zimmer der unteren Preisklasse sind hingegen manchmal sehr spartanisch, doch selbst hier gehört fast immer eine (Warmwasser-)Dusche dazu.

Die Luxushotels lassen keinerlei Wünsche offen. Sie sind nicht ohne Grund weltbekannt. Daneben sind besonders im Hinterland nördlich von Seminyak und um Ubud viele komfortable Villenanlagen entstanden, die meist mit Privatpool und modern durchgestyltem Interieur überzeugen. Viele Villen können unter 🖥 www.villa-bali.com gebucht werden.

Fast jede Unterkunft bietet Zugang zum Internet über **WLAN** (in Indonesien: WiFi), daher wird in den Hotelbeschreibungen nur noch darauf hingewiesen, wenn eine Unterkunft dies nicht anbietet. Der Empfang ist indes oft auf die direkte Umgebung des Routers beschränkt.

Einige wenige ältere Hotels und Homestays verfügen noch über ein **Mandi**: ein großer Wasserbehälter mit kleiner Kelle, die man mit Wasser füllt und sich dann über den Kopf schüttet.

Bei den **Toiletten** sollte man vorsichtig mit dem Klopapierverbrauch sein, da die Abwasserleitungen dafür nicht vorgesehen sind und leicht verstopfen.

Besonders in Nord- sowie Ost-Bali und auf den Gilis gibt's oft **Open-Air-Badezimmer**. Hinter dem Begriff verbirgt sich ein vor fremden Blicken geschützter, dachloser Raum, in dem unter freiem Himmel geduscht oder gebadet werden kann.

Wäsche wird in Gästehäusern, Hotels und Wäschereien innerhalb von 24 Stunden für wenig Geld gewaschen (und selten auch gebügelt). Die Kosten für den *laundry service* in Gästehäusern und Hotels stehen in direkter Relation zum Zimmerpreis. Am besten zählt man gemeinsam die Anzahl der Kleidungsstücke und notiert diese, damit bei der Abholung die Vollständigkeit der Wäsche überprüft werden kann.

Näheres zu Übernachtungskosten s. Reisekosten S. 30.

Unterhaltung

Wer ausschweifende Partys feiern will, bei denen die Frauen leicht bekleidet und die Männer in Flirt-Laune sind und der Alkohol in Strömen fließt, ist in Kuta und Seminyak goldrichtig. Hier gibt's die lautesten **Clubs** der Insel. Was angesagt ist, wird vom trinkwütigen, größtenteils australischen Partyvolk bestimmt und ändert sich ständig. Vorwiegend wird elektronische Musik, Pop und Hip-Hop in allen denkbaren Ausrichtungen und Härtegraden gespielt. Beliebt sind zudem die Partys in den **Beach Clubs** und **Strandbars** von Seminyak und Canggu. Auf Lombok bilden Sengiggi und die Insel Gili Trawangan Anlaufpunkte für Nachtschwärmer.

Die angesagtesten und niveauvollsten **Bars** finden sich in Seminyak entlang der Jl. Kayu Aya und Jl. Petitenget. Hier geht es etwas sittsamer zu, die Getränkepreise sind höher, und man kann sich auch in normaler Lautstärke mit seinen Tischnachbarn unterhalten.

Wer von ausgiebig feiernden Jugendlichen lieber Abstand nehmen möchte, muss nicht nach dem Abendessen ins Bett fallen. Stattdessen kann man auf balinesische Art bei einem der vielen **Tempelfeste** mitfeiern (S. 120) oder einer **Tanzvorstellung** beiwohnen (S. 136) und dabei den ungewohnten Klängen des Gamelan-Orchesters lauschen.

Verhaltenstipps

Eine Reise durch Bali und Lombok wäre unvollständig, würde man allein Landschaften und Bauwerke bestaunen. Wer die Inseln richtig kennenlernen möchte, sollte den Kontakt zu ihren Bewohnern suchen, die sich Reisen-

Preiskategorien

Wir haben die Unterkünfte in acht Kategorien unterteilt.
Die Preise beziehen sich auf ein Doppelzimmer in der Nebensaison (Januar bis Mai und Oktober bis November).

❶	bis 100 000 Rp
❷	bis 200 000 Rp
❸	bis 300 000 Rp
❹	bis 500 000 Rp
❺	bis 750 000 Rp
❻	bis 1 Mio. Rp
❼	bis 2 Mio. Rp
❽	über 2 Mio. Rp

Touristen an den Steilklippen von Nusa Penida

den gegenüber meist sehr aufgeschlossen geben. Wichtige Voraussetzung für eine gelungene Reise ist die Bereitschaft, sich auf das Land und seine Kulturen einzulassen, das einheimische Leben zu beobachten und zuzuhören, statt Ratschläge zu erteilen. Man braucht Zeit, die vielen neuen Eindrücke zu verarbeiten und zu verstehen, denn es ist vieles anders als zu Hause.

Wer aus Deutschland, Österreich oder der Schweiz anreist, kommt aus einer Region, die sich dem Perfektionismus und reibungslosen Ablauf von Prozessen verschrieben hat. Doch in anderen Ländern herrschen andere Gewohnheiten, und deutsche, österreichische oder Schweizer Denkmuster können im Umgang mit Balinesen eher hinderlich werden. Wenn also einmal die Klimaanlage nicht funktioniert, der Fahrer erst geweckt werden muss oder das Hotelpersonal kaum Englisch spricht, sollte ein Auge zugedrückt, gelächelt und höflich versucht werden, die Situation zu klären. Sich aufzuregen und eine Szene zu machen, ist sinnlos, da ein Balinese die Verärgerung nicht verstehen wird. Darüber hinaus verlieren Touristen, die mit hochrotem Kopf an der Hotelrezeption stehen und sich empört die Seele aus dem Leib schreien, weil es zum Frühstück keinen Orangensaft gab, ihr Gesicht und werden anschließend kaum noch ernst genommen. Neben einer gesunden Portion Gelassenheit, die jeder Reisende im Gepäck haben sollte, gilt's ein paar Regeln zu beachten.

Allgemeine Regeln

Der **Kopf** ist den Balinesen heilig, da er den Göttern am nächsten ist. Einem anderen Menschen an den Kopf zu fassen, selbst wenn es der Freund oder Ehemann ist, gilt als respektlos und sollte in der Öffentlichkeit vermieden werden.

Die **Füße** sind unrein, da sie mit dem von Dämonen bewohnten Erdboden in ständigem Kontakt stehen. Es ist daher äußerst unhöflich, jemandem seine blanken Fußsohlen entgegenzustrecken oder gar mit dem Fuß auf jemanden zu zeigen.

Ähnliches gilt für den **Zeigefinger**. Möchte man auf etwas zeigen, sollte lieber der Daumen benutzt werden. Die **linke Hand** gilt unter Muslimen – also besonders auf Lombok – als unrein.

Wer höflich sein möchte, isst, gibt und nimmt nur mit der rechten Hand.

Wird etwas zu essen und zu trinken angeboten, sollte man warten, bis man aufgefordert wird, mit dem **Essen** zu beginnen. Füllt man sich selbst den Teller, darf man nicht zu viel nehmen, denn man wird mindestens noch eine zweite Portion essen müssen. **Geschenke** werden erst geöffnet, nachdem der Schenkende bereits gegangen ist.

Auf dem vorwiegend muslimisch geprägten Lombok sollten Schultern und Knie bei **Frauen** stets bedeckt sein, wenn sie nicht unentwegt angestarrt werden möchten. Das gilt übrigens auch in Tempeln auf Bali.

Beim Betreten eines Hauses sind stets die **Schuhe** auszuziehen, was eigentlich ja eine Selbstverständlichkeit ist. Sonst verunreinigt man damit das Haus, das anschließend durch eine aufwendige Zeremonie gesäubert werden muss.

Körperkontakt ist normal und selbstverständlich, und selbst Fremden gegenüber scheut man davor nicht zurück. Es ist ein Zeichen enger Freundschaft, wenn Männer mit Männern oder Frauen mit Frauen Hand in Hand durch die Straßen bummeln. Körperkontakte zwischen Männern und Frauen allerdings sind in der Öffentlichkeit tabu.

Verhalten in Tempeln

Bei einer Tempelbesichtigung sind einige zusätzliche Regeln zu beachten, um das Heiligtum nicht spirituell zu verunreinigen bzw. zu entweihen. Ist ein Tempel erst einmal befleckt, müssen spezielle Priester aufwendige Reinigungszeremonien abhalten. Wer bei der Entweihung eines Tempels erwischt wird, muss die hohen Kosten für eine solche Zeremonie selbstverständlich tragen.

- Sittsame **Kleidung** ist ratsam. Das Tragen eines Sarongs und eines Tempelschals (Slendang), der um die Hüfte gebunden wird, ist beim Betreten des Tempelgeländes Pflicht. Nackte Beine müssen bedeckt werden.
- Menschliches **Blut** gilt als unrein, deshalb dürfen weder menstruierende Frauen noch Besucher mit einer offenen Wunde einen Tempel betreten.
- Über Tempelmauern oder auf Schreine zu **klettern**, ist verboten.
- Baden in den heiligen Quellen von Pura Tirta Empul ist nur mit Sarong erlaubt.
- Bei **Tempelfesten** sollte niemand höher stehen oder sitzen als Priester und Opfergaben.
- Ebenso ist es ein Sakrileg, zwischen Betenden bzw. Opfernden und den Schreinen der Götter, denen die Gebete und Opfer gelten, **herumzulaufen**.
- Bei Leichenverbrennungen nie vor die Prozession stellen.
- **Fotografieren** wird zwar geduldet, doch ist adäquate Zurückhaltung angebracht. Bei Zeremonien nie Blitz verwenden!

Auch wenn manche dieser Regeln einem Europäer übertrieben oder unnütz erscheinen, sollte man genug Toleranz und Respekt mitbringen, sich daran zu halten.

Sonstiges

In großen Hotels und Restaurants der gehobenen Preisklasse werden zum Rechnungsbetrag neben den Steuern auch 10 % **Trinkgeld** addiert, sodass ein weiteres Trinkgeld nur bei besonders gutem Service sowie für spezielle Dienstleistungen (z. B. Koffertragen) angebracht ist.

Das Wort „Nein" zu vermeiden, ist eine Höflichkeitsgeste, die Europäer oft falsch deuten. Wird ein Balinese nach dem Weg gefragt und weiß die Antwort nicht, wird er lange zögern und sich um eine ablehnende Antwort drücken. Statt „nein" sagt man aus **Höflichkeit** lieber „vielleicht" und zeigt durch zögerndes Verhalten seine Ablehnung.

Betteln ist verpönt und sollte vor allem bei Kindern nicht gefördert werden. Wenn aber an den Tempeltoren um eine Spende (donation) gebeten wird, sollte das nicht mit Betteln gleichgesetzt werden, denn damit werden Baumaßnahmen finanziert und die Angestellten bezahlt.

Versicherungen

Eine Auslandsreise-Krankenversicherung ist generell absolut zu empfehlen. Viele Versicherungen sichern auch Gepäckverlust ab, die Bedingungen sind aber immer sehr eng gefasst. Die Stiftung Warentest rät von einer Gepäckversicherung ab, da sich die Versicherer meist auf die Unachtsamkeit des Reisenden („grobe Fahrlässigkeit") berufen und nur bei Raub oder Einbruch zahlen. Auch so manche Hausratsversicherung schließt mit einer Außenversicherung Reisegepäck mit ein.

Die Stiftung Warentest nimmt Versicherungen unter 🖳 www.test.de/thema/reiseversicherung unter die Lupe.

Auslandsreise-Krankenversicherung

Insbesondere bei Krankenhausaufenthalten kann schnell eine erhebliche fünf- bis sechsstellige Summe zusammenkommen. Bei schwerer Erkrankung wird der Betroffene auf Kosten der Auslandsreise-Krankenversicherung in die Heimat geflogen, wenn er plausibel darlegen kann, dass am Urlaubsort keine ausreichende Versorgung gewährleistet ist. Dabei ist der Passus „wenn medizinisch notwendig" im Kleingedruckten zu beachten, denn gerade medizinische Notwendigkeit ist selten leicht zu beweisen. Hingegen ist die Formulierung „medizinisch sinnvoll", wie etwa bei der HanseMerkur-Versicherung, wesentlich besser. Einschränkungen gibt es zudem bei Zahnbehandlungen (nur Notfallbehandlung) und chronischen Krankheiten.

Im Krankheitsfall muss die Behandlung zunächst aus eigener Tasche beglichen werden. Wenn die Belege bei der Versicherung eingereicht worden sind, werden die Kosten zurückerstattet. Die Rechnung sollte folgende Angaben enthalten:

- Name, Vorname, Geburtsdatum, Behandlungsort und -datum
- Diagnose
- erbrachte Leistungen in detaillierter Aufstellung (Beratung, Untersuchungen, Behandlungen, Medikamente, Injektionen, Laborkosten, Krankenhausaufenthalt)
- Unterschrift des behandelnden Arztes
- Stempel

Bei ernsten Erkrankungen und teuren Behandlungen rechnen viele Krankenhäuser direkt mit der Versicherung ab.

Versicherungen für Reisen von bis zu zehn Wochen Dauer werden ab 8 € p. P. angeboten, wer länger verreist, zahlt je nach Versicherer zwischen 90 Cent und 4 € pro Tag. Zudem gibt's Versicherungen für die ganze Familie ab 18 €. Solche für Reisende über (je nach Versicherung) 59–69 Jahre sind deutlich teurer. Bei einigen Kreditkarten sind Auslandsreise-Krankenversicherungen bereits enthalten.

Einen übersichtlichen Preis- und Leistungsvergleich gibt es unter 🖳 https://bit.ly/VersicherungVergleich.

Versicherungspakete

Die Rundum-Pakete sind auf fünf bis acht Wochen begrenzt und beinhalten neben der Reisekrankenversicherung eine Gepäck-, Reiserücktrittskosten- und Rat&Tat- bzw. Reisenotrufversicherung. Letztere bietet eine Notrufnummer zur Soforthilfe während der Reise. Zudem werden Krankenhauskosten sofort von der Versicherung beglichen und bei ernsthaften Erkrankungen der Rücktransport übernommen. Wenn der Versicherte nicht transportfähig ist

Spar-Tipp für längere Reisen

Wer einen ausgedehnten Auslandsaufenthalt plant, sollte sich bei seiner Krankenkasse über die Möglichkeiten einer **Anwartschaftsversicherung** informieren. Sie erlaubt es, die Kranken- und Pflegeversicherung für den Reisezeitraum ruhen zu lassen, während der Reise nur noch einen stark reduzierten Beitrag zu zahlen – und garantiert nach der Rückkehr die Wiederaufnahme zu gleichen Konditionen. Gerade Selbstständige können so schnell mehr als 1000 € sparen.

und länger als zehn Tage im Krankenhaus bleiben muss, darf eine nahestehende Person auf Kosten der Versicherung einfliegen. Beim Verlust der Reisekasse kann man über den Notruf einen Vorschuss erhalten.

> **Das Visum nicht überziehen!**
>
> Man sollte die Aufenthaltsdauer seines Visums keinesfalls überziehen. Bei kurzen Überschreitungen des Maximalaufenthalts kostet ein Tag **Overstay** 1 Mio. Rp. Bei längerfristigen Vergehen (über 60 Tage Overstay) drohen hohe Geldstrafen, Abschiebung oder Inhaftierung bis zu fünf Jahren.

Visa

Die Einreisebestimmungen für Indonesien wurden im Zuge der Corona-Pandemie nach vorangegangenen Erleichterungen zuletzt wieder verschärft. So wurde die Möglichkeit einer visafreien Einreise bis auf Weiteres gestrichen. Voraussetzung für jegliche Einreise ist ein am Einreisetag mindestens noch sechs Monate gültiger **Reisepass** mit mindestens zwei freien Seiten.

Antragstellende müssen weiterhin über ein **Ausreiseticket** innerhalb des Visagültigkeitszeitraums verfügen. Die Ausreise kann auch mit dem Schiff erfolgen. Bei Flugtickets werden Open-Date-Tickets meist auch akzeptiert.

Zudem muss ein **Impfnachweis** über mindestens eine zweifache Impfung gegen Covid-19 vorhanden sein, außerdem der „**Statement Letter Covid-19**" ausgefüllt und unterschrieben werden, der besagt, dass Reisende im Falle eines Positivtests die Kosten einer etwaigen Quarantäne und Behandlung selbst tragen. Zusätzlich muss die offizielle **App** zur Kontaktverfolgung „PeduliLindungi" registriert und installiert sein.

Der aktuelle Stand findet sich unter 🖥 www.kemlu.go.id/berlin.

Visa on Arrival

- 30 Tage, verlängerbar auf 60 Tage
- 500 000 Rp bzw. US$35

Bürger aus 86 Ländern (u. a. Deutschland, Östereich und Schweiz) haben die Möglichkeit, sich bei der Ankunft an einem von 9 Flug-, 11 Seehäfen oder 4 Landgrenzen ein **Visa on Arrival** (VoA) ausstellen zu lassen. Damit ist ein Aufenthalt von bis zu 30 Tagen möglich, der bei der Immigration für 500 000 Rp um weitere 30 Tage verlängerbar ist. Um bei der Einreise Zeit zu sparen, ist es ratsam, die Gebühr bar in US$ oder Rupiah dabeizuhaben. Euro können in der Regel getauscht werden, die Ausgabe des Rückgeldes erfolgt in indonesischen Rupiah. Im Notfall wird zumeist auch das Abheben an einem hinter der Passkontrolle gelegenen Geldautomaten erlaubt. Alle VoA-berechtigten Länder und Einreisehäfen finden sich auf 🖥 https://bit.ly/VOACountries.

Visit Visa und Social Visa

- 60 Tage, verlängerbar auf bis zu 180 Tage
- 90 € – 130 €

Ist ein längerer Aufenthalt geplant oder reist man über einen exotischen Grenzübergang ein, muss bei einer **diplomatischen Vertretung** von Indonesien (S. 35, in Deutschland bei der Botschaft in Berlin bzw. den Generalkonsulaten in Hamburg und Frankfurt) vor der Einreise für aktuell 90 € ein Visum beantragt werden. Dafür benötigt man zusätzlich ein ausgefülltes Antragsformular (wird auf Anfrage per Email zugesandt), zwei biometrische Passfotos, Kopien der Ein- und Ausreisetickets sowie der Datenseite des Reisepasses und einen Nachweis über finanzielle Mittel in Höhe von mindestens 2000 €.

Für Urlaubsreisen gibt's ein **Visit Visa/Visa Kunjungan** genanntes Touristenvisum (offizielle Bezeichnung B211A), das bei der Immigration im Einreiseort bis zu zwei Mal um je 60 Tage verlängerbar ist, also insgesamt einen Aufenthalt von sechs Monaten ermöglicht.

Das **Visum Typ C** (Limited-Stay Visa) ist für Forschungstätigkeiten, Studienaufenthalte, Seminarteilnahmen und den Besuch bei Verwandten indonesischer Nationalität gedacht. Es kostet 130 € ist ebenfalls 60 Tage gültig ist und kann zwei Mal um je 60 Tage verlängert werden. Etwaige Verlängerungen müssen allerdings – anders als beim Visit Visa – stets am selben Ort erfolgen. Zusätzlich benötigt man bei der Beantragung ein Schreiben eines indonesischen Sponsors, Verwandten oder einer Institution, deren Gast man sein wird und die für einen bürgt.

Visaverlängerung

Visa können in Indonesien bei der **Einwanderungsbehörde** (Kantor Imigrasi) gegen eine Gebühr von 500 000 Rp verlängert werden. Die Bearbeitung kann frühestens zwei Wochen und sollte mindestens eine Woche vor Ablauf des Visums beantragt werden. Sie dauert im Regelfall sieben bis zehn Werktage, kann aber bei der Inanspruchnahme eines kostenpflichtigen Agenten (700 000–900 000 Rp) deutlich schneller vonstattengehen. Man benötigt neben dem Reisepass, Geduld und Zeit jeweils ein oder sicherheitshalber besser zwei Fotokopien der Datenseite des Reisepasses, des Visums, der Arrival-Card und des Ausreisetickets. Je nach Visatyp auch Passkopie, Adresse und Telefonnummer eines einheimischen Sponsors und des eigenen Aufenthaltsorts.

Nach der Beantragung wird der Pass einbehalten und man erhält eine Quittung, die am zweiten Tag ebenfalls zeitweise abgegeben werden muss. Insgesamt muss man drei Mal persönlich bei der Immigration erscheinen, mit einem kostenpflichtigen Agenten nur ein Mal zum Fotos machen und Fingerabdrücke abgeben.

Auf Bali kann die Verlängerung in den Immigration Offices in Denpasar, zwischen Nusa Dua und Jimbaran und in Singaraja, auf Lombok in Mataram beantragt werden. In Denpasar werden maximal 100 Anträge pro Tag bearbeitet, also besser frühzeitig erscheinen.

Zeit und Kalender

Die **Zeitverschiebung** zur mitteleuropäischen Zeit (MEZ) beträgt auf Bali und Lombok sieben Stunden, zur Sommerzeit sechs Stunden.

Das **Kalendersystem** auf Bali ist sehr kompliziert, da sowohl der islamische Mondkalender als auch xder gregorianische Kalender, der Pawukon-Kalender und der Saka-Kalender (mehr auf S. 119) Verwendung finden.

Zoll

Zollfrei sind neben Gegenständen des täglichen Bedarfs 200 Zigaretten, 25 Zigarren oder 100 g Tabak sowie 1 l Wein oder Spirituosen. Alles darüber hinaus muss bei der Einreise nach Indonesien deklariert und verzollt werden.

Strikt verboten ist die Einfuhr von Waffen, Pornografie und Drogen bzw. betäubungsmittelhaltigen Medikamenten ohne explizite ärztliche Verschreibung (inkl. Übersetzung).

Kürzlich gekaufte Neuwaren (beispielsweise Geschenke) müssen bei der Ein- und Ausreise deklariert werden, falls ihr Wert US$250 überschreitet. Persönliche Artikel sind hiervon ausgenommen.

Die Ein- und Ausfuhr von Bargeld ist auf 100 Mio. Rp bzw. den entsprechenden Gegenwert beschränkt, höhere Beträge müssen ebenso deklariert werden.

(Haus-)Tiere bleiben am besten zu Hause, denn sie müssen in Quarantäne.

Bei der Einreise mit dem Flugzeug nach Deutschland dürfen Waren im Wert von bis zu 430 € p. P. mitgebracht werden, aber natürlich keine gefälschten Markenwaren oder Produkte geschützter Tier- oder Pflanzenarten.

Wer sich teure Einkäufe ins Heimatland schicken lässt, muss diese versteuern, wodurch sich manches Schnäppchen nicht mehr lohnt.

Land und Leute

Bali ist eine wahrlich einzigartige Insel. Die weltweit einmalige Variante des Hinduismus hat neben kunstvoll gestalteten Tempeln auch Tänze, Rituale und Handwerkskünste hervorgebracht, die ihresgleichen suchen. Auch die geografische Vielseitigkeit ist imponierend: Wo sonst gelangt man in weniger als einer Stunde aus nebligen Bergwäldern über fruchtbare Ebenen bis an die staubtrockene Küste?

GEBET AM QUELLHEILIGTUM TIRTA SUDAMALA © MORITZ JACOBI

Inhalt

Geografie	81
Flora und Fauna	82
Umwelt und Naturschutz	84
Bevölkerung und Gesellschaft	85
Geschichte	93
Regierung und Politik	113
Wirtschaft	114
Religion	115
Kunst und Kultur	120

Steckbrief Indonesien

Staatsbezeichnung Republik Indonesien

Staatsform Präsidialdemokratie

Hauptstadt Jakarta

Staatsoberhaupt und Regierungschef Joko Widodo (seit 2014)

Fläche 1,81 Mio. km² (Bali 5780 km²)

Einwohnerzahl 271 Mio. (Bali 4,41 Mio.)

Sprachen Indonesisch (Staatssprache), Javanesisch (84,3 Mio.), Sundanesisch (42 Mio.), Maduresisch (13,6 Mio.), Minangkabau (5,5 Mio.), Balinesisch (3,3 Mio.) sowie 700 weitere gesprochene Sprachen

Religionen Islam 87,2 % (Bali 13,4 %), Christentum 9,9 % (Bali 2,5 %), Hinduismus 1,7 % (Bali 83,5 %), Buddhismus 0,9 % (Bali 0,5 %), Animismus 0,3 % (Bali 0,1 %)

UN-Glücksindex Platz 87 von 146

Pro-Kopf-Einkommen (kaufkraftbereinigt) US$14 600

Inseln 17 504 (davon 922 besiedelt)

Touristen pro Jahr 2019: 16,1 Mio. (Bali 6,2 Mio. ausländische sowie über 7 Mio. einheimische Touristen), 2022: 5,5 Mio. (Bali 2,2 Mio. ausländische sowie über 4 Mio. einheimische Touristen)

Geografie

Fläche: 5780 km²
Nord-Süd-Ausdehnung: 88 km
Ost-West-Ausdehnung: 145 km

Größte Städte: Denpasar (725 000 Ew.), Singaraja (150 000), Mengwi (80 000), Tabanan (75 000), Sukawati (70 000), Kuta/Legian/Seminyak/Tuban/Petitenget (60 000), Amlapura (35 000), Negara (32 000)

Höchste Erhebungen: Gunung Agung (3031 m), Gunung Batukaru (2276 m), Gunung Penggilingan (2153 m), Gunung Abang (2151 m), Gunung Catur (2096 m), Gunung Sengayang (2087 m), Gunung Pohon (2063 m), Gunung Lesong (1865 m), Gunung Adeng (1826 m), Gunung Batur (1717 m)

Mit nur 5780 km² Fläche, einschließlich der im Südosten vorgelagerten Inseln Nusa Penida, Nusa Lembongan und Nusa Ceningan, ist Bali eine der kleineren Inseln des indonesischen Archipels. Das mit Abstand am dichtesten besiedelte Gebiet der Insel liegt im Süden und erstreckt sich von der Ebene um die Hauptstadt Denpasar über die allmählich ansteigenden Südhänge der Berge.

Das Meer

Von der großen Nachbarinsel Java im Westen wird Bali durch die **Bali-Straße** getrennt, die an ihrer engsten Stelle nur 2,2 km breit und 50 m tief ist. Vor etwa 10 000 Jahren waren die beiden Inseln noch durch eine Landbrücke verbunden. Im Osten hingegen trennt die 35 km breite und 3000 m tiefe **Lombok-Straße** Bali deutlich prägender von seiner kleineren Nachbarinsel Lombok.

Dass die Balinesen ihre Kultur bis heute erhalten konnten, liegt nicht zuletzt daran, dass sich potenziellen Eroberern rings um die Insel äußerst unzugängliche **Küsten** entgegenstellen. Wo keine Steilküsten eine Landung erschweren, bilden Korallenriffe natürliche Barrieren. Der vom Strand schnell in große Tiefen abfallende Meeresboden bietet kaum Ankergrund. Dazu kommen die starken, gefährlichen Strömungen, die Bali besonders auf der West- und Südseite umgeben.

Die heftige **Strömung** in der Badung-Straße zwischen Bali und den Nusa-Inseln ist dafür verantwortlich, dass die Eilande nicht mit Bali verwachsen konnten wie die Bukit-Halbinsel, der heute südlichste Zipfel von Bali. Die Kalkmasse, welche die Insel Nusa Penida bildet, gehört nämlich zum gleichen auseinandergebrochenen Kalkgürtel, dem auch die Bukit-Halbinsel aufsitzt.

Die Berge

Eine Gebirgskette vulkanischen Ursprungs, die sich über die gesamte West-Ost-Achse Balis erstreckt, bedeckt etwa drei Viertel der Inselfläche. Der Rest besteht aus schmalen Küstenstreifen und einer großen, fruchtbaren Ebene im Süden. Der Gebirgswall, der in früheren Zeiten wesentlich dichter bewaldet war, stellte vor dem Ausbau der wenigen Nord-Süd-Verbindungen ein fast unüberwindbares Hindernis für den kulturellen und materiellen Austausch dar. Während das Gebirge nach Süden sanft ausläuft, fällt es an der Nordseite wesentlich steiler ab.

Im östlichen Teil prägen vier mächtige **Vulkanmassive** den Gebirgszug. Ganz im Osten liegt die 1238 m hohe Vulkanruine des **Gunung Seraya**. Daneben ragt der majestätische **Gunung Agung** auf, mit 3031 m höchster Berg der Insel. Für die Balinesen ist er Sitz der Götter und das Zentrum der Welt. Der Vulkankegel spuckte zuletzt 1963 Lava, war von 2017–2019 allerdings wieder deutlich aktiver (mehr im Kasten S. 309). Westlich vom Agung schließt sich der riesige, 10 km breite, kesselförmige Krater des **Batur-Massivs** an, mit dem Randkegel des **Gunung Abang** (2151 m) als höchster Erhebung. Das Innere des Kraters wird von dem jungen Kegel des im 20. Jhs. viermal aktiven **Gunung Batur** (1717 m) und vom Batur-See ausgefüllt. Fast im Zentrum von Bali liegt das **Bratan-Massiv**, das nur noch Reste eines ehemaligen Riesenkraters erkennen lässt und von mehreren Randvulkanen umgeben ist, mit Gunung Catur

(2096 m) und Gunung Batukaru (2276 m) als höchste Erhebungen. In diese noch heute dicht bewaldete Bergwelt schmiegen sich drei Seen: **Danau Bratan**, **Danau Buyan** und **Danau Tamblingan**.

Westlich der Bratan-Gruppe läuft das Gebirge in einer zerklüfteten Bergkette aus, die nur noch Höhen von 1300 m erreicht – eine wilde, überwucherte Gebirgslandschaft, die sehr schmale und steile Grate ausgebildet hat. Diese westlichen Gebirgsketten bedecken fast ein Viertel der Insel Bali, lediglich in den küstennahen Randzonen sind sie spärlich besiedelt. Hier ist der einzige Nationalpark der Insel eingerichtet, der 190 km² große Taman Nasional Bali Barat.

Flora und Fauna
Pflanzenwelt

Die **Vegetation** auf Bali war einst überaus vielfältig. Die ursprüngliche Begrünung der Insel ist jedoch nur noch im Nationalpark im Westen und auf den Berghängen erhalten, da der einstige Monsunwald (Regenwald) und die Baumfarne vielerorts Feldern und Siedlungen weichen mussten. An den Küsten im Westen der Insel sowie im Südosten findet man noch **Mangrovenbäume**, die halb im Wasser oder Schlamm stehend Gezeiten und Salzwasser trotzen. Im Südwesten sind dort, wo die Landwirtschaft noch nicht überhandgenommen hat, **Palmenwälder** zu finden. In Richtung der Berggebiete weichen die Palmen mit steigender Höhe Nadelbäumen des tropischen **Nebelwalds**. In den kühleren Berggegenden gedeihen sogar Erdbeeren und Salat. Andere Inselregionen wie die Bukit-Halbinsel im Süden sind trocken und unfruchtbar, sodass nur wenig Vegetation sprießt. Eine üppige **Blumenpracht** findet man hingegen in jedem Winkel der Insel, da die Blüten auch eine Beigabe zu den vielen Opfergaben sind. Typisch für Bali sind der Hibiskus, die Wachsblume und die lilafarbene Drillingsblume.

Vulkanausbrüche haben den Berghängen und der zentralen Ebene sehr ertragreiche Böden beschert, die Reisanbau, aber auch die Anpflanzung von Tee, Tabak, Vanille, Nelken, Chili, Obst und Gemüse ermöglichen. Im Landesinneren wird das Landschaftsbild vielerorts durch die **Sawah**, die bewässerten Reisfelder, bestimmt. Wie überdimensionale Treppenstufen ziehen sie sich terrassenförmig die Berghänge hinauf und bilden nicht nur die Nahrungsgrundlage der Bevölkerung, sondern auch ein beliebtes Motiv für Urlaubsfotos und Gemälde. Allerdings werden zunehmend Felder zum Anbau anderer, höhere Gewinne erbringender Nutzpflanzen wie Nelken oder Chili umgewidmet.

Unterbrochen werden die Äcker von meist in Nord-Süd-Richtung verlaufenden Straßen und Wegen und den tief eingeschnittenen Schluchten der Flüsse.

Die heiligen Banyan-Bäume

Die heiligen Banyan-Bäume *(Bingin)* mit ihren in der Luft hängenden Wurzeln überragen viele Ortskerne und wichtige Gebetsstätten. Ein Banyan-Baum wird oft mit schwarz-weiß karierten Baumwolltüchern umwickelt. Je älter ein Baum, umso heiliger ist er, und um sehr alte Bäume werden nicht nur kleine Schreine, sondern mitunter ganze Tempel errichtet.

Der Baum beginnt sein Leben parasitär als Samen in der feuchten Wärme von Baumwipfeln. Sobald seine kleinen Wurzeln die Erde erreichen, setzt ein rasantes Wachstum ein, und der Wirtsbaum wird bald völlig zerstört. Jede Wurzel entwickelt wiederum neue Wurzeln, die alle in den Boden streben und den Baum stärken. Seine vielen Stämme bilden eine Art Säulenraum, in dem die ältesten Stämme absterben und den jungen Platz machen. Der Banyan produziert eine rotbraune, feigenartige, aber für Menschen ungenießbare Frucht. Dafür schmeckt sie Vögeln vorzüglich, sodass um einen fruchttragenden Banyan nicht selten lautes Gezwitscher zu vernehmen ist.

Tierwelt

Balinesische Hunde und Tollwut

Die Lombok-Straße, die Meerenge zwischen Bali und Lombok, bildet einen Teil der **Wallace-Linie**, einer biogeografischen Grenzlinie: Asiatische Großsäugetiere kommen noch auf Bali vor, fehlen aber auf Lombok. Dagegen konnte sich die australische Tier- und Pflanzenwelt teils bis nach Lombok ausbreiten, aber nicht bis Bali. So gibt es auf Lombok z. B. australische Paradiesvögel und Eukalyptusbäume. Beige-braune **Makaken** (Affen) kommen auf beiden Inseln vor und sind oft rund um Tempelanlagen zu sehen, wo sie den einen oder anderen Besucher beklauen.

Gäste in vielen Häusern sind die großäugigen **Geckos**, die sich von Insekten und anderen Kleinlebewesen ernähren. Dank ihrer Haftzehen können sie an Wänden oder Decken hängen. Sie sind die einzigen Reptilien, die über eine Stimmbegabung verfügen. Am häufigsten vertreten ist der kleine **Cik Cak**, eine bläslich graue, flinke Echse, die schrille Schnalztöne von sich gibt. Besonders bemerkenswert ist der **Tokee-Gecko**, eine bis zu 35 cm große, grau bis lila, orangerot-bräunlich getüpfelte Echse. Sie macht seltsame Geräusche, die sich zuerst wie ein anspringendes Auto anhören. Danach kommt mehrmals hintereinander ein Laut, der wie „To-kee" klingt. Ist die Zahl der Tokee-Laute ungerade, darf der Zuhörer sich über Glück freuen. Sind es sogar neun oder elf Tokee-Laute, winkt besonders viel Glück. Geckos werden als Glücksbringer und von manchen Balinesen sogar als Hausgötter angesehen, die die Bewohner vor bösen äußeren Einflüssen schützen.

Auch Schlangen kommen auf beiden Inseln vor. So gibt es immer wieder Berichte über Sichtungen von **Kobras**, allerdings ohne ernsthafte Zwischenfälle mit Menschen.

Auf Nusa Penida, Nusa Lembongan und der Bukit-Halbinsel werden vermehrt **Seealgen** angebaut (S. 322). In der starken, kalten Strömung der vorgelagerten Riffe können erfahrene Taucher riesige, aber ungefährliche **Mantarochen** und **Mondfische** *(Mola-Mola),* die größten Knochenfische der Welt, entdecken.

Eine große Artenvielfalt bietet die Vogelwelt auf Lombok. Bemerkenswerterweise kommt der in Lombok zu beobachtende weiße **Kakadu** auch auf Nusa Penida vor, aber nicht mehr auf Bali – ein weiterer Beweis für die Wallace-Linie.

Im Bali Barat National Park im Westen der Insel sowie auf Nusa Penida gibt's Populationen des hübschen **Bali-Stars** mit weißem Gefieder und kräftig blauen Kopffedern. Der seltene Vogel ist nur hier heimisch und konnte durch erfolgreiche Zuchtprojekte vorm Aussterben bewahrt werden. Um die Jahrtausendwende gab es nur noch sechs freilebende Exemplare auf der Insel, mittlerweile ist die Population aber immerhin wieder auf über 200 angewachsen.

Die Straßenhunde sind bei Weitem nicht so viel Zuwendung gewohnt wie deutsche Haustiere und auch längst nicht so zutraulich. Bei einer ersten Annäherung ist stets Vorsicht geboten! Taucht ein Fremder im Dorf auf, stimmen die Hunde ein Jaul- und Kläffkonzert an, das schon so manchen Touristen in die Flucht geschlagen hat. Wahrscheinlich hatte der Künstler, Anthropologe und Bali-Reisende Miguel Covarrubias recht, als er in *Island of Bali* (1937) schrieb: „... diese Hunde sind zweifellos von den Göttern geschaffen, um zu verhindern, dass Bali perfekt ist."

Nach einer ganzen Reihe von tödlich verlaufenen Tollwuterkrankungen wurden ab 2008 Hunderttausende von Straßenhunden (und solche, die dafür gehalten wurden) getötet. BAWA schätzt, dass von ehemals 600 000 Straßenhunden heute nur noch 150 000 leben. Trotz der Massentötungen wurde der zu beobachtenden Ausbreitung des **Tollwutvirus** (s. Reisemedizin S. 427) aber noch nicht erfolgreich Einhalt geboten. Deshalb heißt es, im Umgang mit fremden Tieren stets äußerste Vorsicht walten zu lassen, sie nicht zu streicheln und jeden Kratzer und Biss sehr ernst zu nehmen.

BAWA (Bali Animal Welfare), 🖥 www.bawabali.com, ist eine Organisation, die sich dem Schutz benachteiligter Tiere verschrieben hat. Details s. Kasten S. 84.

Inmitten der Reisfelder sieht man oft große Herden von **Enten** im Schlamm herumwühlen. Sie sorgen dafür, dass die frisch bestellten Felder frei von Algen und Insektenplagen bleiben und mit ihren Ausscheidungen gedüngt werden. Die Enten sind darauf abgerichtet, stets in der Nähe eines Stocks zu bleiben, an dessen oberem Ende ein Tuch befestigt ist. Der Stock wird in die Erde gesteckt, und die Enten halten sich den ganzen Tag in Sichtweite auf. Abends versammeln sie sich wieder und warten darauf, abgeholt zu werden.

Viele weitere Tiere sind Nutztiere wie das **Bali-Rind**, Schweine und Hühner. Die **Hähne** nehmen eine gesonderte Stellung ein, da sie als heroische Gladiatoren in den Hahnenkämpfen gegeneinander antreten (s. Kasten S. 88).

Umwelt und Naturschutz

Auf Bali mussten über die Jahre etliche Wälder, Felder und Mangroven den Menschen weichen. Gründe hierfür sind nicht zuletzt das rapide Bevölkerungswachstum und der Tourismus. Der

Natur- und Tierschutz auf Bali

Anfang des 20. Jhs. streiften im Nationalpark noch **Bali-Tiger** *(Panthera tigris balica)* umher. Doch ihr Lebensraum wurde immer kleiner, und sie waren ein so beliebtes Ziel von Jägern, dass 1937 der letzte Bali-Tiger geschossen wurde. Dennoch ist Bali auch heute noch eine artenreiche Insel. Viele wild lebende Tiere, wie die Meeresschildkröten und verschiedene Vogelarten, sind jedoch ernsthaft bedroht. Die **Korallenriffe** leiden unter der Vermüllung der Ozeane und den vielen Tauchern, Schnorchlern und Surfern, die jedes Jahr den nassen Mikrokosmos bestaunen wollen, und sich dabei schlimmstenfalls für ein Urlaubsfoto auf die Korallen stellen oder diese gar als Souvenir abbrechen.

Tierschutzorganisationen auf Bali

Bali Sea Turtle Society, www.baliseaturtle.org, www.fb.com/baliseaturtlesociety, engagiert sich für den Schutz der bedrohten Meeresschildkröten. Sie kontrolliert die Eiablagestätten, sorgt für das sichere Schlüpfen der Babyschildkröten und pflegt verletzte und konfiszierte Tiere, bis sie wieder in den Ozean entlassen werden können.

BAWA (Bali Animal Welfare Association), www.bawabali.com, wird durch Spenden finanziert und bietet unter 0811-389 004, WhatsApp: 0812-384 0133 eine 24-Std.-Hotline: Wer einen Verkehrsunfall mit oder Misshandlungen von Tieren beobachtet, kann hier anrufen, damit verletzte Vierbeiner in der stiftungseigenen Klinik medizinisch versorgt werden. Zudem werden Sterilisationsprogramme, Tollwutimpfungen, Fütterungen von Straßenhunden und ein Tierheim finanziert und Aufklärungsseminare an Schulen abgehalten.

Begawan, https://begawan.life, leitet u. a. ein vorbildliches Projekt zur Erhaltung des Bali-Stars. Aus ursprünglich zwei Exemplaren wurden auf Nusa Penida und später in der Nähe von Ubud so viele Vögel gezüchtet, dass sie regelmäßig ausgewildert werden konnten und es heute auf Penida wieder wildgeborene Bali-Stare zu bewundern gibt. Auch werden Brutprojekte für andere bedrohte Vogelarten finanziert.

Manta Trust, www.mantatrust.com, ist weltweit aktiv und auch in Indonesien um den Schutz der majestätischen Mantarochen bemüht. Niedrige Fortpflanzungsraten in Kombination mit gezielter Fischerei für den chinesischen Markt, wo die Kiemenplatten als Medizin verwendet werden und Fischern dreistellige Dollarbeträge pro kg einbringen, haben der Population gehörig zu schaffen gemacht.

ProFauna Indonesia, www.profauna.net, kämpft erbittert um die Erhaltung des Artenreichtums in Indonesien.

Bali-Boom, der in den 1980er-Jahren einsetzte, brachte zwar Wohlstand, andererseits litten viele Strände und Naturräume aber auch unter dem großen Besucherandrang, dem einsetzenden Bauboom und dem steigenden Verkehrsaufkommen.

Heute sind **Müll** und das mangelnde Umweltbewusstsein von großen Teilen der Bevölkerung ein allgegenwärtiges Problem. Immer noch sieht man, wie Plastikverpackungen aus Autofenstern fliegen, die Reste eines Familienpicknicks achtlos am Strand oder auf der Wiese zurückgelassen werden. Ebenfalls problematisch sind die veralteten Lkw, Autos und Motorräder, die teils eine stinkende dunkelschwarze Rauch- und Rußwolke hinter sich herziehen und dabei einen ziemlichen Lärm verursachen. Nicht umsonst heißt „Auspuff" auf Indonesisch *Knalpot*.

In der Regenzeit werden die an der Westküste liegenden Strände oft von **angeschwemmtem Plastikmüll** überzogen – ein schockierendes Beispiel für die rapide voranschreitende Vermüllung unserer Ozeane. An einem Tag während der Regenzeit wurden am 6,4 km langen Strandabschnitt zwischen Seminyak und Jimbaran alleine fast 50 Tonnen (!) Müll eingesammelt. So erstaunt es kaum, dass Indonesien nach China als zweitgrößter Verschmutzer der Meere gilt und Bali manchem Besucher vergleichsweise schmutzig erscheinen mag.

Die balinesische Umweltbehörde schätzt, dass tagtäglich 3800 Tonnen Müll auf der Insel produziert werden, von denen nur 60 % auf Deponien landen. Diese erschreckende Erkenntnis deckt sich mit den Beobachtungen vieler Besucher. Als Reaktion auf das allgegenwärtige Müllproblem und sicherlich auch den damit einhergehenden negativen Auswirkungen auf die Attraktivität der Insel für Touristen wurde 2017 der „**Müll-Notstand**" ausgerufen. Folglich wurde Ende 2018 die Nutzung von Einwegkunststoffen verboten, egal ob Plastiktüten, Styroporcontainer für Essenslieferungen oder Strohhalme.

Ein weiteres ernsthaftes, aus dem Tourismus resultierendes Problem äußert sich in einer zunehmenden **Wasserknappheit**. Der Trend zum Pool bei jeder noch so kleinen Anlage und die Massen an neugebauten luxuriösen Villen mit Privatschwimmbecken führen zu einem immer weiter absinkenden Grundwasserspiegel. Das wiederum bedingt fallende Erträge bei den lokalen Bauern, die ihre Felder nicht mehr ausreichend bestellen können.

Einige löbliche Organisationen, die sich der Müll- und Umweltprobleme auf Bali und Lombok annehmen, sind **Bali Water Protection**, 🖥 https://baliwaterprotection.net, **Eco Bali**, 🖥 https://bit.ly/EcoBali1, **Gili Eco Trust**, 🖥 http://giliecotrust.com, **Mudfish No Plastic**, 🖥 www.mudfishnoplastic.com, **Ocean Mimic**, 🖥 https://ocean-mimic.com, **One Island One Voice**, 🖥 www.oneislandonevoice.org, und **Trash Hero**, 🖥 https://trashhero.org/de. Neben regelmäßigen Strandsäuberungen versuchen sie mit Informations- und Bildungsprogrammen das Umweltbewusstsein der Einheimischen zu schärfen. Der viele Müll, etwa bei Tempelfesten, und der Wasserverbrauch sollen reduziert werden.

Bevölkerung und Gesellschaft

Einwohner: 4,41 Mio.
Einwohner pro km^2: 763
Bevölkerungswachstum: 1,17 % (2019)
Lebenserwartung: 73 Jahre (Männer 70,4 Jahre, Frauen 75,7 Jahre)
Säuglingssterblichkeit: 15 pro 1000 Lebendgeburten (Deutschland: 3,2 pro 1000)
Alphabetisierungsrate: 95,7 %

Ethnische Zusammensetzung

Die Bevölkerung Balis ist das Ergebnis einer Vermischung verschiedener Völker, die sich im Laufe vergangener Jahrtausende in mehreren Wellen von Zentralasien und Süd-China über die indonesischen Inseln ausbreiteten.

Einmalig in Indonesien ist Balis religiöse Zusammensetzung: 83,5 % der Einwohner sind **Hindus**, damit ist Bali die Region mit den meisten

> **Lontar-Schriften**
>
> *Lontar*-Schriften sind alte balinesische Bücher, die noch heute in Tenganan in Ost-Bali hergestellt werden. Dabei wird mit einem Metallgriffel in die Blätter der *Lontar*-Palme geritzt. Mit Hilfe von Rußöl wird das Geschriebene dann sichtbar gemacht.
> In den *Lontar*-Schriften werden Texte und Abbildungen zur Mythologie, Religion und Geschichte festgehalten. Viele Balinesen verstehen die alten Schriften als eine Art Bibel, Regelwerk und Wegweiser.

Hindus außerhalb von Indien und Nepal. Die Balinesen können ihre Religion ungehindert ausüben, obwohl sie von muslimisch geprägten Inseln umgeben und Teil des größten muslimischen Landes der Erde sind. Die restliche Bevölkerung setzt sich aus Muslimen (13,4 %), Christen (2,5 %) und Buddhisten (0,5 %) zusammen.

Die Hindus waren jedoch nicht die ersten Bewohner der Insel. Die eigentlichen Ureinwohner, genannt **Bali Aga**, siedeln nur noch in wenigen Dörfern, so etwa Tenganan (Ost-Bali, S. 335) und Trunyan (Nord-Bali, S. 296). Sie haben sich von der Hinduisierung im 16. Jh. nicht beeindrucken lassen und leben noch heute den Animismus, eine Naturreligion, bei der an die Beseeltheit der Dinge geglaubt wird. Die Bali Aga betätigen sich vorwiegend in der Landwirtschaft und der Herstellung von Textilien und Kunsthandwerk. Ihre religiösen Kulte und Rituale unterscheiden sich grundlegend von denen des Hinduismus. Die Wahl des Ehepartners ist beispielsweise auf die Dorfgemeinschaft beschränkt, und Zuzüge von Fremden sind streng untersagt. Weitere Infos s. Kästen S. 334 und S. 335.

Die Bevölkerung auf der Nachbarinsel Lombok (ca. 3,8 Mio.) setzt sich zu 85 % aus Sasak und zu 15 % aus Balinesen sowie einigen Nachkommen von Chinesen und Arabern zusammen. Die Kultur der **Sasak** wurde besonders im Westteil von Lombok von der balinesischen beeinflusst. Der traditionelle Glaube der Sasak, *Wetu-Telu*, ist eine Mischreligion aus Islam, Hinduismus, Animismus und Ahnenverehrung. Mit über 90 % ist der Großteil der Bevölkerung jedoch streng muslimisch geprägt. Mehr zur Bevölkerung auf Lombok S. 355.

Überbevölkerung

Bali kämpft schon lange mit dem Problem der Überbevölkerung. Balinesische Familien sind traditionsgemäß groß und kinderreich. Zudem ist die Einwanderungsrate hoch, da viele Bewohner der Nachbarinseln Java, Madura, Lombok und Flores ihr Glück im wohlhabenderen Bali suchen, wo ihnen seitens der Behörden, der Polizei und Teilen der einheimischen Bevölkerung jedoch oft Ablehnung entgegenschlägt. Auch Menschenhandel und Schleuserkriminalität sind ein Problem. Das Umsiedlungsprogramm **Transmigrasi**, bei dem in den 1970er-Jahren viele balinesische Familien nach Sumatra, Sulawesi und auf manche Außeninseln umgesiedelt wurden, sollte der Überbevölkerung auf Bali entgegensteuern. Heute verzichtet man auf solche Methoden, da man erkannt hat, dass sie viele kulturelle und ethnische Konflikte nach sich ziehen.

Die balinesische Gesellschaft

Balinesen leben in einer Welt des Teilhabens und Teilnehmens. Die Bindung an eine oder mehrere Gruppen und die damit einhergehenden Pflichten haben Vorrang gegenüber den Bedürfnissen des Individuums, wobei häufig individuelle Bedürfnisse auch nur durch die Gruppe befriedigt werden können. Das ausgeprägte **Gemeinschaftsgefühl** ist eine direkte Folge der Nassreiskultur und hat sich schon vor über 1000 Jahren entwickelt. Diese Form der Landwirtschaft erfordert nämlich weitverzweigte, komplexe Bewässerungssysteme, die durch die gebirgige Beschaffenheit der Insel und den Wechsel von regenarmen und regenreichen Jahreszeiten noch zusätzlich kompliziert werden. Folglich konnte nicht jeder Bauer auf sich gestellt ein eigenes Bewässerungssystem konstruieren.

Subak

Bereits schriftliche Dokumente aus dem Jahr 1072 n. Chr. erwähnen die *Subak*, Reisbau-

Frauen auf Bali

Auf Bali haben Männer und Frauen traditionell sehr unterschiedliche Aufgaben. Die Frauen machen den Haushalt und sorgen für den Nachwuchs sowie das leibliche und seelische Wohl der Familie, während der Mann für die ökonomische Sicherung der Familie verantwortlich ist. Doch Gender-Mainstreaming und „Gleichberechtigung" sind auch hier keine Fremdwörter mehr. Die praktische Umsetzung scheitert jedoch immer wieder am tief verwurzelten, traditionellen Rollenverständnis von Mann und Frau. So ist es für Frauen noch immer üblich, mit Anfang 20 zu heiraten und Kinder zu bekommen. Noch heute werden mancherorts minderjährige Mädchen mit einem Mann verheiratet, den die Familie auswählt.

Traditionell aber haben Frauen in ganz Indonesien eine vergleichsweise hohe Stellung und aktive gesellschaftliche Rolle. Zwar weisen hinduistische Traditionen und das balinesische *Adat*-Recht (Gewohnheitsrecht) Frauen eine klare Position zu, aber das heißt nicht, dass sie ihre Zeit ausschließlich abgeschottet in der Küche verbringen. Sie übernehmen wichtige Aufgaben bei Ritualen und halten den Dorfbetrieb aufrecht. Sie sind nahezu den ganzen Tag damit beschäftigt, Opfergaben anzurichten, zu kochen oder Gemüse auf dem Markt zu verkaufen. Die Männer hingegen sieht man oft im Schatten sitzen, mit einer Zigarette im Mundwinkel, beim Schachspiel oder beim Streicheln und Trainieren ihrer Kampfhähne.

Doch auch auf Bali bleibt die Zeit nicht stehen, und viele selbstbewusste junge Frauen halten nicht mehr allzu viel davon, früh die Schule abzubrechen, um sich nur noch Familie und Haushalt zu widmen. Verständnis für uneheliche Kinder oder häufig wechselnde Partnerschaften sollte man zwar nicht erwarten, aber ein „Gespräch unter Frauen" kann auf Bali eine lustige und aufschlussreiche Erfahrung sein.

ern-Kooperativen, in denen alle Bauern zusammengeschlossen sind, deren Reisfelder von ein und demselben Bewässerungssystem gespeist werden. Auf Bali gibt's rund 1500 *Subak*, mit durchschnittlich 200 Mitgliedern und einer Feldfläche von 50 bis 100 ha. Jeder Bauer, der Felder im Bereich eines *Subak* besitzt, ist zur Mitgliedschaft verpflichtet. Ebenso ist die Teilnahme an *Subak*-Versammlungen obligatorisch, die alle 35 Tage und zu besonderen Anlässen abgehal-

Der Hahnenkampf

Noch vor Sonnenaufgang erwacht das balinesische Dorf mit dem durchdringenden Krähen der allgegenwärtigen Kampfhähne. Während die Frauen die Innenhöfe fegen, kümmern sich die Männer um ihre Lieblinge. Die Hähne werden gestreichelt, herumgetragen und nach dem sorgfältigen Füttern unter umgestülpten, glockenförmigen Körben in Reihen an den Rand der Dorfstraße gesetzt, damit sie sich am geschäftigen Treiben ergötzen können und nicht langweilen.

Rituelle Bedeutung

Wie fast alles auf Bali ist auch der Hahnenkampf ein Bestandteil der allumfassenden Religion. In ihm leben vorgeschichtliche Glaubensvorstellungen fort, namentlich die Tieropfer der Megalithkultur. Bei vielen Völkern gilt vergossenes Hahnenblut als ein Mittel zur Besänftigung der Dämonen. Balinesische Priester legen mithilfe des Kalenders die rituell günstigen Tage für die Hahnenkämpfe fest. Zudem sind sie bei besonders wichtigen Tempelfesten unerlässlich, so begleiten sie z. B. die Landreinigungszeremonien, bevor die Reisfelder bewässert werden, und gehen dem großen Erntefest im *Subak*-Tempel voraus.

Das Turnier

Hahnenkampfveranstaltungen dauern für gewöhnlich mehrere Stunden. Sie können sich auch über Tage hinziehen und haben dann Volksfestcharakter. Auf dem Dorfplatz rund um die Arena *(Wantilan)* richten Frauen kleine Verkaufsstände ein. Zu den Kämpfen selbst sind sie traditionsgemäß nicht zugelassen. Die Männer tragen ihre Hähne in seltsamen Taschen aus verflochtenen Kokospalmwedeln, aus denen nur die Schwanzfedern herausschauen, damit diese nicht beschädigt werden.
Vor Beginn der Kämpfe geht es im *Wantilan* recht tumultartig zu. Unter Schreien und Gestikulieren werden die Hähne begutachtet und Wetten abgeschlossen – eine Leidenschaft, die bereits so manche Familie in den Ruin getrieben hat. Ganz vorn in der Arena hocken die Besitzer der Hähne, daneben sitzen die Schiedsrichter, die die Reihenfolge der Kämpfe festlegen. Rundherum stehen dicht gedrängt die Zuschauer. In einer Schüssel schwimmt eine halbe Kokosnussschale mit einem Loch in der Mitte. Ist die Schale voll Wasser gelaufen und sinkt, ertönt ein Gong, und die Runde ist beendet.
Viele Kämpfe sind schon nach wenigen Sekunden entschieden. Ist aber nach vier Runden noch immer kein Sieger ermittelt, werden die zwei Kontrahenten zusammen unter einen großen Korb gesetzt, wo kein Ausweichen mehr möglich ist. Denn Blut muss unbedingt fließen, um die Dämonen zu besänftigen. Andernfalls geraten nach Meinung der Balinesen die Menschen in Kampflust und werden von einem Blutrausch befallen, der sie gegeneinander kämpfen lässt. Ein Hahn wird disqualifiziert, falls er gleich zu Beginn des Kampfes wegläuft.

---

ten werden. Ein Nichterscheinen ohne triftigen Grund kann sanktioniert werden.

Alle **Entscheidungen** bedürfen der Zustimmung aller Mitglieder. Periodisch wird ein *Subak*-Vorstand gewählt, dessen Dienste nicht gesondert entlohnt werden. Aufgabe des Vorstandes ist es, die Federführung bei Versammlungen zu übernehmen, darauf zu achten, dass alle Arbeiten gemäß den traditionellen Regeln ausgeführt werden, und die Teilnahme der Mitglieder an den Treffen zu kontrollieren bzw. gegebenenfalls Strafen zu verhängen.

Bei den *Subak*-Treffen wird entschieden, wann mit dem Setzen der Pflanzen oder der Ernte begonnen wird, welche Düngemittel und Insektizide wann und in welchem Maße eingesetzt werden, zu welchem Zeitpunkt die nötigen religiösen Zeremonien durchgeführt werden und inwieweit Arbeiten an den Dämmen und Kanälen der Bewässerungsanlagen notwendig sind.

Jedes *Subak* hat einen eigenen Tempel, welcher der Reisgöttin **Dewi Sri** geweiht ist. Hier werden die Versammlungen und die wichtigs-

Kurz vor dem Kampf, wenn sich die Besitzer mit ihren Tieren in zwei entgegengesetzten Ecken der Arena gegenüberhocken, streicheln und massieren sie ihre Lieblinge, flüstern ihnen aufmunternde, anspornende Worte ins Ohr, blasen ihnen mit ihrem Atem Kraft in den Schnabel und kneifen sie in den Kamm, um ihre Aggression anzustacheln. Sind die Gegner dann endlich allein auf der Kampfbahn, nähern sie sich einander erst in Zickzackwegen und umkreisen sich lauernd. Zum Kampf selbst gehören verschiedene Sprünge. Die verletzlichste Stelle ist die ungeschützte Brustfläche unter den Flügeln. Der getötete Verlierer geht meist an den Eigentümer des Siegers und wandert in dessen Kochtopf. Häufig werden auch die zerstampften Knochen, Muskeln und das Herz an den siegreichen Hahn verfüttert, wodurch dieser die Kraft seines ehemaligen Gegners in sich aufnehmen soll.

Die Hähne

Höchste Wetten erzielen erfahrene Kampfhähne, die schon häufig, manchmal trotz schwerster Verletzungen, siegreich geblieben sind. Andere Favoriten sind die sogenannten *Srawah*, Abkömmlinge eines göttlichen Hahns, die als besonders streitsüchtig gelten und an bestimmten Merkmalen zu erkennen sind, z. B. an der Zahl der Hautringe an den Zehen und der ihnen eigenen Art zu krähen. Solch wertvolle Tiere darf nur der Besitzer selbst trainieren und füttern, denn seine Frau und seine Kinder könnten den Hahn vielleicht durch Extra-Leckerbissen verwöhnen und verweichlichen. Ebenso sollte ein Kampfhahn niemals mit Hennen zusammenkommen, damit er nicht seine Kraft verliert.

Manchmal sieht man in den Dörfern alte, ziemlich lädierte, „pensionierte" Kampfhähne die Straßen entlang humpeln. Sie werden bis an ihr Lebensende bevorzugt behandelt und genießen ein hohes Ansehen – haben sie doch ihrem Eigentümer und denen, die auf sie gewettet haben, viel Geld und Prestige eingebracht.

Nur mit Genehmigung

Unverständlich ist für Balinesen die Abneigung vieler Europäer gegenüber dem Hahnenkampf. Sie sehen darin keine Grausamkeit, denn ein im *Wantilan* getöteter Hahn ist schließlich genauso tot wie ein in der Küche geschlachteter Artgenosse, und sein Ende ist das Gleiche – der Kochtopf. Und wichtiger: Das in der Arena verspritzte Blut hat die Dämonen besänftigt, sodass die Menschen wieder eine Zeit lang in Ruhe gelassen werden.

Hahnenkampf ist offiziell bereits seit Anfang der 1980er-Jahre verboten, um das Wetten und seine Folgen zu unterbinden. Für Kämpfe im Rahmen religiöser Zeremonien müssen vorher amtliche Sondergenehmigungen eingeholt werden. Natürlich gibt es reichlich nicht genehmigte Turniere, bei denen weiterhin hoch gewettet wird, denn der Arm der Justiz reicht längst nicht bis in jedes Dorf.

ten Zeremonien zu ihren Ehren abgehalten. Das bedeutendste Fest ist dabei das Erntedankfest *Ngusaba Nini*.

Banjar

Eine mindestens ebenso wichtige gesellschaftliche Rolle wie die *Subak* nehmen die *Banjar* ein, deren Mitglieder nicht nur Reisbauern, sondern Angehörige aller Berufsgruppen sind. Der Begriff *Banjar* ist schwer zu übersetzen, die Holländer haben dafür den Ausdruck „Dorf-Republik" geprägt. Das *Banjar* ist eine Organisation, der alle erwachsenen Bewohner eines Dorfes angehören, normalerweise erst nach der Heirat oder der Geburt des ersten Kindes. Da die Aufgaben eines *Banjar* auch Frauenarbeit mit einschließen, gehört mit der Aufnahme eines männlichen Mitglieds automatisch auch die Ehefrau dazu.

Die **Mitgliedschaft** im *Banjar* ist Pflicht für jede Familie, ebenso die Teilnahme an den regelmäßigen Versammlungen in der Versammlungshalle *Bale Banjar*. Selten bestehen die Zusammenschlüsse aus mehr als 60 oder

70 Familien, größere Dörfer sind entsprechend in mehrere voneinander unabhängige *Banjar* unterteilt. Alle **Entscheidungen** innerhalb der Gemeinschaft bedürfen wie bei den *Subak* der Zustimmung sämtlicher Mitglieder. Folglich braucht es lange Beratungen, bevor neue Ideen in die Tat umgesetzt werden können.

Vielfältig sind die **Aufgaben des Banjar**, und jedes Mitglied ist verpflichtet, einen Teil an Arbeit beizutragen. Die Organisation kümmert sich um den Bau und die Instandhaltung von öffentlichen Gebäuden, Märkten, Straßen und Badeplätzen und, falls notwendig, auch um die Aufrechterhaltung von Recht und Ordnung. Darüber hinaus ist das *Banjar* verantwortlich für die Vorbereitung und Durchführung sämtlicher Tempelfeste und Zeremonien. Sogar wichtige Familienfeiern wie der erste Geburtstag eines Kindes, Zahnfeilungszeremonien, Hochzeiten und Verbrennungen werden oft von sämtlichen Mitgliedern eines *Banjar* gemeinsam veranstaltet.

Projekte, die von den Mitgliedern umgesetzt werden sollen, werden durch eine Komplementärwährung, die **Zeitwährung**, bezahlt. Der Zeitwert, den jedes Mitglied für ein Projekt aufbringen muss, kann in Rupiah umgerechnet und bezahlt werden oder durch Dienstleistungen und den entsprechenden Zeitaufwand abgearbeitet werden. Das Bezahlen der Zeit in Rupiah ist nicht besonders angesehen und wird schnell geächtet.

Außer dem *Bale Banjar*, zu dem immer eine Küche und der Turm mit der *Kul-Kul*-Trommel gehören, mit der die Mitglieder zu den Versammlungen gerufen werden, besitzt jedes *Banjar* meist ein komplettes **Gamelan-Orchester** und diverse Tanzrequisiten sowie Kostüme, Schmuckstücke und **Masken**, darunter vor allem eine *Rangda* (eine Maske, die das Böse darstellt) und einen *Barong* (Maske des Guten). Auch wenn keine Versammlungen anstehen oder Vorbereitungen zu einem Fest getroffen werden müssen, sind fast immer einige Männer im *Bale Banjar* anzutreffen – um sich zu unterhalten, ihre Kampfhähne zu vergleichen oder einfach nur um herumzusitzen.

Neben den *Subak* und *Banjar* gibt es weitere Gemeinschaften, deren Mitgliedschaft aber meist freiwillig ist. Da sind zum Beispiel die sogenannten **Pemaksan**, Vereinigungen oder Gemeinden, die es sich zur Aufgabe gemacht haben, einen bestimmten Tempel, für den sonst niemand zuständig ist, instand zu halten und dafür zu sorgen, dass regelmäßig die *Odalan,* die Jahresfeiern dieses Tempels, zelebriert werden.

Kastenwesen und Sprache

Einen Gegensatz zum egalitären, demokratischen Charakter der dörflichen Gemeinschaften bildet das Kastenwesen, das die Angehörigen des ostjavanischen Majapahit-Hofes bei ihrer Übersiedlung nach Bali mitbrachten.

In Anlehnung an das indische Kastensystem, mit dem sich vor einigen Tausend Jahren die nach Indien eingefallenen Arier über die unterjochten Urvölker stellten, haben auch die ostjavanischen Eindringlinge sich selbst den drei hohen Kasten *(Triwangsa)* zugeteilt, während die Balinesen, obwohl deutlich in der Überzahl, zu den **Sudra** oder **Jaba**, den unteren Kasten, erklärt wurden. Die Zugehörigkeit zu einer der drei hohen Kasten richtete sich nach Beruf, Ausbildung und sozialer Stellung. Schriftgelehrte und Priester bildeten die **Brahmana**-Kaste, deren Namen mit Ida Bagus (männlich) oder Ida Ayu (weiblich) beginnen. Politisch Mächtige, Fürsten und Prinzen gehörten zur **Ksatriya**-Kaste, mit Titeln wie Anak Agung, Cokorda oder Dewa. In der **Wesya**-Kaste schließlich fasste man hochrangige Krieger und reiche Händler zusammen, deren Namen mit Gusti oder Ngurah beginnen. Das Haus eines Brahmanen wird *Griya* genannt, eine *Wesya*-Familie wohnt in einem *Jero*. Angehörige der *Ksatriya*-Kaste leben für gewöhnlich in einem *Puri*, einem Palastkomplex, in der Nähe eines Dorfes, dessen Bauern in vergangenen Feudalzeiten die Bewohner des Palastes mit Lebensmitteln und Arbeitskräften zu versorgen hatten.

Heute sind die **Unterschiede zwischen den Kasten** längst nicht mehr so stark ausgeprägt. Eine Heirat zwischen Angehörigen verschiedener Kasten ist durchaus möglich. In den *Banjar*-Versammlungen ist vom Kastensystem nicht viel zu spüren, denn alle Beteiligten haben den gleichen Status. Heutzutage trifft man *Brahmana*-Taxifahrer und *Ksatriya*-Barkeeper ebenso wie *Sudra*-Universitätsprofessoren und *Sudra*-Regierungsbeamte.

Allerdings findet das Kastenwesen noch heute seinen Ausdruck im Gebrauch der balinesischen Sprache oder besser: der **balinesischen Sprachen**. Grundsätzlich gibt es zwei Sprachen: Die gewöhnliche, niedere Sprache gehört zur malayo-polynesischen (austronesischen) Sprachfamilie, während das Hochbalinesische, die Sprache der *Triwangsa*, eine altjavanische Hofsprache ist, die sich aus dem Sanskrit ableitet.

Kurioserweise wird von den niederen Kasten erwartet, dass sie einen Angehörigen der höheren Kaste höflich und respektvoll in der Hochsprache ansprechen, andersherum bedient sich dieser ihnen gegenüber der niederen Sprache. Theoretisch muss ein Balinese immer die Sprache seines Gegenübers gebrauchen. Da viele Mitglieder der unteren Kaste aber nie Gelegenheit hatten, die Hochsprache zu erlernen, setzt sich mehr und mehr eine „mittlere" Sprache durch, ein Sprachgemisch, das ebenfalls als höflich gilt und häufig zwischen Fremden gebraucht wird, bevor sie die Kastenzugehörigkeit ihres Gesprächspartners festgestellt haben. Um Peinlichkeiten zu vermeiden, können die Balinesen auch immer auf die Amtssprache **Bahasa Indonesia** zurückgreifen. In den Schulen wird sowieso nur noch Indonesisch gesprochen. Alle Schüler, egal welcher Kaste, sitzen, lernen und spielen zusammen.

Abgesehen von der Sprache wird ein *Sudra* seinen Respekt vor den höheren Kasten auch in der **Sitzordnung** zum Ausdruck bringen, indem er sich immer etwas niedriger platziert als ein *Brahmana*, *Ksatriya* oder *Wesya*. Dies gilt vor allem beim Besuch im Hause eines *Pedanda*, eines hohen Priesters der *Brahmana*-Kaste. Sitzt er auf einem Stuhl, muss sich ein *Sudra* immer auf dem Fußboden niederlassen. Sollte es sich der *Pedanda* auf einer Matte auf seiner Veranda bequem machen, werden sich alle anderen auf die Stufen vor der Veranda setzen.

Die *Sudra* machen heute etwa 90 % der balinesischen Bevölkerung aus. Wie die *Triwangsa* sind auch sie an ihren Namen zu erkennen.

Namen

Neben dem Namen, der sich nach der Geburtsfolge richtet, haben Balinesen meist noch einen **zweiten Namen**, der sich im Laufe des Lebens mehrmals ändern kann. Zwölf Tage nach der Geburt erhält das Baby einen vorläufigen Namen. An seinem ersten „Geburtstag" *(Oton)*, 210 Tage nach der Geburt, verleiht ihm der Priester einen persönlichen Namen, der oft nur dem engsten Familien- und Freundeskreis bekannt ist. Im Dorf kennt man das Kind meist unter einem Spitznamen oder dem Namen, der die Geburtsfolge angibt. Sollte der Heranwachsende von einer schweren Krankheit heimgesucht werden, kann der Name erneut geändert werden, um die Krankheitsdämonen zu verwirren. Mit der Geburt des ersten Kindes wechselt eine Person nochmals ihren Namen, jetzt heißt sie Vater oder Mutter von Soundso. Sobald dieses Kind selbst Nachkommen hat, wird der Name wieder geändert in Großvater oder Großmutter von Soundso.

Als Folge der sich im Leben ändernden Namen gibt es nach dem Tod älterer Balinesen kaum noch jemanden, der sich an ihre ursprünglichen Namen erinnern kann.

Und wenn dann nach der Leichenverbrennung, nicht selten erst Jahre später, für die Seele des Vorfahren ein Schrein im Familientempel errichtet wird, ist der Name des Ahnen längst vergessen.

Warum es so viele Wayans und Ketuts gibt

Das erste Kind eines Ehepaares wird **Wayan** (oder Gede oder Putu) genannt, das zweite heißt **Made** (oder **Kadek** oder **Nengah**), das dritte **Nyoman** (oder **Komang**) und das vierte **Ketut**. Hat das Ehepaar noch mehr Kinder, beginnt man wieder von vorn, oft unter Auslassung des Wayan, ein Name, der für das Erstgeborene reserviert ist, oder alle auf die vierte folgenden Kinder heißen gleichfalls Ketut. Diese Namen sind unabhängig vom Geschlecht der Kinder, deshalb wird häufig ein I (männlich) oder ein Ni (weiblich) vorangestellt.

Das Dorf

Die überwiegende Mehrheit der Bevölkerung von Bali lebt noch immer in Dorfstrukturen. Von offizieller Seite sind 1456 Dorfgemeinden *(Desa)* gezählt worden, die sich in 3708 *Banjar* unterteilen. Diese konzentrieren sich vor allem an den Südhängen der Berge und in der fruchtbaren Ebene im zentralen Süden der Insel.

Jedes Dorf ist ökonomisch völlig unabhängig. In der Verwaltung eines Ortes haben die Dorfbewohner weitgehend selbst zu bestimmen, da alle Familien in einem oder mehreren *Banjar* zusammengeschlossen sind.

Dorfstruktur

Anlage und Struktur einer balinesischen Siedlung sind keine zufällige Ansammlung von Gebäuden, sondern unterliegen einem wohldurchdachten Plan, der wiederum auf das Engste mit religiösen Vorstellungen verknüpft ist.

Der breite Hauptweg eines Dorfes verläuft immer in **Kelod-Kaja**-Richtung, also aus Richtung des Meeres oder von „unten" in Richtung der Berge oder nach „oben". Am unteren Ende, etwas außerhalb des Dorfes, liegt der Shiva bzw. seiner Frau Durga geweihte Unterweltstempel **Pura Dalem** mit Begräbnis- und Verbrennungsplatz. Am oberen Ende steht der **Pura Puseh**, eine Art Fruchtbarkeitstempel, Gott Vishnu, dem Erhalter geweiht, der das lebensnotwendige Wasser aus den Bergen spendet.

Im Zentrum steht der Dorftempel **Pura Desa**, der ursprüngliche Tempel der Dorfgründer. Er ist dem Schöpfergott Brahma geweiht, der gleichzeitig als Bewahrer des Feuers (in der Küche) gilt. Die Hauptstraße wird rechtwinklig von Seitenstraßen gekreuzt, die von West nach Ost verlaufen und fast immer in eine Schlucht hinabführen, an eine Quelle, einen Bach oder einen Fluss, wo sich die traditionellen Wasch- und Badeplätze befinden.

Das Zentrum des Dorfes nimmt der **Dorfplatz** an der Hauptstraßenkreuzung ein, wo neben dem *Pura Desa* immer eine Versammlungshalle und eine Hahnenkampfarena *(Wantilan)* errichtet sind. Nicht fehlen darf der Turm für die *Kul-Kul*-Trommel, die zu Versammlungen ruft, vor Gefahren warnt und den Tod eines Dorfbewohners verkündet. Der Dorfplatz wird oft von einem gigantischen Banyan-Baum überschattet, dem heiligen Baum der Hindus (Kasten S. 82). Hier liegen für gewöhnlich ein paar einfache Essensstände (Warung), und hier wird auch der Markt abgehalten, meist in einem Drei-Tage-Rhythmus.

Der **Markt** ist eine Domäne der Frauen, wie auch die Hausarbeit und das Herstellen der Opfergaben für die Götter und Dämonen. Dagegen sind das Bestellen der Felder, der Haus- und Tempelbau sowie das Ausschmücken der Heiligtümer mit Steinskulpturen, Reliefs, Schnitzereien und Malereien reine Männersache. Viele Arbeiten werden auch von Männern und Frauen gemeinsam bewältigt, z. B. die Reisernte und der Straßenbau. Für Balinesen ist es selbstverständlich, dass auch kleinere Kinder einfache Aufgaben und Arbeiten übernehmen.

Gehöft

Entlang der Dorfstraße reihen sich von hohen Mauern umgebene Gehöfte aneinander, nur unterbrochen von schmalen Toreingängen, zu denen flache Stufen emporführen. Nur selten lassen sich die Eingänge mit Türen verschließen, oft steht dahinter lediglich eine **Dämonenmauer**, die Angriffe aus der Unterwelt abwehren soll, denn böse Geister können ausschließlich geradeaus gehen.

Im Inneren eines Gehöfts stehen mehr oder weniger offene Pavillons und andere kleine Gebäude, deren **Aufbau** und Anordnung wieder auf dem *Kelod-Kaja*-Prinzip beruht. Auf der den Bergen und damit den Göttern zugewandten Seite befindet sich der Familientempel. Im Mittelteil liegen Schlaf- und Wohnräume. Küche, Reisscheune, Schweinestall und Abfallgrube sind immer auf der dem Meer zugewandten Seite zu finden. Außer einigen Obstbäumen sowie Bananenstauden und ein paar Blumen hält man das Gehöft frei von Vegetation, um Schlangen und Insekten keine Gelegenheit zu geben, sich einzunisten.

Die Dimensionen eines traditionellen Gehöfts und der sich darin befindenden Gebäude richten sich nach strengen Regeln, die in alten *Lontar*-Schriften niedergelegt sind. Grundlage für alle architektonischen **Abmessungen** sind die Körpermaße des Familienoberhaupts, der gleichzeitig auch Bauherr ist. Ein Architekt wird also zuerst Abmessungen am Körper des Bauherrn vornehmen und diese auf schmalen Bambusstreifen markieren.

Das traditionelle Wohnanwesen ist also bis ins kleinste Detail buchstäblich auf den Bauherrn, das Familienoberhaupt, zugeschnitten. Hierin zeigt sich einmal mehr das Bestreben der Balinesen nach Harmonie und Einklang mit allem, was sie umgibt.

Geschichte

Die Insel Bali hat eine einzigartige Geschichte, die sich von jener der umliegenden muslimischen Inseln deutlich unterscheidet. Um aber die Vorgänge auf Bali in den historischen Gesamtkontext einordnen zu können, ist auch ein Überblick über die Geschichte Gesamt-Indonesiens notwendig.

Indonesien

Frühgeschichte

Die Inselwelt ist früh besiedelt worden. Zu den wichtigsten Ausgrabungsstätten, in denen Relikte von Urmenschen gefunden wurden, gehört Sangiran auf Java. Auf Flores existierte ein dem *Homo erectus* ähnlicher Vertreter womöglich sogar noch bis vor 50 000 Jahren. *Homo sapiens* hat die Region vor mehr als 60 000 Jahren besiedelt – Fossilien in der Karsthöhle Lida Acer auf Sumatra gelten als die älteste Nachweis moderner Menschen außerhalb von Afrika und Israel. Aus Indonesien stammen auch einige der ältesten Malereien der Welt: **Höhlenzeichnungen** nordöstlich von Makassar auf Sulawesi sind rund 40 000 Jahre alt.

Seither erreichten verschiedene Einwanderungswellen die Inseln. Vor 30 000 Jahren kamen die **Negritos und Melanesier**, deren kraushaarige, dunkelhäutige Nachfahren heute nur noch auf den Andamanen, den Philippinen und in West-Malaysia sowie Ost-Indonesien leben. Ihnen folgten vor etwa 10 000 Jahren **weddoide Völker**, deren Spuren man auf Java entdeckte. Mit den vor rund 6000 Jahren aus Süd-China ausgewanderten **Proto- und Deutero-Malaien** kam das Wissen um die Metallgewinnung und -bearbeitung.

Der Übergang von Jägern und Sammlern zu Bauern mit Kenntnissen über Pflanzenanbau und Tierhaltung erfolgte relativ frühzeitig. In Thailand wurde die Kultivierung verschiedener Pflanzenarten um 9000 v. Chr. nachgewiesen. Etwa seit 3000–2500 v. Chr. werden Reisfelder mit Wasserbüffeln gepflügt.

Typisch für alle Einwanderer war die Gründung von Siedlungen an Flussläufen und -mündungen. Bereits vorhandene Bevölkerungsgruppen wurden assimiliert. Zahlreiche archäologische Funde legen eine Tendenz zur sozialen Differenzierung bereits zu Beginn unserer Zeitrechnung nahe: reiche Grabbeigaben, Megalithen, Prunk- und Zeremonialbeile. See- und Küstenfahrt war diesen Völkern bekannt, trotzdem beschränkte sich die Herrschaft der Fürsten und Oberhäupter auf relativ überschaubare Bereiche. Der **globale Handel** mit dem antiken Kleinasien, Afrika, Persien und China florierte dagegen wahrscheinlich bereits um 2500 v. Chr.

So steht am Beginn der aufgezeichneten Geschichte eine Vielzahl kleiner und kleinster

ZEITLEISTE	30 000–6000 v. Chr.	9000–7000 v. Chr.
Indonesien	Melanesier, Negritos und Deutero-Malaien wandern nacheinander aus dem südchinesischen Raum ein und besiedeln den gesamten Archipel sowie Polynesien.	In Südostasien werden die ersten Pflanzen kultiviert und Reisfelder angelegt.

Bevölkerungsgruppen, die teils weitreichende Handels- und soziale Kontakte pflegten. Die mehr als 200 Sprachen innerhalb der **malayo-polynesischen Sprachfamilie** repräsentieren noch heute diese Zersplitterung.

Indisierung
Zwischen dem 4. und 6. Jh. verzeichnete der südostasiatische Handel einen enormen Aufschwung. Produkte Süd- und Südostasiens waren auf den chinesischen Märkten gefragt, und es entwickelte sich ein reger Schiffsverkehr zwischen Indien, den Siedlungen an den Flussmündungen Sumatras und China.

Durch den Handel mit Indien gelangten auch kulturelle Einflüsse in das Inselreich, die Sprache, Schrift und Literatur prägen sollten. Brahmanen brachten die heiligen Schriften des **Hinduismus**, und die sich formierende aristokratische Klasse übernahm zahlreiche Elemente der neuen Religion. Für lokale Fürsten war das hinduistische Konzept des Königtums mit Varianten der göttlichen Identität des Herrschers sehr attraktiv.

Die bisherigen religiösen Vorstellungen erleichterten das Eindringen indischer Elemente und Ideen. Die Indonesier hatten bereits terrassierte Tempel erbaut, die heilige Berge darstellten und Begräbnisritualen dienten. In dieses Weltbild passte der auf einem heiligen Berg lebende Shiva. Der shivaistische **Lingga-Kult** um sakrale Steine war gleichsam die Fortsetzung der uralten Megalithkultur.

Das komplexe Gesamtsystem des Hinduismus wurde jedoch nicht übernommen. Die Lehre von der Begründung eines Reiches und einer Dynastie sowie die heiligen Schriften fanden keinen Eingang in die indonesischen Kulturen. Vom verschachtelten indischen Kastensystem *(Varna)* wurden allenfalls die Hauptkasten übernommen (S. 90).

Sriwijaya
In den folgenden Jahrhunderten entstanden buddhistische und hinduistische **Königreiche**, die von Java und Sumatra aus Einfluss auf den ganzen südostasiatischen Raum nahmen. Im Brennpunkt der wichtigen Handelsroute zwischen China und Indien gelegen, erlangte Sriwijaya unter König Jayanasa im 7. Jh. eine Vormachtstellung.

Sriwijaya war kein zentralisiertes Reich, sondern ein **Stadtstaat** in der Gegend des heutigen Palembang, der von Südost-Sumatra aus andere Fürstentümer militärisch unterwarf und tributpflichtig machte. Über Jahrhunderte war es nicht nur ein politisches Machtzentrum, sondern auch ein Inbegriff von Reichtum und Hochkultur. Besonders der Zwischenhandel war die Grundlage für seinen Erfolg. Alle Schiffe mussten Sriwijayas Häfen anlaufen und Zölle entrichten. Eine starke Flotte bedrohte alle, die sich widersetzten oder ihre Tribute schuldig blieben. Der chinesische Gelehrte I-Ching besuchte 671 von Kanton aus Sriwijaya und erwähnte ein Zentrum der buddhistischen Lehre mit tausenden Priestern.

Der Niedergang Sriwijayas zeichnete sich im 11. Jh. ab, als chinesische Händler begannen, direkt in die Produktionszentren zu segeln. Sriwijayas Zwischenhandelsrolle verlor an Bedeutung. Nach einer militärischen Auseinandersetzung mit dem javanischen Majapahit-Reich (S. 130) flohen die Sriwijaya-Fürsten, und einer

2500 v. Chr.	4.–6. Jh.	7.–9. Jh.
Der Handel mit der antiken Welt des Nahen Ostens und Asiens beginnt zu florieren.	Einflüsse aus Indien prägen die frühen feudalen Stadtstaaten. Hinduismus, Shiva-Kult und Buddhismus breiten sich aus. Entstehung einer Aristokratie und eines Kastenwesens.	Sriwijaya erlangt von Süd-Sumatra aus die Vormachtstellung in der Region. Der Borobudur, die Tempel von Prambanan und des Dieng-Plateaus entstehen.

ihrer Prinzen gründete das spätere Machtzentrum Malakka.

Majapahit

Im 10. Jh. wurde Ost-Java zum politischen und kulturellen Zentrum. Das **Kertanegara-Reich** (1268–1292) gilt als Vorläufer von Majapahit und als das erste indonesische Reich mit territorialer Erweiterung über die eigene Insel hinaus. König Kertanegara trotzte gar den Tributforderungen des chinesischen Mongolenkaisers Khublai Khan (dem Enkel Dschingis Khans) und wurde als Shiva-Buddha verehrt.

In der javanischen Chronik *Negara Kertagama* aus dem Jahr 1365 ist dann der Aufstieg Majapahits belegt. Wichtigster Staatsmann war **Gajah Mada**, der während der Regentschaft einer Tochter Kertanegaras (1329–1350) oberster Minister wurde. Er war ein Politiker von eigenständigem Gewicht und nicht nur Vollstrecker des königlichen Willens. Gajah Mada betrieb eine aktive Außenpolitik und dehnte Macht und Einfluss Majapahits systematisch aus. Mit den entlegenen Außeninseln der Molukken und Neuguineas, den Staaten des südostasiatischen Festlands (z. B. Champa in Zentral-Vietnam) sowie China und Indien bestanden Handelsbeziehungen.

Die Herrschaft von Kertanegaras Urenkel **Hayam Wuruk** ab 1350 wird als die glorreichste Periode javanischer Geschichte betrachtet. Im *Negara Kertagama* wird davon berichtet, dass Hayam Wuruk sein Reich selbst inspizierte. Er besuchte unruhige Grenzgebiete, sprach mit den Ältesten vieler Dörfer, klärte Landstreitigkeiten, trieb Tribut ein, betete an Buddha-Schreinen und Shiva-Statuen und ersuchte religiöse Gelehrte um Erleuchtung. Viele seiner Untertanen hatten die Gelegenheit, ihren göttlichen Herrscher selbst zu Gesicht zu bekommen.

Durch die Verschmelzung indischer Einflüsse mit javanischen Ausdrucks- und Glaubensformen bildeten sich die ersten Elemente einer eigenständigen, bis heute lebendigen Kultur und Kunsttradition. Zudem diente die Ausdehnung des Majapahit-Reiches ab den 1930er-Jahren als Schablone für ein geeintes, unabhängiges Indonesien.

Islamisierung

Vermutlich existierten bereits lange vor Beginn der Islamisierung im 13. Jh. muslimische Gemeinschaften im Archipel. Entlang der Handelswege zwischen China, Indien und Arabien breitete sich der Islam kontinuierlich aus. Anhänger der neuen Religion waren zunächst Händler und Kaufleute, deren ausländische Partner häufig Muslime waren. Die Islamisierung erfasste jedoch nach und nach alle sozialen Schichten. Der älteste Nachweis des Islam findet sich in der Nähe von Kediri (Ost-Java) in Form eines Grabes aus dem Jahr 1082. Am Ende des 13. Jhs. gab es bereits zwei islamische Sultanate in Nord-Sumatra, **Samudra-Pasai** und **Perlak**.

Im 15. Jh. hatte sich der Islam bereits über die Nordküste Javas bis nach Ternate und Tidore auf die Nord-Molukken ausgebreitet. Der portugiesische Reisende Tomé Pires beschreibt in der *Suma Oriental* (1511) die islamischen Königreiche Cirebon, Demak, Jepara und Gresik auf Java. Das Machtzentrum des malaiischen Raums aber war **Malakka** auf der Malaiischen Halbinsel, dessen Herrscher ihre Dynastie auf

10.–13. Jh.	13.–15. Jh.	13.–16. Jh.
Überfälle und schwindende Bedeutung als Handelszentrum leiten Sriwijayas Niedergang ein. Kertanegara in Ost-Java wird zum ersten territorialen Großreich.	Das Majapahit-Reich dominiert die Region. Durch die Vermischung von indisch-hinduistischen und javanischen Elementen entwickelt sich eine eigenständige Kultur.	Kaufleute bringen den Islam in die Region. Im 15. Jh. erreicht er die Nordküsten Javas und breitet sich in den folgenden 100 Jahren über die gesamte Insel aus.

Sriwijaya zurückführten und aus handelspolitischen Gründen schon früh zum Islam übertraten.

Die alten aristokratischen Herrscherhäuser Javas standen im Gegensatz zu den muslimischen Fürsten der Küstenstädte. Die islamischen Fürsten von **Demak** weiteten in der ersten Hälfte des 16. Jhs. ihren Einfluss aus und eroberten schließlich Majapahit. Ende des 16. Jhs. unterwarf dann **Mataram** vom heutigen Yogyakarta aus die muslimischen Küstenstädte.

Der Islam hatte sich konsolidiert, doch gleichzeitig hatten die Fürsten viele der alten hinduistisch-buddhistischen Traditionen angenommen, Pires nennt sie die „ritterlichen Verhaltensweisen der antiken Aristokratie". Der Islam verschmolz zwar nicht mit dem javanischen Shivaismus-Buddhismus, war aber für Einflüsse aus der alten Religion empfänglich.

Ankunft der Portugiesen

Im Jahr 1511 eroberten die Portugiesen Malakka. Fortan beeinflussten sie als erste europäische **Kolonialmacht** die Geschichte der Inseln und brachten dank überlegener Waffentechnik und nautischer Fähigkeiten fast den gesamten Handel sowie wichtige Häfen unter ihre Kontrolle.

Als Anreiz winkte das Monopol auf den äußerst lukrativen **Gewürzhandel**, besonders mit Nelken und Muskat von den molukkischen Gewürzinseln, aber auch mit Zimt und Pfeffer. Unter dem Zeichen des Kreuzes wurden Feldzüge gegen schwache Fürsten geführt – Mord, Plünderungen und Sklavenhandel waren an der Tagesordnung. Die seit über 1000 Jahren durch globalen Handel und eigene Hochkulturen zivilisierten Einheimischen wurden von den meisten Europäern nicht als Menschen angesehen, sondern nur als Heiden, „keineswegs fortgeschritten in ihrer Zivilisation" (Sir Stamford Raffles).

Gegen Ende des 16. Jhs. erschienen die Holländer im Archipel, und das Handelsmonopol der Portugiesen brach zusammen. Sie hinterließen jedoch zahlreiche Lehnworte, unzählige Nachkommen mit einheimischen Frauen und die verbreitete Vorliebe für Chilis.

Ankunft der Holländer und Herrschaft der VOC

Als 1596 holländische Schiffe in Banten (West-Java) landeten, ahnte niemand, dass sie die Vorboten für 350 Jahre holländischer Herrschaft werden sollten. Nachdem sie mit Gewürzen beladen in die Heimat zurückgekehrt waren, witterten holländische Investoren das große Geschäft. So bestand die Aufgabe der 1602 gegründeten **Vereenigde Oostindische Compagnie** (**VOC**) darin, europäische Konkurrenten vom Handel auszuschließen sowie den Handel zu kontrollieren. Die VOC besaß Handelsstützpunkte auf den Molukken und in Batavia (heute Jakarta), war zunächst aber nicht sonderlich an einer territorialen Expansion interessiert. Vielmehr ordnete sie alles dem Streben nach Profit unter.

In **Batavia** amtierte ein Generalgouverneur als Exekutivorgan der VOC. Neben den von der niederländischen Regierung verbrieften Handelsrechten besaß die VOC hoheitliche Vollmachten wie eigene Gerichtsbarkeit und Streitkräfte, das Recht, über Krieg und Frieden zu entscheiden, Verträge mit anderen Staaten abzuschließen und Handelsstützpunkte und Festungen zu errichten.

16. Jh.	1602	1619
Der Entdeckungsreisende Ludovico di Varthena berichtet von der Muskatnuss. Wenig später reißt Portugal gewaltsam die Molukken und das Gewürzmonopol an sich.	Gründung der niederländischen *Vereenigde Ostindische Compagnie* (VOC) als Aktiengesellschaft. Auf Java dominiert das Mataram-Reich.	Die VOC nimmt Jayakarta in Besitz und nennt es fortan Batavia (heute Jakarta).

Die primäre Aufgabe der VOC bestand jedoch im Gewürzhandel. **Ambon** und **Bandaneira** waren fest in holländischer Hand. Rigoros schränkte die VOC den Anbau von Muskatnuss und Gewürznelken ein, um den Weltmarktpreis in die Höhe zu treiben. Ganze Ernten wurden vernichtet, Bevölkerungsgruppen umgesiedelt oder wie auf Bandaneira ausgerottet, wenn sie sich widersetzten.

In politische Auseinandersetzungen wurde die VOC erstmals 1620 verwickelt, als Sultan Agung von Mataram versuchte, seine Macht auf das Sultanat Banten auszudehnen. Zwei Mal wurde Batavia belagert, konnte aber nicht eingenommen werden. Während **Mataram** den traditionellen Typ einer hinduistisch-javanischen Monarchie verkörperte, war das muslimische **Banten** eine moderne Handelsmacht. Banten geriet schließlich 1683 vollständig in holländischen Besitz.

Interne Schwierigkeiten und Erbfolgekriege leiteten den Niedergang Matarams im 18. Jh. ein. Indem die VOC den Nachfolger Sultan Agungs unterstützte, konnte sie weitere Gebiete unter ihren Einfluss bringen. Mitte des 18. Jhs. war Mataram in die Sultanate Surakarta und Yogyakarta zerfallen und politisch in Bedeutungslosigkeit versunken.

Niedergang der VOC

Die Auflösung der VOC 1799 ist keinesfalls allein auf die weitverbreitete Korruption oder den Schmuggel monopolisierter Waren zurückzuführen. Von Beginn an war dies übliche Praxis, hervorgerufen auch durch die niedrigen offiziellen Gehälter. Vielmehr musste bereits 1784 **England** im Vertrag von Paris das Recht eingeräumt werden, in Indonesien Handel zu treiben. Der Anbau ehemals monopolisierter Waren wie Nelken und Muskat in Kolonialgebieten konkurrierender Mächte führte zudem zu sinkenden Preisen auf den Absatzmärkten. Das Monopol der VOC war gebrochen und ihre Verschuldung wuchs. Trotzdem gelang es ihr durch Manipulationen und eine bewusste Verschleierungstaktik, ihren Nimbus vom sagenhaften Reichtum zu wahren.

War einerseits die veränderte Lage in Europa für den Niedergang verantwortlich, so lagen die Gründe andererseits in den Kolonien selbst. Die Administration der riesigen Territorien überstieg die finanziellen Möglichkeiten der VOC. Hatte die VOC z. B. im ersten Jahrhundert ihrer Herrschaft in Indonesien etwa 1500 Angestellte, so waren es Mitte des 18. Jhs. bereits rund 18 000. Das Hauptproblem lag in der auf Monopolhandel ausgerichteten Organisation, die der veränderten Situation nicht mehr gewachsen war.

Britisches Interregnum

Im Jahr 1806 wurde Holland zum Königreich von Napoleons Gnaden, und der nach Batavia entsandte Generalgouverneur **Herman Willem Daendels** war vor allem mit der Verteidigung Ost-Indiens gegen eine mögliche britische Invasion beschäftigt. Britische Soldaten der East India Company unter Lord Minto, dem Generalgouverneur von Britisch-Indien, landeten schließlich 1811 auf Java. Nach der Eroberung Batavias durch die Briten wurde **Stamford Raffles** zum Gouverneur der Kolonie ernannt.

Er war ein glühender Nationalist, der die strategische und handelspolitische Rolle Ost-Indiens früh erkannt hatte. Für ihn galt es, das holländische Kolonialreich dem britischen einzugliedern. Die fünf Jahre britischer Herrschaft

1666/67	1684–1699	1711
Die Niederländer erobern Makassar und das Gowa-Reich auf Sulawesi. Mit den Briten tauschen sie Manhattan gegen die Molukken-Insel Run.	Mit Samen aus Japan legen die Kolonialherren auf Java die erste Teeplantage an. Stecklinge aus Indien begründen die ersten Kaffeepflanzungen.	Die Vereinigte Ostindien-Kompanie exportiert erstmals Kaffeebohnen von Java nach Europa.

brachten weitreichende Veränderungen. Raffles teilte Java in 16 Residentschaften ein und beschränkte den Sklavenhandel. Er entmachtete Sultane und Regenten, um die Bauern zu befreien und zur Produktion für den freien Markt anzuregen, übersah dabei aber, dass die Herrscher Javas traditionsgemäß keinerlei Rechte am Land ihrer Untertanen besaßen, sie also nie feudale Landbesitzer gewesen waren. Unter Raffles sollten die Bauern fortan Steuern entrichten, was aufgrund der geringen Geldmenge im Land schlichtweg für leere Kassen in der Kolonialverwaltung sorgte.

Repräsentativ für diese fehlgeleitete Politik war die katastrophale Erstürmung und Plünderung des Kratons von **Yogyakarta** im Jahr 1812. Dem Sultanat wurde ein Vertrag aufgezwungen, demzufolge es weitere Gebiete abtreten musste und bis auf die noch heute bestehende Leibgarde des Sultans keine eigenen Streitkräfte mehr unterhalten durfte.

Raffles betätigte sich nicht nur politisch, sondern war auch wissenschaftlich vielseitig interessiert. Eine Pionierleistung war die Veröffentlichung seines zweibändigen Werks A History of Java (1817), einer interpretierten Sammlung aus diversen Übersetzungen, eigenen Beobachtungen und einer Prise Hörensagen.

Rückkehr der Holländer

Nach Napoleons Niederlage erfolgte 1816 die Rückgabe der übergangsweise britischen Kolonien an die Holländer. Die neuen Generalgouverneure waren als Erstes gezwungen, ihre Autorität zu festigen und Unruhen auf den Molukken und Sulawesi, in West-Kalimantan und Palembang niederzuschlagen. Viele Gebiete wurden der Kolonialverwaltung dadurch zum ersten Mal direkt unterstellt.

Während sich die Briten aus den seit 1803 schwelenden Konflikten in West-Sumatra zwischen orthodoxen islamischen Gruppen und der sogenannten **Adat-Partei** der Minangkabau-Fürsten herausgehalten hatte, intervenierte Holland für die Adat-Partei. Der Grund für die Auseinandersetzung lag in der laxen Auslegung des Islam durch die Minangkabau. Die orthodoxen Padri lehnten das matrilineare Erb- und Familienrecht ab und wollten Sufismus, Alkoholgenuss, Glücksspiel, Hahnenkampf und Opiumrauchen verbieten.

Java-Krieg

Der Java-Krieg (1825–1830) 9war der erste antikoloniale Massenaufstand in Indonesien. Die wirtschaftliche Situation der Bauern, Handwerker, Kleinhändler und Unternehmer hatte sich enorm verschlechtert. Gleichzeitig wurden die Rechte der javanischen Aristokratie immer mehr beschnitten. **Prinz Raden Mas Antawirya Diponegoro** (1785–1855) aus dem Herrscherhaus von Yogyakarta erfuhr die politischen Intrigen der Kolonialverwaltung am eigenen Leib, denn sein Anrecht auf die Thronfolge wurde übergangen.

Es gab zwei zentrale Auslöser des Aufstands: Zum einen wurden alle Pachtverträge, die von Landbesitzern mit Europäern abgeschlossen worden waren, für nichtig erklärt. Das verbitterte die zumeist aristokratischen Landbesitzer, die bereits erhaltene Vorschüsse zurückzahlen mussten. Zum anderen ließ die Verwaltung eine Straße über den Friedhof der Sultansfamilie bauen, was die religiösen Gefühle der Bevölkerung verletzte.

1755	1799	
Teilung des Mataram-Reichs in die Sultanate Surakarta und Yogyakarta durch die Niederländer.	Auflösung der bankrotten VOC und Übergang der Territorien an die niederländische Krone.	

Diponegoro stellte sich an die Spitze des Aufstands und erzielte in den ersten Jahren einige militärische Erfolge. Yogyakarta wurde erobert, und die Kampfhandlungen griffen auf die Nordküste über. Die Aufständischen vermieden offene Feldschlachten und führten stattdessen einen Guerillakrieg. Doch den längeren Atem hatten die Holländer. General Hendrik Merkus de Kock konnte Hilfstruppen von den Außeninseln mobilisieren und Java mit einem Netz aus befestigten Militärposten überziehen, die durch Straßen verbunden wurden. Verrat im eigenen Lager schwächte Diponegoros Position zusätzlich.

Unter diesen Voraussetzungen wollte er mit der Kolonialregierung verhandeln, doch trotz zugesicherten freien Geleits wurde er 1830 festgenommen und samt seiner Familie nach Makassar deportiert, wo er 25 Jahre später in Haft verstarb.

Schätzungen gehen davon aus, dass fast 200 000 Javaner während des Kriegs umkamen. Die Kolonialverwaltung in Batavia verlor rund 15 000 Mann, davon mehr als die Hälfte Europäer.

Zwangsanbausystem

Infolge des Kriegs war viel Land verödet, die Bevölkerung verarmt, und auch die Kosten für die Kolonialregierung waren enorm gewesen. Nicht zuletzt deshalb wurde das Zwangsanbausystem *(Cultuurstelsel)* eingeführt. Jedes Dorf wurde verpflichtet, ein Fünftel seiner Anbaufläche mit Exportprodukten zu bepflanzen und die Erträge abzuliefern. War die Summe dieser Produkte höher als die veranschlagte Grundsteuer, konnte das Dorf eine Rückvergütung verlangen. Wenn das Dorf weniger als die Grundsteuer produzierte, musste es zusätzliche Leistungen und Fronarbeit erbringen.

Exportprodukte waren zunächst Indigo und Zuckerrohr, gefolgt von Kaffee, Tee, Tabak und Pfeffer. Der Wert der Exporte vervielfachte sich von 13 Mio. Gulden im Jahr 1830 auf 74 Mio. Gulden zehn Jahre später. Zwischen 1840 und 1880 konnten so dem holländischen Staatshaushalt jährlich 18 Mio. Gulden zugeführt werden.

Um das neue Wirtschaftssystem effektiv zu gestalten, musste die gesamte Administration umgeformt werden. Der meist einheimische, aus der Aristokratie stammende **Regent** wurde wie ein Beamter in das Kolonialsystem integriert. Der ihm zur Seite stehende holländische **Resident** war für die Ablieferung der Ernten aus seinem Bezirk verantwortlich.

Vom Regenten abwärts bis zum **Kepala Desa** (Dorfoberhaupt) waren holländische *Controleurs* damit beschäftigt, die Produktion zu überprüfen. Korruption war alltäglich: So konnte man überhöhte Forderungen an die Dörfer stellen und die Differenz als zusätzlichen Gewinn in die eigene Tasche stecken. Zudem konnten Bauern verpflichtet werden, private Arbeiten durchzuführen. Auch wurden sie für Arbeiten beim Straßenbau, der Errichtung von militärischen Anlagen usw. verpflichtet und mussten in vielen Fällen ihre Eigenversorgung vernachlässigen – bereits in den 1840er-Jahren brachen **Hungersnöte** aus.

Liberale Politik

In den 1860er-Jahren geriet das Zwangsanbausystem in den Niederlanden in die Kritik. Bei der 1870 eingeführten sogenannten Liberalen Politik standen jedoch nicht humanitäre, sondern kapitalistische Aspekte im Vordergrund.

1811	1815	1816
Eroberung und administrative Neugliederung Javas durch britische Truppen unter Stamford Raffles (Foto links).	Der Ausbruch des Tambora auf Sumbawa fordert rund 70 000 Todesopfer und verändert das Weltklima.	Nach Napoleons Niederlage erhalten die Niederländer auf dem Wiener Kongress ihre Kolonie zurück und dehnen ihre Einflusssphäre bedeutend aus.

Holländisches Kapital sollte in großen **Plantagen** investiert werden können, was bisher nicht möglich war. Europäische Investoren konnten nun langfristige Pachtverträge mit indonesischen Landbesitzern abschließen oder, im Fall von unbebautem Land, mit der Kolonialregierung. Riesige Plantagen entstanden auf Java und vor allem auf Sumatra. Das hatte weitreichende Folgen: Die Exporte verzehnfachten sich zwischen 1870 und 1930 von 107 Mio. auf 1,16 Mrd. Gulden pro Jahr. Parallel dazu verlief eine **territoriale Expansion**. Bis 1910 befand sich Indonesien in den heutigen Grenzen im Besitz Batavias.

Ethische Politik

Ende des 19. Jhs. setzte sich in Holland eine einflussreiche Bewegung dafür ein, dass den Indonesiern größere Bildungschancen eingeräumt und ihre Lebensbedingungen verbessert werden. Mentor dieser Bewegung war der Anwalt **Conrad Theodor van Deventer**, der von einer „**Ehrenschuld**" der Niederlande sprach, also der moralischen Verpflichtung, für die zurückliegenden Leistungen der Indonesier aufzukommen. Doch auch hier spielten Selbstinteressen eine gewichtige Rolle, denn gebildete Indonesier wurden in Wirtschaft und Verwaltung dringend gebraucht. Die sogenannte Ethische Politik blieb jedoch idealistisch, von den Visionen van Deventers wurde kaum etwas in die Realität umgesetzt.

Trotzdem wurden gewaltige soziale Veränderungen eingeleitet, die nicht so sehr auf die Politik selbst, sondern auf die wirtschaftliche Lage zurückgeführt werden können. Die javanische Bevölkerung, die sich im 19. Jh. von 6 Mio. auf 30 Mio. verfünffacht hatte, erreichte 1920 mehr als 40 Mio. Das **Bevölkerungswachstum** und die Verstädterung, das **Eindringen der Geldwirtschaft** in die Dorfgemeinschaft und der Bedarf an Arbeitskräften für große Plantagen weichten die traditionellen Strukturen immer mehr auf.

Die Ethische Politik hatte ihren nachhaltigsten Erfolg in der Heranbildung einer kleinen, europäisch gebildeten Elite, die die Enttäuschung der breiten Masse politisch artikulieren konnte. Selbst in islamischen Kreisen gediehen **modernistische Ideen**, die die Religion mit den Anforderungen des 20. Jhs. in Einklang bringen sollten. Die ursprüngliche Absicht der Kolonialmacht, sich durch eine Öffnung der Bildungseinrichtungen eine folgsame, einheimische Elite zu schaffen, verkehrte sich ins Gegenteil.

Nationales Erwachen

Im Jahr 1908 entstand **Budi Utomo** („Hohes Bestreben"), eine elitäre Gemeinschaft, deren Ziele eher kultureller als politischer Art waren. Andere nationalistische Gruppen, Parteien und Gewerkschaften folgten. Eine der zahlenmäßig wichtigsten war die 1911 gegründete **Sarekat Dagang Islam** unter Führung des charismatischen Omar Said Cokroaminoto, die erste nationale Massenorganisation, die eine muslimischen, später auch marxistischen Zielen verpflichtete Politik verfolgte. Als erste kommunistische Partei Asiens gründete sich 1920 die **Perserikatan Komunis Di Hindia** (später **Partai Komunis Indonesia, PKI**).

Am Ende des Ersten Weltkriegs war die Kolonialregierung gezwungen, breiteren Bevölkerungsteilen Mitspracherechte einzuräumen. Dazu kreierte sie den **Volksraad**, der aus teils

1825–1830	1870	1883
Auf Java führt Prinz Diponegoro den ersten antikolonialen Guerillakrieg an. Einführung des Zwangsanbausystems.	Die Einführung der Liberalen Politik sowie billige Arbeitskräfte aus China und Indien begünstigen die Entstehung großer Plantagen – der Export boomt.	Die Eruption des Krakatau zwischen Java und Sumatra tötet ca. 36 000 Menschen und verdunkelt weltweit den Himmel.

gewählten, teils ernannten Mitgliedern der drei Bevölkerungsgruppen (Holländer, Indonesier, andere Asiaten) bestand. Der *Volksraad* verfügte jedoch über keinerlei legislative oder exekutive Macht, sondern stellte nur ein Forum für Kritik und Debatten dar. Manche nationalistische Führer akzeptierten Sitze, andere sprachen sich für einen Kampf ohne Kompromisse aus. Diese Gegensätze führten 1921 zum Ausschluss des linken Flügels aus der Sarekat Dagang Islam. 1926/27 gab es unter Leitung der PKI einen Aufstandsversuch auf Java und in West-Sumatra, der von der Kolonialregierung schnell und brutal niedergeschlagen wurde. Die PKI hatte sich erst nach dem Ende des Zweiten Weltkriegs von den Folgen erholt.

Nach dem Niedergang der PKI und des Sarekat Dagang Islam begann in nationalistischen Kreisen eine erneute Diskussion über den richtigen Weg zur Unabhängigkeit. Die allgemeine Losung war „Unabhängigkeit für Indonesien!" („**Indonesia Merdeka!**"). Es galt weniger, eine kommende soziale oder politische Ordnung zu entwerfen, als vielmehr das Ziel der **Unabhängigkeit** zu erreichen.

Im Juli 1927 fanden diese Vorstellungen Ausdruck in einer neuen Partei, der **Partai Nasional Indonesia** (PNI). Deren wichtigster Programmpunkt war, die Zusammenarbeit mit der Kolonialregierung zu verweigern. Ihr Vorsitzender war der junge, charismatische Ingenieur **Sukarno**, der die Zielvorstellungen der gemäßigten muslimischen Führer, der Kommunisten und der radikalen Nationalisten gut kannte, sich aber keiner Richtung verpflichtete. Sein Traum war ihre Vereinigung zu einer allumfassenden Unabhängigkeitsbewegung. Nur wenige Monate nach Gründung der PNI gelang es ihm, wichtige politische Gruppen zusammenzuführen.

1930 wurde Sukarno mit vier weiteren Führern der PNI angeklagt und zu vier Jahren Gefängnis verurteilt. Von 1933 bis zum Beginn der japanischen Besatzung wurde er zunächst nach Ende auf Flores, dann nach Bengkulu auf Sumatra verbannt. Die PNI löste sich 1931 auf, ein Teil der Mitglieder gründete die **Partai Indonesia** (Partindo). Andere Gruppen schlossen sich zur neuen PNI zusammen, wobei die Abkürzung diesmal für **Pendidikan Nasional Indonesia** („Nationale Erziehung Indonesiens") stand. Ihre Führer waren **Mohammad Hatta** und **Sutan Sjahrir**.

Japanische Besatzung

Der **Zweite Weltkrieg** veränderte die Situation grundlegend. In der größten Seeschlacht seit 1916 wurde am 27. und 28. Februar 1942 in der Javasee ein Geschwader aus niederländischen, britischen, australischen und amerikanischen Schiffen unter niederländischem Kommando von der japanischen Flotte vernichtend geschlagen. Als die japanischen Streitkräfte in Indonesien einmarschierten, wurden sie von vielen als asiatische Befreier begrüßt. Die Nationalisten unter Sukarno und Hatta arbeiteten eng mit ihnen zusammen. Dies änderte sich jedoch rasch, da man feststellte, dass nur alte gegen neue Unterdrücker eingetauscht worden waren.

Sämtliche Europäer wurden interniert, alles Holländische beseitigt oder verboten, Batavia in Jakarta umbenannt und **Bahasa Indonesi**a zur Staatssprache erhoben. Die Uhren wurden auf

1908	1910	1920
Die Ethische Politik der Kolonialmacht fördert eine gebildete einheimische Elite und führt zur Gründung nationalistischer Vereine und Gewerkschaften.	Indonesien ist in seinen heutigen Grenzen im Besitz der Niederlande.	Gründung der Kommunistischen Partei Indonesiens (PKI) als erste ihrer Art in Asien.

Tokio-Zeit umgestellt und die Exporte nach Japan dirigiert.

Da Japan umgekehrt den indonesischen Bedarf an Einfuhren nicht decken konnte, jedoch Reis, Treibstoff und Arbeitskraft aus der Kolonie ausführte, kam es zu **Mangelwirtschaft** und Hungersnot. Mehrere Hunderttausend Menschen fanden in Indonesien und anderen besetzten Gebieten Südostasiens als **Zwangsarbeiter** *(Romusha)* vor allem im Bau von Eisenbahnstrecken den Tod.

Die Nationalisten unter Sukarno und Hatta arbeiteten eng mit den japanischen Militärmachthabern zusammen, um die Interessen Indonesiens zu vertreten. So gelang es Sukarno, die Besatzungsmacht davon zu überzeugen, dass nur eine indonesischen Zielen verpflichtete Organisation die Massen rekrutieren könne. 1943 wurde unter seiner Führung **Putera** (*Pusat Tenaga Rakyat* für „Zentrum der Volkskraft") gegründet, kurz darauf die **Peta**, in der Indonesier von japanischen Offizieren militärisch ausgebildet wurden und die in den späteren Auseinandersetzungen den Kern der jungen republikanischen Armee bildete.

Im September 1944 gab der japanische Premier eine Absichtserklärung über die indonesische Unabhängigkeit ab, im März 1945 wurde eine **Verfassung** entworfen und am 17. August 1945, zwei Tage nach der japanischen Kapitulation, erklärte Sukarno die **Unabhängigkeit** Indonesiens.

Unabhängigkeitskrieg

Nach der Kapitulation Japans waren britische Truppen damit beauftragt, die japanischen Streitkräfte zu entwaffnen. Die neue Regierung unter Hatta und Sukarno wollte mit den Alliierten zusammenarbeiten, trotzdem gab es im Herrschaftsbereich der Republik (praktisch nur Java und Teile Sumatras) Zusammenstöße, da holländische Soldaten und Mitglieder der alten Kolonialverwaltung den Briten auf dem Fuße folgten. Schon 1946 war Holland gezwungen, mit Sutan Sjahrir, dem Premierminister der Republik, zu verhandeln.

Doch das **Abkommen von Linggarjati**, in dem Holland der jungen Republik die Unabhängigkeit zugestand, wurde nicht lange eingehalten. 1947 besetzten holländische Truppen unter dem Vorwand, Gesetz und Ordnung herzustellen, große Gebiete der Republik. Unter Vermittlung der Vereinten Nationen wurde im Januar 1948 das **Renville-Abkommen** geschlossen, in dem die Republik die von den Holländern besetzten Gebiete anerkennen musste.

Innerhalb des republikanischen Lagers fanden danach schwere Auseinandersetzungen statt. Bürgerliche Kräfte aus der PNI wollten die linke Regierung unter Premier **Amir Sjarifuddin** stürzen. Hatta übernahm die Regierungsgewalt, und bald brach der von der PKI initiierte Umsturzversuch von Madiun aus. In den Kämpfen zwischen überlegenen Regierungstruppen und Rebellen wurden die Führer der PKI erschossen. Holland nutzte die Auseinandersetzungen innerhalb der Republik für eine weitere militärische Aktion.

Die Rebellen begannen einen aufopferungsvollen Guerillakrieg gegen die Invasoren. Im Frühjahr 1949 waren außer den Außeninseln und den großen Städten auf Java und Sumatra alle Gebiete in republikanischer Hand. Im August 1949 unterzeichnete Holland schließlich ein Abkommen, das Indonesien die Unabhängigkeit zusicherte.

1927	1938	1942–1945
Gründung der Partai Nasional Indonesia (PNI) unter Sukarno.	Niederländisch-Ostindien tritt als erstes asiatisches Land bei einer Fußball-WM an.	Die japanische Okkupation vertreibt die holländischen Kolonialherren. Mit Abzug der Japaner erklärt Sukarno am 17.8.1945 die Unabhängigkeit Indonesiens.

Krisen unter Sukarno

Innerhalb der folgenden sieben Jahre lösten sich sieben Regierungen ab, die jeweils von verschiedenen Parteien gebildet wurden. Die Nation war zunehmend enttäuscht über die Ergebnisse der Revolution.

Staatspräsident Sukarno führte 1957 seine Idee der **Gelenkten Demokratie** ein, um den Parteienzwist zu beenden und am Parlament vorbei zu regieren. Er stellte dem westlichen Demokratiekonzept das traditionelle System von Beratschlagung *(Musjawarah)* und Konsens *(Mufakat)* entgegen.

Zur gleichen Zeit brachen in Sumatra und auf einigen Außeninseln **Sezessionsbestrebungen** los. In Padang wurde die Revolutionäre Regierung der Republik Indonesien ausgerufen, der sich andere Provinzen anschlossen. Die Zentralregierung reagierte schnell, und Ende 1958 waren die Aufstände niedergeschlagen.

Per Dekret löste Sukarno 1959 das Parlament auf und führte die alte Präsidialverfassung von 1945 wieder ein. Der Präsident, die Armee und die 3 Mio. Mitglieder zählende PKI waren jetzt die Machtfaktoren in der Republik. Mit seinem Konzept des **Nasakom** (Nationalismus, Religion, Kommunismus) fand Sukarno für seine delikate Machtbalance zwischen Armee, Islam und der PKI eine doktrinäre Losung.

Die Außenpolitik war neutralistisch-antiimperialistisch, was sich z. B. in der Bekämpfung *(Konfrontasi)* der von den Briten geschaffenen Föderation von Malaysia zeigte. Sukarno lehnte die Staatsgründung als Produkt des Neokolonialismus ab und unternahm militärische Aktionen vor allem gegen Sarawak und Sabah auf Borneo. Eine große Kampagne wurde in den Jahren 1960–1962 um die Eingliederung des westlichen Teils der Insel Neuguinea geführt. **West-Neuguinea** wurde nach militärischen Auseinandersetzungen und unter politischem Druck der USA an Indonesien abgetreten. Die Niederlande und die Lokalverwaltung hatten eigentlich die Unabhängigkeit vereinbart.

In den folgenden Jahren kam es zu einer massiven **innenpolitischen Krise**. Die wirtschaftliche Situation verschlechterte sich rapide, gleichzeitig verfiel die Währung. Es entwickelte sich eine Hyperinflation – der Lebenskostenindex in Jakarta stieg von 100 (1958) auf 36 347 (1965).

Das Land hatte mit der PKI eine der mitgliederstärksten und einflussreichsten kommunistischen Parteien der Welt. Deren immer lautere Forderung nach einer Landreform sahen die Großgrundbesitzer mit Besorgnis, während islamischen Organisationen die antireligiösen Tendenzen der Partei und die propagierte Gleichstellung von Mann und Frau ein Dorn im Auge waren. Um das Erstarken einer weiteren politischen Kraft zu unterbinden, beschnitt Sukarno die Macht der Armee und brachte damit auch die Armeeführung gegen sich auf.

Auch außenpolitisch machte sich der Präsident neue Feinde: Vor dem Hintergrund des Kalten Krieges galt das rohstoffreiche Indonesien als größter Stein im politischen „Dominospiel" der Region. Sukarnos **Flirt mit dem Kommunismus** vergrätzte die amerikanischen Geldgeber, woraufhin sich der Präsident an Moskau und Peking wandte, um dringend benötigte Devisen zu beschaffen.

Nachdem Sukarno Sympathien verspielt und Rückhalt in der Bevölkerung verloren hatte, konnte er den Gewaltwellen von 1965/66 und

1949	1957–1959	1962
Die Holländer werden beim Versuch, die Kolonie zurückzuerobern, von der republikanischen Armee besiegt und müssen Indonesiens Unabhängigkeit anerkennen.	Sukarno lässt antirepublikanische und Sezessionsaufstände niederschlagen und führt die Präsidialverfassung ein.	Nach militärischer Konfrontation mit Malaysia auf Borneo wird West-Neuguinea gewaltsam dem indonesischen Staat angegliedert.

seiner systematischen Entmachtung durch die Militärs nichts mehr entgegensetzen.

Kommunistenverfolgung

In der Nacht des 30. September 1965 wurden sechs Generäle unter ungeklärten Umständen ermordet. Ob die Urheber der **GS30** *(Gerakan September 30)* genannten Aktion damit einen von den USA unterstützten Putschversuch der Generäle verhindern oder aber selbst putschen wollten, ist bis heute umstritten. Die verbliebene, proamerikanische Armeeführung unter Leitung von Reservearmee-General **Mohamed Suharto** (1921–2008) deutete die Ermordung der Generäle umgehend als kommunistischen Aufstand der PKI.

In den folgenden Wochen wurde aus einer Welle von Verhaftungen einer der größten politisch motivierten **Massenmorde** des 20. Jhs. Binnen Monaten wurde die PKI zerschlagen, und Hunderttausende wurden unter der Anschuldigung, PKI-Anhänger oder Kollaborateure zu sein, deportiert, gefoltert, vergewaltigt und ermordet (s. Kasten). Waffen, Expertise und Beifall steuerten die CIA und sogar der Bundesnachrichtendienst bei.

Suhartos „Neue Ordnung"

Am 11. März 1966 fanden in Jakarta und anderen Städten große Demonstrationen gegen Sukarno statt. Die militärische Führung zwang den Präsidenten, zahlreiche Machtbefugnisse abzutreten. Die PKI wurde verboten, 15 Minister wurden verhaftet, und am 12. März 1967 wurde General Suharto zum Präsidenten ernannt. Mit Unterstützung des Militärs führte er das Regime der Neuen Ordnung ein.

Opfer ohne Anerkennung

Die Angaben über die Zahl der Toten variieren, die Menschenrechtsorganisation Amnesty International spricht von mindestens 500 000 Opfern. Die Massaker fanden hauptsächlich in Zentral- und Ost-Java sowie auf Bali statt und wurden von der Armee, islamischen Milizionären und opportunistischen Gangs verübt, aber auch lokale Gegner der PKI waren beteiligt. Die Opfer wurden verhaftet und abtransportiert, an geheimen Orten erschossen, vergraben oder in Flüsse geworfen. Vereinzelt wurden Leichen oder Körperteile öffentlich zur Schau gestellt, um Angst und Schrecken zu verbreiten.

Der Kommunismus gehört in Indonesien seither zu den verbotenen Ideologien. Auch nach Suhartos Abdankung 1998 kam es zu keiner staatlichen Anerkennung der Massaker, geschweige denn zu einer Aufarbeitung. Seit mehreren Jahren kämpfen daher zivilgesellschaftliche Organisationen und Opferverbände für Rehabilitierung und Entschädigung, aber auch Wahrheitsfindung und Versöhnung. Die Aufklärung kommt jedoch nur sehr schleppend voran. Die Straflosigkeit der damaligen Mörder ist eine der größten Herausforderungen des heutigen Indonesiens, wie anschaulich in den Filmen von Joshua Oppenheimer *The Act of Killing* und *The Look of Silence* dokumentiert wird.

Ein Beitrag von Basilisa Dengen (Watch Indonesia! e.V. Berlin)

Die „Neue Ordnung" brachte dem Land zweifellos Verbesserungen. Es gelang, die Inflation zu kontrollieren, und mithilfe großzügiger Un-

---

1965–1967	1972	1974
Ein Aufstand bietet Anlass zur Zerschlagung der PKI, Entmachtung Sukarnos und Ermordung von Hunderttausenden durch (Para-)Militärs unter Suharto.	Durch eine Rechtschreibreform werden verbindliche Schreibweisen der indonesischen Sprache festgelegt.	Besetzung der von Portugal in die Unabhängigkeit entlassenen Kolonie Osttimor durch das indonesische Militär. Suhartos „Neue Ordnung" regiert mit eiserner Hand.

terstützung aus dem Westen konnten Entwicklungsprogramme erfolgreich umgesetzt werden. Die Infrastruktur wurde ausgebaut und die Exportwirtschaft angekurbelt. Gleichzeitig verbesserten sich die Lebensbedingungen der jährlich um rund 3 Mio. Menschen wachsenden Bevölkerung. Das Pro-Kopf-Einkommen und die Lebenserwartung stiegen, die Lebensmittelproduktion wurde um 50 % gesteigert. Man sprach schon von einem indonesischen **Wirtschaftswunder**. Groß angelegte Kampagnen zur **Familienplanung** (*dua anak cukup* für „Zwei Kinder sind genug!") zeigten deutliche Erfolge, und über 100 000 Schulen wurden gebaut. Die außenpolitischen Positionen der Sukarno-Ära wurden revidiert.

Die Neue Ordnung hatte aber auch ihre Schattenseiten. Suharto und die Regierungspartei **Golkar** *(Golongan Karya)* regierten mithilfe von Armee und Polizei mit stark diktatorischen Zügen. Presse, Rundfunk und Fernsehen unterlagen strenger staatlicher Kontrolle. Kritiker und Oppositionelle wurden weggesperrt, eindrucksvoll nachzulesen in *Stilles Lied eines Stummen* von P. A. Toer. Die alle fünf Jahre stattfindenden „Wahlen" verkamen zur Farce.

Viele der wirtschaftlichen Fortschritte kamen nur einer privilegierten Minderheit zugute, während am Rande der Städte die Slums wuchsen. Korruption war im gesamten Verwaltungsapparat gang und gäbe. Darüber hinaus nahm Suhartos Nepotismus immer groteskere Ausmaße an: Er versorgte enge Freunde und seine Familie mit Privilegien, Macht und lukrativen Monopolen.

Nach dem Abzug der Portugiesen kam es zur **Besetzung Ost-Timors**, mit der die indonesische Regierung militärisch versuchte, Ost-Timors Unabhängigkeit zu verhindern. Die folgenden Jahrzehnte waren auf Timor von schweren Menschenrechtsverletzungen, Massenmorden und Hungerkatastrophen geprägt.

Krisenjahr 1998

Mehr als drei Jahrzehnte hielt sich Suharto als *Bapak Pembangunan* („Vater der Entwicklung") an der Macht. Trotz der zunehmenden Kritik an seinem Regime wäre er wohl noch etliche Jahre im Amt geblieben, wenn die **Asienkrise** 1997 nicht auch Indonesien erfasst hätte. In wenigen Monaten verlor die Rupiah drastisch an Wert. Die Preise für Importwaren stiegen entsprechend, und kurz darauf zogen die Preise für einheimische Produkte nach, wobei die Löhne auf ihrem alten Niveau stagnierten. In kürzester Zeit war die Kaufkraft eines Haushalts um mehr als drei Viertel gefallen. Banken meldeten Konkurs an, Fabriken und Unternehmen mussten schließen. Hohe Arbeitslosigkeit und Armut waren die Folge.

In weiten Teilen des Landes brachen blutige **Unruhen** aus. Studenten demonstrierten 1998 in Jakarta, Medan, Yogyakarta und Solo für eine Absetzung des Präsidenten. Aufgebrachte Massen plünderten Supermärkte, Einkaufszentren und andere Geschäfte, die zumeist Chinesen gehörten. Dazu flammten in Teilen des Archipels ethnisch-religiöse Konflikte auf: In West-Kalimantan bekämpften die christlichen Dayak die eingewanderten muslimischen Maduresen. Zu weiteren Ausschreitungen zwischen Christen und Muslimen kam es in West-Timor sowie auf den Molukken. Auch der separatistische Untergrund in Aceh wurde wieder aktiv.

1983	1997–1999	2004
Die fünf Grundprinzipien der Panca Sila gelten nach einem Parlamentsbeschluss verbindlich für jegliche Organisationen in Indonesien.	Ausbruch der Asienkrise und Rücktritt Suhartos nach landesweiten Unruhen und Protesten. Osttimor wird unabhängig.	Ein verheerender Tsunami verwüstet weite Teile der Provinz Aceh in Sumatra.

Als die Unruhen ihren Höhepunkt erreichten – es gab schätzungsweise 1200 Tote –, hatte Suharto schließlich ein Einsehen. Am 21. Mai 1998 legte er sein Amt nieder, und Vizepräsident Habibie wurde als Präsident vereidigt.

Habibie, der als linientreuer Suharto-Anhänger und Technokrat galt, genoss im Volk kaum mehr Vertrauen als sein Vorgänger. Zwar entließ er politische Gefangene, doch die Reformen blieben aus, und die versprochenen Neuwahlen wurden immer wieder aufgeschoben. So wurde im November 1998 erneut der Ruf nach „*Reformasi*" und „*Demokrasi*" laut, und es kam abermals zu blutigen Zusammenstößen zwischen Studenten und dem Militär.

Politische Erneuerung

Relative Ruhe kehrte nach den **Neuwahlen** im Juni 1999 ein. Diesmal stellten sich 48 Parteien zur Wahl. Als Sieger ging wie erwartet die PDI hervor, gefolgt von Golkar. Gleichzeitig verstärkten sich die separatistischen Bestrebungen in Aceh, West-Neuguinea und anderen Landesteilen.

Präsident Habibie hatte der Bevölkerung Ost-Timors ein Referendum über die Unabhängigkeit zugesichert, das gegen den Willen führender Militärs stattfand. 78,5 % der Ost-Timoresen entschieden sich für die Unabhängigkeit. Proindonesische Milizen richteten daraufhin ein Blutbad unter der Bevölkerung an.

Vier Wochen später wählte der Volkskongress **Abdurrahman Wahid** von der größten islamischen Organisation des Landes, der Nahdlatul Ulama, zum neuen Präsidenten. Zur gleichen Zeit erkannte das Parlament die Volksabstimmung in Ost-Timor an. Damit war die Provinz nach 22 Jahren der Besatzung unabhängig. In einem klugen Schachzug ernannte Wahid **Megawati Sukarnoputri**, eine Tochter Sukarnos und die Vorsitzende der stärksten Partei, zur Vizepräsidentin.

Doch auch der vierte Präsident geriet immer mehr in die Kritik, bis Demonstranten im Januar 2001 das Parlament stürmten und seinen Rücktritt forderten. Schließlich sah sich der Volkskongress gezwungen, ihn am 25. Juli 2001 abzusetzen. Gleichzeitig wurde Megawati Sukarnoputri als Präsidentin eingesetzt. Doch auch ihr gelang es weder, die ökonomischen Probleme des Landes in den Griff zu bekommen, noch die politische Stabilität wiederherzustellen.

Bei den Präsidentenwahlen 2004 erhielt der ehemalige General **Susilo Bambang Yudhoyono** die meisten Stimmen. Angesichts des besonders im Norden Sumatras verheerenden **Tsunamis** an Weihnachten 2004 mit mehr als 220 000 Todesopfern führten die **Unabhängigkeitsbewegung Acehs** (GAM) und die Regierung neue Friedensgespräche, die nach 29 Jahren gewaltsamen Konflikts in einer Teilautonomie der Provinz endeten.

Yudhoyono wurde 2009 mit über zwei Dritteln der Stimmen wiedergewählt. Der reformfreudige Präsident setzte sich für bessere Bildung und Gesundheitsversorgung, eine dezentralisierte Verwaltung, den Umweltschutz, die Terror- und Korruptionsbekämpfung sowie für den Investitionsstandort Indonesien ein und veröffentlichte nebenbei sogar Musikalben. Dennoch war der „denkende General" kein unumstrittener Präsident, vor allem was sein Verhältnis zur alten Suharto-Elite und seinen korrupten Ministern anging.

2014

Seit der Parlamentswahl regiert Joko Widodo („Jokowi") mit einer Minderheitenkoalition (Foto rechts).

2015

Flugzeugabstürze werfen kein gutes Licht auf die indonesische Luftfahrt. Schlimme Wald- und Torfbrände hüllen weite Teile der Region monatelang in Rauch.

Aktuelle Regierung

Seit 2014 regieren zwei Parteienblöcke um die nationalistische Gerindra und die PDI-P unter Präsident **Joko Widodo** („Jokowi"). Die Regierung forciert den **Ausbau der Infrastruktur** und baut oder saniert mit ausländischen Geldgebern Straßen, Schienen, Kraftwerke, Häfen sowie Flughäfen und schafft Sonderwirtschaftszonen. In Kalimantan soll sogar eine **neue Hauptstadt** mit dem Namen Nusantara aus dem Boden gestampft werden.

Gleichzeitig erleichtert ein **Wohlfahrtsprogramm** der einfachen Bevölkerung den Zugang zu ärztlicher Versorgung, Bildung und Fördermitteln. Erstmals gibt es eine flächendeckende **staatliche Krankenversicherung** *(Jaminan Kesehatan Nasional)*, in die aber längst nicht alle Bürger einzahlen. Zur Entwicklung ländlicher Regionen erhalten tausende Dörfer Unterstützung aus einem staatlichen Fonds.

Andere Reformen zielen darauf ab, Investoren nach Indonesien zu locken – bisher mit mäßigem Erfolg, denn gleichzeitig werden protektionistische Strategien verfolgt, welche die Ausfuhr unverarbeiteter Rohstoffe, geschäftliche Transaktionen in US-Dollar sowie ausländische Investitionen in bestimmten Branchen verbieten oder limitieren.

Ein ungelöstes Problem ist der gewaltsame Konflikt zwischen der Regierung und der Unabhängigkeitsbewegung in **West-Neuguinea**. Schätzungsweise 150 000 Menschen fielen ihm bereits zum Opfer, und noch immer sind viele Gebiete für Ausländer oder Journalisten unzugänglich. Immer wieder kommt es in den dortigen Provinzen zu Ausschreitungen mit zahlreichen Toten.

Die Corona-Jahre 2020–2022

In dem bevölkerungsreichen, medizinisch unzureichend versorgten Land forderte die **Covid-19-Pandemie** im Vergleich mit westlichen Staaten besonders viele Opfer. Die offiziellen Zahlen bewegen sich im unteren sechsstelligen Bereich, allerdings gehen Experten von einer sehr hohen Dunkelziffer aus, weil nur ein kleiner Teil der Infektionen gemeldet wurde. Der Tourismus kam zeitweilig komplett zum Erliegen. Zuletzt erholten sich die Besucherzahlen allerdings wieder.

Im Windschatten der Corona-Krise wurde das sogenannte **Omnibusgesetz** verabschiedet, ein umfangreiches Paket von Gesetzesänderungen mit weitreichenden sozialen und wirtschaftlichen Folgen. Das „eine Gesetz für alles" betrachten viele Gewerkschaften und Umweltorganisationen mit Sorge und als Wegbereiter für die Prekarisierung der Arbeitnehmer und den weiteren Raubbau an der Umwelt.

Bali

Frühgeschichte

Archäologische Funde im Westen der Insel bestätigen, dass vor gut 4000 Jahren die ersten Menschen auf Bali siedelten. Megalithische und bronzezeitliche Artefakte, die im Archäologischen Museum von Pejeng (östlich von Ubud, S. 231) ausgestellt sind, gehen auf das letzte vorchristliche Jahrtausend zurück. Die Balinesen dieser Zeit kannten schon die Nassreiskultur und waren in Dorfgemeinschaften organisiert. Ihre religiösen Vorstellungen basierten auf Animismus und Ahnenverehrung.

2018	2019	2020–2022
Lombok, Sulawesi und West-Java werden von Erdbeben und Tsunamis erschüttert.	In Jakarta wird das U-Bahn-System eingeweiht. Der Absturz einer Lion-Air-Boeing und erneute verheerende Waldbrände sorgen dagegen für Negativschlagzeilen.	Die Corona-Krise stellt die Tourismusbranche und das ganze Land vor enorme Herausforderungen.

Handelsverbindungen

Zu Beginn unserer Zeitrechnung tauchten die ersten **südindischen Händler** an den Küsten Balis auf, wodurch sich nach und nach buddhistische und hinduistische Anschauungen verbreiteten.

Auf Sumatra und Java entstanden im 1. Jh. große buddhistische und hinduistische Reiche, Sriwijaya, Sailendra und Mataram, deren Einflusssphären bis nach Bali reichten. Die ältesten Inschriften der Insel stammen aus dem späten 9. Jh. Sie sind in altbalinesischer Sprache verfasst und belegen, dass auf Bali gleichzeitig shivaistische und buddhistische Einsiedler und Mönche lebten.

Erste Königreiche

Es ist nicht genau bekannt, wann die ersten Königreiche auf Bali entstanden. Der früheste schriftliche Beleg stammt aus dem Jahr 914 und erwähnt König Sri Kesarivarma, dessen Hauptstadt in Zentral-Bali in der Nähe von Pejeng lag. Der berühmteste Herrscher der folgenden Warmadewa-Dynastie war **Udayana**, der 989 die ostjavanische Prinzessin Mahendradatta heiratete. Infolge dieser Verbindung waren die Geschicke der Insel eng mit denen von Ost-Java verknüpft.

Nach Udayanas Tod gelangten seine beiden Söhne an die Macht: Airlangga herrschte über Ost-Java, während sein jüngerer Bruder Anak Wungsu Bali regierte, vermutlich in Tributpflicht von Airlangga. Mitte des 11. Jhs. verstarb Airlangga, und infolgedessen setzten in Ost-Java interne Machtkämpfe ein, die Bali für die nächsten 300 Jahre weitgehende Unabhängigkeit bescherten.

Einfluss von Majapahit

Im Jahr 1343 wurde Bali von **Gajah Mada** erobert, einem Minister des Majapahit-Reiches, der neuen großen Macht in Ost-Java, die ihren Einfluss über den gesamten Archipel ausdehnte. Gajah Madas Invasionsarmee vernichtete die herrschende **Pejeng-Dynastie**. Der ostjavanische Minister etablierte einen Vasallenfürsten, der seinen Hof *(Kraton)* in Gelgel, nahe des heutigen Semarapura (Ost-Bali), ansiedelte.

Majapahit war das letzte der großen hinduistischen Reiche in Indonesien. Ab dem 12. Jh. breitete sich der Islam von Nord-Sumatra ausgehend im gesamten Inselreich aus. Anfang des 15. Jhs. griff er auf Java über, und nur knapp 100 Jahre später war Majapahits Macht gebrochen. Eine beispiellose **Massenflucht** begann: Zu Tausenden verließen die letzten hinduistischen Angehörigen des Hofes mitsamt ihrer Leibwache, ihren Priestern und Künstlern Ost-Java und suchten Zuflucht auf Bali, wo sie in Gelgel die Herrschaft über die Insel antraten.

Der König in **Gelgel** *(Raja)* nannte sich fortan Dewa Agung. Der erfolgreichste Herrscher war Batu Renggong, der um 1550 regierte und Lombok sowie Blambangan im äußersten Südosten Javas eroberte. Unter seiner Herrschaft erlebte die Kunst ihre erste große Blütezeit. Seine Nachfolger standen unter einem weniger guten Stern. Nach und nach teilten sie Bali unter sich auf. So entstanden die **Raja-Reiche** von Klungkung (Nachfolger von Gelgel), Karangasem (Ost-Bali), Buleleng (Nord-Bali), Jembrana (West-Bali), Badung (Süd-Bali), Tabanan (West-Bali), Mengwi (West-Bali), Bangli (Zentral-Bali) und Gianyar (Zentral-Bali).

ZEITLEISTE

Bali

2000 v. Chr.	914
Die ersten Menschen siedeln auf Bali.	Die ersten Königreiche entstehen auf der Insel.

Interne Machtkämpfe und holländische Kolonialpolitik

Bis weit ins 19. Jh. hinein war die Geschichte der Insel von wechselnden Bündnissen und Kriegen zwischen den einzelnen Reichen geprägt. Davon profitierten allein die Holländer, denen es 1849 nur mit militärischen Mitteln gelang, in Nord-Bali Fuß zu fassen. Singaraja wurde 1882 die koloniale Verwaltungshauptstadt der Insel. 1894 annektierten die **Holländer** auch die Nachbarinsel Lombok, sechs Jahre später stellte sich der *Raja* von Gianyar freiwillig unter ihre Oberherrschaft.

Ein 1904 vor Sanur gestrandetes und nach altem Brauch von Balinesen geplündertes chinesisches Handelsschiff lieferte den Vorwand, den bislang noch unnachgiebigen *Raja* von Badung unter Druck zu setzen. Als er sich weigerte, die geforderte Entschädigung zu zahlen, rückten 1906 holländische Truppen gegen seinen Palast vor. Der *Raja* und sein mehrere Hundert Menschen umfassendes Gefolge erkannten die militärische Übermacht, dachten aber nicht an Kapitulation. Nur mit Dolchen bewaffnete Männer, Frauen und Kinder, allen voran der *Raja*, stellten sich den feindlichen Gewehren und Kanonen. Wer nicht von den Kugeln getroffen wurde, tötete sich selbst mit dem *Kris*. Dieser als **Puputan** in die Geschichte eingegangene rituelle Massenselbstmord hatte zur Folge, dass die Kolonialpolitik in Holland infrage gestellt wurde.

Zwei Jahre später ereignete sich ein zweites *Puputan* am Hofe von Klungkung, und kurz darauf war ganz Bali fest in den Händen der Kolonialherren. Da es auf der Insel nicht viel gab, was eine wirtschaftliche Ausbeutung lohnte, beschränkte sich die Kolonialmacht weitgehend auf die politische Verwaltung.

Aufkommender Tourismus und nationale Unabhängigkeit

In den 1920er- und 1930er-Jahren tauchten die ersten Touristen auf Bali auf, darunter viele **Anthropologen** und **Künstler**, die schnell Balis Zauber verfielen und oft jahrelang blieben. Gleichzeitig erlebten Kunst und Kultur eine neue Blütezeit, die bis in die Gegenwart hineinreicht.

1942 wurden die holländischen Kolonialherren von den **japanischen Besatzern** abgelöst, die sich bis 1945 halten konnten. Obwohl Sukarno am 17. August 1945 die Unabhängigkeit Indonesiens erklärte, kehrten die Holländer zurück. Vielerorts kam es zu blutigen Auseinandersetzungen, so auch auf Bali. Im November 1946 wurde eine 100 Mann starke Guerillatruppe, angeführt vom jungen Oberst **I Gusti Ngurah Rai**, in der Nähe von Tabanan vollständig vernichtet. Ngurah Rai avancierte zum Nationalhelden; Der internationale Flughafen und die größte Schnellstraße der Insel tragen seinen Namen, und sein Porträt ziert den 50 000-Rp-Schein. Die Kampfhandlungen dauerten bis 1948. Erst 1949 erlangte Indonesien internationale Anerkennung als unabhängiger Staat, und am 29. Dezember wurde Bali Teil der Republik. 1956 erhielt die Insel **Provinzstatus**, drei Jahre später wurde Denpasar, das ehemalige Badung, Provinzhauptstadt.

Um die spirituellen Verunreinigungen der Kolonialzeit und nachfolgenden blutigen Unruhen vergessen zu machen, beschloss man bereits 1963 – und damit 16 Jahre zu früh –, die nur alle hundert Jahre stattfindende **Eka Dasa Rudra-Zeremonie** (s. Kasten S. 308) abzuhalten. Viele Priester warnten, dass die Zeit noch nicht reif sei. Dessen ungeachtet fand die Zeremonie im

1343	Anfang 16. Jh.	1849
Bali wird von Majapahit erobert und installiert einen Vasallenkönig am Hofe von Gelgel.	In einer beispiellosen Massenflucht verlässt der hinduistische Hof von Majapahit das zunehmend islamische Java und siedelt nach Bali über.	Die Holländer schaffen es, in Nord-Bali anzulanden und einen ersten Kolonialposten zu errichten.

März im Muttertempel Besakih am Fuß des Gunung Agung statt. Dies erregte offenbar den Zorn der Götter. Auf dem Höhepunkt der Feierlichkeiten brach der erloschen geglaubte Gunung Agung aus, forderte 1600 Opfer und machte noch mehr Menschen heimatlos. Viele von ihnen wurden im Rahmen des **Transmigrasi**-Umsiedlungsprogramms auf anderen Inseln angesiedelt.

Kommunistenverfolgung

Doch noch Schlimmeres stand Bali bevor. Ende September 1965 startete die erstarkte Kommunistische Partei (PKI) angeblich einen Putschversuch, bei dem fünf Generäle getötet wurden. Dies löste eine landesweite, vom Militär motivierte Kommunistenverfolgung aus, deren Ergebnis ein gigantischer **Massenmord** war (s. Kasten S. 104). Auch auf Bali wurden schätzungsweise 80 000 Kommunisten und solche, die man der Anhängerschaft beschuldigte, ermordet – das betraf 5 % der Bevölkerung! Für die Balinesen kam dies einer Dämonenaustreibung gleich, da Kommunisten doch gegen das Kastensystem waren und damit als Feinde der Religion galten.

Im März 1979 wurde die Eka Dasa Rudra-Zeremonie im Einklang mit dem balinesischen Kalender wiederholt und diesmal ohne Zwischenfälle abgeschlossen.

Sonderstatus und Massentourismus

Seit Ende der 1970er-Jahre wird als **Gouverneur von Bali** kein islamischer Javaner mehr eingesetzt, sondern ein Balinese. In den 1980er-Jahren entwickelte sich Bali zu einem der beliebtesten Fernreiseziele. Damit einher gingen ein Bauboom im Süden und eine spürbare Steigerung des Lebensstandards in den Regionen, die vom Tourismus profitierten. Allerdings hatte der aufkommende Massentourismus auch **negative Auswirkungen**. Reisfelder und Palmenhaine mussten Straßen und Betonblöcken weichen, und in Kuta entwickelte sich ein kommerzieller touristischer Mikrokosmos. In erster Linie australische Pauschalurlauber, die auf Strand, Party, Spaß und Alkohol aus waren, strömten in den Süden und ließen dabei viele einheimische Traditionen und Wertvorstellungen außer Acht. Die Balinesen antworten zwar mit der ihnen eigenen Gelassenheit, aber die exzessiven Partys und öffentlichen Zurschaustellungen von Gefühlen und Körpern erregten nicht nur sie, sondern auch viele gläubige Muslime.

Bombenanschläge und ihre Folgen

Niemand ahnte, welche Tragödie sich am 12. Oktober 2002 in und vor den beliebten Nachtclubs Paddy's und Sari ereignen würde. In dem prall gefüllten Paddy's zündete ein Selbstmordattentäter eine Rucksackbombe. In Panik rannten viele der Besucher auf die Straße, wo unmittelbar danach vor dem Club Sari eine weitere, wesentlich kraftvollere Autobombe explodierte. Das Inferno kostete insgesamt 202 Menschen das Leben, über 200 wurden teils mit schweren Verbrennungen in die völlig überforderten Krankenhäuser eingeliefert. Die meisten der Toten waren junge australische Urlauber (88), aber auch Einheimische (38), Briten, US-Amerikaner, Deutsche, Franzosen und Staatsbürger 16 weiterer Nationen waren unter den Opfern.

Der schwerste **Terroranschlag** in der Geschichte Indonesiens sorgte für weltweite Anteilnahme, aber auch negative Schlagzeilen,

1906	1908	1920–1940
Der Königshof von Badung reagiert auf die Übermacht der Holländer mit einem rituellen Massenselbstmord (Puputan).	Am Hofe von Klungkung (heute Semarapura) kommt es zu einem zweiten Puputan.	Die Insel entwickelt sich zu einem Reiseziel von Künstlern, Abenteurern und Anthropologen aus Europa. Erste Hotels entstehen.

Bali vor einem halben Jahrhundert

Als ich nach 27 Monaten auf Überlandreise mit meinem VW-Campingbus im März 1975 Bali erreichte, war gerade *Nyepi*, das balinesische Neujahr und Tag der absoluten Ruhe. Kuta war ein kleines Fischerdorf in einem Palmenhain am Meer. Es gab keine asphaltierte Straße, und auf den 2 km von unserem „Swiss Restaurant", das ich zwei Jahre später in Legian eröffnet habe, bis nach Kuta passierte man gerade einmal drei Häuser. Nachts standen bei uns noch die Petroleum-Lampen auf den Tischen.

Bali war noch viel schöner, als ich es mir durch den bekannten Bildband von Theo Maier erträumt hatte. Täglich fanden eindrucksvolle Tempelfeste statt, überall sah man Frauen, die Opfergaben auf den Hausaltären platzierten, und auch die kleinen Opfergaben auf dem Boden für die Dämonen und negativen Kräfte nicht vergaßen – und damit die Balance des Kosmos zwischen Gut und Böse sicherten. Das alles geschieht auch nach all den Jahren heute noch mitten in Kuta.

Unsere Gäste waren Backpacker, die sich nach ihren oft monatelangen, entbehrungsreichen Reisen über eine Scheibe dunkles Brot oder Käse freuten wie kleine Kinder. Zum Sonnenuntergang am traumhaften Strand sah man täglich junge Leute, die sich vor Lachen nicht halten konnten, hatten sie doch die bekannten „Magic Mushrooms" gegessen.

Immer wenn ich in unserem Wochenendhaus am Pantai Pasut in West-Bali bin, habe ich das alte Kuta wieder vor mir. Hoffentlich wird hier nicht einmal nach dem Motto „Palmen weg, Beton her" eine Touristenenklave aus dem Boden gestampft. Das „alte" Bali kann man immer noch finden, man muss sich nur etwas von den Haupttouristenrouten entfernen und ins Landesinnere dieser wunderschönen, vielseitigen Insel begeben.

Ein Beitrag von Jon Zürcher,
Restaurantbesitzer und langjähriger Schweizer Konsul auf Bali

---

die die Tourismusindustrie, den Hauptzweig der einheimischen Wirtschaft, in eine tiefe Krise stürzten. Es kamen kaum mehr Besucher auf die Insel, Hotelzimmer standen leer, und die Flaniermeilen glichen Geisterstädten. Viele der im Tourismus tätigen Einheimischen verloren ihre Lebensgrundlage und kehrten auf die Reisfelder ihrer Familien zurück. Es dauerte über zwei Jahre, bis sich die Touristenzahlen wieder stabilisiert hatten, und erst ab 2007 kam es zu einer deutlichen Steigerung.

Die Drahtzieher des Anschlags wurden im Umfeld der **Jemaah Islamiyah**, einer radikal-islamistischen Organisation, verortet. In der Folgezeit wurden die drei Hauptverdächtigen verhaftet und im November 2008 hingerichtet. Mittäter wurden zu langen Freiheitsstrafen verurteilt.

In den Folgejahren kam es sowohl auf Bali als auch in Jakarta wiederholt zu Bombenanschlägen. Im Oktober 2005 forderten auf Bali drei Explosionen in Strandrestaurants in Jimbaran und vor dem Matahari am Kuta Square 23 Men-

---

1946	1949	1963
Oberst I Gusti Ngurah Rai und seine Guerillatruppen werden von den Holländern vernichtet – er wird zum Nationalhelden.	Bali wird im Dezember Teil der nunmehr international anerkannten unabhängigen Republik Indonesien.	Beim Ausbruch des heiligen Gunung Agung kommen über 1600 Menschen ums Leben.

schenleben. Die Tourismusindustrie konnte sich von diesen Schocks bislang jedoch immer wieder erholen.

Eruption des Gunung Agung

Im September 2017 begann der heilige Berg der Balinesen zum ersten Mal seit 1963 wieder zu rumoren. Hunderte vulkanische Erdstöße pro Tag veranlassten die Regierung, die höchste Warnstufe für einen möglichen Ausbruch auszurufen. Über 120 000 Menschen wurden aus der Gefahrenzone evakuiert, die in einem 12 km-Radius um den Vulkan gezogen wurde. Nach dem zwischenzeitlichen Rückgang der Aktivitäten spie der Agung im November schließlich eine fast 4 km hohe Aschesäule gen Himmel. Im Dunkeln war das orange-rötliche Schimmern der Lava zu erkennen, und die Regierung warnte vor der Möglichkeit von verheerenden pyroklastischen Strömen.

Die damit einhergehende zeitweise **Sperrung des Flugverkehrs** sorgte für Chaos, mediale Panikmache für schlechte Presse und zahlreiche Stornierungen, sodass die Touristenzahlen in den Folgemonaten zurückgingen. Der Agung blieb zunächst jedoch relativ ruhig, erst im Januar 2018 kam es wieder zu mittelgroßen explosiven Eruptionen. Mehr zum Thema s. Kasten S. 309.

Auswirkungen der Corona-Pandemie

Abgesehen von den gesundheitlichen Auswirkungen der Corona-Pandemie und den weitreichenden gesamtgesellschaftlichen Folgen der damit einhergehenden Maßnahmen litt Bali besonders stark unter dem **Einbruch der internationalen Besucherzahlen**. Die ausbleibenden Touristen führten Balis ausgeprägte Abhängigkeit vom Fremdenverkehr vor Augen. Da weit über die Hälfte der Wertschöpfung auf der In-

Das indonesische Staatswappen

Schildhalter des Staatswappens ist der **Garuda** mit 17 Flug- und 8 Schwanzfedern. Damit wird der 17.8.1945, der **Tag der Unabhängigkeit**, symbolisiert.

Die Fünf Grundprinzipien von Indonesien *(Panca Sila)* finden sich im Wappen wieder:
- Der Stern bedeutet Glaube an einen Gott.
- Der Büffelkopf symbolisiert Demokratie, die auf der Tradition des Dorfes fußt.
- Der Banyan-Baum steht für den Nationalismus und die Einheit des Staates.
- Reis- und Baumwollpflanze symbolisieren die Gerechtigkeit der Gesellschaft, die ihren Mitgliedern genügend Nahrung und Kleidung gibt.
- Die Kette steht für die Humanität der Gesellschaft im Kreis der Nationen.

2002

Ein Terroranschlag auf eine Diskothek im touristischen Herzen von Kuta am 12.10. fordert 202 Todesopfer. Eine Gedenktafel erinnert an sie. (Foto rechts)

2020–2022

Auf Bali bringt der neuartige Corona-Virus die vom Tourismus abhängige Wirtschaft zum Erliegen.

sel direkt oder indirekt von Einnahmen aus dem Tourismus abhängt, kam es zu einem massiven Rückgang der Wirtschaftsleistung. In Zahlen ausgedrückt schrumpfte Balis Wirtschaft in den Jahren 2020 und 2021 um fast 12 % – der größte Einbruch aller Provinzen in Indonesien.

Dieser wirtschaftliche Einbruch hatte auch weitreichende **sozioökonomische Umwälzungen** zur Folge. Viele touristische Einrichtungen mussten schließen oder das Personal radikal zusammenkürzen. Eine sechsstellige Zahl von Fahrern, Guides, Hotelangestellten und Tauchlehrern verlor innerhalb kürzester Zeit ihren Job und damit die Haupteinnahmequelle ihrer Familien. Eine Rückkehr in die Agrarwirtschaft bedeutete für viele eine kurzfristige Alternative zur Beschäftigung im Tourismus. Doch die Dauer der Pandemie stellte alles bisher Dagewesene in den Schatten.

Seit dem Sommer 2022 geht es wieder aufwärts, doch eine vollständige Erholung wird wohl auch bei günstigem Pandemieverlauf in den nächsten Jahren seine Zeit brauchen.

Regierung und Politik

| Indonesien

Staatsform: Präsidialdemokratie

Staatsoberhaupt und Regierungschef: Joko Widodo (seit 2014)

Hauptstadt: Jakarta, die zukünftige Hauptstadt Nusantara entsteht in Ost-Kalimantan

Provinzen: 37 Provinzen inkl. Sondergebiete

Politische Parteien: 9

Aktive Streitkräfte: ca. 395 000

Korruptionsindex: Platz 96 von 180

Bali gehört seit 1949 zur Republik Indonesien und ist seit 1956 eine eigenständige Provinz. Indonesien wird seit 2014 von Präsident **Joko Widodo** regiert, der direkt vom Volk gewählt wurde und Mitglied der Demokratischen Partei des Kampfes Indonesiens (PDI-P) ist.

Laut der Verfassung ist der **Präsident** zugleich Regierungschef und besitzt außerordentliche Rechte. Alle Minister werden von ihm ernannt oder entlassen. Zudem ist er oberster Befehlshaber der Streitkräfte. Ihm zur Seite steht ein **Vizepräsident**. Beide werden alle fünf Jahre vom Volk direkt gewählt.

Unterstützt wird das Staatsoberhaupt durch den **Obersten Rat** (*Dewan Pertimbangan Agung*, DPA), dessen 45 Mitglieder er ernennt. Ebenfalls vom Präsidenten auserwählt werden die fünf Mitglieder des **Obersten Rechnungshofes** (*Badan Pemeriksaan Keuangan,* BPK), der die Staatsfinanzen kontrolliert und dem **Repräsentantenhaus** (*Dewan Perwakilan Rakyat*, DPR) Bericht ablegt.

Die gesetzgebende Autorität ist die **Volksversammlung** (*Majelis Permushawaratan Rakyat*, MPR), ein Zweikammern-Parlament mit über 700 Delegierten. Die erste Kammer ist das Repräsentantenhaus, die Nachfolge-Institution des Volksraad, mit fast 600 vom Volk gewählten Mitgliedern. Es verabschiedet Gesetze und kontrolliert die Exekutive. Die zweite Kammer bildet der **Rat der regionalen Stellvertreter** (*Dewan Perwakilan Daerah*, DPD), in den jede Provinz bzw. jede autonome Region vier Repräsentanten entsendet. Deren Zuständigkeit betrifft Gesetzesbelange auf Provinz- oder niedrigerer Ebene sowie Kompetenzfragen zwischen der Zentralregierung und den lokalen Verwaltungseinheiten.

Militär

Die Armee (*Tentera Nasional Indonesia*, TNI) ist seit der Unabhängigkeit ein wichtiger politischer Faktor und versteht sich als zusammenhaltende Klammer des multiethnischen Staates. Noch heute gilt der Grundsatz der „Zwei Funktionen" *(Dwi Fungsi)*, wonach den Streitkräften neben der militärischen auch eine **soziopolitische Funktion** zukommt.

Besonders die Entwicklung ländlicher Regionen wird von der Armee unterstützt, und selbst kleinere Städte weisen Baracken am örtlichen Kaserne auf. Das Militär unterhält zudem eine ganze Reihe von Unternehmen in militärisch relevanten Industriebranchen. Dennoch ist Indonesien kein militaristischer Staat. Im Verhältnis zur Bevölkerungszahl ist die Zahl der Streitkräfte mit 395 000 Soldaten relativ gering. Der Verteidigungsetat belief sich zuletzt auf rund 13,6 Mrd. € (Deutschland: 50,4 Mrd. €).

Betont zivil gibt sich auch die politische Führung. Selbst Generäle in hohen politischen Ämtern treten selten in Uniform in die Öffentlichkeit. In der politischen Elite herrscht ein Gleichgewicht zwischen Technokraten und Militärs, doch gehören freiwilliger Wehrdienst und die militärische Laufbahn in elitären Kreisen zum guten Ton.

Verwaltung

Jede Provinz Indonesiens wird von einem Gouverneur verwaltet, der von der Zentralregierung ernannt wird. Auf Bali ist dies stets ein Balinese, der seinen Amtssitz in der Hauptstadt Denpasar hat. Die **Provinz Bali** gliedert sich in die acht **Kabupaten** (Landkreise) Badung, Bangli, Buleleng, Gianyar, Jembrana, Karangasem, Klungkung und Tabanan, denen jeweils ein **Bupati** vorsteht. Jedes Dorf in einem Landkreis hat einen Dorfvorsteher, *Kepala Desa*, der viel Autorität genießt, ähnlich eines Bürgermeisters. Er wird von *Klian*, den Oberhäuptern der einzelnen *Banjar* (S. 89), unterstützt. Diese Hierarchie ermöglicht einen hohen Grad an Mitspracherecht für alle Balinesen. Manchmal ist die Entscheidungsfindung in den Dorfversammlungen dadurch höchst mühselig und zeitaufwendig, denn alle Dorfmitglieder müssen einem Vorschlag zustimmen.

Wirtschaft

Indonesien

Bruttoinlandsprodukt: US$1290 Mrd.

BIP pro Kopf (nach Kaufkraftparität): US$14 600

Wirtschaftswachstum: 5,4 %

Inflation: 6,6 %

Arbeitslosigkeit: 5,8 %

Beschäftigungsstruktur nach Sektoren: Landwirtschaft (32 %), Industrie (21 %), Dienstleistungen (47 %)

Gesamtimport/-export: US$196,2/231,5 Mrd.

Importprodukte: Maschinen und -zubehör, Chemikalien, Treibstoffe, Lebensmittel, Elektronik

Exportprodukte: Palmöl, Erdgas, Kohle, Edelmetalle, Holz, Kautschuk, Kaffee, Kakao, Textilien

Indonesien ist ein wirtschaftlich schnell wachsendes G20-Land, Mitglied der Welthandelsorganisation WTO und die größte Volkswirtschaft Südostasiens. Im Rahmen der Asian Economic Community ist es Teil einer Zollunion mit anderen Ländern der ASEAN (Association of Southeast Asian Nations). Staatlich subventioniert werden Grundnahrungsmittel, Benzin und Strom. Zudem tragen (teil-)staatliche Unternehmen etwa ein Fünftel des Bruttoinlandsprodukts bei.

Das Land leidet zwar chronisch unter Armut, Korruption, Abhängigkeit von Importen, Infrastrukturschwäche und eklatanten regionalen Unterschieden. Dennoch ist es in den vergangenen Jahrzehnten gelungen, den Lebensstandard großer Teile der Bevölkerung zu heben – und das, obwohl sich die Einwohnerzahl von 105 Mio. im Jahr 1967 in nicht allzu ferner Zukunft verdreifacht haben wird.

Traditionelle Sektoren

Anteilig sind die meisten Bewohner Balis noch immer in der **Landwirtschaft** tätig. Der **Nassreisanbau** spielt dabei die wichtigste Rolle, allerdings wird die gesamte Ernte für den Eigenbedarf benötigt, und zusätzlich muss Reis importiert werden. Auf immer mehr Feldern in erhöhten Lagen werden Gewürznelken, Chili, Obst, Gemüse und Tee angebaut, da die monetären Erträge bei diesen Produkten deutlich höher liegen und die Feldarbeit weniger beschwerlich ist. Auch die **Fischerei** ist von Relevanz, vor allem im vergleichsweise armen Norden und Osten der Insel.

Viele Balinesen widmen sich nach wie vor der Produktion von **Kunsthandwerk**. Besonders in den Dörfern und Kleinstädten rund um Ubud leben und arbeiten viele Maler, Bildhauer, Steinmetze, Holzschnitzer und Silber- sowie Goldschmiede. Meist hat sich ein Dorf auf einen Produkttyp spezialisiert, dessen Produktion über viele Generationen hinweg perfektioniert wurde.

Tourismus

Der mit Abstand wichtigste Wirtschaftssektor auf Bali ist der Tourismus, der direkt rund 50 % und indirekt schätzungsweise 70 % zur Wirtschaftsleistung der Insel beiträgt. Allerdings besteht ein großes **regionales Ungleichgewicht** in der Verteilung der Einkünfte, denn die entsprechende Infrastruktur konzentriert sich im Süden der Insel sowie rund um Ubud, während andere Regionen wie etwa der Westen und Nordosten nur wenig von den Touristendollars profitieren.

Der Fremdenverkehr ist allerdings auch der krisenanfälligste Wirtschaftszweig, reagiert er doch höchst sensibel auf politische Unruhen, Naturkatastrophen und gesundheitliche Notsituationen. Das zeigte sich mit aller Deutlichkeit nach den **Bombenanschlägen** 2002 und in Folge der Ausbreitung von **COVID-19** ab 2020: Besucher blieben aus, sodass zahlreiche Hotels und Restaurants schließen mussten und viele Menschen gezwungen waren, wieder in der Landwirtschaft ihren Lebensunterhalt zu verdienen. 2003, im Jahr nach den Anschlägen, kamen gerade einmal 990 000 ausländische Touristen auf die Insel. Im Corona-Jahr 2021 waren es ganze 51, das bedeutete einen Rückgang von nahezu 100 %.

In den Jahren dazwischen hatten die Besucherzahlen allerdings immer wieder neue Spitzenwerte erreicht: Nachdem 2007 noch „nur" 1,7 Mio. Ausländer nach Bali kamen, wurde 2013 die 3-Mio.-Marke geknackt, 2015 die 4 Mio., und 2018 kamen 6,1 Mio. ausländische Touristen, darunter 185 000 Deutsche, auf die Insel, dazu noch schätzungsweise über 7 Mio. einheimische Besucher. Dass dieser Boom nicht nur positive Auswirkungen auf Infrastruktur, Ökosystem, Kultur und die Einwohner der Insel hat, sollte jedem Besucher klar sein (s. „Umwelt und Naturschutz" S. 84).

Der boomende **Immobiliensektor** hat sich aus dem Tourismus heraus entwickelt. Da immer mehr Ausländer eine mittel- oder langfristige Bleibe auf der Insel suchten, wurden zahllose Villen gebaut, die sich besonders im Norden von Seminyak, auf der Bukit-Halbinsel und rund um Ubud konzentrieren. Entsprechend stiegen die Bodenpreise in gefragten Gegenden in den letzten Jahren um ein Vielfaches, ebenso der Wasserverbrauch.

Ein Problem der Tourismusindustrie auf Bali ist die **Überversorgung mit Hotels**, die zu einer kontinuierlich sinkenden Zimmerauslastung geführt hat. Während es 2006 „nur" 1635 Sterne-Hotels gab, stieg ihre Zahl innerhalb von zehn Jahren explosionsartig auf 4880 Häuser, die allnächtlich mehr als 130 000 Zimmer anbieten. Um diese zu füllen, müssten wohl mehr als doppelt so viele Touristen auf die Insel kommen, was vermutlich zu einem Umwelt-, Verkehrs- und Versorgungskollaps führen würde.

Religion

Religion ist Leben, und Leben ist Religion. Dieser Satz beschreibt die Einstellung der Balinesen zu ihrer Religion, denn sie ist ein fester Bestandteil des Alltags. Auf der Insel herrscht Religionsfreiheit; neben wenigen Christen und einer kontinuierlich wachsenden Zahl von Muslimen dominieren Hindus mit einem Bevölkerungsanteil von 83,5 %.

Der balinesische Hinduismus heißt offiziell *Agama Hindu* oder *Hindu Dharma*. Dahinter verbirgt sich ein außerordentlich komplexer Glaube, der aus unterschiedlichsten Elementen zusammengesetzt ist. Die ältesten Komponenten entstammen dem altmalaiischen Animismus, der an die Beseeltheit der Natur glaubt und die vergöttlichten Ahnen verehrt. Der später hinzugekommene Hinduismus wie auch der Buddhismus haben diese alten Glaubensvorstellungen weder verdrängt noch überlagert, sondern ergänzt und bereichert. Alle Elemente sind zu einer weltweit einzigartigen Religion verschmolzen.

Religionsgeschichte

Hinduismus und **Buddhismus** erreichten die Insel im ersten nachchristlichen Jahrtausend vermutlich auf Handelswegen aus Südindien. Der

Hinduismus war bereits damals eine sehr alte Religion, in der sich die Kulte der Ackerbauern des Indus-Tals vereint hatten. Das Pantheon aus Naturgottheiten (z. B. Indra, Gott des Donners und der Kriege) brachten die arischen Stämme, ein Volk von Viehzüchtern, bei ihrer Invasion nach Nordindien etwa 1500 v. Chr. mit.

Wenige Jahrhunderte später, nachdem sich die Arier in Indien etabliert und sie die alteingesessenen Völker unterworfen hatten, entstanden die **Veden**, die ältesten religiösen Texte der Welt, die Tausende von Hymnen, Versen und magischen Formeln (Mantra) umfassen. Die Veden und die späteren **Upanishaden**, die philosophischen Kommentare zu den Veden, gelten noch heute als die heiligsten Bücher der Hindus.

Noch vor Beginn unserer Zeitrechnung wurden die großen Epen **Mahabharata** und **Ramayana** geschrieben, womit zum ersten Mal die philosophischen und esoterischen Inhalte des Hinduismus in leicht verständlicher Versform, eingepackt in spannende Abenteuer um Krieger, Helden, Götter und Dämonen, der breiten Masse zugänglich gemacht wurden. Diese Epen sind noch heute von großer Bedeutung.

Parallel zu den direkten Einflüssen aus Indien erreichten Hinduismus und Buddhismus die Insel auch auf dem Umweg über Java, wo die Religionen eine Anpassung an altjavanische Glaubensvorstellungen erfahren hatten. Bis heute haben sich Legenden erhalten, die sich um die Taten und Wunder heiliger Männer ranken, meist shivaistische Priester oder Wandermönche, die als Lehrer, Prediger oder Einsiedler kamen und in beachtlichem Maße die Religion Balis prägten.

Der erste dieser geistigen Pioniere war der ostjavanische Priester **Danghyang Markandeya** (ca. 8. Jh.), der sich an einer uralten Kultstätte am Fuß des Gunung Agung niederließ, um ein Kloster und eine Lehranstalt einzurichten – die Keimzelle des heutigen Tempelkomplexes von Besakih. Er machte die Balinesen mit dem monotheistischen Aspekt des Hinduismus vertraut, demzufolge all die vielen Götter, Geister und Dämonen nur Erscheinungsformen eines allmächtigen Gottes sind, den er Ida Sanghyang Widhi Wasa nannte, identisch mit dem vedischen Begriff Brahman (das universelle Selbst, das Absolute).

Markandeyas Sohn **Empu Sang Kulputih** setzte die Tradition seines Vaters fort. Er veranlasste die ersten Übersetzungen hinduistischer Schriften ins Balinesische, die in Lontar-Palmblätter geritzt wurden (Kasten S. 86). Weiterhin lehrte er die verfeinerte Kunst des Opferns und der damit verbundenen Zeremonien. Es wurden erstmals die bunten, turmartigen Opfergaben (Banten Tegeh) aus Früchten, Kuchen und Blumen hergestellt. Gleichzeitig entwickelte er spezielle Riten, das jährliche Tempelfest Odalan sowie die inselweiten Zeremonien Galungan, Kuningan (beides Feiern zum Jahrestag der Schöpfung der Welt) und Pagerwesi, ein Feiertag, an dem Gott um mentale Stärke gebeten wird.

Empu Kuturan, der im 11. Jh. von Java nach Bali kam und sich eine Einsiedelei in den Hügeln oberhalb von Padang Bai erbaute, gestaltete die Symbolik des balinesischen Weltbilds: die neunblättrige Lotusblüte als Abbild des Kosmos mit den vier Himmelsrichtungen (Kaja, Kelod, Kauh und Kangin), den vier Zwischenrichtungen und dem Zentrum, dem Menschen. Vom Heiligen Kuturan stammen auch die komplizierten architektonischen Richtlinien, nach denen Anlage und Ausmaße von Tempeln und Wohngehöften bis ins Detail mit Makrokosmos und Mikrokosmos harmonisieren müssen.

Einige Jahrhunderte später, etwa gleichzeitig mit der Ankunft der vor dem Islam geflohenen Angehörigen des Majapahit-Hofes, wirkte auf Bali der Wanderpriester **Danghyang Nirartha**, ein Shiva-Priester, dessen Lehren stark von buddhistischen Anschauungen durchsetzt waren. Während seiner Wanderungen soll Nirartha eine Reihe von Wundern vollbracht haben, wodurch er den Bau vieler Tempel inspirierte, so etwa den berühmten Pura Tanah Lot. Nirartha veranlasste zudem, dass in allen Tempeln neben den Schreinen für die diversen Gottheiten ein besonderer Thron (Padmasana) für den höchsten Gott Ida Sanghyang Widhi Wasa selbst errichtet wird.

Grundbegriffe

Aufgrund der im Laufe der Jahrtausende angesammelten **Vielschichtigkeit** des Hinduismus haben sich unterschiedliche, scheinbar gegensätzlichste Sekten und Kultrichtungen gebildet – vom Tantrismus mit seinen orgiastischen Riten bis hin zum Asketentum. Hindus kennen keine Dogmen, und so wird verständlich, wie der Hinduismus auf Bali so nahtlos mit den altmalaiischen Ahnenkulten und animistischen Anschauungen verschmelzen konnte.

Wie der indische, so stellt sich auch der balinesische Hinduismus alles andere als einheitlich dar. Auf Bali gleicht keine Zeremonie einer anderen, keine zwei Tempel sehen sich völlig ähnlich. Selbst Antworten auf religiöse Fragen und Erklärungen für rituelle Handlungen variieren von Person zu Person. Die Balinesen haben dafür den Ausdruck **Desa, Kala, Patra** geprägt: Ort, Zeitpunkt und Situation. Was man in Erfahrung bringt, hängt immer davon ab, wann und wo und unter welchen Umständen man seine Beobachtungen macht und Fragen stellt. Einige grundsätzliche Konzepte sind hingegen für alle Hindu-Balinesen verbindlich.

Essenziell ist die Vorstellung von einem geordneten **Kosmos**, der sich in einem ständigen evolutionären Prozess befindet. Das Universum ist nicht etwa eine chaotische Ansammlung von Energie und Materie, vielmehr hat jedes Atom einen festen Platz. Jeder Mensch, jedes Tier, jede Pflanze und jedes Objekt sind integrale Bestandteile des Kosmos.

Das **Dharma** ist die Kraft, die die Ordnung im Universum und in seinen einzelnen Teilen aufrechterhält und die Beziehungen zwischen den Einzelteilen bestimmt. Ohne *Dharma* würde der Kosmos ins Chaos zurücksinken, denn dann würden die ebenfalls überall existierenden auflösenden Kräfte, genannt **Adharma**, die Ordnung zerstören. Der Idealzustand ist nur dann gegeben, wenn beide Kräfte im völligen Gleichgewicht stehen. Das *Adharma* kann nie eliminiert werden und ist ebenso ein Teil des Universums wie das *Dharma*.

Gottheiten

Die ordnenden und die zerstörerischen Kräfte sind vereint im höchsten Gott **Ida Sanghyang Widhi Wasa**. Er steht jenseits von *Dharma* und *Adharma*. Er ist das Absolute, das Unfassbare und Unbegreifliche. Die Scharen der Götter und Göttinnen (Dewa und Dewi) sind die Manifestation seiner ordnenden Kräfte, so wie sich in den Dämonen (Bhuta und Kala) seine zerstörerischen Kräfte personifizieren.

Sanghyang Widhis wichtigste und meistverehrte Manifestation ist die Dreigestalt der **Trimurti**, der Götter Brahma, Vishnu und Shiva. **Brahma** gilt als Schöpfergott, Vishnu als Erhalter und Shiva als Zerstörer.

Von diesen dreien nimmt **Shiva** die zentrale Stellung ein. Obwohl er als Zerstörer bezeichnet wird, vereinigt er auch schöpferische Kräfte in sich, da Schöpfung und Zerstörung in einem endlosen Kreislauf eng miteinander verknüpft sind. Shiva wird häufig mit dem höchsten Gott selbst identifiziert. Er ist der „Gott mit den 1008 Namen" und repräsentiert die vielen Aspekte, in denen sich eine Gottheit zeigen kann. Auf Bali wird Shiva mit dem Sonnengott Surya und mit Mahadeva, dem Gott des höchsten Berges, Gunung Agung, gleichgesetzt.

Vishnu, der Erhalter, ist die Manifestation von Güte und Gnade. Von seinen Inkarnationen erfreuen sich besonders diejenigen großer Beliebtheit, in denen er sich als menschgewordener Volksheld zeigt, nämlich als Rama, Held des *Ramayana*, und als Krishna, Flöte spielender Hirte, unbezwinglicher Frauenheld und weiser Freund und Berater von Arjuna aus dem *Maha-bharata*.

Jedem Gott ist meist eine Göttin als Gemahlin zugeordnet, die das weibliche, das dynamische Prinzip des Gottes verkörpert, seine **Shakti**, seine schöpferische Energie. Brahmas Gemahlin ist Saraswati, die Göttin der Literatur und der schönen Künste. Vishnu steht die Göttin Lakshmi zur Seite, die Göttin des Reichtums und des Glücks. Unter dem Namen Dewi Sri verehrt sie der Reisbauer, als Sita, Gattin von Rama, spielt sie die weibliche Hauptrolle im *Ramayana*. Die Erscheinungsformen von Shivas Shakti sind fast ebenso zahlreich wie die des Gottes selbst. Sie ist Uma, die Muttergottheit aus vorvedischer Zeit, Parvati, die asketische Göttin aus dem Himalaja, Durga, die Göttin des Todes, oder Kali, „die Schwarze", die Zerstörerin der Zeit.

Die Aufzählung von Göttern und Göttinnen ließe sich seitenlang fortsetzen. Ebenso umfangreich wäre eine Liste aller Dämonen und Bewohner der Unterwelt, die jede gewünschte Gestalt annehmen können, Tier, Zwerg, Riese oder Ungeheuer, und die als Feinde der Götter und Menschen und als Zerstörer der kosmischen Ordnung gelten.

Die Rolle des Menschen

Zwischen den ordnenden und den zerstörerischen Kräften des Kosmos, zwischen Göttern und Dämonen steht der Mensch. Als Teil des Universums, als Mikrokosmos, besitzt jeder Mensch sein eigenes *Dharma* und sein eigenes *Adharma*. Aufgabe des Menschen ist es, die Balance zwischen beiden aufrechtzuerhalten. Die Taten eines Menschen – sein **Karma** – müssen im Einklang stehen mit seinem *Dharma*, damit sich dieses wiederum harmonisch in das *Dharma* des Kosmos einfügt.

In dem Maße, in dem es einem Menschen gelingt, mit seinem Karma sein eigenes *Dharma* zu erfüllen, entscheidet sich auch die Zukunft seiner unsterblichen Seele, **Atman**. Denn sein *Atman* unterliegt bis zur endgültigen Befreiung *(Moksa)* einem Kreislauf von Reinkarnationen *(Samsara)*. Je positiver das Karma, desto größer die Chance, in der nächsten Inkarnation dem letzten Ziel, *Moksa* zu erlangen, wieder ein Stück näher zu kommen.

Es gibt drei Möglichkeiten, **Moksa** zu erreichen. Der direkte Weg über Meditation und völlige Entsagung ist nur wenigen Auserwählten vorbehalten. „Der Weg des Wissens" hingegen ist die Suche nach Erkenntnis durch Studium der heiligen Schriften oder Unterweisung durch einen Lehrer. Dazu gehört die strenge Befolgung sittlicher Gebote wie: nicht stehlen, nicht lügen, nicht morden, maßvoll leben usw. Der dritte Weg ist für die meisten Balinesen der einzig mögliche: die Gottesverehrung durch Rituale und Zeremonien, deren wichtigste und unablässige Bestandteile Gebet und Opfer sind. Dabei macht es keinen Unterschied, ob Sanghyang Widhi selbst oder eine oder mehrere seiner Manifestationen (Götter, Dämonen, vergöttlichte Ahnen, Menschen, Tiere, beseelte Objekte) im Mittelpunkt stehen.

Das Ziel von Gebet, Opfer und Ritual ist stets, das Gleichgewicht der gegensätzlichen Kräfte aufrechtzuerhalten. Deshalb sind **Opferzeremonien** sowohl für Götter als auch für Dämonen notwendig, für die einen als Danksagung, für die anderen zur Besänftigung oder als Ablenkungsmanöver. Für Balinesen gehört die Erde den Göttern, und wenn man ihnen Opfer darbringt, gibt man eigentlich nur etwas von dem zurück, was man erhalten hat.

Die Rituale reichen von einfachen Opfern, die täglich Göttern, Ahnen und Dämonen innerhalb jedes einzelnen Gehöfts dargebracht werden, über alljährliche Tempelfeste bis hin zu inselweiten Feierlichkeiten. Durch die nie abreißende Kette von Zeremonien sind Balinesen ebenso häufig und intensiv mit ihren Göttern und Dämonen verbunden wie mit den Menschen ihrer Umwelt.

Diese Vertrautheit versetzt sie in die Lage, die meisten alltäglichen Rituale ohne Anleitung auszuführen. Nur bei größeren Tempelfesten oder komplizierten Riten, die spezielles Wissen erfordern, wird ein Priester *(Pemangku)* hinzugerufen. Brahmanen-Priester, *Pedanda*, nehmen nur sehr selten an Ritualen in den Dorftempeln teil. Ihre Mithilfe ist nur bei den wichtigsten, inselweiten Zeremonien unumgänglich. Darüber hinaus ist es die wesentliche Aufgabe und gleichzeitig das Privileg der *Pedanda*, das für Opferzeremonien benötigte heilige Wasser *(Tirtha)* herzustellen.

Makrokosmos – Mikrokosmos

Für die Balinesen ist die **Insel** als Makrokosmos in drei übereinander geschichtete Sphären aufgeteilt: die Gipfel der Berge und die Region darüber als Welt der Götter, der Untergrund und der Erdboden als Welt der dunklen Mächte und Dämonen und dazwischen die Welt des Menschen.

Der **menschliche Körper** weist als Mikrokosmos die gleiche Dreiteilung auf: Kopf, Körper und Füße. Der Kopf ist der heiligste Teil, da er den Göttern am nächsten ist. Die Füße gelten als unrein, da sie mit der Region der Dämonen in Berührung kommen. Diese Dreiteilung wird auch auf die Anlage der Dörfer, auf jeden Tempel mit Vorhof, mittlerem Hof und Innenhof als

Allerheiligstem und auf das Gehöft mit Familientempel (oben), Schlaf- und Wohnräume (Mitte) und Küche und Abfallgrube (unten) übertragen.

Wie bei der Anlage des Wohnanwesens legen die Balinesen auch beim Schlafen ein ausgeprägtes Richtungsbewusstsein an den Tag: Der Kopf sollte immer nach *Kaja*, also bergwärts weisen, auf die Welt der Götter gerichtet, oder zumindest nach *Kangin* (Osten), der zweiheiligsten Richtung, dahin, wo die Sonne aufgeht und sich der mächtige Sonnengott Surya manifestiert.

Der balinesische Kalender

Feiertage und Feste richten sich in Indonesien einmal nach dem islamischen, zum anderen nach dem gregorianischen Kalender. Auf Bali verfügt man zusätzlich noch über zwei weitere Kalendersysteme: den älteren *Saka*-Kalender aus Südindien und den jüngeren *Pawukon*- (oder *Wuku*-) Kalender aus Ost-Java. Sie bestimmen, wann Feste und Zeremonien stattfinden, und geben Aufschluss darüber, ob ein Tag günstig für irgendeine Art von Unternehmen ist, z. B. den Beginn einer Reise, den Bau eines Hauses, das Fällen eines Baumes usw.

Pawukon-Kalender

Dem *Pawukon*-Kalender folgen die meisten (aber nicht alle) religiösen Zeremonien, die Markttage, die günstigen und ungünstigen Tage sowie die persönlichen Jahresfeiern. Im eigentlichen Sinne der *Pawukon* gar kein Kalender – es gibt keine Jahre –, sondern eine Folge von Zyklen mit je 210 Tagen, wobei die einzelnen Zyklen nicht benannt oder gezählt werden. Ist ein Zyklus abgelaufen, beginnt schlichtweg eine neue 210-Tage-Periode.

Im Gegensatz zu unserer 7-Tage-Woche hat der *Pawukon*-Kalender zehn Wochensysteme, die zur gleichen Zeit nebeneinander ablaufen: die 1-Tag-Woche, die 2-Tage-Woche usw. bis zur 10-Tage-Woche. Es laufen also innerhalb eines 210-Tage-Zyklus z. B. 70 3-Tage-Wochen, 30 7-Tage-Wochen, 23 9-Tage-Wochen (zuzüglich 3 Schalttage) und 21 10-Tage-Wochen parallel. Die zehn verschieden langen Wochen tragen Sanskrit-Namen, die sich auf die Anzahl der jeweiligen Tage beziehen. Auch die einzelnen Tage der einzelnen Wochen haben eigene Namen, sodass es 55 Tagesnamen gibt und jeder einzelne Kalendertag zehn Namen trägt.

Nicht nur auf den ersten Blick erscheint der *Pawukon*-Kalender fürchterlich kompliziert. Nur wenige Balinesen sind in der Lage, diesen Kalender komplett zu verstehen. Im Zweifelsfall wird ein Experte konsultiert, meist ein Priester oder jemand, der die alten *Lontar*-Schriften lesen kann.

Das System vereinfacht sich dadurch, dass nur drei der zehn Wochenarten von allgemeiner Bedeutung sind, die 3-Tage-Woche, die 5-Tage-Woche und, am wichtigsten, die 7-Tage-Woche. Hier bietet sich ein Anknüpfungspunkt zum gregorianischen Kalender, denn der 1. Tag der 7-Tage-Woche fällt stets auf einen Sonntag usw.

Die besonders wichtigen Tage eines *Pawukon* ergeben sich, wenn bestimmte Tage der 3-Tage-, 5-Tage- und 7-Tage-Woche zusammentreffen – so z. B. **Kajeng Kliwon**, wenn der letzte Tag der 3-Tage-Woche gleichzeitig der letzte Tag der 5-Tage-Woche ist, was alle (3 x 5 =) 15 Tage der Fall ist. Von großer Bedeutung sind auch die *Tumpek*-Tage, wenn der letzte Tag der 5-Tage-Woche mit dem letzten Tag der 7-Tage-Woche korrespondiert, was alle (5 x 7 =) 35 Tage vorkommt. Diese 35-Tage-Periode wird gern als Monat bezeichnet.

Saka-Kalender

Das zweite auf Bali gebräuchliche Kalendersystem ist der *Saka*-Kalender, ein Mondkalender, der auf das Jahr 78 n. Chr. zurückgeht und nach einer südindischen Herrscher-Dynastie benannt ist. Der *Saka*-Kalender hat 12 Monate *(Sasih)* mit 30 bzw. 29 Tagen, die mit dem Neumond *(Tilem)* enden. Mitte des Monats ist also Vollmond *(Purnama)*, ein wichtiges Datum für viele *Odalan*. In den *Pura Dalem*, den Unterwelttempeln, feiert man das *Odalan* dagegen oft am *Tilem*, der dunkelsten Nacht des Monats.

Kurioserweise endet das *Saka*-Jahr mit dem letzten Tag des 9. Monats und beginnt wieder mit dem 1. Tag des 10. Monats. Begründet wird das damit, dass die Zahl 9 die höchstmögliche Ziffer ist, während sich z. B. die 10 wieder aus einer 1 und einer 0 zusammensetzt. **Nyepi**, der erste Tag eines *Saka*-Jahres (Neujahr), ist immer kurz vor oder nach der Frühlings-Tagundnachtgleiche der nördlichen Erdhalbkugel, also meist im März. Der Bezug auf den Frühlingsbeginn der Nordhemisphäre erklärt sich daraus, dass der *Saka*-Kalender aus Indien stammt, das nördlich des Äquators liegt. Durch regelmäßiges Hinzufügen eines zusätzlichen Schaltmonats jedes 3. oder 4. Jahr wird das etwas kürzere *Saka*-Jahr immer wieder dem gregorianischen Kalender angeglichen.

Die schwarz-weiß gedruckten balinesischen **Papierkalender** stellen eine Kombination der Kalendersysteme dar. Jeweils bezogen auf einen gregorianischen Monat sind hier alle Tage mit ihren *Pawukon*-Namen versehen. Weiterhin aufgeführt sind die jeweiligen Tagesnamen, und es wird Bezug genommen auf den chinesischen, den islamischen, den buddhistischen und natürlich den *Saka*-Kalender.

Kunst und Kultur

Rituale und Feste

Die Balinesen unterscheiden fünf Kategorien von festlich begangenen Riten:

- **Dewa Yadnya** – Riten für die Götter bzw. für den Gott Ida Sanghyang Widhi Wasa in seinen unzähligen Erscheinungsformen
- **Pitra Yadnya** – Riten für die Ahnen
- **Rsi Yadnya** – Riten für die Hindu-Heiligen (selten zu sehen)
- **Manusia Yadnya** – persönliche Übergangsriten
- **Bhuta Yadnya** – exorzistische Riten zur Besänftigung bzw. Vertreibung der Dämonen

Die genauen *Galungan*-, *Kuningan*- und *Nyepi*-Termine der nächsten Jahre s. S. 47.

Dewa-Yadnya-Riten
Odalan
Zu den wichtigsten Zeremonien dieser Gruppe zählen die *Odalan,* die **Jahresfeiern** jedes einzelnen Tempels auf Bali. Da es mehr als 10 000 Tempel auf der Insel gibt, hat man sehr gute Chancen, solch ein Fest mitzuerleben.

Die *Odalan* der meisten Tempel folgen dem *Pawukon*-Kalender, sie wiederholen sich also alle 210 Tage. Bei anderen Tempeln (besonders den älteren, vor dem 16. Jh. erbauten) werden die Daten dagegen nach dem *Saka*-Kalender bestimmt, was bedeutet, dass die Feste alle 354 (oder 355) Tage stattfinden bzw. alle 383 (oder 384) Tage, falls das *Saka*-Jahr einen Schaltmonat enthält. Beim Tourist Office in Denpasar erhält man den *Calendar of Events* mit den Terminen der wichtigsten Feste.

Die meiste Zeit steht ein balinesischer Tempel ziemlich verlassen da, erst an seinem *Odalan* erwacht er richtig zum Leben. Für gewöhnlich dauert das Fest, abgesehen von der Vorbereitung, drei Tage, bei kleinen Tempeln vielleicht auch nur einen Tag, bei großen bis zu zehn Tage. Da während dieser Zeit die Götter im Tempel anwesend sind, muss das Heiligtum ihnen zu Ehren geschmückt werden. Für die gesamte Dauer eines *Odalan* reißen die Aktivitäten im und um den Tempel nicht ab. Prozessionen festlich gekleideter Frauen tragen Opfergaben herbei, oft bis zu 2 m hohe Türme aus Früchten, Kuchen oder anderen Speisen, die kunstvoll arrangiert sind. Vor den Schreinen setzen sie die Opfer ab, beten zu den Göttern und werden vom Priester mit heiligem Wasser besprengt. Haben die Götter die Essenz der Speiseopfer angenommen, bringen die Frauen die Gaben nach Hause, wo sie von der Familie verzehrt werden.

Nachts unterhält man die Götter und die Festteilnehmer mit Musik und Tänzen. Auch Hahnenkämpfe dürfen nicht fehlen, um die allgegenwärtigen Dämonen mit dem vergossenen Blut bei guter Laune zu halten. Bei großen Tempelfesten verwandelt sich die Umgebung des Heiligtums in einen Jahrmarkt mit Dutzenden von Essens- und Verkaufsständen.

Galungan und Kuningan
Im Gegensatz zu den *Odalan,* die immer nur für einzelne Tempel zelebriert werden, gibt es auch *Dewa-Yadnya*-Riten, die von inselweiter Bedeutung sind. Sie richten sich, mit der Ausnahme von *Nyepi*, nach dem *Pawukon*-Kalender und finden alle 210 Tage statt.

Am auffälligsten sind die Tage zwischen *Galungan* und *Kuningan*, wenn sämtliche Hauseingänge mit **Penjor** geschmückt werden: lange, verzierte Bambusstangen, deren Spitzen sich in einem anmutigen Bogen zur Straßenmitte hin neigen, weil kunstvoll aus Palmblättern, alten Münzen und Früchten gearbeitete Opfergaben *(Capah)* daran hängen. Die *Penjor* symbolisieren den heiligen Gunung Agung.

Die *Galungan*-Periode beginnt mit dem *Galungan*-Tag am Mittwoch der elften *Pawukon*-Woche und endet elf Tage später mit dem *Kuningan*-Tag. Das Fest symbolisiert den Kampf der Götter gegen das Böse. Auch wenn die Götter immer wieder siegen, sind die Dämonen doch nie völlig unterlegen. Nur wenn beide Kräfte im Gleichgewicht stehen, herrschen Harmonie und Frieden.

Während der *Galungan*-Tage sind die vergöttlichten Ahnen in den Haustempeln zu Besuch, wo sie mit Gebeten, Zeremonien und Opfergaben willkommen geheißen und unterhalten werden. Am *Kuningan*-Tag kehren sie dann wieder in ihre himmlischen Gefilde zurück. Der Name *Kuningan* bezieht sich auf die Tatsache, dass an diesem Tag gelb *(Kuning)* gefärbter Reis geopfert wird. Die Balinesen nutzen die Feiertage meist für Familientreffen und Ausflüge.

Ende und Beginn eines Pawukon-Zyklus

Eine zweite wichtige Periode heiliger Tage ereignet sich am Ende des *Pawukon*-Zyklus und zu Beginn eines neuen Zyklus. Der letzte Tag des *Pawukon*, Samstag der 30. Woche, ist der Göttin **Saraswati** geweiht, der Gattin Brahmas. Sie ist die Gottheit der schönen Künste, der Literatur und der Gelehrsamkeit. An ihrem Festtag ehren die Balinesen alle Bücher mit Opfern und Gebeten, vor allem die heiligen *Lontar*-Schriften. Schüler erscheinen festlich gekleidet mit Opfergaben in ihren Schulen und bedanken sich bei Dewi Saraswati dafür, dass sie ihr Wissen erweitern dürfen. Allerdings darf am Saraswati-Tag weder gelesen noch geschrieben werden.

Die ersten vier Tage der ersten *Pawukon*-Woche sind ebenfalls speziellen Riten gewidmet, die besonders in Nord-Bali aufwendig zelebriert werden. Der erste Tag, **Banyu Pinaruh**, ein Sonntag, dient der körperlichen und spirituellen Reinigung. Wer nicht zu weit von der Küste entfernt wohnt, begibt sich an den Strand, Gebirgsbewohner pilgern zu einer nahen heiligen Quelle, um ein rituelles Vollbad zu nehmen.

Der nächste Tag wird **Comaribek** genannt und ist der Reisgöttin Dewi Sri geweiht. Es darf kein Reis verkauft werden, auch die Arbeit in den Reismühlen muss ruhen. Am dritten Tag, **Sabuh Emas**, stehen Opferzeremonien für Schmuck und Gold auf dem Programm. Der vierte Tag, **Pagerwesi**, ist zugleich Höhepunkt und Abschluss der Feiertage. *Pagerwesi* bedeutet „eiserner Zaun", mit dem man sich symbolisch umgeben soll, um die Mächte des Bösen von sich fernzuhalten.

Tumpek

Alle 35 Tage, an den Samstagen der 2., 7., 12., 17., 22. und 27. Woche des *Pawukon*, gibt es einen *Tumpek*-Tag. Jeder *einzelne* erfordert bestimmte Opferrituale für spezielle Gruppen von Alltagsgegenständen, die als beseelt und Manifestationen des Gottes Sanghyang Widhi gelten.

Tumpek Landep, Samstag der 2. Woche: An diesem Tag ehrt man die Waffen, also Speere, Messer und *Kris*, aber auch Sägen, Beile und andere Eisenwerkzeuge. Sogar Maschinen und Fahrzeuge, Motorräder usw. zählen heute zu den beseelten Objekten, denen man Opfer darbringen muss – ein Beispiel für die balinesische Fähigkeit, etwas Fremdem einen Platz in ihrer Religion einzuräumen.

Tumpek Uduh, Samstag der 7. Woche, ist ein Tag zur Verehrung der Bäume, vor allem solcher, die von Nutzen sind, z. B. Obstbäume und Kokospalmen. Besitzer von Kokosplantagen „bekleiden" die Stämme einzelner Palmen mit traditionellen Sarongs, Schärpen und Kopftüchern.

Tumpek Kuningan, Samstag der 12. Woche, unterscheidet sich von den anderen *Tumpek* dadurch, dass nicht einer speziellen Objektgruppe geopfert wird. Trotzdem ist *Kuningan* ein sehr wichtiges *Tumpek*, denn es bildet den Abschluss der *Galungan*-Tage (S. 47) und ist gleichzeitig ein *Kajeng-Kliwon*-Tag (S. 119).

Tumpek Krulut, Samstag der 17. Woche: An diesem Tag beten und opfern vor allem die Musik- und Tanzgruppen. Sie verehren ihre Instrumente, Kostüme und Masken *(Topeng)*.

Tumpek Kandang, Samstag der 22. Woche, ist den Haustieren gewidmet. Zuerst werden die Stallungen von Hühnern, Enten, Schweinen, Kühen und Wasserbüffeln gereinigt und mit Palmblattgeflechten dekoriert, dann badet man die Tiere und schmückt sie mit traditionellen Tüchern und Schärpen. Die Tiere werden besonders gut gefüttert und dürfen auch die Opfergaben verzehren.

Tumpek Wayang, Samstag der 27. Woche, wird von denen zelebriert, die *Wayang Kulit*-(Schattenspiel-)Figuren, traditionelle Musikinstrumente oder Tanzzubehör besitzen, und ist besonders bedeutend für alle Puppenspieler. Die flachen Lederpuppen werden aus ihren Behältern genommen und wie für eine Vorstellung aufgebaut. Dann bringt der Spieler seine Opfer dar, betet und besprenkelt die Figuren mit heiligem Wasser.

Weitere Dewa-Yadnya-Riten

Zu der Kategorie gehören auch zahlreiche Zeremonien und Feiern zu Ehren der Reisgöttin Dewi Sri, welche die Arbeit auf den Reisfeldern und das Wachstum der Reispflanzen begleiten. Das größte Ereignis für die Reisbauern ist das Erntedankfest **Ngusaba Nini**, das im *Subak*-Tempel abgehalten wird. Unablässiger Bestandteil der Opfergaben sind dabei die *Jaja*, Reiskuchen, die es in einer Fülle von Sorten und Farben gibt.

Pitra-Yadnya-Riten

Leichenverbrennungen

In diese Kategorie fallen alle Riten, die der Verehrung der Ahnen dienen. Das mit Abstand spektakulärste Ritual dieser Art ist die Leichenverbrennung **Pengabenan** oder **Ngaben**. Nach hinduistischer Vorstellung ist der Körper nur eine unreine, vergängliche Hülle für die unsterbliche, aber ebenfalls unreine Seele. Nach dem Tod eines Menschen hält sich seine Seele noch so lange beim Körper auf, bis dieser sich in seine Grundelemente aufgelöst hat: Erde, Luft, Feuer, Wasser und Atmosphäre. Je nach ihrem **Karma** wird die Seele im Himmel belohnt oder in der Hölle bestraft und anschließend zur Wiedergeburt entlassen.

Aufgabe der Angehörigen eines Toten ist es, der Seele die Gelegenheit zu verschaffen, sich so schnell wie möglich vom Körper zu befreien. Dies erreicht man am besten durch die Verbrennung der Leiche, was für die meisten Balinesen allerdings ein großes Problem darstellt: Die begleitenden Rituale und Festlichkeiten sind aufwendig und kostspielig, sodass sich nur reiche Leute eine zeitnahe Verbrennungsfeier leisten können. Hohe Priester werden ebenfalls gleich nach ihrem Tode verbrannt.

Angesichts der enormen Kosten ist die Mehrzahl der Familien gezwungen, ihre Toten erst zu begraben und mit der Kremation zu warten – oft jahrelang –, bis sie genug Geld gespart haben, sie sich mit anderen Familien zusammengetan haben (dann heißt die Zeremonie *Ngaben Ngerit*) oder sich die Gelegenheit bietet, an der Zeremonie einer reichen Person teilzunehmen. Die eigentliche Verbrennung ist nur der Höhepunkt einer Serie komplexer Riten, die schon Monate vorher beginnen und erst Wochen nach der Kremation beendet sind. Oft sind Hunderte von Menschen monatelang mit den Vorbereitungen für den großen Tag beschäftigt, den ein Priester festlegt.

Der Leichnam eines Verstorbenen oder, wenn dieser lange beerdigt war, nur noch ein paar Knochen oder eine Ersatzfigur wird in einem Turm zum Verbrennungsplatz getragen. Der Turm *(Wadah)* ist eine aufwendig geschmückte, mit Stoffen und buntem Papier verkleidete Bambuskonstruktion, die wie ein Tempelschrein von einem mehrstufigen Dach gekrönt ist. Die Höhe des Turms richtet sich nach dem Stand bzw. der Kaste des Verstorbenen und den finanziellen Mitteln der Angehörigen.

Der *Wadah* wird mithilfe eines Bambusgerüsts von einer Gruppe junger Männer unter lautem Geschrei, ausgelassenem Gelächter und mit viel Hin- und Hergezerre, begleitet von einer fröhlichen Menge, im Zickzack durchs Dorf getragen – zum einen, um die Seele des Verstorbenen zu verwirren, sodass sie nicht mehr den Weg zurück nach Hause findet, zum anderen, um böse Geister davon abzuhalten, störend in das Geschehen einzugreifen. Die fröhliche Stimmung speist sich aus dem erfreulichen Ereignis, eine Seele endlich auf den Weg zu den Göttern schicken zu können.

Mit dem *Wadah* wird auch der leere Kremations-Sarkophag *(Patulangan)* auf einem Bambusgerüst durchs Dorf getragen. Der **Patu-**

langan ist meist ein ausgehöhltes Stück Baumstamm, welches mit Stoffen und buntem Papier so verkleidet wird, dass es einen überdimensionalen Tierkörper darstellt. Der Sarkophag repräsentiert eine weiße Kuh oder einen schwarzen Bullen für Angehörige höherer Kasten oder einen geflügelten Löwen, einen Hirsch oder einen Elefantenfisch für die niedere Kaste.

Auf dem Verbrennungsplatz *(Pamuhunan)*, der meist in der Nähe des *Pura Dalem* (Unterweltstempel) liegt, wird die Leiche bzw. die Ersatzfigur mit heiligem Wasser übergossen und im Tiersarkophag untergebracht. Dann zündet man den Turm und den *Patulangan* an, und in wenigen Minuten werden diese Produkte monatelanger Arbeit Opfer der Flammen. Wenn alles heruntergebrannt ist, sammelt man sorgfältig die weiße Knochenasche auf, um sie anschließend in einer festlichen Prozession dem Meer oder einem Fluss zu übergeben. Nun ist die Seele endgültig vom Körper befreit.

Nyekah-Zeremonie

Um der Seele den Aufstieg zur Götterwelt zu ermöglichen, sind noch eine ganze Reihe von abschließenden Riten erforderlich, die in der *Nyekah*-Zeremonie einige Wochen später gipfeln. Dazu bastelt die Familie Figuren, die Körper und Seele des Verstorbenen darstellen. Die Figuren werden verbrannt – diesmal herrscht eine ruhigere Atmosphäre als bei der eigentlichen Kremation –, und es folgt eine Prozession mit einem Miniatur-*Wadah* zum Meer bzw. zu einem Fluss. Die Asche wird ins Wasser gestreut, nun ist die Seele auf dem Weg zu Gott. Schlussendlich muss noch im Familientempel ein neuer Schrein für den jetzt vergöttlichten Ahnen errichtet werden.

Manusia-Yadnya-Riten

In diese Kategorie ordnet man jene Rituale ein, welche die einzelnen Lebensabschnitte eines heranwachsenden Balinesen von der Geburt bis zur Heirat markieren – sogenannte Übergangsriten. Es sind meist kleinere Familienfeiern, die nach dem *Pawukon*-Kalender festgelegt werden. Fast immer sind Gäste willkommen, auch ausländische – vorausgesetzt, dass diese dem Anlass entsprechend gekleidet sind. Kleinere Geschenke werden gerne angenommen.

Nach der Geburt

Wird ein Kind geboren, kommen gleichzeitig auch seine vier mythischen Geschwister zur Welt, die **Kanda Empat**: persönliche Schutzgeister, die sich in Fruchtwasser, Blut, Plazenta und Nabelschnur verkörpern und einen Balinesen bis an sein Lebensende begleiten. Allerdings erfüllen sie ihre Schutzfunktion nur, wenn ihnen die nötigen Opfer gebracht werden, andernfalls können sie sich auch in Dämonen verwandeln und Schaden anrichten. Die Nachgeburt wird gleich nach der Entbindung neben dem Eingang zum Gehöft begraben.

Zwölf Tage nach seiner Geburt erhält das Baby einen vorläufigen Namen. Am 42. Tag nach der Geburt unterziehen sich Mutter und Kind einer **Reinigungszeremonie** – beide gelten bis dahin als unrein –, die von einer Familienprozession zum Badeplatz begleitet wird. Das erste größere Fest findet am 105. Tag statt (ein halber *Pawukon*-Zyklus), wenn das Baby das erste Mal den Boden berühren darf. Allerdings muss es weiterhin ständig von jemandem getragen werden, denn ein Kind darf niemals auf dem (unreinen) Boden herumkrabbeln „wie ein Tier".

Der erste Geburtstag

Die nächste große Feier wird nach 210 Tagen – einem kompletten *Pawukon*-Zyklus – abgehalten. Das Kind und die *Kanda Empat* erhalten einen neuen Namen, und ein Priester nimmt den ersten Haarschnitt vor. Eine festlich geschmückte, puppenähnliche Figur, quasi ein Abbild des Kindes, nimmt mit dem Kind an den Zeremonien teil, wird aber später als Ablenkungsmanöver für die Dämonen auf die Straße geworfen.

Pubertät

Nach dem Eintritt in die Pubertät und möglichst noch vor der Hochzeit sollte die **Zahnfeilungszeremonie**, *Masangih* bzw. bei höheren Kasten *Mapandes*, vorgenommen werden. Dabei werden die sechs Vorderzähne des Oberkiefers gerade gefeilt – häufig begnügt man sich auch mit ein paar symbolischen Strichen mit der Feile –, um die Jugendlichen von den folgenden sechs Übeln zu befreien: Wollust, Habgier, Zorn, Trunksucht, Dummheit und Eifersucht. Um die hohen Kosten für die Zeremonie zu reduzieren, wird sie oft mit anderen Feiern kombiniert, oder mehrere Familien tun sich zusammen.

Hochzeit

Die **Hochzeit** ist das letzte Ritual, das Eltern für ihre Kinder arrangieren müssen. In Bali kommt eine Heirat auf zwei Arten zustande: Wenn die Heirat schon vorher zwischen den Eltern der Braut und des Bräutigams verabredet worden ist, findet eine aufwendige Feier *(Madegen-degen)* im Haus oder Familientempel der Letzteren statt. Die Kosten teilen sich beide Elternpaare. Hierbei werden zeremoniell die Götter um ihren Segen für die Ehe und die daraus entspringenden Kinder gebeten. Die Brauteltern geben sich gespielt beleidigt über den „Diebstahl" der Tochter.

Eine nur zwischen den Partnern verabredete Hochzeit *(Ngerorod* oder *Malaib)* wird wie ein Brautraub inszeniert. Mann und Frau suchen dabei einen privaten Raum, etwa das Haus von Freunden, auf und verbringen die Nacht miteinander. Die Frau kann danach nicht mehr als Tochter in das Haus ihrer Familie zurückkehren, welche nicht selten von dem Ereignis überrascht wird. Anschließend segnet ein Priester den Bund formell *(Makala-kalaan)*. Die in diesem Fall wesentlich geringeren Kosten trägt der Vater des Bräutigams. Beide Hochzeitsarten finden ihr Ende in einem informellen Empfang, bei dem auch Freunde und entfernte Verwandte auftauchen, gratulieren und sich am Buffet gütlich tun dürfen.

Das zentrale Ereignis der Hochzeitsfeier ist ein von einem Priester durchgeführtes Ritual, mit dem das junge, festlich gekleidete Paar rituell gereinigt wird. Die Braut zieht immer zu ihrem Ehemann, ist also von nun an ein Mitglied seiner Familie und verehrt in Zukunft seine Familiengötter und Ahnen. Der Bräutigam hingegen wird endgültig zum Mann und übernimmt damit die Pflichten *(Pemanes)* Gemeinschaftsarbeit, Tempeldienste und familiäre Verantwortung.

Geburt des ersten Kindes

Das nächste große Fest für das Ehepaar ist dann wieder die Geburt seines ersten Kindes. Es ist Pflicht eines jeden Balinesen, Kinder zu haben, vor allem Söhne, damit die Verehrung der Ahnen nicht abreißt. Zudem hofft man, dass die Ahnen in den eigenen Kindern wiedergeboren werden. Weiterhin kann ein Mann oft nur dann Mitglied des *Banjar*, des Dorfrates, werden, wenn er Vater geworden ist.

Bhuta-Yadnya-Riten

So wie die Balinesen in ständigem Kontakt mit den Göttern stehen, sind sie auch unablässig von böswilligen **Dämonen** umgeben. Das Gute kann nur zusammen mit dem Bösen existieren, beide Kräfte müssen lediglich im Gleichgewicht stehen. Um zu verhindern, dass die Dämonen die Oberhand gewinnen, sind besondere **Opfer-zeremonien** notwendig. Dies können einfache Speiseopfer sein, die man täglich in jedem Haushalt auf den Boden legt, wo sich Dämonen mit Vorliebe aufhalten. Größere Opferzeremonien sind spektakuläre exorzistische Rituale, die inselweit zelebriert werden. Auch das bei Hahnenkämpfen vergossene Blut vermag es Dämonen zu besänftigen.

Kajeng Kliwon

In regelmäßiger Folge gibt es Tage, an denen die dunklen Mächte besonders aktiv und folglich Rituale zu ihrer Besänftigung erforderlich sind. Ein solcher Tag ist Kajeng Kliwon, der nach dem *Pawukon*-Kalender bestimmt wird und sich alle 15 Tage wiederholt. Familien stellen Opfergaben vor die Eingangspforte ihres Anwesens, um dieses zu schützen. Die magisch geladenen *Barong*- und *Rangda*-Masken werden hervorgeholt und durchs Dorf getragen. Besonders Straßenkreuzungen und Friedhöfe sind von Dämonen bevölkert.

Barong und Rangda

Barong ist ein Sammelbegriff für Fabelwesen, die meist in Tierform auftreten, aber auch als menschenähnliche Riesen *(Barong Landung)*. Es gibt z. B. den *Barong Macan* (Tiger-*Barong*), den *Barong Bangkal* (Eber-*Barong*) und den am häufigsten anzutreffenden löwenähnlichen *Barong Ket*. Unter dem Kostüm verbergen sich zwei Männer: Der eine stellt die Hinterbeine, der andere die Vorderbeine dar. Der Vordermann trägt die riesige Maske und lässt deren Unterkiefer klappern. Ein *Barong* verfügt über gewaltige magische Kräfte, die er für gewöhnlich zum Schutz der Menschen einsetzt. Aber es ist äußerste Sorgfalt geboten: Wird eine *Barong*-Maske falsch behandelt, kann sie ihre Kraft gegen die Menschen richten.

Von ähnlich großer Macht sind die *Rangda*-Masken. **Rangda** (auch *Calonarang*) ist die Königin der Hexen, und ihre schwarze Magie wird gefürchtet. Ihr Aussehen ist schrecklich: Eine lange Zunge schaut zwischen spitzen Fangzähnen hervor. Sie hat lange Fingernägel, monströse, hin- und herpendelnde Brüste und eine dichte, verfilzte Mähne, die den ganzen Körper einhüllt. Obwohl *Rangda* die Personifikation böser Kräfte ist, kann sie auch in den Dienst der Menschen gestellt werden und das Dorf vor dämonischen Übergriffen schützen. Häufig treten *Barong* und *Rangda* gemeinsam auf, namentlich im exorzistischen **Calonarang-Tanz** (S. 136).

Prozessionen zum Ende des Saka-Jahres

Einmal im Jahr kurz vor und bei Neumond, wenn das *Saka*-Jahr zu Ende geht – meist im März –, gibt es auf ganz Bali eine Reihe von sehenswerten *Bhuta-Yadnya*-Riten. Die Festivitäten beginnen mit den farbenfrohen *Melasti*-Prozessionen, wenn die **Pratima** sämtlicher Tempel zur rituellen Reinigung ans Meer oder zu einer Quelle getragen werden. *Pratima* sind kleine, hölzerne Statuen, in denen die Götter Platz nehmen, wenn sie zu einem Tempelfest eingeladen werden. Auf ihrem Weg zum Meer schützt man sie mit bunten Zeremonialschirmen. Normalerweise nehmen auch die *Barong* an den Prozessionen teil.

Am letzten Tag des *Saka*-Jahres, meist gegen Mittag, werden in jedem Dorf in einer großen Zeremonie spezielle Opfergaben für die Dämonen an der Hauptkreuzung niedergelegt. Abends erreicht das *Tawur-Kesanga*-Fest seinen Höhepunkt in der **Ngrupuk**-Zeremonie, wenn die Kinder und Jugendlichen des Dorfes mit Lärm erzeugenden Gegenständen und Fackeln unter viel Geschrei und abbrennenden Knallkörpern durch die Straßen ziehen. Wichtigste Teilnehmer sind die riesigen **Ogoh-Ogoh-Monster**, fantasievolle Horrorgestalten aus Bambus, Holz, Styropor oder Pappmaschee, die von jedem *Banjar* hergestellt und mithilfe von Bambusgerüsten getragen werden. An allen Kreuzungen und Abzweigungen werden die *Ogoh Ogoh* hin- und hergezerrt und dreimal entgegen dem Uhrzeigersinn um die eigene Achse gedreht; zu guter Letzt werden sie verbrannt. Das alles dient der Verwirrung und Vertreibung böser Geister und Dämonen. Die größte Parade, mit bis zu 200 kg schweren und mit Licht- und Raucheffekten ausgeschmückten *Ogoh Ogoh,* findet in Seminyak statt.

Nyepi

Der nächste Tag, das balinesische Neujahr *(Nyepi),* ist ein Tag der Stille und Reinigung: Jegliche Aktivität ist verboten, gleich ob Arbeit oder Vergnügen, niemand darf auf die Straße (das gilt auch für Touristen). Es darf weder gekocht noch Licht gemacht werden. Man hofft, dass eventuell zurückkehrende Dämonen glauben, die Insel sei verlassen, und deshalb wieder abziehen. Für die Balinesen ist der Tag eine Gelegenheit zu innerer Einkehr und Meditation.

Balinesische Tempel (Pura)

Der balinesische Tempel ist kein geschlossenes, überdachtes Gebäude, sondern ein meist rechteckiger, offener Platz, der von einer Mauer umgeben ist. Das kommt auch in der Bezeichnung Pura zum Ausdruck, einem Sanskrit-Wort, das „befestigte Stadt" bedeutet und in vielen Ortsnamen vorkommt (z. B. Jaipur, Singapore, Kuala Lumpur). Nebenbei bemerkt: Einen Palast bezeichnen die Balinesen als *Puri*, was die gleiche Bedeutung hat.

Weiterhin gibt es im Tempel keine Götterstatuen, die im Mittelpunkt der Verehrung stehen. Balinesische Gottheiten sind unsichtbar und leben in himmlischen Sphären oberhalb der Berggipfel. Nur bei Tempelzeremonien lassen sie sich herab, um für ein paar Tage in den ihnen zugedachten Schreinen eines Tempels zu Gast zu sein.

Mauern und Tore

Der Tempelbezirk ist ein heiliger, spirituell reiner Ort, eine Stätte der Begegnung zwischen Menschen und Göttern. Die Mauer hat die Funktion, diesen Bezirk von der unreinen Außenwelt abzugrenzen, die von üblen Dämonen bevölkert wird. Die architektonisch aufwendigsten und beeindruckendsten Teile eines Tempels sind die

Tore, durch die man ihn betritt und welche die einzelnen Höfe des Heiligtums verbinden.

Es gibt zwei Typen von Tempeltoren. **Candi Bentar**, das gespaltene Tor, sieht aus wie eine in der Mitte glatt durchgeschnittene, schlanke Stufenpyramide, deren identische Hälften auseinandergerückt sind. Das zweite Tor wird **Kori Agung** oder *Padu Raksa* genannt. Es ähnelt dem *Candi Bentar*, ist aber oben geschlossen und lässt nur einen schmalen Durchgang frei, der von einer hölzernen Tür versperrt wird. Meist führen Treppenstufen zu den Toren hinauf, die von steinernen Dämonen oder, bei Unterweltstempeln, von Hexen flankiert werden. Die Statuen, ebenso wie die in die Tore eingemeißelten Fratzen, haben die Aufgabe, draußen auf der Lauer liegenden, bösen Geistern und Dämonen den Eintritt zu verwehren. Zusätzlich kann sich gleich hinter dem Durchgang noch eine kurze Mauer befinden, um die man herumgehen muss, um in den heiligen Bezirk zu gelangen. Dämonen rennen sich hier die Köpfe ein, denn sie sind nicht in der Lage, links oder rechts abzubiegen.

Das Tempelinnere

Die meisten Tempel bestehen aus drei Höfen, dem Vorhof *Jaba*, meerwärts *(Kelod)* ausgerichtet, dem mittleren Hof *Jaba Tengah* und dem Allerheiligsten oder Tempelinneren *Jeroan*, das immer bergwärts *(Kaja)* gelegen ist. Oft sind auch nur zwei ummauerte Höfe vorhanden, dann übernimmt der Tempelvorplatz die Funktion des *Jaba*.

In vielen Tempeln ist der Vorplatz von einem riesigen Banyan-Baum (s. Kasten S. 82) überschattet.

Gebäude im Jaba

- ein Turm für die **Kul Kul**, die hölzerne Schlitztrommel, die geschlagen wird, um die Menschen zu den Vorbereitungen für ein Tempelfest zu versammeln,
- ein oder mehrere offene Pavillons, die als **Paon** (Küche) fungieren, wo die Speiseopfer zubereitet werden. Frauen kochen den Reis und backen die Reiskuchen, Männer kümmern sich um die Fleischgerichte,
- die Hahnenkampfarena **Wantilan**, eine offene, quadratische Halle, die von einem zwei- oder dreistufigen, pagodenartigen Dach bedeckt ist.

Gebäude im Jaba Tengah

- das **Bale Agung**, die offene Versammlungshalle des Dorfrates, den man aber nur im Dorftempel *(Pura Desa)* findet, weshalb dieser auch oft *Pura Bale Agung* genannt wird,
- das **Bale Gong**, in dem bei Tempelfesten die Mitglieder des Gamelan-Orchesters mit ihren Instrumenten untergebracht werden,
- mehrere offene *Bale*, in denen die Teilnehmer eines Tempelfestes Platz nehmen können.

Gebäude im Jeroan

- **Palinggih** sind die in Reihen angeordneten Schreine, in denen die speziell in diesem Tempel verehrten Gottheiten während eines Festes residieren. Sie haben oft einen mehrstufigen, pagodenartigen Überbau *(Meru)*, der den Götterberg *Mahameru* symbolisiert. Die Anzahl der übereinandergeschichteten, sich nach oben verjüngenden Dächer *(Tumpang)* – immer eine ungerade Zahl von eins bis elf – richtet sich nach der Rangordnung der Götter,
- **Pasimpangan** sind Schreine für die Gottheiten aus anderen Tempeln, die hier keinen eigenen *Palinggih* haben, aber gelegentlich zu Besuch kommen,
- **Panimpanan** sind geschlossene Schreine *(Gedong)*, in denen magiegeladene Gegenstände aufbewahrt werden, z. B. Steine, Masken und *Pratima*, kleine Figuren, die von Göttern beseelt sein können,
- **Bale Paruman** sind offene Pavillons, in denen die dekorativen Opfergaben aufgestellt werden, damit die Gottheiten deren Essenz in Empfang nehmen können,
- **Bale Pewedaan** ist der erhöhte Sitz für den Brahmanen-Priester, der die Rituale leitet und die Gemeinde mit heiligem Wasser besprengt,
- **Padmasana** (oder *Sanggar Agung*), der Lotosthron, ist ein steinerner Sessel auf einer Säule, dessen Rückenlehne immer auf den Gunung Agung ausgerichtet ist. Hier nimmt bei Festen der eine Gott Sanghyang Widhi Platz, oft in einer Inkarnation als Shiva oder

Der balinesische Tempel

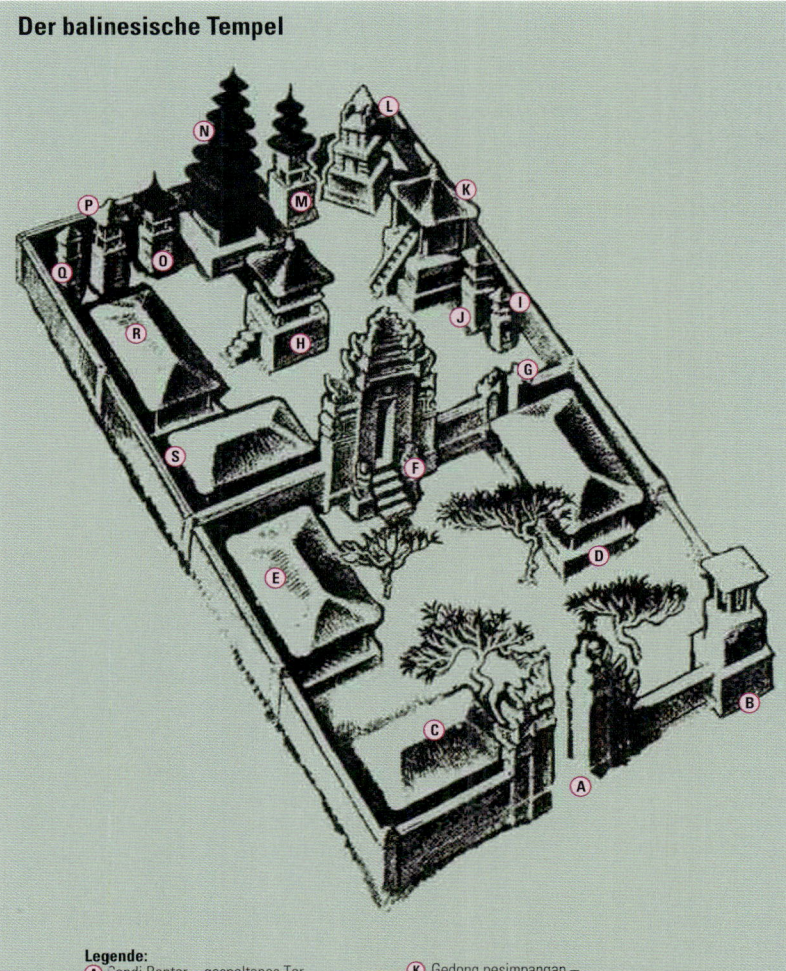

Legende:
- (A) Candi Bentar – gespaltenes Tor (Dualitätssymbol)
- (B) Kul-Kul-Turm – Glockenturm
- (C) Paon – Küche
- (D) Bale Gong – Raum für Musik und Tanz
- (E) Bale – überdachter Raum für Pilger und Gäste
- (F) Padu Raksa – geschlossenes Tor (Eingang zum Göttergelände)
- (G) Seiteneingang
- (H) Paruman oder Pepelik – Rastraum für die Götter und Ahnenseelen mit Opferplattform
- (I) Ngrurah gede – Schrein für Götterdiener
- (J) Ngrurah alit – Schrein für Götterdiener
- (K) Gedong pesimpangan – Besuchsplatz für die Seelen der Dorfgründer
- (L) Padmasana – Thron des Sonnengottes Surya (Rücken immer zum Gunung Agung gerichtet)
- (M) Schrein für den vergöttlichten Gunung Agung
- (N) Meru – Schrein des Sang Hyang Widhi
- (O) Schrein für den vergöttlichten Gunung Batur
- (P) Maospait – Schrein für die Siedler aus Majapahit (Ost-Java)
- (Q) Taksu – Schrein für den Vermittler zwischen Menschen und Göttern (Übersetzer)
- (R) Raum für Opfergaben
- (S) Raum für Opfergaben

als Sonnengott Surya. Der *Padmasana* symbolisiert den balinesischen Kosmos: Den Sockel bildet die Weltenschildkröte *Bedawang*, umschlungen von den zwei Urschlangen *Basuki* und *Antaboga*. Der Steinsitz ist das Götterreich, dazwischen liegt die Welt der Menschen.

Typische Tempelarten

Die genaue Anzahl aller balinesischen Tempel kann niemand präzise angeben. Tempel findet man überall: auf Bergen und Hügeln, in Höhlen, an der Küste, an Seen, Flüssen und Quellen, in Wäldern, Dörfern und Städten, zwischen den Reisfeldern und auf Marktplätzen.

Der Standort eines Tempels ist nie willkürlich gewählt, sondern bezieht sich auf die an diesem Platz verehrten Gottheiten oder hängt vom jeweiligen Kreis der Personen ab, die den Tempel für ihre Zwecke errichtet haben. Entsprechend lassen sich die Tempel auf Bali in Kategorien einteilen.

Obligatorisch für jedes Dorf *(Desa)* sind die **Kahyangan Tiga**, die drei Dorftempel: **Pura Puseh**, Gott Vishnu, dem Erhalter und Spender des lebensnotwendigen Wassers, geweiht, liegt fast immer am oberen Ende des Dorfes in Richtung der Berge *(Kaja)*, von wo das lebensspendende Wasser kommt. **Pura Desa** ist der ursprüngliche Tempel der Dorfgründer. Er liegt im Dorfzentrum und ist dem Schöpfergott Brahma, dem Hüter des Feuers, geweiht. Der *Pura Desa* enthält immer eine Versammlungshalle *(Bale Agung)* für die regelmäßigen Sitzungen der Dorfgemeinschaft. **Pura Dalem**, der Unterweltstempel, liegt immer außerhalb des Dorfes an seinem unteren Ende in Richtung Meer *(Kelod)* und ist Gott Shiva bzw. seiner Gemahlin in ihrer Manifestation als Durga, der Göttin des Todes, geweiht. In seiner Nähe liegen der Beerdigungs- und der Verbrennungsplatz.

Die meisten Heiligtümer gehören zur Gruppe der **Familientempel**, die unablässiger Bestandteil des Gehöfts oder Wohnanwesens sind: *Pura Sanggah* nennt man die Tempel für die Ahnen einfacher Familien, die höher gestellten Adelsfamilien verehren ihre Ahnen in den *Pura Pamerajan*. Größere Familiengruppen errichten zudem Clan-Tempel.

Die Reisbauern sind in *Subak* organisiert, Gemeinschaften, die von ein und demselben Bewässerungssystem abhängen. Sie verehren die Reisgöttin Dewi Sri in speziellen **Subak-Tempeln**, die als *Pura Subak, Pura Bedugul* oder *Pura Ulun Siwi* bekannt sind. Ebenso haben die Fischer ihre eigenen Tempel, die dem Meeresgott geweiht sind, die **Pura Segara**, während die Händler und Marktfrauen die Göttin des Reichtums und des Handels in den **Pura Melanting** verehren. Aus der Zeit, als Bali noch in Königreiche unterteilt war, stammen die sogenannten **Reichstempel**, die *Pura Prasada, Pura Candi* und *Pura Penataran,* wo die Könige ihre Vorfahren, die Dynastiegründer, als vergöttlichte Ahnen verehrten.

Die wichtigsten Heiligtümer

Die heiligsten Tempel der Insel sind die **Sad Kahyangan** (*Sad* für „sechs", *Kahyangan* für „Tempel"). Es gibt mehrere Listen, die jeweils sechs Tempel aufführen, aber nicht in allen Punkten identisch sind. Am häufigsten aufgelistet sind:

- **Pura Besakih** am Fuß des Gunung Agung,
- **Pura Luhur Lempuyang** auf dem Gunung Seraya im Osten der Insel,
- **Pura Luhur Batukaru** am Fuß des Gunung Batukaru in West-Bali,
- **Pura Goa Lawah**, die Fledermaushöhle an der Südküste Ost-Balis,
- **Puru Luhur Uluwatu** ganz im Süden auf der Bukit-Halbinsel,
- **Pura Pusering Jagat** in Pejeng in der Umgebung von Ubud.

Kunst und Kunsthandwerk

Besucher sind immer wieder vom Reichtum der künstlerischen Formen und Ausdrucksmittel auf Bali überrascht. Wie man selbst feststellen wird, gibt es kaum einen Balinesen oder eine Balinesin, der oder die nicht irgendwie künstlerisch tätig ist. Kreative sowie religiöse Betätigung ist ebenso alltäglich wie die Arbeit im Haus oder auf den Feldern. Alltag, Arbeit, Kunst und Religion bilden eine untrennbare Einheit, wobei der Antrieb zur Kunst die **Religion** ist, der Dienst an der Gottheit. Tempel werden mit Skulpturen und Reliefs verziert und zum *Odalan* mit aufwendig gearbeiteten Opfergaben geschmückt, um die Götter zu verehren und zu unterhalten. Denn was den Menschen gefällt, erfreut auch die Götter.

Balinesische Künstler sind in erster Linie **Handwerker**, die gelegentlich individuell, meist aber in Gruppen arbeiten. Sie dienen der Gesellschaft und drücken in ihrer Kunst nicht ihre Persönlichkeit, sondern ein gemeinschaftliches Weltverständnis aus. Die balinesische Sprache hat nicht einmal Worte für Kunst und Künstler, dagegen wird sehr genau unterschieden zwischen Maler, Holzschnitzer, Bildhauer, Maskenbildner, Waffenschmied, Kunstschmied, Musiker, *Topeng*-Tänzer, *Jauk*-Tänzer usw. Auch wenn ein besonders begabter Künstler ein angesehenes Mitglied seiner Dorfgemeinschaft wird und vielleicht sogar inselweite Berühmtheit erlangt, bleibt er ein Mensch wie jeder andere und geht weiterhin seinem Hauptberuf nach. Erst wenn seine Kunstfertigkeit benötigt wird, ruft ihn die Gemeinschaft, damit er seinen Beitrag leisten kann.

Balinesische Kunst ist entweder von vornherein für den sofortigen Nutzen bestimmt oder äußere Einflüsse beschränken die **Lebensdauer eines Kunstwerks**. Geflochtene Opfergaben *(Canang Sari)* verwelken in einem Tag, fantasievolle Kremationstürme sind in wenigen Minuten zu Asche verbrannt, Malereien und Holzskulpturen werden schnell Opfer des feuchten Klimas, des Schimmelpilzes oder der Termiten. Selbst die Skulpturen und Reliefs aus den weichen, vulkanischen Tuff- und Sandsteinen verwittern, werden vom Regen zerfressen und von Moos und Flechten überwachsen. Es besteht also ein ständiger Bedarf an neuen Kunstwerken.

Über die Jahrtausende haben sich verschiedenste **Einflüsse und Stile** aus Indien, China und Java mit altbalinesischen Elementen vermengt und eine einzigartige Volkskunst hervorgebracht, die noch heute lebendig ist. Neue Kunstformen werden schnell assimiliert, vorausgesetzt, dass sie Geschmack und Weltbild der Balinesen entsprechen. Hat ein einzelner Künstler eine neue Idee publik gemacht, die Gefallen und Anerkennung findet, wird diese Idee im Handumdrehen von vielen anderen adaptiert. Modernes und Altüberliefertes stehen so im heutigen Kunstschaffen gleichrangig nebeneinander.

Vor- und Frühzeit

Die frühesten Zeugnisse balinesischer Kunst, zu bestaunen im Archäologischen Museum von Pejeng bei Ubud, stammen aus dem letzten vorchristlichen Jahrtausend: Es sind megalithische Kultobjekte (z. B. Stein-Sarkophage) und Schmuck, Waffen und Zeremonialgegenstände aus Bronze. Das berühmteste Beispiel bronzezeitlicher Kunst ist der **„Mond von Pejeng"**, eine fast 2 m hohe Kesseltrommel, die mit in Tiefrelief gearbeiteten Ornamenten reich verziert ist (Kasten S. 232).

Man nimmt an, dass die Balinesen der Bronzezeit schon die Kunst des Webens und Töpferns beherrschten. Wahrscheinlich hat auch das Schattenspiel **Wayang Kulit** seinen Ursprung in jener Zeit. Die Schatten flacher Lederpuppen, die sich auf der von hinten erleuchteten Leinwand bewegen, verkörperten die Ahnen, mit denen man auf diese Weise Kontakt aufnehmen konnte. Mit der Verbreitung des Hinduismus änderten sich die Inhalte des *Wayang Kulit*, denn nun führte man Episoden aus den großen Epen *Ramayana* (s. Kasten S. 138) und *Mahabharata* auf.

Es ist nicht zu übersehen, dass das *Wayang Kulit* die traditionelle Malerei mit ihrer zweidimensionalen Darstellungsweise beeinflusst hat. Deshalb bezeichnet man sie auch als *Wayang*-Stil oder – nach dem Ort, wo die traditionelle Malerei noch immer ausgeübt wird – als *Kamasan*-Stil.

Mindestens ebenso alt wie das Schattenspiel ist das **Cili-Motiv**, eine stark stilisierte weibliche Figur, Symbol für Nini Pantun, die vorhinduistische Reismutter, bzw. für Dewi Sri, die hinduistische Reisgöttin. *Cili* haben oft die Form einer Sanduhr: zwei mit den Spitzen aufeinander gestellte, gleichschenklige Dreiecke. Das untere Dreieck bildet den Körper, das obere den Kopf mit einem großen, fächerförmigen Kopfschmuck. Auf den Reisfeldern, kurz vor der Ernte, werden *Cili*-Figuren einfach dargestellt, indem man ein Bündel noch stehender Reishalme in der Mitte zusammenbindet. Das

Der Kris (Keris)

Die Schmiedekunst des Archipels feiert ihren höchsten Triumph bei der Herstellung des *Kris*, des Dolches mit der geflammten oder geraden zweischneidigen Klinge. Die Oberfläche weist eine besondere, nur im indonesischen Raum bekannte Art von Damaszierung *(Pamor)* auf.

Das älteste erhaltene, bereits kunstvoll gearbeitete Exemplar stammt aus dem Jahre 1342 und ähnelt dem heutigen Typ. Das Schmieden des *Kris* gilt als weihevolle Handlung, die ein aufwendiges Zeremoniell begleitet. In hohem Ansehen stehen daher die Waffenschmiede *(Pande Wesi)*.

Viele Lagen von (Nickel-)Eisen werden zusammengeschmiedet, um so die Verzierungen in die Klinge einzuarbeiten, die aber erst nach abschließender Ätzung sichtbar werden. Es ist also eine Arbeit, die viel Erfahrung voraussetzt. Zudem muss der Schmied überdurchschnittlich viel über mythologisch-religiöse Zusammenhänge wissen, denn die Figuren haben eine magisch-zeremonielle und soziale Bedeutung.

Die Klingen, gerade (Ruhezustand) oder gewellt (Bewegung), symbolisieren das Urbild der mythischen Schlange *Naga*. Auch die Verzierungen zeigen am häufigsten Schlangen, ebenso *Kala*-Figuren, *Garuda*- oder Blattmotive. Als Griff finden sich manchmal bis zur Unkenntlichkeit stilisierte Götter- und Vogelgestalten oder Dämonenfiguren, um böse Kräfte abzuwehren.

Ein besonders magisch „geladener" *Kris* führt ein „Eigenleben", so trägt er sogar einen eigenen Namen. Durch seine magische Kraft sichert er die Macht eines Fürsten und übernimmt zudem die Rolle seines symbolischen Stellvertreters.

Heutzutage gibt es nur noch wenige *Kris*-Schmiede. Schon seit Ende des 19. Jhs. haben immer mehr berühmte Schmiedefamilien ihr traditionelles Handwerk aufgegeben.

Cili-Motiv zählt zu den gebräuchlichsten Symbolen in der dekorativen Kunst auf Bali. Es findet sich gemalt, geschnitzt, getöpfert, gewoben, geflochten oder in Metall gehämmert, es wiederholt sich in unzähligen Arten von Opfergaben und ziert fast jedes *Lamak*, die aus Palmblättern geflochtenen, schmalen, rechteckigen Altarbehänge.

Die Ausbreitung von Hinduismus und Buddhismus

Hinduistisches und buddhistisches Gedankengut verbreitete sich im ersten nachchristlichen Jahrtausend in ganz Südostasien und erreichte auch die Insel Bali, zum großen Teil auf dem Umweg über Java. Zwischen dem 8. und 14. Jh. entstanden steinerne Kunstwerke, die teils deutlich an indischen Vorbildern orientiert sind, teils schon ostjavanische Züge tragen, teils aber auch einheimische Vorstellungen zum Ausdruck bringen. Die meisten dieser Werke, vollplastische Götterstatuen und Felsenreliefs, sind in der Gegend um Pejeng und Bedulu (beides Zentral-Bali) und beiderseits des nahen Pakrisan-Flusses entdeckt worden, dem Zentrum des frühesten balinesischen Königreiches (Warmadewa-Dynastie, S. 108). Werke dieser Epoche findet man in den Tempeln um Pejeng und Bedulu sowie bei Goa Gajah, den Felsenreliefs von Yeh Puluh und den Felsen-*Candi* von Gunung Kawi.

Die Majapahit-Epoche

Im Jahr 1343 fiel Bali unter die direkte Herrschaft des Majapahit-Reiches, das einen Vasallen als Verwalter der Insel einsetzte. Dieser etablierte seinen Hof in **Gelgel**. Dokumenten aus jener Zeit ist zu entnehmen, dass die ostjavanischen Herrscher großen Wert darauf legten, nicht nur politische Kontrolle auszuüben, sondern auch ihre Kultur, einen javanischen Hinduismus, zu verbreiten.

Der königliche Hof entwickelte sich zu einem Zentrum der Kunst. Ganze Künstlerkolonien ließ der Herrscher in seiner Nähe ansiedeln, Sanskrit- und altjavanische *Kawi*-Texte wurden ins Balinesische übersetzt und kopiert, und es gab öffentliche Theater- *(Wayang-)* Aufführungen und Tanzdarbietungen, die von großen Orchestern begleitet wurden.

In der **ornamentalen Kunst**, die sich vor allem im überreichen, barocken Ausschmücken der Tempel und Paläste niederschlug, zeigte sich die Tendenz, neben religiösen Themen und Szenen aus dem *Mahabharata* oder *Ramayana* auch Situationen aus dem Alltag, der Erotik sowie Fabelwesen, Tier- und Dämonengestalten abzubilden, eingebettet in üppig wucherndes Pflanzen- und Rankendekor, das jede noch so kleine, verfügbare Fläche bedeckt.

Der kulturelle Einfluss aus Java bekam neuen Auftrieb, als Anfang des 16. Jhs. der gesamte Majapahit-Hofstaat auf der Flucht vor der Islamisierung von Java nach Gelgel übersiedelte. Doch nach nur kurzer Blütezeit zerfiel die Gelgel-Dynastie in zahlreiche kleine, unabhängige Fürstentümer.

Die überall auf der Insel verstreuten Höfe formten ihrerseits wieder neue Zentren künstlerischer Aktivität. Nach und nach gewann so die inzwischen balinesisch modifizierte Majapahit-Kunst in den Dörfern an Einfluss. Damit setzte ein Prozess ein, in dessen Verlauf eine anfangs rein höfische Kunst zur **Volkskunst** reifte.

Mit der Kolonialherrschaft der Holländer wurden die Fürstenhöfe bis zur Bedeutungslosigkeit degradiert, die Kunst aber florierte in den Dörfern weiter.

Das frühe 20. Jahrhundert

In diesen Jahren wurden balinesische Künstler mit weitreichenden Veränderungen konfrontiert. Aufträge durch die entmachteten Fürsten blieben aus, sie wurden aber durch Aufträge der Kolonialverwaltung ersetzt, die Interesse an der Erhaltung der balinesischen Kultur hatte. Die großen **Gamelan-Orchester** der Höfe wurden von den Musikgruppen der *Banjar* übernommen, die sich bislang meist mit Bambus-Gamelan begnügt hatten. Nun reduzierten sie die Anzahl der Instrumente und formten sie nach eigenem Geschmack um, wodurch eine völlig neue Art des Gamelan-Orchesters entstand, das *Gamelan Gong Kebyar* (S. 133). So veränderte sich auch die Musik, sie wurde lebhafter und dynamischer, ganz im Gegensatz zu dem getragenen, verfeinerten Stil der Höfe, der noch heute für das javanische Gamelan typisch ist. Gleichzeitig wurden viele neue Tänze kreiert.

Die ersten Touristen kamen nach Bali und begannen, **Holzschnitzereien** zu kaufen, und schon Ende der 1930er-Jahre gab es eine Massenproduktion von Holzstatuen. Zum ersten Mal arbeiteten balinesische Künstler nicht im Dienste der Gemeinschaft, sondern um Geld zu verdienen. Der Beruf des Künstlers war geboren.

Der größte Wandel erfolgte auf dem Gebiet der **Malerei**. Bis dahin hatte sich die traditionelle Malerei (*Wayang*-Stil) darauf beschränkt, nach strengen Regeln Themen aus den großen Hindu-Epen darzustellen, oft mehrere Szenen auf einem Gemälde. Diese Werke dienten ausschließlich der Ausschmückung von Palästen und Tempeln.

Mittlerweile war die Insel aber von westlichen Malern entdeckt worden, die oft jahrelang unter den Balinesen lebten und einheimische Künstler mit westlichen Maltechniken vertraut machten. Vor allem der holländische Maler **Rudolf Bonnet** (1895–1978) und der deutsche Maler und Musiker **Walter Spies** (1895–1942) waren um die Erhaltung und Förderung balinesischer Kunst bemüht. Spies ließ sich 1927 in Ubud nieder, zwei Jahre später wurde Bonnet sein Nachbar. Neben ihrer eigenen Arbeit beschafften sie ihren balinesischen Kollegen westliche Malutensilien und erklärten und demonstrierten deren Gebrauch. Sie sammelten balinesische Kunstwerke aller Art und arrangierten internationale Ausstellungen, um der balinesischen Kunst einen größeren Markt zu erschließen.

1936 gründeten die beiden Europäer zusammen mit **Cokorda Gede Agung Sukawati**, dem Prinzen von Ubud, und **I Gusti Nyoman Lempad**, einem vielseitig talentierten Künstler, die Künstlervereinigung **Pita Maha**. Die Organisation zählte bald mehr als 100 Mitglieder und erwies sich als enorm fruchtbar. Regelmäßige Treffen dienten dem Ideenaustausch, der gegenseitigen Inspiration sowie der Qualitätskontrolle. Ausstellungen in Europa und Amerika förderten den Verkauf der Arbeiten.

Es entwickelte sich eine ganze Reihe neuer Stile. Zentren der „modernen" Malerei waren vor allem die Dörfer Ubud, Batuan und Sanur. Zu den traditionellen Motiven, die jetzt auch mit modernen Techniken ausgeführt wurden, gesellten sich zum ersten Mal Motive aus Alltag und Natur. Die szenischen Darstellungen (dörfliches Leben, religiöse Feste, Episoden aus Volksmärchen) waren nun umgeben von der üppigen Natur der Insel, mit Dschungel, Vulkanen und Reisterrassen. Jedes Blatt, jedes Insekt wurde bis ins Detail minutiös ausgearbeitet. Erstmalig signierten balinesische Maler in dieser Zeit ihre Bilder.

Welche Impulse für diesen revolutionären Umschwung von den Balinesen selbst ausgingen und wie groß dabei der Einfluss europäischer Maler war, konnte nie ganz geklärt werden. Fest steht, dass die Gemälde der neuen Stile nicht einfach nur westliche Vorbilder kopierten. Auch wenn sich Maltechnik und Thematik weiterentwickelt haben, ist doch jedes Werk sofort als balinesische Kunst zu erkennen.

Der Zweite Weltkrieg und die 1950er- und 1960er-Jahre

Der Zweite Weltkrieg und der Tod von Walter Spies führten 1942 zur Auflösung der Pita Maha. Jegliche künstlerische Aktivität erlahmte während der japanischen Besetzung. Zusätzlich verzögerten die darauf folgenden Wirren des Unabhängigkeitskampfes ein Wiederaufleben der Künste bis in die 1950er-Jahre hinein.

Zu dieser Zeit kehrte Rudolf Bonnet nach Bali zurück und machte einige Maler mit Leinwand und Temperafarben vertraut, wodurch er neue Anregungen schuf. Sein größter Erfolg war 1957 die lange geplante Gründung des Puri Lukisan-Museums von Ubud.

Anfang der 1960er-Jahre blühte westlich von Ubud in Penestanan der neue Stil der **Young Artists** auf. Er entstand, als **Arie Smit**, ein holländischer Maler, der seit den 1950er-Jahren auf Bali lebte, Leinwand und Acrylfarben an Kinder und Jugendliche des Dorfes verteilte. Die jungen Künstler stammten überwiegend aus Bauernfamilien und stellten in ihren Bildern ländliche Motive dar, meist in kräftigen Farben. Gemälde der Young Artists und ihrer Nachfolger werden oft in gemeinschaftlicher Arbeit hergestellt. Jeder malt nur das, was er am besten beherrscht – der eine die Bäume, ein anderer die Personen, ein Dritter die Häuser und Tempel usw.

Im Zeitalter des Tourismus

Abgesehen von experimentellen Arbeiten einzelner Künstler haben sich seit den 1970er-Jahren keine nennenswerten Stilrichtungen entwickelt. Seitdem jährlich Millionen von Touristen auf die Insel kommen, schießen überall Kunstgalerien aus dem Boden, doch das meiste, was angeboten wird, entspringt einer deutlich kundenorientierten, kulturneutralen Produktion, die wenig Wert auf Qualität legt.

Trotz der kommerziellen Vermarktung ist die balinesische Kunst noch lebendig. Kunst als Dienst an die Götter hat immer noch einen weit höheren Stellenwert als die für die Touristen bestimmte Ware. Obwohl die meisten Künstler heute für Geld arbeiten, helfen sie immer noch ehrenamtlich beim Ausschmücken eines Tempels, der Herstellung von Verbrennungstürmen oder der Vorbereitung eines Tempelfestes. Noch immer verzieren Bildhauer Tempelwände und -tore mit Reliefs und Skulpturen, flechten Frauen kunstvolle Gebilde aus Palmblättern und formen nicht minder kunstvolle Opfergaben. Noch immer werden die Götter bei Tempelfesten mit Tanz und Musik unterhalten und werden Masken geschnitzt, die so „magisch geladen" sind, dass kein Unbefugter es wagen würde, sie auch nur zu berühren. Und solange sich die Balinesen nicht von ihren Göttern trennen, werden sie diese weiterhin durch ihre Kunst erfreuen und ehren.

Musik, Tanz und Drama

Tänze, Tanztheater und Musik sind unumgängliche Bestandteile eines jeden Tempelfestes und jeder größeren religiösen Zeremonie. Sie dienen in erster Linie zur **Unterhaltung der Gottheiten**, die man eingeladen hat, der Zeremonie beizuwohnen.

Darüber hinaus führen besonders sakrale Tänze nicht selten zu **Trance-Zuständen**, wodurch ein direkter Kontakt zu den Göttern hergestellt wird. Andere Aufführungen haben einen rein exorzistischen Charakter und sollen helfen, die durch dunkle Mächte und Dämonen gestörte Ordnung wiederherzustellen, z. B. nach Missernten oder Epidemien.

Von frühester Kindheit an mit ihren Tänzen vertraut, sind die Balinesen ein sehr kritisches Publikum. Um wie viel anspruchsvoller müssen da erst die Götter sein, die sich schließlich schon seit Urzeiten durch den Tanz der wunderschönen Himmelsnymphen *(Dedari, Widadari)* unterhalten lassen? Balinesische Tänze haben im Laufe von Jahrhunderten einen so hohen Standard an technischer Perfektion entwickelt, dass eine Ausbildung zum Tänzer oder zur Tänzerin jahrelanges tägliches Training erfordert.

Mit der **Ausbildung** wird häufig schon im zarten Kindesalter begonnen, solange der Körper noch biegsam und geschmeidig ist. Balinesische Jungen oder Mädchen lernen nicht „das Tanzen" schlechthin, sondern stets nur einen bestimmten Tanz. Lehrer leiten jede Bewegung ihres Schülers, indem sie hinter ihn treten, ihn bei den Handgelenken fassen und jede Geste und jeden Schritt gemeinsam ausführen. Der Schüler lernt nicht etwa nach und nach die einzelnen Elemente des Tanzes, sondern der Tanz wird von Beginn an in seiner Gänze und endgültigen Form unterrichtet. Durch endloses Wiederholen bekommt der Schüler allmählich ein Gefühl für den Tanz, bis er in der Lage ist, jede Bewegung alleine auszuführen.

Die meisten Tänze unterliegen strengen **Choreografien**, sowohl in ihrem Ablauf – denn oft wird eine Geschichte dargestellt – als auch in den einzelnen Bewegungen, die einem traditionellen Muster folgen und wenig oder gar keinen Raum für Improvisationen oder individuelle Stile lassen. Man unterscheidet 30 Schritte, Fuß- und Beinstellungen, 16 Armhaltungen, 19 Hand- und Fingerhaltungen, 15 Rumpfhaltungen, 20 Hals- und Schulterhaltungen und 16 Arten von Gesichtsausdrücken, die hauptsächlich auf Bewegungen der Augen beruhen. Jede Pose, jede Bewegung, jede Geste hat ihren eigenen Namen. Balinesen erwarten von einem guten Tänzer, dass er einerseits alle Bewegungen präzise und in Harmonie mit der ihn begleitenden Musik ausführt, andererseits seine Persönlichkeit und Gefühlskraft zum Ausdruck bringt. Welche Geschichte in dem Tanz erzählt wird, spielt dabei oft nur eine untergeordnete Rolle.

Gamelan-Musik

Auf Bali haben sich eine ganze Reihe von Gamelan-Orchestern entwickelt, die sich nicht nur im Klang, sondern auch nach Art der Instrumentierung, Anzahl der Musiker (von zwei bis vierzig) und verwendeter Tonleiter unterscheiden. Dabei ist genau festgelegt, welches Orchester welchen Tanz und welches Tanzdrama begleitet.

Am häufigsten zu hören und am beliebtesten ist das 20 bis 25 Instrumente umfassende *Gamelan Gong Kebyar*, das hauptsächlich aus Metallophonen, Gongs und Zimbeln sowie zwei Trommeln und vielleicht noch einer Flöte besteht.

Ohne die beiden **Trommler** könnte kein Gamelan-Orchester spielen und kein Tänzer tanzen. Die Trommeln leiten das Orchester, kontrollieren das Tempo, markieren den Rhythmus und bestimmen die Struktur von Musik und Tanz. Die kleinere, etwas höher klingende, „männliche" Trommel *(Wadong)* übernimmt die führende Rolle gegenüber der etwas tiefer tönenden, größeren, „weiblichen" Trommel *(Lanang)*. Mit komplizierten, genau festgelegten rhythmischen Mustern und mit Gesten der Hände und des Kopfes halten die Trommler ständigen Kontakt zu Musikern und Tänzern und koordinieren die Tanzbewegungen mit musikalischen Akzenten.

Welch tragende Rolle die Trommeln im Orchester spielen, zeigt auch die Tatsache, dass Tanzschüler bei ihrem täglichen Training ebenso wie voll ausgebildete Tänzer bei späteren Proben meist nur von einem Trommler begleitet werden und problemlos auf die restlichen Instrumente verzichten können.

Der führende Trommler ist nicht nur der wichtigste Musiker des Orchesters, sondern auch der versierteste. Bevor er die Trommel übernehmen darf, muss er sämtliche Instrumente perfekt beherrschen und überdies mit den zu begleitenden Tänzen aufs Genaueste vertraut sein.

Tanz und Tanztheater

Tanzaufführungen werden in **drei Kategorien** eingeteilt, die sich nach dem Grad ihrer „Verweltlichung" richten:

- In der ersten Kategorie *(Wali)* werden all jene Tänze zusammengefasst, die ausschließlich im Rahmen einer **religiösen Zeremonie** aufgeführt werden, entweder im Tempelinneren, bei Leichenverbrennungen oder im Falle exorzistischer Tanzriten sogar auf dem Friedhof. Die *Wali*-Tänze sind Kulthandlungen, die als obligatorischer Bestandteil bestimmter Opferrituale bzw. selbst als ein getanztes Opfer betrachtet werden. Zu ihnen gehören der *Rejang*, der *Pendet* (oder *Mendet*), der *Baris Gede* und einige Trance-Tänze wie *Sanghyang* und *Calonarang*. Die Mehrzahl der *Wali*-Tänze stammt aus prähinduistischer Zeit. Mit Ausnahme des *Baris Gede* unterscheiden sie sich von späteren Tänzen durch relativ einfache Bewegungsabläufe, die keine spezielle Ausbildung erfordern.

- Die zweite Gruppe *(Bebali)* umschließt **weniger heilige Tanzaufführungen** und Tanzdramen, die im mittleren Hof des Tempels oder an den Fürstenhöfen dargeboten werden. *Bebali*-Aufführungen folgen hindu-balinesischer oder hindu-javanischer Hoftradition und sind vorzugsweise in Zusammenhang mit *Manusia Yadnya*-Riten (Übergangsriten, S. 123) zu sehen. Zur Gruppe der *Bebali* zählen das *Gambuh*-Tanztheater, der *Topeng Pajegan*-Tanz und das *Wayang Wong*.

- Die dritte Kategorie *(Balih-Balihan)* umfasst **weltliche Tänze**. Sie mögen eine religiöse Bedeutung haben und deshalb oft bei einem Tempelfest im Tempelvorhof aufgeführt werden, können aber ebenso gut an anderen Orten gezeigt werden, z. B. im *Bale Banjar* oder auf einer Bühne. Die Tänze sind meist jüngeren Datums, lassen aber zum Teil deutlich erkennen, dass sie aus alten Ritualtänzen abgeleitet wurden. Dazu gehören z. B. der *Legong Kraton* und der *Kecak*, das *Ramayana*-Ballett und die *Arja*-Volksoper, der *Solo Baris*, der *Topeng Panca* und der *Jauk*, der *Joged*, der *Kebyar Duduk*, der *Oleg Tambulilingan* usw. Auch das Schattenspiel *Wayang Kulit* fällt in diese Gruppe. Schließlich ist das Schattenspiel, das gewöhnlich von vier Musikern begleitet wird, der Vorläufer sämtlicher balinesischer Theaterformen.

Die wichtigsten Tänze und Tanzdramen

Wayang Kulit

Die *Wayang*- („Theater-") Aufführungen sind ein typischer Aspekt javanischer Kultur. *Wayang Kulit*, das Schattenspiel mit flachen, bemalten Lederpuppen, gilt als die älteste Form. Bereits aus vorhinduistischer Zeit sind Vorgänger der heutigen Puppen überliefert. Nach dem Tod bedeutsamer Führer blieb man mit ihnen über ein Medium, den Puppenspieler *(Dalang)*, in Verbindung. Über die Puppen konnte er die Botschaften der Geister den Lebenden mitteilen.

Als der Hinduismus Java erreichte, verlor das Schattenspiel zwar etwas von seiner magischen Funktion, stellte aber nun die großen Epen *Ramayana* und *Mahabharata* zum allgemeinen Vergnügen dar. Später wurde die Islamisierung selbst zum Thema des *Wayang*, ebenso wie Volksmärchen und der Unabhängigkeitskampf. Von Zentral-Java aus verbreitete sich das *Wayang Kulit* in abgewandelter Form über die Inseln im Archipel.

Der *Dalang*, der gleichzeitig Erzähler, Darsteller und Leiter des Begleitorchesters ist, wird hoch geachtet. Er sitzt bei einer Vorführung mit gekreuzten Beinen hinter einer weißen Leinwand, über ihm eine Lampe, die von hinten die Schattenspielfiguren erleuchtet. Die Puppen sind auf einem Bananenstrunk aufgesteckt – auf einer Seite die guten, auf der anderen Seite die bösen Figuren. Zu Beginn der Vorführung wird in die Mitte der Bühne ein *Gunungan*, eine bergähnliche, spitz zulaufende Figur, gesetzt, die den Lebensbaum symbolisiert.

Während der Vorstellung bilden zwei Figuren den Bühnenabschluss. Der *Dalang* erzählt über Stunden mit verschiedenen Stimmen die Geschichte von Helden und schönen Frauen, hält das Publikum in Spannung, lässt die Puppen auf der Bühne agieren und bedient gleichzeitig mit den Füßen eine Rassel, womit besonders aktionsgeladene Szenen unterstrichen werden. Einzelne Dialoge werden durch einen dumpfen Schlag mit einem Holzhammer getrennt. Die Handlung wird von einem Gamelan-Orchester begleitet, das hinter dem *Dalang* sitzt. Auf Bali sitzen alle Zuschauer vor der Leinwand. Normalerweise dauert eine Aufführung etwa zwei bis dreieinhalb Stunden.

In den letzten Jahrzehnten gab es einige Neuerungen bei den Aufführungen: So sind die Gamelan-Orchester größer als früher, die Vorstellungen kürzer, die Kostüme opulenter und die Lautstärke durch die Verwendung von Verstärkern und Lautsprechern (teils unangenehm) höher. Avantgardistische Aufführungen können mehrere *Dalangs* umfassen, die sogar auf Skateboards umherfahren, und Nebelmaschinen, gesampelte Soundeffekte und Stroboskoplichter einsetzen.

Kecak („Affentanz")

Der Kecak-Tanz ist einer der faszinierendsten Tänze auf Bali und (neben den *Sanghyang*-Tänzen) der einzige, der ohne Orchesterbegleitung auskommt. Um seinen magischen Charakter voll zum Ausdruck zu bringen, wird er erst nach Einbruch der Dunkelheit aufgeführt. 30 bis 120 Männer, nur mit kurzen, schwarz-weiß karierten Lendentüchern bekleidet, sitzen in mehreren konzentrischen Kreisen um einen freien Platz, in dessen Mitte ein Armleuchter mit Öllämpchen steht.

Auf dem freien Platz führen kostümierte Tänzer und Tänzerinnen in kurzen Szenen die Haupthandlung des *Ramayana* (s. Kasten S. 138) auf, die Geschichte von Rama und seiner schönen Frau Sita, die vom Dämonenfürsten Rawana durch eine List entführt und mithilfe des Affengenerals Hanuman gerettet wird. Die begleitende Musik liefert der Chor der sitzenden Männer, die Hanumans Affenheer darstellen. Während des gesamten, etwa einstündigen Tanzes stoßen die Männer polyrhythmische *cak-cak-cak*-Laute aus, unterbrochen von wildem Kriegsgeschrei, Zischen und Summen und einigen melodischen Sequenzen, das Ganze so abwechslungsreich strukturiert wie eine Gamelan-Komposition. Die Dramatik wird noch verstärkt durch die ekstatischen Bewegungen des Chors, das gleichzeitige Hin- und Her- und Auf- und Abwogen der Körper, das Schwenken der Arme und das Vibrieren der ausgestreckten Hände.

In der Regel wird im Anschluss an den *Kecak* der spektakuläre *Sanghyang Jaran* (Feuertanz) aufgeführt, bei dem ein Mann in Trance auf brennenden Kokoshülsen tanzt (S. 138).

Der *Kecak* entwickelte sich aus einem sakralen Trance-Tanz *(Sanghyang)*. In seiner heutigen Form wurde der Tanz erstmals 1931 aufgeführt und zwar für einen Film deutscher Produktion, der, obwohl einer der ältesten, immer noch einer der besten Filme über Bali ist: *Die Insel der Dämonen* (Produktion, Regie: Victor Baron von Plessen; Kamera: Dr. Dahlsheim; Drehbuch, Choreografie: Walter Spies).

Legong

Der Anfang des 19. Jhs. entstandene Tanz wurde ursprünglich ausschließlich an den Fürstenhöfen aufgeführt und diente zur Unterhaltung der Herrscherfamilien. Angeblich waren dem Schöpfer des *Legong* im Traum einige Himmelsnymphen erschienen, die ihm den Tanz offenbarten.

Der *Legong* verkörpert das balinesische Ideal weiblicher Schönheit und ist der Inbegriff von Anmut und Grazie. Nur sehr junge, hübsche, zart gebaute Jungfrauen dürfen ihn tanzen. Bereits als Kinder, im Alter von fünf oder sechs Jahren, beginnen sie mit dem anstrengenden, täglichen Training, aber schon mit dem Einsetzen der Menstruation ist ihre Laufbahn beendet, da die Tänzerinnen dann die erforderliche „Reinheit" verloren haben.

Der Tanz wird von drei Mädchen aufgeführt, die in kostbare, golden schimmernde Brokatkostüme gekleidet sind und auf dem Kopf eine kunstvolle, mit Blüten geschmückte Krone tragen. Sie „erzählen" mit stilisierten, auf das Feinste abgestimmten Gesten und Bewegungen, vor allem der Hände und der Augen, die aus dem 12. Jh. stammende Geschichte des Königs Lasem, der Entführung der Prinzessin Rangkesari und des daraus resultierenden Kriegs. Im Laufe der Handlung schlüpfen die drei Tänzerinnen fast unmerklich in unterschiedlichste Rollen, ohne dabei ihre Kostüme zu wechseln.

Zwei der Mädchen, die eigentlichen *Legong*, sind identisch gekleidet, sollen sich möglichst ähnlich sehen und führen viele ihrer Tanzbewegungen synchron aus. Sie verkörpern die Mitglieder der königlichen Familien. Die dritte Tänzerin, die *Condong*, stellt eine Dienerin dar.

Der im *Legong* entwickelte Tanzstil bildet die Grundlage für die Mehrzahl der anderen Mädchen- und Frauentänze auf Bali. Abhängig von den jeweils dargestellten Episoden sind bis zu 14 Versionen des Tanzes bekannt. In den unter dem Titel „*Legong*-Tanz" aufgeführten Shows für Touristen wird nur eine stark gekürzte Fassung einer dieser Versionen geboten, immer in Kombination mit anderen Tänzen, die in keinem inhaltlichen Zusammenhang stehen. Die Shows beginnen regelmäßig mit dem Willkommenstanz *Panyembrama*, der sich vom sakralen Opfertanz *Pendet* ableitet. Dann folgen Fragmente des *Le-*

Tänze für Touristen

In den letzten Jahrzehnten hat sich gewissermaßen eine vierte Kategorie von Tanzveranstaltungen entwickelt, für die die Balinesen noch keine Bezeichnung gefunden haben: die Tanzshows für Touristen. Das sind selbstverständlich keine traditionellen religiösen Zeremonien mehr, auch wenn die Tänze, ihre Bewegungen und Motive in der Tradition und Religion wurzeln. Es handelt sich ausnahmslos um Darbietungen, die eigens für den Touristengeschmack entworfen wurden. Meist fassen sie Ausschnitte moderner, traditioneller und sakraler Tänze zusammen, stark gekürzt und vereinfacht, sodass die Shows leicht verständlich, aber doch abwechslungsreich bleiben.
Trotzdem können die Aufführungen von hoher Qualität sein, und mit etwas Glück wird die Show an Virtuosität, Dramatik und Ausdruckskraft nichts zu wünschen übrig lassen.
Die Tanzshows für Touristen bieten einige Vorteile: Sie finden in der Nähe von Touristenzentren statt, beginnen pünktlich zu einer festgelegten Zeit, dauern selten länger als zwei Stunden und können problemlos ins Tagesprogramm eingebaut werden. Es gibt genügend Sitzplätze, und man hat immer eine gute Sicht. Dazu verschafft einem das gebotene Repertoire einen recht guten Überblick über die Vielfalt balinesischer Musik- und Tanzformen.

gong, des *Solo Baris* und des *Kebyar Duduk*, des *Topeng* oder des *Jauk* und abschließend noch des *Oleg Tambulilingan*.

Barong („Kris-Tanz") / Calonarang

Kernstück des Tanzdramas, in dem bis zu 20 Akteure auftreten können, ist der ewige Kampf zwischen den entgegengesetzten Kräften des Kosmos, die sich im **Barong Ket**, einem löwenähnlichen, menschenfreundlichen Fabeltier, und in der furchterregenden Hexe **Rangda** manifestieren. Die Handlung des Dramas ist nicht festgelegt und kann verschiedenen Geschichten folgen. In den Tanzshows für Touristen verwendet man normalerweise eine Episode aus dem *Mahabharata*, verwoben mit Elementen des klassischen *Legong* und des *Topeng*.

Die Aufführungen im Dorf, die ein nächtliches, rein exorzistisches Ritual darstellen und oft auf dem Friedhof stattfinden, sind der *Calonarang*-Legende entnommen: Die javanische Prinzessin Mahendradatta, die im 10. Jh. König Udayana heiratet, wendet sich in späteren Jahren als Witwe (balinesisch: *Rangda*) der schwarzen Magie zu und wird zur von der Todesgöttin Durga mit magischer Kraft ausgestatteten Hexe Calonarang. Da niemand ihre Tochter Ratna Menggali heiraten will, überzieht sie in ihrer Wut das Land mit Seuchen und Katastrophen. Erst dem von ihrem Sohn Airlangga ausgesandten Heiligen und Asketen Empu Barada gelingt es nach langwierigem Kampf mithilfe weißmagischer Kräfte, die Witwenhexe in ihre Schranken zu weisen.

Unabhängig davon, welche Geschichte dem *Barong-Rangda*-Drama zugrunde liegt, Höhepunkt der Aufführung ist immer die direkte Konfrontation der beiden Mächte: auf der einen Seite die weiße Magie des *Barong*, auf der anderen die schwarze von *Rangda*. Keinem gelingt es, den anderen zu besiegen. Das Gute wie das Böse sind untrennbare Aspekte des Kosmos und können im günstigsten Fall im Gleichgewicht gehalten werden. Das zeigt sich vor allem in der packenden Schlussszene des Dramas: Der *Barong* ruft seine Helfer herbei, die *Kris*-Tänzer, die in Trance mit ihren Waffen die Hexe angreifen. Aber *Rangda* schlägt einen Bannkreis um sich und verhext die Tänzer, sodass diese ihre Dolche gegen die eigene Brust richten. Doch der gute Zauber des *Barong* verhindert, dass sie sich verletzen, auch wenn sie mit dem scharfen *Kris* noch so heftig zustoßen.

Jauk

Im Rahmen des *Calonarang*-Rituals treten oft einige Dämonen, Jauk, auf, dargestellt von maskierten Tänzern in bizarren Kostümen. Man erkennt sie gleich an ihrem hohen, konisch geformten, goldbemalten Kopfschmuck, unter dem langes, zotteliges Haar hervorquillt, an den Handschuhen mit den aufgenähten, extrem langen, künstlichen Fingernägeln und an den hervorstehenden Glotzaugen ihrer Masken. Die *Jauk* mit der weißen Maske werden auch *Sandaran* genannt. Sie verkörpern gutmütige

Dämonen, während die mit der braunen Maske auf der Seite der Hexe *Rangda* stehen. Vor dem Kampf zwischen *Barong* und *Rangda* kommt es schon zu einer gewaltsamen Konfrontation zwischen den beiden *Jauk*-Gruppen.

Daraus hat sich ein eindrucksvoller Solotanz entwickelt, der in seinen Bewegungen fast mit dem *Solo Baris* identisch ist. Der Tänzer ist an keine Spielhandlung gebunden und hat viel Raum für Improvisation, um das Dämonische seiner Erscheinung, die unheilvolle, drohende Kraft herauszustellen. Zögernde, lauernde Schritte wechseln mit wilden Sprüngen und Drehungen ab, unterstrichen vom hypnotischen Blick seiner starren Augen und dem ständigen Vibrieren seiner langen Fingernägel. Da er das Geschehen alleine bestimmt, hat sich die Musik nach dem Tänzer zu richten.

Baris

In seiner ursprünglichen Form ist **Baris Gede** ein sakraler Tempeltanz, der auch bei Kremationen aufgeführt wird. Er stammt noch aus der Zeit, als die balinesischen Könige im ständigen Krieg miteinander lagen und spezielle Opferriten vonnöten waren, um die Götter zu besänftigen. Der „Tanz der Krieger" wird von einer größeren Gruppe unmaskierter Männer mittleren Alters getanzt, die in weiße oder schwarz-weiß karierte Kostüme gekleidet sind und eine charakteristische, dreieckige Kopfbedeckung aus weißem Tuch tragen. Die bewaffneten Tänzer stehen sich in zwei langen Reihen gegenüber und demonstrieren in heroischen Posen und mit wechselnder Mimik Kampfeswillen, Stolz, Mut und Todesverachtung. Begleitet von einem Gamelan-Orchester, das den Bewegungen der Tänzer folgt, führen die Männer kriegerische Manöver aus, die schließlich in einem Scheinkampf gipfeln. Der *Baris*-Tanz erfordert viel Kraft, Konzentration und Körperbeherrschung. Je nach Art der getragenen Waffen unterscheidet man bis zu 20 Versionen. Der im *Baris* entwickelte Tanzstil bildet die Grundlage der meisten Männertänze auf Bali.

Aus dem *Baris Gede* ist ein Solotanz hervorgegangen, der im Gegensatz zum sakralen Gruppentanz von jungen Tänzern dargeboten wird. Der **Solo Baris** ist eine verfeinerte Form des *Baris Gede*. Hier wird noch mehr Wert auf den wechselnden Ausdruck des Gesichts gelegt, in dem sich die Gefühle eines jungen Kriegers spiegeln, der sich auf seine erste Schlacht vorbereitet.

Topeng

Man unterscheidet zwei Arten von *Topeng*-Tänzen (*Topeng* für „Maske"): *Topeng Pajegan* und *Topeng Panca*. Der **Topeng Pajegan** ist ein rituelles Tanzdrama, das nur in religiösem Zusammenhang aufgeführt wird. Die Themen des *Topeng* entstammen balinesischen Chroniken, die von den Taten und Untaten der Fürstenfamilien berichten. Ein einzelner Tänzer verwandelt sich in unterschiedlichste Charaktere, indem er vor den Augen des Publikums die Masken wechselt. Mal ist er ein Prinz, mal ein Clown, dann wieder eine Prinzessin, ein Diener oder ein alter Mann. Ein *Topeng*-Tänzer hat bis zu 30 Masken, muss also ein wahrer Virtuose sein. Einige sind Vollmasken, andere Halbmasken, die es dem Tänzer erlauben, seine Charaktere sprechen zu lassen. Die dargestellte Geschichte ist im *Topeng Pajegan* zweitrangig. Wichtig ist, dass auch die letzte Maske, genannt *Sida Karya*, zum Einsatz kommt. Denn sie gilt als besonders magisch aufgeladen. Ihr Erscheinen garantiert, dass die Zeremonie den gewünschten Erfolg hat.

Demgegenüber dient der **Topeng Panca** der Unterhaltung. *Panca* bedeutet „fünf", was darauf hindeutet, dass bei dieser Tanzform mehrere Akteure auftreten, wenn auch nicht unbedingt fünf. Der *Topeng Panca* schöpft seine Themen aus den gleichen Quellen wie der *Topeng Pajegan*, verzichtet aber auf die heilige *Sida Karya*-Maske. Zudem wechseln die Darsteller ihre Masken nicht vor den Zuschauern, sondern hinter einem Vorhang, vor dem sie dann immer wieder in neuer Gestalt auftauchen und dabei ihren Auftritt dramatisch verzögern, indem sie den Vorhang erst nur leicht bewegen, dann eine Hand, dann das Gesicht und endlich ihre ganze Gestalt sichtbar werden lassen. Eine wichtige Rolle spielen Clowns, die gewöhnlich Halbmasken tragen und das Geschehen mit witzigen Bemerkungen kommentieren (s. Kasten S. 139).

Bei den *Legong*-Tanzshows für Touristen ist häufig ein kleiner Ausschnitt aus dem *Topeng* zu sehen, meist nur eine einzige Maske, nämlich die *Topeng Tua*, die einen alten Mann darstellt.

Sanghyang

Das Wort bedeutet „von einem Geist besessen". Unter diesem Sammelbegriff fasst man einige Trance-Tänze zusammen, die nur bei Bedarf, nämlich zur Abwehr von Gefahr und Unheil, aufgeführt werden. Durch den monotonen Gesang eines Frauenchors bzw. durch rhythmische *cak-cak-cak*-Laute eines Männerchors werden die Tänzer oder Tänzerinnen in Trance versetzt und die gewünschten Geister herbeigelockt. Zwei der Trance-Tänze werden in verkürzter Version regelmäßig vor Touristen aufgeführt, wobei von einem echten Trance-Zustand oft nicht mehr die Rede sein kann:

Sanghyang Dedari: Himmelsnymphen *(Dedari)* lassen sich in den Körpern von zwei jungen Mädchen nieder, die in *Legong*-Kostüme gekleidet sind. Mit geschlossenen Augen tanzen die Kinder auf den Schultern von Männern oder auf dem Boden in synchronen Bewegungen Motive des *Legong*, obwohl sie nie darin ausgebildet wurden. Sobald der begleitende Männer- oder Frauenchor den Gesang abbricht, stürzen die Mädchen bewusstlos zu Boden. Ein Priester holt sie mit Gebeten und durch Besprengen mit heiligem Wasser wieder aus dem Trance-Zustand zurück.

Sanghyang Jaran (Feuertanz): Drei oder vier Männer werden von einem Geist besessen, der sich wie ein wild gewordenes Pferd benimmt. Die Männer reiten auf Steckenpferden ekstatisch kreuz und quer über den Platz und laufen dabei mit nackten Füßen immer wieder über einen Haufen glühender Kokosschalen, sodass die Funken nach allen Seiten auseinanderstieben.

Kebyar Duduk

Der Solotanz eines jungen Mannes, der in überwiegend sitzender oder hockender Haltung dargestellt wird *(duduk* für „sitzen"), wird von den dynamischen Klängen des *Gamelan Gong Keb-*

Das Ramayana

Dasarata, der König des Reiches Kosala, hat vier Söhne von unterschiedlichen Frauen seines Harems. Als er merkt, dass er älter wird, bestimmt er seinen ältesten Sohn **Rama** zum Nachfolger. Doch die Mutter von Barata, einem jüngeren Sprössling Dasaratas, will nur ihren Sohn auf dem Thron sehen und erinnert den König an ein lange zurückliegendes, doch bindendes Versprechen. Barata wird gegen seinen Willen König und sein Bruder Rama für 14 Jahre in die Verbannung geschickt.

Zusammen mit seiner wunderschönen Frau **Sita** und seinem Bruder Laksmana lebt er in den Wäldern von Dandaka, bis **Rawana**, der Dämonenkönig, ihr Versteck entdeckt und von der Schönheit Sitas geblendet beschließt, sie zu rauben. Beide Brüder lockt er durch eine List von der Hütte weg, indem er sich in ein schönes, goldenes Reh verwandelt. Die zurückgebliebene Sita ist schutzlos dem Dämon ausgeliefert, der sich nun in einen Riesenvogel verwandelt und sie mit seinen großen Krallen über Berge und Meere in sein Reich Alengka davonträgt. Vom König der Vögel, **Garuda**, erfahren die beiden Brüder vom Schicksal Sitas und beschließen, sie zu retten.

Unterwegs begegnen sie dem weißen Affengeneral **Hanuman**, dem sie helfen, sein Reich zurückzuerobern. Als Dank dafür will er Rama helfen, seine Frau aus der Gewalt des Dämonen zu befreien. Er geht als Kundschafter nach Alengka und muss viele Gefahren überstehen, bis er Sita im Palast von Rawana entdeckt.

Durch die Ankunft des weißen Affengenerals verbreitet sich Furcht unter den Dämonen. Hanuman wird gefangen genommen, kann sich jedoch wieder befreien und hinterlässt bei seiner Flucht eine niedergebrannte Stadt. Rama ist glücklich, dass Sita noch am Leben ist. Die Armeen rüsten sich zum Angriff. Die ersten Kämpfe werden von Ramas Truppen gewonnen. Rawana selbst ist durch einen Zauber unsterblich geworden. Doch bei der entscheidenden Schlacht kann Hanuman diesen Zauber brechen, und Rawana fällt, getroffen von Ramas Pfeil, tödlich verwundet zu Boden.

Rama und Sita kehren zurück in ihr Reich, wo sie als Regenten nach 14-jährigem Exil freudig aufgenommen werden.

Doch es dauert lange und braucht viele Beweise, bis Rama endlich von der Treue seiner Frau während ihrer Zeit im Dämonenreich überzeugt ist.

Die Rolle des Clowns

Im *Wayang Kulit* sind die Figuren sowie die Bemalungen und der Text der Puppen durch das *Ramayana* vorgeschrieben und dürfen nicht geändert werden. Die Figur des Clowns jedoch ist frei von allen Regeln. Ihm darf man eine riesige rote Nase und abstehende Ohren verpassen. Auch der Text des Clowns kann frei erfunden werden. Der Clown tritt im Allgemeinen als Vermittler zwischen Puppen und Publikum auf. Wird der Text in Altjavanisch vorgetragen, fungiert der Clown als Übersetzer. Oft lockert er die Stimmung auf und macht sich über die eine oder andere Figur lustig. In spitzfindigen Bemerkungen äußert er sich auch über Politik, Berühmtheiten und aktuelle Themen oder kritisiert sie auf geschickte Art und Weise, sodass ihm niemand etwas vorwerfen kann, jeder Zuschauer aber versteht, was gemeint ist. Besonders zur Zeit des Kolonialismus bot der Clown die Möglichkeit, unterschwellige Kritik zu äußern, ohne sich strafbar zu machen, und erfreute sich daher besonderer Popularität.

yar begleitet. Dem Tänzer bleiben also nur die Bewegungen des Oberkörpers, der Arme, der Schultern, der Hände und des Kopfes und vor allem sein sich ständig veränderndes Mienenspiel, um die wechselnden Stimmungen eines Jünglings in der Pubertät auszudrücken.

Joged Bumbung

Dies ist nur eine von vielen Versionen des *Joged*-Tanzes, die alle reine Unterhaltungstänze sind und eines gemeinsam haben: die Teilnahme von Zuschauern. Mehrere Tänzerinnen tanzen einige *Legong*-Motive und fordern etwa nach der Hälfte des Tanzes durch Berühren mit einem Fächer männliche Zuschauer auf mitzutanzen. Da die meisten Balinesen die grundsätzlichen Tanzbewegungen beherrschen, entwickelt sich oft ein bemerkenswert künstlerisches Tanzduett, das nicht selten erotische (kontrovers diskutierte) Züge annimmt. Wenn der ausgewählte Partner aber ein ungeübter und ungelenker Ausländer ist, steigert sich der Tanz zu einer grotesken Komödie, sehr zum Vergnügen der Zuschauer. Der *Joged Bumbung* wird von einem Bambus-Gamelan begleitet und wurde erst 1946 vom Tänzer I Gusti Made Labda entwickelt.

Gambuh

Das traditionelle Tanzdrama im klassischen Stil ist schon über 400 Jahre alt. Von ihm sind alle anderen Tänze, Tanzformen und -traditionen abgeleitet. Dargestellt wird für gewöhnlich eine Episode aus dem **Malat**, einem romantischen Legenden-Zyklus um den Prinzen Panji und seine Braut Candra. Die Tänzer sind nicht maskiert. Gesungen und gesprochen wird in *Kawi* (Altjavanisch), das natürlich kaum einer der Zuschauer versteht, aber wie immer in solchen Fällen sind da noch die Clowns, die die Texte humorvoll übersetzen. Das Gamelan *Gambuh* wird von langen, tief tönenden Flöten und der geigenähnlichen *Rebab* begleitet.

Ramayana-Ballett

Angeregt von den erfolgreichen javanischen Aufführungen beim Prambanan-Tempel nahe Yogyakarta, schuf Kokar, das balinesische Konservatorium für darstellende Kunst, 1965 eine moderne Adaption des populären Hindu-Epos (Kasten S. 138). Es werden nur kurze Ausschnitte der extrem langen Geschichte gezeigt, die vom *Gamelan Gong Kebyar* begleitet werden. Höhepunkt ist stets der dramatische Auftritt des weißen Affengenerals Hanuman.

Wayang Wong

Die ältere Form des Tanzdramas schöpft ihre Themen ausschließlich aus dem **Ramayana** und knüpft an das *Wayang Kulit* an: Die Tänzer personifizieren hier die Lederpuppen des Schattenspiels. Die „Bösen" betreten den Tanzplatz von links, die „Guten" von rechts. Alle Akteure (bis zu 100 Personen) tragen Masken. Gesungen und gesprochen wird in *Kawi*, das wiederum von Clowns übersetzt wird.

Das *Wayang Wong* wird ausnahmslos im Zusammenhang mit Tempelfesten oder religiösen Zeremonien aufgeführt und übernimmt dabei die Rolle eines exorzistischen Rituals. Schließlich gipfelt ja das *Ramayana* in einer Dämonenaustreibung. Auf Bali gibt es aktuell nur noch drei *Wayang Wong*-Gruppen, u. a. in Tejakula (S. 298).

SURFUNTERRICHT IN KUTA © PICTURE ALLIANCE / NIC BOTHMA

Süd-Bali

Der dicht besiedelte Süden ist mit Abstand die touristischste Region der Insel. Hier schlägt das Herz des kommerziellen Bali-Tourismus, und es gibt alles, was (Pauschal-) Urlauber begehren könnten: Hotels jeder Preisklasse, abwechslungsreiche Restaurants, Souvenirgeschäfte und Modeboutiquen, elegant-luxuriöse Beach und Pool Clubs, sagenhafte Partys, Bars, Spas und große Einkaufszentren.

Stefan Loose Traveltipps

Denpasar Die Kulturschätze und authentischen Märkte in der quirligen Hauptstadt entdecken. S. 143

Kuta Bei einem spaßigen Surfkurs das erste Mal stehend eine Welle bis zum Ufer reiten. S. 148

1 Seminyak In den beliebten Strandbars bei Livemusik und kühlem Bier den legendären Sonnenuntergang verfolgen bevor man sich durch die „Eat Street" schlemmt. S. 163

Jimbaran Bei einem Bummel über den lebendigen Fischmarkt das riesige Angebot bestaunen und anschließend mit Blick auf die untergehende Sonne davon kosten. S. 187

2 Pura Luhur Uluwatu Der kleine, aber bedeutsame Tempel liegt spektakulär direkt an der Steilküste. Besonders eindrucksvoll ist das prächtige Klang- und Feuerspiel des Kecak-Tanzes zum Sonnenuntergang. S. 192

Wie lange? Mindestens 4 Tage

Bekannt für den langen Strand an der Westküste, das trashig-laute Nachtleben von Kuta, die Restaurants, Bars und Boutiquen in Seminyak, die Surferstrände auf der Bukit-Halbinsel und den Digital-Nomad-Lifestyle rund um Canggu

Für Entdecker Das Bali Arts Festival in Denpasar, das „echte" Bali auf einer Fahrt zum Pantai Seseh und die versteckten Strände auf der Bukit-Halbinsel

Unbedingt machen Sich im Potato Head Beach Club einen Tag lang wie ein VIP fühlen

Das an der Westküste gelegene **Kuta** ist seit den wilden 1970er-Jahren der Hippies zum Herzstück des australischen Partytourismus mutiert. Feier-, trink- und flirtwütige Jugendliche und Twens sowie staunende einheimische Wochenendtouristen sorgten dafür, dass es bis zum Ausbruch der Corona-Pandemie hier nie ruhig wurde. Auch **Legian** hat sich von einem verschlafenen Fischerdorf zum Zentrum für Pauschaltouristen gewandelt. Die mehrheitlich australischen Gäste sind lediglich etwas älter (und betuchter). **Seminyak** ist bekannt für seine hervorragenden Restaurants, beliebten Strandbars und Beach Clubs. Weiter nördlich ist **Canggu** zu einer ernstzunehmenden Alternative gereift, nicht nur für Surfer und digitale Nomaden. Zu all dem lockt der bekannte, sehr breite Sandstrand, der getrost als Copacabana Indonesiens gelten darf. Idyllische, einsame Buchten und eine lebendig gehaltene Kultur wird man hier nur noch schwerlich entdecken, und das Schwimmen ist bei den unberechenbaren, starken Strömungen nur innerhalb markierter Bereiche möglich.

Auf der anderen Seite der chaotischen Hauptstadt **Denpasar**, die von Touristen meist links liegen gelassen wird, kommen in **Sanur** vermehrt ältere kontinentaleuropäische Touristen unter. Entsprechend ist die Auswahl an Unterkünften und Restaurants ähnlich groß, doch die Atmosphäre deutlich geruhsamer. Auch der schöne Sandstrand und das ruhige Meer bringen mehr Entspannung als Action.

Den äußersten Südzipfel von Bali bildet die trockene **Bukit-Halbinsel**. In ihrem Westen liegen einige der besten Surfreviere der Insel unterhalb der steilen Felsklippen. Im Osten dominieren die gigantischen Luxushotelanlagen von **Nusa Dua**, ein am Reißbrett entworfenes und durch bewachte Eingangstore abgetrenntes Tourismusprojekt. Nördlich bieten sich am Strand von **Tanjung Benoa** Wassersportmöglichkeiten.

Für Entlastung des stets nahe am Kollaps manövrierenden Verkehrs soll in Zukunft eine Bahnstrecke zwischen dem Flughafen und Seminyak sorgen. Bereits geöffnet sind eine Unterführung für die zentrale Schnellstraße **Jalan By Pass Ngurah Rai** an der Abzweigung zum Flughafen und die 12,7 km lange, US$220 Mio. teure **Bali Mandara Toll Road**. Die auf 33 835 Betonpfeilern mutig ins Meer hineingebaute mautpflichtige Autobahn verbindet den Flughafen auf direktem Weg mit Sanur im Norden und der trockenen **Bukit-Halbinsel** im Süden. Maut: Pkw 13 000 Rp, Motorrad 5000 Rp, nur bargeldlose Zahlung, Guthabenkarten gibt's in jedem Indomaret.

Denpasar

Die Hauptstadt von Bali ist mit 725 000 Einwohnern die mit Abstand größte Stadt der Insel. In den vergangenen Jahren ist sie mit den umliegenden Touristenhochburgen Kuta, Legian, Seminyak und Sanur zu einem über 2 Mio. Einwohner zählenden Großraum verschmolzen. Denpasar vereint all das, was man sich nicht unter Bali vorstellt: knatternde Motorroller und Minibusse, die kreuz und quer durch das Einbahnstraßenlabyrinth kurven, Hektik, Staus und Abgasgestank. Es verirren sich nur wenige ausländische Besucher zu den authentischen Märkten, Monumenten, Museen und Tempeln. Dabei ist die Stadt für historisch und kulturell Interessierte durchaus besuchenswert.

Auf dem zentralen **Puputan-Platz** erinnert ein heroisches Denkmal an den kollektiven Selbstmord *(Puputan)* der balinesischen Königsfamilie 1906, die damit der Unterwerfung durch die niederländische Kolonialmacht zuvorkam. Im Inneren des Denkmals ist eine angestaubte historische Ausstellung untergebracht. Unter den schattenspendenden Bäumen nebenan gehen ältere Herrschaften ihrer Schachleidenschaft nach. Den Kilometer Null und spirituellen Mittelpunkt der Stadt markiert die 9 m hohe **Catur-Muka-Statue**, deren vier Gesichter als Manifestation des Weltenschöpfers Brahma in alle Himmelsrichtungen blicken.

An der östlichen Seite des Platzes erhebt sich der 1953 erbaute **Pura Jagatnata**. Der Tempel ist der obersten hinduistischen Gottheit Ida Batara Sanghyang Widhi Wasa gewidmet, deren goldene Statue im Inneren verehrt wird. Der eigentümliche Turm des Hauptschreins ist aus weißer Koralle gefertigt und mit Motiven des *Ramayana*-Epos verziert. Der Staatstempel feiert sein *Odalan* einmal im Jahr während des Vollmonds *(Purnama)* im Oktober oder November. Sarong und Tempelschal gegen Spende (mind. 10 000 Rp p. P.).

Im Verwaltungsviertel Renon im Osten der Stadt steht inmitten einer zum Joggen, Picknicken und Hochzeitsfotos schießen beliebten Grünanlage das 2003 eingeweihte **Monumen Bajra Sandhi**, ein imposantes Denkmal für den Unabhängigkeitskampf der Balinesen. In der zweiten Etage gibt's eine kleine Ausstellung mit 33 Dioramen, die im Schnelldurchlauf die balinesische Geschichte von den ersten Königreichen über die Verbreitung des Hinduismus bis hin zum Kolonialismus und dem folgenden Unabhängigkeitskampf Revue passieren lassen. Folgt man der geschwungenen Wendeltreppe den Turm hinauf, bieten sich schöne Rundumsichten. ⏲ Mo–Fr 8–18, Sa 9–18 und So 10–18 Uhr, Eintritt 50 000 Rp.

Museen und Kulturzentren

In Nachbarschaft zum Pura Jagatnata lohnt das **Bali Museum** in der Jl. Mayor Wisnu, ✆ 0361-222 680, einen Besuch. Bereits 1910 eröffnet, wurde es 1917 durch ein Erdbeben zerstört und 1932 von den Holländern im traditionellen Stil wiederaufgebaut. Die in vier Gebäuden untergebrachten, größtenteils auf Englisch beschilderten Ausstellungsstücke geben einen groben Überblick über die Entwicklung der Kunst und Kultur auf Bali: Das *Gedung Timur* beherbergt Waffen, *Keris*, Keramik und alte Bronzefunde, die Buleleng-Galerie im nordbalinesischen Stil traditionelle Stoffe und Münzen. In der im ostbalinesischen Stil gestalteten Karangasem-Galerie werden u. a. die Details der hinduistischen *Panca-Yadnya*-Zeremonie erläutert, und im *Gedung Tabanan* finden sich Musikinstrumente, Tanzkostüme und eine schöne Maskensammlung. Unter den Exponanten lassen sich wahre Schätze entdecken, man muss nur richtig hinschauen. Wer sich von den aufdringlichen Guides am Eingang von einer Führung überzeugen lässt, muss für ihre Dienste mit einer unberechtigt hohen Forderung von 100 000–300 000 Rp rechnen. ⏲ 8–15.30 Uhr, Eintritt 50 000 Rp.

Eine schöne Parkanlage mit viel Grün, kleinen Lotosteichen, Ausstellungsräumen und einer großen Bühne ist das an der Jl. Nusa Indah, rund 2 km östlich des Puputan-Platzes, gelegene **Taman Werdhi Budaya Art Centre**, ✆ 0361-227 176. Besonders zum Bali Arts Festival (S. 147) und zum Vollmond werden auf der Freilichtbühne für bis zu 6000 Besucher – darunter erfrischend wenige Touristen – aufwendige Vorführungen und Tänze dargeboten. ⏲ Mo–Do und Sa 8–15.30, Fr 8–13 Uhr, Eintritt frei (Veranstaltungen ausgenommen).

Das kleine, privat geführte **Museum Lukisan Sidik Jari**, Jl. Hayam Wuruk 175, ✆ 0361-235 115, stellt Gemälde des Künstlers I Gusti Ngurah Gede Pemecutan aus, der durch seinen pointilistischen Malstil mit den Fingerspitzen bekannt wurde. Damit verleiht er den traditionellen Motiven von Landschaften, Zeremonien oder Tänzern etwas Mosaikhaftes. Im Gebäude finden sich auch ein Atelier und eine Tanzbühne, auf der Kinder unterrichtet werden. ⏲ Mo–Sa 9–16 Uhr, Eintritt frei (Spende willkommen).

Märkte

Auf dem knapp 700 m westlich des Puputan-Platzes am Westufer des Flusses Tukad Badung gelegenen **Pasar Seni Kumbasari** kann man sich im vollgestopften dreistöckigen Marktgebäude mit Textilien, Kunsthandwerk und günstigen Souvenirs eindecken. Ein guter Ort, um das Handeln zu üben und das Angebot zu sondieren. ⏲ 9–17 Uhr.

Am gegenüberliegenden Ufer erhebt sich das mehrstöckige Gebäude des größten Frischmarkts der Insel **Pasar Badung**. Rund um die Uhr werden Obst, Gemüse, Gewürze, Fleisch und Fisch gehandelt. Ein Besuch der Frischfleischabteilung ist allerdings nichts für (geruchs-)empfindliche Zeitgenossen. Traditionelle Textilien werden in der direkten Umgebung verkauft, besonders in der Jl. Sulawesi.

Ein für Tierfreunde wenig erfreulicher Anblick bietet sich auf dem **Pasar Burung Satria**, 500 m nördlich des Puputan-Platzes. Hier werden exotische Vögel, Katzen, Hunde, Fische und andere (Haus- und Klein-)Tiere in engen Käfigen zum Kauf angeboten. ⏲ 8–17 Uhr.

Abends findet an gleicher Stelle ein **Nachtmarkt** statt. Direkt östlich schließt sich ein mit Pavillons und Bäumen gesäumtes Tempelgelände an – eine Oase der Ruhe inmitten der chaotischen Stadt.

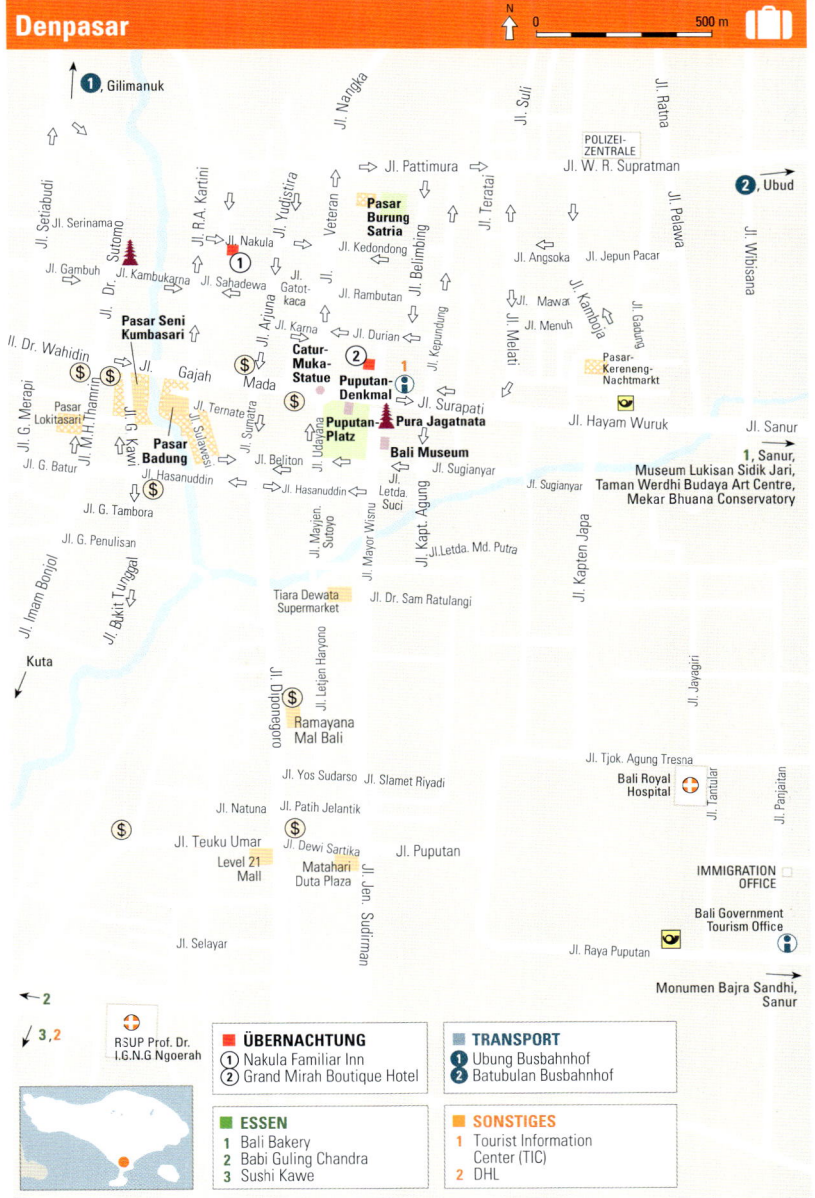

ÜBERNACHTUNG

Grand Mirah Boutique Hotel, Jl. Kaliasem 1, ✆ 0361-472 3330, 🖳 www.grandmirah.com. Nicht mehr ganz frisches Stadthotel mit 32 komplett ausgestatteten Zimmern mit komfortablen Betten und Regendusche sowie einem Pool im Innenhof. ❹

Nakula Familiar Inn, Jl. Nakula 4, ✆ 0361-226 446, 🖳 www.nakulafamiliarinn.com. Im kleinen, idyllischen Garten mit Singvögeln liegen 8 geräumige, saubere Zimmer mit Terrasse und Bädern mit Kaltwasser, teils auch AC. Leider bleibt man nicht gänzlich vom Straßenlärm verschont, dafür wohnt man in der Nähe der Märkte. Die überaus freundliche Vermieterin Adi hat gute Infos und sorgt für eine familiäre Atmosphäre. Frühstück inkl. ❸

ESSEN

In der Stadt gibt's viele kleine Warung und Straßenrestaurants, die preiswertes lokales Essen anbieten, und eine ganze Reihe von besuchenswerten Nachtmärkten. Auf dem geschäftigen **Pasar-Kereneng-Nachtmarkt** in der Jl. Kamboja werden lokale Spezialitäten und günstige Textilien verkauft. Die Stände am südlichen Ende servieren auch tagsüber gutes *Babi Guling*.

Aus Liebe zu Musik und Tanz

Das privat geführte Musikkonservatorium **Mekar Bhuana Conservatory** in der Jl. Gandapura III 501X im nordöstlichen Denpasar, ✆ 0812-4687 7087, 🖳 www.balimusicanddance.com, ist der ideale Ort für Musiker, Tänzer und kultur- und musikwissenschaftlich begeisterte Besucher, auch Kinder. Bereits seit 1997 lebt der umwelt- und gesundheitsbewusste Neuseeländer und studierte Ethnomusikologe Vaughan auf Bali. Gemeinsam mit seiner Frau, der preisgekrönten Legong-Tänzerin Putu Evie, bietet er in ihrem hübschen Wohnhaus mit Übungsräumen und einem Pool die einmalige Gelegenheit unter westlich-akademisch-geschulter Anleitung in die balinesische Kultur einzutauchen.

Die professionellen **Kurse und Workshops** sind nicht günstig, dafür aber voll auf persönliche Wünsche zugeschnitten, mit vielen historischen Hintergrundinfos gewürzt und gleichermaßen tiefgründig, lehrreich und spaßig. Ausgewiesene Experten (Vaughan bzw. Evie sowie lokale Vorführer) bringen Interessierten Grundlagen und Feinheiten balinesischer Gamelan-Musik und Tänze näher. Neben der Theorie kommt auch die Praxis nicht zu kurz, und man kann sich an jeglichen Instrumenten bzw. Tänzen probieren. Außerdem gibt's Workshops zum Puppenspiel und zum Bau von Masken und deren Bedeutung.

Vaughan liegt besonders die **Gamelan-Musik** am Herzen. Mit viel Engagement und Leidenschaft dokumentiert er seit einem Vierteljahrhundert deren lokale Ausprägungen, rekonstruiert ausgestorbene Musikstücke und Choreografien und ist eine schier unerschöpfliche Informationsquelle. Er baut und restauriert Gamelan-Instrumente und stimmt die Ensembles in längst vergessenen Arten. In seiner imposanten Sammlung befinden sich über 20 Gamelanorchester, darunter sehr seltene Exemplare, aber auch andere traditionelle Musikinstrumente.

Wer etwas vom ausgeprägten Fachwissen aufschnappen möchte, sollte **rechtzeitig vorbuchen** (mind. 2 Wochen vorher, Anzahlung von 50 %). Zweistündige Workshops kosten bei einem Teilnehmer US$104, bei 2 Pers. US$150, bei 3 Pers. US$167, vierstündige Workshops US$166/242/301, jede weitere Stunde US$51/72/88. Es gibt Rabatte für Familien und größere Gruppen und ein hausgemachtes Mittagessen mit Obst und Gemüse aus dem eigenen Bio-Garten für US$6. ⏲ Mo–Fr 9–17 Uhr.

Im **Onlineshop** auf 🖳 www.mekarbhuana.com werden neben Musikinstrumenten, Tanzkostümen, *Wayang-Kulit*-Figuren und Masken sogar ganze Gamelan-Orchester angeboten.

Die durch Kurse und Onlineshop generierten Einnahmen finanzieren die vorbildliche Arbeit des Konservatoriums.

Babi Guling Chandra, Jl. Pulau Yapen 14, ℡ 0858-0451 8010. Das einfache, sehr beliebte Straßenrestaurant ist „temporär" aus der Jl. Teuku Umar hierher umgezogen. Besonders zur Mittagszeit seit 1984 eine Institution für eine ordentliche Portion balinesisches Spanferkel. Die Variante für 50 000 Rp kombiniert eine ganze Reihe leckerer Schweinereien. Highlight ist zweifelos die knusprige, fast schon gläsern schimmernde, rauchig gegrillte Schwarte, aber auch die Blutwurst und die Filetstücke sind aller Ehren wert. ⏲ 8–21 Uhr.

Bali Bakery, Jl. Hayam Wuruk 181, ℡ 0361-243 147, 🖳 www.balibakery.com. Die beste Wahl zum Frühstücken nach westlichem Geschmack in Denpasar. Von Eggs Benedict auf Walnussbrot bis zu herzhaften Omelettes auf dunklem Sesam-Bagel, hier wird jeder fündig. Zudem leckeres Gebäck und gute Kuchen, Pizzas, indonesische und japanische Gerichte, Brot und Weine. Nicht ganz günstig. ⏲ 8–21 Uhr.

 Sushi Kawe, Jl. Pulau Kawe 19, ℡ 0815-4760 3609, 🖳 www.sushi-kawe-bali.com. An den Plätzen auf der Terrasse oder im klimatisierten Innenbereich wird für die günstigen Preise erstaunlich gutes Sushi aufgetischt. Zudem weitere japanisch inspirierte Gerichte. Freundliche Mitarbeiter. ⏲ 11–21.30 Uhr.

FESTE

Bali Arts Festival *(Pesta Kesenian Bali)* (Mitte Juni–Mitte Juli). Seit 1979 stehen im Taman Werdhi Budaya Art Centre (S. 144) einen Monat lang Tanz-, Musik-, Puppenspiel- und Theaterdarbietungen sowie Aufführungen aus den *Ramayana-, Mahabharata-, Sutasoma-* und *Panji*-Epen auf dem Programm, zudem Ausstellungen zu den Handwerkskünsten. Tausende Balinesen, aber nur wenige Touristen besuchen das interessante Festival.

Ngrupuk-Prozession (März). Am Abend vor dem inselweiten Tag der Stille *Nyepi* liegt das Zentrum der Feierlichkeiten rund um den Puputan-Platz. Es werden aufwendig hergestellte Ogoh-Ogoh-Monster durch die Straßen paradiert, bevor sie den Flammen zum Opfer fallen. Mehr dazu s. S. 125.

EINKAUFEN

Geschäfte in der Jl. Gajah Mada und Jl. M. H. Thamrin verkaufen **Textilien**, **Holzschnitzereien** und andere **Souvenirs**.

Die westliche Jl. Hasanuddin ist auch als Straße der **Silber- und Goldschmiede** bekannt, mit schönen Stücken in den Auslagen.

Im bunten Gewühl der Jl. Sulawesi gibt es **Schmuck-**, **Leder-** und vor allem **Stoffgeschäfte**. Die größten Einkaufszentren im Stadtgebiet liegen an der Jl. Diponegoro (**Ramayana Mal Bali** und **Level 21 Mall** mit Cinema XXI Multiplex-Kino im 4. Stock, 🖳 www.21cineplex.com) sowie an der Jl. Dewi Sartika (**Matahari Duta Plaza**).

SONSTIGES

Informationen

Bali Government Tourism Office, Jl. Raya Puputan 41, Renon, ℡ 0361-235 600, 🖳 www.balitourismboard.or.id. Hier gibt's den *Calendar of Events*, in dem die wichtigsten Feste aufgelistet sind. ⏲ Mo–Sa 9–17 Uhr.

Tourist Information Center (TIC), Jl. Surapati 7, ℡ 0361-849 5707. Leider sind die Mitarbeiter ziemlich inkompetent und die Broschüren veraltet. ⏲ 8–18 Uhr.

Medizinische Hilfe

In und um Denpasar befinden sich eine Reihe von professionellen Krankenhäusern und Kliniken (S. 54).

Post

Kantor Pos Denpasar, an der Jl. Raya Puputan in Renon, ℡ 0361-223 565, ⏲ Mo–Fr 7–22, Sa 7–18, So 9–14 Uhr. Filialen u. a. in der Jl. Kamboja, ℡ 0361-222 004, ⏲ Mo–Sa 7.30–19 Uhr.
DHL, Jl. Teuku Umar 74, 🖳 www.dhl.co.id. ⏲ Mo–Fr 9–12 und 13–17, Sa 9–12 und 13–14 Uhr.

Visaangelegenheiten

Immigration Office, Jl. Panjaitan 3, Renon, ℡ 0361-227 828, 🖳 https://imigrasidenpasar.kemenkumham.go.id. Visaverlängerungen kosten 500 000 Rp, dauern mind. 5 Werktage, von denen man an 3 erscheinen muss, und stehen im Zeichen der typisch indonesischen bürokratischen

Ineffizienz. Auf jeden Fall braucht man viel Geduld und sollte sich ordentlich kleiden. ⊕ Mo–Do 8–12 und 13–16, Fr 8–11.30 und 13–16.30 Uhr.
Wer Hilfe bei der Visaverlängerung in Anspruch nehmen möchte, sollte sich an einen vertrauenswürdigen **Visa-Agenten** wenden. Dann kostet die Verlängerung doppelt bis dreimal so viel, geht aber deutlich schneller und einfacher vonstatten.

NAHVERKEHR

Kleine blaue Busse verkehren für 3000 Rp p. P. auf festen Routen durchs Zentrum.
Im historischen Stadtkern warten noch wenige **Dokars**, traditionelle Pferdekutschen, auf Kundschaft. Sie bieten sich für Stadtrundfahrten ab etwa 200 000 Rp an. Eine artgerechte Haltung der Tiere ist in der geschäftigen Stadt jedoch unmöglich.

TRANSPORT

Busse und Minibusse

Es gibt im unübersehbaren Stadtgebiet mehrere Busbahnhöfe, von denen zwei für Touristen relevant sind: **Batubulan** im Nordosten und **Ubung** in der Jl. Cokroaminoto im Nordwesten. **Größere Busse** fahren nur auf der Hauptstrecke Gilimanuk–Denpasar–Padang Bai, oft zum selben Preis wie Minibusse.
Minibusse verkehren von 7–17 Uhr (Batubulan, auf dem Gelände öffnet ab 17 Uhr ein Nachtmarkt) bzw. 6–16 Uhr (Ubung), jedoch nur bei ausreichend Passagieren. Deswegen muss oft schon ab mittags für teures Geld ein Minibus gechartert werden. Dann kann eine Fahrt mit über die Apps Grab oder Gojek gebuchten Privatwagen günstiger sein. Am besten man versucht so früh wie möglich sein Glück am Busbahnhof.
Überlandverbindungen nach Java und auf die östlichen Nachbarinseln werden ab dem Busbahnhof in Mengwi angeboten (S. 245).

Batubulan:
AMLAPURA, 55 km, via SEMARAPURA (23 km, 25 000 Rp, 1 Std.), PADANG BAI (36 km, 50 000 Rp, 1 1/2 Std.) und CANDI DASA (44 km, 50 000 Rp, 2 Std.) für 50 000 Rp in 3 Std.
GIANYAR, 18 km, für 20 000 Rp in 30–45 Min.
MENGWI, 16 km, für 20 000 Rp in 1 Std.
UBUD, 15 km, für 35 000 Rp in 1 Std.
UBUNG für 20 000 Rp.

Ubung:
GILIMANUK, 125 km, via TABANAN (25 km, 20 000 Rp, 1 Std.) und NEGARA (90 km, 40 000 Rp, 2 1/2–3 Std.) für 60 000 Rp in 3–4 Std.
MENGWI, 16 km, mit Damri-Bussen von 8–20 Uhr für 7000 Rp in 45–60 Min.
SINGARAJA, 79 km, für 50 000–60 000 Rp in 2–3 Std.

Flüge

Infos zu Flugverbindungen S. 35.

Kuta

Das ehemalige Fischerdorf Kuta hat sich in den letzten Jahrzehnten zum kommerziellsten **Touristenzentrum** Indonesiens gewandelt. Zuerst kamen die Hippies, dann entstanden immer mehr günstige Unterkünfte, die Traveller und Surfer anzogen. Reiseveranstalter und große Hotels witterten das Geschäft, und mit ihnen kamen die Kurzurlauber und Pauschaltouristen. Bungalows und Hotelblöcke schossen ab den 1990er-Jahren wie Pilze aus dem Boden. In der Folgezeit bevölkerten geschäftstüchtige Händler die Straßen, während sonnen- und partyhungrige Touristen den Strand für sich eroberten. Für eine detaillierte Darstellung der Geschichte Kutas s. **eXTra [4080]**.

Nach Kuta kommen mehrheitlich australische Pauschalurlauber, Schüler und Studenten sowie Kurzurlauber aus Asien und züchtig angezogene Indonesier, die kichernd den freizügigen Sonnenanbetern nachschauen. Nicht ohne Grund ist Kuta auch als „nördlicher Vorort von Perth" bekannt. Hotels, Bars, Restaurants, Souvenirstände, Nachtclubs und Surferläden haben sich gut auf ihre Klientel eingestellt. Auf manch einen, der bereits länger in Indonesien unterwegs war, kann das „Mallorca der Australier" wie ein Kulturschock wirken.

Kuta hat sich so weit ausgedehnt, dass es mit Tuban im Süden, Denpasar im Osten sowie

> **Achtung beim Schwimmen**
>
> Außerhalb von den durch rot-gelb gestreifte **Flaggen** markierten Bereichen ist das Schwimmen aufgrund starker, unberechenbarer Strömungen sehr gefährlich! An Strandabschnitten, die durch rote Flaggen mit Totenköpfen abgesteckt sind, gar lebensbedrohlich!
>
> Obwohl **Rettungsschwimmer** im Einsatz sind, kommt es immer wieder zu tödlichen Unfällen mit Touristen, die die Gefahr unterschätzen, zu weit hinausschwimmen oder von der Strömung hinausgetragen werden und ertrinken. Selbst an den als sicher markierten Bereichen sollte man dem tosenden Meer nicht blind trauen.
>
> Zudem sollte man stets ein Auge auf die **Surfanfänger** haben, die ihre Bretter noch nicht sicher kontrollieren können, denn ein Zusammenstoß kann mehr als schmerzhaft ausgehen. An einigen Stellen fließen ungeklärte **Abwässer** ins Meer. Hier sollte man aus naheliegenden Gründen nicht ins Wasser gehen.

Legian, Seminyak und den Stränden rund um Canggu im Nordwesten verschmolzen ist. Die **Jalan Legian** stellt die Hauptverkehrsader dar und ist kilometerweit von Hotels, Geschäften, Nachtclubs und Restaurants gesäumt. Hier und auf der parallel am Strand verlaufenden **Jalan Pantai Kuta** staut sich zu fast jeder Tageszeit der Verkehr. Auch in den schmalen Querstraßen Jalan Benesari, Poppies Lane 1 und Poppies Lane 2 ist viel los. Inzwischen hat der Bauboom auch weite Teile des Hinterlands erreicht und die großen Schnellstraßen mit einem Saum aus Hotels, Restaurants und großen Souvenirgeschäften für asiatische Reisegruppen „verziert".

Unter den Reisebeschränkungen während der **Corona-Pandemie** und den damit verbundenen ausbleibenden Touristen litt Kuta noch stärker als andere Inselteile. Viele Geschäfte, Hotels und Restaurants stehen zum Verkauf oder sind dauerhaft geschlossen. Ähnlich wie nach dem verheerenden **Bombenanschlag** im Oktober 2002 gleicht Kuta heute nach jahrelanger Pandemie mancherorts einer Geisterstadt mit überwucherten Hotels und zugenagelten Shops.

An die 202 Toten des Bombenanschlags erinnert am Ground Zero die marmorne Tafel des abends etwas unpassend mit bunt blinkenden Leuchten verzierten **Bali Bomb Memorial**. Die Gedenkstätte steht auf der Fläche des zerstörten Paddy's Pub. Auf der als Parkplatz genutzten Brachfläche gegenüber stand der ebenfalls zerstörte Sari Club. Hier soll in Erinnerung an die Opfer in Zukunft der Bali Peace Park entstehen, allerdings verfolgen die Grundbesitzer aktuell noch wirtschaftlich profitablere Pläne. Rundherum erstreckt sich das Epizentrum des Partykommerzes. Die Musik der Bars und Nachtclubs schallt so laut auf die Jalan Legian hinaus, dass Passanten sich abends zur Verständigung anschreien müssen.

Der **Sandstrand** von Kuta, Legian und Seminyak ist sehr breit und eignet sich ideal zum Sonnenbaden und Entspannen sowie zum Betrachten der spektakulären **Sonnenuntergänge**. Allerdings sind viele aufdringliche fliegende Händler unterwegs, die billige Sarongs, Souvenirs, Spielzeuge, Sonnenbrillen, temporäre Tätowierungen oder auch frisches Obst an den Urlauber bringen wollen. Eine Lösung besteht darin, eine Sonnenbrille zu tragen, damit nicht jeder Blick in einen Verkaufsmarathon ausartet.

Hinter dem Kuta Square liegt auf Höhe des Rettungsschwimmer-Postens **Kuta Beach Sea Turtle Conservation**, 🖳 www.fb.com/kutabaliseaturtle, ein 2010 von den Rettungsschwimmern und ProFauna Indonesia (S. 84) initiiertes und nun von der Bali Sea Turtle Society, 🖳 www.baliseaturtle.rg, 🖳 www.fb.com/baliseaturtlesociety, unterhaltenes Schildkrötenaufzuchtprojekt. In der Station nahe der überdimensionierten Schildkröte wird der Nachwuchs der gefährdeten Oliv-Bastardschildkröten gepflegt, bevor die Tiere (zur Saison von Mai–Okt tgl. nachmittags, meist gegen 16–17 Uhr) am Strand von Touristen freigelassen werden. Jeder kann kostenlos mitmachen (Spenden willkommen).

ÜBERNACHTUNG

Neben teuren, großen Strandresorts gibt's noch einige klassische Budgetunterkünfte sowie schöne Anlagen der mittleren Preisklasse. Die partyaffinen Gäste hinterlassen leider vielerorts

■ ÜBERNACHTUNG
1. Un's Hotel
2. Hotel Terrace at Kuta
3. Sari Indah Cottages
4. Adi Dharma Hotel Legian
5. Ronta Bungalows
6. Masa Inn
7. Poppies Bali
8. Kuta EcoStay Gh.
9. The Pavilion Kuta Hotel
10. H-Ostel
11. Bamboo Inn
12. Amnaya Resort

■ ESSEN
1. Mama's German Restaurant
2. Kopi Pot
3. Crumb & Coaster
4. Kori Restaurant
5. Warung Indonesia
6. Warung Pama
7. Santorini Greek Restaurant
8. Gong Corner
9. Poppie's Restaurant
10. Havana Club Restaurant

■ SONSTIGES
1. Batik Keris
2. Cinema XXI
3. Engine Room
4. 5GX
5. Vi Ai Pi
6. Bounty Discotheque, Paddy's
7. Wäscherei
8. LXXY
9. Uluwatu
10. Odysseys Surf School
11. Hard Rock Café
12. Smart Salon
13. Uluwatu-Filiale
14. Gramedia, Cinema XXI, Batik Keris
15. Indonesia Tourist Information Center (ITIC)
16. Cinepolis

■ TRANSPORT
1. MBA Tours & Travel
2. Perama Tour
3. Bushaltestelle Perama
4. Bemo Corner
5. PELNI-Office

ihre Spuren, sodass Zimmer schneller abgewohnt wirken können als anderswo.

Schlafsaalbetten
H-Ostel, Kuta Square, Block E8, ☎ 0361-475 2387, 🖥 www.h-ostel.com. Hinter der mit alten Fensterläden dekorierten Fassade versteckt sich ein modernes Hostel mit fensterlosen, klimatisierten Schlafsälen mit 12–19 Schlafkapseln mit Rollos, komfortablen Matratzen, Klapptisch, Leselampe und Steckdosen für 150 000 Rp (online ab 90 000 Rp), auch Säle nur für Frauen und Doppelmatratzen für 250 000 Rp. Damit die Partywütigen ihre Schlüssel nicht verlieren, sind sie in Armbändern untergebracht. Es kann vor allem in den Sälen im Erdgeschoss recht laut werden. Dachterrasse, Coffeeshop im Eingangsbereich. Freundliches Personal. Sehr einfaches Frühstück inkl.

Untere Preisklasse
Bamboo Inn, Jl. Singosari, Gang Kresek 1, ☎ 0361-751 935, ✉ http://bamboo-inn.blogspot.com. Ruhige, rund um einen Innenhof gelegene, kleine, sympathisch-familiäre Anlage im klassischen Stil mit etwas Dekoration, Garten sowie 8 einfachen, sauberen Zimmern mit weichen Schaumstoffmatratzen, Ventilator und Bad. Bei Onlinebuchungen gab es schon Probleme, besser anrufen! Frühstück inkl. ❷

Kuta EcoStay Gh., Jl. Pantai Kuta, Gang Lotring 12, ☎ 0813-3867 0133, 🖥 www.kutaecostay.com. Auf 2 Stockwerken werden beiderseits des schmalen überdachten Lichthofs ordentliche, relativ ruhig gelegene, wenn auch nicht mehr ganz frische Zimmer mit Kühlschrank und Regendusche vermietet. Manche Zimmer sind etwas muffig. Familienzimmer 600 000 Rp. Wanto kümmert sich fürsorglich um seine Gäste. ❸

Ronta Bungalows, Gang Ronta, ☎ 0361-754 246, 🖥 www.fb.com/rontabungalows. Die Anlage besteht aus Bauten beiderseits des Pools: Linkerhand die günstigen, spartanisch eingerichteten, alten Zimmer mit Ventilator, rechts modernere, klimatisierte Räume. Alle 27 Zimmer sind nicht sehr sauber, dafür stimmt das Preis-Leistungs-Verhältnis. Man muss aber mit einigen Gebrauchsspuren und Lärm von den nahen Nachtclubs zurechtkommen. ❷–❹

 Sari Indah Cottages, Jl. Benesari, ☎ 0857-7280 5125, 🖥 https://sariindahcottages.zoombookdirect.com. Um den Innenhof mit kleinem Pool (in den eine witzige Hundestatue „pinkelt") gebaute Unterkunft mit 15 günstigen, verhältnismäßig ruhigen, klimatisierten Zimmern mit Schaumstoffmatratzen, die teureren sind etwas frischer. Freundliche Betreiber und familiäre Atmosphäre. Kleines Frühstück inkl. ❷–❹

Mittlere Preisklasse
Adi Dharma Hotel Legian, Jl. Legian 155, ☎ 0361-751 527, 🖥 www.adidharmahotel.com. Ruhig und dennoch zentral gelegenes Hotel vom alten Schlag im balinesischen Stil mit gepflegtem Garten und Pool mit künstlichem Wasserfall. Die 37 sehr sauberen, geräumigen und komfortablen, wenn auch etwas älteren komplett ausgestatteten Zimmer sind sehr gut instandgehalten. Frühstück inkl. ❹–❻

Hotel Terrace at Kuta, Jl. Benesari 2, ☎ 0361-301 2888, 🖥 www.terraceatkuta.com. Im Innenhof

Verwirrende Straßennamen

In Kuta, Legian und Seminyak werden oft mehrere Namen für ein und dieselbe Straße verwendet. Neben dem allgemein verbreiteten Namen existiert meist noch ein offizieller oder früher genutzter Name. Hier ein Überblick über die wichtigsten Straßen mit mehreren Namen:

Poppies Lane 2	=	Jl. Batu Bolong
Jl. Pantai Kuta	=	Jl. Pantai Banjar Pande Mas
Jl. Kartika Plaza	=	Jl. Dewi Sartika
Jl. Arjuna	=	Jl. Double Six
Jl. Werkudara	=	Jl. Pura Bagus Taruna
Jl. Padma	=	Jl. Yudistra
Jl. Kayu Aya	=	Jl. Oberoi oder Jl. Laksmana
Jl. Camplung Tanduk	=	Jl. Abimanyu oder Jl. Dhyana Pura

des 4-stöckigen Neubaus ist nur Platz für den großen Pool und ein paar Liegen, aber die Zimmer sind sauber, komfortabel und komplett ausgestattet. Die Karaokebar nebenan kann sehr laut werden. Frühstück +100 000 Rp. ❸–❺

Masa Inn, Poppies Lane 1 Nr. 27, ✆ 0361-758 507, 🖥 www.masainn.com. Seit 1975 im Geschäft, eignet sich die 3-stöckige, ruhige Anlage mit 2 großen Pools im gepflegten Garten dank der sehr geräumigen Dreierzimmer (ab 850 000 Rp) besonders für Familien. Die 89 älteren, komplett ausgestatteten Zimmer sind sehr sauber, aber etwas überteuert. Viele Stammgäste. Freundliches Personal. Gutes Frühstück inkl. ❺

The Pavilion Kuta Hotel, Jl. Kuta Theatre 8, ✆ 0821-4603 9400, 🖥 www.instagram.com/pavilionhotelkuta. Etwas beengtes, aber günstiges Kleinhotel in ruhiger und dennoch zentraler Lage mit Pool und 28 über 3 Stockwerke verteilten, kühlen, kleinen und etwas dunklen Zimmern (auch Twin-Betten). Der Aufpreis für die geringfügig größeren Zimmer lohnt nicht. ❸–❹

Un's Hotel, Jl. Benesari 16, ✆ 0361-475 3936, 🖥 www.unshotel.com. Eine grüne Oase und ein Klassiker unter dem Management des Schweizers Roman. Im hübschen Garten mit Pool werden 30 kühle, saubere, gepflegte, teils etwas dunkle Zimmer für bis zu 3 Pers. sowie geräumige 2-stöckige Bungalows mit Kochnische vermietet. Alle mit Schaumstoffmatratzen, hübschen Möbeln und schön geschnitzten Türen, teils auch mit AC, Moskitonetz und Open-Air-Bad. Abwechslungsreiches Frühstück inkl. ❸–❼

Obere Preisklasse

Amnaya Resort, Jl. Kartika Plaza, Gang Puspa Ayu 99, ✆ 0361-755 380, 🖥 www.amnayahotels.com/kuta. Großes Hotel rund um den langgezogenen Pool mit schönen, hellen Zimmern mit wertiger Einrichtung und allem Komfort. Zuvorkommender Service, Fitnessraum. Gutes Frühstück. ❻–❼

Poppies Bali, Poppies Lane 1 Nr. 19, ✆ 0361-751 059, 🖥 www.poppiesbali.com. Der Kontrast zum Chaos vor der Tür könnte kaum größer sein: Bereits seit 1980 stehen im paradiesischen tropischen Garten mit Poollandschaft komfortable Bungalows im balinesischen Stil. Alle 20 sind sehr sauber und mit hübschem Open-Air-Bad und Stereoanlage ausgestattet. Auch ein günstigeres *Lumbung* mit Außenbad. Guter Service; Frühstück +150 000 Rp. ❼

ESSEN

Cafés und Brunch

Crumb & Coaster, Jl. Benesari 2, ✆ 0819-9959 6319, 🖥 www.fb.com/crumbandcoaster. Den Instagram-tauglichen Brunchspot würde man eher in Seminyak oder Canggu vermuten, doch auch in Kuta zieht der angesagte Look mit viel unverputztem Beton und von der Decke herabbaumelnden Pflanzen viele Gäste an. Abwechslungsreiche Karte mit guten Smoothie-Bowls, die Eggs Benedict waren hingegen etwas enttäuschend. Nicht gerade günstig. Aufmerksamer Service. ⏰ 7.30–23 Uhr.

Kopi Pot, Jl. Legian 139, ☎ 0361-752 614, 🖥 www.kopipot.com. Die seit 1990 bestehende grüne Oase ist stets gut besucht. Mit dem entspannten Ambiente und den mit *Alang-Alang*-Gras gedeckten Pavillons wirkt sie wie ein Relikt aus einer längst vergangenen Zeit. Noch immer für eine große Auswahl an Tee, Kaffee und Kuchen bekannt. Zudem Suppen, indonesische Gerichte und leckere Salate, auch glutenfrei und vegetarisch. Parkplätze. ⏰ 7–23 Uhr.

Europäisch

Mama's German Restaurant, Jl. Legian, Ecke Jl. Benesari, ☎ 0361-761 151, 🖥 www.bali-mamas.com. In bayerischer Biergartenatmosphäre gibt's seit 1985 zu gehobenen, aber durchaus angemessenen Preisen alles, was das (süd-)deutsche Herz begehrt: Brezeln und Graubrot sowie aus der eigenen Fleischerei Rouladen, Schweinshaxen, Wiener Schnitzel oder Nürnberger Bratwürste mit Sauerkraut in großen Portionen. Das riesige Eisbein reicht bei normalem Appetit locker für 2 Pers. Bundesliga-Livestreams auf großer Leinwand und deutsche Zeitungen. ⏰ 9–24 Uhr.

Santorini Greek Restaurant, Gang Ronta, ☎ 0812-3774 8909, 🖥 www.fb.com/santorinibalirestaurant. Das einfache, kleine griechische Restaurant serviert in thematisch passendem Ambiente günstige Gerichte vom Peloponnes sowie Interpretationen bekannter Speisen aus dem mediterranen Raum. Nicht ganz authentisch, aber durchaus lecker. Der Service ist freundlich, allerdings nicht der schnellste. Ableger in Seminyak und Canggu. ⏰ 8–23 Uhr.

Indonesisch

Warung Indonesia, Gang Ronta, ☎ 0812-3811 1913. Einfaches, stets gut besuchtes und sehr günstiges, bunt gestaltetes Restaurant mit einer großen Auswahl an indonesischen Gerichten auf der bebilderten Speisekarte und der verglasten Auslage. Am besten lässt man sich seinen (wahlweise auch vegetarischen oder veganen) *Nasi Campur* nach eigenen Wünschen von den freundlichen Mitarbeitern zusammenstellen. Sehr leckere frische Säfte. ⏰ 10–24 Uhr.

International

Gong Corner, Gang Ronta, ☎ 0819-9970 0356. Im bastverkleideten, alteingesessenen Traveller-Restaurant stehen die beliebtesten Gerichte auf Tafeln angeschrieben. Große Auswahl an überaus günstigen westlichen, chinesischen und indonesischen Speisen, die zwar keine Geschmacksabenteuer versprechen, aber gut sättigen. ⏰ 12–22 Uhr.

Havana Club Restaurant, Jl. Kartika Plaza, ☎ 0819-9915 0338, 🖥 www.fb.com/ClubHavana Bali. Restaurant mit mittelamerikanischem Flair, das zu Salsa-Musik Burger, Wraps, Salate, Steinofenpizzas und Tapas zu mittleren bis gehobenen Preisen serviert. Große Cocktailauswahl und gute Sangria. An manchen Abenden Latino-Livemusik. ⏰ 11–23 Uhr.

Kori Restaurant, Poppies Lane 2, ☎ 0361-758 605, 🖥 www.fb.com/KoriRestaurant Bar. Zu Recht mehrfach ausgezeichneter, sehr gut besuchter Dauerbrenner mit gemütlichen Sitzecken am Fischteich und Wasserplätschern im hübschen hinteren Bereich. Von Spezialitäten wie dem indonesischen Rindergulasch *Semut Daging* über frisches Seafood bis hin zu Burgern und Barbecue-Rippchen bietet die bunt gemischte Karte etwas für jeden. Auswahl an Champagner, Weinen und Zigarren. Aufmerksamer, zuvorkommender Service. Gehobene Preise. Mi und Fr Livemusik ab 21 Uhr. ⏰ 11–23 Uhr.

Poppie's Restaurant, Poppies Lane 1 Nr. 16, ☎ 0361-751 059, 🖥 www.poppies bali.com. Das bereits 1973 eröffnete Restaurant ist eine Oase der Ruhe im Trubel des Kommerztourismus. Im schönen Garten werden äußerst leckere Seafood-Gerichte sowie indonesische und westliche Speisen zu mittleren bis gehobenen Preisen aufgetischt. Die Reistafel für 2 Pers. gibt einen tollen Überblick über die indonesische Küche. Hervorragender Service. Reservierung empfehlenswert. ⏰ 8–23 Uhr.

Warung Pama, Gang Ronta, ☏ 0812-3906 7116. Im freundlichen Familienbetrieb bekommt man seit Jahren frische Obstsäfte, Sandwiches und Salate sowie mexikanische und Thai-Gerichte zu sehr günstigen Preisen. Ein guter Ort für den Start in den Tag oder einen herzhaften Snack zwischendurch. ⏲ 8–22 Uhr.

UNTERHALTUNG

Bars und Clubs

Kuta war Jahrzehnte lang *das* **Partyzentrum** für über die Stränge schlagende australische Teens und Twens. Nach der temorären Schließung des ewigen Nr.-1-Clubs Sky Garden war es rund um den Ground Zero etwas weniger hektisch geworden. Auch die Beach Clubs und Bars weiter nördlich haben einen Teil des Partyvolks abgeworben. Dennoch, in Kuta geht's wie eh und je ordentlich proletarisch zur Sache, was auch ein kulturelles Erlebnis sein kann. Allerdings sind testosteron- und alkoholgeschwängerte Pöbel- und Schlägereien an der Tagesordnung und volltrunkene Teenagergruppen in Bintang-Singlets, leichte Mädchen, Taschendiebe und zwielichtige Gestalten nicht jedermanns Sache. Aus den Clubs schallt elektronische und Hip-Hop-Chartmusik. Meist ist der Eintritt frei, nur Sonderveranstaltungen kosten extra.
Es herrscht keine strenge Türpolitik, allerdings haben es Indonesier schwerer, in einen Club zu kommen, als westliche Touristen. Voll wird's erst nach Mitternacht.
Wer einmal australische „Mates" mit freiem Oberkörper beim hemmungslosen Feiern beobachten möchte oder Schaumpartys schätzt, kann die beiden auf der Jl. Legian südlich vom Sky Garden gelegenen Klassiker **Bounty Discotheque** und **Paddy's** ansteuern.

Engine Room, Jl. Legian 66, ☏ 0361-755 188, 🖥 www.instagram.com/engineroombali. Seit der Schließung des Sky Garden gegenüber der geschäftigste Laden am Ground Zero. Bei Australiern aller Altersgruppen beliebt, mit mehreren Floors – der größte ist hinten – und relativ günstigen Getränken. ⏲ 20–4 Uhr.
Hard Rock Café, Jl. Pantai Kuta, ☏ 0361-755 661, 🖥 www.hardrockcafe.com/location/bali. Auf der großen Bühne geben sich von Mo–Sa ab 21.30 Uhr gute Livebands die Ehre. Viele asiatische Gäste, rockiges Ambiente und saftige Preise, aber auch große Essensportionen. Auch im Eingangsbereich des benachbarten Hard Rock Hotel gibt's eine große Bar mit Livemusik. ⏲ Mo–Do 12–1, Fr und Sa 12–2, So 12–24 Uhr.
LXXY, Jl. Legian 71, ☏ 0813-1003 0066, 🖥 www.lxxybali.com. Großer, gut besuchter Club mit elektronischer Musik und günstigen All-you-can-eat-&-drink-Angeboten. Großer Dancefloor für bis zu 1000 Feiernde, Pool auf dem Dach. Eintritt 150 000 Rp inkl. 2 Getränken. ⏲ 18–3 Uhr.
Vi Ai Pi, Jl. Legian 88, ☏ 0361-752 355. Fast jeden Abend treten Livebands, DJs und leichtbekleidete Tänzerinnen im 2. Stock des Bar-Club-Restaurant-Hybrids auf. Oft ziemlich leer. ⏲ 10–4 Uhr.

Kino

In den Einkaufszentren gibt's eine Reihe von modernen Kinos. Das aktuelle Programm findet man online, Karten kosten 35 000–65 000 Rp, in den luxuriösen VIP-Sälen 100 000–215 000 Rp.
Cinema XXI, 🖥 www.21cineplex.com. Die Kette ist u. a. in der **Mal Bali Galeria**, ☏ 0361-767 021, mit 2 Sälen (auch 3D), im **Beachwalk**, ☏ 0361-846 5621, mit 3 Sälen (auch 3D) und in der südlich nahe dem Flughafen gelegenen **Park23 Mall**, ☏ 0361-472 7621, mit 4 Sälen vertreten.
Cinepolis, 🖥 https://cinepolis.co.id. Die Kette betreibt in der **Lippo Mall**, ☏ 0361-897 8097, ein Kino mit 5 Sälen (auch VIP-Sitze und 3D) sowie weitere Ableger in der **Lippo Plaza Sunset**, in Denpasar und Jimbaran.

EINKAUFEN

Das Angebot an Souvenirs, Kunsthandwerk und Textilien ist abwechslungsreich, wenn auch nicht sonderlich hochwertig. Besonders in Kuta und Legian ist vieles auf die australische Kundschaft zugeschnitten. Wo sonst werden neben

> **Aktuelles Programm**
>
> Informationen zu aktuellen Veranstaltungen findet man unter 🖥 www.thebeatbali.com.

Souvenirs, gefakten Sonnenbrillen und Surferoutfits nachgemachte Rugby- und Australian-Football-Trikots sowie Bintang-Beer-Merchandise verkauft? In Folge der ausbleibenden Touristen während der Corona-Pandemie mussten jedoch viele Geschäfte (temporär) schließen.
Man sollte sich von penetranten Verkäufern nicht zu Spontankäufen verleiten lassen, sondern sich Zeit zum Vergleichen und Handeln (Tipps S. 38) nehmen.

Bücher

Gramedia, in der Mal Bali Galeria, ✆ 0811-398 0050, 🖥 www.fb.com/GramediaGaleria. Neben indonesischer Literatur auch Deutsch-Indonesisch-Wörterbücher und eine gute Auswahl an Schreibwaren. ⏲ 10–22 Uhr.

Periplus Bookshop, u. a. im Seminyak Square, ✆ 0877-8286 6036, 🖥 www.periplus.com. Die größte Kette mit einem breiten Angebot an aktuellen englischsprachigen Reiseführern, Karten, Zeitschriften und Büchern. Filialen im Bintang Supermarket in Seminyak sowie am Flughafen, in Ubud und Sanur. ⏲ 10–22 Uhr.

DVDs/Blu-Rays

Eine abnehmende Zahl an Geschäften verkauft (illegale) Kopien von Filmen und Serien auf DVD oder Blu-Ray ab 10 000 Rp pro DVD. Ab dem 10., teils ab dem 5. gekauften Silberling gibt's noch weitere umsonst dazu. Günstiger ist es, Filme direkt auf mitgebrachte USB-Sticks oder Festplatten überspielen zu lassen.

Achtung: Besitz und Einfuhr von Raubkopien nach Europa ist illegal. Es muss damit gerechnet werden, dass der Zoll die Kopien einzieht; ferner droht ab einer bestimmten Menge die strafrechtliche Verfolgung.

Einkaufszentren

Beachwalk, Jl. Pantai Kuta, 🖥 www.beachwalkbali.com. In den angenehm luftigen Passagen der schönsten Mall finden Klamottenläden aus Bali und aller Welt, Kosmetikgeschäfte, ein Supermarkt, Kaffeeketten, Restaurants sowie ein Kino und Parkhaus Platz. ⏲ 10–22 Uhr.

Discovery Shopping Mall, Jl. Kartika Plaza, 🖥 www.discoveryshoppingmall.com. Die etwas betagte Mall vereint zahlreiche Geschäfte unter einem Dach, darunter Sport- und Souvenirläden, teure Batik- und Schmuckgeschäfte. Seit der Corona-Pandemie stehen aber viele Ladenflächen leer. ⏲ 10–22 Uhr.

Kuta Square, am südwestlichen Ende der Jl. Pantai Kuta. Viele Mode- und Sportgeschäfte, während der Corona-Pandemie allerdings z. T. geschlossen.

Lippo Mall, Jl. Kartika Plaza, 🖥 www.lippomalls.com/malls/Lippo-Mall-Kuta. Ein Besuch lohnt vor allem wegen des modernen Cinepolis-Kinos. Zudem gibt es einen Foodcourt im maritimen Design, Klamottenläden, einen Hypermarkt. ⏲ 10–22 Uhr.

Mal Bali Galeria, Jl. By Pass Ngurah Rai, 🖥 www.malbaligaleria.co.id. Das älteste der großen Einkaufszentren beherbergt viele Boutiquen, Restaurants, ein Kino und einen Baumarkt. ⏲ 10–22 Uhr.

Kleidung

Alle bekannten Marken der Surfkultur sind mit großen Boutiquen vertreten. Günstiger sind Läden, die viele Marken unter einem Dach verkaufen und sich etwas irreführend Factory Outlets nennen. Vor dem Kauf sollte die Ware genau begutachtet werden, denn es gibt oft Fälschungen oder nicht deklarierte, qualitativ minderwertige Ausschussware.

Batik Keris, Jl. Legian 133 und Mal Bali Galeria, 🖥 www.batikkeris.co.id. Indonesiens bekanntestes Batik-Kaufhaus gibt's auch auf Bali. Schicke Kleidung für Sie und Ihn, allerdings nicht ganz günstig. ⏲ 9–22 Uhr.

Uluwatu, Hauptfiliale in der Jl. Legian, ✆ 0361-763 499, 🖥 www.uluwatu.co.id. Die balinesische Marke ist seit 1978 für ihre eleganten, hochwertigen, in Tabanan produzierten Textilien mit Lochstickereien mit hübschen traditionellen Ornamenten bekannt. Oberteile für Frauen gibt's ab etwa 700 000 Rp. Filialen u. a. in der Jl. Pantai Kuta sowie in der Jl. Kayu Aya in Seminyak, in Sanur, Nusa Dua und Ubud.

Souvenirs

Im Seitenflügel der **Discovery Shopping Mall** gab es bis zum Ausbruch der Pandemie eine große Auswahl an Souvenirs zu Festpreisen,

sodass man hier stressfrei und in aller Ruhe stöbern konnte. Eine weitere Möglichkeit ist ein Besuch im **Seminyak Village** (S. 170) oder bei **Geneva Handicraft** (S. 170).
In der Jl. Patih Jelantik (s. Karte „Legian", S. 161) finden sich eine Reihe von **Geschäften mit Antiquitäten**, hübschen Schnitzereien und Ikat-Stoffen von den indonesischen Außeninseln.

AKTIVITÄTEN

Adrenalinsport

5GX, Jl. Legian 99, ✆ 0819-9973 3399, 🖥 www.fb.com/5gxbali. Gegenüber vom Ground Zero werden in der Kapsel des Riesenkatapults, einem sogenannten Reverse-Bungy, 2–3 Pers. für 300 000–350 000 Rp p. P. über 50 m gen Himmel geschossen. Dabei wirken g-Kräfte der Stärke 3–5 auf die Insassen und die Kapsel selbst rotiert, also besser nicht mit vollem Magen ausprobieren. ⏲ 15–1 Uhr.

Schwimmen

Waterbom Park, Jl. Kartika Plaza, ✆ 0361-755 676, 🖥 www.waterbom-bali.com. Im Süden von Kuta bietet der mehrfach ausgezeichnete Wasserpark Nervenkitzel und Unterhaltung für die ganze Familie. Auf dem 4 ha großen Gelände locken 22 Wasserrutschen von zusammengerechnet mehr als 1 km Länge, von denen 8 nur für Kinder sind, und FlowRider, eine Maschine, die Surfern eine endlose Welle verspricht, aber auch 200 000 Rp pro Std. zusätzlich kostet. Eintritt für Erwachsene 535 000 Rp, Kinder von 2–11 J. 385 000 Rp, Familientickets 1,69 Mio. Rp, online jeweils 15 % Rabatt. ⏲ 9–18 Uhr.

Wellness

In Kuta und Legian gibt's viele, meist unprofessionelle Massagesalons, in denen bereits ab 85 000 Rp pro Std. eine Ganzkörperbehandlung zu haben ist. Besser ist:
Smart Salon, Jl. Pantai Kuta 204, ✆ 0812-3828 0000, 🖥 www.smartspa-bali.com. Großer, beliebter Salon mit überdurchschnittlichem Service und professionellen Therapeuten. Balinesische Ganzkörpermassage ab 195 000 Rp pro Std., zudem u. a. Shiatsu und Thai-Massagen. Mehrstündige Wellnesspakete zum Wohlfühlen ab 445 000 Rp. Bald soll eine Filiale im Seminyak Square eröffnen. ⏲ 10–23.30 Uhr.

TOUREN

MBA Tours & Travel, Jl. Legian 25 und weitere Niederlassungen in Kuta und Legian, ✆ 0812-3776 8888, 🖥 www.fb.com/mbabalitours. Hier können fast alle Freizeitangebote auf Bali sowie Mietwagen günstig gebucht werden. ⏲ 8–23 Uhr.

Perama Tour, Jl. Legian 39, ✆ 0361-750 808, 🖥 www.peramatour.com. Der alteingesessene Veranstalter bietet Touren zu fairen Preisen und ist eine zuverlässige, aber nicht unbedingt die schnellste und günstigste Wahl, wenn es um den Transport auf Bali geht (Infos auf S. 62). Mit einem Ticket können gratis Zwischenstopps entlang der Strecke eingelegt werden. So kann man z. B. während der Tour von Kuta nach Lovina ein paar Tage in Ubud rasten. ⏲ 9–22 Uhr.

SONSTIGES

Autovermietungen
Näheres S. 69.

Geld
Vorsicht beim Geldwechsel: Liegt der Wechselkurs bei einem **Money Changer** deutlich über dem aktuellen Bankkurs, bekommt man teils Falschgeld oder zu wenig Geld ausbezahlt. Manchmal sind auch die Rechner gezinkt, oder es wird eine zusätzliche Gebühr verlangt. Mehr Infos S. 49.

Gepäckaufbewahrung
Bei **Perama** (s. Touren) können Kunden ihr Gepäck 1 Tag kostenfrei und 1 Woche für 10 000 Rp pro Stück zwischenlagern.

Informationen
Indonesia Tourist Information Center (ITIC), Jl. Raya Kuta, Ecke Jl. Kalianget, ✆ 0361-766 181. Im Tourismusbüro versorgt das bemühte Personal Besucher mit Infos und Tipps. ⏲ Mo–Fr 9–17 Uhr.

Surfen lernen

Das erste Mal auf einer Welle dahinzugleiten, ist ein wunderbares Gefühl, und es gibt wenige Orte auf Bali, an denen man das Surfen so leicht erlernen kann wie am Strand von Kuta und Legian. Die Wellen sind verhältnismäßig klein und die Strömung weniger intensiv als anderswo. So wundert es kaum, dass sich **Surfschulen** angesiedelt haben, um blutige Anfänger zu leidenschaftlichen Surfern auszubilden. Alternativ können sich Sparfüchse an kleinen Ständen am Strand Bretter ab etwa 50 000 Rp pro Std. ausleihen oder für etwa 200 000 Rp pro Std. (inkl. Surfbrett) von einem weniger professionellen Surflehrer unterrichten lassen.

Die großen Schulen unterscheiden sich nur geringfügig voneinander: Sie werden von bekannten Surfermarken ausgestattet, verfügen über relativ neue Bretter und bieten morgens und am frühen Nachmittag ihre Anfängerkurse an. Die genauen Zeiten richten sich nach den Gezeiten. Spaß wird in den Kursen großgeschrieben, aber auch Verhaltensregeln und Sicherheitsfragen werden behandelt. Selbstverständlich gibt's auch weiterführende Kurse für alle, die von der Surfsucht gepackt wurden. Die Kursgebühr sollte eine Versicherung beinhalten. Fast alle Schulen bieten einen kostenlosen Abholservice für Süd-Bali an, einschließlich Nusa Dua, Jimbaran und Sanur.

Die **körperliche Anstrengung** ist nicht zu unterschätzen: 2 Std. im Wasser können schon so sehr ermüden, dass Paddeln und Aufrichten schwerfällt und erste Koordinationsprobleme auftreten. Spätestens dann ist eine Pause angebracht. Auch auf die Sonne muss geachtet werden: Immer reichlich Sonnencreme benutzen und alle 1–2 Std. erneuern; gegen Sonnenbrand während des Surfens ein T-Shirt oder Neopren-Shortie tragen.

Eine Auswahl der besten Surfschulen

Odysseys Surf School, Mercure Hotel, Jl. Pantai Kuta, Kuta, ☏ 0817-550 021, 🖥 www.odyssey surfschool.com, Karte S. 150. Die von Oakley gesponserte Schule bietet 2-stündige, von fachkundigen Lehrern geführte Kurse mit max. 4 Pers. für 350 000 Rp, mit max. 2 Pers. für 400 000 Rp und Privatstunden für 450 000 Rp an. Die Ausrüstung wird gestellt, und es wird mit „weichen" Longboards trainiert. Freundliches Personal. Auch Kinderkurse. Handtuch, Duschen, Versicherung und Schließfächer inkl., Fotos von den ersten Surfversuchen können gekauft werden. ⏰ 8–18 Uhr.

Rip Curl School of Surf, Prama Sanur Beach Hotel, Jl. Cemara, Sanur, ☏ 0812-1273 5858, 🖥 www. ripcurlschoolofsurf.com, Karte S. 179. Aus fünf 2-stündigen Lektionen bestehende Kurse mit max. 5 Schülern kosten 3,58–3,85 Mio. Rp inkl. eines Rip-Curl-T-Shirts, einzelne 2-stündige Lektionen vergleichsweise teure 770 000 Rp, eine Privatstunde 1,21 Mio. Rp und Kinderkurse 715 000 Rp. Neben Surfkursen werden auch Anfängerkurse im Kitesurfen oder Wakeboarden (je 1,65 Mio. Rp, 1 1/2–2 Std.) und Stand-Up-Paddling (770 000 Rp, 2 Std.) angeboten. Auch Verleih von Equipment und Kajaks. ⏰ 8–18 Uhr.

€ **Up2U Surf School**, nördlich des Legian Beach Hotels an der Strandpromenade, Legian, ☏ 0821-4414 7382, 🖥 www.up2usurfschool.com, Karte S. 161. Die in einer kleinen Hütte an der Strandpromenade untergebrachte, beliebte Surfschule führt für 300 000 Rp pro 2 Std.-Kurs in die Grundtechniken ein, bevor es für 220 000–400 000 Rp pro Tag in die je nach Wetterlage geeigneten Surfreviere geht. Im Anschluss an den Kurs kann man die Surfbretter kostenlos 1 Std. weiter nutzen. Kinderkurse ab 350 000 Rp, Privatstunden 500 000 Rp. Abholung +25 000 Rp. In der Nebensaison ordentliche Rabatte. ⏰ 8–18 Uhr.

Medizinische Hilfe

In Süd-Bali gibt's eine Reihe von professionell geführten **Krankenhäusern** und Kliniken (S. 53). Für kleinere Blessuren können auch kleine, weniger professionelle **Arztpraxen** aufgesucht werden, die pro Konsultation um 500 000 Rp berechnen, Medikamente aber oft zu deutlich überhöhten Preisen verkaufen und es mit der Diagnostik nicht allzu genau nehmen.

Motorradverleih
Nahezu in jeder Unterkunft werden günstig Motorräder vermietet.

Bikago, Jl. Raya Kerobokan 71D, Seminyak, ℡ 0361-474 1753, 🖥 www.bikago.com, www.balibikerental.com. Zuverlässiger Anbieter für den Verleih von gut gewarteten motorisierten Zweirädern. Mehr Infos S. 70.

Post
Kantor Pos Kuta, Gang Selamet, Jl. Raya Kuta, ℡ 0361-754 012. In der Hauptfiliale kann man Pakete sicher einnähen lassen und verschicken. Preise S. 59. ⊕ Mo–Fr 7.30–20, Sa 7.30–19 Uhr. Briefe und Pakete können auch an kleinen **Postannahmestellen** abgegeben werden, die über das Stadtgebiet verteilt sind. Sogenannte „Postal Agents" liegen z. B. in der Jl. Benesari und Jl. Patimura. ⊕ Mo–Sa 9–20 Uhr.
DHL, Jl. Legian 451, Legian, ℡ 0361-762 138, 🖥 www.dhl.co.id, Karte S. 161. ⊕ Mo–Fr 9–17, Sa 9–14 Uhr.
DHL, Jl. Sunset Rd., Seminyak, ℡ 0361-966 9171, Karte S. 167. ⊕ Mo–Fr 9–15, Sa 9–12 Uhr.

TRANSPORT
Angkot
Die klassischen Minibusse (auch *Bemo* genannt) verkehren nicht mehr innerhalb von Kuta, Legian und Seminyak und nur noch unregelmäßig bei genügend Passagieren von 5.30–17 Uhr ab dem **Bemo Corner** am östlichen Ende der Jl. Legian für 10 000 Rp p. P. zum Busbahnhof Tegal in DENPASAR. Oft verlangen die Fahrer deutlich höhere Preise von Touristen und zudem ist der Transport sehr zeitaufwendig, sodass eine über die Apps Grab oder Gojek gebuchte Fahrt in Privatwagen oder auf Motorrädern die bessere Wahl ist.

Linienbusse
Kura-Kura Bus, 🖥 www.kura2bus.com. Die≈klimatisierten Busse im Schildkrötendesign verkehrten vor der Corona-Pandemie auf 4 Routen durch Kuta, Legian und Seminyak sowie nach Jimbaran, Nusa Dua, Sanur und Ubud. Aktuell wird nur eine Route zwischen KUTA, SANUR und UBUD bedient. Abfahrt ist um 9 Uhr ab RPort Food Hall nahe dem Flughafen, die Strecke führt via Discovery Shopping Mall und Beachwalk Mall in Kuta, McDonald's in Sanur, Bali Bird Park und Bali Zoo zum Coco Supermarket am Ende der Jl. Hanoman und zum Puri Lukisan Museum in Ubud. Einfache Fahrt 100 000 Rp, hin und zurück 160 000 Rp.

Shuttlebusse
Busse zu Zielen auf Bali fahren am Perama-Büro in der Jl. Legian ab. Perama verlangt für die Abholung sowie den Transfer zum Hotel im Zielort jeweils 15 000 Rp. Alternativ können **Shuttletransporte** gebucht werden, die Gäste mit Privatfahrzeugen ohne Aufpreis abholen und zur gewünschten Adresse bringen. Sie sind jedoch meist teurer als Perama. Für den Transport nach NUSA LEMBONGAN, LOMBOK oder auf die GILIS gibt's Angebote inkl. Bootsfahrt. Infolge der Pandemie wurde das Angebot an Shuttletransfers stark eingeschränkt.

Fahrplan Perama, Preise p. P.:
AMED und TULAMBEN um 7 Uhr für 200 000 Rp.
BEDUGUL um 7 Uhr für 150 000 Rp.
CANDI DASA und PADANG BAI um 7 Uhr für 125 000 Rp.
KINTAMANI um 10 Uhr für 150 000 Rp (mind. 2 Pers.).
LOVINA um 7 Uhr für 250 000 Rp.
NUSA LEMBONGAN um 7, 9.30 und 12.30 Uhr für 225 000 Rp (mind. 2 Pers.).
NUSA PENIDA um 6.30, 7.30, 11.30 und 13.30 Uhr für 250 000 Rp (mind. 2 Pers.).
SANUR um 7, 10 und 14 Uhr für 50 000 Rp.
SENGGIGI (Lombok) mit der langsamen Fähre um 6 Uhr für 175 000 Rp.
TIRTAGANGGA um 7 Uhr für 200 000 Rp.
UBUD um 7, 10 und 14 Uhr für 100 000 Rp.

Fahrplan andere Shuttlebusse, Preise p. P.:
AMED und TULAMBEN um 6, 9 und 11 Uhr für 250 000 Rp (mind. 2 Pers.).
CANDI DASA um 6, 9, 11 und 13 Uhr für 110 000–180 000 Rp.
GILIS mit Schnellbooten um 6, 9 und 11 Uhr für 290 000 Rp.

KUTA (Lombok) um 6, 9 und 11 Uhr für 340 000 Rp (mind. 2 Pers.).
LOVINA um 9, 11 und 13 Uhr für 250 000–280 000 Rp (mind. 2 Pers.).
MATARAM (Lombok) um 6, 9, 11 und 13 Uhr für 225 000 Rp.
NUSA LEMBONGAN für 300 000 Rp.
PADANG BAI um 6, 9, 11 und 13 Uhr für 100 000 Rp.
SANUR um 6, 9, 11 und 13 Uhr für 60 000–70 000 Rp.
SENGGIGI (Lombok) um 6, 9 und 11 Uhr für 240 000 Rp.
TIRTAGANGGA um 6, 9 und 11 Uhr für 200 000 Rp (mind. 2 Pers.).
UBUD um 9, 11 und 13 Uhr für 70 000–80 000 Rp.

Taxis

Es ist leicht, ein Taxi zu bekommen, allerdings weigern sich viele Fahrer ihr Taxameter einzuschalten. Am besten sind die blauen **Blue-Bird-Taxis**, deren Design – von der Farbgebung bis zum Logo – von vielen Konkurrenzunternehmen nachgemacht wurde, sodass es ein geübtes Auge braucht, um die Echten zu erkennen. Die Grundgebühr für Fahrten mit Taxameter beträgt 6000–7500 Rp (inkl. 1 km), jeder weitere Kilometer kostet 6600 Rp. Alternativ können über die Apps **Grab** oder **Gojek** sehr günstige Fahrten in Privatwagen oder mit Motorrädern gebucht werden. Mehr Infos S. 68.

Fähren

PELNI, Jl. Raya Kuta 299, 0361-763 963, www.pelni.co.id. Infos zu Verbindungen S. 35. unzuverlässig Mo–Sa 8–12 und Mo–Fr 12.30–15 Uhr.

Flüge

Infos zu Flugverbindungen S. 35.

Legian

Im Norden geht Kuta nahtlos in den Ferienort Legian über. Schlendert man die zentrale Verkehrsachse Jalan Legian hinauf, fällt kaum ein Unterschied auf. Dennoch, Legian zieht ein anderes Publikum an als Kuta: Während weiter südlich junge, feierwütige Australier dominieren, sind in Legian zwar ebenfalls mehrheitlich australische Pauschalurlauber anzutreffen, allerdings fühlbar mehr Familien und ältere Reisende. Folglich geht's hier ein bisschen geruhsamer und gesitteter zu. Zudem sind die Straßen etwas breiter und der Verkehr etwas weniger hektisch.

ÜBERNACHTUNG

Die Mehrzahl der Unterkünfte richtet sich an ein wohlsituiertes Publikum, aber es gibt auch einige günstige Alternativen für Backpacker. Große, luxuriöse Hotelkomplexe dominieren die Strandgegend.

Schlafsaalbetten

Borough Capsule Hostel, Jl. Padma Utara 5, 0361-756 943, https://boroughcapsulehostel. inn.fan. Ein typischer Vertreter der neuen Hostelgeneration: modern, komfortabel und mit Privatsphäre. Saubere Schlafsäle mit 2 oder 14 dicken Matratzen in kojenartigen Schlafkapseln mit Rollos, Leselampe und Steckdosen sowie großen Schließfächern für 170 000 Rp bzw. 120 000 Rp p. P. Auch ein Schlafsaal nur für Frauen und einer mit Doppelmatratzen. Schöne Aussicht von der gemütlichen Dachterrasse mit winzigem Pool. Hilfsbereites Personal. Einfaches Frühstück inkl.

Untere Preisklasse

Arca Bungalow, Gang Three Brothers, 0361-475 4002. Die ruhige Gartenanlage mit Pool beherbergt geräumige, klimatisierte Bungalows und Zimmer mit Himmelbett und Terrasse; auch große Familienapartments mit Wohnküche für 700 000 Rp. Keine Zimmer mit Twin-Betten. Der nette Besitzer Jode spricht sehr gutes Englisch. Frühstück +40 000 Rp p. P. ❸–❹

Kubu Mentig Gh., Jl. Patih Jelantik 55, 0813-3858 2364, www.fb.com/Kubumentig. Der kleine, sympathische Familienbetrieb offeriert im 2-stöckigen Bau rund um den Pool einfache, saubere, ordentliche, klimatisierte Zimmer zu einem guten Preis. Die teureren Zimmer im 1. Stock sind deutlich heller. ❸–❹

Senen Beach Inn, Jl. Melasti, Gang Senen, ✆ 0361-755 470. Eine der günstigsten Optionen liegt zurückversetzt von einer Gasse mit weiteren Billigunterkünften und punktet mit einem guten, preiswerten Restaurant, freundlichen Vermietern, familiärer Atmosphäre und günstigsten Preisen. Die Zimmer mit großem Bad (teils nur Kaltwasser) sowie recht guten Matratzen könnten allerdings sauberer sein. Die klimatisierten Zimmer sind geräumiger, aber leicht muffig. Günstiger Surfbrettverleih. ❷–❸

Mittlere Preisklasse

Ady's Inn, Jl. Sahadewa, Gang 2, ✆ 0811-399 3325, 🖳 www.adysinn.com. Hier findet jeder das Richtige: Zentral, fußläufig zum Strand und doch angenehm ruhig am Ende einer schmalen Gasse gelegene Anlage mit gepflegtem Garten und kleinem Pool. Saubere, angenehm klar gestaltete Zimmer im hellen, 2-stöckigen Neubau oder großzügigere Deluxe-Zimmer. Alle zu einem guten Preis-Leistungs-Verhältnis, mit kompletter Ausstattung und bequemen Betten. Sehr freundliche Mitarbeiter. ❹–❻

Bliss Surfer Hotel, Jl. Sriwijaya 88, ✆ 0361-767 222, 🖳 www.tritamahospitality.com/bliss-surfer-bali.html. Das etwas abseits, aber dadurch auch recht ruhig gelegene Hotel hat sich ganz dem Surferthema verschrieben, zieht allerdings kaum Surfer an. Rund um den Innenhof mit Pool locken komfortable, nicht mehr ganz frische Zimmer mit guten Matratzen, Wasserkocher und Balkon. Gutes Preis-Leistungs-Verhältnis. Freundliches Personal. Frühstücksbuffet inkl. ❹–❺

Three Brothers Inn, Jl. Legian, Gang Three Brothers, ✆ 0361-757 224, 🖳 www.threebrothersbungalows.com. Die charmante, sehr weitläufige, gepflegte Parkanlage mit prächtigem Garten und großem Pool ist eine der ältesten Unterkünfte Legians. Es werden geräumige, saubere, aber ältere und etwas dunkle Zimmer mit netten Open-Air-Bädern geboten, teils auch mit AC. Leider ziemlich überteuert und der Service könnte aufmerksamer sein. Frühstück +100 000 Rp. WLAN im Restaurant inkl. ❹–❺

Obere Preisklasse

Alam KulKul Boutique Resort, Jl. Pantai Kuta, ✆ 0361-752 520, 🖳 www.alamkulkul.com. Seit 1989 bewährtes, geschmackvolles Hotel im klassischen balinesischen Stil in zentraler, dennoch ruhiger Strandlage. 80 komfortable, hübsch dekorierte Zimmer mit allem Komfort, teils auch Himmelbetten, zudem Familienzimmer und exklusive Villen. 2 Pools mit Kinderbecken sowie ein gutes Spa. Teure Kochkurse. Aufmerksamer Service. Frühstücksbuffet inkl. ❻–❼

The Magani Hotel & Spa, Jl. Melasti, ✆ 0361-765 188, 🖳 www.themagani.com. Schlichte Eleganz in Holztönen zeichnet die 108 komfortablen Zimmer im luftigen 4-stöckigen Bau aus, teils auch mit Privatpool oder Jacuzzi. Der große Pool, ein Mozzarella Restaurant (s. Essen) sowie das Spa und der sehr gute Service sind weitere Pluspunkte. Frühstück +100 000 Rp p. P. ❺–❼

ESSEN

Asiatisch

Hakata Ikkousha Ramen, Jl. Sunset Rd. 225X, Blok 4–5, ✆ 0361-894 7019, 🖳 www.instagram.com/ikkoushabalihakata. Im Bali-Ableger der weltweit agierenden japanischen Kette werden authentische Ramen-Nudelsuppen zu mittleren Preisen aufgetischt. ⏰ 11–22 Uhr.

LemonGrass Thai Restaurant, Jl. Melasti, ✆ 0813-3333 9243, 🖳 www.fb.com/LemonGrassThaiRestaurant. Das gut besuchte, relativ große, luftige Restaurant serviert erstaunlich leckere Thai-Gerichte und einige indonesische Speisen, auch Frühstück. Alles ohne Glutamat. Mi Abend Livemusik. Mittlere bis gehobene Preisklasse. ⏰ 11–23 Uhr.

Warung Etnik, Jl. Legian 355, ✆ 0361-751 707. Das in einem luftigen, 2-stöckigen Holzgebäude untergebrachte Restaurant im rustikalen Ethno-Stil mit historischen Schwarz-Weiß-Fotos und massiven Holztischen ist zum Mittag- und Abendessen beliebt. Hübsch angerichtete Gerichte zu mittleren Preisen. Abends entspannte Livemusik. ⏰ 9–24 Uhr.

Legian

■ ÜBERNACHTUNG
1. Borough Capsule Hostel
2. Arca Bungalow
3. Three Brothers Inn
4. Ady's Inn
5. Bliss Surfer Hotel
6. The Magani Hotel & Spa
7. Senen Beach Inn
8. Alam KulKul Boutique Resort
9. Kubu Mentiç Gh.

■ ESSEN
1. Mozzarella by The Sea
2. Mugshot
3. Paideia/Warung Bule
4. Fat Bowl
5. Mozzarella Padma
6. Hakata Ikkousha Ramen
7. Garlic Lane Restaurant & Bar
8. Melasty Babi Guling
9. Mozzarella at The Magani
10. LemonGrass Thai Restaurant
11. Swiss Restaurant
12. Fat Tony's
13. Legian Food Court (Pasar Kuliner Desa Adat Legian)
14. Warung Etnik

■ SONSTIGES
1. DHL
2. Wäscherei
3. Wäscherei
4. Up2U Surf School
5. Wäscherei
6. Antiquitätengeschäfte
7. Wäscherei

■ TRANSPORT
1. MBA Tours & Travel

Cafés

Mugshot, Jl. Padma Utara 5, ☏ 0821-4567 7765, 🖳 www.fb.com/mugshotcoffeebali. Das nette kleine Café hat annehmbare Sandwiches, leckeres Müsli sowie Tee und sehr guten, wenn auch etwas teuren Kaffee. ⏲ 6–17 Uhr.

Paideia/Warung Bule, Gang Abdi, ☏ 0813-3823 2023, 🖳 www.fb.com/100064050032892. Etwas versteckt gelegen, kann man im kleinen Café-Restaurant mit günstigen internationalen Gerichten, guten Säften oder Bio-Tees die Ruhe genießen. Der Kaffee kommt aus einer original italienischen Maschine, und die Wände sind mit Unterschriften und Lobpreisungen ehemaliger Gäste aus aller Welt geschmückt. ⏲ Mo–Do 7.30–22, Fr–So 7.30–23 Uhr.

Europäisch

Swiss Restaurant, Jl. Legian 360, ☎ 0361-762 345, 🖥 http://bali-swiss.weebly.com/fonduestuebli.html. Seit 1977 bewirten der gesellige Jon und seine Frau Suci hungrige Reisende. Vor der schwarz-weiß gefliesten Stube parkt regelmäßig Jons Oldtimer. Es werden Klassiker wie Zürcher Geschnetzeltes, aber auch Indonesisches und Frühstück zu relativ hohen Preisen serviert. Mit etwas Glück gibt Jon ein paar Anekdoten aus seinem spannenden Leben zum Besten oder spielt auf seiner Violine. Do abends Legong-Tänze von Kindern und So Livemusik. ⏲ 9–23 Uhr.

Indonesisch

Legian Food Court (Pasar Kuliner Desa Adat Legian), Jl. Sriwijaya 818, ☎ 0812-2398 8864, 🖥 www.fb.com/legianfoodcourt. Der rund um den Parkplatz aufgebaute Foodcourt beherbergt gut ein Dutzend Straßenrestaurants und günstige lokale, die internationale Spezialitäten zubereiten. Empfehlenswert ist der Stand von Annie aus Sulawesi, die kantonesisch kocht. Sauber und angenehm. ⏲ 9–23 Uhr.

Melasty Babi Guling, Jl. Melasti 47, ☎ 0813-3847 2238. Wer eine Portion leckeres klassisches Spanferkel à la Bali probieren möchte, sollte idealerweise bereits vormittags im einfachen Warung im hinteren Bereich des Souvenirmarkts vorbeischauen, bevor es ausverkauft ist. Reichhaltige, günstige Portionen. ⏲ 8–17 Uhr.

International

Fat Bowl, Jl. Padma 2, ☎ 0361-766 247, 🖥 www.fb.com/fatbowl. Im elegant-modern mit einer großen Bar eingerichteten, luftigen Restaurant wird für die vornehmlich australischen Gäste hübsch angerichtete Fusionsküche serviert. Die Burger in gedämpften chinesischen *Bao*-Brötchen sind zu empfehlen. Fast Verhungerte sollten den 1 kg schweren Fat Burger probieren, den angeblich größten Burger in Indonesien. Wer ihn alleine schafft, isst gratis! Gehobene Preise. ⏲ 7–21 Uhr.

Auch in Legian geht´s abends in die Strandbars.

Fat Tony's, Jl. Sriwijaya 28, ☏ 0857-9264 1911, 🖥 www.instagram.com/fattonyskutabali. Die erstaunlich günstigen Burger und Sandwiches von Tony schmecken richtig gut, kein Wunder also, dass sie oft bereits vor Betriebsschluss ausverkauft sind. Wer ordentlich Hunger mitbringt, sollte einen Burger mit 2 oder 3 Patties bestellen. Eine Flasche Trinkwasser gibt's aufs Haus. Direkt neben dem Grillhäuschen stehen Tische im Freien und im klimatisierten Innenraum. ⊙ Di–So 14–22 Uhr.

Garlic Lane Restaurant & Bar, Jl. Sahadewa 3, ☏ 0361-755 285, 🖥 auf Facebook. Kleines, rustikales, bei Australiern beliebtes Restaurant mit einer Auswahl an westlichen und einheimischen Gerichten. Mittlere Preisklasse. Mi und So ab 20 Uhr Travestie-Shows. Freundlicher Service. ⊙ 7–22 Uhr.

Mozzarella Padma, Jl. Padma 9, ☏ 0361-755 896, 🖥 www.mozzarella-resto.com. Im luftigen, mit viel recyceltem Holz gestalteten Open-Air-Restaurant werden frische Salate, Steaks und indonesische Gerichte sowie Desserts und gute Cocktails zu gehobenen Preisen serviert. Alles ist richtig lecker, nur die Portionen sind leider etwas zu klein. ⊙ 11–23 Uhr. Zudem das **Mozzarella by The Sea**, Jl. Padma Utara, ☏ 0361-751 654, sowie das **Mozzarella Restaurant & Bar at The Magani**, Jl. Melasti, ☏ 0361-765 188.

SONSTIGES UND TRANSPORT

Die Informationen im Kuta-Teil (S. 156) gelten auch für Legian.

Seminyak

In nördlicher Richtung geht Legian seinerseits nahtlos in Seminyak über, dem vom Angebot her schicksten der drei Haupttouristenorte an der Westküste Süd-Balis. In den durchgestylten Restaurants, Bars und Cafés wähnt man sich eher in Melbourne oder Sydney als auf Bali, allerdings erinnern die tropischen Wetterverhältnisse, der chaotische Verkehr und das Straßenbild vor der Tür schnell wieder daran, wo man sich befindet. Instagramer – und solche die es gerne wären – haben die angesagten Läden im Griff. Sie fotografieren ihre bewusst fotogen angerichteten Smoothiebowls und Eggs Benedict, schlürfen einen Soja-Latte-Macchiato und beißen in einen Gourmet-Burger. Aber auch die Ansprüche von „normalen" Touristen werden befriedigt: Hochklassige Hotels und Villenanlagen laden zum niveauvollen Entspannen ein, und in kreativen Boutiquen entdeckt man das eine oder andere Stück, das, wenn auch nicht ganz günstig, als eine tolle, oftmals auch hochwertige Erinnerung an den Bali-Urlaub mit nach Hause kommt.

Die Highlights warten direkt am Strand: Zum Sonnenuntergang gehört ein Besuch in einer der rappelvollen **Strandbars** fast schon zum guten Ton, während man sich tagsüber z. B. im Potato Head Beach Club (verhältnismäßig günstig) wie ein echter VIP fühlen kann. Wenn es dunkel wird, lohnt es sich, ausreichend Zeit in die Erkundung der kulinarischen Szene zu investieren, denn wohl nirgendwo sonst in Indonesien ist die Dichte an exzellenten Restaurants so hoch wie hier. Besonders die Jalan Laksmana oder Oberoi genannte Jalan Kayu Aya ist als **„Eat Street"** bekannt und geschätzt. Mit vollem Magen macht die Erkundung des Nachtlebens gleich umso mehr Spaß.

ÜBERNACHTUNG

Die Zimmerpreise sind höher und die Auswahl an günstigen Unterkünften ist begrenzt. Eine Vielzahl kleiner, exquisiter **Villenanlagen** hat sich in Seminyak angesiedelt. In der Regel verfügt jedes dieser Anwesen über einen privaten Pool, Garten und mehrere Schlafzimmer, ideal für Familien, die einen hohen Standard erwarten.

Schlafsaalbetten
M Box Seminyak, Jl. Raya Seminyak 19, ☏ 0361-730 977, 🖥 www.mboxseminyak.com. Zentral gelegenes Hostel mit großen Gemeinschaftsbereichen und kleinem Pool. Nach Geschlechtern getrennte Schlafsäle mit 6 bzw.

30 Einzelbetten mit Leselampe und Steckdose für 100 000–150 000 Rp. Die einem winzigen EZ entsprechenden, fensterlosen Schlafkapseln mit eigener Tür sind die bessere Option. Sie bieten mehr Privatsphäre und einen kleinen Schrank für 130 000–170 000 Rp. Zudem auch DZ mit nur durch eine Verglasung abgetrenntem Bad. Alle Schlafmöglichkeiten sind fensterlos, relativ beengt und hellhörig, aber klimatisiert, sauber und mit bequemen Matratzen und Safe ausgestattet. Der Schlüssel ist in einem Armband untergebracht. Jeden Abend gibt's Events, um andere Reisende kennenzulernen, etwa gratis Pizza, Spaziergänge, Livemusik usw. Hilfsbereites Personal. Frühstück inkl.

Untere Preisklasse
Inada Losmen, Gang Bima, Jl. Raya Seminyak, ☎ 0361-732 269. Das kleine Losmen liegt ruhig in einer winzigen Seitengasse und bietet einige der günstigsten Zimmer in Seminyak. 12 alte, sehr einfache, aber saubere Räume mit harten, durchgelegenen Federkernmatratzen und großem Bad sowie Veranda. Motorradverleih. Frühstück inkl. ❷–❸

Ned's Hideaway, Gang Bima 2, Jl. Raya Seminyak, ☎ 0361-731 270. Von teuren Anlagen umgeben, wohnt man in der weder besonders gepflegten noch sauberen Anlage entweder in sehr einfachen, günstigen Zimmern mit alter Einrichtung und Balkon bzw. Veranda oder 6 komfortableren klimatisierten Zimmern mit Kühlschrank und TV. ❶–❹

Mittlere Preisklasse
Bali Ayu Hotel & Villas, Jl. Petitenget 99X, ☎ 0361-473 1263, 🖳 www.baliayuhotelseminyak.com. Die langgezogene, bei australischen Gästen beliebte Anlage mit Pool hat für die Gegend sehr gute Preise und ältere, aber gepflegte, geräumige, komfortable und saubere Zimmer mit guten Matratzen. Schöner wohnt man in den Zimmern in den doppelstöckigen Häuschen im hinteren Teil. Freundliches, hilfsbereites Personal. Frühstück inkl. ❸–❺

Harris Seminyak, Jl. Drupadi 99, ☎ 0361-849 9288, 🖳 https://bit.ly/3DiUMdc. Zweckmäßiges Mittelklassehotel mit günstigen Angeboten online und 231 komfortablen, relativ geräumigen, aber auch hellhörigen Zimmern mit orangenen Akzenten, bequemen Betten und den in der Kategorie üblichen Annehmlichkeiten. Kleine Pools. Tiefgarage. Freundliches Personal. ❹–❻

Juada Garden 10, Jl. Raya Seminyak 501, ☎ 0361-730 990, 🖳 www.juadagarden.com. Zentral, aber ruhig gelegene Anlage mit empfehlenswerten, gepflegten Villen mit 1–3 Schlafzimmern, Privatgarten, TV und Küchenzeile, die teuersten mit kleinem Privatpool, sowie einigen einfacheren Zimmern über der Rezeption. Besonders für Kleingruppen und Familien geeignet. Vorbuchung absolut sinnvoll. ❸–❺, Villen ❻–❽

Obere Preisklasse
Amadea Resort & Villas, Jl. Kayu Aya 55, ☎ 0361-847 8155, 🖳 https://arvs.pphotels.com. Mittendrin im Trubel der „Eat Street" und doch ruhig wohnt man ein ganzes Stückchen zurückversetzt in 93 komfortablen Zimmern rund um 2 Pools. Auch 7 Villen mit Privatpools. Der Service ist freundlich, und jeden Tag liegt ein anderes wie ein Tier geformtes Handtuch auf dem Bett. Frühstück inkl. ❻–❽

Blue Karma Oasis Seminyak, Gang Bima 2, Jl. Raya Seminyak, ☎ 0361-737 898, 🖳 https://dijiwasanctuaries.com/at/blue karmaseminyak. Sehr kreativ gestaltete, gepflegte Bungalowanlage mit professionellem, aufmerksamem Service und einem hübschen Garten mit Pool. Die 21 luxuriösen Zimmer nd Villen sind sehr schön und individuell im Stil indonesischer Stämme gestaltet, mit geschnitzten Türen, Statuen und vielen kleinen Details. Frühstück inkl. ❼–❽

ESSEN

Amerikanisch
Bo$$ Man, Jl. Kayu Cendana 8B, ☎ 0812-3916 7070, 🖳 www.bossmanbali.com. Wem der Sinn nach Gourmet-Burgern steht, ist hier zu jeder Tageszeit richtig. In der offenen Küche des kleinen, minimalistisch weiß gefliesten Ladens mit Barhockern werden aus durch den Fleischwolf gejagten Dry-aged-Steaks acht Burgerkunstwerke für je um 100 000 Rp kreiert,

darunter auch ein *Babi Guling*-Burger. Dazu noch eine Portion Trüffel-Pommes und man is(s)t glücklich. ⏱ 11–1 Uhr.

Motel Mexicola, s. Unterhaltung. Neben den ausschweifenden Partys gibt's im perfekt designten Mexikaner auch gutes, teures Essen und Cocktails. ⏱ 11–1, Küche 11–22.30 Uhr.

Naughty Nuri's Seminyak, Jl. Mertanadi 62, ☎ 0361-847 6783, 🖥 www.naughtynurisseminyak.com. Der Siegeszug des im kleinen Warung nahe Ubud (S. 213) entwickelten Barbecue-Rippchen-Rezepts scheint unaufhaltsam. Das große, etwas abseits gelegene, luftige Restaurant hat zwar wenig von der informellen Atmosphäre des Originals, ist aber stets gut besucht. Lohnt für Freunde großer Fleischportionen und wegen der Martinis. ⏱ 11–22 Uhr.

Taco Beach Grill, Jl. Kunti 8, ☎ 0878-6163 2845, 🖥 www.tacobeachgrill.com. Der kleine, farbenfrohe Laden liegt zwar nicht am Strand, serviert aber die leckersten Tacos und Burritos weit und breit. Neben klassischen Varianten auch ausgefallene, z. B. mit *Babi Guling* oder *Mahi-Mahi* und auch vegane Optionen. Zudem kreative Saft- und Smoothie-Kreationen. Freundliche, flotte Bedienung. ⏱ 12–22.45 Uhr.

Wacko, Jl. Drupadi 18, ☎ 0821-4401 0888, 🖥 www.instagram.com/wackoburger. Beliebter Burger-Spot mit netter Aussicht auf das kleine Reisfeld dahinter und ausgefallenen, leckeren Burgerkreationen (Tipp: Speedy Gonzales), die auch nach eigenen Wünschen zusammengestellt werden können. Etwas günstiger als Bo$$ Man. ⏱ 8–23 Uhr.

Asiatisch

Bo & Bun, Jl. Raya Basangkasa 26, ☎ 0859-3549 3484, 🖥 https://eatcompany.co/boandbun. Modernes, geschmackvoll im Bistro-Look gestaltetes, sehr beliebtes Restaurant mit guten vietnamesischen und Thai-Gerichten zu mittleren bis gehobenen Preisen. Die Banh-Mi-Sandwiches sind echt lecker. ⏱ 10–23 Uhr.

Mad Ronin, Jl. Petitenget 7, ☎ 0878-6226 7657, 🖥 www.fb.com/madronin.bali. Wie es sich für die angesagte Gegend Petitenget gehört, ist der kleine Laden nicht ganz günstig, aber stilsicher kreativ gestaltet. Die Türgriffe sind Samuraischwertern nachempfunden und den Tresen aus unverputztem Beton schmücken mit japanischen Zeichnungen verzierte Skateboards. Die Speisekarte konzentriert sich auf kräftige, mind. 8 Std. geköchelte Ramen-Suppen sowie Craft-Biere. Hinten locken Vintage-Arcade-Spielautomaten und im Stockwerk darüber die Bar **40 Thieves** (S. 168). ⏱ 11–24 Uhr.

Mama San, Jl. Raya Kerobokan 135, ☎ 0818-0612 6700, 🖥 http://mamasanbali.com. Eines der angesagtesten und kreativsten Restaurants! Hier werden die Geschmackswelten Asiens in stilvoll-schicker Atmosphäre auf den Teller gezaubert. Der berühmte Küchenchef Will Meyrick teilt die kulinarischen Entdeckungen seiner Reisen quer durch Südostasien zu gehobenen Preisen mit seinen Gästen. Reservierung empfohlen. ⏱ 12–15 und 18–22 Uhr.

Ryoshi Japanese Restaurant, Jl. Raya Seminyak 17, ☎ 0361-731 152, 🖥 www.instagram.com/ryoshibali. Die große, unten klimatisierte, oben offene, nicht mehr ganz zeitgemäße Hauptfiliale der balinesischen Kette bietet neben leckerem Sushi und Sashimi zu moderaten Preisen auch jeden Mo und Fr Livejazz ab 21 Uhr. Der Service könnte aufmerksamer sein. ⏱ 12–24 Uhr.

Sushimi, Jl. Camplung Tanduk 4X, ☎ 0361-737 816, 🖥 www.sushimibali.com. Moderne kleine, aber feine Sushibar mit rotierendem Tresen. Die Spezialität sind Sushi-Donuts, aber auch die normalen Sushi sind gut. Besonders zum 20 000 Rp-pro-Teller-Special am Fr ab 17 Uhr spitzen Preis-Leistungs-Verhältnis, dann ist aber auch mit längeren Wartezeiten zu rechnen bis man einen Sitzplatz ergattert. ⏱ 11–23 Uhr.

Cafés und Desserts

Biku, Jl. Petitenget 888, ☎ 0851-0057 0888, 🖥 www.bikubali.com. Gemütlich und heiter geht's in dem mit Antiquitäten eingerichteten, sehr beliebten Café zu. Neben Kaffee, Kuchen, Burgern und Hauptgerichten auch High Tea in britischer Tradition, Cocktails sowie exzellente Desserts und Frühstücksoptionen – von „gesund" über „klassisch" bis zu „ausgefallen". Unsere Empfehlungen: Bacon-

and-Egg-Burger, Shaksuka und Kartoffelkuchen. Verkauf von hübschen Souvenirs und ausgesuchten Büchern über Bali. Traditionelle indonesische Livemusik und Jazz Sa von 20–22 Uhr und So von 17–20 Uhr. ⏱ 8–23 Uhr.
Gelato Secrets, Jl. Petitenget, ☏ 0813-1169 6026, 🖥 www.gelatosecrets.com. Wer Lust auf eine leckere Abkühlung hat, kann in der kleinen Filiale der in Ubud beheimateten Eismanufaktur (S. 214) vorbeischauen. 24 abwechslungsreiche Sorten. Ein kleiner Becher kostet 35 000 Rp. ⏱ 11–22.30 Uhr.
Starbucks Dewata, Jl. Sunset Rd. 77, ☏ 0361-934 3482, 🖥 http://dewata.starbucks.co.id. Der gigantische Südostasien-Flagship-Store von Starbucks spart nicht mit Superlativen. Spitzenmäßiges Design, eine kleine Kaffeepflanzenzucht, technische Spielereien, die die Kaffeeproduktion veranschaulichen, ein Restaurant und nach Voranmeldung Baristakurse (3x tgl., 1 1/2 Std., 100 000 Rp) locken besonders viele asiatische Touristen an. ⏱ 8–22 Uhr.

Europäisch

Da Maria, Jl. Petitenget 170, ☏ 0361-934 8523, 🖥 www.damariabali.com. Wie auf Capri: Angesagter Italiener im coolen blau-weißen 1960er-Jahre-Retro-Stil mit einsehbarer Küche, exzellenten neapolitanischen Pizzas und Cocktails zu hohen Preisen. Mi, Do und So wird der Laden ab 22 Uhr zum Club mit DJ umfunktioniert. Betont lässiger Service. ⏱ Di, Fr und Sa 17–24, Mi, Do und So 17–3 Uhr.

€ Milos Warung Souvlaki, Jl. Mertanadi 60, ☏ 0813-5305 1400, 🖥 www.fb.com/warungsouvlaki66. Im passend schneeweißen Ambiente gibt's günstige griechische Küche – nicht ganz authentisch, aber trotzdem lecker. Die Gyros-Pitas sind ein guter Snack für Zwischendurch. Freundlicher Service. ⏱ 8–23 Uhr.

Ultimo Italian Restaurant, Jl. Kayu Aya 78, ☏ 0361-738 720, 🖥 http://ultimorestaurant.com. Das große 2-stöckige italienische Lokal mit einsehbarer Küche wird von der treppenförmig arrangierten Bar mit Blick auf die „Eat Street" und den sich durch das gesamte Restaurant ziehenden abstrakten geometrischen Mustern geprägt. Es wird eine Top-Auswahl an Antipasti, hausgemachten Nudelgerichten, Pizzas und frischen Meeresfrüchten zu mittleren, höchst gerechtfertigten Preisen angeboten – kein Wunder, dass das Ultimo stets bestens besucht ist! Große Weinkarte und flotter Service. ⏱ 16–23 Uhr.

Yamma Yaa, Jl. Arjuna, ☏ 0812-4619 0856, 🖥 www.instagram.com/yammayaa.legian. Immer gut besuchtes italienisches Restaurant mit einer riesigen Auswahl an ziemlich authentischen, leckeren Pizzas sowie hausgemachter Pasta und Lasagne. Für die Küche relativ günstig. ⏱ 13–23 Uhr.

Indonesisch

Sambal Shrimp Restaurant & Bar, Jl. Kayu Aya 6, ☏ 0361-738 389, 🖥 www.sambalshrimp.com. Im luftigen, mit viel Holz versehenen Restaurant ist das namensstiftende Gericht aus gekochten Shrimps und hausgemachten Sambal-Saucen wirklich gut, zudem gibt's gegrillten Tintenfisch und weitere Meeresfrüchte. Es stehen 6 Sambals zur Auswahl. Recht hochpreisig. ⏱ 11–22 Uhr.

Sangsaka Restaurant, Jl. Pangkung Sari 100, ☏ 0812-3695 9895, 🖥 www.sangsakabali.com. Kleines, hochklassiges Feinschmeckerrestaurant unter der Leitung des australischen Chefkochs Kieran Morland, der den indonesischen Küchen verfallen ist. In seinem intimen, schicken Restaurant tischt er für bis zu 40 Gäste kreative Variationen von Spezialitäten aus dem ganzen Archipel auf. Am Grill arbeitet er dabei mit verschiedenen Hölzern und Kohlen, um den spezifischen lokalen Geschmack perfekt reproduzieren zu können. Am besten man bestellt sich eine Reihe von den tapasartigen Portionen und genießt sie gemeinsam. ⏱ 17.30–23 Uhr.

€ The Luhron, Jl. Cendrawasih 17, ☏ 0878-5522 3446, 🖥 www.fb.com/theluhron. Das abseits des Trubels in einer ruhigen Gasse gelegene, etwas unscheinbare, mit Antiquitäten und einem alten Fahrrad eingerichtete Restaurant erinnert irgendwie an ein offenes Wohnzimmer. Da Mama Luh die leckeren, preiswerten indonesischen Gerichte selbst kocht, kann es manchmal etwas dauern. Sehr freundlicher, familiärer Service. ⏱ Mo–Sa 11–22 Uhr.

Warung Murah, Jl. Arjuna 99, ☎ 0361-732 082. Sehr beliebtes, gutes und günstiges Restaurant mit großem indo-chinesischen Buffet ab 10 Uhr. Hier kann man sich den perfekten *Nasi Campur* für wenig Geld zusammenstellen. Auch Gerichte à la carte. ⏰ 9–21.30 Uhr.

International

Chez Gado Gado, Jl. Camplung Tanduk 99, ☎ 0877-5870 8066, 🖥 www.gadogadorestaurant.com. Ein Seminyak-Klassiker: Empfehlenswertes, gediegenes Restaurant mit Blick auf das rauschende Meer und guter Essensqualität zu gehobenen Preisen. Umfangreiche Weinkarte. Sehr aufmerksamer, freundlicher Service. Abends Reservierung empfehlenswert. ⏰ 11.30–24 Uhr.

Corner House, Jl. Kayu Aya 10A, ☎ 0813-3960 9258, 🖥 www.cornerhousebali.com. Perfekt im Vintage-Look durchgestyltes Café-Restaurant mit unverputzten Wänden, weißen Fliesen und einem offenen Gartenbereich. Hier bekommen Hipster auf Holzkohle gegrillte Burger, Bagel und fachkundig von den Barista verzierte Kaffeekreationen. Allabendliche Livemusik ab 18 Uhr. Gehobene Preise. ⏰ 7–24 Uhr.

Ginger Moon Canteen, Jl. Kayu Aya 7, ☎ 0812-3608 1718, 🖥 www.gingermoonbali.com. Modern gestaltetes, klimatisiertes Restaurant mit indonesisch und chinesisch angehauchter Fusionsküche, die sich perfekt zum Teilen eignet. Am besten bestellt man mehrere der leckeren Gerichte. Der neuseeländische Chefkoch Dean Keddel beeindruckt mit seinem Gespür für kulinarisch gut funktionierende Kombinationen, wie die mit *Babi Guling* belegte Pizza oder die exzellenten, mit *Rendang* und Jackfruit gefüllten gedämpften *Bao*-Brötchen. Auch die Bali Nachos sind zum Anbeißen. Mittlere bis gehobene, aber absolut gerechtfertigte Preise. ⏰ 12–22 Uhr.

Sea Circus, Jl. Kayu Aya 22, ☎ 0821-4789 7995, 🖥 www.seacircus-bali.com. Das sehr beliebte, instagram-kompatible Lokal punktet mit seiner bunten, freundlichen Gestaltung und nettem Service. Neben knackigen Salaten und perfekt fotogen angerichteten Bowls, Kaffee, Eiscreme und Cocktails werden Tacos, Burger und super Katerfrühstück-Menüs serviert. ⏰ 7.30–22 Uhr.

Sisterfields, Jl. Kayu Cendana 7, ☎ 0811-386 0507, 🖥 www.sisterfields.com. Zu Recht angesagter, zeitgemäß designter Laden mit Sofas im Diner-Stil und großer langer Theke, der vor allem zum Frühstück oder Brunch einen Besuch lohnt. Die geschmackvoll angerichteten Speisen werden auch anspruchsvolle Leckermäuler überzeugen. Die Eggs Benedict und der sagenhaft zarte Schweinebauch begeistern. Sehr guter Kaffee. Ordentliche Portionen zu gehobenen Preisen. ⏰ 7–21 Uhr.

Watercress, Jl. Batu Belig 21A, ☎ 0851-0280 8030, 🖥 www.watercressbali.com. Beliebtes, luftiges, modernes Bistro-Restaurant mit kommunikativer Atmosphäre, das eine große Auswahl an gesunden Frühstücksgerichten und Salaten hat. Viele Produkte, z. B. die Kaffeebohnen, Marmeladen und Chutneys, stammen aus eigener Herstellung. Gute Cocktails. ⏰ 7–22 Uhr.

UNTERHALTUNG

Die Bars, Lounges und Clubs in Seminyak sind schicker als in Kuta. Wer es persönlicher mag, findet in der oberen Jl. Petitenget eine Reihe von kleineren, modern gestalteten Bars mit sachkundigen Barkeepern, guten Cocktails und Vibes. Einige der Lokale in der Jl. Camplung Tanduk sind besonders bei der LGBTQ-Szene beliebt. Am Strand finden sich nördlich der Jl. Arjuna eine ganze Reihe von sehr gut besuchten Strandbars mit bunten Sitzsäcken und guter Livemusik zum Sonnenuntergang. Es lohnt sich auch, einen Blick auf die Auswahl in Canggu zu werfen (S. 174), allerdings ist der Verkehr hierher oft katastrophal.

Bars

40 Thieves, Jl. Petitenget 7, Eingang durchs Mad Ronin, ☎ 0878-6226 7657, 🖥 www.fb.com/40thieves.bali. Über dem Ramen-Shop (s. Essen) gelegene, schicke Bar im New Yorker Stil mit langer Theke, Ledersesseln, guter Livemusik und Craft-Cocktails. Leider ziemlich verraucht. ⏰ Di–Fr 20–2, Sa 20–4 Uhr.

Bali Joe, Jl. Camplung Tanduk 8, ☎ 0361-300 3499, 🖥 www.balijoebar.com. Rund um die beliebte, stets heitere Bar schlägt das Herz der LGBTQ-Szene auf Bali. Hier kann man auf gemütlichen Sofas und Sesseln sitzend Cocktails schlürfen und dabei die regelmäßig auftretenden Transvestiten bewundern. Der Laden liegt eingequetscht zwischen ähnlichen Bars mit Namen wie Mixwell oder Bottoms Up. ⏱ 15–3 Uhr.

Red Carpet Champagne Bar, Jl. Kayu Aya 42C, ☎ 0361-934 2794, 🖥 www.redcarpetchampagnebar.com. Luftige Bar mit fadem neokolonialen Beigeschmack: Von hübschen Bedienungen im weiß-roten Hotelpagen-Outfit begrüßt, stolziert der Gast auf dem roten Teppich in die auf edel getrimmte Bar. Bei frischen Austern stoßen die Gäste mit einem aus der angeblich größten Auswahl Südostasiens auserkorenen Champagner an. Tendenziell älteres Publikum. ⏱ So–Do 17–1, Fr und Sa 17–2 Uhr.

Clubs und Party-Locations

Da Maria, s. Essen. Gute Partys Mi, Do und manchmal auch So ab 22 Uhr. ⏱ 12–2 Uhr.

La Favela, Jl. Kayu Aya 177X, ☎ 0361-730 010, 🖥 www.lafavelabali.com. Der Leuchtschriftzug über dem Eingang kündet von einer der beliebtesten Bars im Herzen von Seminyak. Das überwiegend westliche Publikum feiert in der aufwendig, beeindruckend atmosphärisch und künstlerisch aus recycelten Materialien, Streetart-Stücken und Antiquitäten im brasilianischen Look gestalteten Bar. Gemütlicher ist es im dschungelartigen Außenbereich und über allem thront eine Jesus-Statue à la Rio. Richtig voll wird es nach 23 Uhr. Essen (bis 22 Uhr) und Drinks sind ziemlich teuer. Dresscode: keine Muscleshirts. ⏱ So–Do 17–3, Fr und Sa 17–4 Uhr.

Mirror Lounge and Club, Jl. Petitenget 106, ☎ 0811-905 3010, 🖥 www.fb.com/mirrorbali. Einmalig im Stil einer gotischen Kathedrale gestalteter Club mit elektronischer Musik. Es gab allerdings Beschwerden über überhöhte Getränkepreise und Kreditkartenabbuchungen. Am Wochenende deutlich voller als unter der Woche. Teure Getränke. Dresscode: keine Muscleshirts und Sandalen für Männer, Fotoverbot, Eintritt 150 000 Rp inkl. 1 Drink. ⏱ Di–So 22–3 Uhr.

Motel Mexicola, Jl. Kayu Jati 9X, ☎ 0361-736 688, 🖥 www.motelmexicola.info. Bereits der skurrile Altar am Eingang verspricht mexikanische Atmosphäre pur, und die toll abgestimmte, künstlerische Einrichtung enttäuscht nicht. Rund um den großen, bunten Innenhof mit der perfekt designten zentralen Bar fühlt man sich wie in Acapulco. Gute, laute Partys, bei denen die Leute schon mal auf den Tischen tanzen. Gute Cocktails und Essen, darunter interessante Tapas. Gehobene Preise. Freundlicher Service. ⏱ 11–1 Uhr.

Beach Clubs

Ku De Ta, Jl. Kayu Aya 9, ☎ 0361-736 969, 🖥 www.kudeta.com. Das große Lounge-Restaurant am Strand lässt Café-del-Mar-Feeling aufkommen. Mit Blick auf die schäumende Brandung räkelt man sich auf großzügigen Liegen bei frischen Austern, eisgekühltem Champagner, Cocktails, erlesenen Whiskeys und Zigarren. Das gute, sehr hochpreisige Essen ist auch einen Besuch wert. ⏱ 8–24 Uhr.

Mrs Sippy Bali, Jl. Petitenget, Gang Gagak 8, ☎ 0361-620 2022, 🖥 www.mrssippybali.com. Großer Pool-Club im weiß-mediterranen Stil mit Platz für 600 Leute, guten Pizzas und riesigem Salzwasser-Schwimmbecken mit 1-, 3- und 5-m-Brettern. Die Musik könnte durchaus etwas leiser sein. Kinder dürfen außer Sa bis 15 Uhr bleiben. Eintritt 100 000 Rp, Handtücher 50 000 Rp, Mindestverzehr für Liegen ab 500 000 Rp p. P. Dresscode: keine Muscle- und Bintang-T-Shirts. ⏱ 10–21 Uhr.

Potato Head Beach Club, Jl. Petitenget 51B, ☎ 0361-473 7979, 🖥 https://seminyak.potatohead.co. Der beliebteste Beach Club in Seminyak ist in einen Kokon aus alten Fensterläden eingebettet und punktet mit einer ausgelassenen, informellen, dennoch feinen Atmosphäre. Hier können sich auch Normalsterbliche mal einen Tag lang wie VIPs fühlen:

Aktuelles Programm

Informationen zu aktuellen Veranstaltungen findet man unter 🖥 www.thebeatbali.com.

Die angesagteste Strandbar

Einen entspannten Abend in den Strandbars von Seminyak zu verbringen, ist ein Highlight eines jeden Bali-Besuches. Die beste Sicht auf den malerischen Sonnenuntergang bietet sich nicht etwa aus den edlen Beach Clubs und Lounges, sondern von den bequemen bunten Sitzsäcken der Bars, die sich direkt am Strand zwischen der Jl. Camplung Tanduk und der Jl. Arjuna aneinanderreihen. Am besten läuft man den Strandabschnitt ab und setzt sich dorthin, wo einem die Musik am meisten zusagt. Dazu können ein kühles Bier oder ein erfrischender, wenn auch nicht hochklassiger Cocktail sowie Snacks, Pizzas und gegrillte Meeresfrüchte genossen werden. Die vergleichsweise humanen Preise und die entspannte, angenehme Atmosphäre machen die Strandbars zum beliebtesten Spot für junge Leute.

La Plancha, 0878-6141 6310, www.laplancha-bali.com. Die populärste und größte der Strandbars erinnert mit ihrer farbenfrohen Aufmachung etwas an die Villa Kunterbunt von Pippi Langstrumpf. Unter den Sonnenschirmen macht man sich's bequem. Hier steigen auch gute Partys, meist mit elektronischer Musik. 9–23 Uhr.

Um eine der beliebten Liegen zu ergattern, sollte man bereits vor Öffnung am Eingang warten. Eine reguläre Liege setzt einen Mindestverzehr von 1 Mio. Rp voraus, eine VIP-Liege mit direktem Meerblick und Sonnen-/Sichtschutz 1,5 Mio. Rp. Die Drinks und Gerichte sind verständlicherweise relativ teuer, aber gut. So–Do 9–24, Fr und Sa 9–2 Uhr.

EINKAUFEN

Einkaufszentren und Supermärkte

Bintang Supermarket, Jl. Raya Seminyak 17, www.bintangsupermarket.com. Moderner Supermarkt mit großer Auswahl an Lebensmitteln, auch Importprodukte, zu guten Preisen. 7.30–22 Uhr.

Coco Supermarket, Jl. Kayu Aya 65-67, www.cocogroupbali.com. Neben allerlei importierten und lokalen Leckereien auch eine gute Spirituosen-, Wurst- und Käseauswahl sowie Merchandise des balinesischen Fußballteams Bali United (S. 238). 24 Std.

Seminyak Square, Jl. Kayu Aya 1. Überschaubares, offenes Einkaufszentrum mit Boutiquen der bekannten Surfmarken und balinesischer Labels, einem Periplus-Buchladen und einer Bali Bakery. 10–22 Uhr.

Seminyak Village, Jl. Kayu Jati 8, www.seminyakvillage.com. Direkt nördlich vom Seminyak Square gelegene Mall mit Geschäften auf 2 Stockwerken, darunter ein großer H&M, viele Modeboutiquen und das Open House sowie Marketplace mit einheimischen Handwerk und Souvenirs. 10–22 Uhr.

Souvenirs

Geneva Handicraft Centre & Furniture, Jl. Raya Kerobokan 100, 0361-733 542, www.genevahandicraft.com. Geneva bietet auf 3 Stockwerken so ziemlich jedes Souvenir, das auf Bali hergestellt wird, zu günstigen Festpreisen – von verstaubtem Ramsch bis hin zu kleinen Prachtstücken ist alles dabei. Der ideale, wenn auch nicht sonderlich stimmungsvolle Ort, um am Ende der Reise kistenweise Mitbringsel zu erstehen. Im Erdgeschoss Möbel, im 1. und 2. Stock Souvenirs, im Treppenhaus Masken und auf dem Dach Statuen. Man sollte genügend Zeit mitbringen, um ausführlich stöbern zu können. Di–Sa 9–20, So und Mo 9–18 Uhr.

Textilien

Wer die Straßen von Kuta entlangspaziert, kann schon mal den Glauben an gutes Design und Qualität (und womöglich auch die Nerven) verlieren. Weiter im Norden bietet Süd-Bali jedoch Wiedergutmachung. Man hat die Chance kleine Läden zu entdecken, in denen man sich sicher in das eine oder andere Teil verliebt. Die Preise liegen zwar auf einem ähnlichen Niveau wie in der Heimat, die Qualität ist aber meist höher. Besonders auf der Jl. Raya Seminyak nördlich vom Bintang Supermarket sowie auf der Jl. Kayu Aya und Jl. Camplung Tanduk laden kleine Boutiquen zum Stöbern ein.

Größere einheimische Labels, die mehrere Ladengeschäfte betreiben, sind u. a. **Bamboo**

Blonde, 🖥 www.bambooblonde.com,
Biasa, 🖥 www.biasagroup.com, **Body & Soul**, 🖥 www.instagram.com/bodyandsoulclothing,
By the Sea, 🖥 www.bytheseabali.com, **Lost in Paradise**, 🖥 www.lostinparadisestore.com,
Lily Jean, 🖥 https://lilyjeanofficial.com,
Lulu Yasmine, 🖥 https://luluyasmine.com,
Palma Australia, 🖥 www.palma-australia.com,
Paulina Katarina, 🖥 www.paulinakatarina.com,
Religion, 🖥 www.religionclothing.com,
Uma & Leopold, 🖥 www.umaandleopold.com,
Uluwatu, 🖥 https://uluwatu.co.id, und die auf Badebekleidung spezialisierten **69 Slam**, 🖥 https://69slam.com, und **NicoNico Mare**, 🖥 https://niconicoswimwear.com.

Duyung Sumba Ikat, Jl. Raya Basangkasa 147, ☎ 0819-9994 6645, ✉ duyung_sumbaikat@yahoo.com. Kleiner Laden, der mit *Ikat*-Decken in allen Größen von den östlichen Inseln, u. a. Sumba und Flores, vollgestopft ist. Kleine *Ikat* gibt's bereits ab 60 000 Rp. Nebenan liegt ein weiterer Laden. 🕐 Mo–Sa 9–20 Uhr.

AKTIVITÄTEN

Tango
Tango Bali Club, 🖥 http://bit.ly/TangoinBali. In wechselnden Locations (aktuell in Canggu, Legian, Seminyak und Ubud) organisiert der Tango Club nach Voranmeldung mehrmals die Woche Anfängerkurse für 100 000 Rp sowie Milongas auf Spendenbasis (mind. 50 000 Rp).

Wellness
Chill Reflexology, Jl. Kunti 118X, ☎ 0361-734 701, 🖥 www.chillreflexology.com. Modernes Spa mit guten Druckpunkt-Massagen für 300 000 Rp pro Std. bzw. 350 000 Rp für 1 1/2 Std. Während der Behandlung kann man eigene Musik hören. Reservierung empfehlenswert. 🕐 10–23 Uhr.

Jari Menari, Jl. Raya Basangkasa 47, ☎ 0361-736 740, 0811-3811 4411, 🖥 www.jarimenari.com. Wer sich von den „tanzenden Fingern" professioneller männlicher Therapeuten verwöhnen lassen möchte, ist hier richtig. Tolle 75–90-minütige Behandlungen mit anspruchsvollen Massagetechniken kosten 550 000–600 000 Rp, 4-Hände-Massagen 660 000–990 000 Rp. 45-minütige Massagen gibt's ab 445 000 Rp. Ein Massagekurs findet Di von 9–15.30 Uhr für 2,36 Mio Rp inkl. Mittagessen und 90-minütiger Massage statt. Reservierung sehr empfehlenswert. 🕐 9–20 Uhr.

Kimberley Spa, Jl. Kayu Aya, ☎ 0823-4033 4111, 🖥 www.fb.com/kimberly.spa.bali. Die beliebten Spas mit giftgrüner Fassade bieten günstige, dennoch gute Massagen für 145 000–185 000 Rp pro Std. an, sowie verschiedene kosmetische Behandlungen. Filialen in Süd-Bali u. a. in der Jl. Raya Seminyak und in Kuta. 🕐 9–23 Uhr.

Prana Spa, Jl. Kunti 118X, ☎ 0811-381 0376, 🖥 www.instagram.com/pranaspabali. Im opulenten, kitschig-orientalistischen Komplex wähnt man sich in einem marokkanischen Palast. Teure Massagen ab 600 000 Rp pro Std. Mehrstündige Paketangebote. Reservierung empfehlenswert. 🕐 9–22 Uhr.

Yoga
Prana Spa, s. o. 75–90-minütige Yoga-Kurse à 130 000 Rp, tgl um 7.30 und 9 Uhr sowie Sa–Do um 17.30 Uhr.

TOUREN, SONSTIGES UND TRANSPORT

Die Infos im Kuta-Teil (S. 156) gelten auch für Seminyak.

Canggu und die umliegenden Strände

In der Region nördlich von Seminyak boomt der Tourismus seit Jahren am stärksten. Die noch vor kurzer Zeit weitverbreiteten Reisfelder werden zunehmend von unsystematisch und ungezügelt aus der Landschaft sprießenden Villen, Restaurants, Hotels, Boutiquen und Surfcamps verdrängt. Die Bebauung nimmt dabei mehr und mehr urbane Ausmaße an, und der daraus resultierende Verkehr überlastet die noch immer dörfliche Infrastruktur. Um dem Chaos Herr zu werden, musste bereits die zentrale Verbindungsstraße zwischen dem Pantai Berawa und Pantai Batu Bolong für den (Auto-)Verkehr gesperrt werden.

Einen ersten Blick auf das „echte Bali" erhaschen

Nur wenige Kilometer nordwestlich von Canggu lohnt für Neuankömmlinge ein Abstecher zum **Pantai Seseh**. Sobald man von der stark befahrenen, nach Tanah Lot führenden Hauptstraße auf die Jl. Raya Seseh gen Küste abzweigt, wird es ländlich. Man fährt gute 3 km mit kleinen Unterbrechungen durch Reisfelder. Etwa auf halber Strecke geht's am weithin sichtbaren, an einen golden schimmernden Chedi erinnernden **Bajra Sidhi** vorbei. Mit etwas Glück wird man Enten begegnen, die die Felder frei von Algen und Insektenplagen halten und mit ihren Ausscheidungen düngen. An der Küste angekommen erreicht man einen recht einsamen Strandabschnitt, der nur von wenigen Surfern frequentiert wird.

Die vor allem bei Langzeiturlaubern, digitalen Nomaden, Expats und Surfern angesagte Gegend ist unter dem Oberbegriff **Canggu** geläufig und nimmt grob den Bereich zwischen der Küste vom Pantai Berawa bis hinauf zum Pantai Echo und der nach Tanah Lot verlaufenden Hauptstraße ein. Mit ihren modernen, Instagram-tauglichen Restaurants, Hotels und Boutiquen entlang der Zufahrtsstraßen eignet sie sich auch für einen Kurzaufenthalt – idealerweise mit eigenem Transportmittel, denn die Entfernungen sind relativ groß. Die breiten Sandstrände **Pantai Berawa**, **Pantai Batu Bolong** und **Pantai Echo** bieten gute Surfbedingungen, sind aber auch zum Abhängen und Sonnenbaden beliebt, denn sie beherbergen einige der populärsten Beach Clubs der Insel.

ÜBERNACHTUNG

A7 Gh., Jl. Munduk Catu, Gang Kokokan, ℡ 0812-3967 7920, 🖥 www.fb.com/a7.guesthouse. Modernes, mit netten Details gestaltetes Guesthouse in Laufnähe zum Strand mit sehr freundlichem Personal, familiärer Atmosphäre und kleinem Pool. Man wohnt in 7 sauberen, zweckmäßigen, komplett ausgestatteten Zimmern mit bequemen Betten. ❹–❺

FRii Bali Echo Beach, Jl. Munduk Catu 32, ℡ 0361-846 9175, 🖥 http://bit.ly/FRiiBaliEcho Beach. Der hohe, schmale Bau mit Pool überragt gemeinsam mit dem Eastin aktuell noch die Umgebung, aber sicherlich wird drumherum bald viel gebaut. 77 gute, kleine Mittelklassezimmer im Industrial-Look mit unverputzten Betonwänden, bequemen Matratzen, Wasserkocher und Regendusche, die teureren auch mit Balkon. Restaurant und Yoga auf dem Dach. ❺–❻

Kos One Hostel/Canggu Village Accommodation, Jl. Pantai Batu Bolong 78, ℡ 0361-906 9622, 🖥 www.kosonehostel.com, www.cangguvillageaccomodation.com. Der schicke, moderne, komplett in Weiß gehaltene Komplex mit Pool, Blick auf Reisfelder, Fitnessstudio, Yoga und Bar ist eine fotogene Mischung aus lautem Party-Hostel und teureren Zimmern – perfekt für die Generation Z. Eine dicke, breite Matratze mit Safe, Leselampe und Vorhang im 4-Bett-Schlafsaal kostet stolze 360 000–450 000 Rp. Die ähnlich überteuerten Zimmer mit Open-Air-Bad sind recht klein, aber gut ausgestattet. Für Unterhaltung sorgen tgl. wechselnde Aktivitäten, Partys jeden Mi und Sa. Bei Zimmern Frühstück inkl. ❻–❼

Papaya Gh., Jl. Pantai Batu Bolong 11B, ℡ 0878-6024 2317, 🖥 http://papaya guesthousebali.com. Geschmackvoll mit Schnitzereien aus anderen Landesteilen und viel Liebe zum Detail gestaltete, ruhige und beliebte Anlage mit sehr freundlichem Service und kleinem Pool. Im 2-stöckigen Neubau liegen 8 sehr saubere, komplett ausgestattete Zimmer mit guten Matratzen. Die netten deutschen Gastgeber Gabi und Alex sind wahre Landeskenner und geben alles, um ihren Besuchern den Aufenthalt so angenehm wie möglich zu machen. Im Gemeinschaftsbereich kommen Alleinreisende mit anderen Urlaubern ins Gespräch. Frühstück inkl. Reservierung empfehlenswert. ❺–❻

ESSEN

Pantai Batu Bolong

Deus Ex Machina Café, Jl. Pantai Batu Mejan 8, ☏ 0811-388 150, 🖥 https://bit.ly/DeusExCafe. Im cool durchgestylten Restaurantkomplex werden in der einsehbaren Küche westliche Gerichte zu mittleren bis gehobenen Preisen zubereitet. In der mit restaurierten Motorrädern, Fahrrädern und Surfbrettern dekorierten Boutique wird die aktuelle Kollektion des Surfmodelabels angeboten. Ab 19.30 Uhr Do und So Livemusik, So im Anschluss große Party. ⏲ 8–23.30 Uhr.

Gelato Secrets, Jl. Pantai Batu Bolong 56, ☏ 0813-9254 2969, 🖥 www.gelatosecrets.com. Die kleine Filiale der in Ubud beheimateten Eismanufaktur (S. 214) hat eine leckere Auswahl an Milch- und Sorbeteis, darunter ausgefallene Geschmacksrichtungen. Kleine Becher kosten 35 000 Rp. ⏲ 11–23 Uhr.

Moana Fish Eatery, Jl. Pantai Batu Bolong 28, ☏ 0812-3815 8373, 🖥 www.fb.com/moana.fish.eatery. Im Polynesischen bedeutet Moana „Meer" – kein Wunder also, dass in dem cool im pazifisch-tropischen Look mit viel Holz gestalteten Restaurant Fisch in jeglichen Formen und Farben auf die Teller gezaubert wird. Besonders zu empfehlen sind die Poke Bowls mit allerlei gesunden Zutaten, aber auch die Fischburger sind lecker. Erfreulich angemessene Preise. ⏲ 8–23 Uhr.

Monggo Bar & Restaurant, Jl. Munduk Catu 8X, ☏ 0859-5380 9750. Das hübsch mit Antiquitäten und einem *Joglo* im javanischen Stil gestaltete, luftige Restaurant serviert leckere Speisen aus einer bunt gemischten Karte. Guter Service. ⏲ 7–23 Uhr.

Monsieur Spoon, Jl. Pantai Batu Bolong 55, ☏ 0878-6280 8859, 🖥 www.monsieurspoon.com. Französische Bäckerei mit gutem Gebäck und Croissants sowie Kaffee. Die schönsten Sitzplätze liegen im Garten. Filialen u. a. in Seminyak und Ubud. ⏲ 7–21 Uhr.

Warung Bu Mi, Jl. Pantai Batu Bolong 52, ☏ 0813-3794 9676, 🖥 www.fb.com/warungbumi. Stets gut besuchtes, günstiges indonesisches Buffetrestaurant. Nachdem man sich für eine der 3 Reisvarianten (weiß, gelb oder rot-braun) entschieden hat, kann man sich nach Herzenslust den Teller voll machen lassen und wird für den leckeren *Nasi Campur* trotzdem weniger als 60 000 Rp bezahlen. Empfehlenswert. ⏲ 8–22 Uhr.

Warung Varuna, Jl. Pantai Batu Bolong 89X, ☏ 0821-4484 9037, 🖥 www.fb.com/warungvaruna.canggu. Weiteres gutes *Nasi-Campur*-Restaurant mit ähnlichem Angebot und Preisen. ⏲ 8–22 Uhr.

Pantai Berawa

Berawa's Kitchen, Jl. Raya Semat 8, ☏ 0812-3989 3939, 🖥 www.instagram.com/berawaskitchen. Cooler, entspannter Open-Air-Foodcourt mit Burgern, Thai-Essen, Sate, Hummus, Crêpes usw. An den Tischen oder auf den Sitzsäcken lässt man sich das abwechslungsreiche Angebot schmecken. Mo, Mi und Fr von 20–23 Uhr Live-Acoustic-Sets. ⏲ 24 Std.

Johnny Tacos, Jl. Pantai Berawa 43, ☏ 0813-3889 8221, 🖥 www.fb.com/JohnnyTacosBali. Die schlagfertige Betreiberin und ihr freundliches Team servieren im kleinen luftig-kommunikativen Imbissrestaurant leckere Tacovariationen. Tipp: Den Frühstückstaco mit Ei und Bacon probieren! Die Portionen könnten größer sein, aber bei den günstigen Preisen kann man sich gewiss satt essen. Eine Filiale in Kuta soll bald wieder öffnen. ⏲ 9–22 Uhr.

Nude, Jl. Pantai Berawa 33, ☏ 0852-3821 4003, 🖥 www.nudeincanggu.com. Alle Fans der veganen, glutenfreien Rohkost werden vom minimalistisch, aber einladend gestalteten Laden begeistert sein, aber auch Fleischliebhaber kommen auf ihre Kosten, besonders bei den leckeren Burgern. Ob an der frischen Luft oder im klimatisierten Innenbereich, hier schmeckt's! Viele digitale Nomaden. Angemessene, mittlere Preise. ⏲ 7–22 Uhr.

One Eyed Jack, Jl. Pantai Berawa 89, ☏ 0819-9929 1888, 🖥 http://oneeyedjackbali.com. Toll gestaltetes, schickes, aber dennoch legeres japanisches Restaurant im Stil eines Izakayas. Hier gibt's weit mehr als rohen Fisch, nämlich zahlreiche kleine Leckereien, die man sich wie Tapas teilen sollte. Besonders gut sind die Wagyu Tacos. Gute Sake- und Wein-Auswahl. ⏲ 15–23 Uhr.

Surfcamps in Süd-Bali

Im Süden von Bali locken eine Reihe von speziell auf Surfer ausgerichteten Unterkünften mit entsprechenden Einrichtungen und Aktivitäten. Meist sind die Preise in den Camps deutlich höher angesetzt als anderswo, dennoch sind sie vor allem wegen ihrer entspannt-lockeren Atmosphäre und der Möglichkeit, Kontakte zu anderen jungen Surf(anfäng)ern zu knüpfen, sehr beliebt. Alle angegebenen Preise gelten pro Pers.

Kamafari Surfcamp, Jl. Labuhan Sait, Bukit-Halbinsel, ℡ 0858-5727 9769, 💻 www.kamafari-surfcamp.com. Einladendes, familiäres Surfcamp für bis zu 32 Pers. mit 4 Doppelstockbungalows im *Lumbung*-Stil, 2 Deluxe-Bungalows und Zimmern im Haupthaus sowie Überlaufpool, Billardtisch und Lounge-Ecke. 1 Woche inkl. Frühstück kostet für 2 Pers. 490 €, bei Einzelbelegung 315 €, Surfkurse mit bis zu 6 Teilnehmern inkl. Ausrüstung weitere 30 € pro Tag, Privatkurse 50–70 € pro Tag.

Matra Bali Surf Camp, Jl. Pantai Berawa Pelambingan 37, ℡ 0819-9909 5888, 💻 www.matrabali.com/surf-camp. Das freundliche, abgeschieden gelegene Surfcamp bietet neben dem kleinen Pool saubere, geräumige, komplett ausgestattete Zimmer auf 3 Stockwerken sowie Schlafsaalbetten ab 100 000 Rp. Gemeinschaftsküche auf dem Dach. Yoga für 110 000 Rp pro Session, Frühstück 35 000 Rp. 1 Woche inkl. 5x Surfen und 2x Yoga sowie Frühstück, Unterbringung im Zimmer und Transfers gibt's für 504 €. ❸–❹

The Chillhouse – Bali Surf & Yoga Retreat, Jl. Kubu Manyar 22, ℡ 0361-844 5463, 💻 www.fb.com/thechillhouse. Innovatives, entspanntes Hybrid aus Yogaschule und Surfcamps mit 18 komfortablen Zimmern mit Himmelbett, Kühlschrank und Open-Air-Bad sowie einer Villa mit 3 Räumen. Sehr schöne Anlage mit Chill Out Areas, kleinem Pool und Bio-Restaurant. Surfkurse kosten 600 000 Rp für bis zu 2 Std., Yoga-Sessions 120 000 Rp, gegen Aufpreis auch Massagen, Meditation und Ausflüge. ❺–❼

The Green Room Canggu/Kima Surf Camp Canggu, Jl. Munduk Catu, ℡ 0361-846 9263, 💻 https://kimasurf.com/de/canggu-surfresort. Die beliebte, relaxte Unterkunft bietet angehenden Surfern das perfekte Rundumpaket: Neben praktischen Surfkursen kommt auch die Theorie nicht zu kurz (es werden sogar Videoanalysen erstellt!). Und um Gleichgesinnte kennenzulernen gibt's tgl. wechselnde soziale Aktivitäten, zudem einen Fitnessbereich, einen 5 m tiefeb Pool, eine 15 m Kletterwand und Co-Working-Space. Unterbringung findet man in 18 komfortablen Zimmern, 2 luxuriösen Villen mit Privatpool oder auf Matratzen im 6-Bett-Zimmer. Ein Schlafsaalbett kostet ab 26 €, Zimmer ab 32 € p. P. Reservierung empfehlenswert. Frühstück, 2x tgl. Surfkurse, 6x wöchentl. Yoga, Mountainbikes und ab 5 Übernachtungen Transfers inkl. ❻–❽

The Green Room Seminyak/Kima Surf Camp Seminyak, Jl. Camplung Tanduk, Gang Puri Kubu 63B, ℡ 0361-736 737, 💻 https://kimasurf.com/de/seminyak-surfcamp-bali, Karte S. 175. Das kleine, aber feine, kreativ gestaltete Surfcamp bietet die gleichen Inklusivleistungen wie sein Schwestercamp in Canggu (s. o.). Die komfortablen Zimmer liegen rund um den Pool mit Jacuzzi. Eine Matratze im Schlafsaal oder 4-Bett-*Lumbung* ab 20 €, Zimmer ab 29 € p. P. ❻–❽

Ons Waroeng, Jl. Pantai Berawa Pelambingan 21, ℡ 0819-3652 4841, 💻 http://bit.ly/OnsWaroeng. Der nette 2-stöckige Laden ist für seine günstigen Pizzas bekannt, aber auch die indonesischen Speisen sind trotz der niedrigen Preise wirklich lohnenswert. Pizzas von 16–22 Uhr. ⏱ 8–23 Uhr.

UNTERHALTUNG

Cafe Del Mar, Jl. Subak Sari, ℡ 0811-3811 8181, 💻 www.cafedelmarbali.id. Der Archetypus des Beach Clubs ist von Ibiza nach Bali expandiert. Ironischerweise gibt's bisher keinen direkten Zugang zum Strand, aber sonst erfüllt der riesige, etwas sterile Komplex im mediteran-

Canggu und die umliegenden Strände

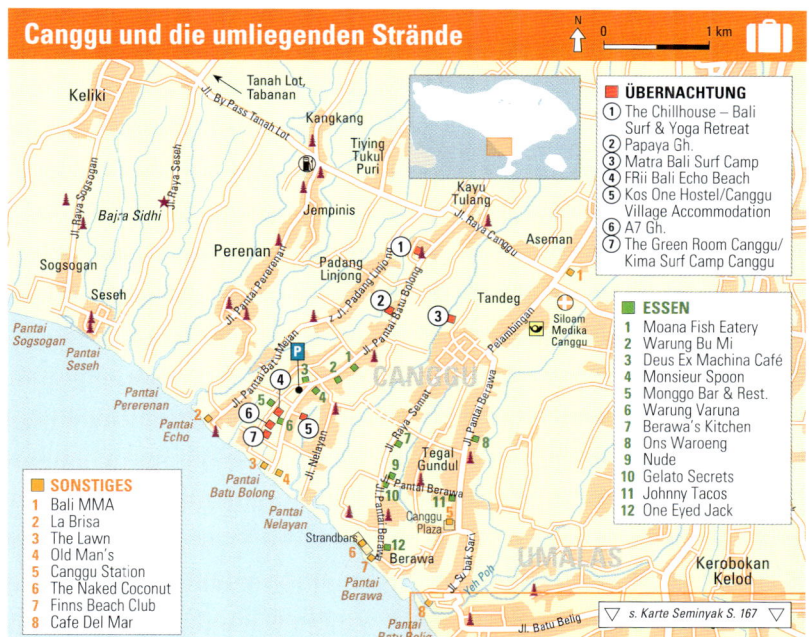

ÜBERNACHTUNG
1. The Chillhouse – Bali Surf & Yoga Retreat
2. Papaya Gh.
3. Matra Bali Surf Camp
4. FRii Bali Echo Beach
5. Kos One Hostel/Canggu Village Accommodation
6. A7 Gh.
7. The Green Room Canggu/ Kima Surf Camp Canggu

ESSEN
1. Moana Fish Eatery
2. Warung Bu Mi
3. Deus Ex Machina Café
4. Monsieur Spoon
5. Monggo Bar & Rest.
6. Warung Varuna
7. Berawa's Kitchen
8. Ons Waroeng
9. Nude
10. Gelato Secrets
11. Johnny Tacos
12. One Eyed Jack

SONSTIGES
1. Bali MMA
2. La Brisa
3. The Lawn
4. Old Man's
5. Canggu Station
6. The Naked Coconut
7. Finns Beach Club
8. Cafe Del Mar

weißen Luxus-Look alle obligatorischen Kriterien. Es gibt einen großen Überlaufpool, eine riesige Bühne für berühmte DJs und Chill-Out-Musik en masse. Sonnenliegen für 2 Pers. erfordern einen Mindestverzehr von 500 000 Rp, eine Cabana mit Meerblick für bis zu 6 Pers. 1,5–2 Mio. Rp. ⏱ 12–22 Uhr.

Finns Beach Club, Jl. Pantai Berawa, ☎ 0361-844 6327, 🖥 www.finnsbeachclub.com. Der gigantische Beach Club beeindruckt mit seinem riesigen Bambusbau, 6 Restaurants und Cafés, 4 Pools, davon einer mit Unterwasserlautsprechern und Pool-Bar, sowie viel Platz zum Sonnen und Faulenzen. Der Mindestverzehr beträgt 850 000–1,5 Mio. Rp für Einzelsonnenliegen und 3,5–7 Mio. Rp für Cabanas und Sitzecken für bis zu 6 Pers., einen Platz an der Bar gibt's auch ohne Mindestverzehr. Gute Partys. ⏱ 10–24 Uhr.

La Brisa, Jl. Pantai Batu Mejan, ☎ 0811-394 6666, 🖥 http://labrisa-bali.com. Die Betreiber der populären La Plancha und La Favela haben auch einen sehr gut besuchten Beach Club mit informeller, cooler Atmosphäre im Repertoire: Das kreativ mit vielen tollen Details im Retro-Bootshaus-Look aus alten Schiffshölzern erbaute, luftige, 2-stöckige Hauptgebäude umschließt den Hauptpool und das Sonnendeck. Dank der intensiven Bepflanzung gibt's viele angenehm schattige Plätzchen. Von 12–21 Uhr Mindestverzehr von 500 000 Rp auf den Sonnenliegen für 2 Pers., für große Liegeecken 1,5 Mio. Rp für bis zu 6 Pers. So 10–16 Uhr gibt's einen Bio-Markt. ⏱ 12–24 Uhr.

Old Man's, Jl. Pantai Batu Bolong 117X, ☎ 0361-846 9159, 🖥 www.instagram.com/oldmansbali. Im weitläufigen Strandbiergarten mit Blick auf die Brandung, bunten Holzmöbeln und Après-Surf-Atmosphäre ist immer etwas los. Abends meist Livemusik mit anschließender Party, Mi abends eine große wilde Party mit Beer Pong usw. Manchmal gibt's leider Probleme mit einheimischen Jugendlichen, die Frauen gegenüber aufdringlich werden. Hungrige

bekommen stets in der offenen Küche zubereitete Wraps, Burger, Bagels und Salate sowie Eiscreme aufgetischt, auch gute Frühstücksoptionen. ⊕ Mo–Di 7–24, Mi–So 7–1 Uhr.
The Lawn, Jl. Pura Dalem, ✆ 0811-3800 4951, 🖥 http://thelawncanggu.com. Der schicke, kleinere Beach Club ist der richtige Ort für einen Sundowner in Strandlage. Auf der Kunstrasenfläche findet sich unter den hübschen Sonnenschirmen garantiert ein schattiges Plätzchen, und wer Abkühlung sucht, springt in den Überlaufpool vorne. Auch das Essen im Restaurant ist recht gut, die Portionen könnten aber größer sein. Fr große Hip-Hop-Party. ⊕ Sa–Do 12–22, Fr 12–23 Uhr.

€ **The Naked Coconut**, am Pantai Berawa, ✆ 0812-3711 1059, 🖥 www.fb.com/thenakedcoconutberawa. Noch so etwas wie ein Geheimtipp: Einfache, bunte Strandbar mit Sitzsäcken im Sand und bester Aussicht auf den Sonnenuntergang. Rundherum eine ganze Reihe weiterer günstiger Strandbars. ⊕ 10–19.30 Uhr.

AKTIVITÄTEN UND EINKAUFEN

Bali MMA, Jl. Raya Padonan 6, ✆ 0877-6188 5879, 🖥 www.balimma.com. Alle, die mal richtig zuhauen und ihre Kampfkünste verfeinern wollen, können hier für 200 000 Rp den ganzen Tag Kurse besuchen oder für 950 000 Rp eine Woche bzw. für 1,95 Mio. Rp einen Monat lang trainieren. Das Camp wird von Profi-Kämpfern geleitet, sodass für jeden etwas dabei ist, von Muay Thai über Boxen und Wrestling bis zu brasilianischem Jiu Jitsu. ⊕ Mo–Fr 6–20, Sa und So 7–15 Uhr.
Canggu Station, Jl. Raya Pantai Berawa. Supermarkt mit vielen Importprodukten für Selbstversorger. ⊕ 7–22 Uhr.

TRANSPORT

Transfers in Privatwagen können über die Unterkünfte bestellt werden. Teils sind über die Apps Grab oder Gojek gebuchte Fahrten günstiger, teils nicht, also am besten vorher vergleichen. In bestimmten Gegenden – besonders an den Stränden – ist die Abholung durch Grab- oder Gojek-Fahrer eingeschränkt oder gar verboten.

Privatwagen, Preise pro Auto:
AMED und TULAMBEN für 700 000 Rp.
BALIAN für 500 000 Rp.
CANDI DASA für 500 000 Rp.
FLUGHAFEN für 250 000–300 000 Rp.
JIMBARAN FÜR 280 000 RP.
KUTA FÜR 200 000 Rp.
LOVINA für 700 000 Rp.
MUNDUK für 650 000 Rp.
PADANG BAI für 450 000 Rp.
PEMUTERAN für 800 000 Rp.
SANUR für 300 000 Rp.
TANAH LOT für 150 000 Rp.
UBUD für 350 000 Rp.

Sanur

Bereits in den 1940er-Jahren entstanden die ersten auf westliche Touristen zugeschnittenen Unterkünfte im an der Küste südöstlich von Denpasar gelegenen Sanur. Die nach wie vor ziemlich entspannte Touristenhochburg wird heute von einem bunt gemischten Publikum bevölkert. Es geht deutlich beschaulicher und ruhiger zu als im Gebiet zwischen Kuta und Canggu, sodass viele ältere und erholungssuchende Besucher hierher kommen. Zudem schätzen zahlreiche Langzeiturlauber Sanur als Basis, bietet es für sie doch genau die richtige Kombination aus gut entwickelter touristischer Infrastruktur, anständigen Preisen und Strandlage.

Dem schönen weißen, abschnittsweise von traditionellen Fischerbooten gesäumten **Sandstrand** ist ein Korallenriff vorgelagert, das Strömungen und Wellen abschwächt und das Schwimmen deutlich sicherer macht als anderswo auf Bali. Auch Kinder können ohne große Bedenken im flachen Wasser planschen. Der Strand ist zwar bei Weitem nicht so breit wie an der Westküste von Jimbaran bis hinauf nach Seminyak, dafür aber sauberer. Zwischen Küste und Hotelanlagen zieht sich eine **Uferpromenade** durch den Ort, die sich gut zum Fahrradfahren und Flanieren eignet. Die Promenade säumen Restaurants und Souvenirstände

Verwunschener Vergnügungspark für Entdecker

Abenteuerlustige können rund 3 km Luftlinie nördlich von Sanur am Pantai Galak den vor über 20 Jahren verlassenen und laut vielen Einheimischen unter einem Fluch stehenden Vergnügungspark **Taman Festival Bali** erkunden. Auf 9 ha sollte hier in den späten 1990er-Jahren ein balinesisches Disneyland entstehen – ein augenscheinlich fehlgeschlagener Plan. Die überwucherten Ruinen sind beliebte Grafittiflächen und Fotomotive. Am Haupteingang werden 20 000 Rp Eintritt verlangt.

mit recht einförmigem Angebot. Auffällig ist die riesige Statue eines Hummers auf Höhe der Jalan Segara Ayu.

Wer sich für Kunst interessiert, kann südlich der Jalan Hang Tuah an der Uferpromenade das verstaubte **Le Mayeur Museum**, ✆ 0361-286 201, 🖥 http://bit.ly/LeMayeur, besuchen. Der belgische Maler Adrien-Jean Le Mayeur lebte von 1927–57 hier. Seine impressionistisch geprägten Gemälde in Öl und Wasserfarben und einige interessante Fotos seiner Reisen sind durch die Witterung leider bereits ziemlich ausgeblichen, und auch die antike, wunderschön verzierte Einrichtung leidet deutlich unter dem tropischen Klima. ⏰ Sa–Do 8–15.30, Fr 8.30–12.30 Uhr, Eintritt 50 000 Rp.

Im Innenhof des Aquarius Beach Hotels in der Jl. Pantai Sindhu steht **Odia**, der erste auf Bali genutzte Bus. Der 1929er Chevrolet kurvte bis 1976 über die Insel und soll bereits Mick Jagger sicher ans Ziel gebracht haben.

ÜBERNACHTUNG

Die Auswahl an Unterkünften ist breit gefächert, sodass sowohl Budget-Traveller als auch komfortsuchende Urlauber das Richtige finden werden. Viele der günstigen Unterkünfte bieten ein gutes Preis-Leistungs-Verhältnis.

Untere Preisklasse

Keke Homestay, Jl. Danau Tamblingan 100, Gang Keke 4, ✆ 0361-472 0614, 🖥 www.kekehomestay.com. Ruhig gelegenes Guesthouse, das von einer balinesisch-japanischen Familie geführt wird und mit 12 klimatisierten, gut ausgestatteten Zimmern aufwartet, die etwas sauberer sein könnten. Manche Bäder müffeln recht stark. Parkplätze. ❸

Little Pond Homestay, Jl. Danau Tamblingan 19, ✆ 0361-289 902, 🖥 www.littlepondbali.com. Die ruhig gelegene Unterkunft bietet zu sehr günstigen Preisen vieles, was ein preisbewusster Traveller braucht. Die 15 in 2 Reihenhäusern rund um den kleinen Pool gelegenen Zimmer sind klein und sauber, haben wenig Möbel und harte Matratzen, die teureren auch AC. Kleiner Parkplatz. ❷–❸

Mona Homestay, Jl. Danau Tamblingan 60B, ✆ 0813-3719 5597. Kleine, ruhige, zurückversetzt gelegene Anlage mit 5 sauberen, zweckmäßig eingerichteten Zimmern mit AC und Kühlschrank rund um den dicht bepflanzten Hof. ❸–❹

Yulia 1 Homestay, Jl. Danau Tamblingan 38, ✆ 0361-288 089, 🖥 www.fb.com/yulia1homestay. Im sehr schönen, schattigen Garten voller zwitschernder Singvögel werden 28 saubere Zimmer mit guten Matratzen vermietet; die teureren sind neuer, größer, klimatisiert und mit Kühlschrank und Regendusche ausgestattet, die günstigsten ohne Warmwasser. Kleiner Pool. Familiäre Atmosphäre. Der freundliche Besitzer ist ein Vogelfreund und führt seine rund 50 Lieblinge gerne bei Wettbewerben vor. Frühstück inkl. ❷–❹

Mittlere Preisklasse

Aquarius Beach Hotel, Jl. Pantai Sindhu, ✆ 0361-270 298, 🖥 www.aquariusbeachhotel.com. Im 2-stöckigen, lang gezogenen Bau hinter der auffälligen Hundestatue sind 16 komfortable, helle und geräumige, wenn auch teils leicht muffige Zimmer untergebracht. Alle mit farbenfrohen Gemälden, Schiebetür, Sitzecke und Kühlschrank. Fahrradverleih.

Der älteste Bus Balis steht im Innenhof (S. 177). Frühstück inkl. ❺-❻

Flashbacks, Jl. Danau Tamblingan 110, ✆ 0361-281 682, 🖥 www.flashbacks-chb.com. Die beschauliche Anlage mit freundlichem Service und kleinem Salzwasserpool bietet 9 saubere, charmante, bereits etwas ältere Zimmer in einer Kreuzung aus mittelamerikanischer Architektur und balinesischer Einrichtung. Die teuren Zimmer sind schon fast apartmentartig und luftig, die günstigsten nur mit Ventilator und Gemeinschaftsbad. Familienzimmer ab 350 000 Rp. Frühstück inkl. ❸-❻

Jukung Gh., Jl. Bumi Ayu, Gang Penjor Agung 3, ✆ 0813-3728 3103, 🖥 www.jukung-guesthouse.com. Gemütliches, einladendes Guesthouse eines balinesisch-japanischen Pärchens in einer ruhigen Nebengasse. Rund um den kleinen Pool stehen saubere, hübsche, wohnliche, klimatisierte Zimmer mit bequemen Matratzen und netten dekorativen Details, teils auch mit Badewanne, Balkon oder Veranda. Freundliches, hilfsbereites Personal. Frühstück inkl. Der neuere Ableger **Jukung Dua Gh.** liegt 300 m weiter südlich. ❸-❹

Kayu Sugih Gh., Jl. Danau Tamblingan 76, ✆ 0361-282 916, 🖥 http://bit.ly/KayuSugih. In der sehr ruhigen, schön gestalteten, gepflegten Anlage mit kleinen Teichen fühlt man sich bei Vogelgezwitscher schnell wohl. Die 6 Zimmer sind pieksauber, die teureren haben sogar einen kleinen Vorraum mit Sitzgelegenheiten. Das Personal ist sehr hilfsbereit, die Atmosphäre familiär. Leckeres Frühstück inkl. ❺

Kembali Lagi Gh., Jl. Kesari 36, ✆ 0361-281 766, 🖥 www.kembalilagi.com. Der Name bedeutet übersetzt „zurückkehren" und genau das tun viele, die in der ruhigen, gepflegten Anlage mit nettem Garten schon einmal übernachtet haben. Die Zimmer sind komfortabel und überraschend hochwertig mit Liebe zum Detail eingerichtet und ein Pool verspricht Abkühlung, aber das Beste sind die überaus fürsorglichen, professionellen Mitarbeiter. Frühstück inkl. ❺-❻

Nyaman Gh., Jl. Danau Tamblingan 96, Gang Keke, ✆ 0361-472 0691, 🖥 www.nyaman-guesthouse.com. Rund um den kleinen Innenhof mit winzigem Pool werden moderne und ansprechend eingerichtete, etwas kleine, klimatisierte Zimmer mit dicken, bequemen Matratzen und Regendusche vermietet. Nicht ganz so ruhig wie die dahinterliegenden Anlagen. Frühstück inkl. ❹

Obere Preisklasse

Kejora Villas-Suites, Jl. Danau Tamblingan 25, ✆ 0361-472 1699, 🖥 http://kejoravillas-suites.com. Schickes Boutiquehotel mit 26 in dunklen Holztönen, mit viel Naturstein stilvoll und modern gestalteten Zimmern mit allem Komfort, sehr bequemen Betten, Kaffeemaschine und schönen Fotografien, Deluxe-Zimmer mit bepflanztem Open-Air-Bad. Schöner Salzwasser-Pool. Shuttleservice zum Strand mit eigenen Liegen und sehr gutes Frühstück inkl. ❼-❽

Segara Village, Jl. Segara Ayu, ✆ 0361-288 407, 🖥 www.segaravillage.com. Im fantastischen, weitläufigen Garten mit 2 großen Banyan-Bäumen gelegenes 4-Sterne-Strandresort mit 3 Pools, Tennis- und Kinderspielplatz sowie 125 schönen, wenn auch nicht mehr ganz modernen Zimmern und Bungalows mit allem Komfort. ❼-❽

Swiss-Belresort Watu Jimbar, Jl. Danau Tamblingan 99A, ✆ 0361-849 7000, 🖥 www.swiss-belresortwatujimbar.com. Zurückversetzt von der Straße liegt der riesige 4-Sterne-Neubaukomplex mit 306 komfortablen, etwas hellhörigen Zimmern rund um die Poollandschaft. Tiefgarage. Frühstück inkl. ❻-❼

ESSEN

Amerikanisch

Warung Sanur Segar, Jl. Pasar Sindhu, ✆ 0812-3760 0256. Winzig kleiner, sympathischer Warung mit preisgünstigen, leckeren Tacos (Tipp: Fisch-Taco), Quesadillas, Burritos und Salaten, der von der charmant-rüstigen Besitzerin in imposanter Eigenregie betrieben wird. Manchmal muss man etwas warten, aber es lohnt sich! ⏰ Mo–Sa 11–18 Uhr.

Sanur

ÜBERNACHTUNG
1. Segara Village
2. Aquarius Beach Hotel
3. Little Pond Homestay
4. Kejora Villas-Suites
5. Yulia 1 Homestay
6. Mona Homestay
7. Kayu Sugih Gh.
8. Nyaman Gh.
9. Keke Homestay
10. Flashbacks
11. Swiss-Belresort Watu Jimbar
12. Jukung Gh.
13. Kembali Lagi Gh.
14. Jukung Dua Gh.

ESSEN
1. Warung Sanur Segar
2. Pasar Sindhu (Sanur Night Market)
3. Warung Amphibia
4. Warung Little Bird
5. Warung Bali Bagus
6. Mona Lisa Café
7. The Village Cucina Italiana
8. Three Monkeys Sanur
9. Bread Basket
10. Gelato Secrets
11. Café Batu Jimbar
12. Ryoshi Japanese Restaurant
13. Warung Kecil
14. Warung Babi Guling Amerta Sari
15. Massimo Italian Restaurant
16. Lilla Pantai
17. Warung Jack Fish

SONSTIGES
1. Supermarkt
2. Smile Shop (Toko Senyum)
3. Buchladen
4. DHL
5. Nicktours
6. Wäscherei
7. Uluwatu
8. Wäscherei
9. Casablanca
10. Laghawa Restaurant
11. Koa Boutique & Spa
12. Artasedana Supermarket
13. Periplus Bookshop
14. The Pantry
15. Koa Shala
16. All4Diving
17. Rita's Gift Shop
18. Popular Market Sanur
19. Bali Stand Up Paddle School
20. Rip Curl School of Surf

TRANSPORT
1. Scoot Fast Cruises
2. D'Camel Fast Ferry
3. Glory Fast Cruise
4. Perama Tour
5. Optasal
6. Maruti Express
7. Fahrradverleih
8. Nusa Jaya Cruise
9. Andre Sewatama Rent a Car
10. Cocostravel

SÜD-BALI

SANUR | Cityplan

Asiatisch

Ryoshi Japanese Restaurant, Jl. Danau Tamblingan 186, ℡ 0361-288 262, 🖥 www.ryoshibali.com. Gutes, frisches Sushi, Sashimi und andere Leckereien aus dem Land der aufgehenden Sonne. Der hintere Bereich ist klimatisiert. Freundlicher Service und angemessene Preise. ⏲ 11–21 Uhr.

Cafés und Desserts

Bread Basket, Jl. Danau Tamblingan 51, ℡ 0361-282 339, 🖥 www.breadbasketbali.com. Der kleine, mit viel Holz gestaltete und mit Fahrrädern dekorierte Laden ist ein erfolgreicher Hybrid aus Bäckerei und Coffeeshop. Im klimatisierten Innenbereich werden nicht nur frische Brote und Brötchen, hausgemachte Marmeladen und Kuchen verkauft, sondern auch günstige, leckere Bagels, etwas sehr luftige Baguettes und Panini, die man sich selbst zusammenstellen kann, sowie Eggs Benedict und guter Kaffee. Freundlicher, zurückhaltender Service. Ableger im nördlichen Seminyak, in Canggu und auf der Bukit-Halbinsel. ⏲ 7–20 Uhr.

Café Batu Jimbar, Jl. Danau Tamblingan 75A, ℡ 0361-284 103, 🖥 www.fb.com/cafebatujimbar. Im kultivierten, bereits seit 1991 bestehenden Café werden neben leckeren Kuchen und Eis auch Frühstück und Hauptspeisen angeboten. Freundlicher Service. Sa abends Live-Latinmusik und Salsa. Mittlere Preisklasse. So findet hier ein kleiner Bauernmarkt mit Bio-Gemüse und Kunsthandwerk statt. ⏲ 8–23 Uhr.

Gelato Secrets, Jl. Danau Tamblingan, ℡ 0811-3961 6169, 🖥 www.gelatosecrets.com. Die Eismanufaktur aus Ubud (S. 214) verkauft ihre leckeren, abwechslungsreichen Sorten in dem Häuschen vor dem Artasedana Supermarket. Kleine Becher für 35 000 Rp. ⏲ 10–22.30 Uhr.

Europäisch

Massimo Italian Restaurant, Jl. Danau Tamblingan 228, ℡ 0811-399 9727, 🖥 http://bit.ly/MassimoSanur. Großes, extrem gut besuchtes, hübsch mit vielen Fotos gestaltetes italienisches Restaurant, das seit 1996 mit einer beeindruckenden Auswahl an sehr leckeren Pizzas und Pasta in großen Portionen, fantastischem Eis und Kuchen zu richtig guten Preisen punktet. Reservierung empfehlenswert, sonst ist mit langen Wartezeiten zu rechnen. ⏲ 9–23 Uhr.

The Village Cucina Italiana, Jl. Danau Tamblingan 47, ℡ 0361-285 025, 🖥 www.thevillage-bali.com. Elegantes italienisches Restaurant mit Tischen im Freien und im klimatisierten Innenraum. Neben authentischer Pasta und leckeren Pizzas mit knusprigem Boden sind auch Gnocchi und Risotto zu haben. Große Weinkarte. Gehobene Preise und freundliche Bedienung. ⏲ 8–23 Uhr.

Indonesisch

 Pasar Sindhu (Sanur Night Market), Jl. Danau Tamblingan, Ecke Jl. Danau Toba. An den vielen kleinen Ständen wird authentisches indonesisches Essen für wenig Geld verkauft. Der ideale Ort zum Probieren lokaler Spezialitäten. Nette Atmosphäre und viele Einheimische. Ein Erlebnis, auf das man sich einlassen sollte. ⏲ 16–23 Uhr.

Warung Amphibia, am Strand am Ende der Jl. Pantai Sindhu, ℡ 0823-4037 4690, 🖥 http://bit.ly/WarungAmphibia. Bei Einheimischen wie Touristen beliebter, einfacher Seafood-Warung direkt am Strand mit günstigen, frischen Meeresfrüchten vom Grill (Fisch gibt's ab 15 000 Rp pro 100g). Man sucht sich vorne in der Auslage aus, was man essen möchte, bezahlt nach Gewicht und genießt sein Essen mit Meerblick. Die Schildkrötenaufzucht nebenan ist alles andere als vorbildlich. ⏲ 12–22 Uhr.

Warung Babi Guling Amerta Sari, Jl. By Pass Ngurah Rai 353, ℡ 0853-3880 5758. An der lauten Hauptstraße gelegenes, einfaches Straßenrestaurant mit günstigen, ordentlich großen Tellern vom balinesischen Spanferkelallerlei ab 25 000 Rp. ⏲ 7.30–17 Uhr.

Warung Jack Fish, südlich der Jl. Kusuma Sari am Strand. In der Nähe des Hotels Puri Santrian reihen sich einfache Seafood-Restaurants am Strand aneinander von denen Jack das beste ist. Es gibt frisch gegrilltes, leckeres, günstiges Seafood. Der Küchenchef spricht passables Deutsch, da er einige Monate in der Schweiz verbracht hat, und zieht damit entsprechend viele deutschsprachige Gäste an. Die Schärfe des Sambals ist ausbaufähig, aber voll dem Geschmack des Publikums entsprechend. ⌚ 12–22 Uhr.

Warung Kecil, Jl. Duyung 1, ☎ 0851-0002 0002, 🖥 www.fb.com/warungkecilbali. Wie der Name schon sagt (*kecil* = klein): ein kleines, geschäftiges Restaurant mit wenigen Tischen. In der Auslage finden sich viele Gerichte, die man sich ganz nach Lust und Laune zu einem günstigen *Nasi Campur* zusammenstellen kann. Zudem guter Kaffee, Frühstück, Panini und leckere Säfte. Freundliches Personal. ⌚ 8–22 Uhr.

International

Lilla Pantai, südlich der Jl. Duyung an der Strandpromenade, ☎ 0877-6777 5050, 🖥 www.fb.com/LillaPantai. Ansprechendes Touristen-Strandrestaurant an der Promenade mit Holztischen im Sand und einem überdachten Innenbereich. Mittlere Preise und nett angerichtete Gerichte. ⌚ 7–22.30 Uhr.

Mona Lisa Café, Jl. Danau Tamblingan 98, ☎ 0852-3799 7215. Das luftige Restaurant ist mit Recht überaus beliebt. Der Service ist überraschend aufmerksam, freundlich und professionell, die Qualität der Speisen absolut überzeugend und die Portionen sind ordentlich groß. Alles wird zur rechten Zeit appetitlich angerichtet serviert, es gibt sogar eine kleine Vorspeise als Aufmerksamkeit des Hauses und die Preise sind ebenfalls spitze – was will man mehr? Leckeres Zürcher Geschnetzeltes mit Rösti und schön zartes Steak. Man kann auch hinten im Innenhof mit Springbrunnen sitzen. ⌚ 7–23 Uhr.

Three Monkeys Sanur, Jl. Danau Tamblingan 116, ☎ 0361-286 002, 🖥 www.threemonkeyscafebali.com. Sehr beliebtes, elegant-modern gestaltetes, luftiges Touri-Restaurant, das hübsch angerichtete mediterran beeinflusste Speisen und einige einheimische Favoriten serviert. Aufmerksamer Service. Mittlere bis gehobene Preisklasse und nicht sehr große Portionen. In der Hochsaison Fr und So Abend Livejazz. Reservierung zum Abendessen empfehlenswert. ⌚ 15–23 Uhr.

Warung Bali Bagus, Jl. Danau Tamblingan 78B, ☎ 0813-9028 0004, 🖥 http://bit.ly/WarungBali Bagus. Kleines, offenes, bambusverkleidetes Warung mit bunter Speisekarte, freundlichem Personal und ansprechend auf Bananenblättern angerichteten Speisen zu günstigen bis mittleren Preisen. Ältere Stammkundschaft. ⌚ 12–22 Uhr.

€ **Warung Little Bird**, Jl. Danau Tamblingan 34, ☎ 0877-3038 2428, 🖥 www.fb.com/warung.littlebird. Kleines, einladendes, entspanntes Straßenrestaurant mit alternativem Touch und sehr freundlichem jungen Personal. Wenn einheimischer Ska oder Reggae aus den Lautsprechern schallt, kommt sogar etwas Karibik-Feeling auf. Das Essen ist lecker und günstig, die Portionen sind sehr ordentlich. Auch reichhaltige Sandwiches. Do und Fr ab 20 Uhr Livemusik. Verkauf eigener T-Shirts und Mützen. ⌚ Mi–Mo 12–22 Uhr.

UNTERHALTUNG

Wer wild feiern möchte, sollte lieber an die Westküste nach Kuta, Seminyak oder Canggu ausweichen. Ausgehen in Sanur besteht eher aus einem geselligen Abend bei kühlem Bier und Livemusik als ausufernden Partys.

Casablanca, Jl. Danau Tamblingan 120, ☎ 0811-380 9939, 🖥 www.casablancasanur.com. Große, sehr beliebte Musikkneipe mit heiterer Stimmung, freundlicher Bedienung und guter Livemusik tgl. von 21–24 Uhr. Jeden Fr von 18–19 Uhr gibt's Freibier, wenn man sich an die amüsanten Regeln hält; von 19–20 Uhr auch ohne Regeln. ⌚ Mo–Sa 15–1 Uhr.

Laghawa Restaurant, Jl. Danau Tamblingan 51, ☎ 0361-288 494. In dem Touri-Restaurant mit mäßig gutem Essen werden am Mi und Fr zum Abendessen ab 20 Uhr traditionelle Tänze aufgeführt. Meist Ausschnitte aus Joged-, Topeng- und Barong-Tänzen. Details zu den Tänzen s. S. 132.

FESTE

Bali Kite Festival *(Festival Layang-Layangan)* (Juli–August). Das als „Governor's Cup" bekannte Festival findet alljährlich an einem Strand in der Nähe von Sanur statt (in der

Vergangenheit meist am 1 km nördlich von Sanur gelegenen Pantai Galak oder am südlich gelegenen Pantai Mertasari) und ist mit rund 1500 teilnehmenden Drachen das größte seiner Art auf Bali. Wenn die Winde am stärksten sind, lassen Männergruppen gigantische, bunte Flugdrachen steigen. Die Kunstfertigkeit der Fischen, Vögeln, Pflanzen und sogar Hindugottheiten, Filmfiguren und Autos nachempfundenen, selbstgebauten Drachen ist beeindruckend ebenso wie das volksfestartige Drumherum. Bereits einige Tage vorher kann man am Strand beim Training zusehen.

EINKAUFEN

Bücher
Periplus Bookshop, im Artasedana Supermarket, Jl. Danau Tamblingan 136, ✆ 0877-8286 6034, 🖥 www.periplus.com. Gute Auswahl an englischsprachigen Büchern und (sogar deutschen) Zeitschriften. Viele Bücher über Bali. ⏰ 9–20 Uhr.

Möbel
Möbelgeschäfte, Steinmetze und Antiquitätenhändler haben sich entlang der 4-spurigen Jl. By Pass Ngurah Rai zwischen Sanur und Kuta angesiedelt. Es gibt relativ preiswerte, qualitativ hochwertige Möbel. Auch Auftragsarbeiten werden angenommen.

Souvenirs
An der Jl. Danau Tamblingan liegen Galerien und Souvenirshops, die Kunsthandwerk und Gemälde verkaufen.
Artasedana Supermarket, Jl. Danau Tamblingan 136, ✆ 0878-6203 8645. Im Erdgeschoss gibt's allerlei balinesische Souvenirs zu günstigen Festpreisen. ⏰ 8–21 Uhr.
Rita's Gift Shop, Jl. Danau Tamblingan 81, ✆ 0361-286 362. Ob kleine oder große Mitbringsel, der Shop bietet Statuen, Dekoration, Geschirr und Sarongs sowie handgefertigten Schmuck zu erschwinglichen Festpreisen. ⏰ 8–22 Uhr.

Supermarkt und Spezialitäten
Artasedana Supermarket, s. o. Im großen Einkaufskomplex befindet sich neben dem Periplus-Buchladen auch ein großer Supermarkt mit einer guten Auswahl an Lebensmitteln, Getränken und Drogerieartikeln. ⏰ 8–21 Uhr.
Popular Market Sanur, Jl. Cemara 27, 🖥 www.pepitosupermarket.com. Großer Supermarkt mit guter Auswahl und frischem Brot. ⏰ 7–23 Uhr.
The Pantry, Jl. Danau Tamblingan 75A. Feinschmeckergeschäft mit importierten und selbst hergestellten Waren. Im Angebot sind u. a. Vollkornbrot, Marmelade, Wurst und Käse, Obst und Gemüse aus biologischem Anbau sowie internationale Weine. Natürlich nicht ganz günstig. ⏰ 7–20 Uhr.

Textilien
🌳 **Smile Shop (Toko Senyum)**, Jl. Pantai Sindhu, ✆ 0361-233 758. Mit einem Einkauf im gemeinnützigen Secondhandladen unterstützt man die lobenswerte Smile Foundation. Sie übernimmt die Operationskosten für aus armen Familien stammende Kinder mit Gesichtsdeformierungen. ⏰ Mo–Sa 10–16 Uhr.
Uluwatu, Jl. Danau Tamblingan 94, ✆ 0361-288 037, 🖥 www.uluwatu.co.id. Filiale der balinesischen Marke für handgearbeitete Lochstickereien. Näheres s. S. 155. ⏰ 9–20 Uhr.

AKTIVITÄTEN

Alle Preise gelten p. P.

Surfen, Stand-Up-Paddling, Kite- und Wakeboarden
Bali Stand Up Paddle School, Villa Puri Ayu, Jl. Cemara 4B, ✆ 0813-3823 5082, 🖥 www.balistanduppaddle.org. Der sachkundige Italiener Jankie und sein Team geben nach Voranmeldung 1 1/2–2-stündige Kurse im Stand-Up-Paddling und SUP-Surfen für 400 000 Rp– 500 000 Rp, Bootstransfers kosten 75 000– 100 000 Rp extra. Zudem Verleih von SUP-Boards für 400 000 Rp pro Tag.
Rip Curl School of Surf, Prama Sanur Beach Hotel, Jl. Cemara, ✆ 0812-1273 5858, 🖥 www.ripcurlschoolofsurf.com. Neben Surfkursen werden auch Anfängerkurse im Kitesurfen oder Wakeboarden und Stand-Up-Paddling

angeboten. Auch Verleih von Equipment und Kayaks. Details s. S. 157. ⏲ 8–18 Uhr.

Tauchen und Schnorcheln

In Sanur wetteifert eine ganze Reihe von professionellen Tauchschulen, die Touren rund um Bali veranstalten, um Kundschaft.
All4Diving, Jl. Danau Tamblingan 168, ☎ 0361-422 3288, 🖥 www.all4divingindonesia.com. Empfehlenswertes Tauchzentrum, das usflüge inkl. 2 Tauchgängen vor Amed, Tulamben, Nusa Penida, Pulau Menjangan, Candi Dasa oder Padang Bai für 1,7–3 Mio. Rp, Schnupperkurse für 2,3 Mio. Rp und den Open-Water-Diver für 6,9 Mio. Rp anbietet. Auch Verkauf von Tauchausrüstung. Kostenloses Auffüllen von Wasserflaschen. ⏲ 7–20 Uhr.

Wellness und Yoga

Koa Boutique & Spa, Jl. Danau Tamblingan 63, ☎ 0851-0343 3385, 🖥 www.fb.com/koaboutiquespa. Modernes, sauberes Spa mit angeschlossener Schmuck- und Modeboutique. Gute Massagen ab 150 000 Rp pro Std., 2 1/2-Std.-Package für 390 000 Rp. Voranmeldung erforderlich. ⏲ 10–21 Uhr.

Koa Shala, Jl. Danau Tamblingan 77A, ☎ 0823-5905 3384, 🖥 www.koashala.com. Vom Koa Spa aus 200 m die Straße runter werden neben teureren Spa-Behandlungen (Massagen kosten 340 000 Rp pro 1 1/2 Std.) auch Yoga- und Pilates-Sessions (120 000 Rp) angeboten. ⏲ 9–21 Uhr.

TOUREN

Cocostravel, Jl. Sekuta, Gang Ester 10, ☎ 0813-3764 0179, 🖥 www.cocostravel.com. Unter Leitung von Werner werden abenteuerliche, individuelle Touren mit dem Mountainbike durch Bali, Java und Lombok veranstaltet. Infos S. 62. ⏲ 7–20 Uhr.

Nicktours, Jl. Danau Tamblingan 68, ☎ 0361-287 792, 🖥 www.nicktours.com. Empfehlenswerter Veranstalter mit dänischem Management und breitem Angebot. Infos S. 63. ⏲ Mo–Fr 9–17 Uhr.

TRANSPORT

Angkot *(Bemo)* sind in Folge des Siegeszugs der Ridesharing-Apps Grab und Gojek vom Aussterben bedroht, aber es gibt sie noch. Die alten grünen Klapperkisten kurven die Jl. Danau Tamblingan hinab und verlangen für den Zustieg etwa 10 000 Rp p. P., teils wollen die Fahrer von Touristen deutlich mehr haben.
Taxis sind leicht zu bekommen, fahren aber bis auf die Blue-Bird-Taxis fast nie mit Taxameter. Eine Kurzstrecke kostet (ohne Meter) mind. 15 000 Rp. Fahrten mit Grab oder Gojek sind meist günstiger.
Achtung: Wer von Nusa Lembongan oder Nusa Penida an der Jl. Hang Tuah ankommt, kann dort kein Taxi anhalten, da die überteuerten Privattransportanbieter es verbieten.
Eine Alternative sind die auf festgelegten Routen verkehrenden Busse von **Kura-Kura** (S. 158).

Busse

Die Busse von **Perama Tour**, ☎ 0361-895 0158, 🖥 www.peramatour.com, halten vor dem Pondok Santhi in der Jl. Hang Tuah. Perama verlangt für die Abholung sowie den Transfer zum Hotel im Zielort jeweils 15 000 Rp. Alternativ können Fahrten mit **Grab oder Gojek** sowie **Privatwagen** gebucht werden, die Gäste ohne Aufpreis abholen und zur gewünschten Adresse bringen.

Fahrplan Perama, Preise p. P., mind. 2 Pers. notwendig:
AMED und TULAMBEN um 7.30 Uhr für 200 000 Rp.
BEDUGUL um 7.30 Uhr für 150 000 Rp.
CANDI DASA und PADANG BAI um 7.30 Uhr für 125 000 Rp.
FLUGHAFEN um 9.15, 12.45 und 16.45 Uhr für 50 000 Rp.
KINTAMANI um 10.30 Uhr für 150 000 Rp.
KUTA um 9.15, 12.45 und 15.45 Uhr für 50 000 Rp.
LOVINA um 7.30 Uhr für 250 000 Rp.
MUNDUK um 7.30 Uhr für 200 000 Rp.
NUSA LEMBONGAN um 7.30, 10 und 13 Uhr für 225 000 Rp.
NUSA PENIDA um 6.30, 8, 12 und 14 Uhr für 250 000 Rp.

TIRTAGANGGA um 7.30 Uhr für 200 000 Rp.
UBUD um 7.30, 10.30 und 14.30 Uhr für 80 000 Rp.

Privatwagen, Preise pro Auto:
AMED und TULAMBEN für 800 000 Rp.
CANDI DASA und PADANG BAI für 450 000 Rp.
CANGGU für 300 000 Rp.
FLUGHAFEN für 150 000–200 000 Rp.
JIMBARAN FÜR 250 000 RP.
KUTA, LEGIAN und SEMINYAK für 250 000 Rp.
LOVINA für 800 000 Rp.
PEMUTERAN 875 000 Rp.
UBUD für 300 000 Rp.

Boote

Die Büros der zahlreichen, stets fluktuierenden Bootsunternehmen, die nach NUSA LEMBONGAN und NUSA PENIDA verkehren, liegen fast alle entlang der Jl. Hang Tuah. Auf halber Höhe zum Meer werden pro Auto 5000 Rp und pro Motorrad 2000 Rp Eintritt fällig. Die Boote legen vom Strand am Ende der Straße ab. Bei Ebbe müssen die Boote manchmal 500 m entfernt ankern.
Es gibt auch die Option weiter bis nach LOMBOK und auf die GILIS zu gelangen. Kinder zahlen in der Regel 30–50 % weniger.

Nach NUSA LEMBONGAN:
Schnellboote fahren mehrmals tgl. von 8–17 Uhr in 30–45 Min. nach JUNGUTBATU oder MUSHROOM BAY. Die offiziellen **Preise** von 200 000–400 000 Rp pro einfache Strecke können besonders in der Nebensaison bis auf 175 000 Rp heruntergehandelt werden, sofern man außerhalb der Stoßzeiten erscheint und nicht noch am selben Tag fahren möchte.
Transfers in Süd-Bali und Ubud sind meist in der teureren Ticketkategorie inkl.
Aktuell bedienen u. a. folgende Unternehmen die Strecke:
Arthamas Express, ✆ 0812-3921 6964, 🖳 www.arthamasexpress.com.
D'Camel Fast Ferry, ✆ 0813-3951 5837, 🖳 https://dcamelfastferry.com.
Dream Beach Express, ✆ 0821-450 83170, 🖳 http://dreambeachexpress.com.
Glory Fast Cruise, ✆ 0811-399 964, 🖳 www.gloryfastcruise.com.

Maruti Express, ✆ 0813-3875 4848, 🖳 http://marutigroupfastboat.com.
Optasal, ✆ 0361-918 900, 0812-3700 4078. So etwas wie das öffentliche Bootsunternehmen.
Scoot Fast Cruises, ✆ 0361-280 762, 🖳 www.scootcruise.com. Den teuersten Anbieter gibt's bereits seit 2004. Transfer in Süd-Bali und Ubud stets inkl.
Weitere Verbindungen ab Serangan (S. 186) und Benoa Harbour (S. 187).

Nach NUSA PENIDA:
Die offiziellen **Preise** für die Schnellboote von 200 000–400 000 Rp pro Strecke können besonders in der Nebensaison bis auf 150 000 Rp heruntergehandelt werden. Boote verkehren nach NYUH von 7–16.30 Uhr etwa alle 1/2–2 Std.
Aktuell bedienen u. a. folgende Unternehmen die Strecke:
Maruti Express, s. o.
Optasal, s. o.

Nach LOMBOK und auf die GILIS:
Scoot Fast Cruises, s. o. Mit Schnellbooten geht's um 9.30 Uhr via Nusa Lembongan (Jungutbatu, 10.30 Uhr) nach BANGSAL und GILI TRAWANGAN (13.30 Uhr) für 750 000 Rp einfach. Zwischenstopps entlang der Strecke kosten keinen Aufpreis.
Zudem verkehren empfehlenswerte Unternehmen ab Serangan (S. 186).

Serangan

Auf der Insel, die in den vergangenen Jahren durch Landaufschüttungen stark vergrößert wurde und zu der eine Brücke hinüberführt, befindet sich der wenig besuchte **Pura Sakenan**, der manchmal zu den sechs heiligsten Tempeln der Insel gezählt wird. Seine Gründung geht, wie bei vielen anderen Küstentempeln, auf einen Besuch des Shiva-Priesters Danghyang Nirartha zurück. Das Bemerkenswerteste an dem Tempel ist ein steinerner, fünfstöckiger *Candi*, der für die königlichen Ahnen aus dem Majapahit-Geschlecht errichtet wurde. Der innerste Bereich ist nicht zugänglich und wird von gro-

◂ Auch an den touristischen Stränden des Südens findet Balis gelebte Kultur in Zeremonien Ausdruck.

ßen, alten Bäumen flankiert. Zur Feier des *Manis-Kuningan*-Festes, dem Tag nach *Kuningan*, pilgern Tausende von Balinesen mit Opfergaben hierher. Weitere Informationen zur Feier s. **eXTra [4156]**.

Serangans Bewohner, meist Nachfahren von Bugis aus Süd-Sulawesi, die vom Fischfang leben, haben früher von den östlichen Außeninseln kommende Meeresschildkröten „zwischengelagert". Die Tiere endeten häufig als Steaks auf den Tellern der Touristen, aber auch Balinesen haben zu bestimmten zeremoniellen Anlässen Schildkrötenfleisch gegessen. Glücklicherweise hat diese Unsitte ein Ende gefunden: Seit 1999 ist jeglicher Verzehr, Verkauf oder Besitz von Schildkrötenfleisch und Schildplatt streng verboten.

Viele Touristen besuchen das **Turtle Conservation and Education Center (TCEC)** in der Jl. Tukad Punggawa, ✆ 0813-3849 0357, 🖥 https://tcecserangan.jimdofree.com, eine lobenswerte, seit 2006 bestehende Aufzucht- und Pflegestation für Schildkröten. In Sandgehegen schlüpfen Babyschildkröten, um in kleinen Becken ungefährdet heranzuwachsen. Zudem werden von Booten angefahrene und kranke Panzertiere hier aufgenommen, gepflegt und aufgepäppelt. Schautafeln informieren über die Artenvielfalt. Wer will, kann für 150 000 Rp eine Schildkröte adoptieren und freilassen. Zur Finanzierung der Station sollte eine Spende gegeben werden. ⏰ 9–16 Uhr.

TRANSPORT

Boote
Ab Serangan:
BlueWater Express, ✆ 0813-3841 8988, 🖥 www.bluewater-express.com. Recht empfehlenswerter Anbieter. Nach GILI TRAWANGAN und GILI AIR via NUSA PENIDA um 8 Uhr und in der Hauptsaison auch um 9.15 Uhr für 725 000–870 000 Rp einfach in 2 1/2–3 Std., in der Nebensaison via PADANG BAI. Transfer in Süd-Bali und Ubud inkl.

Gili Getaway, ✆ 0813-3707 4147, 🖥 www.giligetaway.com. Im Vergleich zu anderen Anbietern sehr guter Service. Hier gibt's sogar Reisetabletten und ein Erfrischungstuch! Nach GILI TRAWANGAN, GILI AIR und BANGSAL um 9 Uhr für 760 000 Rp einfach, in der Nebensaison ab 600 000 Rp in 2–2 1/2 Std. Zudem nach GILI GEDE via NUSA PENIDA (450 000 Rp) um 10.30 Uhr für 960 000 Rp in 2 1/4 Std. Transfer in Süd-Bali inkl., kostenlose Zwischenstopps sind leider nicht möglich.

Rocky Fast Cruise, ✆ 0853-3886 6899, 🖥 www.rockyfastcruise.com. Nach NUSA LEMBONGAN um 10, 12, 14 und 17.30 Uhr für 300 000 Rp einfach.

Ab Pemelisan:
Marina Srikandi, ✆ 0361-729 818, 🖥 www.marinasrikandi.com. ACHTUNG: Über diesen Anbieter gab es wegen Sicherheits- und Servicemängeln bereits mehrfach Beschwerden! Boote zur Mushroom Bay auf NUSA LEMBONGAN um 9 Uhr, zurück um 13.30 Uhr, und nach NUSA PENIDA um 9 Uhr, zurück um 16 Uhr, jeweils für 225 000 Rp einfach. Nach BANGSAL (Lombok), GILI TRAWANGAN und GILI AIR um 8.30 Uhr für 375 000 Rp einfach. Transfer in Süd-Bali inkl.

Sunfish Boat, ✆ 0361-472 0750, 0812-4625 1229, 🖥 www.sunfishboat.com. Nach NUSA PENIDA um 8.30 Uhr für 450 000 Rp einfach, 650 000 Rp hin und zurück. Nach NUSA LEMBONGAN um 8.30 Uhr für 350 000 Rp einfach, 550 Rp hin und zurück.

Benoa Harbour und Umgebung

Der größte Hafen Balis liegt westlich von Serangan, etwa auf halber Strecke zwischen Sanur und Kuta, und wurde bereits zu Beginn des 20. Jhs. unter den Holländern ausgebaut. **Pelabuhan Benoa** (*Pelabuhan* für „Hafen") ist heute vor allem als Containerhafen und für die Treibstoffversorgung der Insel von Bedeutung, wie die riesigen Pertamina-Tanks bezeugen. Neben Kreuzfahrtschiffen ankern hier auch Jachten und die großen PELNI-Fähren, die durch den indonesischen Archipel schippern. Der Hafen ist für Touristen sonst kaum von Interesse. Am Eingangstor werden 5000 Rp p. P. sowie 2000 Rp pro Auto oder Motorrad verlangt.

Die etwa 400 m lange Brücke zum Hafen dient als Auffahrt zur **Bali Mandara Toll Road**, die durch eine 12,7 km lange Brücke über dem Meer den Flughafen mit Denpasar im Norden sowie Nusa Dua im Süden verbindet.

Der größte chinesische Tempel der Insel lohnt einen Besuch. Das reich verzierte Eingangstor des von zwei hübschen Pagoden und einer großen Kuan-Yin-Statue flankierten **Vihara Satya Dharma** erhebt sich auf westlicher Seite an der Brückenauffahrt zum Hafen. Das Äußere des Tempels wird von gewundenen Drachen bewacht, und im reich dekorierten Inneren wird u. a. Kuan-Yin, die Göttin des Meeres und der Barmherzigkeit, verehrt. Fotografieren ist im Innenraum verboten.

350 m weiter südlich zweigt auf der östlichen Straßenseite eine schmale Zufahrt zum **Bali Wake Park**, ✆ 0361-846 8866, 🖥 www.baliwakepark.com, ab. Auf dem künstlichen, 5 ha großen See können bis zu 8 Personen gleichzeitig in einen Seilzug eingehakt auf einem großen Rundparcour ihre Wakeboarding-Fähigkeiten trainieren. Weniger Abenteuerlustige beobachten von Sonnenliegen oder vom Überlaufpool aus bei einem kühlen Bintang die Manöver. Eine Stunde kostet 400 000 Rp, 2 Stunden 600 000 Rp, ein Tag 850 000 Rp. Zudem gibt's hier das Aqualand mit einem schwimmenden Hindernisparcour für 250 000 Rp pro Stunde. ⏲ 10–18 Uhr.

Das westlich der Hafeneinfahrt gelegene **Mangrove Information Centre**, Jl. By Pass Ngurah Rai km 21, ist leider nicht mehr lohnenswert. Der 1,9 km lange Rundweg ist renovierungsbedürftig und in den Mangroven sammelt sich viel Müll. ⏲ 8–18 Uhr, von Touristen wird oft ein unverschämt überzogener Eintritt von 200 000 Rp verlangt.

TRANSPORT

PELNI, Verkaufsbüro an der Kreuzung mit er Jl. By Pass Ngurah Rai, ✆ 0852-0345 4243, in Kuta, Jl. Raya Kuta 299, ✆ 0361-763 964, in Denpasar, Jl. Diponegoro 165, ✆ 0822-4477 3499, 🖥 www.pelni.co.id (Website ist manchmal nicht erreichbar). Von Benoa verkehren Fähren alle 1–4 Wochen auf die Inseln Flores (LABUAN BAJO, ab 244 000 Rp, 1–2 Tage, ENDE, ab 355 000 Rp, 3 Tage), Sumba (WAINGAPU, ab 313 000 Rp, 3 Tage), Alor (KALABAHI, ab 450 000 Rp, 4–5 Tage), Sulawesi (MAKASSAR, 345 000 Rp, 3 Tage), West-Papua (MERAUKE, 827 000 Rp, 12 Tage), West-Timor (KUPANG, 421 000 Rp, 4 Tage) und Java (SURABAYA, 198 000 Rp, 1 Tag). Alle Preise inkl. Vollpension.

Jimbaran

Jimbaran erstreckt sich direkt südlich des Flughafens entlang einer 4 km breiten Bucht, die von einem sehr schönen, hellen Sandstrand gesäumt ist. Da es keine starken Strömungen gibt, eignet sich der Strand gut zum Schwimmen, was viele Pauschalurlauber anzieht. Allerdings kann man außer Baden, Faulenzen, Essen und den tollen Sonnenuntergang genießen wenig unternehmen, und der Ort selbst ist nicht sonderlich attraktiv. An den Zufahrtsstraßen zum zentralen Strandabschnitt werden 5000 Rp Eintritt pro Pkw verlangt.

Am nördlichen Ende der Uferstraße steht das Gebäude des geschäftigen **Kedonganan Fish Market**. Aus der überwältigenden Auswahl picken sich nicht nur Restaurantbetreiber ihren Frischfisch heraus. Besonders in den frühen Morgenstunden, wenn die Fischer mit ihren bunt angemalten traditionellen Booten *(Prahu)* und ihrem Fang zurückkehren, herrscht Hochbetrieb. Ein Besuch ist nichts für geruchsempfindliche Naturen. ⏲ 7–21 Uhr.

Das Highlight in Jimbaran sind die **Fischrestaurants**, die Gäste direkt am Strand mit fangfrisch zubereiteten Meeresfrüchten bewirten. Entlang der Strandpromenade Jl. Pantai Kedonganan reiht sich ein Touristenlokal ans nächste. Besser und günstiger sind die Restaurants in den Gebäuden des Jimbaran Foodcourt am Südende der Straße.

Die Tische füllen sich zum Sonnenuntergang, und wer nicht vor der ansteigenden Flut mitsamt Stuhl und Tisch flüchten muss, genießt die angenehme Atmosphäre mit den Füßen im Sand bis in die späten Abend. Am besten sucht man sich Fische und Meeresfrüchte selbst von den Auslagen aus.

Der wichtigste Tempel Jimbarans ist der **Pura Ulun Siwi** an der Kreuzung von Jl. Raya Uluwatu und Jl. Pemilisan Agung. Der bedeutendste aller *Subak*-Tempel wird von Reisbauern bei Missernten und anderen Problemen aufgesucht. Im Inneren werden *Barong*-, *Rangda*- und *Jauk*-Masken aufbewahrt, die über große magische Kräfte verfügen sollen. In der Regel werden die Masken alle 15 Tage an einem *Kajeng Kliwon* für eine Zeremonie hervorgeholt, um das alte Drama vom ewigen Kampf zwischen Gut und Böse aufleben zu lassen. Informationen zum magischen *Barong* von Ulun Siwi s. **eXTra [4161]**.

ÜBERNACHTUNG

Karte S. 142
Ayola Bali Jimbaran, Jl. Raya Uluwatu 389, ☏ 0361-709 137, 🖥 https://topotels.com/ayolabalijimbaran. Relativ modernes, leider nicht sonderlich gepflegtes Mittelklassehotel mit Pool, Dachterrasse und 83 komplett ausgestatteten Zimmern. Die Ausfahrt der Tiefgarage ist so steil, dass viele Autos aufsetzen. Das Frühstück orientiert sich am Geschmack asiatischer Touristengruppen. Günstige Angebote online. ❸–❹
Balquisse Heritage Hotel, Jl. Raya Uluwatu 18X, ☏ 0361-701 695, 🖥 www.balquisse.com. Kleines, top designtes Boutiquehotel mit 10 Zimmern sowie Suiten und einem Teakhaus, die allesamt von einer marokkanischen Innenarchitektin wundervoll in Pastellfarben und Holztönen gestaltet wurden. Jedes Zimmer ist ein kleines Unikat. 3 kleine Pools und viele dekorative Details. Spa. Zum Strand geht's in weniger als 10 Min. über die Anlage des Inter Continental gegenüber. Leckeres Frühstück und Shuttle nach Jimbaran inkl. ❼–❽
Keraton Jimbaran Beach Resort, Jl. Mrajapati, ☏ 0361-701 961. Elegantes, in die Jahre gekommenes, aber gepflegtes Hotel im klassischen balinesischen Stil mit ausreichend Liegen und Schatten am Pool im großen, schönen Garten. Deutschsprachiger Service. Die 202 geräumigen Zimmer und Villen sind mit Holzschnitzereien und rustikalen Möbeln eingerichtet. Sammlung seltener Bonsai-Bäume. Frühstück und Nachmittagstee inkl. ❼–❽

OYO 311 Melody Gh., Jl. Bukit Permai 1, ☏ 0812-3815 8128. Hinter dem Warung Musik Metal Corpse werden im 2-stöckigen Neubau einfache, gefliese, ziemlich dunkle, klimatisierte Zimmer vermietet. Freundliche, hilfsbereite Betreiberfamilie. ❸
The Open House, Jl. Pemelisan Agung 25, ☏ 0361-709 160, 🖥 www.theopenhousebali.com. Familiäres Boutiquehotel in Strandnähe unter spanisch-balinesischer Leitung mit 17 einladenden, stilsicher mit Liebe zum Detail gestalteten, hellen Zimmern mit zentral positioniertem Bett, Balkon oder Terrasse und Regendusche. Schmaler Garten mit rechteckigem Pool und Sonnenliegen sowie offenem Bale mit kleiner Bücherei und Sitzsäcken. Guter Service, aber leider ziemlich überteuert. Leckeres Frühstück und Voucher für Strandliegen inkl. ❼–❽

ESSEN

Karte S. 142
La Brasserie by Melting Wok, Jl. Bukit Permai 8, ☏ 0812-3950 0044, 🖥 www.fb.com/LaBrasserieJimbaran. Die aus dem erfolgreichen Melting Wok in Ubud (S. 215) bekannte Geraldine und ihre Helferinnen punkten mit ihrem überaus freundlichen, aufmerksamen Service. Im ansprechenden Bistro-Restaurant gibt's französische Favoriten wie Tartines, Suppen und Steaks, aber auch asiatische Speisen wie die Melting-Wok-Curry-Nudeln sowie Burger zu mittleren, stets angemessenen Preisen. Leckere Desserts. Reservierung empfohlen. ⏱ Do–Di 9–22 Uhr.
Lia Café, am Strand im Jimbaran Foodcourt, ☏ 0812-4638 4673. Eins der besten der vielen Seafood-Restaurants mit einer guten Auswahl an frischem Fisch und Meeresfrüchten zu akzeptablen Preisen. Mit den Füßen im Sand wartet man auf das Essen und genießt den Blick aufs Meer. ⏱ 10–22 Uhr.
Menega Café, Jl. Four Seasons Resort, Muaya Beach, ☏ 0361-705 888, 0812-393 3539, 🖥 www.menega.com. Auch im südlich von Jimbaran gelegenen Foodcourt reiht sich ein Fischrestaurant ans nächste. Abends stehen die Gäste Schlange, sodass man besser rechtzeitig

vor Sonnenuntergang vorbeikommt, um einen Platz am Strand zu ergattern. Fische und Tintenfisch kosten pro Kilo 120 000–135 000 Rp, Muscheln 70 000 Rp und Garnelen 230 000–300 000 Rp. Alles direkt vom Grill inkl. Reis, Gemüsebeilagen, Soßen und Früchten.
⊕ 11–22 Uhr, letzte Bestellung 21 Uhr.

AKTIVITÄTEN

Priority Stand Up Paddle Bali, ✆ 0877-3838 6077, 🖥 https://prioritysup.com. Die ruhigen Gewässer in der Bucht von Jimbaran eignen sich optimal für das Erlernen des Stand-Up-Paddling. Der freundliche Chris und sein Team vermieten SUP-Boards für 100 000 Rp pro Std. oder 250 000 Rp pro Tag (mind. 2 Tage). Zudem geben sie 1–1 1/2-stündige Einführungskurse für 370 000 Rp, Kurse fürs SUP-Surfen für 650 000 Rp und SUP-Yoga für 350 000 Rp pro Std. Auch Ausflüge auf den Boards ab 450 000 Rp.

TRANSPORT
Busse
Kura-Kura Bus, 🖥 http://kura2bus.com. Die Busse pendelten vor der Corona-Pandemie alle 2 Std. durch Jimbaran sowie Kuta und Legian, wurden aber bis auf Weiteres eingestellt. Haltestellen fanden sich am Samasta Lifestyle Village, Le Méridien, Ayana Resort, Rimba Jimbaran und der Pizza Hut an der großen Kreuzung an der Jl. By Pass Ngurah Rai. Infos S. 72.

Bukit-Halbinsel

Die 140 km² große Bukit-Halbinsel (*Bukit* für „Hügel") im äußersten Süden von Bali ist von einer kargen, hügeligen **Savannenlandschaft** aus Kalkstein geprägt und nur über die 1,3 km schmale Landzunge von Jimbaran mit dem Rest der Insel verbunden. Hier ist es stets heißer und trockener als anderenorts auf Bali.

Die gigantische, weithin sichtbare **Garuda-Wisnu-Kencana-Statue** überragt die Halbinsel. Die Konstruktion der mit Sockel 121 m hohen, detailliert gearbeiteten Figur, die die Gottheit Vishnu auf seinem Reittier Garuda zeigt, hat sage und schreibe 25 Jahre in Anspruch genommen. Für den Besuch der aktuell vierthöchsten Statue der Welt wird ein Eintritt von 125 000 Rp für den weitläufigen, aber wenig attraktiven **GWK Cultural Park** fällig – für das Gebotene recht teuer. Zudem bietet sie auch von Weitem einen schönen Anblick. ⊕ 8–21 Uhr.

Der Westen und Süden der „Bukit" wird von imposanten, zerklüfteten **Steilküsten** dominiert. Die Strände sind oft nur über schmale, stark abfallend in den Fels geschlagene Treppen erreichbar und mit ihren bis zu 3 m hohen Wellen das Lieblingsrevier erfahrener Surfer. Die reißende Brandung, messerscharfen Riffe, aus dem Wasser ragenden Felsen und unberechenbaren Strömungen limitieren die Optionen für Schwimmer. Im Südwesten der Halbinsel lockt der spektakulär über dem Ozean thronende **Pura Luhur Uluwatu** Touristenscharen an, besonders zum allabendlichen Kecak-Tanz.

Im knochentrockenen Süden fällt der Raubbau an der Natur besonders ins Auge. Vielerorts wurde mit Bagern Kalkgestein abgetragen, was hässliche, Tagebau-ähnliche Narben in der Landschaft hinterlassen hat. Zudem scheint jede noch so kleine Unterkunft und Villa mit einem Privatpool ausgestattet zu sein. Das Wasser dafür muss mit Tanklastern angekarrt werden. Zwischen den Luxusunterkünften stehen noch verwahrloste Bauruinen sowie ärmliche Gehöfte mit abgemagerten Kühen, die in der kargen Landschaft kaum etwas zu knabbern finden. Was für ein surrealer Kontrast zu den saftig grünen, intensiv bewässerten Gärten der Unterkünfte!

In einer durch Korallenriffe geschützten Bucht im Osten der Halbinsel wurde das sterile, schwer gesicherte Touristenzentrum **Nusa Dua** auf 300 ha aus dem Boden gestampft. Auf der Landzunge weiter nördlich hat sich das Fischerdorf **Tanjung Benoa** dank des feinen, weißen Sandstrands zu einem (Pauschaltouristen-)Zentrum für Wassersport gemausert.

Surfstrände der Westküste
Während das exklusive, 2,5 km südwestlich von Jimbaran gelegene Ayana Resort nur einen schmalen, von Felsen durchsetzten Privatstrand bietet, lohnt ein Abstecher zum nördlich gelegenen **Tegal Wangi Beach**. Meist verirren sich

andere Touristen nur zum Sonnenuntergang zu dem hübsch von steilen Klippen eingerahmten Sandstrand. Einfach 3 km weit der Straße zum Ayana folgen und rechts auf die Jl. Tegal Wangi abbiegen. Der Zugang hinunter zum Strand ist recht steil.

Weiter südwestlich lockt der wesentlich breitere **Balangan Beach** mit seinem feinkörnigen Sand, Sonnenliegen, einigen Unterkünften und entspannten Warung in Holzhäuschen direkt am Strand sowie guten Wellen. Bei Ebbe muss man allerdings weit hinauslaufen. Von Jimbaran kommend geht es nach 5,5 km direkt vor dem großen Nirmala Supermarket in Ungasan, ⏱ 7–22 Uhr, rechts von der Hauptstraße Jl. Raya Uluwatu ab und in 6,7 km zum Strand.

Zurück auf der Hauptstraße erreicht man nach weiteren 2 km den überdimensionierten Eingang zur wohl größten Fehlinvestition in Balis Geschichte: Das am Reißbrett geplante Megaprojekt des **New Kuta Beach** mit Golfplatz, Wasserpark und zahlreichen Hotels wollte nie so recht funktionieren. Fast alle Großprojekte wurden eingestellt, und die zurückgebliebenen Bauruinen und die gigantische, fast schon dubaieske Zufahrt verschandeln jetzt die Umgebung.

Die Atmosphäre am ehemals paradiesischen **Dreamland Beach** wird vom unattraktiven Klapa Resort und Restaurant beeinträchtigt. Der strahlend weiße Sandstrand ist aber immer noch sehr schön, wenn auch schon lange kein Geheimtipp mehr. Die Felsen, die ihn umrahmen, bieten Sonnenschutz, und Surfer können Bretter ausleihen. Zum Schwimmen ist der Strand wegen der starken Strömung nicht geeignet, allerdings kann man hier gut Surfen lernen. Parken 10 000 Rp pro Auto, 5000 Rp pro Motorrad, Strandliegen 150 000 Rp.

Der im Südwesten in Sichtweite angrenzende schmale, aber hübsche **Bingin Beach** ist mit dem Auto nur über die gut 6 km vom Eingang des New Kuta Beach entfernte, in Pecatu von der Hauptstraße abgehende Jl. Labuan Sait erreichbar. Motorräder gelangen auch über einen kleinen Feldweg vom Dreamland Beach auf die Straße gen Süden. Am Bingin Beach ist ein kleines, entspanntes Surferstädtchen entstanden, mit einer Reihe von Unterkünften oberhalb der Steilklippen. Hinunter zum Strand gelangt man über eine steile Treppe mit rund 500 Stufen. Nebenan lockt der **Impossible Beach** mit guten Wellen, die über einem Riff brechen.

Wenige hundert Meter weiter kann man am beliebten **Labuan Sait Beach**, auch Padang Padang Beach genannt, auf dem großen Parkplatz (5000 Rp) halten, baden gehen, eine Kleinigkeit essen, in den Surfläden shoppen oder den Wellenreitern bei ihren waghalsigen Manövern zuschauen. Bei Flut wird der schöne weiße Sandstrand fast völlig überspült. Von der Brücke bietet sich ein toller Blick auf den Strand darunter und die Brandung.

1,8 km westlich der Brücke ist der **Suluban Beach** mit dem unter Surfern berühmt-berüchtigten Uluwatu-Break erreicht, einer der beliebtesten Strände. Unterhalb der Blue Point Bay Villas sind eine ganze Reihe von Unterkünften, Surfshops und Restaurants mit toller Aussicht an die Klippen gebaut worden, darunter das sehr beliebte Single Fin (s. Unterhaltung) – ein regelrechtes Surfermekka. Wer am Ende der steilen Treppen, die zum Meer hinunterführen, durch die Felsspalte auf der linken Seite schlüpft, gelangt zum Strand. Dank der vom vorgelagerten Riff geschützten Lage ist der Strand an ruhigen Tagen bestens zum Schwimmen geeignet und ermöglicht eine gute Sicht auf das Treiben der Surfer. Parken 5000 Rp.

ÜBERNACHTUNG

Bali Bule Home Stay, Padang Padang Beach, ✆ 0361-769 979, 🖥 www.balibulehomestay.com. Hübsche, familiäre Anlage rund um den Pool mit 14 geräumigen, sauberen, klimatisierten Bungalows mit Veranda, teils auch Open-Air-Bad. Der Aufpreis für die teureren Zimmer lohnt nicht. Restaurant. ❺

€ **Cantika Gh.**, Jl. Labuan Sait, Gang Rencang, ✆ 0819-3311 2080, 🖥 www.fb.com/cantikaguesthouse. In Laufnähe zum Trubel am Suluban Beach und dennoch ruhig wohnt man in familiärer Atmosphäre in 5 sehr sauberen, geräumigen Zimmern mit hübschen Holzmöbeln, Kühlschrank und Schreibtisch. Sehr freundlicher Besitzer und kleiner, etwas trüber Pool. Motorradverleih. ❸–❹

Le Yanandra, Jl. Pantai Balangan, ✆ 0878-6147 3301, 🖥 https://leyanandrabali.com. In der charmanten, beschaulichen Anlage mit großzügigen, sauberen Bungalows trifft Bali auf Frankreich. Beim Bau und der Einrichtung der Häuser mit hohen Dächern wurden überwiegend Naturmaterialien verwendet. Der Pool umgibt ein netter Garten. Von der oberen Terrasse aus kann man den Sonnenuntergang über dem Meer beobachten. Leckeres Frühstück mit selbstgemachten Marmeladen. ❻–❼

PinkCoco Uluwatu, Jl. Labuan Sait, ✆ 0857-3942 4559, 🖥 www.pinkhotels.com/bali. Die mediterran gestaltete, etwas überteuerte Anlage mit schönem Pool überzeugt mit 28 geräumigen, luftigen, originell gestalteten, klimatisierten Zimmern in 2-stöckigen, bordeauxroten Bauten. Alle haben gute Matratzen, Safe, Kühlschrank, teils auch riesige Bäder. Auf dem Dach ein Zimmer mit toller Aussicht. ❻–❼

Uluwatu Cottages, Jl. Labuan Sait, ✆ 0361-849 8715, 🖥 www.uluwatucottages.com. Spektakulär direkt an den Klippen mit tollem Ausblick gelegene Anlage mit Überlaufpool, hübschem Garten und 18 etwas überteuerten, sauberen, schicken, minimalistisch, aber mit allem Komfort eingerichteten Bungalows. Die teureren sind geräumiger. Frühstück inkl. ❼

ESSEN

He'enalu, Jl. Raya Uluwatu 70X, ✆ 0895-2988 1815, 🖥 https://heenalu-bali.weebly.com. Kleines Café neben dem Nirmala Supermarket mit einem Touch von Hawaii. Sogar der allgegenwärtige Fried Rice schmeckt hier dank Ananas anders. Einen gewissen Touch haben auch die Salate, Wraps und Focaccia-Sandwiches. Empfehlenswert ist der vietnamesische Eiskaffee. ⏱ So–Fr 12–20 Uhr.

La Baracca Uluwatu, Jl. Labuan Sait 10, ✆ 0821-4517 5621, 🖥 www.labaraccabali.com. Einladender, hübsch gestalteter Italiener mit sehr guten Pizzas und Salaten sowie ruhiger Atmosphäre. Freundlicher Service und moderate Preise. Lobenswert ist der Versuch so weit wie möglich auf Getränke in Einwegverpackungen und Einweggeschirr zu verzichten. Filialen in Petitenget, Batu Bolong und Ubud. ⏱ 12–23 Uhr.

Lucky Fish, am Bingin Beach. Einfaches Strandrestaurant mit Seafood-Barbecue, bei dem man sich die gewünschten Meeresfrüchte selbst aussucht. Besonders schön zum Sonnenuntergang mit den Füßen im Sand. 8–22 Uhr.

Pok Pok Ulu, Jl. Labuan Sait 61, 0881-03782 7424. Im luftigen Restaurant kann man *Massaman*-Curry, *Tom-Yum*-Suppen und andere Thai-Gerichte probieren. Mittlere Preise, kleine Portionen und nicht ganz authentisch. Mo–Sa 13–21 Uhr.

Suka Espresso, Jl. Labuan Sait 10, 0812-4652 7605, www.sukaespresso.com. Beliebtes Brunchrestaurant mit fotogen angerichteten, leckeren Sandwiches und Bowls zu vernünftigen Preisen. Ab 12 Uhr auch vollwertige Gerichte. Die Portionen könnten größer sein. Sehr guter Kaffee und ausgefallene, reichhaltige Milkshakes. Filialen in Ubud und am Pantai Berawa. 7.30–21 Uhr.

The Cashew Tree, Jl. Pantai Bingin 9, 0859-5378 9675, www.fb.com/thecashewtree.collective. Im naturbelassenen Garten liegt das entspannte, beliebte Restaurant mit einsehbarer Küche und freundlichem, aufmerksamem Service. Die bunt gemischten Gerichte können unter mit *Alang-Alang*-Gras gedeckten Dächern genossen werden. Auch vegetarische und vegane Optionen, Säfte, Weine und Cocktails. Leckerer Tempeh-Burger. Mittlere Preisklasse. 8–22 Uhr.

UNTERHALTUNG

Single Fin, Pantai Suluban, 0859-5895 1520, www.singlefinbali.com. Sehr beliebte, luftige, ansprechend mit recyceltem Holz gestaltete Kreuzung aus Surfshop, Bar, Partylocation und Restaurant, die mit einer tollen Aussicht punkten kann. Seit der Eröffnung 2008 wurde ordentlich ausgebaut. Mittlerweile werden auf 3 Stockwerken Sandwiches, Pizzas und Pasta in kleinen Portionen zu gehobenen Preisen serviert. Mi und So sehr populäre Partys mit Après-Surf-Atmosphäre. Mo, Di, Do, Fr und Sa 8–21, Mi und So 8–1 Uhr.

Ulu Cliffhouse, Jl. Labuan Sait 315, 0811-3941 7899, www.ulucliffhouse.com. Schicke Location an den Klippen mit toller Aussicht, großem Überlaufpool und Sonnenbänken (Mindestverzehr 1–1,5 Mio. Rp) oben sowie einer toll designten, aus Treibholz konstruierten weiteren Bar die steilen Treppen hinab (hier nur Getränke). An den Strand gelangt man nur bei Ebbe. Klimatisiertes Spielzimmer für die Kleinsten. Di Abend Kino und Fr Abend Party, dann gilt für jeden Besucher ein Mindestverzehr von 150 000 Rp. Mo–Do 12–22, Fr–So 12–24 Uhr.

2 HIGHLIGHT

Pura Luhur Uluwatu

An der südwestlichen Spitze der Bukit-Halbinsel erhebt sich einsam auf einer spektakulär-steilen Felsklippe, 70 m über dem tosenden Ozean, der kleine, aber höchst bedeutsame Tempel Pura Luhur Uluwatu (*Ulu* für „Kopf", *Watu* für „Stein"). Er fehlt in keiner Liste der *Sad Kahyangan*, der sechs heiligsten Tempel Balis. Sein *Odalan* (Tempelfest) findet zehn Tage nach *Kuningan* statt, dem Schlusspunkt der zehntägigen Feier zu Ehren der Schöpfung der Welt.

Pura Uluwatu ist zweifellos ein sehr altes Heiligtum. Ein legendärer Shiva-Priester aus Java, bekannt als **Empu Kuturan** (*Empu* für „Weiser"), soll diesen Tempel im 11. Jh. begründet bzw. eine ältere heilige Stätte ausgebaut haben. Jahrhunderte später kam der große Hindu-Lehrer **Danghyang Nirartha** nach Bali. Nach jahrzehntelangem Wirken wählte er Pura Uluwatu als den Ort, wo er in Versenkung *Moksa*, die endgültige Erlösung, erlangte. Seitdem fügt man dem Tempelnamen das Luhur hinzu *(ngeluhur* für „*Moksa* erlangen").

Der auf einem weitläufigen Gelände liegende Tempel ist Mahakala geweiht, Shiva in seiner Inkarnation als Gott der Vernichtung und Auflösung der Welt. Ihm schreibt man z. B. schwere Stürme und Seuchen zu. Die Felsenklippe, auf der sich der Tempel erhebt, soll einer Sage nach das versteinerte Schiff der Göttin der Gewässer, Dewi Danu, sein, die über das Meer nach Bali kam. Das Innere des kleinen Tempels kann nicht betreten werden.

Besucher sollten sich von den diebischen Affen nicht nervös machen lassen. Am besten hat

Der Kecak-Tanz am Uluwatu

Es lohnt sich, den Besuch des Pura Luhur Uluwatu so zu planen, dass man ihn mit einer abendlichen Tanzaufführung kombinieren kann. Die einstündigen **Feuertanzaufführungen zum Sonnenuntergang** gegen 18 Uhr werden von Touristenschwärmen besucht und haben fast schon Stadionatmosphäre, sind aber aufgrund des spektakulären Bühnenplatzes hoch oben auf den Klippen auch wirklich sehenswert. Von der halbrunden Tribüne bietet sich ein direkter Blick auf den Sonnenuntergang. Im Schein der züngelnden Flammen singen sich über 40 *Kecak*-Sänger mit dem hypnotischen *cak-cak-cak* in eine Trance und bilden so den Rahmen für das *Ramayana*-Ballett, das von reich geschmückten Tänzern aufgeführt wird und mit dem beeindruckenden Feuertanz des rettenden Hanuman den Höhepunkt erreicht. Die Zuschauer sind so nah am Geschehen, dass es in den ersten Reihen beim feurigen Ende richtig heiß werden kann. Störend sind allerdings Zuschauer, die während der Vorstellung über die Bühne laufen, weil sie zu spät kommen, früher gehen oder unbedingt die beste Perspektive für ihr Erinnerungsfoto erhaschen wollen. Eintritt 150 000 Rp, Kinder 75 000 Rp. Weiteres zum *Kecak* S. 135.

man einen Stock dabei, mit dem man die Affen verscheuchen kann, falls sie allzu aufdringlich werden. Eintritt 50 000 Rp inkl. Sarong und *Slendang*, Kinder 30 000 Rp, Parken 2000 Rp. ⏲ 7–19 Uhr. Einfache Essenstände finden sich am Parkplatz.

Die südliche Bukit-Halbinsel und ihre Strände

3 km südöstlich vom Pura Luhur Uluwatu zweigt eine schmale Straße zum wenig besuchten, versteckt gelegenen, grobkörnigen **Nyang Nyang Beach** ab. Die asphaltierte Zufahrtstraße bis zum Parkplatz (10 000 Rp) an der Steilküste ist beschildert. Von dort führt ein etwas rutschiger, grobschotteriger Weg in rund 10 Min. steil hinab zum Strand. Hier ist der Meeresboden felsig und das Wasser nur knöcheltief, zudem gibt's starke Strömungen, sodass nicht gebadet werden kann.

In Strandnähe organisiert u. a. **Nyang Nyang Paragliding**, 🖥 www.baliparaglidingclub.com, Gleitschirmfliegen für 1,5 Mio. Rp pro 15 Min. Die Tandemflüge sind gut organisiert, die erfahrenen Begleiter freundlich und die Teilnehmer versichert. Weitere Möglichkeiten bestehen in der Nähe des Sundays Beach Club.

Zurück auf der Hauptstraße gelangt man nach gut 6 km zurück zur zentralen Kreuzung in **Ungasan**. Folgt man nun der Straße gen Südosten und nach 1,7 km der Ausschilderung zum Banyan Tree, geht's an der nächsten Gabelung auf die Straße zum Pantai Pandawa. Wenn nicht gerade bei Flut der Strand abgetaucht ist, lohnt auf halber Strecke der schattige **Green Bowl Beach** den Abstieg über 300 Stufen. Hier kann man eine kleine, von Fledermäusen bewohnte Höhle erkunden und in der Regenzeit surfen.

Der mit Bussen und Autos erreichbare, breite Sandstrand vom **Pantai Pandawa** ist hingegen touristisch vollkommen erschlossen. Hinter dem überdimensionierten Eingangstor und der schrecklichen, riesigen Bauruine werden Besucher von in die Felswände eingelassenen Statuen der Pandawa-Brüder aus dem *Mahabharata-Epos* begrüßt. Die Promenade wird regelmäßig von Busladungen asiatischer Reisegruppen in Beschlag genommen. Auf ihrer Ostseite finden sich einige einfache Warung, während in der Mitte ein riesiger Betonleuchtturm thront – insgesamt wenig attraktiv. Eintritt 15 000 Rp, Kinder 10 000 Rp, Parken 5000 Rp.

Im Hinterland gibt's auch einfache Unterkünfte, z. B. das **Pandawa Beach Homestay**, Jl. Alas Arum 37, 1,5 km vom Strand, Karte S. 142, ✆ 0812-3625 7737, 🖥 www.pandawabeachhomestay.com, mit freundlichen Mitarbeitern, kleinem Pool, Restaurant und 15 nicht sonderlich einladenden, aber günstigen Zimmern mit Terrasse und Kühlschrank, die teureren mit Dachterrasse und Küchenzeile, ❸–❹.

UNTERHALTUNG

An der Südküste der „Bukit" locken eine Reihe von exklusiv gelegenen Beach Clubs, Karte S. 142:

Karma Beach Club, ✆ 0811-3820 3360, 🖥 https://karmagroup.com/karma-beach. Robinson-Crusoe-Feeling mit ordentlich Komfort: Am Fuße der Steilküste erstreckt sich an einem schönen Privatstrand ein feiner, teurer Beach Club mit rustikal-schicken Bambusbauten, aber ohne Pool. Hinunter gelangt man je nach Lust, Laune und Fitnessstand über gut 350 Stufen oder einen kleinen Seillift. Tagsüber besonders bei Pärchen, Familien und Freunden des Stand-Up-Paddling beliebt, abends auch Partys mit Barbecue und DJs. Eintritt 650 000 Rp inkl. 450 000 Rp Verzehrgutschein. ⏱ 11–21 Uhr.

Savaya Bali, ✆ 0361-848 2150, 🖥 www.savaya.com. Luxus pur für das internationale Jet Set verspricht der spektakulär über die Klippen gebaute, dekadente Pool Club ohne Strandzugang. Die futuristisch-kantige Architektur ist genau richtig für glamouröse oder protzige Selfies. Das Preisniveau hat es in sich. Einlass ab 21 J. Eintritt 200 000–300 000 Rp, Sonnenliegen für 2 Pers. Mindestverzehr ab 2,4 Mio. Rp inkl. Eintritt. ⏱ 13–22 Uhr.

Sundays Beach Club, ✆ 0811-942 1110, 🖥 www.sundaysbeachclub.com. An einem hübschen feinsandigen Strand gelegener, schicker, familienfreundlicher Beach Club. An windigen Tagen sollten die Unterströmungen nicht unterschätzt werden. Zum Strand runter geht's mit dem spektakulären Seillift. Abends stimmungsvolle Lagerfeuer mit Marshmallow grillen. Eintritt 450 000 Rp inkl. 250 000 Rp Verzehrgutschein, Kinder 250 000 Rp inkl. 150 000 Rp Verzehrgutschein. Im Preis sind Handtücher, Kayaks, Stand-Up-Paddle-Boards und Schnorchelausrüstung inkl. Keine Reservierungen. ⏱ 10–20 Uhr.

Nusa Dua

Wer in Nusa Dua wohnt, macht Pauschalurlaub in einer für den Tourismus geschaffenen, gut bewachten Welt voller Luxushotels. Abendliche Veranstaltungen außerhalb kann man höchstens mit dem Taxi, einem eigenen Fahrzeug oder im Rahmen einer organisierten Tour besuchen. Die **Bali Mandara Toll Road** verbindet Nusa Dua über die Bucht von Benoa mit dem Flughafen und der Jl. By Pass Ngurah Rai westlich von Sanur (Infos S. 186).

Das **Museum Pasifika**, ✆ 0361-774 935, 🖥 www.museum-pasifika.com, stellt 600 Kunstwerke aus dem asiatisch-pazifischen Raum aus, darunter auch Werke westlicher Künstler,

Am ruhigen Sandstrand von Nusa Dua lässt sich luxuriös entspannen.

die einst auf Bali lebten, wie etwa Rudolf Bonnet und Walter Spies. ⊕ 10–18 Uhr, Eintritt 100 000 Rp, online 74 000 Rp.

Vom Nusa Dua Main Gate der Straße nach Ungasan folgend, erscheinen auf einem Hügel fünf Bauwerke, die in dieser Kombination wohl nirgends sonst auf der Welt stehen und Balis religiöse Toleranz und den indonesischen Grundsatz der Pancasila bezeugen: Von West nach Ost reihen sich eine Moschee mit grün gefliester Kuppel, eine katholische Kirche, ein buddhistischer Tempel, eine protestantische Kirche und ein balinesisch-hinduistischer Pura aneinander! Der **Puja Mandala** genannte Komplex repräsentiert damit fünf der sechs Staatsreligionen Indonesiens (nur der Konfuzianismus fehlt). Neben der schönen Aussicht auf die Bucht bis nach Sanur findet hier fast jeder Besucher das passende Gotteshaus – ein Grund mehr, den Komplex nahe dem internationalen Kongresszentrum zu erbauen. ⊕ Mo–Sa 8–16, So 8–12 Uhr.

ÜBERNACHTUNG

Courtyard by Marriott, ☏ 0361-300 3888, 🖥 www.courtyardmarriottbali.com. 5-Sterne-Resort mit 250 luxuriösen Zimmern, die westliche und balinesische Designelemente vereinen. Restaurant, das passenderweise Fusionsküche serviert, Spa, Fitness, hübsche Poollandschaft. Frühstück inkl. ❼–❽

The Laguna, ☏ 0361-771 327, 🖥 www.thelagunabali.com. Die 278 stilvoll dekorierten Zimmer und Suiten des Luxus-Hotels sind sehr geräumig und komfortabel, einige mit direktem Zugang zum Pool. ❽

ESSEN

Nyoman Beer Garden, Jl. Pantai Mengiat, ☏ 0361-775 746, 🖥 www.sendok-bali.com/nyoman-beergarden. Nach Wanderjahren in deutschen, schweizerischen und anderen Küchen der Welt hat sich Andreas Menzel auf Bali seinen Traum erfüllt und betreibt mehrere Restaurants. Bei Käsespätzle, Currywurst, Bouletten, Flädlesuppe und Zürcher Geschnetzeltem fühlen sich Deutsche oder Schweizer fast wie daheim. Mittlere Preisklasse. Shuttleservice innnerhalb von Nusa Dua. ⊕ 11–24 Uhr.

Tropical, Jl. Pantai Mengiat, ✆ 0361-777 600, 🖥 www.tropicalbalirestaurant.com. Restaurant mit asiatischen und europäischen (auch vegetarischen) Gerichten. Das Abendessen wird außer Mi ab 19 Uhr von Livemusik begleitet. Mittlere Preisklasse. Filiale im Einkaufszentrum Bali Collection. Shuttleservice innnerhalb von Nusa Dua. ⏱ 12–23 Uhr.

UNTERHALTUNG

Devdan – Treasure of the Archipelago, Bali Nusa Dua Theatre, ✆ 0361-770 197, 🖥 www.devdanshow.com. Die pompöse Bühnenshow soll die kulturelle Vielfalt Indonesiens beleuchten, begeistert jedoch vor allem dank der opulenten Kostüme, Bühnenbilder, akrobatischen Einlagen und Tänze. Die Rahmenhandlung ist eher dünn. Der Theatersaal mit 700 Plätzen ist fast nie ausgebucht, sodass man sich meist auch mit den günstigsten Tickets hinsetzen kann, wo man möchte. Aufführungen Mo, Mi, Fr und Sa 19.30–21 Uhr. Eintritt 520 000–1,56 Mio. Rp, online oft deutlich günstiger, Kinder zahlen die Hälfte. Transfer in Süd-Bali außer bei den günstigsten Tickets inkl.

TRANSPORT

Kura-Kura Bus, 🖥 http://kura2bus.com. Bis zum Ausbruch der Corona-Pandemie pendelten die Busse alle 1–3 Std. durch Nusa Dua, wurden aber bis auf weiteres eingestellt. Haltestellen fanden sich am The Bay, Grand Hyatt, Ayodya Resort, Mercure und The Bale. Infos S. 72.

Tanjung Benoa

Nördlich von Nusa Dua erstreckt sich auf einer langen, schmalen, nach Norden gerichteten Landzunge mit schönem, breitem weißen Sandstrand Tanjung Benoa. Der Ort war früher ein betriebsames Handelszentrum, und noch immer leben hier viele Nachkommen der Bugis und chinesischstämmigen Händler. Heute sorgen besonders adrenalinsüchtige asiatische und russische Urlauber für regen Betrieb, denn

Nusa Dua und Tanjung Benoa

ÜBERNACHTUNG
1. Pondok Agung
2. Pondok Hasan Inn
3. D'Mell Bali
4. The Laguna
5. Courtyard by Marriott

ESSEN
1. Warung Komang
2. Bumbu Bali Restaurant & Cooking School
3. Tropical im Bali Collection
4. Nyoman Beer Garden
5. Tropical

SONSTIGES
1. BMR Dive & Water Sports
2. Bumbu Bali Restaurant & Cooking School
3. Pepito Express
4. Bali Nusa Dua Theatre

neben Bademöglichkeiten bieten sich jede Menge Gelegenheiten zum Wassersport.

ÜBERNACHTUNG

D'Mell Bali, Gang Pandu, Jl. Pratama 71, ✆ 0813-5368 6235, 🖥 www.fb.com/dmellbali. Kleines Resort in ruhiger Lage abseits der Hauptstraße.Es hat geräumige, nicht mehr ganz frische, klimatisierte Bungalows mit Kühlschrank, Safe, großer Glasfront und Terrasse in einer gepflegten Gartenanlage mit Pool, Pondoks und Liegen. Gemeinschaftsküche, die etwas sauberer sein könnte, Billardtisch. Freundliches Personal. Shuttleservice zum Strand, Fahrräder und gutes Frühstück inkl. ❹–❺

Pondok Agung, Jl. Pratama 99, ✆ 0361-771 143, 🖥 www.pondokagung.com. Im schönen, gepflegten Garten mit Blumen, Obstbäumen und Lotosteich sowie kleinem Pool finden sich 10 saubere, klimatisierte Zimmer in 2-stöckigen Häusern, die mit Liebe zum Detail im balinesischen Stil eingerichtet sind. Nette Mitarbeiter. Fahrräder für 20 000 Rp pro Tag. Frühstück inkl. ❹–❺

Pondok Hasan Inn, Jl. Pratama, ✆ 0818-311 666, ✉ hasanhomestay@yahoo.com. 13 einfache, relativ saubere, klimatisierte Zimmer mit Holzstühlen auf der Veranda, teils auch Kühlschrank. Im Gebäude auf der anderen Seite der Gasse liegen die neueren Zimmer. Geräumiges Familienzimmer für 450 000 Rp. ❷–❸

ESSEN

Bumbu Bali Restaurant & Cooking School, Jl. Pratama, ✆ 0361-774 502, 🖥 www.artcafebumbubali.com/bumbubali. Unter Leitung des Schweizer Kochbuchautors und Fotografen Heinz von Holzen und seiner Frau Puji wird seit 1997 geschmacklich raffinierte, hochpreisige balinesische Küche Besonders zu empfehlen ist die Reistafel, o einen umfassenden Überblick über die einheimische Küche ermöglicht. Freundlicher Service. Kochkurse (s. u.). ⏱ 11–22 Uhr.

Warung Komang, Jl. Pratama 100X, ✆ 0813-9260 1284. Kleines, günstiges, familiengeführtes Warung mit den indonesischen Standardgerichten von *Nasi Goreng* bis *Soto Ayam*, zudem gutes *Tempeh*. ⏱ 9–19 Uhr.

EINKAUFEN

Pepito Express, Jl. Pratama 34A, 🖥 www.pepitosupermarket.com. Supermarkt mit guter Auswahl und frischem Brot. ⏱ 7–23 Uhr.

AKTIVITÄTEN

Kochkurse

Bumbu Bali Restaurant & Cooking School, s. o. Jeden Mi werden für US$102 lohnenswerte Kochkurse mit bis zu 14 Rezepten für bis zu 8 Teilnehmer angeboten. Frühmorgens um 6 Uhr geht's zum Einkauf auf den Frisch- und Fischmarkt in Jimbaran. Ohne Marktbesuch US$79.

Wassersport

Am Strand bieten Veranstalter teure Tauch- und Schnorchelausflüge sowie motorisierten Wassersport an, darunter Parasailing (390 000 Rp, 1 Runde), Wasserski (650 000 Rp, 15 Min.), Banana-Boat (390 000 Rp, 15 Min.), Jet-Ski (520 000 Rp, 15 Min.), Wakeboarding (650 000 Rp, 15 Min.) oder Fly-Board (1,17 Mio. Rp, 15 Min.). Handeln ist möglich.

BMR Dive & Water Sports, Jl. Pratama 99X, ✆ 0361-771 757, 🖥 www.bmrbaliofficial.com. Einer der größten Veranstalter. Hier ist unpersönliche Massenabfertigung garantiert. ⏱ 9–18 Uhr.

UBUD © UYEN NGUYEN

Zentral-Bali

Nördlich von Denpasar erstreckt sich bis zu den Hängen des Batur-Massivs eine fruchtbare Ebene. Abseits der Hauptstraßen zeigt sich die für Bali typische Reisterrassenlandschaft in all ihrer Pracht, und es locken einzigartige Tempel und Monumente. Ubud bietet sich als gute Basis dafür an, das kulturelle Zentrum der Insel und die facettenreiche Region drumherum zu erkunden.

Stefan Loose Traveltipps

Kunstmuseen in Ubud Für Freunde der bildenden Künste ein Muss. S. 202

3 Tanzaufführungen in Ubud Beim Besuch einer balinesischen Tanzaufführung wird man in eine fremde Welt entführt. S. 206

Essen in Ubud Die exzellenten Restaurants lassen keine Wünsche offen. S. 213

Wellness in Ubud Im Spa kann man sich von Kopf bis Fuß verwöhnen lassen. S. 222

4 Gunung Kawi Die steile Schlucht des Pakrisan-Flusses birgt hinduistische Monumente und einstige Einsiedlerhöhlen. S. 233

5 Pura Tirta Empul Das klare Wasser der von einer Tempelanlage umrahmten heiligen Quellen soll heilende Wirkung haben. S. 234

Gianyar Beim Besuch eines Fußballspiels können gänzlich andere kulturelle Erfahrungen gesammelt werden. S. 236

UBUD: ÜBERNACHTUNG MIT REISFELDBLICK © MISCHA LOOSE

GUNUNG KAWI © MISCHA LOOSE

Wie lange? Mindestens 4 Tage

Bekannt für den Ubud Monkey Forest, Reisfelder und -terrassen, Tänze, Malereien und Kunsthandwerk

Für Entdecker Das untouristische Quellheiligtum Tirta Sudamala und die Miniaturmalerei in Keliki

Outdoor-Tipp Spaziergänge, geführte Wanderungen oder eine Fahrradtour

Unbedingt machen Bei einem Koch- oder Kulturkurs mehr über die balinesische Lebensweise erfahren

Der Tourismus konzentriert sich in Zentral-Bali rund um **Ubud**, das Herz der balinesischen Kunst und Kultur. Neben den Kunstmuseen und dem geheimnisvollen Affenwald sind es besonders die abwechslungsreichen Tanzaufführungen, die den stetig wachsenden Ort zum kulturellen Highlight erheben. Nirgends sonst hat man allabendlich die Möglichkeit, solch eine Vielzahl traditioneller Vorführungen zu genießen. Bei einer Wanderung in der ländlichen Umgebung erschließt sich Besuchern zudem eine faszinierende Welt, die noch viel mit dem Bali vergangener Tage gemein hat.

Nach Süden führen schmale, stark befahrene Straßen durch das dicht besiedelte Gebiet bis nach Denpasar, vorbei an Ortschaften, die sich jeweils auf ein Kunsthandwerk spezialisiert haben (s. Kasten S. 210). Östlich ist es der Höhlentempel **Goa Gajah**, der Besucher anzieht, während im Norden das in einer Schlucht gelegene Heiligtum **Gunung Kawi** und die heiligen Quellen von **Pura Tirta Empul** zwei der schönsten Tempelanlagen Balis darstellen. Die Reisterrassenformationen von **Tegallalang** und die Scharen von weiß und gelb gefiederten Reihern, die nachmittags auf die Felder von **Petulu** zurückkehren, zählen zu den beliebtesten Fotomotiven.

Ubud

Der moderne Tourismus hat sich in und um Ubud erst Ende der 1970er-Jahre ausgeprägt, zehn Jahre später als in Kuta. In den vergangenen Jahren nahm die Entwicklung dafür umso mehr Fahrt auf, sodass heutzutage das touristische Angebot dem im Süden in fast nichts nachsteht. Immer mehr neue Hotels, Restaurants, Souvenirläden, Spas und Boutiquen buhlen um eine zunehmend zahlungskräftige Klientel. Nur ein ausschweifendes Nachtleben wird man vergeblich suchen.

Selbstverständlich brachten Massentourismus und Kommerzialisierung nicht nur Positives: Gefühlt wird überall gebohrt, gehämmert und gebaut, und viele Reisfelder müssen neuen Unterkünften weichen. Die nach wie vor dörflich geprägte Infrastruktur ächzt unter dem Besucherandrang und dem damit ein-

Die Fahrt von Süd-Bali nach Ubud

Ein erster lohnenswerter Stopp sind die Geschäfte der Bildhauer in **Batubulan**. Weiter im Norden lockt der **Bali Bird Park**, der einen Überblick über die gefiederte heimische Fauna gibt. Danach führt die Strecke über **Celuk** (Silber- und Goldschmiede), **Sukawati** (Souvenirmarkt, *Wayang-Kulit*-Figuren) und **Mas** (Holzschnitzereien) oder über die noch etwas ländlichere Straße via **Silungan**, **Pengosekan** (Malerei) und **Peliatan** nach Ubud. Mehr zu den einzelnen Zielen im Abschnitt „Südlich von Ubud" S. 228.

hergehenden Verkehrschaos. Auf den zentralen Jalan Monkey Forest und Jalan Hanoman werden immer mehr lokale Kunstgalerien und Handwerksbetriebe, kleine Buchläden und familiär geführte Unterkünfte von großen Modeboutiquen und Hotels verdrängt. Auch wenn der Ort inzwischen sehr touristisch ist, hat er sich einen Teil seines Charmes bewahren können, man muss nur etwas genauer hinschauen.

Ubud ist nicht nur kulturelles Zentrum, sondern auch Einkaufsparadies. Fast alle Tagesbesucher werden vor dem zentralen **Markt** abgesetzt. An den meisten Ständen gleicht sich das Angebot an massenhaft hergestelltem Kunstgewerbe und Souvenirs. Vor dem Markt sowie in der nach Süden führenden Jalan Karna liegen Ladenzeilen mit langen Gängen, gesäumt von weiteren Souvenirgeschäften. Früh morgens bis etwa 9 Uhr gehört der Markt vor dem Eintreffen der Touristenbusse den Einheimischen, die dann Obst, Gemüse und Fleisch kaufen.

Auf der von Geschäften, Restaurants und Hotels gesäumten **Jalan Monkey Forest** trifft man mehr Touristen als Balinesen, und das Angebot ist gänzlich auf die ausländische Kundschaft ausgerichtet. Selbst Geschäfte der großen Surfmarken, die genauso auch in Seminyak stehen könnten, sind bis hierher vorgedrungen. Die verbliebenen Galerien bieten nur noch ein recht einförmiges, kulturneutrales Angebot und verkaufen die gleichen modernen Gemälde wie im Süden. Entspannter spaziert man nördlich der Hauptstraße in der weniger befahrenen **Jalan Kajeng**, wo weitere Verkaufsstände locken.

Ubud ist dank seiner zentralen Lage ein idealer Ausgangspunkt, um auf **Tagestouren** die Insel zu erkunden. Nicht nur die Attraktionen Zentral-Balis sind mit dem eigenen Transportmittel schnell erreichbar, auch der Affenwald von Sangeh (S. 249), die Reisterrassen von Jatiluwih (S. 251) und das Hochland rund um Bedugul (S. 285), die Caldera des Gunung Batur (S. 292), die Gerichtshalle in Semarapura (S. 304) und der Wassergarten von Tirtagangga (S. 339) oder die Strände in der Nähe von Candi Dasa (S. 330) und Padang Bai (S. 326) sind lohnende Optionen.

Ubud Monkey Forest

Eine der Hauptattraktionen von Ubud ist der heilige, ziemlich überlaufene Affenwald, 🖥 www.monkeyforestubud.com, im äußersten Süden der Jalan Monkey Forest. Der mehr als 10 ha große Wald wird von fast 700 Makaken (Javaneraffen, *Macaca fascocilaris*) bevölkert, überwiegend Jungtiere, aber auch ältere Männchen, die bis zu 10 kg schwer werden und recht aggressiv reagieren können. Kommt man ohne Erdnüsse und andere Leckereien hierher, verhalten sich die Affen normalerweise friedlich. Dennoch gilt es, Abstand zu wahren und Kameras, Brillen und andere lose am Körper baumelnde Gegenstände sicher zu verstauen, da sie sonst von den diebischen Affen entwendet werden könnten.

Die beste Zeit für einen Besuch ist die erste Stunde morgens direkt nach der Öffnung, wenn deutlich weniger Touristen unterwegs sind. Es gibt zwei Eingänge: im Norden an der Jalan Monkey Forest mit großem östlich gelegenem Parkplatz und im Süden in Nyuh Kuning.

Von Norden kommend führen Stufen in eine kleine Schlucht hinab und unter einem Banyan-Baum hindurch. Wer den Pfad am Fluss entlangläuft, betritt eine andere Welt. Das dichte Blätterdach der alten Bäume lässt nur ab und zu einige Sonnenstrahlen hindurch, sodass der dämmrige Ort von einer märchenhaften Atmosphäre erfüllt wird: Die Steine und Felsen sind von Moos bewachsen, und die herabhängenden Wurzeln der heiligen Banyan-Bäume strecken sich gen Erde. Dazwischen tollen neugierige junge Affen herum und beobachten die Besucher, die älteren wiederum liegen faul auf den Felsen und Bäumen. Am Flussufer geht's deutlich ruhiger zu als an den Eingängen, wo sich die Makaken lautstark um Bananen und Erdnüsse und die Touristen um den besten Selfie-Spot streiten.

Im Affenwald gibt's drei heilige Tempel: Der wichtigste ist der Shiva geweihte Unterwelttempel **Pura Dalem Agung** im Südwesten der Parkanlage, den einige bizarre *Rangda*-Statuen und die omnipräsenten Affen bewachen. Die beiden anderen heiligen Stätten sind der Badetempel **Pura Beji** auf der nordwestlichen Seite und der **Pura Prajapati** am nordöstlichen Rand des Waldes. Ein kleiner Friedhof liegt auf einer Anhöhe westlich vom Haupteingang. Hier werden Verstorbene begraben, bis eine große Ngaben-Zeremonie (S. 122) stattfindet. ⏰ 9–18 Uhr, letzter Einlass 17 Uhr, Eintritt Mo–Fr 80 000 Rp, Sa–So 100 000 Rp, Kinder Mo–Fr 60 000 Rp, Sa–So 80 000 Rp.

Kunstmuseen

Im Zentrum

Das **Museum Puri Lukisan**, 🖥 www.purilukisanmuseum.com, an der Jalan Raya Ubud wurde bereits 1956 eröffnet und ist folglich bereits etwas in die Jahre gekommen. Im östlichen der vier Gebäude wird die traditionelle, mit religiösen Inhalten angereicherte Malerei im Wayang-Stil auf langen Stoffbahnen präsentiert, wie sie in Kamasan (S. 305) produziert wurde. Nördlich davon sind Gemälde und Skulpturen der Pita-Maha-Schule aus der Vorkriegszeit zu sehen, während die Young Artists den westlichen Flügel einnehmen. Südlich des Gartens werden die Werke des adligen Malers Tjokorda Sukawati aus dem Umfeld von Walter Spies ausgestellt. Zudem werden kulturelle Workshops angeboten (S. 221). ⏰ 9–18 Uhr, letzter Einlass 17 Uhr, Eintritt 85 000 Rp, von 11–15 Uhr alternativ 145 000 Rp inkl. Mittagsbuffet im netten Gartencafé.

Im Westen

Das etwas skurrile **Blanco Renaissance Museum**, 🖥 www.blancomuseum.com, befindet sich 700 m westlich des Puri Lukisan, oberhalb des Campuhan-Flusses. Auf 2 ha Land thront ein markanter neoklassizistischer Kuppelbau mit hinduistischen Elementen. In dem von Gärten voller exotischer Vögel umgebenen Museum ist Antonio Blancos bildgewordene Faszination für die balinesische Frau – besonders für seine spätere Ehefrau Ni Rondji – zu bewundern. Die Aquarelle und skizzenhaften Porträts in kräftigen Farben bringen in wenigen Pinselstrichen die verborgene Schönheit der Modelle zum Ausdruck. Der exzentrische „Dalí von Bali" umgab sich gern mit den Reichen und Schönen, u. a. Michael Jackson. ⏰ 10–17 Uhr, Eintritt 100 000 Rp inkl. eines Getränks.

Den wohl besten Einstieg in die Kunstwelt von Bali ermöglicht das 1982 eröffnete **Neka Art Museum**, 🖥 www.nekaartmuseum.com, an der Straße nach Kedewatan, etwa 2 km nördlich von Campuhan. Hier ist die gesamte Bandbreite balinesischer Kunst zu bestaunen und überdies auch besser erläutert als im Museum Puri Lukisan. Neben Bildern balinesischer Maler (u. a. I Gusti Nyoman Lempad, Ida Bagus Made Nadera, Anak Agung Gde Sobrat) hängen die Werke anderer indonesischer (u. a. Affandi und Widayat) sowie europäischer Künstler aus, die einen Bezug zu Bali hatten (u. a. Walter Spies, Rudolf Bonnet, Arie Smit, Theo Meier, Miguel Covarrubias, Han Snel und Antonio Blanco). Die gegenseitige Beeinflussung westlicher und balinesischer Künstler wird anschaulich vermittelt, etwa Spies' Einführung von Lichteffekten in die balinesische Kunst.

Immer wiederkehrende Motive sind Weiblichkeit, der Generationenwechsel und das Landleben. Neuere Bilder behandeln zudem die Spannung zwischen Tourismus und ländlichen Traditionen, etwa die Werke von I Wayan Bendi. Die moderne abstrakte Kunst ist u. a. durch die Holzembryo-Skulpturen von I Made Supena vertreten. Im Obergeschoss des Hauptgebäudes ist eine beachtliche Sammlung von *Keris*-Dolchen untergebracht. Erläuterungen gehen auf die Klingenformen und Verzierungen der Prestigewaffen ein, ebenso wie auf deren rituellen Einsatz sowie die Schmiedekunst. Im hinteren Bereich ermöglicht ein Fotoarchiv mit Bildern des Surfers Bob Koke einen guten Einblick in das Bali der 1930er- und 1940er-Jahre. ⏰ 9–17 Uhr, Eintritt 100 000 Rp, Kinder 50 000 Rp.

Im Süden

Das 6 ha große Areal des **ARMA – Agung Rai Museum of Art**, 🖥 www.armabali.com, liegt südöstlich des Monkey Forest in Pengosekan. Im aufwendig gestalteten Komplex mit schönen Gärten sind neben der permanenten Gemäldesammlung des Ehepaars Agung Rai auch wechselnde Sonderausstellungen zu sehen. Das Spektrum reicht von klassischer *Kamasan*-Malerei auf Baumrinde über Gemälde der Batuan-Gruppe aus den 1930er-Jahren bis hin zu den Werken von Walter Spies, Willem Dooijewaard und Rudolf Bonnet. Ferner werden Tanzaufführungen und gute Workshops veranstaltet (S. 221). ⏰ 9–18 Uhr, Eintritt 100 000 Rp inkl. Tee oder Kaffee.

Das empfehlenswerte **Rudana Museum**, Jl. Cok Rai Pudak 44, 🖥 www.museumrudana.org, liegt 3,7 km südlich vom Zentrum und 1,4 km vom ARMA entfernt, umrahmt von Reisfeldern. Es ermöglicht einen Überblick über Kunst und Malerei auf Bali und in Indonesien. Im großen Bau sind mehr als 400 Werke aller Stilrichtungen ausgestellt, von der traditionellen Landschaftsmalerei über fotorealistische Porträts bis hin zu modernen Gemälden balinesischer Tänzerinnen und abstrakten Kunstwerken. Im Untergeschoss finden sich klassische balinesische und javanische Stücke, während sich das erste und zweite Stockwerk moderneren Werken widmet. Im dritten Stock können Gemälde traditioneller Künstler aus Ubud und Umgebung – teils aus dem 19. Jh. – begutachtet werden. In der Fine Art Gallery kann man Künstlern bei der Arbeit über die Schulter schauen und Gemälde kaufen. Auch Werke bekannter Künstler wie Antonio Blanco, Affandi oder Rudolf Bonnet werden hier feilgeboten. ⏰ 9–17 Uhr, Eintritt 100 000 Rp inkl. gratis *Slendang* (Tempelschal) und Getränk.

6 km südöstlich vom Zentrum lockt ein etwas abgelegenes, aber allemal empfehlenswertes Ziel zu einem gut einstündigen Besuch. Das **Setiadarma House Of Masks and Puppets**, Jl. Tegal Bingin, ab der Jl. Goa Gajah ausgeschildert, 🖥 http://maskandpuppets.com, wird von einem wohlhabenden Privatsammler unterhalten. Im weitläufigen tropischen Garten stehen hübsch restaurierte, historische javanische

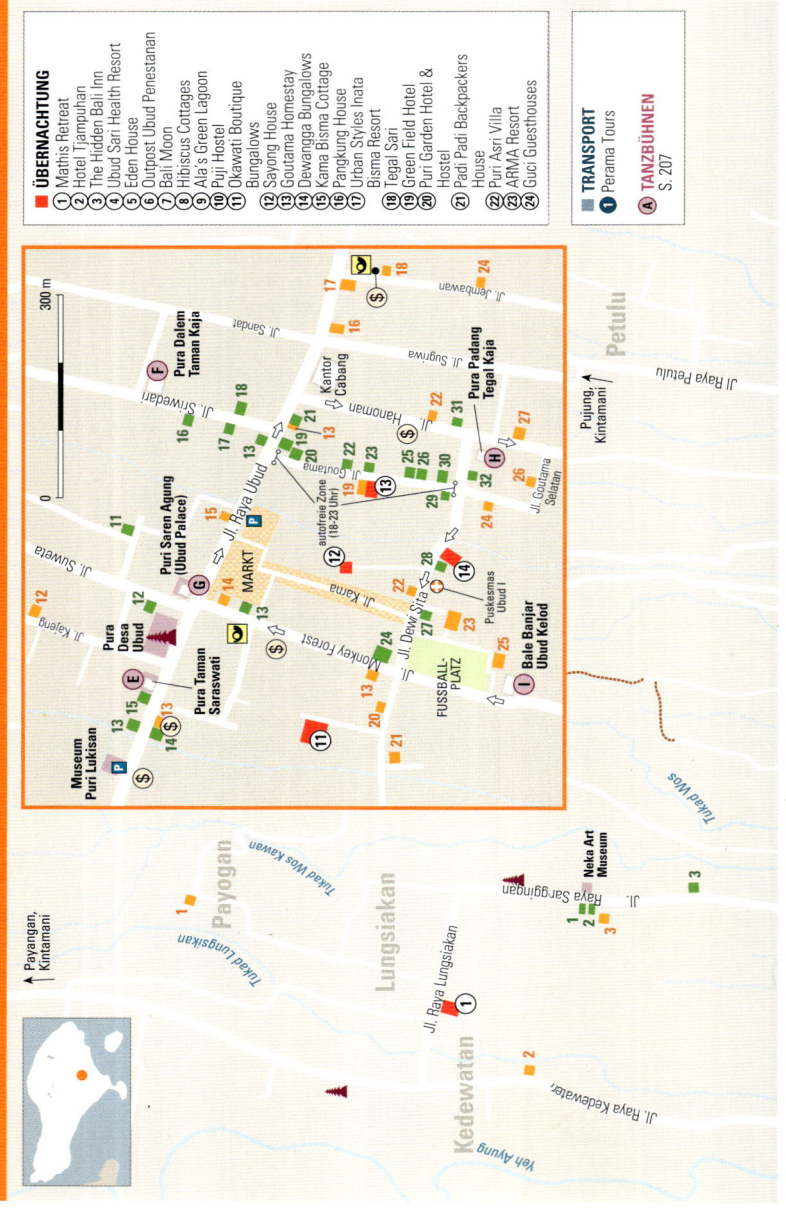

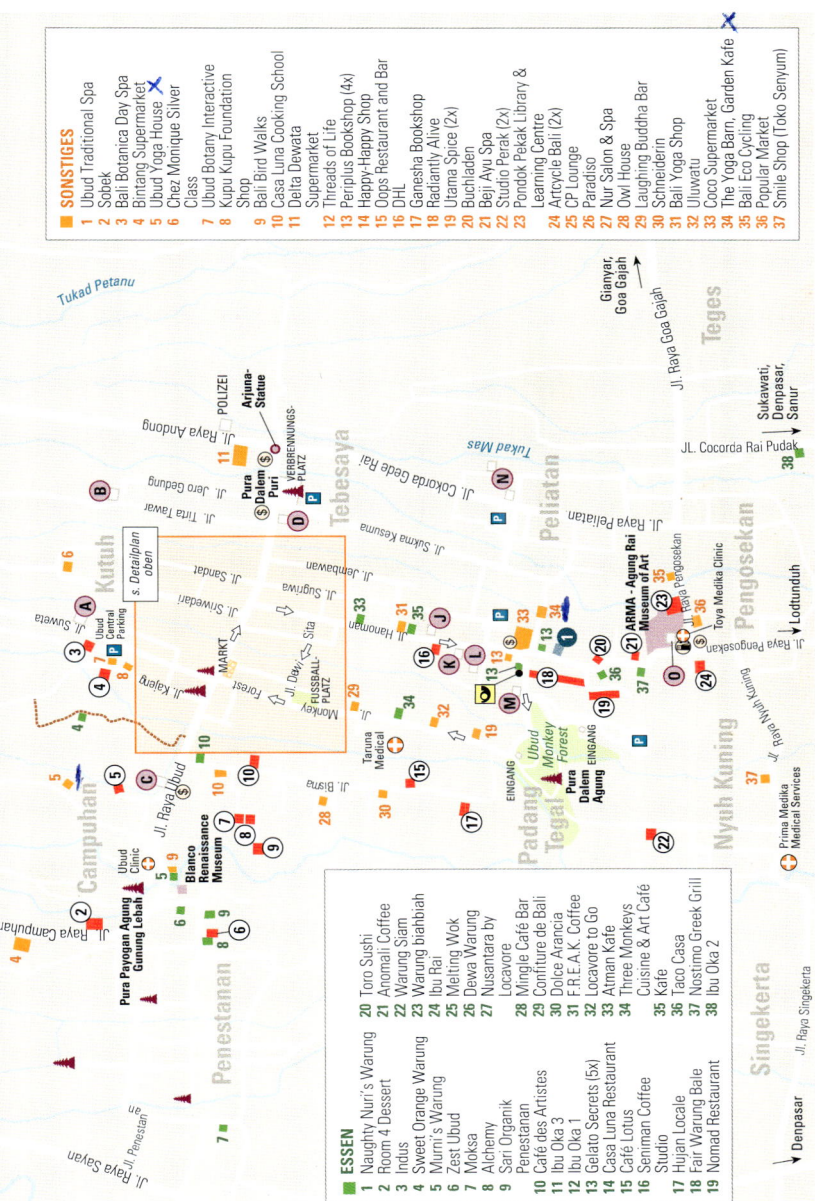

3 HIGHLIGHT | Tanzaufführungen

Jeden Abend werden auf zahlreichen Bühnen im Stadtgebiet, meist in oder vor einem Tempel, traditionelle Tänze aufgeführt. Ihr Besuch sollte zum Pflichtprogramm eines jeden Ubud-Besuchers zählen. Das Angebot ist vielseitig, und die Karten werden bereits ab spätnachmittags auf der Straße, an den Veranstaltungsorten oder über die Unterkünfte verkauft. Die Preise liegen bei 75 000–100 000 Rp, die Darbietungen beginnen zwischen 19 und 20 Uhr, meist um 19.30 Uhr, und dauern ein bis zwei Stunden. Zu den regelmäßigen Vorstellungen gehören anmutige *Legong*- und hypnotische *Kecak*-Tänze sowie erzählerische *Wayang-Kulit*-Aufführungen. Zudem werden *Barong-*, *Kris-* sowie Trance-Tänze, *Ramayana*-Ballett und *Gamelan*-Konzerte veranstaltet. Hintergründe zu den Tänzen ab S. 132.

Selbstverständlich sind die Tanzgruppen nicht alle gleich gut. Einige sind professionell organisiert, während bei anderen Spaß oder Tradition im Vordergrund stehen. Einige Solokünstler sind hochangesehen, andere weniger. Als Laie kann man guten Gewissens jede Vorstellung besuchen.

Tipps: Wer Wert auf **besonders kunstfertige Aufführungen** legt, sollte sich die *Legong*-Tänze der Gruppe Semara Ratih (Sa, Pura Dalem Ubud), den *Kecak* von Semara Madya (Do, Puri Agung Peliatan, 🖥 www.fb.com/kecaksemaramadya) sowie den *Legong*- und *Barong*-Tanz der bereits 1926 gegründeten Gruppe Gunung Sari (Fr, Puri Agung Peliatan) nicht entgehen lassen. Besonders fotogen ist die Bühne des Ubud Palace (Puri Saren Agung). Aufführungen des *Kecak* sind auf der Bühne des Pura Dalem Ubud besonders stimmungsvoll.

Leider liegen einige Veranstaltungsorte in der Nähe vielbefahrener Straßen, sodass der rege Verkehr das stimmungsvolle Ambiente etwas trüben kann. Ähnliches gilt für übereifrig mit Blitz fotografierende oder sich lautstark unterhaltende Touristen. Zu außerhalb liegenden Veranstaltungsorten verkehren im Ticketpreis inbegriffene Shuttlebusse.

Bühnen & Locations in Ubud

	Mo	Di	Mi	Do	Fr	Sa	So	Karte S. 204/205
Pura Puseh Ubud, Jl. Suweta				Kecak			Kecak	A
Pura Dalem Gede Jl. Tirta Tawar		Kecak					Kecak	B
Pura Dalem Ubud, Jl. Raya Ubud	Kecak	Legong	Gamelan	Barong und Kris	Kecak	Legong		C
Oka Kartini Hotel, Jl. Raya Ubud, kurz vor der Jl. Sukma Kesuma			Wayang Kulit		Wayang Kulit		Wayang Kulit	D
Café Lotus (Water Palace, Pura Taman Saraswati), Jl. Raya Ubud	Joged	Frauen-Gamelan	Ramayana-Ballett	Legong und Barong		Legong	Janger	E
Pura Dalem Taman Kaja, Jl. Sriwedari			Kecak			Kecak		F
Puri Saren Agung (Ubud Palace), Jl. Raya Ubud	Legong	Ramayana-Ballett	Legong und Barong	Legong	Barong	Legong	Legong	G
Pura Padang Tegal Kaja Jl. Hanoman		Barong und Kris	Kecak	Legong und Barong		Kecak	Kecak	H
Bale Banjar Ubud Kelod südlich des Fußballplatzes, Jl. Monkey Forest	Frauen-Gamelan	Barong und Kris	Legong und Barong	Legong	Frauen-Gamelan	Frosch-tanz und Barong	Legong	I
Pura Padang Kertha, Jl. Hanoman	Kecak				Kecak			J
Puri Taman Sari, Jl. Hanoman		Kecak		Kecak				K
Wantilan Padang Tegal Kelod, Jl. Hanoman								L
Pondok Bambu Musician, südliche Jl. Monkey Forest	Wayang Kulit			Wayang Kulit				M
Puri Agung Peliatan, Jl. Peliatan				Kecak	Legong und Barong	Legong und Barong		N
ARMA Museum, Jl. Raya Pengosekan			Legong			Kecak	Barong	O

An Voll- und Neumondtagen Kecak Rina, eine Kecak-Variation mit javanischen Einflüssen
grau = während der Corona-Pandemie (temporär) ausgesetzte Aufführungen

Joglo-Häuser, die eine beeindruckende Kollektion von Tausenden traditionellen Masken, Puppen und Schattenspiel-Figuren (*Wayang Kulit*, Wayang Suket und Wayang Kedek) aus Bali, Indonesien und der ganzen Welt – von Belgien über Gabun bis Bolivien – beherbergen. Besonders imposant sind die seltenen Masken aus Kalimantan und Papua sowie die ausdrucksstarken Exemplare aus Japan. Interessant ist zudem Figuren aus kulturellen Grenzgebieten, die neben indonesischen bzw. malaiischen Kulturelementen auch siamesische oder chinesische Stilmerkmale einfließen lassen. Auch manch indonesischer Politiker und sogar Barack Obama sind zu entdecken. ⏱ 8–16 Uhr, Eintritt frei (Spende erwünscht und absolut angebracht).

Palastanlagen

In der stark befahrenen Jalan Raya Ubud liegt der Haupttempel **Pura Desa Ubud**. Der Wantilan östlich daneben dient der Gemeinschaft als Treffpunkt, eine Art Aula, in der wichtige Veranstaltungen stattfinden.

Auf der gegenüberliegenden Straßenseite liegt der Palast der Adelsfamilie **Puri Saren Agung** (Ubud Palace). Ida Tjokorda Putu Kandel ließ ihn während seiner Herrschaft von 1800–1823 erbauen. In den 1930er-Jahren fungierte der Palast als erstes Hotel, schließlich war der damalige *Raja* Tjokorde Gede Agung ein großer Förderer des Tourismus. Noch heute leben in den unzugänglichen Bereichen die Nachkommen der damaligen Könige, in anderen Teilen kann man tagsüber spazieren gehen. ⏱ 8–19 Uhr, Eintritt frei.

ÜBERNACHTUNG

Es gibt unglaublich viele Unterkünfte im Ort und weit verstreut in der Umgebung. Da es nachts abkühlt, ist eine Klimaanlage nicht zwingend notwendig.

Rund um die Jalan Monkey Forest und Jalan Hanoman
Schlafsaalbetten

Hostels verlangen für ein Bett im klimatisierten Schlafsaal ab 100 000 Rp, in der Nebensaison ab 60 000 Rp. Kojenartige Betten mit Steckdose, Leselampe und Schließfächern sowie Vorhängen versprechen etwas Privatsphäre für Einzelreisende. Da viele der Hostels sehr klein sind und folglich über wenige Aufenthaltsräume verfügen, sind der Geselligkeit Grenzen gesetzt. Man sollte keine ausufernden Partys erwarten.

Padi Padi Backpackers House, Jl. Raya Pengosekan, ✆ 0897-086 2040, 🖥 www.instagram.com/padihostel6060. Im kommunikativen Hostel von Padi übernachtet man gut und günstig in Doppelstockbetten mit Licht, Steckdose und Vorhang im 4- oder 8-Bett-Schlafsaal für 100 000–120 000 Rp, auch Räume nur für Frauen. Günstige Tourangebote. Frühstück inkl. ❹

Puri Garden Hotel & Hostel, Jl. Raya Pengosekan, ✆ 0361-973 310, 🖥 www.purigardenhotel.com. Die schicke, aber leider etwas kulturneutrale Variante für junge Flashpacker mit höheren Ansprüchen: Ein Pool inmitten des Gartens mit Hängematten und Sitzsäcken sowie modern und hell mit viel Holz und echten Pflanzen designte Schlafsäle (350 000–450 000 Rp pro Bett, auch nur für Frauen) und Zimmer sorgen dafür, dass man sich schnell wohlfühlt, und die kommunikativ-entspannte Atmosphäre erleichtert den sozialen Anschluss. Tgl. um 7 Uhr kostenloses Yoga, Massagen, Kino-Raum und auch sonst viele Programmpunkte. Gutes Restaurant mit fotogenen Gerichten von Bowls bis Eggs Benedict. Freundliches, hilfsbereites Personal. Leckere Frühstücksauswahl inkl. ❻

Untere Preisklasse

Goutama Homestay, Jl. Goutama 14, ✆ 0361-970 482, ✉ adiadnyana93@yahoo.com. In der kleinen Anlage vermieten die freundlichen Mädels 8 saubere, klimatisierte Zimmer mit Himmelbetten, Holzmöbeln und Balkon oder Terrasse, zur Straße hin abends recht laut. Auch Familienzimmer und Dachterrasse. Frühstück inkl. ❸–❹

Pangkung House, Jl. Hanoman 49, ✆ 0361-972 301, 0812-391 2574, 🖥 www.fb.com/pangkunghouse. Im ruhigen Innenhof verstecken sich 4 einladende, helle, saubere Zimmer mit bequemen Betten mit Moskitonetz und netten

Eine Tagestour ab Ubud ☺

- **Länge:** 42 km
- **Dauer:** 1 3/4 Std. (reine Fahrzeit), 6–7 Std. (mit Besichtigungen und Pausen)
- **Tipps zum Einkehren:** Yeh Pulu Café, Warung Babi Guling Bu Desak, Kafe Kawi
- **Nicht vergessen:** Kamera, Schwimmsachen

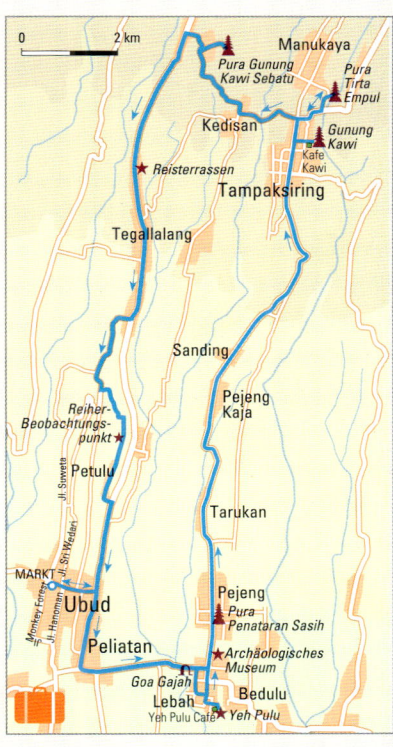

Die vielseitige Tagestour für Selbstfahrer führt zu historischen Reliefs und Felsskulpturen, sagenumwobenen Quellen, Nymphenbädern und Tempeln, imposanten Reisterrassen und Naturschauspielen und vermittelt Besuchern einen Eindruck von der glorreichen Vergangenheit Balis. Entlang der Strecke gibt's weitere lohnende Ziele, die in den Unterkapiteln „Östlich von Ubud" ab S. 230 und „Nördlich von Ubud" ab S. 233 vorgestellt werden.

Vom zentralen **Markt in Ubud** (KM 0, S. 201) geht es gen Südosten durch **Peliatan** (KM 2,5) hinaus zum Höhlenheiligtum **Goa Gajah** (KM 5, S. 230). Anschließend folgt man der Straße für 500 m bis zur nächsten großen Kreuzung mit einem kleinen Schrein in der Mitte und biegt rechts zu dem aus dem 14. Jh. stammenden **Felsrelief von Yeh Pulu** (KM 6,2, S. 230) ab. Im Anschluss kann man im **Yeh Pulu Café** einkehren.

Die Tour führt weiter nach Norden am **Archäologischen Museum** von Bedulu (KM 7,6, S. 230) vorbei zum **Pura Penataran Sasih** (KM 8,2, S. 231). Hier gibt's die größte Bronzetrommel der Welt, den „Mond von Pejeng", zu begutachten und gegenüber hinter der großen Marktfläche im **Warung Babi Guling Bu Desak** leckeres Spanferkel zu verköstigen. Über die Dörfer Tarukan und Sanding gelangt man hinauf nach **Tampaksiring** zum wunderbar in einer Dschungelschlucht gelegenen Heiligtum **Gunung Kawi** (KM 19,6, S. 233). Nach dem schweißtreibenden Treppensteigen bietet sich eine kurze Verschnaufpause im **Kafe Kawi** an. Im nahe gelegenen Quellheiligtum **Pura Tirta Empul** (KM 21,2, S. 236) kann man selbst ein Bad im heilenden Wasser nehmen oder den Einheimischen bei der rituellen Reinigung zuschauen. Anschließend lohnt ein Abstecher zum idyllisch angelegten **Pura Gunung Kawi Sebatu** (KM 25,9, S. 235).

Auf dem Rückweg über **Tegallalang** (KM 30,5, S. 233) mit seinen besonders in der Nachmittagssonne wunderschönen, aber auch extrem touristischen Reisterrassen kann ein letzter Halt in **Petulu** (KM 36,5 km, S. 233) eingelegt werden. Am späten Nachmittag lassen sich Heerscharen von Reihern beobachten. Nach insgesamt 42 km ist man wieder zurück im Zentrum von Ubud angelangt.

Wie die Künstler nach Ubud kamen

Bereits im 8. Jh. wurde die Region um Ubud als ein magischer Ort angesehen. In Campuhan, dort wo die beiden Flüsse Tukad Wos und Yeh Ayung zusammenfließen, spürte der hinduistische Priester Rsi Markandeya ein Zentrum von Licht, Energie und spiritueller Macht. Er begründete den **Pura Payogan Agung Gunung Lebah** und verbreitete von hier aus die Lehren des Hinduismus. Das Tal wurde zu einer wichtigen Pilgerstätte und zum Mittelpunkt der spirituellen Heilung und Meditation – passenderweise taufte man die neue Ortschaft auf den Namen Ubad, eine Ableitung des Wortes „Obad", das Medizin bedeutet. Hier konnte man Kraft schöpfen, den Göttern dienen und sich mit heiligem Wasser reinigen. Es ist daher wenig verwunderlich, dass sich in dieser Region die kunstvollsten Tänze als Darbietungen für die Götter entwickelten.

Viele Jahrhunderte später sandte der König von Klungkung seinen Sohn Agung Anom Wijayasunu nach Sukawati, um dort ein Zentrum der Kunstfertigkeit zu errichten. Die besten Bildhauer, Steinmetze, Holzschnitzer und Schmiede aus Klungkung (heute: Semarapura) und Mengwi kamen, um Anfang des 18. Jhs. den **Puri Sukawati** zu erbauen. Tänzer und Musiker strömten in den Palast, um die Künste zu praktizieren und voneinander zu lernen.

1927, weitere 200 Jahre später, lud der damalige Herrscher von Ubud, Tjokorde Gede Agung, den deutschen Maler **Walter Spies** ein. Dieser war von der Ortschaft so begeistert, dass er blieb und in den 1930er-Jahren eine Menge schillernder Persönlichkeiten der westlichen Kunstszene anlockte. Sie und die Balinesen beeinflussten sich dabei immer wieder wechselseitig. Vor allem Walter Spies und **Rudolf Bonnet** malten und forschten hier einen großen Teil ihres Lebens.

Schließlich animierte der Holländer **Arie Smit** in den frühen 1960er-Jahren 12- bis 14-jährige Bauernjungen zum Malen. Die wählten ihnen bekannte Motive (das Dorfleben, die Feldarbeit oder religiöse Zeremonien) und stellten sie in kräftigen Farben dar. Heute ist bereits die 2. und 3. Generation der nicht mehr ganz jungen **Young Artists** in Penestanan Kaya am Werke und verkauft ihre Gemälde in den Galerien entlang der Straße.

Der Rest ist Geschichte: Ubud wurde zu einer international anerkannten Drehscheibe der Malerei.

Sitzecken auf dem Balkon oder der Veranda. Freundliche Betreiberfamilie. Frühstück inkl. ❸
Sayong House, ruhige Seitengasse der Jl. Dewi Sita, ✆ 0361-973 305, 🖥 www.fb.com/sayong.ubud. Einladende, recht eng bebaute Anlage mit Jackfruit-Baum im Innenhof und süßem kleinen Pool. 12 einfache, saubere, gepflegte, klimatisierte Zimmer mit hübsch geschnitzten Türen, teils im Gebäude ganz in Pink. 3-Bett-Zimmer für 400 000–600 000 Rp. Schöne Aussicht von den oberen Balkonen. Frühstück inkl. ❸–❹

Mittlere Preisklasse
Dewangga Bungalows, Jl. Dewi Sita, ✆ 0361-973 302, 🖥 https://bit.ly/DewanggaUbud. Weitläufige grüne, gepflegte Anlage mit Pool und 22 hellen Zimmern. Vom Balkon der oberen Zimmer in den Doppelstockbungalows blickt man auf den Garten. In der Hotelgalerie werden Werke von I Gusti Putu Suteja und seiner Frau Mega Sari sowie I Gusti Nyoman Lempad ausgestellt. Freundlicher Service. Spa, Parkplatz. ❺–❻
Okawati Boutique Bungalows, Gang Beji Junjutan, ✆ 0361-973 386. 1980 war Oka Wati die Erste in Ubud, die komfortablere Zimmer an Touristen vermietete. In der schönen, gepflegten Gartenanlage mit freundlichem Service und Pool liegen 12 balinesisch eingerichtete, klimatisierte Zimmer mit Kühlschrank, die kaum etwas von ihrem Charme eingebüßt haben; die teureren sind geräumiger. Zudem 8 Zimmer im 2-stöckigen Neubau. Wasserflaschen auffüllen und gutes Frühstück mit hausgemachtem Jogurt inkl. ❹–❻

Jalan Bisma und Jalan Kajeng
Wer den absoluten Trubel hinter sich lassen und dennoch zentrumsnah wohnen möchte, sollte hier suchen. Beide Straßen bieten ruhig gelegene Unterkünfte, die teils noch mit einem

unverbauten Blick auf die Reisfelder punkten können. Aber auch hier wird viel gebaut.

Schlafsaalbetten

 Puji Hostel, Jl. Bisma, ✆ 0813-3872 0270. Im großen, geselligen Hostel-Komplex mit freundlichem Service, kleinem, netten Pool und 14 Schlafsälen mit 6 Matratzen mit Vorhängen in Doppelstockbetten à 100 000–120 000 Rp kommen bis zu 80 Leute unter. Auch einfache Zimmer. Entspannte Atmosphäre. Frühstück inkl. ❹

Untere und mittlere Preisklasse

Ala's Green Lagoon, ✆ 0361-970 476. Die älteren Doppelstockbungalows sind im traditionellen balinesischen Stil mit prächtig verzierten Holztüren gebaut und mit Himmelbetten, teils auch Klimaanlage und Kühlschrank, eingerichtet, aber etwas dunkel. Vom erhöht gelegenen Pool bietet sich eine schöne Sicht auf die Reisfelder. Frühstück inkl. ❸–❹

Bali Moon, ✆ 0361-978 293, 0813-3739 8412, 🖥 www.fb.com/balimoonubud. Das kleine, liebevoll familiengeführte Gästehaus bietet gute Voraussetzungen für einen entspannten Aufenthalt. Die 7 Zimmer überzeugen mit schweren balinesischen Holzmöbeln, großen Himmelbetten und Open-Air-Bad. Die Besitzer führen ihre Gäste gerne in die balinesische Kultur ein. Frühstück inkl. ❹

 Hibiscus Cottages, ✆ 0361-970 475. Die familiengeführte Unterkunft punktet mit 10 geräumigen, klimatisierten Zimmern mit wunderschönen, aufwendig geschnitzten Türen, die in ihrer Gesamtheit die Geschichte des *Ramayana*-Epos erzählen, sowie Balkon oder Terrasse. Von der Veranda des VIP-Zimmers kann man an klaren Tagen bis zum Strand von Sanur blicken. Auch Familienzimmer. Gerne beziehen die herzlichen Gastgeber ihre Besucher in den Alltag mit ein. Die *Santan*-Pancakes und Gemüse-Omeletts, die man zum Frühstück auf der Dachterrasse serviert bekommt, sind mit die besten ganz Balis. Kaffee, Tee und reichhaltiges Frühstück inkl. ❹

The Hidden Bali Inn, zwischen Jl. Suweta und Jl. Kajeng, ✆ 0815-5873 0366. Am Ende der Jl. Kajeng führt eine steile Treppe durch andere Anlagen zu 4 geräumigen, klimatisierten, sauberen Zimmern mit schweren Holzmöbeln und Terrasse. Freundliche Besitzerin. ❹

Obere Preisklasse

Kama Bisma Cottage, Jl. Bisma, ✆ 0361-978 065, 🖥 www.kamabismabali.com. Kleine, feine, ruhig gelegene Unterkunft mit

---

Bewusste und gesunde Lebensweisen

Ubud hat sich nicht nur zum Zentrum der Künste, sondern auch zum Zentrum ökologischer, naturverträglicher und esoterischer Lebensweisen entwickelt. Nirgendwo sonst auf Bali kann man seinen Urlaub so gesund, aktiv und zugleich entspannt gestalten.

Es gibt viele Wege, die Schätze der Natur zu bestaunen und sich von ihnen verwöhnen zu lassen. Bei **Spaziergängen** (s. Kasten ab S. 226) lässt sich vieles entdecken, **geführte Wanderungen** und **Fahrradtouren** ermöglichen außergewöhnliche Einblicke und Botanik- oder Kochkurse erweitern den eigenen Horizont (Touren S. 223).

Nach einem ereignisreichen Tag können sich Besucher auf perfekte Wellness-Erlebnisse freuen. In einem **Spa** wird man in Blüten gebadet oder die Haut mit feinstem Obst verwöhnt – ein betörendes Erlebnis für Körper und Geist! Auch Freunde des **Yoga** kommen voll auf ihre Kosten.

Neben der körperlichen Entspannung warten in Ubud Gaumenfreuden im Überfluss. Immer mehr **Restaurants** legen Wert auf Bio-Gemüse aus der Umgebung und verzichten komplett auf chemische Zusatzstoffe.

Penestanan, ein rund 1 km westlich vom Zentrum gelegenes Dorf, das mittlerweile eher wie ein Ortsteil wirkt, hat sich zu einem Hotspot bewusster Lebensweisen und digitaler Nomaden gemausert. Neben Bio-Restaurants gibt's Yoga- und Pilates-Studios sowie auf die Zielgruppe zugeschnittene Unterkünfte.

süßem Überlaufpool. Die 5 pieksauberen, komfortablen, geräumigen, geschmackvoll modern balinesisch gestalteten Zimmer mit großer Fensterfront, Klimaanlage und Balkon grenzen direkt an die Reisfelder oder den Dschungel. Aus dem Haupthaus oben und den oberen Zimmern bietet sich ein toller (noch) unverbauter Blick auf die Reisfelder. Die meisten Zimmer mit hübsch in Kieselsteinen gebetteter Steinbadewanne. Die freundliche Besitzerin Meta umsorgt ihre Gäste nach allen Regeln der Kunst. Leckeres Frühstück und Nachmittagstee inkl. ❺–❼

Ubud Sari Health Resort, Jl. Kajeng 35, ☏ 0361-974 393, 🖥 www.ubudsari.com. Wunderschön ruhig am Hang gelegene Anlage mit tollem Garten, viel plätscherndem Wasser, 2 Pools und 43 klimatisierten Zimmern mit Himmelbetten und Open-Air-Bädern, die teuren mit riesiger Fensterfront. Alles hübsch dekoriert, aber vergleichsweise überteuert. Sauna, Spa, Detox- und andere Gesundheitsprogramme. Frühstück inkl. ❹–❼

Urban Styles Inata Bisma Resort, Jl. Bisma, ☏ 0361-978 442. Ruhig gelegene Unterkunft mit 2 Pools und 22 sauberen Zimmern, die geräumig und mit hochwertigen dunklen Massivholzmöbeln eingerichtet sind und mit einem unverstellten Blick auf die Reisfelder punkten. Freundlicher Service. Frühstück inkl. ❻–❽

Im Westen von Ubud

Eden House, Jl. Subak Sok Wayah, 200 m nördlich der Jl. Raya Ubud, ☏ 0853-3913 8251, 🖥 www.edenhousebali.com. In einer ruhigen Ecke ganz ohne Straßenlärm versteckt sich das vom überaus freundlichen und hilfsbereiten Paar Kadek und Wayan gemanagte Kleinod. 6 großzügige, sehr saubere Zimmer mit hochwertigen Möbeln, sehr bequemen, breiten Betten, Dusche und Steinbadewanne. Von den Balkonen der oberen Zimmer und der Dachterrasse, wo auch das spitzenmäßige Frühstück serviert wird, bietet sich ein Ausblick auf Nachbarn, Kokospalmen und Reisfelder. Der Fußweg am Bach entlang ist abends nur abschnittsweise beleuchtet. ❹–❺

Hotel Tjampuhan, Jl. Raya Tjampuhan, ☏ 0361-975 368, 🖥 www.tjampuhan-bali.com. Die hübsche Anlage im engen Tal des Yeh Wos wurde bereits 1928 für die Gäste des Prinzen von Ubud erbaut, hat mittlerweile aber schon etwas Patina angesetzt. Am Hang liegen 67 geschmackvolle Zimmer mit dunklen Holzmöbeln. Von 1928–1940 wohnte hier der Maler Walter Spies, der sich den Naturwasserpool bauen ließ. Spa und Restaurant. Frühstück inkl. ❻–❼

Mathis Retreat, Jl. Rava Lungsiakan 62, ☏ 0361-898 9700, 🖥 www.mathiscollection.com. Schönes Boutiquehotel mit 21 einladenden, geschmackvoll modern gestalteten, sehr geräumigen Zimmern und Bungalows mit allen Annehmlichkeiten. Aus dem Überlaufpool und einigen Zimmern blickt man auf Reisfelder, so weit das Auge reicht. Zuvorkommender Service, Spa und Restaurant. Frühstück inkl. ❼–❽

Outpost Ubud Penestanan, Jl. Penestanan Kelod, ☏ 0361-479 2884, 🖥 https://bit.ly/OutpostPenestanan. Schickes Coworking-Hotel für digitale Nomaden, die auf Bali arbeiten und Erfahrungen teilen wollen. Im 3-stöckigen Neubau finden sich rund um den schmalen Pool 24 ansprechende, dank Steinboden kühle Zimmer mit Minibar und bequemen Matratzen. Gemeinschaftsküche, Waschmaschine und Dachterrasse. Zugang zum Coworking Space inkl. ❺–❼

Im Südosten von Ubud

ARMA Resort, Jl. Raya Pengosekan, ☏ 0361-976 659, 🖥 www.armabali.com/resort. Die tolle, sehr weitläufige Anlage mit 2 Pools hat etwas vom Charme alter Tempelanlagen. Geschmackvolle, geräumige, komfortable Zimmer und luxuriöse Villen mit Privatpool und Open-Air-Bad. Freier Eintritt ins ARMA – Agung Rai Museum of Art (S. 203), gute Kunst- und Kulturkurse (S. 221) und Spa. Mehrmals wöchentl. finden Tanzvorstellungen statt (S. 206). Gutes Thai-Restaurant. Frühstück inkl. ❼–❽

Green Field Hotel, Jl. Pengosekan, ☏ 0361-975 798, 🖥 www.greenfieldhotelubud.com. Größere Mittelklasseanlage mit komplett ausgestatteten, geräumigen Zimmern, schönem Garten, nettem Service und 2 Pools, einer davon mit Salzwasser. Aus den oben gelegenen, teureren Zimmern bieten sich Ausblicke auf die

Reisfelder und den riesigen Parkplatz vom Monkey Forest. Shuttleservice ins Zentrum und gutes Frühstücksbuffet inkl. ❻–❼

Guci Guesthouses, Jl. Raya Pengosekan, ☏ 0361-975 975, 🖥 www.guci-bali.com. Der talentierte Maler Nyoman und seine deutsche Frau Ulli kümmern sich bereits seit 1987 überaus herzlich und familiär um ihre Gäste. Im schönen Garten mit Kunstwerken stehen 5 Einheiten. Zum einen saubere, gepflegte, klimatisierte Bungalows mit Veranda, Holzmöbeln und Himmelbetten mit Moskitonetzen sowie bepflanzten Open-Air-Bad. Zum anderen sehr geräumige, 2-stöckige Doppelhaushälften, die neben einem schön gestalteten klimatisierten Schlaf- und Wohnraum auch eine komplett ausgestattete Küche bieten. Ganz bewusst ohne Pool (der Pool der Nachbaranlage kann gegen Gebühr genutzt werden). Sehr gutes Preis-Leistungs-Verhältnis. Tgl. wechselndes Frühstück. ❹–❺

Puri Asri Villa, Jl. Nyuh Bulan, ☏ 0361-972 550, 🖥 https://bit.ly/PuriAsriVilla. Abseits des großen Trubels wohnt man südlich vom Monkey Forest in der charmanten, älteren Anlage mit 2 Pools und 14 komfortablen, großen, klimatisierten Zimmern und Villen mit Himmelbetten, Veranda und großen Open-Air-Bädern. Die Zimmer im hinteren Bereich sind moderner. Freundliches Personal. Frühstück inkl. ❹–❻

Tegal Sari, Jl. Raya Pengosekan, ☏ 0361-973 318, 🖥 www.tegalsari-ubud.com. Sehr langgezogene, in die Reisfelder hineingebaute Anlage mit 40 gemütlich eingerichteten, geräumigen Zimmern mit riesiger Veranda, teils auch mit Sofa und Blick auf die Reisfelder. Zudem sehr teure Villen. Das günstige Zimmer im Tower gibt's nur für fitte Wiederholungsgäste. Pool, Spa, Bibliothek und Bio-Restaurant. Yoga und Kochkurse. Sehr freundliches Personal. ❹–❻

ESSEN

Die Auswahl ist riesig: Neben Lokalen, die ihre Speisen auf den Geschmack der Touristen abgestimmt haben, gibt's erstklassige Restaurants, in denen fantastische Gerichte gezaubert werden.

Keinesfalls entgehen lassen sollte man sich eine **Bali-Ente** *(Bebek Betutu)* zum Abendessen, auch wenn sie nicht ganz günstig ist und vorbestellt werden muss. In traditioneller Art auf Reisstroh gegart, ist das zarte Fleisch ein Genuss.

Amerikanisch

Naughty Nuri's Warung, Jl. Raya Sanggingan 88X, ☏ 0361-977 547, 🖥 www.naughty-nuris.com. Rustikal, rauchig und eng geht's seit 1995 im ehemaligen Expat-Treff und mittlerweile ziemlich touristisch gewordenen, aber weiterhin überaus erfolgreichen Warung zu. So erfolgreich, dass es inzwischen Franchises von Bali und Jakarta bis Kuala Lumpur, Phuket und Melbourne gibt. Hauptattraktion sind die meist butterzarten, manchmal leider etwas zu fettigen Barbecue-Rippchen sowie leckere Hähnchenschenkel und Satay. Teure Ribs, sonst Mittlere Preisklasse. Ableger in Seminyak (S. 165). ⏲ 12–21 Uhr.

Taco Casa, Jl. Raya Pengosekan, ☏ 0812-2422 2357, 🖥 http://tacocasabali.com. Sehr beliebter Mexikaner mit offen einsehbarer Küche und sehr leckeren, reichhaltigen, nach den eigenen Wünschen frisch zubereiteten Burritos, Tacos, Quesadillas usw. Die Nachos, Tortillas, Tacos, Bohnen und einige Soßen sind hausgemacht. Oben gibt's auch eine Bar mit guten Margaritas und gemütlichere Sitzgelegenheiten. Sehr angemessene Preise und freundlicher, aufmerksamer Service. ⏲ 11–22 Uhr.

Asiatisch

Indus, Jl. Raya Sanggingan, ☏ 0821-3877 3739, 🖥 www.casalunabali.com/indus-restaurant. In wunderschöner Lage im Tal mit toller Aussicht werden auf 2 Etagen, weitab vom Straßenlärm, leckere asiatische Gerichte, darunter viel Vegetarisches und Veganes, zubereitet. Kleine, aber feine Speisekarte. Mittlere bis gehobene Preisklasse. Mo und Fr Live-Latin-Musik. Kostenloser Shuttle zum Casa Luna. ⏲ 12–23 Uhr.

Cafés und Desserts

Anomali Coffee, Jl. Raya Ubud 88, ☏ 0361-972 263, 🖥 http://store.anomalicoffee.com. Offener, angesagter Coffeeshop mit netten Barista, die viel über Kaffee erzählen können.

Es werden verschiedenste Kaffeesorten, Gebäck und Kuchen serviert und verkauft. Schnelles WLAN. ⏱ 7–21 Uhr.

Casa Luna Restaurant, Jl. Raya Ubud, ✆ 0361-977 409, 🖳 www.casalunabali.com. Im hinteren Bereich des etablierten, edlen, einladenden Café-Restaurants stehen auf mehreren Stockwerken große Tische, an denen mit Blick auf den Bach gespeist werden kann – ideal für eine Verschnaufpause. Gute Kuchen, leckerer Kaffee und ordentliche Auswahl an Broten, die Hauptgerichte sind eher wechselhaft. So abends Live-Jazz, in der Hochsaison auch Fr. Zudem eine der besten Kochschulen (S. 220). Mittlere Preisklasse. ⏱ 8–23 Uhr.

F.R.E.A.K. Coffee, Jl. Hanoman 19, ✆ 0361-975 927, 🖳 www.freakcoffee.com. Von einem US-amerikanischen Kaffeeliebhaber ins Leben gerufener, minimalistisch gestalteter Laden, der neben Bio-Kaffee von der eigenen Plantage (F.R.E.A.K. steht für Fresh Roasted Enak Arabica from Kintamani) auch Obst und Snacks verkauft. Schöne, in den Milchschaum gezeichnete Bilder und freundlicher Service. ⏱ 8–20 Uhr.

Gelato Secrets, Filialen in der Jl. Monkey Forest, Jl. Raya Ubud, Jl. Hanoman und Jl. Raya Pengosekan, ✆ 0812-3677 3817, 🖳 www.gelatosecrets.com. Das leckerste Eis in Ubud: Die Eisdiele mit Filialen in Canggu, Sanur, Seminyak und Tanah Lot stellt seine 24 teils ausgefallenen Eissorten selbst her. Es werden nur frische Zutaten verwendet, was man schmeckt. Auch wenn eine Kugel 35 000 Rp kostet, ist sie das Geld wert. 2 Kugeln 53 000 Rp, viele Toppings. ⏱ 11–23 Uhr.

Room 4 Dessert, Jl. Raya Sanggingan, ✆ 0813-3705 0539, 🖳 www.room4dessert.com. Wirklich teuer, aber auch ein echtes Highlight sind die kreativ-innovativen, hochklassigen, fantastisch angerichteten Nachspeisen in der Dessert-Bar neben Naughty Nuri's. Für Schleckermäuler gibt's Menüs mit allen Desserts auf der Karte, und auch die Cocktails sind nicht zu verachten. Sehr guter Service. Rechtzeitige Reservierung empfehlenswert. ⏱ Di–So 16–23 Uhr, alljährlich von Ende Jan bis Mitte März geschlossen.

Seniman Coffee Studio, Jl. Sriwedari 5, ✆ 0812-8338 6641, 🖳 www.senimancoffee.com. Ein Top-Ziel für wahre Kaffeegenießer ist der kommunikative, sehr beliebte Coffeeshop-Komplex, der unten klimatisiert ist und oben mit kleinem Balkon lockt. Stylisches, modernes Design trifft auf wunderbar im Barista-Stil gebrauten Kaffee aus der gegenüberliegenden Hausrösterei. Zudem Frühstück, gute Kuchen und leckere Brownies. Von 17–24 Uhr öffnet die Bar. Jeden Mo 2-stündige Barista-Workshops für 450 000 Rp. Schnelles WLAN, das viele digitale Nomaden anzieht. ⏱ 7.30–22 Uhr.

Europäisch

Café des Artistes, Jl. Bisma 9, ✆ 0813-3746 3747, 🖳 www.cafedesartistesbali.com. Gehobene Küche in ansprechenden, ruhigen Ambiente mit gutem Service. Neben belgischen Speisen, Bieren und Steaks auch eine große Cocktail-, Wein- und Spirituosenauswahl. Mittlere Preisklasse. Kunstausstellungen. ⏱ 12–23 Uhr.

Locavore, ✆ 0821-4495 6226, 🖳 www.locavorenext.com. Das seit seiner Eröffnung 2013 stets schwer angesagte, hochpreisige Restaurant zieht nach 10 Jahren an Ubud in grünere Gefilde um. Sicher ist, dass weiterhin äußerst kreative und hochklassige mehrgängige Menüs aufgetischt werden, die modern zubereitete europäische Küche fotogen mit lokalen Produkten verbinden – ein Genuss für alle Sinne, auch für Vegetarier. Die neue Location verspricht mehr Platz, sodass hoffentlich keine Reservierungen 2 Wochen im Voraus mehr notwendig sind.

Locavore to Go, Jl. Dewi Sita 1, ✆ 0361-908 0757, 🖳 www.locavorenext.com/family/locavore-to-go. Kleiner Bistro-Ableger mit teuren, fleischlastigen Sandwiches, Burgern und Frühstücksoptionen sowie Verkauf von selbst gebackenem Brot, Pickles und Marmeladen. ⏱ 9–21 Uhr.

Nostimo Greek Grill, Jl. Raya Pengosekan 108, ✆ 0821-4573 5546, 🖳 www.fb.com/nostimoubud. Wer Lust auf einen ordentlichen Grill-, Souvlaki- oder Gyrostelle- verspürt, ist im ganz klassisch weiß-blau gehaltenen Restaurant richtig. Leckeres Pita und Tzatziki. Freundlicher Service. Mittlere Preise. ⏱ 11–21.30 Uhr.

Gut und günstig: die Food Street

Allabendlich von 18–23 Uhr wird der nördliche Abschnitt der Jalan Goutama für den Straßenverkehr gesperrt. Auf der 250 m langen Schlender- und Schlemmermeile wird – der großen Auswahl an guten Restaurants sei Dank – wohl jeder Hungrige glücklich.

Confiture de Bali, Nr. 26, 0852-3884 1684, www.confituredebali.net. Kleine Crêperie, die neben leckeren, relativ günstigen süßen oder herzhaften Crêpes auch eine Armada an hausgemachten, nicht zu süßen Marmeladen aus tropischen Früchten sowie Säfte und Milkshakes zum Verkauf anbietet. So gibt's Papaya-, Mango- oder exotische Sirsakmarmelade in diversen Größen und Honig. 9–17 Uhr.

Dewa Warung, Nr. 13, 0812-3737 1549. Schlichter, gemütlich mit Bambusmatten verkleideter Warung, in dem sehr günstige, leckere einheimische Gerichte in ordentlichen Portionen aufgetischt werden. Gute vegetarische Auswahl und Smoothies (Tipp: Avocado). Das Essen kommt selten gleichzeitig am Tisch an, und die Wartezeiten können besonders bei voller Hütte ordentlich sein. 10–22 Uhr.

Dolce Arancia, Nr. 17, 0813-3821 9966, www.fb.com/dolcearanciaubud. Unter der Leitung des temperamentvollen Chefs Stefano werden in der einsehbaren Küche authentische italienische Speisen zubereitet, darunter auch ungewöhnliche Variationen. Besonders gut sind die Pastagerichte. Sehr freundlicher Service. 12–23 Uhr.

Melting Wok, Nr. 13, 0821-4417 4906, 0813-3973 0363, www.instagram.com/melting_wok_warung. Im kleinen, sehr beliebten Restaurant kredenzt der franko-laotische Küchenchef Philippe aus frischen Zutaten 2 kreative Tagesgerichte, die sich an den Küchen aus Réunion und Laos orientieren, sowie leckere Currys. Immer zum Smalltalk aufgelegte Bedienungen sorgen für eine nette Atmosphäre. Gute Portionen. Abends unbedingt frühzeitig reservieren. Di–So 10–21.30 Uhr.

Toro Sushi, Nr. 3, 0361-971 832, www.fb.com/torosushicafe. Beliebter Japaner mit einsehbarer Küche und einer großen Auswahl an leckeren, hochqualitativen Sushi-Rollen und weiteren Gerichten aus dem Reich der aufgehenden Sonne. Mittlere bis obere Preisklasse. 11–21.30 Uhr.

Warung biahbiah, Nr. 13, 0361-978 249, www.fb.com/warungbiahbiah. Das einladende Restaurant ist so beliebt, dass sich abends längere Warteschlangen bilden. Bei entspannter Musik kann man sich durch die balinesische Küche probieren. Zum (warmen) Reis werden in Schälchen aus Bananenblättern kleine (meist kalte) Portionen serviert, die nach Wunsch kombiniert werden können. Günstig, aber leider manches Mal ziemlich fad gewürzt und der Service könnte aufmerksamer sein. Zudem wird eine Bestellung oft nicht zusammen serviert. Auch vegetarische Varianten. 11–23 Uhr.

Warung Siam, Nr. 7, 0811-389 6678, www.fb.com/warungsiam. Das luftige Restaurant erinnert mit seinem hübschen Dekor und der passenden musikalischen Untermalung tatsächlich an Thailand, kein Wunder, denn Besitzer Jue stammt aus dem Land des Lächelns. Die freundlichen Bedienungen servieren einen leckeren Querschnitt der Thai-Küche zu angemessenen Preisen in ordentlichen Portionen – und es schmeckt authentisch. Lecker sind die Fischküchlein (Tord Man Pla), das grüne Curry (Gaeng Keaw Wan) und das Hor Mok Talay. 12–21 Uhr.

Indonesisch

Hujan Locale, Jl. Sriwedari 5, 0813-5326 0275, www.hujanlocale.com. Der schottische Küchenchef Will Meyrick zaubert mit seinem Team hochwertige und -preisige indonesische Küche in kreativen Variationen. Ein guter Ort, um sich durch die abwechslungsreichen Küchen des Archipels zu schlemmen. 12–15 und 17.30–22 Uhr.

Ibu Oka 1, **Ibu Oka 2** und **Ibu Oka 3**, Jl. Suweta 1, Jl. Cocorda Rai Pudak und Jl. Tegal Sari 2, 0361-976 345. Hier gibt's das typisch balinesische Spanferkel *(Babi Guling)* ab 55 000 Rp – ein Muss für Freunde der deftigen Küche. Die flott servierte Schweinerei aus Schwarte, Blutwurst, magerem und knusprig gebratenem Fleisch ist bei Asiaten wie Westlern sehr beliebt, entsprechend kann zur Mittagszeit besonders in Ibu Oka 3 Massenabfertigung herrschen. Ibu Oka 1 fällt von der Qualität etwas ab, Ibu Oka 3 ist eher ein normales Restaurant mit deutlich mehr Platz und hat Kakadus im Innenhof. In Ibu Oka 3 werden pro Tag schon mal 12 Spanferkel verarbeitet. Wer nicht leer ausgehen möchte, sollte vor 15 Uhr kommen. 11–18 Uhr.

Nusantara by Locavore, Jl. Dewi Sita 9C, 0821-4681 3714, www.locavorenext.com. In geschmackvollem Ambiente kann man sich wahlweise à la carte oder mit dem Nusantara-Set-Menü für rund 500 000 Rp durch eine erlesene Auswahl an oftmals schwer außerhalb ihrer Ursprungsregionen zu bekommenden Spezialitäten schlemmen. Die kulinarische Reise durch das Inselreich reicht von Aceh über Sulawesi bis auf die Molukken. Die Zutaten sind hochwertig und ausgefallen, und dazu gibt es thematisch kreativ zusammengestellte Cocktails. Di–So 12–14.30 und 18–21.30, Mo 18–21.30 Uhr.

Sweet Orange Warung, Jl. Subak Juwak Manis, 0813-3877 8689, www.sweetorangewarung.com. Die überaus freundlichen Putu und Nyoman kochen in pittoresker Lage inmitten der Reisfelder richtig lecker. Viele Zutaten der hübsch angerichteten Speisen wachsen vor den Augen ihrer Gäste. Toll zum Sonnenuntergang oder auf einer Verschnaufpause beim Spaziergang durch die Reisfelder (S. 226). 9–21 Uhr.

International

Atman Kafe, Jl. Hanoman 38, 0851-0062 0505, www.fb.com/AtmanKafe. Gemütliches bambusverkleidetes Restaurant in dem man umgeben von Räucherstäbchenduft aus der breit gefächerten Speisekarte wählen kann. Von frischen Säften über Brownies und Kuchen bis hin zu Tom Yam, Tapas und Pizzas gibt's fast alles zu mittleren Preisen. 7.30–22.30 Uhr.

Café Lotus, Jl. Raya Ubud, 0361-975 660, www.cafelotusubud.com. An der Hauptstraße gelegenes, seit 1983 geöffnetes Touristenrestaurant mit hübschem, als Fotomotiv beliebten Lotosteich und passablem Essen zu überteuerten Preisen. Der Grund für einen Besuch sind die fast jeden Abend auf der großen Bühne stattfindenden Tanzaufführungen (s. Kasten S. 206). Dann müssen neben Essen und Trinken an den Tischen in direkter Nähe zur Bühne 1 Ticket p. P. für aktuell 80 000–100 000 Rp gekauft werden, in der 2. Reihe 1 Ticket pro 2 Pers. 8–21.30 Uhr.

Fair Warung Bale, Jl. Sriwedari 6, 0361-908 1698, 0813-5337 0466, www.fb.com/fairwarungbale. In kommunikativer, lockerer Atmosphäre werden im 2-stöckigen Restaurant leckere, große Portionen zu mittleren Preisen serviert. Auf der breitgefächerten Speisekarte stehen Crêpes, balinesische Speisen, Currys, vegetarische Gerichte, Salate und Sandwiches. Gäste unterstützen mit ihrem Besuch die Fair Future Foundation, www.fairfuturefoundation.org, und eine Klinik für die arme Landbevölkerung. Sehr freundliches, wissbegieriges Personal. 11–22.30 Uhr.

Ibu Rai, Jl. Monkey Forest 72, 0361-973 472, www.fb.com/iburairestaurant. Im alteingesessenen, luftigen, stets gut besuchten Restaurant werden leckere, spitze angerichtete Hauptspeisen, die sowohl westlich als auch asiatisch beeinflusst sind, angeboten. Die Großgarnele auf Pasta mit Koriander und Basilikum-Pesto und die Koriander-Ente mit Armadillo-Frucht sind zu empfehlen, die Vorspeise Gurita Bakar (gegrillter Oktopus im Minahasa-Stil aus Nord-Sulawesi) ist ein Gedicht. Leckere, frische Beerensäfte. Zuvorkommender, freundlicher Service. Wechselnde Wochenkarte und Auswahl an Cocktails (gute Mojitos). Überaus angemessene Preise. Reservierung empfehlenswert. 8–23 Uhr.

Mingle Café Bar, Jl. Dewi Sita, 0361-975 880, https://minglecafe.weebly.com. Kleine, einladende Kreuzung aus Café und Cocktailbar mit überschaubarer Speisekarte mit günstigen Gerichten. Auf der Terrasse im 1. Stock sitzt man gemütlich. Lohnt besonders für Cocktails zur Happy Hour von 16–21 Uhr. ⏲ Mo–Fr 12–21, Sa–So 11–21 Uhr.

Murni's Warung, an der Brücke nach Campuhan, ☎ 0361-975 233, 🖥 www.murnis.com. Eines der ersten Restaurants in Ubud öffnete bereits 1974 seine Pforten und ist mittlerweile eine Institution auf 5 Stockwerken mit fantastischer Aussicht. Gute Kuchen, Frühstück und *Bebek Betutu*. Mittlere Preisklasse. ⏲ 9–22 Uhr.

Nomad Restaurant, Jl. Raya Ubud 35, ☎ 0361-977 169, 🖥 www.fb.com/nomadbali. Das luftige Restaurant bewirtet seit 1979 Touristen u. a. mit hausgemachter Pasta, Thunfisch-Steaks und Burgern. Mittlere Preisklasse, recht kleine Portionen. Freundlicher Service. ⏲ 13–23 Uhr.

Three Monkeys Cuisine & Art Café, Jl. Monkey Forest, ☎ 0361-975 554, 🖥 www.threemonkeyscafebali.com. Mit Blick auf ein Reisfeld gibt's im ansprechenden, lang gezogenen Touri-Lokal leckere internationale Gerichte und gute Cocktails. Mittlere bis gehobene Preisklasse. ⏲ 8–22 Uhr.

Vegetarisch und vegan

Alchemy, Jl. Penestanan Kelod 75, ☎ 0821-4690 8910, 🖥 www.alchemybali.com. Das große, moderne und helle, vegane Raw-Food-Lokal im lässigen Öko-Chique ist sehr erfolgreich und zur Mittagszeit bei westlichen Touristen besonders beliebt. An der großen Salatbar voll knackig-frischer, teils auf der eigenen Farm geernteter Zutaten können Salate nach dem eigenen Geschmack zusammengestellt werden. Ähnliches gilt für das Frühstücksbuffet. Zudem Kaffee, Kuchen, Suppen, Smoothies und Säfte sowie vollwertige Gerichte. Verkauf von Bio-Produkten. Ableger am Bingin Beach auf der Bukit-Halbinsel. ⏲ 7–21, Salatbar ab 11 Uhr.

Kafe, Jl. Hanoman 44B, ☎ 0811-179 3455, 🖥 www.kafe-bali.com. Stets gut besuchtes, kommunikatives Café-Restaurant mit großer Kaffee- und Teeauswahl, Bio-Reis und -Gemüse, sehr leckeren Desserts, gesunden Säften sowie Essen aus aller Welt. Mittlere Preisklasse. Auffüllen von Wasserflaschen gegen Kleingeld. ⏲ 7.30–23 Uhr.

Moksa, in Sayan, westlich von Penestanan, ☎ 0813-3977 4787, 🖥 www.moksaubud.com. Sehr gutes Bio-Restaurant mit angeschlossenem Permakultur-Garten, aus dem viele der knackig frischen Zutaten stammen. Chefkoch Made Runatha zaubert fantastisch geschmackvolle vegetarische Kombinationen, ist sehr engagiert, innovativ und gibt tolle Kochkurse (Mi und Fr, 1,5 Mio. Rp). Für die gebotene Qualität überraschend günstig. Aufmerksamer Service. Reservierung empfehlenswert. Auffüllen von Wasserflaschen gegen Kleingeld. ⏲ 10–21 Uhr.

Sari Organik Penestanan, Jl. Penestanan Kelod, ☎ 0812-4655 2409. Hier werden passable Gerichte zu mittleren Preisen serviert, wobei sich die Salate und Obstsäfte besonderer Beliebtheit erfreuen. Der angeschlossene Bio-Bauernhof versorgt das Restaurant und den Shop nebenan mit Gemüse, Obst und Gewürzen. ⏲ 8–21 Uhr.

Zest Ubud, Jl. Penestanan Kelod 8, ☎ 0823-4006 5048, 🖥 www.zestubud.com. Modernes, schickt designtes, veganes und glutenfreies Rohkost-Restaurant mit schönem Blick hinunter auf die Campuhan-Brücke, dennoch sitzen viele Gäste lieber an ihren Laptops. Leckere Smoothie-Bowls. ⏲ 8–22 Uhr.

UNTERHALTUNG

Für Nachtschwärmer hat Ubud nicht allzu viel zu bieten. Es gibt einige nette Orte, an denen man sich auf ein Bier oder einen Cocktail treffen kann, allerdings kaum Partys bis spät in die Nacht.

Bars

CP Lounge, Jl. Monkey Forest 15, ☎ 0361-978 954, 🖥 www.cp-lounge.com. Die zentral unterhalb des Sportplatzes gelegene Location ist wohl die beste Chance auf lautes Nachtleben. Im weitläufigen Außenbereich treten Livebands (ab 20 Uhr) auf, es gibt Shishas, Cocktails, Billardtische und einen großen Pool. Im klimatisierten Inneren legen DJs (ab 23 Uhr) auf. Happy Hour 16–21 Uhr. Das Personal könnte aufmerksamer und freundlicher sein. Mittlere Preisklasse. ⏲ 13–3 Uhr.

Laughing Buddha Bar, Jl. Monkey Forest, ✆ 0361-970 928, 🖥 http://laughingbuddhabali.com. In der einladenden, abends oft proppenvollen Bar mit ausgelassener Stimmung treten von 20–22.30 Uhr gute, laute Live-Bands auf. Auch vollwertige Gerichte. Happy Hour 16–20 Uhr. ⏲ 16–24 Uhr.

Oops Restaurant and Bar, Jl. Raya Ubud, ✆ 0361-975 013, 🖥 www.fb.com/Oops RestaurantandBar. Gegenüber vom Markt wird im beliebten Bar-Restaurant mit langem Tresen Di, Do und Fr ab 19.30 Uhr sehr gute Livemusik gespielt. Das Essen lohnt weniger. ⏲ 10–23 Uhr.

Kino

Paradiso, Jl. Goutama Selatan, ✆ 0811-399 1718, 🖥 www.fb.com/paradisoubud. Klimatisiertes „Kino" mit Sofas für bis zu 150 Pers., großer Leinwand und tgl. 2–3 Vorführungen für 75 000 Rp, die in Form eines Verzehrgutscheins vergolten werden. Das Programm ist online abrufbar, oft werden alternative Filme und Dokumentationen gezeigt. Auch Konzerte, Workshops, Performances und Veranstaltungen für Kinder.

FESTE

Bali Spirit Festival (Mai). Zum mehrtägigen „spirituellen Festival", 🖥 www.balispiritfestival.com, www.fb.com/BaliSpiritFestival, steht Ubud noch mehr als sonst im Zeichen von Yoga, Meditation, alternativen Heilmethoden, esoterischem Tanz und Musik. Zum Veranstaltungsort verkehren Shuttlebusse.

Ubud Food Festival (Juni). Seit 2015 bringt das kulinarische Festival, 🖥 www.ubudfoodfestival.com, www.fb.com/UbudFoodFest, Freunde der indonesischen Küche aus Nah und Fern zusammen. Es gibt Kochdemonstrationen, Diskussionen, Workshops, Filmvorführungen, Verköstigungen und kostenfreie Veranstaltungen. Ticketpreise variieren je nach Event, 1- und 3-Tages-Tickets gelten für die größeren Rahmenveranstaltungen.

Ubud Writers and Readers Festival (Oktober). Das Festival, 🖥 www.ubudwritersfestival.com, www.fb.com/ubudwritersfest, gibt's bereits seit 2004. Alljährlich treffen sich Hunderte Schriftsteller, Dichter, Journalisten, Theatergruppen und ein breites Publikum aus aller Welt Ende Oktober für 4 Tage in Ubud, um in Cafés, Museen, Hotels und auf öffentlichen Plätzen ihre Arbeiten vorzustellen und gemeinsam kreativ zu sein. Ubud ist dann vollgepackt mit interessanten Menschen, die sich in Lesungen, Workshops, Ausstellungen und Vorführungen mit aktuellen Themen auseinandersetzen. Neben hochpreisigen Sonderveranstaltungen gibt's kostenlose Aufführungen und Buchvorstellungen, oft flankiert von Konzerten. 4-Tages-Karten für internationale Gäste für alle Veranstaltungen kosten 4,4 Mio. Rp, Tagestickets 1,43 Mio. Rp. Das aktuelle Programm wird 2–3 Monate vorher veröffentlicht.

EINKAUFEN

Bücher

Ganesha Bookshop, Jl. Raya Ubud, ✆ 0361-970 320, 🖥 www.ganeshabooksbali.com. Der gut sortierte, seit 1986 geöffnete Buchladen führt neben neuen und antiquarischen Taschenbüchern aus allen Genres eine sehr gute Auswahl an Büchern über Bali und Indonesien. Wer möchte, kann mit dem Booksfor-Bali-Projekt Kinder- und Jugendbücher an mehr als 40 balinesische Schulen spenden. ⏲ 9–18 Uhr.

Periplus Bookshop, Jl. Raya Ubud 23, Jl. Raya Ubud 88, Jl. Hanoman und Jl. Monkey Forest, ✆ 0361-971 803, 🖥 www.periplus.com. Große Auswahl an englischsprachigen Büchern und Zeitschriften, auch Wörterbücher, Karten und Atlanten. ⏲ 9–20 Uhr.

Pondok Pekak Library & Learning Center, ✆ 0361-976 194, 🖥 www.fb.com/PondokPekak. Die Bibliothek mit gut 30 000 Büchern gibt einheimischen Kindern die Möglichkeit, nach Herzenslust zu schmökern. Besucher finden eine Auswahl englisch- und deutschsprachiger Bücher, die gemütlich vor Ort gelesen oder günstig ausgeliehen werden können (2000 Rp pro Tag). Buchspenden sind willkommen. Zudem Workshops (S. 221). ⏲ Mo–Sa 9–21 Uhr.

Malerei und Souvenirs

Die Qualität der **Gemälde** hat deutlich unter der Massenproduktion gelitten. Wenn man Zeit hat, können Bilder günstiger direkt bei Malern in den umliegenden Dörfern (z. B. Peliatan, Pengosekan, Keliki) gekauft werden. Abzuraten ist von Bustouren, die auf der Rundfahrt einen Halt in einer großen Kunstgalerie einlegen. Die Provision für die Touranbieter wird von den Käufern getragen, die kaum Zeit zum Handeln bekommen.

Happy-Happy Shop, Jl. Monkey Forest, ✆ 0821-4488 8333. Im großen Laden werden neben den üblichen Allerweltsbildern auch Ölgemälde in einem unverkennbar balinesischen Stil mit leicht abstrakten Landschafts- und Marktszenen verkauft. ⏰ 8–20 Uhr.

Kupu Kupu Foundation Shop, Jl. Kajeng, ✆ 0812-362 8720, 🖥 www.kupukupu foundation.org. Die gemeinnützige Organisation unterstützt Menschen mit Behinderung auf Bali. Touristen können mit dem Kauf eines qualitativ hochwertigen Souvenirs oder Gemäldes im netten Laden ihren Beitrag leisten. ⏰ 10–18 Uhr.

Owl House, Jl. Bisma 39, ✆ 0818-566 861, 🖥 www.fb.com/owlhousebali. Seit 1997 lebt, malt und dichtet das talentierte, sehr freundliche balinesisch-japanische Künstlerpaar I Wayan Sila und Yoko Jatiasih auf ihrem süßen Grundstück in der Jl. Bisma – eine kleine ländliche Oase mit zutraulichen Hunden und Kaninchen inmitten der voranschreitenden touristischen Entwicklung. Die hübschen, in einem unverkennbar balinesischen Miniaturmalerei-Stil gezeichneten Bilder variieren das Motiv von magischen Eulen im Wald. Gemälde und Drucke werden zu Liebhaberpreisen verkauft, aber auch für weniger Geld gibt es hübsche, kreative Eulen-Souvenirs. ⏰ 10–17 Uhr.

Öko-Produkte

Utama Spice, Jl. Monkey Forest und Jl. Goutama, ✆ 0851-0085 3155, 🖥 www.utamaspicebali.com. Umfangreiche Auswahl an Bio-Kosmetika, auf Bali aus ökologisch angebauten Zutaten hergestellt. ⏰ 9–20 Uhr.

Schmuck

Studio Perak, Jl. Hanoman und Jl. Dewi Sita, ✆ 0812-365 1809, 🖥 www.fb.com/studioperak.

Neben Kursen zur Schmuckherstellung in der nördlichen Jl. Hanoman (S. 221) wird in allen Geschäften schöner Silberschmuck verkauft. ⏰ 10–20 Uhr.

Supermärkte

In der Jl. Monkey Forest, Jl. Hanoman, Jl. Raya Ubud und Jl. Bisma gibt's mehrere Minimärkte.

Bintang Supermarket, Jl. Raya Campuhan. Großer Supermarkt mit Deli im Westen von Ubud. ⏰ 8–22 Uhr.

Coco Supermarket, Jl. Raya Pengosekan, am Ende der Jl. Hanoman. Großer, gut sortierter Supermarkt mit Importprodukten, Brot, Käse, Aufschnitt, Kleidung und Haushaltswaren. ⏰ 8–23 Uhr.

Delta Dewata Supermarket, Jl. Raya Andong 14. Große Filiale des preiswerten Supermarkts im Osten von Ubud. ⏰ 8–21.30 Uhr.

Popular Market, Jl. Raya Pengosekan. Großer wohlsortierter Supermarkt im Süden von Ubud. ⏰ 7–23 Uhr.

Textilien und Accessoires

Batik-Decken, Tempelschals, Seidentücher und Sarongs unterschiedlicher Qualität werden vielerorts angeboten. Eine große Auswahl findet man auf dem zentralen Markt. In der südlichen Jl. Goutama verkaufen eine Reihe netter Boutiquen Schmuck, Dekorationsartikel und Textilien. Eine nette alte **Schneiderin** ist seit über 50 Jahren in der südlichen Jl. Bisma anzutreffen.

Artcycle Bali, Jl. Goutama Selatan, ✆ 0817-940 4686, 🖥 www.fb.com/artcyclebali. Lobenswertes Upcycling: In den kleinen Geschäften werden aus alten Autoreifen handgemachte Accessoires, Armbänder, Schuhe und Taschen verkauft. Kostenloses Auffüllen von Wasserflaschen. ⏰ 10–21 Uhr, Filiale in der Jl. Jembawan 12–18 Uhr.

Smile Shop (Toko Senyum), Jl. Raya Nyuh Kuning, ✆ 0896-7638 3795, 🖥 www.senyumbali.org. Mit dem Kauf von Klamotten, Büchern oder Spielzeug im Secondhandladen unterstützt man die Smile Foundation (Yayasan Senyum Bali), die Operationen für Kinder mit Gesichts-/Schädeldeformationen finanziert. ⏰ Mo–Sa 10–16 Uhr.

Auch das Herstellen von Opfergaben können Touristen in Ubud lernen.

Threads of Life, Jl. Kajeng 24, ☏ 0361-972 187, 🖳 www.threadsoflife.com. 1998 rief eine kleine Gruppe von Weberinnen eine erfolgreiche Fair-Trade-Initiative ins Leben, die heute mit über 1000 Kolleginnen in mehr als 35 Kooperativen auf 12 indonesischen Inseln zusammenarbeitet. Es werden traditionelle Techniken bewahrt, vorgeführt und gelehrt. Anhand von Videos und Schaubildern werden die 56 Arbeitsschritte bei der traditionellen *Ikat*-Herstellung erläutert. Die sehr hochwertigen, ausschließlich mit nachhaltig angebauten Naturfarben gefärbten Stoffe werden zu Liebhaberpreisen verkauft. ⏱ 10–18 Uhr.

Uluwatu, Jl. Monkey Forest, ☏ 0361-977 557, 🖳 http://uluwatu.co.id. Elegante, hochpreisige Baumwollkleider aus Lochstickereien. ⏱ 9–20 Uhr.

AKTIVITÄTEN

Alle hier genannten Preise gelten p. P.

Kochkurse

Casa Luna Cooking School, Jl. Bisma 5, ☏ 0361-973 282, 🖳 http://casalunabali.com/casa-luna-cooking-school. Die abwechslungsreichen Kochkurse führen in die Geheimnisse der balinesischen Küche ein. Mo mit Fokus auf Fischgerichte, Mi auf Essen für Zeremonien und Sa vegan und heilsam, jeweils von 9.30–13 Uhr, Di und Do Markttouren mit anschließendem Kochen von 8–13 Uhr, Fr Anfängerkurse von 9.30–12 Uhr und So *Bebek Betutu* von 17.30–21 Uhr. Zudem Do und Fr Besuche des Nachtmarkts in Gianyar. Ein Kurs kostet 400 000–500 000 Rp.

Jambangan Bali Cooking Class, Kelabang Moding, ☏ 0813-3834 4388, 🖳 http://jambangankookingclass.com, Karte S. 200. Die so ziemlich alles auf dem Kopf balancierende Made und ihre freundliche Familie führen in ihrem Gehöft gut 4 km nördlich von Ubud bis zu 20 Pers. in die einheimische Küche und Kultur ein. Nach einem informativen Marktbesuch wird gemeinsam gekocht und anschließend gegessen. Man fühlt sich fast wie ein Familienmitglied. Abholung gegen 8.30 und 14.30 Uhr, 375 000 Rp. Transfers inkl.

Paon Bali Cooking Class, Laplapan, ☏ 0813-3793 9095, 🖳 www.paon-bali.com, Karte S. 229. Gut strukturierte, familiär geführte 3-stündige Kochkurse, die in ländlicher Umgebung außerhalb von Ubud stattfinden. Für 350 000 Rp werden in der offenen Küche 7–10 Gerichte gemeinsam zubereitet, alles gut und verständlich erklärt von Wayan und Puspa. Die morgendlichen Kurse umfassen einen Markt- und Reisfeldbesuch. Beginn um 8.30 und 15.30 Uhr, Transfers inkl.

Kunst- und Kulturkurse

Nirgendwo sonst auf Bali gibt's annähernd so viele Möglichkeiten in die einheimische Kunst und Kultur einzutauchen wie in Ubud. Das abwechslungsreiche Programm bietet etwas für jeden Geschmack, und viele Kurse sind auch für Kinder geeignet.

ARMA – Agung Rai Museum of Art, ✆ 0361-976 659, 🖥 www.armabali.com/museum/cultural-workshops. Der Kulturkomplex bietet empfehlenswerte 2- bis 3-stündige Kursen zu Themen wie balinesischer Tanz, *Gamelan*, Malerei, Batik, Opfergabenarrangements, Holzschnitzereien, Silberschmuckherstellung und Kochkurse. Je nach Kurs 350 000–750 000 Rp.

Chez Monique Silver Class, Jl. Sriwedari 57, ✆ 0813-3845 4677, 🖥 www.chezmoniquejewelry.com. Die vielgelobten, 2–3-stündigen Silberschmuckkurse starten um 9.30, 11 oder 13.30 Uhr und kosten 600 000 Rp inkl. 7 g Silber für ein Schmuckstück. Freundliches, sachkundiges Personal und nette Atmosphäre.

Five Art Studio, Jl. Raya Keliki, ✆ 0878-6198 4083, 🖥 https://fiveartsubud.com, Karte S. 200. Nördlich von Ubud kann man in Keliki im Gehöft von Wayan und seiner Familie 3-stündige Kurse in der aussterbenden Kunst der balinesischen Miniaturmalerei (S. 235), im Holz schnitzen, Batiken, Eier oder T-Shirts bemalen oder Opfergaben herstellen für 450 000 Rp, Kinder 350 000 Rp, besuchen. Auch Verkauf seiner Kunstwerke. Transfers inkl.

Museum Puri Lukisan, Jl. Raya Ubud, ✆ 0361-975 136, 🖥 www.purilukisanmuseum.com/museum-puri-lukisan-workshop.html. Viele interessante Kurse, z. B. 1 Std. Gamelan, Flötenspiel oder balinesischer Tanz für 145 000 Rp, Opfergaben herstellen, Masken bemalen und Korbflechten für 365 000 Rp für 3 Std., ganztägige Kurse in Malerei, Batik und Holzschnitzerei für 520 000 Rp, eine eigene *Wayang-Kulit*-Figur herstellen für 575 000 Rp.

 Pondok Pekak Library & Learning Center, Jl. Monkey Forest, ✆ 0361-976 194, 🖥 www.fb.com/PondokPekak. Tanz- und Gamelan-Unterricht (150 000 Rp pro Std.), Opfergabenarrangements (200 000 Rp für 1 1/2 Std.) und Silberschmuckherstellung, Kurse im Obst- oder Holzschnitzen und Malen (250 000–330 000 Rp für bis zu 3 Std.). Auch Indonesischunterricht (Privatlektionen 200 000 Rp pro 1 1/2 Std., Gruppenkurse 6 Lektionen in 2 Wochen 810 000 Rp). 🕘 Mo–Sa 9–21 Uhr.

Studio Perak, Jl. Hanoman 15, ✆ 0812-365 1809, 🖥 www.studioperak.com. Unter Anleitung des freundlichen Ketut Darmawan wird auf traditionelle Art Schmuck hergestellt. Kurse von 9–12 Uhr, in der Hochsaison auch von 14–17 Uhr. In der Gebühr von 450 000 Rp sind 5 g Silber inkl., jedes weitere Gramm kostet 20 000 Rp.

Threads of Life, s. o. Die Fair-Trade-Initiative organisiert 2-stündige Einführungen in die Webkunst für 200 000 Rp (mind. 5 Pers.), einen historischen Überblick für 400 000 Rp (mind. 5 Pers.) und Batik-Kurse mit Naturfarben für 550 000 Rp (5–8 Pers.). Zudem 3–6-tägige Workshops für bis zu 10 Pers. über Naturfarben, Indigo, Batik- und Ikattechniken.

Widya's Batik, Jl. Sriwedari 61, Tegal Lantang, ✆ 0812-3835 2054, 🖥 www.fb.com/Widya BatikStudio, Karte S. 229. Die vom Javaner Widya Harsana seit 1992 geleiteten, gut 5-stündigen Batik-Kurse für 450 000 Rp starten mit der Abholung um 9.30 Uhr. Man kann selbst entscheiden, ob man eine vorgezeichnete Skizze verwenden oder auf dem 1 m x 50 cm großen Stoff alles selbst gestalten möchte. Die Arbeit mit heißem Wachs wird ausreichend geübt, und es sind stets helfende Hände zur Stelle.

WS Art Studio, Jl. Raya Silungan, Lodtunduh, ✆ 0821-4689 5330, 🖥 www.craftworkshopbali.com, Karte S. 229. Die 2–3-stündigen Kurse sind auch für Kinder geeignet. Auf dem Programm stehen Schmieden von Silberschmuck, Schnitzen von Holzmasken oder -figuren, Steinmetz-

n, Batiken, Korbflechten, Anfertigen von ...ergaben, Obst- und Bambusschnitzereien, traditionelle balinesische Malerei oder Tanz. In der Gebühr von 350 000–400 000 Rp sind 5 g Silber bzw. alle Materialen enthalten, die verarbeitet werden. Einführung und Erklärungen fallen manchmal etwas minimalistisch aus. Voranmeldung erforderlich. Transfers inkl.

Rafting
Sobek, ✆ 0361-729 016, 🖥 www.balisobek.com. Der seit 1989 etablierte Anbieter veranstaltet spaßiges Wildwasserrafting auf dem Yeh Ayung und dem Telaga Waja. Weitere Informationen im Kapitel „Travelinfos" S. 62.

Schaukeln
Bali Swing, Jl. Dewi Saraswati 7, Abiansemal, ✆ 0878-8828 8832, 🖥 www.realbaliswing.com. Der beliebte, ziemlich überlaufene Instagram-Hotspot liegt westlich von Ubud an der Schlucht des Yeh Agung und hat in den letzten Jahren eine Heerschar von Nachahmern nach sich gezogen. Die Hauptattraktion sind die über der Dschungelschlucht schwingenden Schaukeln, aber auch sonst gibt's allerhand Möglichkeiten für Fotos, etwa in Nestern, Betten usw. Ein Besuch inkl. Mittagsbuffet kostet überteuerte 500 000 Rp, mit Transfers von/nach Ubud 570 000 Rp. ⊕ 8–17 Uhr.

Wellness
Die Insel Bali besitzt wohl die höchste Spa-Dichte weltweit, und Ubud ist das Zentrum der balinesischen Spas. Alle bieten neben Massagen Packungen, Maniküre, Pediküre, Gesichts-, Haar- und Handbehandlungen. Eine vorherige Reservierung ist stets empfehlenswert.

Bali Botanica Day Spa, Jl. Raya Sanggingan, ✆ 0361-976 739, 🖥 www.balibotanica.com. Etwas außerhalb gelegen, bietet das moderne Spa mit freundlichen Mitarbeitern Kräutermassagen um 200 000 Rp, 2-stündige Massagen, Scrubs und Bäder (Kräuter, Blumen, Milch, Gewürze, Grüntee usw.) für 240 000 Rp oder aufwendige ayurvedische *Chakra-Dhara*-Massagen. Transfers inkl. ⊕ 9–21 Uhr.

Beji Ayu Spa, Gang Beji Jungutan, ✆ 0821-3876 0676, 🖥 www.bejiayu.com. Kleines, einfaches Spa, in dem Gäste zwischen Ayurveda-, balinesischer oder Hot Stone-Massagen wählen können, 1 Std. ab 115 000 Rp, mit Bädern ab 180 000 Rp. ⊕ 9–21 Uhr.

Nur Salon & Spa, Jl. Hanoman 28, ✆ 0361-975 352. In der in einen Garten mit Wasserspielen eingebetteten Spa-Institution mit erfahrenen Masseuren kann man sich seit 1978 bei einer klassischen Massage erholen, der ein Körperpeeling mit Kräutern *(Lulur)* und ein duftendes Blüten- oder Milchbad folgen (Pakete ab 300 000 Rp, Massagen ab 225 000 Rp pro Std.). ⊕ 12–20 Uhr.

Ubud Traditional Spa, Jl. RSI Markandya I, 4,5 km nordwestlich vom Zentrum in Payogan, ✆ 0877-6158 4407, 🖥 www.ubudtraditionalspa.com. Für die etwas weitere Anfahrt werden Erholungsuchende schnell entschädigt. In ruhiger Umgebung und schönem, modernem und sauberem Ambiente werden sehr gute, professionelle Massagen (180 000–260 000 Rp pro Std.) gegeben. Die Royal Massage mit 2 Masseuren (429 000 Rp pro Std.) ist Genuss pur. Bei mind. 2 Pers. Transfers inkl. Vorbuchung empfehlenswert. ⊕ 10–22 Uhr.

Yoga
Bali Yoga Shop, Jl. Hanoman 44B, neben Kafe (s. Essen), ✆ 0813-3945 0700. Hier gibt's eine große Auswahl an spirituellen Büchern und Yoga-Literatur. Zudem Yoga-Matten und Kleidung. ⊕ 9–20 Uhr.

Radiantly Alive, Jl. Jembawan 3, ✆ 0361-978 055, 🖥 www.radiantlyalive.com. Freunde der Entschleunigung können im schicken, modernen Studio zwischen 7 und 18 Uhr Kurse besuchen. 1 Kurs 130 000 Rp, 1 Woche 1 Mio. Rp. Der Café-Bereich vorne lockt auch einige digitale Nomaden an. ⊕ 7–19 Uhr.

The Yoga Barn, Jl. Raya Pengosekan, ✆ 0361-971 236, 🖥 www.theyogabarn.com. In der idyllischen Anlage aus traditionellen Häusern und Pavillons werden zahlreiche Kurse in verschiedenen Yoga- und Meditationsstilen angeboten. 1 Kurs kostet 150 000 Rp, 3 Kurse 420 000 Rp und 1 Monat 2,6 Mio. Rp. Oft kommen Gastlehrer aus dem Ausland, es gibt viele Ausbildungsangebote und Workshops. Auf dem Gelände ist auch das kommunikative **Garden Kafe** (◷ 7.30–20 Uhr) mit vegetarischen und veganen Gerichten und einer riesigen Auswahl an frisch gepressten Säften. In der zum Yoga Barn führenden Gasse liegen einige auf Yogis ausgerichtete Unterkünfte. ◷ 7–21 Uhr.

Ubud Yoga House, Jl. Subak Sok Wayah, 700 m nördlich der Jl. Raya Ubud, ☎ 0821-4418 1058, 🖳 www.ubudyogahouse.com. Pittoresk inmitten der Reisfelder gelegenes Haus, in dem ab 7.30 Uhr sehr gute Hatha- und Vinyasa-Yoga-Kurse in kleinen, persönlichen Gruppen gegeben werden. Die Kurse sind besonders bei deutschsprachigen Reisenden beliebt, sodass man mind. 30 Min. vor Beginn erscheinen sollte, um noch einen Platz zu ergattern. 1 Kurs kostet 130 000 Rp. ◷ Mo–Sa 7–19 Uhr.

TOUREN

Reisebüros und Englisch oder gar Deutsch sprechende Taxifahrer bieten individuelle Touren in die Umgebung, Tagestouren zum Besakih, nach Nord- oder Ost-Bali und Besteigungen des Gunung Batur und Gunung Agung an. Sie wissen auch, wo zur jeweiligen Zeit Feste gefeiert werden. Alle hier genannten Preise gelten p. P.

Bergbesteigung

Die frühmorgendliche Besteigung des Vulkans **Gunung Batur** kann ab 700 000 Rp von Ubud aus unternommen werden. Neben dem Guide beinhaltet eine Tour auch alle Transfers, die notwendigen Taschen-/Stirnlampen für die Besteigung, das Frühstück auf dem Gipfel und den Besuch einer Kaffeeplantage. Kleingruppen starten um 2 Uhr in Ubud. Gegen 3 Uhr beginnt der Aufstieg und gegen 6 Uhr ist der Gipfel erreicht, sodass sich zum Sonnenaufgang ein traumhafter Ausblick bietet. Wichtig: Warme Kleidung anziehen, denn nachts ist es auf dem Berg ziemlich kalt! Beim Abstieg kann man bei zunehmenden Temperaturen die tolle Landschaft und heiße Quellen genießen.

Fahrradtouren

Bali Bike Baik, Laplapan, ☎ 0361-978 052, 0813-3867 3852, 🖳 www.balibike.com, Karte S. 229. Die einfachen Mountainbike-Touren starten gegen 9 Uhr und führen vom Gunung Batur an Reisfeldern, Privatgehöften und Tempeln vorbei hinab nach Ubud. 600 000 Rp inkl. Abholung, Mittagessen und Unfallversicherung (bis 65 Jahre). Für Familien gibt's auch Tandems und Kindersitze. Abholung aus Süd-Bali +100 000 Rp. Auch Trekking, Rafting und überteuerte Kochkurse im Angebot.

Bali Breeze Tours, Tegallalang, ☎ 0812-392 7449, 🖳 www.balibreezetours.com, Karte S. 229. Auch für Familien geeignete Downhill-Fahrradtouren mit Zwischenstopps in Tegallalang, einer („Kopi-Luwak"-)Kaffeeplantage, an Reisfeldern und in einer Holzschnitzwerkstatt für 500 000 Rp inkl. Unfallversicherung, Frühstück und Mittagessen. Abholung aus Süd-Bali +100 000 Rp.

Bali Eco Cycling, Jl. Raya Pengosekan 88, ☎ 0361-975 557, 🖳 www.baliecocycling.com. Die 20 km langen Downhill-Tagestouren starten nach einem Frühstück mit sagenhaftem Ausblick über die Caldera des Gunung Batur und dem Besuch einer Kaffeeplantage und führen durch die Dörfer und Felder des Batur-Massivs hinab nach Zentral-Bali. Es werden informative Zwischenstopps an einem traditionellen Gehöft, einem Reisfeld und unter einem Banyan-Baum eingelegt. Preis 750 000 Rp inkl. Abholung, Verpflegung, Unfallversicherung und Regenkleidung, Kinder unter 12 Jahren 625 000 Rp. Für Kleinkinder sind Kindersitze verfügbar (375 000 Rp). Auch Fahrradtouren um Ubud und Canggu (je 300 000 Rp) sowie Trekking (Reisfelder oder Dschungel) und Gunung-Batur-Besteigungen.

Spaziergänge

Bali Bird Walks, Campuhan, ☎ 0361-975 009, 🖳 www.balibirdwalk.com. Auf den 3 1/2-stündigen Spaziergängen mit der lustigen, sachkundigen und enthusiastischen Sumadi lernt man vieles über einheimische Vogelarten, Kräuter und den Reisanbau. Mo, Di, Fr und Sa um 9 Uhr ab Murni's Warung in Campuhan für 550 000 Rp inkl. Mittagessen. 10 % der Einnahmen kommen dem Bali Bird Club zugute, der sich für den Vogelschutz einsetzt.

Bali Eco Cycling, s. o.

Ubud Botany Interactive, Jl. Kajeng 32A, ✆ 0856-371 9259, 🖥 www.ubudbotany.com. Die studierte Botanikerin Dewi und ihre Kolleginnen teilen gerne ihr großes Wissen über lokale Pflanzen und deren Nutzen. Bei den von Mo–Sa um 9 und 15.30 Uhr am Büro startenden 1 1/2-stündigen Reisfeld-Spaziergängen für 300 000 Rp geht Dewi auch auf das Leben als Reisbauer und wichtige balinesische Traditionen ein. Zudem lohnenswerte Kurse in der Herstellung traditioneller balinesischer Körperpflegeprodukte für 350 000 Rp, die tgl. um 11 und 14 Uhr beginnen. Kombinationen aus beiden kosten 600 000 Rp. Weitere Touren auf Anfrage.

SONSTIGES

Autovermietungen

Autos ohne Fahrer kosten pro Tag je nach Modell ab 200 000 Rp.

Autos mit Fahrer, der oft gleichzeitig als Guide fungiert, gibt's ab 350 000 Rp pro 5 Std., 500 000 Rp pro 10 Std. und 600 000 Rp pro Tag inkl. Benzin. Eine gute Anlaufstelle ist 🖥 http://ubuddriverhire.com.

Bei längerer Mietdauer ist Handeln möglich. Näheres zu Mietwagen S. 69.

Fahrrad- und Motorradvermietungen

Fahrräder und kleine Motorräder („Motorroller" mit über 100 ccm) sind in den Unterkünften ab 25 000 Rp bzw. 100 000 Rp pro Tag zu mieten. Bei längerer Mietdauer gibt's ordentliche Rabatte. Sie sind ungeübten Fahrern wegen der stark befahrenen, teils schmalen Straßen und Wege nicht zu empfehlen.

Längere Fahrradtouren können wegen der starken Sonne und der vielen Steigungen in der hügeligen Landschaft recht schweißtreibend sein, sofern man kein E-Bike hat oder an einer Downhill-Tour teilnimmt.

Medizinische Hilfe

Die besten Krankenhäuser liegen im Süden der Insel rund um Denpasar, S. 54.

Toya Medika Clinic, Jl. Raya Pengosekan, ✆ 0361-978 078, 🖥 www.toyamedika.com. ⏲ 9–20 Uhr.

Ubud Clinic, Jl. Raya Campuhan 36, ✆ 0361-974 911. Zum Angebot des Hauses gehören auch ein Krankenwagen sowie ein zahnärztlicher Dienst und ein Labor.

Polizei

Zentrale in der Jl. Raya Andong gegenüber dem Delta Dewata Supermarket, ✆ 0361-975 316.

Post und Spedition

POS Indonesia, Jl. Jembawan 1, ✆ 0361-975 764. Guter Einpackservice. ⏲ Mo–Fr 8–18, Sa–So 8–14 Uhr.

DHL, Jl. Raya Ubud 16, ✆ 0361-972 195, 🖥 www.dhl.com. ⏲ Mo–Fr 9–12 und 13–17, Sa 9–12 und 13–14 Uhr.

TRANSPORT

Für Kurzstrecken bieten sich überall im Stadtgebiet **Privattaxis** an, die allerdings überzogene Preise verlangen. Selbst für Strecken unter 1 km muss man mit mindestens 50 000 Rp rechnen. Fahrten mit **Motorradtaxis** sind deutlich billiger. Auf ein Verbot der günstigeren App-Alternativen **Gojek** und **Grab** weisen vielerorts Schilder hin.

Shuttlebusse

Kura-Kura, 🖥 http://kura2bus.com. Der klimatisierte Busservice verkehrte vor der Corona-Pandemie 4x tgl. aktuell nur 1x tgl. in 1 1/2–2 Std. bis nach Kuta. Abfahrt ist um 16 Uhr ab dem Puri Lukisan Museum, die Strecke führt via Coco Supermarket am Ende der Jl. Hanoman, Bali Zoo, Bali Bird Park und McDonald's in Sanur zur Beachwalk Mall und Discovery Shopping Mall in Kuta. Einfache Fahrt 100 000 Rp, hin und zurück 160 000 Rp.

Reisebüros und **Perama**, 🖥 www.peramatour.com, bieten schnellere Bustransporte an. Perama verlangt für die Abholung sowie den Transfer zum Hotel im Zielort jeweils 15 000 Rp.

Fahrplan Perama, Preise p. P.:

AMED und TULAMBEN um 8.30 Uhr für 200 000 Rp.
BEDUGUL um 8.30 Uhr für 125 000 Rp.
CANDI DASA und PADANG BAI um 8.30 Uhr für 100 000 Rp.

Auf Bali Motorroller zu fahren, erfordert Erfahrung.

CANGGU um 11.30 Uhr für 150 000 Rp.
FLUGHAFEN um 8.30, 12 und 16 Uhr für 100 000 Rp.
KINTAMANI um 11.30 Uhr für 125 000 Rp.
KUTA um 8.30, 12 und 16 Uhr für 100 000 Rp.
LOVINA um 8.30 Uhr für 250 000 Rp.
MUNDUK um 8.30 Uhr für 175 000 Rp.
NUSA LEMBONGAN mit Schnellbooten um 6.30, 9 und 12 Uhr für 225 000 Rp (mind. 2 Pers.).
NUSA PENIDA mit Schnellbooten um 6.30, 11 und 13 Uhr für 250 000 Rp (mind. 2 Pers.).
SANUR um 8.30, 12 und 16 Uhr für 80 000 Rp.
TIRTAGANGGA um 8.30 Uhr für 200 000 Rp.

Fahrplan andere Shuttlebusse, Preise p. P.:
AMED und TULAMBEN um 11 Uhr für 160 000–200 000 Rp.
BEDUGUL um 9.30 Uhr für 125 000–200 000 Rp.
CANDI DASA und PADANG BAI um 7 und 11 Uhr für 70 000–85 000 Rp.
FLUGHAFEN um 6.30, 9.30, 12.30 und 14.30 Uhr für 60 000–80 000 Rp.
JIMBARAN um 6.30, 9.30 und 12.30 Uhr für 120 000–150 000 Rp.
KINTAMANI um 11 Uhr für 150 000 Rp.
KUTA, LEGIAN und SEMINYAK um 6.30, 9.30, 12.30 und 14.30 Uhr für 60 000–85 000 Rp.
LOVINA und MUNDUK um 9.30 Uhr für 165 000–250 000 Rp.
NUSA DUA um 6.30, 9.30 und 12.30 Uhr für 125 000–175 000 Rp.
NUSA LEMBONGAN mit Schnellbooten um 7 und 11 Uhr für 250 000–300 000 Rp.
NUSA PENIDA mit Schnellbooten um 6.30 und 10.30 Uhr für 250 000 Rp.
SANUR um 6.30, 9.30, 12.30 und 14.30 Uhr für 50 000–85 000 Rp.
TIRTAGANGGA um 11 Uhr für 140 000–150 000 Rp.

Nach Lombok:
GILI AIR und GILI TRAWANGAN mit Schnellbooten um 7 und 11 Uhr für 300 000 Rp.
MATARAM und SENGGIGI mit der Fähre um 7 Uhr für 200 000 Rp.

Privattransporte
Eine teurere, aber auch komfortablere Variante sind Transporte in Privatautos, die pro Pkw bezahlt werden.

Spaziergänge rund um Ubud

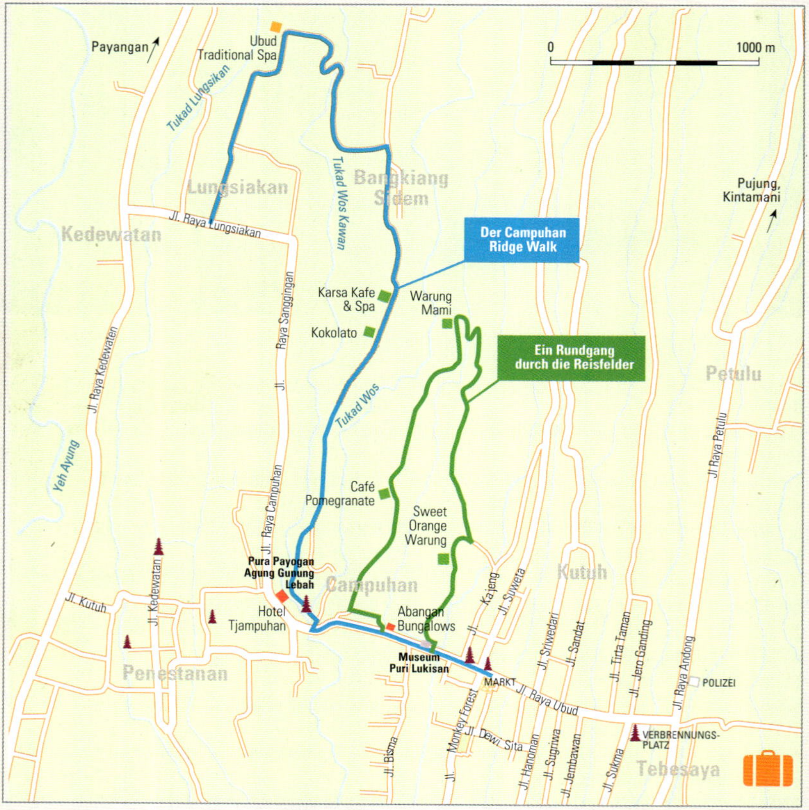

Auf schönen Wanderungen in die Umgebung ist noch etwas von Balis ursprünglichem Charme zu spüren. Viele Straßen in Nord-Süd-Richtung sind relativ schmal und haben keine Seitenstreifen, sodass Spaziergänge entlang der verkehrsreichen Hauptstraßen keinen Spaß machen. Von Westen nach Osten schlängeln sich nur wenige schmale Pfade, zumeist Sackgassen, die höchstens von Motorrädern befahren werden können. Noch weniger Straßen durchqueren die tief eingeschnittenen Flusstäler, die von Brücken überspannt werden. Jeden Morgen entladen Reisebusse viele Tagesausflügler aus den Hotels im Süden der Insel am zentralen Markt oder dem großen Parkplatz am Monkey Forest. Sie bummeln meist die Jl. Monkey Forest oder Jl. Hanoman entlang und über die Jl. Raya Ubud zum zentralen Palast Puri Saren Agung und Museum Puri Lukisan. Eine entspanntere Alternative für den Fußweg von der Jl. Raya Ubud hinunter zum Ubud Monkey Forest ist die ruhigere, noch weniger bebaute **Jl. Bisma**. Auch auf der **Jl. Kajeng** kann man etwas schlendern.

Ein Rundgang durch die Reisfelder

- **Länge:** 4,3 km
- **Dauer:** 1 1/2–2 1/2 Std.
- **Tipps zum Einkehren:** Cafe Pomegranate, Warung Mami und Sweet Orange Warung

Im lauten Zentrum von Ubud erscheint es kaum vorstellbar, dass man in wenigen Minuten abseits der Straßen entlang schmaler Bewässerungskanäle durch die Reisfelder spazieren kann. Dabei kann man beobachten, wie Bauern die Felder bestellen und Enten auf Futtersuche über die Dämme der Reisterrassen watscheln.
Die Wanderung beginnt bei den **Abangan Bungalows** an der Jl. Raya Ubud, von wo rechter Hand – wo der Bewässerungskanal die Hauptstraße überbrückt – ein Fußweg ausgeschildert ist.
Vorbei an Feldern, einigen Gästehäusern und Cafés gelangt man nach knapp 1 km zur hübschen, schön inmitten des saftigen Grüns gelegenen Bambuskonstruktion des **Cafe Pomegranate**, 🖥 www.cafepomegranate.org, ⏲ 9–21 Uhr. Etwa 200 m dahinter werden im Bio-Garten des **Sari Organik Penestanan** verschiedene Reissorten, darunter der traditionelle balinesische Reis, Kräuter, Obst und Gemüse angebaut.
Auf einem schmalen Hohlweg geht's 900 m weiter nach Norden durch die Felder bis zum kleinen, günstigen **Warung Mami**. Von hier gelangt man im Zickzack hinunter ins östlich gelegene Tal und über einen Steg auf die andere Seite des Baches. Die Strecke zurück gen Ubud führt zunächst zwischen der hässlichen Rückwand eines Neubaublocks und dem Bewässerungskanal auf einem schmalen Fußpfad durch die bewaldete Schlucht und erfordert etwas Trittsicherheit. Sobald die Reisfelder wieder erreicht sind, wird der Pfad breiter. Vorbei an einigen Villenanlagen und Unterkünften geht's 1,2 km zu einer Abzweigung, die rechter Hand in 200 m zum **Dicarik Warung**, ⏲ 9–18 Uhr, und weiteren 150 m zum **Sweet Orange Warung** (S. 216) führt, einem idealen Ort für eine Pause bei leckerem Essen und frischen Obstsäften. Nun sind es noch 700 m zurück zur Jl. Raya Ubud, auf die man über eine schmale Gasse und Treppe direkt östlich vom **Museum Puri Lukisan** (S. 202) trifft.

Der Campuhan Ridge Walk

- **Länge:** 6 km
- **Dauer:** 1 3/4–3 Std.
- **Tipps zum Einkehren:** Kokolato, Karsa Kafe & Spa und Ubud Traditional Spa

Der sehr beliebte und entsprechend gut besuchte Spazierweg führt im Westen des Zentrums auf einem Grat oberhalb des Tukad Wos nach Norden. Auf der Hauptstraße Jl. Raya Ubud geht's vom Markt zunächst 850 m in westlicher Richtung bis kurz vor die eine tiefe Schlucht überspannende Campuhan-Brücke. Direkt hinter der Beschilderung zu den Ibah Villas zweigt rechts und nach 20 m wieder links der Weg zum am Zusammenfluss *(Campuhan)* des westlichen und östlichen **Wos-Flusses** gelegenen **Pura Payogan Agung Gunung Lebah** ab. Alternativ ist der Tempel auch über eine steile Treppe, die direkt vor der Brücke ins Tal hinabführt, zu erreichen. Die Türme des der Reisgöttin Dewi Sri geweihten Tempels erheben sich im tiefen, üppig grünen Dschungeltal. Der mystische Tempel zählt zu den ältesten auf Bali: Seine Gründung geht auf den ostjavanischen Hindupriester Rsi Markandeya zurück, der im 8. Jh. hier lebte (S. 210).Nun folgt man dem schmalen Fußweg, der rechts vom Haupteingang zwischen Tempelmauer und Fluss aus dem Tal hinausführt. Links liegt jenseits des Tals das **Hotel Tjampuhan**. Eines der Gebäude war in den 1930er-Jahren die Villa des Malers **Walter Spies** (S. 210).
Oben auf dem Grat, der von den beiden Flusstälern begrenzt wird, kann man auf einem befestigten Fußweg durch die Felder spazieren. Er mündet in eine schmale, wenig befahrene Stichstraße, die von kleinen Resorts und Kunstgalerien gesäumt ist. 2 km vom Tempel entfernt ist das romantische **Karsa Kafe & Spa**, 🖥 www.karsacafe.com, ⏲ 9–19 Uhr, erreicht. Hier zeigt sich die Reisterrassen-Landschaft in ihrer ganzen Schönheit. 850 m weiter nördlich biegt man hinter dem Dorf **Bangkiang Sidem** links auf die Straße gen Payogan und Lungsiakan ab. Nach weiteren 2,3 km gelangt man wieder an die Hauptstraße, wo ein Fahrzeug für die 3,4 km lange Rückfahrt bis zum Markt in Ubud angehalten werden kann.

Charterpreise pro Fahrzeug:
AMED für 500 000–600 000 Rp.
BEDUGUL für 400 000–500 000 Rp.
CANDI DASA für 350 000–400 000 Rp.
JIMBARAN und NUSA DUA für
350 000–400 000 Rp.
KINTAMANI für 300 000–450 000 Rp.
KUTA, LEGIAN, SEMINYAK, CANGGU und
FLUGHAFEN für 300 000–350 000 Rp.
LOVINA für 500 000–600 000 Rp.
MUNDUK für 500 000 Rp.
PADANG BAI für 300 000–350 000 Rp
PEMUTERAN für 650 000–800 000 Rp.
SANUR für 250 000–300 000 Rp.
SIDEMEN für 300 000–350 000 Rp.
STRÄNDE AUF DER BUKIT-HALBINSEL
400 000–500 000 Rp.
TIRTAGANGGA für 450 000–500 000 Rp.
TULAMBEN für 550 000–650 000 Rp.

Südlich von Ubud

Auf der Hauptstraße gen Denpasar drängt sich dichter Verkehr. Die landschaftlichen Schönheiten bleiben meist hinter den nahtlos ineinander übergehenden Siedlungen verborgen. Selbstfahrer können auf schmale Nebenstraßen ausweichen. Entlang der Hauptstraße haben sich große, klimatisierte Kunst- und Antiquitätengeschäfte mit Englisch und Deutsch sprechendem, geschultem Personal und überhöhten Preisen angesiedelt.

Mas

Gute 5 km südlich von Ubud liegt Mas (*Emas* für „Gold"), das Dorf der Brahmanen. Viele Bewohner führen ihre Abstammung auf den Shiva-Priester Danghyang Nirartha zurück. Dort, wo er im 16. Jh. gelebt haben soll, steht heute der große, recht unspektakuläre **Pura Taman Pule**. An *Kuningan* findet im Tempel ein gewaltiges, dreitägiges Fest mit Hahnenkämpfen, Tänzen, Theater, Jahrmarkt und Prozessionen statt. Dabei wird *Wayang Wong* (S. 139), ein traditionelles Drama, aufgeführt, das hier seine Ursprünge haben soll.

Im Ort arbeiten viele Bewohner als Holzschnitzer an Masken und unbemalten Statuen. Die Hauptstraße ist gesäumt von Kunstgalerien, in denen **Holzschnitzereien** aller Art, aber auch Möbel verkauft werden.

Das **Rudana Museum** (S. 203) und das **Setia Darma House of Masks and Puppets** (Karte S. 229S) sind lohnende Ziele in der unmittelbaren Umgebung.

Sukawati

In der Gegend von Sukawati, 7 km südlich von Mas, wird viel Kunsthandwerk verkauft, vor allem bunt bemalte Holzschnitzereien, geflochtene Bambuskörbe, musikalische Windräder aus Bambus *(Pindakan)* und Tempelschirme sowie Zubehör für religiöse Zeremonien. Jeden Morgen findet im Ortszentrum ein großer **Obst- und Gemüsemarkt** statt.

Viele hochangesehene *Dalang* (Puppenspieler) kommen aus Sukawati. Sie sind dafür bekannt, mit ihren *Wayang-Kulit*-Figuren auf meisterliche Weise alte Epen zum Leben zu erwecken. In Geschäften werden ansehnliche, günstige Kopien der aus Büffelleder gearbeiteten Schattenspielfiguren verkauft.

Das große Marktgebäude des **Pasar Seni Sukawati (Sukawati Art Market)** wurde 2021 komplett neu errichtet. Die Stände verkaufen ein leider relativ einförmiges Angebot mit viel Massenware, das es ähnlich auch auf dem Markt in Ubud gibt. 1,2 km südlich wurde zudem der **Pasar Seni Guwang** eröffnet – mit etwas hochwertigerer Auswahl und größerem Parkplatz.

Celuk

2 km südwestlich von Sukawati liegt Celuk, das Dorf der **Gold- und Silberschmiede**: Hier reiht sich ein Geschäft ans nächste. Neben Gegenständen für den religiösen Gebrauch wird hauptsächlich Silberschmuck (800er oder 925er) nach westlichem Geschmack angeboten. Die Kunsthandwerker fertigen auf Bestellung auch Stücke in jedem gewünschten Design *(made to order)* an. Ein Einkauf zwischen 10 und 11.30 Uhr sollte vermieden werden, denn dann machen die großen Reisebusse auf ihrem Weg nach Ubud hier halt und es ist schwer, die überhöhten Touristenpreise herunterzuhandeln.

Umgebung Ubud

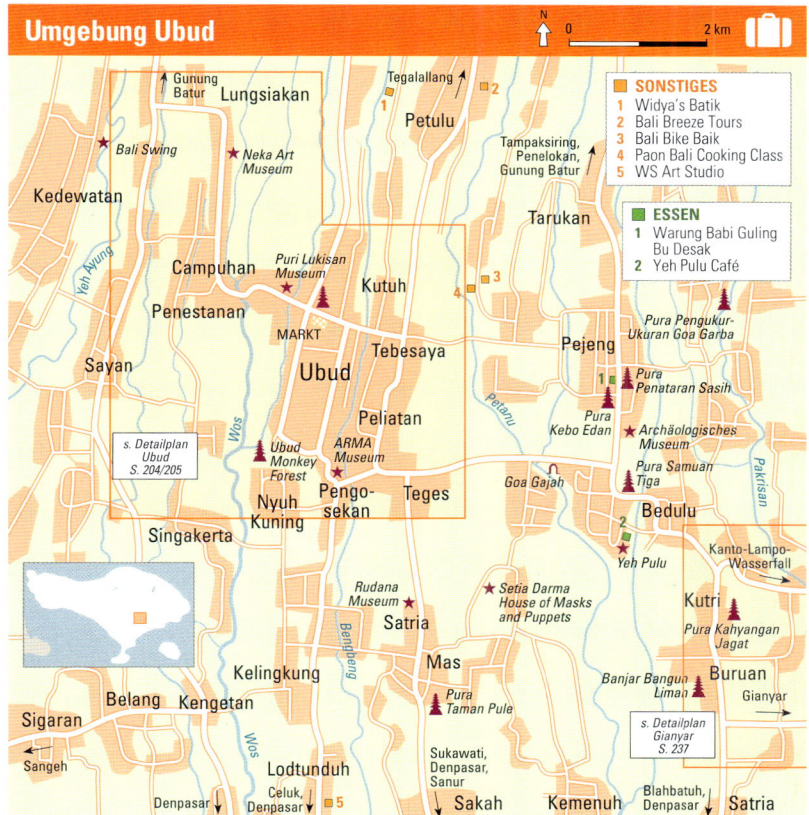

SONSTIGES
1. Widya's Batik
2. Bali Breeze Tours
3. Bali Bike Baik
4. Paon Bali Cooking Class
5. WS Art Studio

ESSEN
1. Warung Babi Guling Bu Desak
2. Yeh Pulu Café

Singapadu

Bali Zoo

Unweit des für seine **Steinmetzarbeiten** bekannten Dorfes Singapadu befindet sich der 5 ha große **Bali Zoo**, www.bali-zoo.com. Tiger, Löwen, Elefanten und Orang-Utans sowie viele weitere Spezies können in (nicht immer artgerechten) Gehegen und bei Fütterungen beobachtet werden. Es gibt einen Streichelzoo für die Kleinsten, und ein kleiner Wasserpark mit Rutschen und Planschbecken sorgt für Abkühlung. Dass Touristen auf Elefanten im Kreis reiten können, stößt genauso negativ auf wie das fragwürdige Frühstück in Gegenwart von Orang-Utans. Zudem kostet jede Aktivität ordentlich extra. 9–17 Uhr, Mo, Mi, Fr und Sa auch 18–21 Uhr, Eintritt 395 000 Rp, Kinder 280 000 Rp. Mit Transfer, Fütterung, Show und Mittagessen 820 000 Rp, Kinder 575 000 Rp. Online 10 % Rabatt.

Bali Bird Park

Gut ausgeschildert ist die Zufahrtsstraße zum **Bali Bird Park**, www.balibirdpark.com, 2 km südwestlich vom Zoo. Für einen Besuch sollte man ein bis zwei Stunden einplanen. Neben Kakadus und Nashornvögeln und einem Albino-Pfau sind auf dem schön angelegten Gelände über 250 Vogelarten, teils auch frei fliegend, sowie Komodo-Drachen zu bewundern.

Nicht umsonst wirbt der Park damit, die größte Sammlung indonesischer Vogelarten weltweit zu besitzen. Das große „Papua"-Freigehege beeindruckt mit einem nachgebauten Regenwald und scheuen Paradiesvögeln. Der Park betreut ein erfolgreiches Brutprogramm für den Bali-Star (S. 83). 9–17.30 Uhr, Eintritt überhöhte 385 000 Rp, Kinder 192 500 Rp inkl. Vogelshows. Online bis zu 25 % Rabatt.

Batubulan

Von Singapadu gen Süden gelangt man nach 1,5 km ins traditionelle **Zentrum der Bildhauer und Steinmetze**. Ursprünglich stellten sie ausschließlich für Tempel kunstvolle steinerne Statuen und Reliefs aus dem porösen vulkanischen Paras-Stein her, heutzutage arbeiten sie auch für Hotelanlagen und Restaurants. Steinmetzerei ist eine der wenigen Künste auf Bali, die sich nur schwer von der Souvenirindustrie verwerten lässt und daher ihren ursprünglichen Charakter erhalten hat. Dass der Handel an den Straßenständen dennoch floriert, beweisen die teils prächtigen Häuser dahinter.

Ein Meisterwerk der Bildhauerkunst ist der nördlich gelegene **Pura Puseh Desa Batubulan**, 300 m östlich der Hauptstraße. Außer riesigen Elefanten finden sich auch Buddha-Figuren in meditierender Haltung auf dem Tempelgelände.

Östlich von Ubud

Teges

Teges besteht aus den Dörfern Teges Kanginan im Osten und Teges Kawan im Westen. Kanginan ist berühmt für seine **Tanzgruppen** und Orchester. Die Bewohner von Kawan haben sich hingegen auf **Holzschnitzereien** spezialisiert. Hier findet man geschnitzte Früchte, Pflanzen und Tiere so originalgetreu geformt und bemalt, dass sie fast echt wirken.

Goa Gajah

Die in eine hübsche Anlage eingebettete Goa Gajah („Elefantenhöhle") liegt etwa 2,5 km östlich von Ubud an der Straße nach Bedulu. Der Eingang zur Höhle ist mit seltsamen Skulpturen verziert, die in den Felsen gehauen sind. Eine verzerrte, gen Westen blickende Fratze scheint alle, die eintreten, mit ihrem riesigen Maul zu verschlucken. Hierbei handelt es sich um die älteste auf Bali vorhandene Darstellung von Boma, dem Sohn Vishnus und Ibu Pertiwis, der Mutter Erde. Die Skulpturen im Inneren lassen darauf schließen, dass die Höhle früher von einem Einsiedler bewohnt war. Es werden drei einfache schwarze Phallussymbole verehrt.

Vor der Höhle liegen Badeplätze mit Nymphen, die erst 1954 entdeckt wurden. Steigt man in die Schlucht hinab, findet man weitere Ruinen und einen schönen Wald, in dem sich zahlreiche kleine Steinfiguren verstecken. Ein Wasserfall sorgt für eine kühle Brise. Wenn gerade keine Busladung Touristen unterwegs ist, ist Goa Gajah ein angenehm ruhiger Ort.

Eintritt inkl. Sarong und *Slendang* 50 000 Rp, Kinder 25 000 Rp, Parken Pkw 5000 Rp, Motorräder 2000 Rp.

Yeh Pulu

Den Weg zum Felsrelief **Yeh Pulu** im Süden von Bedulu rund 1,5 km südöstlich von Goa Gajah weist ein Schild an der Hauptstraße. Inmitten der Reisfelder erstreckt sich an einer niedrigen Felswand ein 27 m langes, bis zu 2,5 m hohes Relief, das lebendige Alltags- und Jagdszenen zeigt. Dazwischen finden sich kleine Nischen, die wohl Meditationszwecken dienten. Bedeutung und Alter der Anlage sind ein bisher ungelöstes Rätsel: Man vermutet, dass Yeh Pulu Krishna gewidmet wurde, zu einer Eremitenklause gehörte und etwa im 14. Jh. entstand. Ein rund halbstündiger Fußweg führt durch die umliegenden Reisfelder. Am Parkplatz warten mehr oder weniger aufdringliche, selbsternannte Guides, die man für den Besuch nicht benötigt, und alte Frauen, die Besucher ungefragt segnen und anschließend dafür Geld verlangen. 7–18 Uhr, Eintritt 30 000 Rp, Parken 5000 Rp.

Am Fußweg zum Relief liegen das kleine **Yeh Pulu Café**, 0819-1566 1880, www.yehpulu.com, der freundlichen Kadek sowie die Holzschnitzerei ihres Mannes Ketut Sunarta, der auch einfache Trekkingtouren anbietet. Das leckere Essen lässt sich neben dem Teich in aller Ruhe genießen. 9–21 Uhr.

Ratna Banten

Ratna Banten, mit vollem Titel Raja Sri Aji Asura Bumi Banten, war der Legende nach ein Zauberer und Meister eines tantrischen Geheimkults. Durch ein Versehen bei magischen Experimenten soll sich der Kopf des Königs in den eines Schweins verwandelt haben. Das brachte ihm einen zweiten Namen ein: Raja Dalem Bedahulu (*beda* für „verwandelt", *hulu* für „Kopf"). Eine etwas profanere Erklärung ist, dass der König den Namen aufgrund seiner Dickköpfigkeit erhielt. Er weigerte sich nämlich vehement, sich Majapahit zu unterwerfen. Der Ort, an dem sein Palast stand, ist heute als **Bedulu** bekannt.

Der erste Minister des Königs, **Kebo Iwa**, verfügte wohl ebenfalls über große magische Kräfte. Als Riese, der in wenigen Nächten ganze Heiligtümer und Höhlen mit seinem Fingernagel aus dem Fels kratzte, ist er in den balinesischen Volksmythen bis heute lebendig. Mehr dazu im Kasten S. 293.

Bedulu

Ein kleiner Ort mit einer sehr bewegten Geschichte: In der Gegend um Pejeng und Bedulu wurde im 9. Jh. von der Warmadewa-Dynastie das erste bekannte hinduistische Königreich von Bali begründet (s. Geschichte, S. 130). Nach einer Zeit der Abhängigkeit vom Kediri-Reich in Ost-Java erfreuten sich die nachfolgenden Könige der Pejeng-Dynastie vorübergehender Selbstständigkeit, die erst mit der Eroberung durch Majapahit 1343 ein jähes Ende fand. Der letzte König von Bedulu/Pejeng, der den javanischen Heeren eine Zeit lang erbitterten Widerstand leistete, war **Ratna Banten** (s. Kasten).

Da in der Gegend die Wiege der balinesischen Kultur verortet wird, war es naheliegend, hier das **Archäologische Museum** (Museum Gedong Arca Purbakala/Museum Arkeologi), ✆ 0361-942 354, zu errichten. Das freundliche Personal zeigt bei einer (meist englischsprachigen) Führung gerne einige der etwa 2500 Fundstücke aus der Steinzeit, Bronzezeit (Steinsarkophage) und den ersten Jahrhunderten des Hinduismus auf Bali, darunter auch einige sehr alte *Lontar*-Schriften. ⏰ Mo–Fr 7.30–16 Uhr, Eintritt frei.

Noch mehr Fundstücke sind verstreut in der Umgebung in vielen kleinen Tempeln zu entdecken. Meist handelt es sich nur noch um Fragmente uralter Statuen. Sehenswert ist die große Bima-Statue, die von Büffeln und Dämonen flankiert wird, im **Pura Kebo Edan** („Tempel des verrückten Wasserbüffels"), nur 200 m nördlich des Museums. Die Statue ist ein Relikt des geheimen, tantrischen *Bhairava-Shiva*-Kultes, zu dessen Ritualen orgiastische Blutopfer gehörten.

Pejeng

In Pejeng kann 600 m nördlich des Pura Kebo Edan im **Pura Penataran Sasih** die größte Bronzetrommel der Welt – gleichzeitig das größte bronzezeitliche Artefakt Südostasiens – besichtigt werden. Der „Mond von Pejeng" ist eine wundervoll ausgearbeitete Kesseltrommel, die mit dekorativen Ornamenten bedeckt ist (s. Kasten S. 232). Sie ist in einem erhöht gelegenen Schrein im hinteren Bereich des Tempels untergebracht und daher nicht aus nächster Nähe zu begutachten. Den Balinesen ist die Trommel heilig, deshalb werden ihr Opfergaben dargebracht.

Offene Bauten enthalten antike steinerne Figuren, z. B. eine Brahma-Shiva-Statue und einen Stein mit *Kawi*-Inschrift aus dem 14. Jh. Sie wurden bei Ausgrabungen auf dem Tempelgelände gefunden. Die erneuerten Tempelbauten an sich sind nicht von besonderem Interesse. Eintritt frei, eine Spende ist angebracht.

Auf dem Parkplatz gegenüber vom Tempel findet der lokale Markt statt. Im hinteren Bereich gibt's im **Warung Babi Guling Bu Desak** große Portionen gutes balinesisches Spanferkel für 40 000 Rp. ⏰ 9–20 Uhr.

An der nächsten Kreuzung führt ein lohnender Abstecher 1,8 km gen Osten hinunter in die Schlucht des Pakerisan-Flusses und nach links zu einem aus dem 12. Jh. stammenden kleinen hinduistischen Felsheiligtum mit Wasserfall, Höhlen, Quellen und Badeplatz namens **Pura Pengukur-Ukuran Goa Garba**.

Der „Mond von Pejeng"

Auf der Schlagplatte erkennt man einen achtstrahligen, zentralen Stern, umgeben von einem Muster ineinander verschlungener Doppelspiralen. Die Seiten zeigen rundum laufende Reihen von kleinen, spitzen Dreiecken, ein Muster, das als *Tumpal-* (Speerspitzen-) Motiv noch heute in balinesischen Flechtarbeiten und der javanischen Batik vorkommt. Zwischen den Griffen des **Kesselgongs** schauen Paare menschlicher Gesichter mit großen, magisch anmutenden Augen herab, die Ohrläppchen lang gezogen von schweren Ohrringen, wie es noch immer bei einigen Völkern auf Borneo der Brauch ist.

Obwohl der „Mond von Pejeng", ein Juwel der Bronzegießerei, typisch indonesische Stilelemente aufweist, ist seine Herkunft bis heute ungeklärt. Man datiert die Trommel auf das 3. Jh. v. Chr. und sieht in ihr ein wichtiges Zeugnis der Verbreitung der Dong-Son-Kultur.

Wegen einer ungewöhnlichen Fülle und Vielfalt von Funden bei dem kleinen nordvietnamesischen Dorf Dong Son vermutet man dort die Wiege der südostasiatischen **Bronzekultur**. Dem „Mond von Pejeng" ähnliche, wenn auch weitaus kleinere und jüngere Kesseltrommeln aus Bronze fungieren noch heute auf der indonesischen Insel Alor als Brautpreis. Von der benachbarten Insel Roti und vom Sentani-See in West-Papua stammen einige der schönsten Bronzeäxte, die den gleichen Stil aufweisen.

Der Name erklärt sich aus folgender **Legende**: Von einst 13 Monden im Jahr stürzte einer zur Erde und verfing sich im Geäst eines Baumes. Sein Schein störte die Diebe bei ihrer nächtlichen Arbeit, und ein besonders Mutiger unter ihnen beschloss, das Licht mit seinem Urin auszulöschen. Dadurch explodierte der Mond, tötete den Frevler und fiel als Trommel zu Boden – dieser Sturz erklärt auch die Beschädigung an der Trommel.

Kutri

2 km südöstlich von Bedulu, an der Hauptstraße von Denpasar nach Gianyar, liegt das wichtigste Durga-Heiligtum der Insel, **Pura Kahyangan Jagat**. Eine Treppe führt hinauf zu einem *Bale* auf dem kleinen Felshügel Bukit Dharma Durga, der eine schöne Aussicht bietet. Das *Bale*, von seltsam geformten Felsen umgeben und von einem Banyan-Baum überschattet, beherbergt neben riesigen Eberköpfen eine reliefartige, achtarmige Statue der Todesgöttin Durga, die auf dem Bullen Nandi reitet. Die ziemlich lädierte Figur aus dem 12. Jh. dient gleichzeitig als Totenmal für die **Königin Mahendradatta**.

Buruan

1 km südlich schließt sich das Dorf Buruan an, das bekannt für seine Holzschnitzer, Bildhauer und Tänzer ist. Im **Banjar Bangun Liman** westlich der Hauptstraße steht ein **Tempelkomplex**, der in Bali einzigartig ist. Die drei üblichen Dorftempel *Kahyangan Tiga*, also Pura Puseh (Vishnu-Tempel), Pura Desa (zentraler Dorftempel) und Pura Dalem (Unterwelttempel), die sonst weit voneinander entfernt errichtet wurden, liegen in einer Reihe hintereinander.

Blahbatuh

Auf dem Weg gen Denpasar wird bald Blahbatuh erreicht, wo im **Pura Puseh** an der Straße nach Belege und Bono das steinerne Haupt des legendären Riesen **Kebo Iwa** (s. Kasten S. 293) aufbewahrt wird. Ungewöhnlich sind die beiden Pferde mit Riesenpenis und Reiter, die das Tempeltor im Inneren flankieren.

Tegenungan-Wasserfall

Knappe 2 km westlich liegt **Kemenuh**. Im Ortszentrum zweigt eine 1,5 km lange Straße nach Süden zum touristischen **Tegenungan-Wasserfall** mit dem dazugehörigen Rummel, künstlichen Instagram-Spots wie Nestern und Schaukeln und einem großen Parkplatz ab. Hier stürzt der Petanu-Fluss einen Felsabsatz hinunter. Von oben kann man bei einem kühlen Getränk die Aussicht genießen. Der Weg führt über recht steile Treppen nach unten, wo man mit der Möglichkeit zu schwimmen entschädigt wird. Eintritt 20 000 Rp, Parken 5000 Rp. ⊙ 8–18.30 Uhr.

Nördlich von Ubud

Petulu
Die kleine, 3 km nordöstlich von Ubud gelegene Ortschaft ist bekannt für ihre **Holzschnitzer**, die sich auf Bilderrahmen und Stühle spezialisiert haben. Das Besondere ist, dass die Stühle meist aus nur einem massiven Holzblock gefertigt werden. Die größte Attraktion sind jedoch die Scharen von Kokokan-Reihern, die hier jeden Nachmittag ihr Lager aufschlagen.

Tegallalang
Folgt man der Straße durch Petulu weitere 6 km gen Norden oder der parallel verlaufenden Hauptstraße Jl. Raya Andong knappe 10 km aus Ubud, erreicht man Tegallalang. Die Hauptstraße ist auf der Strecke von Souvenir- und Kunsthandwerksgeschäften gesäumt, die die ganze Produktpalette Balis im Angebot haben, darunter viele Holzschnitzereien. Die eigentliche Attraktion sind die leicht zu erreichenden **Reisterrassen**, nicht die größten, aber vielleicht die fotogensten und ganz sicherlich die touristischsten auf Bali.

Ihre Attraktivität hat jedoch unter dem Instagram-Selfie-Boom gelitten. Mittlerweile ist ein knapp 1,5 km langer Straßenabschnitt fast komplett zugepflastert mit Souvenirshops, Cafés, Schaukeln und Nestern für die Touristenmassen. Dahinter verbergen sich Ausblicke ins steile, terrassierte Tal. Die besten Fotos lassen sich von kleinen Plattformen aus schießen, die über ein paar Treppenstufen zu erreichen sind. Da fast alle Besucher Ubuds hierherkommen, herrscht reges Treiben. Die Verkäufer sind penetrant, und die Straße ist fast immer komplett zugeparkt. Wer einen Spaziergang durch die Reisterrassen unternehmen möchte, muss in regelmäßigen Abständen Wegzoll an die Reisbauern entrichten. Eintritt 10 000 Rp, Parken 5000 Rp, der zentrale Parkplatz am südlichen Ende der Hauptstraße ist ausgeschildert, ⊙ 7–17 Uhr.

Das **Boni Bali Restaurant**, ☎ 0856-377 7899, 🖥 www.fb.com/bonibalirestaurant, ist ein Touristenrestaurant im Norden von Tegallalang östlich der Hauptstraße. Zu überhöhten Preisen wird annehmbar einheimisch und westlich gekocht, der Grund, hierher zu kommen sind aber die imposanten Aussichten auf die Reisterrassen. ⊙ 8–18 Uhr.

4 HIGHLIGHT

Gunung Kawi
Im Norden von **Tampaksiring** liegt östlich der Straße in einer herrlichen, steilen Schlucht des Pakrisan-Flusses das von Reisterrassen umgebene Heiligtum **Gunung Kawi**. Aus zwei gegenüberliegenden Felswänden wurden neun bis zu 7 m hohe Monumente in Form ost-javanischer *Candi* ausgemeißelt. Fast verwitterte Inschriften belegen, dass es sich dabei um die Bestattungsstempel des Königs Udayana und seiner Familie aus dem 11. Jh. handelt (s. Kasten). Die *Candi* von Gunung Kawi weisen deutliche

---

Die finstere Königin

Ende des 10. Jhs. heiratete Udayana, ein Raja aus der Warmadewa-Dynastie, die javanische Prinzessin Gunapriya (Mahendradatta). Ihre Söhne waren Erlangga, der Anfang des 11. Jhs. über Kediri in Ost-Java herrschte, und Anak Wungsu, der später König von Bali wurde. Die Felsen-Candi von Gunung Kawi am Ufer des Pakrisan-Flusses sind die Bestattungsmale dieser Königsfamilie. Nach Udayanas Tod wandte sich **Mahendradatta** der schwarzen Magie und finsteren, tantrischen Riten zu und bekämpfte ihren Sohn Erlangga mit magischen Waffen, allerdings ohne größeren Erfolg.

Dieser Kampf wird noch heute mit dem Calonarang-Ritual aufgegriffen, dem Duell zwischen dem Barong und der Hexe **Rangda**, die mit Mahendradatta identifiziert wird. Da die verwitwete Königin einen tantrischen Shiva-Kult praktizierte, ist ihre Darstellung als Durga, Shivas Gemahlin (Shakti), naheliegend.

> ### Die Reiher von Petulu
>
> Es scheint, als hätten sich sämtliche Reiher auf Bali in Petulu versammelt. Tagsüber sieht man die weiß-gelblich gefiederten Vögel meist durch die Reisfelder stelzen, gegen 16 Uhr kehren sie jedoch geschlossen nach Petulu zurück und lassen sich westlich der Jl. Raya Petulu in den umliegenden Bäumen nieder. Im kleinen **Warung Dokok** (winziges weißes Schild) wird man bei bester Aussicht mit Getränken und Snacks versorgt. Andere Aussichtsplattformen verlangen schon mal einen Eintritt von 50 000 Rp, Kinder 25 000 Rp.
>
> Viele der älteren Menschen erinnern sich noch an die Ankunft der Vogelscharen eines Tages im November 1965, einer Zeit, als in ganz Indonesien, und somit auch auf Bali, Jagd auf Kommunisten gemacht wurde. In Petulu war es zu einem besonders blutigen Massaker gekommen, sodass eine große Reinigungszeremonie und Dämonenaustreibung abgehalten werden musste. Offensichtlich war diese erfolgreich: Der größte Banyan-Baum des Dorfes stand plötzlich in voller Blüte, gleichzeitig trafen die Reiher ein und begannen in den Bäumen ihre Nester zu bauen. Die Menschen glauben daher auch, dass die Reiher die wiedergeborenen Opfer des grausamen Massakers sind. Es ist also kein Wunder, dass man den Vögeln Respekt und Verehrung entgegenbringt. Die Vögel sollen sogar einen König haben, einen schwarzen Reiher mit grünen, leuchtenden Augen.

javanische Einflüsse auf – in der balinesischen Kultur sind Felsendenkmäler höchst selten.

Vom Parkplatz geht's vorbei an Souvenirständen, die viele Holz- und Knochenschnitzereien verkaufen, auf 286 Stufen hinunter in die Schlucht. Unten angekommen sieht man fünf Monumente vor sich, die von links nach rechts folgenden Personen zugedacht sind: König Udayana, Königin Gunapriya (Mahendradatta), der Lieblingskonkubine des Königs und seinen Söhnen Marakata und Anak Wungsu. Die vier *Candi* auf der westlichen Seite des Flusses sind den vier Konkubinen Anak Wungsus gewidmet.

Im Süden des Tals, nicht weit von den Grabmalen entfernt, entdeckt man an mehreren idyllisch gelegenen Plätzen Gruppen von ebenfalls aus Felswänden ausgemeißelten Höhlen, in welchen vermutlich Eremiten und Asketen ihr einfaches Dasein fristeten. ⏱ 8–18 Uhr, Eintritt inkl. Sarong und Tempelschal *(Slendang)* 50 000 Rp, Kinder 25 000 Rp, Parken Pkw 5000 Rp, Motorrad 2000 Rp.

Der richtige Ort für etwas Erholung nach dem schweißtreibenden Treppensteigen findet sich am Eingang der Anlage. Im freundlichen **Kafe Kawi**, ☎ 0813-3817 7554, kann man bei einem leckeren Mittagessen auf die Reisterrassen herabblicken. Es gibt guten Kaffee und frische Säfte. ⏱ 9–18 Uhr. Etwas unterhalb liegt zudem ein weiteres Café mit einer der sich überall ausbreitenden Instagram-Schaukeln.

5 HIGHLIGHT

Pura Tirta Empul

Das schöne, auch bei Touristen sehr beliebte **Quellheiligtum** Pura Tirta Empul liegt 1,3 km nördlich von Gunung Kawi, ca. 15 km nordöstlich von Ubud, und ist eines der am stärksten besuchten Wallfahrtsziele auf Bali. Kurz hinter Tampaksiring führt rechts eine Straße zu den Quellen, die von der Gottheit Indra im Kampf gegen die Dämonen erschaffen worden sein sollen (s. Kasten S. 236) und wohl von einem der großen Vulkane gespeist werden. Schon seit über 1000 Jahren baden die Balinesen im heiligen Wasser. Das kühle Nass ergießt sich aus Fontänen in die Becken, in denen Kois und Blumenblüten schwimmen. Das Wasser verheißt sowohl spirituelle Reinigung als auch körperliche Heilung, so soll es Krankheiten und Beschwerden lindern. Täglich strömen daher Einheimische und Besucher hierher, um sich einer rituellen Reinigung zu unterziehen. Oft haben sie Flaschen oder Kanister dabei, um etwas vom heiligen Wasser mit nach Hause nehmen zu können. Die attraktive Anlage ist zwar ziemlich touristisch geworden, hat sich aber dennoch ihren angenehmen Charme bewahren können.

Auch Touristen können sich in den heiligen Quellen reinigen und stärken. Dazu mietet man am Schalter rechter Hand der Quellen hinter dem *Wantilan* für 15 000 Rp ein Schließfach im Gebäude daneben, für 10 000 Rp einen Badesarong und für 10 000–20 000 Rp eine Opfergabe. Nun geht man im linken Becken von der linken Seite ins Wasser und wäscht sich an jeder Quelle drei Mal das Gesicht und nimmt anschließend drei Schlucke des heiligen Wassers. Nur die beiden Quellen ganz rechts sind tabu. Das Prozedere wiederholt man im rechten Becken, allerdings geht man hier von rechts nach links. Am besten folgt man im Zweifel dem Beispiel der Einheimischen oder fragt einen der offiziell aussehenden Männer um Rat.

Ein ehemaliger Gouverneur ließ sich einen **Palast** erbauen, der die Quellen überblickt und den auch der ehemalige Präsident Sukarno häufig und gerne besuchte. Man munkelt, der Aussicht auf die hübschen badenden Balinesinnen wegen. Heutzutage finden internationale Staatsgäste wie etwa Angela Merkel hier Quartier.

Das *Odalan* von Pura Tirta Empul wird nicht wie sonst üblich alle 210 Tage nach dem *Pawukon*-Kalender, sondern einmal im Jahr nach dem *Saka*-Mondkalender gefeiert, nämlich an Vollmond *(Purnama)* im September oder Oktober. Es ist eine berauschende Festlichkeit. Dann bringen die Menschen aus Manukaya, einem nahen Dorf nördlich, einen heiligen Stein zur Reinigung in den Tempel. Eine Inschrift auf diesem Stein belegt die Gründung von Tirta Empul im Jahre 926 n. Chr. Da dies ein heiliger Ort ist, müssen Besucher einen Tempelschal *(Slendang)* tragen. ⏱ 8–18 Uhr, Eintritt inkl. Sarong 50 000 Rp, Kinder 25 000 Rp, Parken Pkw 5000 Rp, Motorrad 2000 Rp.

Sebatu und Pujung

In **Sebatu** arbeiten viele Holzschnitzer, die sich auf Arbeiten im sogenannten antiken Stil spezialisiert haben. In einem Tal unterhalb des Dorfes steht der idyllisch angelegte, gut besuchte Tempel **Pura Gunung Kawi Sebatu** (nicht zu verwechseln mit dem nahezu gleichnamigen Königsgräbern in Tampaksiring), ein hübsches Quellheiligtum mit Goldfischteich, vielen *Garuda*-Statuen, mehreren bei einheimischen Kindern beliebten Badebecken (Eintritt 1000 Rp) und einer Grotte am Fuße eines dschungelüberwucherten Berghangs. Eintritt 30 000 Rp, Kinder 15 000 Rp.

Wie im Nachbardorf Sebatu leben auch in **Pujung** viele Holzschnitzer. Hier werden u. a. große, bunte *Garuda*, bemalte Holzfrüchte und Bananenbäume hergestellt. Aus 2–3 m langen Baumstämmen fertigt man zudem groteske Pfähle, bedeckt mit ineinander verschlungenen Dämonenfiguren.

Miniaturmalerei in Keliki

In dem kleinen, 10 km nördlich von Ubud und 2,5 km westlich von Tegallalang gelegenen Dorf ist die fast ausgestorbene **balinesische Miniaturmalerei** noch lebendig. Der Künstler Gusti Riong leitet eine der letzten Schulen der Insel, die diese Kunstform lehrt, die **Keliki Painting School**, ✆ 0361-898 9158, 0815-5816 5941, 🖥 www.keliki-painting-school.com (auf Französisch).

Die kleinen, mit zugespitzten Palmblatthalmen und Tusche gezeichneten Kunstwerke bestechen vor allem durch ihre enorme Detailfülle und traditionellen Motive, die Landschaften, balinesische Tänze oder Gottheiten zeigen. Dabei sind die Gemälde sehr kompakt und werden in aufwendiger Handarbeit hergestellt, was bis zu einen Monat in Anspruch nehmen kann.

Das Kunsthandwerk wurde in Keliki nicht wie anderswo für die Touristen angepasst oder verändert. Die Bilder werden zu Preisen von 25 000 bis 5 Mio. Rp verkauft, dabei kommen die gesamten Erlöse den Familien der Schüler zugute. **Kurse** kosten 50 000 Rp pro Std., Workshops halbtags 180 000 Rp, ganztags 300 000 Rp, der Transfer aus Ubud zusätzlich 140 000 Rp pro Auto.

Wer länger bleiben möchte, kann im angeschlossenen **Homestay** oder weiteren einfachen Herbergen im Dorf in kleinen, sauberen Zimmern übernachten. Frühstück inkl., ❷.

Auch das **Five Art Studio** (S. 221) veranstaltet in Keliki Kunstkurse.

Petanu-Fluss und Pura Tirta Empul

Der Name **Petanu** („der Verfluchte") geht auf einen Mythos aus den Anfängen des Hinduismus auf Bali zurück. In dieser Zeit herrschte der mächtige König Mayadenawa. Er besaß die Gabe, sich in andere Gestalten zu verwandeln, aber missbrauchte seine Fähigkeiten und wurde zu einem bösen Magier. Ein Priester erbat die Hilfe der Götter, um dem Treiben des grausamen Dämonen Einhalt zu gebieten.
Der Götterkönig Indra und seine Truppen waren siegreich, bis sich Mayadenawa eine List ausdachte: Er schlich sich nachts ins Lager von Indras Truppen und vergiftete deren Trinkwasser. Er lief auf den Seiten seiner Füße, um keine Spuren zu hinterlassen (*Tampak* für „ohne", *Siring* für „Spuren"). Die Truppen tranken das Wasser und wurden krank und kampfunfähig. Um sie zu retten, stieß Indra an der Stelle des heutigen **Pura Tirta Empul** („sprudelnde Quelle") seinen Fahnenmast in den Boden und ließ eine heilende Quelle aus der Erde entspringen. Das Wasser kurierte seine Armee.
Nachdem Mayadenawa vergeblich versucht hatte, Indra mit seinem sich immer wieder wandelnden Aussehen zu verwirren, konnte er – in die Form eines Steines verwandelt – endlich durch Indras Pfeil getötet werden. Sein Blut mischte sich mit dem Wasser des Petanu-Flusses, der dadurch für 1000 Jahre verflucht war. Reis, der mit Wasser aus dem Fluss bewässert wurde, wuchs schnell und hoch. Sobald er geerntet wurde, floss aber Blut aus seinen Ähren, und er roch nach Verwesung.
Erst als vor wenigen Jahrzehnten die 1000-Jahre-Frist abgelaufen war, wagte man es, das Wasser des Petanu wieder zu nutzen. Bis dahin galt der Fluss als unrein, weshalb an seinen Ufern so gut wie keine Tempel zu finden sind. Ein ganz anderes Bild bietet sich am nächsten Fluss im Osten, dem Pakrisan, wo sich gefühlt ein Heiligtum ans nächste reiht. Schließlich wird der Pakrisan von Indras Quelle gespeist.

Taro

6 km nördlich von Pujung erreicht man das von Nelken- und Obstplantagen umgebene Dorf Taro. Die einzigen weißen Kühe auf der Insel, natürlich hochverehrte Tiere, sind in Taro Kelod zu finden.

Gianyar und Umgebung

27 km östlich von Denpasar liegt Gianyar, das traditionelle Zentrum der **balinesischen Weberei**. In Geschäften im Ort werden nicht nur meist aus Java stammende Batik-, sondern auch lokale *Endek*-Stoffe verkauft. *Endek* ist ein typisch balinesisches Produkt: ein handgewebter Stoff, bei dem die Kettfäden schon vor dem Weben im arbeitsintensiven *Ikat*-Verfahren mit dem gewünschten Muster eingefärbt werden.

Seit der Majapahit-Herrschaft über Bali gehörte die Region Gianyar zum Machtbereich des *Rajas* von Gelgel. Erst im 18. Jh. entstand ein eigenes einflussreiches Königreich, dessen Könige den Titel *Dewa Manggis* trugen. In der zweiten Hälfte des 19. Jhs. lieferten sich die Fürstentümer erbitterte Kämpfe. 1880 wurde die gesamte Fürstenfamilie von Gianyar in Klungkung gefangen genommen und das Gebiet aufgeteilt. Als zwei Söhne fliehen konnten, stellten sie ihr zurückerobertes Fürstentum als Protektorat unter den Schutz der Holländer. So blieb Gianyar verschont, als die Kolonialmacht die südlichen Fürstentümer mit Waffengewalt unterwarf, und konnte sich zu einem eigenständigen künstlerischen Zentrum entwickeln. Einziges Überbleibsel aus dieser Zeit ist der leider wenig gepflegte Königspalast im Zentrum der Stadt, **Puri Agung**.

Kanto-Lampo-Wasserfall

Die Jalan Kalantaka führt von der großen Kreuzung nahe dem Puri Agung im Ortszentrum schnurgerade gen Norden in 1 km zum ausgeschilderten, sehr touristischen **Kanto-Lampo-Wasserfall**. Der breite Wasserfall ergießt sich in eine hübsche Schlucht und ist ein beliebtes (Selfie-)Fotomotiv. Die meist mit Urlaubern wohl gefüllten Becken bieten Gelegenheit zur Abkühlung und zum Planschen. Lustig sind die in die Felsen gehauenen Köpfe einheimischer Naturgeister, die die Treppen vom Parkplatz hinab flankieren. Eintritt 20 000 Rp, Schließfächer 5000 Rp, Umkleiden vorhanden.

Gianyar

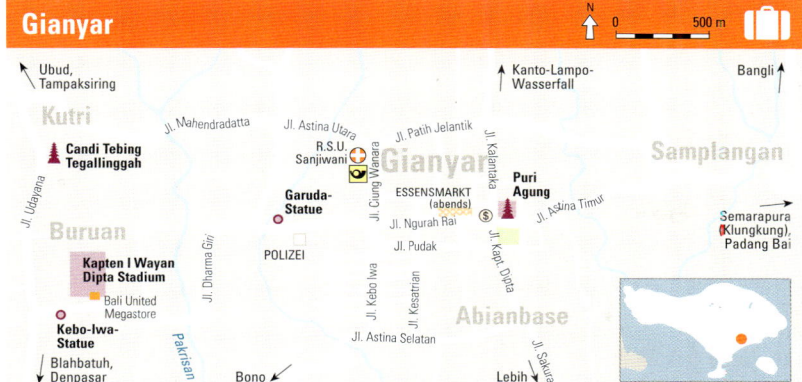

Pantai Lebih und Pantai Keramas

Die Straße, die vom Puri Agung gen Süden verläuft, gabelt sich schon bald: Geradeaus führt eine schmale, asphaltierte Stichstraße in knapp 7 km an den dunklen Sandstrand **Pantai Lebih**. Hier locken Warung mit Fischgerichten und anderen lokalen Speisen. Es gibt keine schattigen Plätzchen, aber dafür auch kaum Touristen.

Für erfahrene Surfer mit gehobenen Ansprüchen lohnt das 3 km der Hauptstraße gen Südwesten folgend am schwarzen **Pantai Keramas** gelegene **Komune Resort & Beach Club**, ✆ 0361-301 8888, 🖥 www.komuneresorts.com. Neben schicken, komfortablen, teuren Zimmern locken besonders der Pool und das Restaurant direkt am Strand. Gute Wellen, ❼.

Bali Safari & Marine Park

Nahe dem **Pantai Lebih**, nördlich der Schnellstraße, ermöglicht der Park, 🖥 www.balisafarimarinepark.com, Safaritouren durch ein 40 ha großes Areal mit mehr als 100 Tierarten aus Indonesien, Indien und der afrikanischen Savanne. Zudem hat man die zweifelhafte Möglichkeit, auf Elefanten zu reiten und Fotos mit kleinen Orang-Utans, Löwen und Waschbären schießen zu lassen. Der kommerzielle Tierpark unterhält fürs gute Gewissen ein Forschungszentrum und eine Vogelzucht, ist aber nichts für echte Tierfreunde. ⏰ 9–17 Uhr, Eintritt 800 000 Rp, Kinder 640 000 Rp, Nightsafari 1,1 Mio. Rp inkl. Abendessen und Feuershow, Kinder 880 000 Rp, Frühbucher erhalten 15 % Rabatt.

Taman Nusa

Rund 3 km östlich von Gianyar zweigt eine Straße nach Norden zum 2 km entfernten Taman Nusa, 🖥 www.taman-nusa.com, ab. Auf dem 15 ha großen Areal stehen über 60 traditionelle, begehbare Häuser aus ganz Indonesien sowie Miniaturnachbauten von Sehenswürdigkeiten wie Borobudur oder Trowulan. Besucher folgen einem historisch gestalteten Pfad, der von der Steinzeit bis in die Zukunft des Landes führt und von Kunsthandwerkern, Tänzern und Musikern begleitet wird. Man kann sich in traditioneller javanischer Kleidung fotografieren lassen und gegen Ende des Rundgangs ein Diorama mit Modelleisenbahn und eine Ausstellung mit Theaterpuppen und Textilien besichtigen. ⏰ 9–17 Uhr, Eintritt 450 000 Rp, Kinder 300 000 Rp.

Bangli und Umgebung

Es gibt etwa ein Dutzend größerer Tempel in der Provinzstadt, daher werden in kaum einer anderen Stadt auf Bali so viele Tempelfeste gefeiert wie in Bangli.

Vom Zentrum aus knapp 2 km gen Norden und dann rechts ab, erreicht man den **Pura**

„Meisterlicher" Fußball auf Bali

Der Besuch eines Fußballspiels auf Bali ist für Sportbegeisterte, aber auch subkulturell Interessierte ein besonderes Highlight. 2015 wurde ein ehemals in Samarinda auf der Insel Borneo beheimateter Erstligaverein in **Bali United,** www.baliutd.com, umgetauft. Seitdem werden die Heimspiele im 25 000 Zuschauer fassenden **Kapten I Wayan Dipta Stadium** von Gianyar ausgetragen, und das durchaus mit Erfolg. In den Saisons 2019 und 2021 gewann die durch eine Reihe von ausländischen Kickern verstärkte Mannschaft mit souveränem Vorsprung die indonesische Meisterschaft.

An Spieltagen erwacht die direkte Umgebung des im Westen der Provinzstadt gelegenen Stadions zum Leben. Stände bieten billige Kopien der in Rot-Weiß-Schwarz gehaltenen Trikots und Fanschals an, überall wird chaotisch kreuz und quer geparkt, und die in voller Montur ausgestatteten Fans machen sich in freudiger Erwartung auf den Weg zum Spielort. Rund um das Stadion wird die Luft von zahlreichen Sate-Grills vernebelt, die für das leibliche Wohl der Zuschauer sorgen.

Im riesigen **Bali United Megastore**, 10–23 Uhr, auf der Südseite des Stadions gibt's eine beeindruckende Auswahl an Merchandise, darunter einige auch als reguläre Erinnerungsstücke an den Bali-Aufenthalt geeignete T-Shirts und Pullis.

Im Anschluss an den typisch chaotischen Einlass sucht man sich einen freien Platz (es gibt keine festen Sitzplätze) und freundet sich mit seinen direkten Nachbarn an. Ausländische Zuschauer sind noch immer selten, sodass man mit großer Wahrscheinlichkeit neugierig beäugt und befragt werden wird. Besonders die hinter dem Tor platzierten, komplett in Schwarz gekleideten Ultras sorgen für lautstarke Unterstützung, doch ihr Elan färbt nur in Maßen auf die Qualität der Spiele ab, die irgendwo zwischen deutschem Dritt- und Regionalliga-Niveau anzusiedeln sein dürften. Die ausgelassene Stimmung entschädigt allerdings für alle fußballerischen Unpässlichkeiten.

Standard-**Tickets** für Ligaspiele kosten läppische 50 000–75 000 Rp, VIP-Tickets 200 000–350 000 Rp.

Kehen. Die hübsche, wenig besuchte Tempelanlage aus dem 11. Jh. wurde an einem Hügel auf drei Etagen erbaut. Eine breite Treppe führt hinauf zu den Eingangstoren, die mit besonders schönen Steinmetzarbeiten ausgeschmückt sind. In die Mauern der dritten Ebene sind chinesische Porzellanteller und -schalen eingelassen, auf der zweiten Ebene befindet sich zudem ein kleiner chinesischer Schrein. Im ersten Hof steht ein großer, über 700 Jahre alter Banyan-Baum, in dem die *Kul-Kul*-Trommel des Tempels untergebracht ist. Das Tempelinnere beherbergt einen elfstufigen Meru-Schrein. Eintritt inkl. Sarong und *Slendang* (Tempelschal) 50 000 Rp.

Penglipuran

Von Bangli bergauf Richtung Kintamani gelangt man nach etwa 3 km nach Kubu. Hier biegt man links von der Hauptstraße ab und erreicht nach gut 300 m das als traditionell beworbene kommerzielle Dorf Penglipuran. Vom auf große Touristenbusse ausgelegten Parkplatz führt ein Verbindungsweg in den kleinen, sehr sauber gehaltenen Ort, der eigentlich nur aus Häusern beiderseits des Hauptweges besteht und ein anschauliches Beispiel für die Umsetzung des *Kelod-Kaja*-Prinzips (S. 92) in traditionellen Dörfern auf Bali ist. Nach Norden gelangt man hinauf zum Pura Penataran, den man einmal umrunden, aber nicht betreten kann. Penglipuran ist für seine kleinen alten Häuser mit traditionellen Bambusschindel-Dächern bekannt. Einwohner laden Touristen ein, ihre Gehöfte zu besichtigen, was jedoch meist an den Verkauf von Getränken, Snacks oder Souvenirs gekoppelt ist. 8.30–18 Uhr, Eintritt 50 000 Rp, Kinder 30 000 Rp, Parken 2000 Rp.

Pura Tirta Sudamala

Ganz anders als Penglipuran zeigt sich das Quellheiligtum südlich von Bangli noch au-

thentisch und wenig touristisch. Vom Markt in Bangli folgt man der Jl. Merdeka knapp 2 km gen Süden und biegt anschließend der Beschilderung folgend nach Westen (rechts) ab. Nun geht es auf einer schmalen Straße im Zickzack aus dem Ort und durch Reisfelder zum Pkw-Parkplatz. Von hier sind es weitere 300 m Fußweg hinab zum beschaulichen Heiligtum an einem Bach im schmalen Tal.

Im hinteren Bereich der Anlage sprudelt an mehreren Waschplätzen das Wasser aus der Felswand. Die Quelle soll unter dem großen alten, mit schwarz-weiß karierten Sarongs umwickelten Baum entspringen. Dem kühlen Nass wird eine spirituell reinigende und physisch heilende Wirkung nachgesagt, die sich Gläubige bei der *Melukat*-Zeremonie zu Nutze machen. Nachdem sie sich unter die neun Wasserstrahlen gestellt haben, werden sie von einem Brahmanen gesegnet und kleben sich Reiskörner auf die Stirn. Ein weiterer Brahmane versorgt die Gläubigen mit heiligem Wasser direkt aus der Quelle.

Eintritt 10 000 Rp, Parken sowie Schließfächer je 5000 Rp.

Weiterfahrt nach Ost-Bali

Eine landschaftlich reizvolle Strecke gen Osten beginnt südlich des Pura Kehen in Bangli. Die schmale, kurvenreiche Straße über Tembuku nach **Rendang** durchquert mehrere tief eingeschnittene Flusstäler.

Für die Weiterfahrt von Rendang bieten sich mehrere Optionen: etwa ein Besuch des Heiligtums Besakih (S. 306). Die Fahrt verläuft über eine schöne Bergstrecke gen Osten, vorbei am Gunung Agung, über Selat und Sibetan bis nach **Amlapura** (S. 336). Eine Option für Ruhesuchende ist dagegen **Sidemen** (S. 308).

TANAH LOT © UYEN NGUYEN

West-Bali

Auch wenn der Westen die am wenigsten besuchte Region der Insel ist, hat er einiges zu bieten. Von pittoresken Reisterrassen und Tempeln über entspannte Surfstrände und exzellente Tauchreviere ist für jeden etwas dabei. Die Kultur der Region ist speziell: Hier ist der javanische Einfluss am größten, hier haben sich einzigartige Rituale und Wettkämpfe herausgebildet, und hier finden sich die einzigen christlichen Dörfer auf Bali.

Stefan Loose Traveltipps

6 **Tanah Lot** Der meerumtoste Tempel zeigt sich am schönsten im Farbenspiel des Sonnenuntergangs. S. 243

Mengwi Der Pura Taman Ayun ist eines der prächtigsten Heiligtümer auf Bali. S. 244

7 **Affenwald von Sangeh** Durch den verwunschenen Affenwald von Sangeh toben freche Makaken. S. 249

8 **Jatiluwih** Ein Spaziergang durch die beeindruckendsten Reisterrassenformationen der Insel. S. 251

Batukaru Das Bergheiligtum Pura Luhur Batukaru erhebt sich am Fuße des erloschenen Vulkans inmitten herrlicher Natur. S. 252

Negara Ein unvergessliches Erlebnis sind die traditionellen Wasserbüffelrennen. S. 257

9 **Pulau Menjangan** Ein Ausflug in die farbenprächtige Unterwasserwelt des Bali-Barat-Nationalparks begeistert Taucher und Schnorchler. S. 261

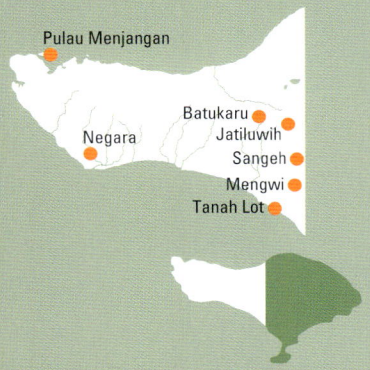

Wie lange? Mindestens 3 Tage

Bekannt für Küstentempel, Reisterrassen, Affenwälder, Korallenriffe und Surfstrände

Für Entdecker Kirchen im balinesischen Stil in Palasari und Belimbingsari, Wanderungen durch den Bali-Barat-Nationalpark

Lokale Kultur erleben Selber töpfern in Pejaten

Unbedingt machen Zum Biorock-Projekt vor Pemuteran tauchen oder schnorcheln, wo ein Korallenriff „aufgeforstet" wird

Viele Touristen besuchen die kulturell vielseitige Region nur im Rahmen eines Ausflugs zum spektakulär auf einem Felsen in der reißenden Brandung gelegenen **Pura Tanah Lot**, dem wohl meistfotografierten Tempel der Insel. Doch auch der Tempelkomplex **Pura Taman Ayun** in Mengwi, der märchenhafte **Affenwald von Sangeh**, der weit weniger touristisch ist als sein Pendant in Ubud, die imposanten Reisterrassenformationen von **Jatiluwih** und die ursprüngliche Berglandschaft des **Gunung Batukaru** sind lohnende Ziele.

Die stark befahrene Küstenstraße führt gen Westen vorbei an den beiden Surfstränden **Pantai Balian** und **Pantai Medewi**. Die Region rund um **Negara** lockt mit einzigartigen Wasserbüffelrennen, und im Nordwesten können bei **Palasari** ungewöhnliche Kirchen im balinesischen Stil besucht werden.

Kurz vor **Gilimanuk**, dem Fährhafen nach Java, zweigt die weit weniger befahrene Küstenstraße entlang der Nordküste nach Singaraja gen Osten ab. Im **Bali-Barat-Nationalpark** sind die Korallenriffe rund um die Insel **Pulau Menjangan** die Hauptattraktion. Östlich des Parks bieten sich in **Pemuteran** die angenehmsten Übernachtungsmöglichkeiten der Region.

6 HIGHLIGHT

Tanah Lot

Pura Tanah Lot, rund 20 km westlich von Denpasar, ist einer der am schönsten gelegenen und am meisten besuchten Tempel Balis. Er ragt malerisch auf einem Felsen an der von Klippen gesäumten Küste auf und stellt mit seinen bizarren Konturen das wohl bekannteste Fotomotiv der Insel dar. Zum Sonnenuntergang bestaunen besonders viele Touristen das Heiligtum. Der beste Blick bietet sich von den Terrassen der leider nicht sonderlich empfehlenswerten Restaurants an der Felsklippe oberhalb der Tempelanlage oder vom westlich auf einem erhöhten Felsvorsprung gelegenen Aussichtspunkt.

Obwohl er nur ein kleines Heiligtum ist, wird Tanah Lot („Land inmitten des Meeres") in manchen Verzeichnissen der *Sad Kahyangan* als einer der sechs heiligsten Tempel von Bali aufgeführt. Wie so viele andere Küstentempel soll auch er im 16. Jh. vom javanischen Shiva-Priester Danghyang Nirartha begründet worden sein.

Während der Flut ist der Felsen von einer starken Brandung umtost, bei Ebbe kann man über die mit Meeresalgen bewachsenen Steine hinüberlaufen und sich das Heiligtum genauer ansehen. Der Zugang zum Tempel selbst ist Hindus vorbehalten. Im Inneren stehen fünf den heiligen Berg Meru repräsentierende, mehrstufige Schreine. In einer kleinen Höhle unterhalb des Tempels entspringt eine Süßwasserquelle, die von Brahmanen bewacht wird. Gegen eine kleine Spende kann man vom heiligen Wasser trinken und sein Gesicht darin waschen. In den Höhlen und Spalten am Fuße der Felsen auf der Küstenseite hausen schwarz-weiß gestreifte **Seeschlangen** (Nattern-Plattschwänze), die Wächter des Tempels. Sie sind hochgiftig, haben aber angeblich noch niemanden gebissen. Pura Tanah Lot feiert sein *Odalan* immer am Mittwoch nach *Kuningan*.

Auf der **Souvenirmeile** zwischen dem riesigen Parkplatz und dem Tempel drängen sich Touristen, Händler und Guides, die Führungen zu den Felsspalten und Fotos mit den Schlangen anbieten. Es gibt Geldautomaten sowie zahllose Souvenir- und Bekleidungsgeschäfte.

Im fußläufig nördlich gelegenen **Surya Mandala Cultural Park**, ✆ 0821-4466 2994, 🖥 www.suryamandalatanahlot.com, findet jeden Sa und So von 18–19 Uhr eine *Kecak*-**Tanzaufführung** für 100 000 Rp p. P. statt, vor der Corona-Pandemie gab es tgl. Aufführungen. Eine abgespeckte Version des Tanzes wird zudem in der Hochsaison um 18.30 Uhr für 50 000 Rp im **Dewi Sinta Restaurant** an der Souvenirmeile aufgeführt. Besucher müssen jeweils zusätzlich den Eintritt zum Tempel entrichten.

⊙ 7–19 Uhr, Eintritt 60 000 Rp, Kinder 30 000 Rp, Parkgebühr Pkw 5000 Rp, Motorrad 2000 Rp.

ÜBERNACHTUNG

Natya Hotel, von der Souvenirpromenade östlich zurückversetzt, Karte S. 248, ✆ 0361-819 158, 🖥 www.natyahotel.com. Hinter dem hübschen Pool mit Jacuzzi verstecken sich im ruhi-

Naturkräfte bedrohen Tanah Lot

Tanah Lots Felseninsel ist in Gefahr, von der gewaltigen Brandung des Indischen Ozeans erodiert zu werden. Nachdem die Erosion gefährliche Ausmaße angenommen hatte, startete in den frühen 1990er-Jahren ein aufwendiges Schutzprojekt. Zwei Hubschrauber installierten rund um die Felseninsel über 7000 Beton-Tetrapoden, jeder 1,5–2 t schwer, die als Wellenbrecher fungieren. Auch einige Schreine des Tempels, der ständig den salzhaltigen Gischtwolken ausgesetzt ist, mussten restauriert werden. Heute ist knapp ein Drittel des Felsens vor den Touristenaugen gut versteckter, ergänzter Stein.

gen tropischen Garten 10 zeitgemäße, saubere und komfortable Zimmer in Doppelbungalows mit Wasserkocher, schönem Bad mit Holzboden und Veranda. Freundliches Personal. Radtouren durch die Umgebung (150 000 Rp, 2–3 Std.). Frühstücksbuffet inkl. ❹–❼

TRANSPORT

Die Fahrt aus Kuta, Legian oder Seminyak sowie Ubud nach Tanah Lot dauert je nach Verkehrsaufkommen 45–90 Min. Fast alle Besucher kommen mit dem eigenen Transportmittel oder im Rahmen einer vorgebuchten Tour.

Mengwi und Umgebung

Im rund 16 km nordwestlich von Denpasar gelegenen Mengwi befindet sich östlich der Hauptstraße (Abzweigung am Markt) der zweitgrößte Tempelkomplex von Bali und einstige Staatstempel der Mengwi-Dynastie. I Gusti Agung Putu, der erste Fürst von Mengwi, ließ den **Pura Taman Ayun** („Tempel des schwimmenden Gartens") im Jahr 1634 über vier Ebenen auf einer Flussinsel erbauen.

Er gilt als einer der prächtigsten und schönsten Tempel der Insel und repräsentiert den hinduistischen Kosmos. Eine Brücke führt über den breiten Wassergraben zur ersten Ebene, wo an

Feiertagen Zeremonien und Hahnenkämpfe stattfinden. Besucher können nur entlang der äußeren Tempelmauern laufen und dürfen das heilige Innere nicht betreten. Hinter einem geteilten Tor erstreckt sich die zweite Ebene mit Schreinen und einem Brunnen. Auf der dritten Ebene steht der reich verzierte *Bale Pengubengan*. Auf der vierten, heiligsten Ebene sind 29 Schreine mit bis zu elf übereinanderliegenden Dächern zu sehen. Das steinerne Eingangstor und die geschnitzten Türen der Schreine sind gute Beispiele für die imponierenden Fähigkeiten balinesischer Kunsthandwerker. Pura Taman Ayun feiert sein *Odalan* zehn Tage nach *Kuningan*. 8–18 Uhr, Eintritt 30 000 Rp, Kinder 15 000 Rp.

Kapal

Das Dorf, 3 km südöstlich von Mengwi, ist ein Zentrum der **Zementbeton-Gießerei**. Von Tempeltoren über Toilettenbecken bis zu Göttern und Dämonen reicht die Palette der Erzeugnisse. Zudem ist Kapal bekannt für seine **Töpfereien** und **Keramikwerkstätten**. Die Industrie ist relativ jung, da man auf Bali jahrhundertelang nur chinesische Importkeramik nutzte. Anfangs produzierten die vielen kleinen Werkstätten schlichte Haushaltsware. Als sie nicht mehr mit der Plastikindustrie konkurrieren konnten, bot der Tourismus einen neuen Absatzmarkt. Jetzt werden stattdessen Wandteller, Blumenvasen und Tonfiguren mit fein gearbeiteten Mustern, Verzierungen und traditionellen Motiven hergestellt.

Einen Besuch lohnt der älteste Tempel des ehemaligen Königreiches Mengwi, der **Pura Sadha** südlich der Hauptstraße. Der Tempel für die Ahnen der Dynastiegründer wurde 1917 durch ein Erdbeben schwer beschädigt und 1950 im ursprünglichen Majapahit-Stil restauriert. Am Rande des Tempelvorhofs steht ein gewaltiger Banyan-Baum.

Im Tempelinneren finden sich drei ungewöhnliche Bauwerke: ein elfstöckiger, 16 m hoher Ziegelsteinbau, der auf Verbindungen zum Pura Sakenan auf der Insel Serangan hinweist (S. 185), ein meist ausgetrocknetes Wasserbecken, das als Bad für die Himmelsnymphen *(Widadari)* dient, sowie 54 aneinandergereihte Sitze aus Ziegelsteinen, die auf eine Legende verweisen: 54 Angehörige des Herrscherhauses wurden auf offener See abgetrieben und nie wieder gesehen, als sie ihren verstorbenen Machthaber bestatten wollten. Das *Odalan* des Pura fällt mit dem *Kuningan*-Fest zusammen.

ÜBERNACHTUNG

Bali Homestay Desa Cepaka, Jl. Ngurah Beng 13, Cepaka, 9 km südlich vom Taman Ayun, Karte S. 248, 0819-9949 4184, 0878-6134 7012, https://bit.ly/BaliHomestayCepaka. Bei Pa Made Rai und seiner liebenswerten Familie fühlen sich Gäste schnell wie zu Hause, sodass sie gern länger bleiben. Einfache, aber nett dekorierte Zimmer mit einer kleinen Bücherauswahl, teils mit Ventilator, Moskitonetz und Gemeinschaftsbad, teils mit eigenen Bädern sowie traditionellem *Mandi*, klimatisierte Zimmer sind in Planung. Die Tochter des Hauses spricht sehr gutes Englisch. Gratis Kochkurse. Ausflüge in die umliegenden Dörfer, traditionelle Tanz- und Gamelankurse sowie Flughafentransfers (300 000 Rp) können ebenfalls organisiert werden. Motorräder für 60 000 Rp pro Tag. Leckeres Abendessen für 50 000 Rp p. P., Frühstück inkl. ❷–❸

TRANSPORT

Busse und Minibusse

Ab dem 4 km südlich vom Taman Ayun gelegenen **Terminal Bus Mengwi** werden alle Fernbusverbindungen aus Bali bedient. Für indonesische Verhältnisse ist er überschaubar, angenehm und ruhig.

Auf Bali:
DENPASAR (Ubung), 12 km, Damri-Linienbusse ab dem Terminal von 5–16 Uhr stdl. für 7000 Rp in 45–60 Min.
DENPASAR (Batubulan), 16 km, Minibusse ab der Straße für 20 000 Rp.
GILIMANUK, 112 km, Minibusse ab der Straße für 60 000–80 000 Rp.
PADANG BAI, 49 km, Minibusse ab der Straße für 70 000–80 000 Rp.

Richtung Java, Ausstieg in Probolinggo (Bromo-Tengger-Semeru-Nationalpark) möglich:
BANDUNG, 1164 km, um 7 und 11 Uhr für 480 000 Rp in 22 Std.
JAKARTA, 1167 km, um 7 und 15 Uhr für 480 000 Rp in 24 Std.
MALANG, 432 km, von 17–20 Uhr stdl. für 180 000–220 000 Rp in 12–13 Std.
SEMARANG, 742 km, um 15 Uhr für 300 000 Rp in 18–20 Std.
SURABAYA, 415 km, um 11, 17, 18, 19 und 20 Uhr für 180 000–220 000 Rp in 12 Std.
YOGYAKARTA, 710 km, via SOLO (647 km) um 15 Uhr für 300 000 Rp in 14–18 Std.

Richtung Osten, Abfahrten zwischen 5 und 8 Uhr:
BIMA (Sumbawa), 583 km, via SUMBAWA BESAR (331 km, 380 000 Rp) und DOMPU (523 km, 460 000 Rp) für 480 000 Rp in 22–29 Std.
MATARAM (Lombok), 151 km, für 230 000 Rp in 8 Std.
LABUAN BAJO (Flores), 733 km, für 580 000 Rp in 38 Std.

Taxis
Ab dem **Terminal Bus Mengwi** nach:
BUKIT-HALBINSEL inkl. NUSA DUA und TANJUNG BENOA für 350 000 Rp.
CANDI DASA und PADANG BAI für 400 000 Rp.
CANGGU für 150 000 Rp.
KINTAMANI für 400 000 Rp.
KUTA, LEGIAN und FLUGHAFEN für 250 000 Rp.
LOVINA für 400 000 Rp.
JIMBARAN für 250 000 Rp.
SANUR für 200 000 Rp.
SEMINYAK für 150 000 Rp.
UBUD für 200 000 Rp.

Tabanan

Die von Reisfeldern umgebene Distrikthauptstadt mit gut 60 000 Einwohnern ist abgesehen vom großen, lebendigen **Markt** für Touristen nicht sonderlich interessant. Das Umland dagegen hat einiges zu bieten und ist am besten mit dem eigenen Fahrzeug zu erkunden.

Im Zentrum der Stadt wird die Hauptkreuzung von der **Dasa-Muka-Statue** überragt, die mit ihren vier Gesichtern in alle Himmelsrichtungen blickt. Ab 17 Uhr findet rund um die Statue ein **Nachtmarkt** mit Essensständen statt. Schräg gegenüber liegt der **Palast Puri Agung Tabanan**.

Tabanan war einst die Residenz eines Herrscherhauses. 1906, kurz nach dem *Puputan* von Badung im heutigen Denpasar, drangen die Holländer auch hierher vor. Der letzte *Raja*, Gusti Ngurah Agung, kapitulierte unter der Bedingung, seinen Titel und ein paar Landrechte behalten zu dürfen. Dennoch wurde er zusammen mit seinem Sohn gefangen genommen und man drohte ihnen mit Deportation. Noch in derselben Nacht begingen beide den rituellen Selbstmord *Puputan*.

Das etwas verstaubte, aber durchaus informative **Subak Museum**, ✆ 0361-810 315, liegt 2 km östlich vom Zentrum in der Jl. Gatot Subroto Sanggulan. Das in eine weitläufige Anlage eingebettete Museumsgebäude beherbergt Werkzeuge, mit denen die schwere Arbeit auf den Reisfeldern bewältigt wird. Zudem erfahren Besucher Näheres über die einzelnen Arbeitsschritte und die bereits 1072 n. Chr. begründeten *Subak*, Zusammenschlüsse der Bauern (*Subak* steht für „verbundenes Wasser"), die besonders für die Organisation der Bewässerungssysteme verantwortlich sind (mehr zum Thema S. 86). Viele Exponate, Figuren und Fotos sowie Erklärungen auf Englisch. Meist ist kaum etwas los, sodass die ein wenig Englisch sprechenden Angestellten Besucher durch die Ausstellung begleiten. ⊕ Sa–Do 8–16.30, Fr 8–12.30 Uhr, Eintritt 15 000 Rp, Kinder 10 000 Rp.

TRANSPORT

Vom **Busbahnhof** *(Terminal Pesiapan)* an der Jl. Pulau Batam verkehren blaue und gelb-rote Minibusse nach:
GILIMANUK, 106 km, via NEGARA (73 km, 2 1/2 Std., 30 000 Rp) für 50 000 Rp in 3 Std.
MENGWI, 9 km, für 5000–10 000 Rp in 30 Min.

Fernbusse nach Java halten nach vorheriger Buchung unter ✆ 0812-3770 3095 auch hier:
JAKARTA, 1313 km, via BANDUNG (1160 km, 22 Std.), viele Busse gegen 7 und 14 Uhr für 450 000 Rp in 24 Std.

Tabanan

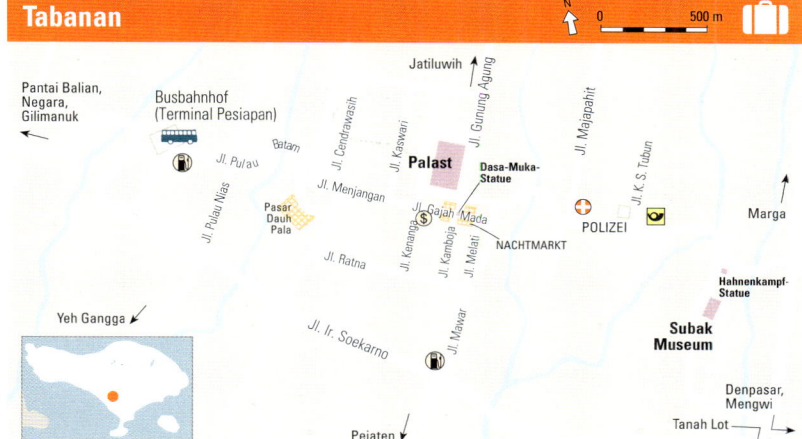

MALANG, 390 km, und SURABAYA, 405 km, jeweils gegen 16 Uhr für 200 000 Rp in 12 Std. YOGYAKARTA, 700 km, gegen 15 Uhr für 270 000 Rp, zudem mit dem Jakarta-Bus um 7 Uhr für 450 000 Rp, in 14–16 Std.

Die Umgebung von Tabanan

Kerambitan

Im Dorf, 6 km westlich von Tabanan, sind zwei Palastanlagen der Fürsten *(Raja)* von Tabanan erhalten geblieben. Der etwas vernachlässigte **Puri Anyar** und der ältere, aber gepflegtere **Puri Agung** (auch *Puri Gede*), ✆ 0812-392 6720, 🖥 www.fb.com/PuriTabanan, stammen aus dem 17. Jh. Seitdem ist Kerambitan das einzige Dorf auf Bali, welches in den Tagen vor *Nyepi* das Ritual *Tektekan* abhält. Bis zu 100 Musiker hämmern auf unterschiedlich gestimmte Bambusrohre ein und produzieren eine überwältigende Geräuschkulisse, während Männer sich in Trance mit *Kris* angreifen. Nach telefonischer Voranmeldung werden in den beiden Palästen von *(Tektekan-)*Tänzen begleitete Abendessen organisiert.

Strände

Entlang der Küste südlich von Kerambitan und nordwestlich von Tanah Lot erstrecken sich eine Reihe von Stränden mit dunklerem Sand. Pantai Kedungu, Pantai Yeh Gangga, Pantai Kelating und Pantai Pasut sind allesamt noch recht unberührt und beeindrucken mit weitläufigen Reisfeldern auf der einen und dem Schauspiel der hohen, brechenden Wellen auf der anderen Seite.

In der Umgebung des zum Surfen geeigneten **Pantai Kedungu** haben sich Unterkünfte und Restaurants angesiedelt. Ein Vorreiter der Entwicklung ist der kreativ-künstlerisch gestaltete Komplex **Joshua District**, ✆ 0878-6159 8657, 🖥 www.joshuadistrict.com, mit Restaurant, Bar und schicken Villas, ❽. Auch das ehemals in Canggu beheimatete **Pretty Poison**, ✆ 0815-1581 0006, 🖥 https://bit.ly/PrettyPoisonBali, ist in die Gegend umgezogen. Hier wird ein interessantes Konzept verfolgt: Rund um die in einer Lagerhalle mit aufklappbaren Wänden untergebrachte Skate-Schüssel sitzt man mit einem eiskalten Bier oder Cocktail und kann den mutigen Skatern bei ihren Moves zuschauen, während 90er-Jahre-Hip-Hop und Rock aus den Boxen schallt. Das alles gipfelt in ausschweifenden Partys, oft auch mit guter Livemusik. ⏱ 16–24 Uhr.

Entspannung auf höchstem Niveau verspricht hingegen das luxuriöse **WakaGangga Resort**, ✆ 0877-5786 2341, 🖥 www.wakahotelsand

resorts.com. Die von Lotosteichen umgebenen, geräumigen Villas sind mit allem Komfort ausgestattet. Open-Air-Bad und große Fensterfronten, teils auch Privatpool und separater Wohnraum. Pool mit Meerblick. Viele Aktivitäten, wie Ausritte am Strand und geführte Spaziergänge. Frühstück inkl., ❼—❽.

Pejaten

5 km südlich von Tabanan findet sich das einzige Dorf in dem als „Reiskammer Balis" bekannten Anbaugebiet, in dem kaum ein Reisbauer lebt. In Pejaten betreibt fast jede Familie eine Töpferwerkstatt oder Ziegelei, denn das **Töpferhandwerk** hat hier Tradition. Die mit bloßer Erde arbeitenden Familien galten früher als Unreine und mussten ihr Leben außerhalb der anderen Dorfgemeinschaften ohne Landrechte fristen. Heute stammt praktisch jeder auf der Insel verbaute Dachziegel aus dem Dorf.

Gearbeitet wird nach überlieferten Techniken mit modernen Brennöfen und – seit der heimische Ton weitgehend aufgebraucht ist – importierten Erden. Zu den Produkten gehören Haushaltswaren, Baumaterial (besonders Dachpfannen und -ziegel), religiöse Objekte und Kunsthandwerk, wie z. B. Terrakotta-Figuren und glasierte Keramikgefäße.

Nahe der Kreuzung im Ortskern produziert **Tanteri Ceramics**, 🖳 www.tantericeramicbali.com, seit 1987 hübsches, schweres Geschirr und kleine Mitbringsel, die zu Festpreisen verkauft werden. 300 m entfernt liegt das **Museum Tanteri**, 🖳 www.museumtanteribali.com, mit kleinem Verkaufsraum, Ausstellung der schönsten Stücke und angeschlossener Manufaktur. Wer selbst etwas töpfern oder bei der Produktion zusehen möchte, kann nach Anmeldung (1–2 Tage im Voraus) an folgenden abwechslungsreichen Programmen teilnehmen: Einstündige Töpferkurse für US$30 um 14.15 Uhr (Fokus auf Arbeit an der Töpferscheibe), zweistündige Kurse für US$37,50 um 9.45 Uhr (Fokus auf Verzierungen) und dreistündige Kurse für US$52,50 um 13.15 Uhr (Kombination), Kinder zahlen jeweils den halben Preis. ⏲ Mo–Fr 8–17, Sa und So 12–17 Uhr, Eintritt US$3.

Kukuh

Nordöstlich von Tabanan liegt **Pura Alas Kedaton** (Pura Dalem Kahyangan), ein 300 Jahre alter Tempel, der sich in einem dichten, von ziemlich aggressiven Affenhorden bevölkerten Wald verbirgt. Eine kurze Führung beinhaltet garantiert auch den Besuch eines der massenhaft vorhandenen Souvenirshops. Unsäglich ist die Möglichkeit, sich mit gefangen gehaltenen Exemplaren der in den Bäumen beheimateten Flughunde fotografieren zu lassen. Pura Alas Kedaton feiert sein *Odalan* zehn Tage nach *Kuningan*. ⏲ 9–17 Uhr, Eintritt 30 000 Rp, Parken 5000 Rp.

Die Einwohner Kukuhs haben angeblich noch nie einen toten Affen gefunden. Seltsamerweise entdeckt man rundherum viele kleine Erdhügel, deren Anzahl sich ständig vergrößern soll. Manche glauben daher, dass die Affen ihre Toten beerdigen.

Marga

Rund 10 km nördlich von Tabanan erinnert in Marga ein **Denkmal** *(Margarana)* mit hunderten Steinstupas an den Untergang einer mehr als 1000 Mann starken Kompanie der jungen indonesischen Republik im Kampf gegen die Holländer. In aussichtsloser Lage zogen 1946 die Soldaten unter Oberst I Gusti Ngurah Rai den gemeinschaftlichen Freitod *Puputan* einer Kapitulation vor. Ngurah Rai wird seitdem als Nationalheld verehrt.

7 HIGHLIGHT

Der Affenwald von Sangeh

Mitten in einem dichten Wald mit hohen Baumriesen liegt nördlich des Dorfes Sangeh und westlich der Hauptstraße nach Kintamani der **Sangeh Monkey Forest**, ☏ 0851-0042 2740, 🖳 www.bukit-sari-sangeh.com, gut 7 km östlich von Marga. Der Affenwald ist eine angenehme, deutlich weniger besuchte Alternative zum Monkey Forest in Ubud.

Der moosbewachsene Tempel **Pura Bukit Sari** aus dem 17. Jh. wurde von König Tjokorde Sakti Blambangan von Mengwi errichtet und diente als Meditationsort in Vollmondnächten.

Bereits Charlie Chaplin besuchte ihn auf seiner Bali-Reise im Jahre 1932 und zeigte sich von den zahlreichen Makaken begeistert.

Am Eingang der magisch anmutenden, 14 ha großen Parkanlage wacht die riesige Statue des Gottes des Schlafes, Patung Kumbakarna, über das Gelände und leitet Besucher auf dem zentralen Weg zum Tempel. In den schlanken, bis zu 50 m hohen *Pala*-Bäumen *(Dipterocarpaceen)* und auf dem Tempel selbst, der leider nur von außen begutachtet werden kann, tummeln sich Makaken *(Javaneraffen, Macaca fascocilaris)*, die nur darauf warten, dass jemand ein Päckchen Erdnüsse oder Kekse kauft.

Jeder Besuchergruppe wird ein Guide zur Seite gestellt, der durch den Wald lotst. Ab und zu wird einer der rund 600 Makaken aggressiv oder versucht, die Besucher zu bestehlen. Sonnenbrillen oder andere lose Gegenstände sollten daher gut verstaut werden. Die Makaken werden dreimal täglich gefüttert.

Die Guides zeigen Besuchern u. a. einen Baum, der an der Straße steht und in seinem Stamm Verformungen aufweist, die abstrakt an die Geschlechtsorgane von sowohl Mann als auch Frau erinnern. Der Weg zurück zum Parkplatz ist von (viel zu) vielen Souvenirständen gesäumt. ⏲ 8–16 Uhr, Eintritt 50 000 Rp, Kinder 25 000 Rp, Guides sollten eine kleine Spende erhalten. An einem Mittwoch, 14 Tage vor *Galungan*, feiert man hier das *Odalan*.

Petang

Nördlich von Sangeh steigt die Straße stetig an, die Reisterrassen gehen in Bambuswälder, Gemüsefelder, Obst- und Nelkenplantagen über. Im kleinen Ort Petang, 10 km nördlich von Sangeh, starten **Raftingtouren** auf dem Yeh Ayung. Es ist die älteste und beliebteste Rafting-Strecke der Insel, denn es herrschen nahezu ganzjährig gleichmäßige Strömungen und Wassermengen, und am Flussrand gibt's neben Wasserfällen und üppiger Vegetation auch Affen, Vögel und Fledermäuse zu bestaunen. Ein 300 m langer Streckenteil führt durch eine Höhle. Raftinganbieter S. 62.

Nung Nung

Der Straße weitere 10 km gen Norden folgend, erreicht man das in 900 m Höhe gelegene Nung Nung. Vom ausgeschilderten Parkplatz zum 50 m hohen, gleichnamigen **Wass**(langen. Um bis zu der im dichten Bergv borgenen Kaskade zu kommen, muss man 509 steile Treppen hinabsteigen. Unten angekommen werden Besucher mit einem fotogenen Naturschauspiel, frischer Luft und zwitschernden Vögeln belohnt – ein gefundenes Fressen für alle Instagramer. Eintritt 20 000 Rp, Parkgebühr Pkw 5000 Rp, Motorrad 3000 Rp.

Bali Butterfly Park

An der Straße zum Batukaru liegt 6 km nördlich von Tabanan der Bali Butterfly Park *(Taman Kupu-Kupu)*, ✆ 0361-894 0596, 🖥 www.instagram.com/balibutterflypark. Bei einer (auch deutschsprachigen) Führung können Hunderte von Schmetterlingen, darunter schöne Exemplare aus der Gattung der Vogelflügler *(Ornithoptera)* sowie Ritterfalter, aus nächster Nähe betrachtet werden. Man kann Fotos mit Stabinsekten und Hirschkäfern machen und in der Zuchtstation die Stadien der Metamorphose verfolgen. Morgens sind die Schmetterlinge am aktivsten. ⏲ 9–17 Uhr, Eintritt 100 000 Rp.

Penatahan

Auf dem Weg nach Jatiluwih oder zum Gunung Batukaru liegen 6 km nördlich des Bali Butterfly Parks nahe der Ortschaft Penatahan die **heißen Quellen von Yeh Panas**. Um sie herum ist ein kleiner Tempel errichtet worden, weitere Quellen gibt's unterhalb des Tempels am Ufer des Flusses Tukad Yeh Ha. Eintritt im Tempel 10 000 Rp, Baden in den Thermalquellen im großen Pool 10 000 Rp, in einem der Privatpools 40 000 Rp pro Std.

Jatiluwih

Die 25 km nördlich von Tabanan in 700–800 m Höhe gelegenen Reisterrassenformationen sind die von den Ausmaßen her eindrucksvollsten ihrer Art auf Bali. Das nachweislich bereits seit fast 1000 Jahren bestehende und damit älteste

...bau- und **Bewässerungssystem** der Insel ist ein komplexes architektonisches Meisterwerk. Nicht ohne Grund wird es seit 2012 als Unesco-Weltkulturerbe gelistet. Die saftig grünen Terrassen, die sich an den hügeligen Hängen des Gunung Batukaru hinunterziehen, dienten bereits dem deutschen Künstler Walter Spies (S. 131), der regelmäßig in diese malerische Gegend kam, als Inspiration.

Am großen Park- und Aussichtspunkt mit dem Gong Jatiluwih Restaurant machen viele Tagestouren Halt. Am gegenüberliegenden Info-Häuschen beginnt der zentrale **Wander- und Fahrradweg**, und es gibt eine kleine Karte zum Mitnehmen. Seit der ehemalige US-Präsident Barack Obama Jatiluwih im Sommer 2017 besuchte, teilt sich der asphaltierte Hauptpfad in fünf Routen von 1,5 km bis 5,5 km Länge auf. Letztere ist komplett asphaltiert auch für Fahrräder geeignet. Die schönsten Ausblicke auf das ausgeklügelte, kunstvoll angelegte Bewässerungssystem bieten sich nach etwa 1 km bzw. 15 Min. Fußweg rund um das wenig passend in der Landschaft platzierte Helipad – ein Auslöser harscher Kritik seitens der Unesco. Inmitten der Felder lassen sich kleine Schreine mit Opfergaben für die Reisgöttin Dewi Sri erspähen. Zudem steht am Wegesrand eine ganz aus Bambus gefertigte überlebensgroße und detaillierte Statue der Göttin. In der Umgebung werden auch Vanille, Nelken, Kaffee, Kakao und Obst angebaut.

🖥 https://jatiluwih.id, Besucher müssen am Checkpoint an der Straße eine Eintrittsgebühr in Höhe von 40 000 Rp p. P. und 5000 Rp pro Auto entrichten.

ÜBERNACHTUNG

Adhi Jaya Suite, an der Hauptstraße, steiler Zugang 350 m südwestlich vom großen Park- und Aussichtspunkt, einfacher westlich der Straßenbiegung, Karte S. 248, ☎ 0857-9200 1636, 🖥 www.fb.com/adhijayasuite. Wer vom Balkon auf die Reisterrassen blicken möchte, ist im oberen Stockwerk der 2019 eröffneten Anlage richtig. Geräumige, klimatisierte Zimmer mit großen, bequemen Betten und Wasserkocher. Da direkt in einer Straßenbiegung gelegen, (tagsüber) etwas Verkehrslärm. ❸–❹

ESSEN

Karte S. 248.
Gong Jatiluwih Restaurant, ☎ 0858-5860 2674, 🖥 www.gongjatiluwih.com. Großes, erhöht gebautes Touristenrestaurant mit tollem Blick auf die Terrassen, bunt gemischter Speisekarte und ordentlichem Essen, u. a. Pizzas aus dem Holzkohleofen. Mittagsbuffet für 120 000 Rp p. P. ⏲ Mo–Fr 10–18, Sa und So 10–19 Uhr.
Warung Makan Ada, unterhalb von Adhi Jaya Suite, ☎ 0857-9235 4876. Im familiären Straßenrestaurant gibt's gutes Babi Guling in großen Portionen, *Nasi Campur* und dazu eine tolle Aussicht. ⏲ 9–17 Uhr.
Warung Nyoman, 13 km nordöstlich von Jatiluwih an der Hauptstraße nach Bedugul, ☎ 0819-3619 3400. Kleiner Familienbetrieb an der Straße mit gutem *Ayam* und *Bedek Betutu* für 50 000 Rp pro Portion. ⏲ 8–19 Uhr.

AKTIVITÄTEN

Green Bikes Bali, 700 m östlich vom großen Park- und Aussichtspunkt, ☎ 0812-3789 5885, 🖥 www.ebiketourbali.com. Tgl. starten E-Bike-Touren (1 Std., 260 000 Rp) durch die Reisfelder entlang des Asphaltwegs exkl. Eintritt und Transfers. Zudem 2-stündige Touren vom Batukaru hinunter durch Jatiluwih inkl. Eintritt, Mittagessen und Transfers für 1,08 Mio. Rp sowie 2-stündiges Trekking für 360 000 Rp.
Rumah Desa, an der Zufahrtsstraße 11 km südöstlich von Jatiluwih und 8 km nördlich von Marga, ☎ 0812-395 4987, 🖥 www.rumahdesa.com. Viele kontinentaleuropäische Reisegruppen besuchen die balinesischen Kochkurse für 1,05–1,5 Mio. Rp p. P. einschließlich Transport und Marktbesuch. Zudem werden geführte Wanderungen in Jatiluwih und Fahrradtouren arrangiert. Balinesisches Mittagessen für 120 000 Rp p. P.

Gunung Batukaru

Am Südhang des 2276 m hohen erloschenen Vulkans steht in gut 800 m Höhe auf einer Lichtung im Wald das wenig besuchte Bergheiligtum **Pura Luhur Batukaru**. Der größte

Schrein deutet auf Majapahit-Einflüsse hin und ist Mahadewa geweiht, dem Gott des Westens und Spender von Fruchtbarkeit und Wachstum. Nur wenige Meter östlich der Tempelbauten führen Stufen hinab zu einem stillen Wasserheiligtum in einem rechteckigen Teich. Man sollte sich genügend Zeit lassen, um die Stimmung der heiligen Stätte, mit dem Schlund des Vulkankraters im Hintergrund, auf sich wirken zu lassen.

Der Tempel ist der für den Westen zuständige Richtungstempel und daher nicht wie sonst üblich auf den Gunung Agung ausgerichtet, sondern auf den Gunung Batukaru. Zugleich ist er auch der Ahnentempel der *Rajas* von Tabanan mit Schreinen für die Götter der Bergseen Bratan, Buyan und Tamblingan.

Der Gründer des Pura Luhur Batukaru, Empu Kuturan, ein Hindu-Heiliger aus Java, fand hier wohl schon eine prähinduistische Kultstätte vor, als er im 11. Jh. den Tempel erbauen ließ. Der Pura wird in allen Verzeichnissen der sechs heiligsten Tempel Balis *(Sad Kahyangan)* aufgeführt. Sein *Odalan* feiert man einen Tag nach *Galungan*. ⊙ 8.30–17 Uhr, Eintritt 40 000 Rp inkl. Sarong- und *Slendang*.

Naturreservat, Bergbesteigung und Wanderungen

Die feuchten Urwälder auf dem Gunung Batukaru sind neben dem Nationalpark im Westen von Bali das einzige nennenswerte Wildgebiet der Insel. In dem 1762 ha großen Naturreservat **Cagar Alam Batukaru** finden Ornithologen ein lohnendes Betätigungsfeld vor. Zudem kann vom Pura Luhur Batukaru aus der Gunung Batukaru bestiegen werden. Der Aufstieg ist schwer und nur mit guter Kondition und passender Ausrüstung zu empfehlen. Mit einer guten Aussicht wird man nur bei klarem Wetter belohnt, da der Berg bis hinauf dicht bewaldet ist. Oben steht ein kleiner Tempel. Wer den Berg besteigen möchte (4 Std. hoch, 3 Std. wieder runter), kann am Pura Luhur Batukaru nach Guides Ausschau halten.

Achtung: Travellern wurden hier bereits horrende Preise genannt. In Foren wie 🖥 www.gunungbagging.com/batukaru wird daher zu einer Alternativroute, die in der Nähe von Jatiluwih beginnt, geraten.

Unternehmungslustige können mit einem Guide auch in einigen Stunden nach Westen zum **Pura Luhur Mekori** (s. u.) wandern. Einfacher ist der Wanderweg, der nördlich vom Dorf Biyahan beginnt und in einer Stunde durch das Naturreservat zu einem kleinen Bergtempel führt.

Westlich des Batukaru

Kurz vor Medewi (S. 255) zweigt eine selten befahrene Nebenstraße gen Nordosten über Tista und Pupuan ab. 11 km nördlich verläuft sie bei **Asahduren** durch ausgedehnte Gewürznelken-Plantagen. Die größte Attraktion ist der **Bunut Bolong**, ein riesiger Banyan-Baum, der am nördlichen Ortsausgang auf beiden Seiten der Straße Wurzeln geschlagen hat, sodass man durch ihn hindurchfahren muss.

Eine weitere Verbindungsstraße führt von Antosari, östlich vom Pantai Balian, gen Norden. Auf der Strecke liegt zwischen den Ortschaften Belimbing und Batungsel der kleine **Pura Luhur Mekori** in einem von Affen bevölkerten Wald nahe der Straße. Sein zentraler Schrein wird von Tigerstatuen bewacht.

Den höchsten Punkt passiert die Straße zwischen den Dörfern Pujungan und Pupuan am Westhang des Gunung Batukaru, wo östlich der Straße ein **Wasserfall** herabstürzt.

ÜBERNACHTUNG UND ESSEN

Aufgrund der milden Temperaturen benötigen Unterkünfte am Südhang des Batukaru keine Klimaanlagen. Karte S. 248.

Bali Eco Stay, Kanciana (Kemetug), Gunung Salak, ☏ 0822-4735 7768, 🖥 www.baliecostay.com. In idyllischer Lage zwischen Bergwald und Reisfeldern genießt man von den 8 liebevoll gestalteten Bungalows Aussicht bis zur Küste oder auf den kleinen Bergbach, der die Anlage durchfließt, den Pool speist und das Trinkwasser liefert. Die in luftiger Architektur erbauten Bungalows für bis zu 4 Pers. bestechen durch ihr elegantes, unaufdringliches, individuelles Interieur. Neben Trekkingtouren, Workshops und Massagen auch mehrtägige Yoga Retreats im Angebot. Restaurant mit Bio-Kost aus eigenem Anbau. Mit den

Gewinnen werden Projekte in der Umgebung unterstützt. Gutes Frühstück und Auffüllen von Wasserflaschen inkl. ❼–❽

Bali Mountain Retreat, Biyahan, ☎ 0813-3856 3590, 🖥 www.balimountainretreat.com. Erholungssuchende finden im schönen Garten saubere, luftige Zimmer mit bequemen Matratzen und Ventilator. Ein Bungalow mit Schlaf- und Wohnbereich, zudem ein einfaches Zimmer im *Lumbung*, einem alten Reisspeicher. Die nachhaltig gemanagte Anlage nutzt Quellwasser vom Berg und hat ein Restaurant mit leckerem Bio-Essen. Neben Yoga Retreats, Massagen und Workshops auch empfehlenswerte Rad- und Trekkingtouren. Gutes Frühstück und WLAN im Restaurant mit tollem Ausblick inkl. ❸–❼

Sarinbuana Eco Lodge, Biyahan, ☎ 0813-3902 8839, 0821-4559 0858, 🖥 www.baliecolodge.com. Auf 700 m Höhe haben Linda und Norm ein großes, grünes, familiäres „Hideaway" geschaffen: Die 5 komfortablen Bungalows aus Naturmaterialien für bis zu 4 Pers. mit Himmelbetten, geschnitzter Einrichtung und Open-Air-Bad sowie Veranda stehen in einem tropischen Garten. Die ökologisch und sozial engagierten Besitzer pflegen 3 aus der Gefangenschaft gerettete Affen, es werden nur natürliche Mittel zur Reinigung, Insektenbekämpfung und Düngung verwendet, Wasser stammt aus der eigenen Quelle, alle Lampen sind mit stromsparenden LEDs und Bewegungsmeldern ausgestattet, Wasser und Öl aus der Küche werden recycelt und Essensreste an die Affen verfüttert oder kompostiert, zudem stammen alle Angestellten aus der direkten Umgebung. Trekking, Massagen, Yoga und leckere Bio-Kost ohne Glutamat aus dem eigenen Garten im Restaurant. Frühstück und Auffüllen von Wasserflaschen inkl. ❻–❼

Südliche Westküste

Pantai Soka

Die Hauptstraße nach Negara und Gilimanuk trifft gut 20 km westlich von Tabanan am Pantai Soka zum ersten Mal auf die Küste. Es bietet sich ein Panorama mit langgezogenen, schwarzen Sandstränden und der Brandung südlich sowie den Reisterrassen nördlich der Straße.

An der Hauptstraße befindet sich ein riesiger, meist komplett verlassener Parkplatz. Etwas versteckt liegt im westlichen Bereich der angeschlossenen, dem Verfall preisgegebenen Hotelanlage das skurrile **Ogoh-Ogoh-Museum**, mit einem Duzend Exemplaren der 3–4 m hohen Pappmaché- und Styroporfiguren, die normalerweise in einer feierlichen Prozession symbolisch für die bösen Geister am Tag vor *Nyepi* verbrannt werden. Unter den verstaubten, teils auch beschädigten Figuren entdeckt man nicht nur gruselige *Rangdas*, sondern auch aus den klassischen Epen sowie der balinesischen Folklore bekannte Charaktere.

Das dem Pantai Soka vorgelagerte Korallenriff ist fast kreisförmig und einer alten Sage nach der umgeworfene Kochtopf des Riesen *Kebo Iwa*, der auch für die Entstehung des Gunung Batur verantwortlich sein soll (S. 293).

Kurz vor dem Pantai Soka zweigt in Badegede eine Straße nach Norden ab, die über Belimbing, Pupuan und Mayong an die Nordküste führt.

Pantai Balian

Am entspannt-lässigen Pantai Balian wohnt man netter als am Pantai Medewi. Man kann den lieben langen Tag wenig machen außer Surfen oder Abhängen, und in der Nebensaison ist es manchmal recht ausgestorben. Der dunkle Sandstrand wird nicht nur von Surfern, sondern auch von einheimischen Anglern genutzt, und die ländliche Umgebung ist von Kokospalmen durchzogen. An der Straße wird manchmal ein Eintritt von 5000 Rp erhoben.

In Balian kommen **Surfer** bei den richtigen Strömungsverhältnissen voll auf ihre Kosten. Für erfahrene Wellenreiter ist die Brandung an der Mündung des Balian-Flusses wie ein Abenteuerspielplatz, zugleich aber nicht ganz so gefährlich wie die Surfreviere rund um Uluwatu (S. 192). Besonders zwischen Juni und September können hier ihre Kunststücke bestaunt werden.

Wer sich hinauswagt, sollte auf die vielen frei stehenden Felsen und die teils gefährliche Strömung achtgeben. Aufgrund der spitzen Steine empfiehlt sich das Tragen von Riffschuhen.

Pantai Balian

ÜBERNACHTUNG
1. Surya Homestay
2. Pondok Pisces
3. Gubug Balian Beach Bungalows
4. Balian Riverside Sanctuary
5. Pondok Pitaya Hotel

ESSEN
1. Deki's Warung
2. Pondok Pitaya Restaurant & Bar

Achtung: Es kam bereits zu einigen Zwischenfällen mit Bullenhaien! Wenn der Fluss nach schweren Niederschlägen trübe Wassermassen ins Meer spült, sollte man nicht surfen. Besondere Vorsicht ist an der Flussmündung und in den Morgenstunden geboten.

Pantai Medewi

Am steinigen Pantai Medewi befindet sich 25 km westlich von Balian ein bekannter Surfspot, angeblich mit den längsten Lefthand Breaks der Insel. Restaurants, Unterkünfte und Surfläden haben sich hier angesiedelt, und hin und wieder finden Wettbewerbe statt. Der steinige Grund erfordert das Tragen von Riffschuhen. Für Nichtsurfer gibt's kaum Freizeitalternativen und nur nahe des Puri Dajuma weiter östlich einen Badestrand. An der Zufahrt wird meist ein Eintritt von 5000 Rp fällig.

Yeh Embang

6 km westlich von Medewi liegt 500 m abseits der Hauptstraße der im 15. Jh. auf einem Felsen über dem dunklen Strand erbaute **Pura Luhur Rambut Siwi**. Wie so viele andere Küstentempel ist er dem Hindu-Priester Danghyang Nirartha geweiht, der an diesem Ort einst ein Dorf von einer Seuche befreite. Da er anschließend weiter zum *Raja* von Gelgel zog, hinterließ er den dankbaren Bewohnern, die ihn gerne dauerhaft aufgenommen hätten, nur ein paar Haare (*Rambut* bedeutet „Haar"). Das Heiligtum lädt zu einer Pause ein. An klaren Tagen blickt man bis hinüber an den Ostzipfel von Java. Neben dem dreistufigen *Meru* für Nirartha sind Schreine für die Göttin der Gewässer, Dewi Danu, und Shiva errichtet worden. Der innerste Bereich steht nur Gläubigen offen. Zwei Treppen führen hinunter an den Strand zu kleineren Tempeln und Höhlen. Eintritt 20 000 Rp, Parken 5000 Rp.

ÜBERNACHTUNG

Pantai Balian
Karte s. links.
Die Abzweigung, die von der Hauptstraße zur Balian-Bucht führt, liegt 5,4 km nordwestlich vom Pantai Soka. Von hier sind es etwa 600 m bis zu den ersten Unterkünften.
Balian Riverside Sanctuary, wird von Pondok Pices (s. u.) verwaltet. Am östlichen Ende der Bucht an der Flussmündung gelegene Unterkunft mit idyllischem Garten mit Pool. 4 geräumige, 2-stöckige Bungalows mit Open-Air-Bad mit schön verzierten Türen, teils auch mit Küche. Da es keine Klimaanlagen gibt, sind die Räume recht heiß und stickig. Frühstück inkl. ❷–❹
Gubug Balian Beach Bungalows, ✆ 0812-3963 0605, ✉ gubugbalian@gmail.com. Auf dem weitläufigen Areal liegen 4 Massivhäuschen und 5 Doppelstockbungalows aus Ziegelstein mit kleinem Bad, die trotz der großen Glasfront recht dunkel, aber allesamt klimatisiert sind. Die günstigeren Zimmer im Reihenhaus mit Ventilator können sehr heiß werden. Schöner Überlaufpool mit Meerblick. Motorradverleih. Frühstück inkl. ❸–❺
Pondok Pisces, ✆ 0813-3879 7722, 🖥 www.fb.com/Pondok.Pisces.Bali. Charmante, dicht bepflanzte Anlage mit 4 mit *Alang-Alang*-Gras ge-

Am ruhigen Pantai Balian lässt sich gut surfen und entspannen.

deckten, 2-stöckigen und teils mit schönen Schnitzereien verzierten Bungalows mit Terrasse, die 12 Zimmer mit guten Matratzen, Kühlschrank, Wasserkocher und teils aus Naturstein gebauten Bädern beherbergen, eins ist klimatisiert. Sie sind alle nett eingerichtet, aber etwas überteuert und nicht mehr ganz frisch. Frühstück im Café-Restaurant inkl. ❸–❺

Pondok Pitaya Hotel, ☏ 0819-9984 9054, 🖥 www.pondokpitaya.com. Große, überteuerte, aber nette Anlage am unteren Ende der Straße mit Überlaufpool auf Strandhöhe. Im hinteren Bereich des schönen, gepflegten Gartens liegen hübsche, mit viel Holz gestaltete, klimatisierte „River Suites", zudem größere Häuser für bis zu 8 Pers. bis 3,2 Mio. Rp. Freundliches Personal. Frühstück inkl. ❺–❼

€ **Surya Homestay**, ☏ 0813-3868 5643, 🖥 www.suryahomestaybali.wordpress.com. Die sehr freundlichen Gastgeber Putu (die sehr gut Englisch spricht) und Wayan vermieten in ihrem kleinen Garten mit Bananenstauden 5 einfache, saubere Bungalows mit Moskitonetz und Ventilator oder Klimaanlage, Bad und Veranda. Frühstück inkl. ❸–❹

Pantai Medewi und Umgebung
Karte S. 242.

Bambora Medewi Wave Lodge, ☏ 0365-450 1999, 🖥 www.bomboramedewi.com. Attraktive, sehr cool designte, moderne Surflodge mit Überlaufpool mit Blick auf den Surfbreak und komfortablen, gemütlichen, etwas dunklen Zimmern mit allen Annehmlichkeiten. Die Deluxe-Zimmer sind sehr geräumig. Freundliches Personal. ❼

Mai Malu Homestay & Restaurant, ☏ 0819-1617 1045, 🖥 www.fb.com/MaiMaluMedewi. Das günstigste Hotel in direkter Nähe des Surferstrandes beherbergt einfache, saubere, etwas beengte Zimmer mit Federkernmatratzen und sehr kleinen Bädern, teils sind die Räume klimatisiert. Hochterrasse und obere Zimmer mit Meerblick. Das Restaurant ist gut und ebenfalls günstig. Einige der Mitarbeiter sprechen sehr gutes australisches Englisch. Einfaches Frühstück inkl. ❷–❸

🌳 **Puri Dajuma**, Pekutatan, am Ende einer 1,8 km langen Zufahrt von der Hauptstraße, ☏ 0811-388 709, 🖥 www.dajuma.com. Ansprechendes, bei deutschen Urlaubern beliebtes Strandresort mit 2 lang gezogenen Pools im schönen, gepflegten Garten mit vielen Bäumen. 18 geräumige, hübsche, zeitgemäße, klimatisierte Cottages mit Safe, Minibar, Moskitonetz, Hängematte und sehr hübschen, begrünten Open-Air-Bädern, zudem 2 Suiten und 5 Villas. Lokal rekrutiertes Personal, Kompostierung von organischen Abfällen, Strandreinigungen, Recycling von Glasflaschen und Sammeln von Regenwasser. Fahrradtouren, Tanz-, Schnitz- und Kochkurse, Spa, Yoga Center und viele Ausflüge in West-Bali. Surfbrett-, SUP- und Mountainbikeverleih. 3 Restaurants. Frühstück und Auffüllen von Wasserflaschen inkl. ❼

ESSEN

Pantai Balian
Karte S. 255

€ **Deki's Warung**, ☏ 0858-5577 8447. Auf der kleinen Speisekarte findet sich neben den klassischen, günstigen Backpacker-Gerichten auch Gegrilltes. Schöner Blick auf die Surfer in der Bucht. ⏱ 7–21 Uhr.

Pondok Pitaya Restaurant & Bar, s. „Übernachtung". Im großen Restaurant am unteren Ende der Straße werden allerlei Speisen zu angemessenen Preisen serviert, z. B. Burger und Pizzas, aber auch leckeres Lokales und Cocktails. WLAN. ⏱ 8–23 Uhr.

TRANSPORT

Zu den Abzweigungen, die zum Pantai Balian oder Pantai Medewi führen, gelangt man mit **Bussen**, die auf der Hauptstraße zwischen Denpasar und Gilimanuk verkehren.

Negara und Umgebung

Das Verwaltungszentrum des Distrikts Jembrana liegt 73 km westlich von Tabanan an der Hauptstraße nach Gilimanuk. Die Kleinstadt hat für Touristen nicht viel zu bieten, in der Umgebung finden aber spektakuläre **Wasserbüffelrennen** (s. Kasten S. 259) statt. Negara hat sich seinen charmant-ursprünglichen Charakter bewahrt, weit entfernt von den touristischen Zentren der Insel.

Übernachten kann man in Nachbarschaft vom großen **Artasedana Supermarket**, ⏱ 8–22 Uhr, im **Negara Hotel**, Jl. Ngurah Rai 107, ☏ 0877-6144 2728, 🖥 www.negarahotel.com, einem etwas schmuddeligen Motel mit 44 Zimmern. Die billigsten sind sehr einfach, bessere sind klimatisiert. Frühstück inkl., ❷–❹.

Weiße oder gelbe **Busse** nach DENPASAR (Busbahnhof Ubung), 90 km, via TABANAN (73 km, 30 000 Rp, 1 1/2 Std.) verkehren ab dem Busbahnhof in der Jl. Pahlawan bis 17 Uhr für 30 000–40 000 Rp in 2 Std. Nach GILIMANUK, 34 km, bis 18 Uhr für 15 000–20 000 Rp in 1 Std.

Perancak

Im moslemischen Fischerdorf an der Flussmündung im Süden von Negara landete Mitte des 16. Jhs. angeblich der berühmte Shiva-Priester Danghyang Nirartha nach seiner Überfahrt von Blambangan auf Java in einer Kürbisschale. Anschließend ruhte er unter einem *Ancak*-Baum, einem Verwandten des Banyan. Der an dieser Stelle erbaute Tempel heißt deshalb **Pura Gede Perancak**, eine schöne, an der Flussmündung gelegene Anlage aus weißem Korallengestein. Sein *Odalan* wird elf Tage nach *Kuningan* gefeiert.

Musikalische Besonderheiten aus Bambus

Im Distrikt Jembrana stößt man auf einige Eigenheiten in Musik und Tanz. Ein gebräuchliches Instrument ist das **Bumbung**, eine Art Bambus-Xylophon. Ein komplettes Gamelan-Orchester, das nur aus Instrumenten aus Bambus besteht, ist das **Gamelan Jegog** mit bis zu 3 m hohen Tonwerkzeugen. Die resultierende *Jegog*-Musik ist sehr schnell und rhythmisch.

Tänze und Tanzdramen, die von Bambusinstrumenten begleitet werden, sind u. a. der *Joged Bumbung*, ein reiner Unterhaltungstanz, bei dem sich die Tänzerinnen ihre Partner aus dem Publikum holen, und der *Kendang Mebarung*, der meist in einem Trommler-Wettstreit gipfelt.

Pengambengan

Pelabuhan Pengambengan, knapp 6 km südwestlich von Negara, ist der wichtigste Fischereihafen von Bali. Fischer kreuzen mit ihren bunt verzierten *Prahu*, den traditionellen Booten, in der Meeresstraße Selat Bali. Manche haben Hochsitze, auf denen der Kapitän „thront", während die Boote in Zweierpaaren hinausfahren. Ein Großteil des Fangs wird in Strandnähe in Konservenfabriken verarbeitet – was deutlich zu riechen ist.

Folgt man der Hauptstraße weiter gen Westen, rücken nördlich der Straße die bewaldeten Berge näher an die Küste, die Dörfer werden spärlicher, und auch die sonst reich verzierten Tempel werden schlichter. Wenige Kilometer vor Gilimanuk kann man die ersten Makaken entdecken, die am Straßenrand herumlungern.

Christliche Dörfer

Auf halbem Weg zwischen Negara und Gilimanuk zweigen Straßen zu Dörfern ab, in denen balinesische Christen leben. In Palasari, Warnasari und Ekasari wohnen Katholiken, die rund 1900 Einwohner von Belimbingsari sind hingegen Protestanten.

Sehenswert ist die katholische Kirche **Gereja Santo Fransiskus** in **Palasari**, die 1940 erbaut wurde und balinesische Bau- und Dekorationselemente mit gotisch-christlicher Symbolik vereint. Ebenfalls in Palasari weist die schöne **Gereja Katolik Hati Kudus Yesus** aus den 1950er-Jahren typisch balinesische Elemente auf: So wird sie wie bei Tempeln üblich von einem mehrstufigen Dach gekrönt, und die Frontfassade ähnelt einem Tempeltor. 100 m entfernt wird an der Mariengrotte **Goa Maria** die Mutter Jesu verehrt.

Im protestantischen **Belimbingsari** ist die Kirche schlichter, dafür ruft eine balinesische *Kul-Kul*-Trommel zum Gottesdienst, die geschnitzten Engelsfiguren sehen aus wie Balinesen, und eine Dämonenmauer hält böse Geister fern.

Auch weitere balinesisch-hinduistische Kulturelemente wurden ins Christentum integriert: Die Kirchen werden zu hohen Feiertagen mit den gleichen Stilmitteln dekoriert, die von Hindus während der *Galungan*-Feiern verwendet werden. Zur Weihnachtsmesse tragen die Gläubigen dieselbe Festtagskleidung wie sonst bei Tempelfesten. In den kirchlichen Schulen wird zudem Musik und Tanz unterrichtet, wobei nicht *Mahabharata* und *Ramayana*, sondern biblische Themen mit balinesischen Tänzen dargestellt werden.

1,5 km nördlich von Palasari staut ein Damm das 1300 ha große, 8 Mio. m³ fassende **Palasari Reservoir** – ein beliebtes Wochenendausflugsziel.

Gilimanuk

Der Hafen für die Fähren zwischen Bali und Java liegt 125 km von Denpasar und 86 km von Singaraja entfernt auf einer kleinen Halbinsel. Auf der stark von Lastwagen und Bussen befahrenen Schnellstraße kann man das wenig attraktive Gilimanuk von Denpasar aus in rund drei Stunden erreichen. Eine Übernachtung muss man hier definitiv nicht einplanen. Die Bevölkerung stammt mehrheitlich aus Java und Madura und ist folglich moslemisch geprägt. Entsprechend fühlt man sich hier eher auf Java als Bali.

Kurioserweise sind die markantesten Bauwerke jedoch keine Moscheen, sondern das spinnenartige, viergliedrige **balinesische Tor**, das die Zufahrtsstraße zum Hafen überspannt, und die 25 m hohe, weiße, auf das Meer hinausblickende Buddha-Statue des **Vihara Empu Astapaka**. Die symbolische Haltung ihrer beiden erhobenen Hände *(Abhaya Mudra)* drückt Furchtlosigkeit und Wohlwollen aus, was böse Geister abwehren und den zur See Fahrenden sicheres Geleit bieten soll.

TRANSPORT

Busse
Ab dem **Busbahnhof** gegenüber vom Hafen fahren Busse und Minibusse (oft erst, sobald sie voll sind) nach:
DENPASAR (Busbahnhof Ubung), 125 km, via NEGARA (34 km, 15 000–20 000 Rp, 1 Std.) und

Wasserbüffelrennen

Im frühen 20. Jh. brachten Reisbauern aus Madura die Tradition zweier temporeicher **Erntedankrituale** mit. Die in bewässerten Feldern abgehaltenen *Makepung Lampit* finden zu Beginn der Reisanbausaison statt, um gemeinschaftlich den Boden der Felder zu pflügen, während die populäreren *Makepung*-Büffelrennen ihr Ende markieren. Dabei wird der Wettkampf auf sieben fest abgesteckten Strecken im westlichsten Distrikt von Bali durchgeführt, etwa in Perancak (S. 257).

Besonders im April/Mai und September/Oktober finden sonntagvormittags auf abgeernteten Reisfeldern rund um Negara kleinere **Rennen** statt. Die festlich ausgelassene Stimmung mit buntem Rahmenprogramm, einschließlich Büffel-Modenschau, lockt Hunderte von Zuschauern an. Die Höhepunkte des Rennjahres sind der prestigeträchtige Jembrana Regent's Cup im August und der Governor's Cup im Oktober/November, die für gewöhnlich auf der Rennbahn von Delod Berawah südöstlich von Negara abgehalten werden.

Ein bunt dekorierter zweirädriger Karren *(cikar)* mit Jockey wird von zwei **Büffeln** *(kerbau pepadu)* gezogen, die kräftemäßig und farblich zueinander passen. Die bis zu einer Tonne schweren Kraftpakete werden eigens zu diesem Zweck gezüchtet und müssen keine Feldarbeit verrichten. Vor dem Rennen werden ihre Köpfe reich verziert *(gelungan)*, die Hörner mit bunten Stoffsocken eingehüllt und auf der Deichsel ein Banner *(badong)* befestigt. So erinnert ihr Aussehen entfernt an traditionell geschmückte balinesische Tänzerinnen. Auf das Startsignal und die Peitschenhiebe der Jockeys hin donnern die sonst so sanften Tiere mit einem verblüffenden Tempo von bis zu 60 km/h an den johlenden Zuschauern vorbei über die Strecke, um eine Wendemarke herum und wieder zurück. Da Wasserbüffel weiche Hufe haben, zieht man Reisfelder der Straße vor, damit sich die Tiere nicht verletzen.

Die **Rennstrecke** ist meist 2 bis 3 km lang und so schmal, dass sie nur einem Karren Platz bietet. Daher starten die Karren stets hintereinander. Sieger ist nicht unbedingt das schnellste Team, denn auch Stil und Eleganz werden bewertet.

Es kommt immer wieder vor, dass der **Jockey** die Kontrolle über seine Bullen verliert und der Wagen ausbricht. Dann gilt es, der tonnenschweren Gefahr so schnell wie möglich auszuweichen. Manchmal fallen Jockeys in Trance. Auch dann gilt es, ihnen aus dem Weg zu gehen.

Mit den Rennen erbitten die Balinesen den Segen der Götter für die nächste Ernte. Gleichzeitig geben die Büffel etwas von ihrer Kraft an die Reisfelder ab. Wie immer bei solchen Veranstaltungen wird hoch gewettet.

Die genauen **Termine** variieren, am besten ist es, sich vorher in den Hotels der Umgebung, etwa im Puri Dajuma (S. 256), zu informieren.

TABANAN (106 km, 50 000 Rp, 3 Std.) von 6–16 Uhr alle 15 Min., 16–1 Uhr stdl. und 1–6 Uhr alle 30 Min. für 60 000–80 000 Rp in 3–4 Std. PADANG BAI, 159 km, um 1 und 13.30 Uhr für 70 000 Rp in 4 1/2 Std. SINGARAJA, 86 km, via PEMUTERAN (32 km, 45 Min., 25 000 Rp) und LOVINA (77 km, 1 3/4 Std.) von 9.30–16 Uhr alle 30–40 Min. für 40 000–50 000 Rp in 2–2 1/2 Std.

Fähren

Nach KETAPANG/BANYUWANGI (Ost-Java) verkehren Fähren rund um die Uhr alle 15 Min. für 9600 Rp, Kinder 6500 Rp, Motorrad 29 000–42 000 Rp, Pkw 199 855 Rp, in etwa 1 Std. Nur bargeldlose Zahlung, Guthabenkarten gibt's in jedem Indomaret.

Den **Zeitunterschied** beachten: Auf Java ist es 1 Std. früher als auf Bali.

Bali-Barat-Nationalpark

Der 190 km² große **Taman Nasional Bali Barat** im Westen der Insel ist der einzige Nationalpark auf Bali und umfasst die Hügelkette mit dem Gunung Penginuman (613 m) sowie den äußersten Zipfel der Insel, ein Kap um den Gunung Prapat Agung (322 m) nordöstlich von Gilimanuk. Die Landschaft ist mehrheitlich savannenartig geprägt, die Küsten sind von Mangrovenwäldern gesäumt, und in den höheren Lagen gedeihen gemischte Monsunwälder. Die Vegetation ist die meiste Zeit des Jahres über eher karg, in und direkt nach der Regenzeit hingegen deutlich grüner. In der **Teluk Terima** und auf **Pulau Menjangan** gibt's Korallengärten, Schildkrötenstrände und Seevogelkolonien, die das Naturschutzgebiet für Taucher und Ornithologen attraktiv machen.

Insgesamt kommen knapp 160 Vogelarten vor. Die berühmteste Spezies ist der in den Wäldern des Hügellands lebende, endemische weiße **Bali-Star** *(Leucopsar rothschildi, jalak putih)*. Wegen ihm wurde ein Teil des Nationalparks bereits 1947 vom damaligen *Raja* zum Naturschutzgebiet erklärt. Einige Pärchen der vor wenigen Jahren fast ausgestorbenen Art nisten rund um das Parkhauptquartier.

Infos zum Besuch des Nationalparks

Hauptquartier und Visitor Center

Das Parkheadquarter **Balai Taman Nasional Bali Barat** (Tourist Information Center Bali Barat National Park), ✆ 0365-61060, liegt an der Hauptstraße in **Cekik**, 3 km südlich von Gilimanuk, an der Abzweigung nach Singaraja. Hier gibt's Informationen und die Möglichkeit, Trekkingtouren zu buchen, ⏱ Mo–Fr 7.30–16 Uhr. Touren können ebenfalls in **Labuhan Lalang** im **Visitor Center** an der Anlegestelle der Menjangan-Boote, ✆ 0813-3839 9576, ⏱ 7.30–17 Uhr, sowie über Tauchzentren und Hotels in Pemuteran (S. 262) gebucht werden.

Guide

Sehr engagiert, freundlich und gut Englisch sprechend ist **Iwan**, ✆ 0819-3167 5011, der bereits seit mehr als 20 Jahren durch den Park führt.

Eintritt und Gebühren

200 000 Rp pro Tag, an Sonn- und Feiertagen 300 000 Rp, für Taucher +25 000 Rp, für Schnorchler +15 000 Rp, Fotoerlaubnis 250 000 Rp.

Trekking

Trekking mit Guide für 1–2 Pers. kostet 350 000 Rp für 2 Std., 450 000 Rp für 3 Std. und 1,5 Mio. Rp für 5–7 Std. Mangroventouren, Vogelbeobachtungen (ab 5 Uhr) und Tiersafaris (nur in den Sommermonaten) kosten jeweils 700 000 Rp für 2–4 Std.

Tauchen und Schnorcheln

Ein 6-stündiger Ausflug kostet ab 1,1 Mio. Rp für Taucher bzw. ab 300 000 Rp für Schnorchler und beinhaltet Transfers, Ausrüstung, Guides, Mittagessen und zwei Tauch- oder Schnorchelgänge, nicht aber den Nationalparkeintritt.

In den **Mangroven**, die rund 70 km² der Nationalparkfläche einnehmen, kann man Makaken beobachten, die Krabben verspeisen. Daneben begegnet man eventuell dem

Schwer einzuschätzen, welchen Unfug der Makake im Baum gerade aussheckt – Vorsicht ist angebracht.

Indischen Muntjak- oder dem Mähnenhirsch, Wildschweinen und mit viel Glück auch Bengalkatzen.

Im Nationalpark kann man in den luxuriösen, abgelegenen Unterkünften von **The Menjangan**, Karte S. 242, ✆ 0362-94700, 🖥 www.themenjangan.com, übernachten. Neben der Monsoon Lodge rund um den großen Pool gibt's Beach Villas und eine Privatresidenz. Ein Spa mit Meerblick liegt im Mangrovenwald. Frühstück inkl. Der über den Baumwipfeln thronende, 30 m hohe Turm des **Bali Tower Bistro** mit atemberaubender Rundumsicht steht auch Tagesgästen offen, ⏲ 7.30–15 Uhr. ❼–❽.

Pulau Menjangan

Eines der besten Tauch- und Schnorchelgebiete Balis erstreckt sich vor den von Mangroven gesäumten Küsten rund um die unbewohnte, 1,75 km² große Pulau Menjangan. Nach einer halbstündigen Überfahrt kann man mit etwas Glück an den Stränden Mähnenhirsche *(Rusa, Cervus timorensis)* entdecken. Unter der Wasseroberfläche wartet eine abwechslungsreiche Unterwasserwelt (s. Kasten S. 264). Steil abfallende Riffe mit einer großen Artenvielfalt sowie nur leichten Strömungen und Sichtweiten von bis zu 40 m machen Pulau Menjangan zu einem Top-Ziel für Taucher und Schnorchler jeder Erfahrungsstufe. Frühmorgens ist das Wasser am klarsten, und die Fische sind am aktivsten.

Von den beiden **Anlegestellen** nahe Labuhan Lalang sowie Banyuwedang setzen Ausflugsboote zur Pulau Menjangan über. Zum Schnorcheln oder Tauchen sind ein Führer und die nötige Ausrüstung erforderlich (s. Kasten S. 260).

Teluk Terima

Von der Straße nach Singaraja landeinwärts liegt auf einem Hügel der friedliche **Pura Jayaprana** (auch: Pura Teluk Terima). Ein Stufenweg führt durch den Wald hinauf zu tollen Ausblicken über die Bucht bis zur Pulau Menjangan.

Der Ort ist eine Gedenkstätte für Jayaprana und seine Frau Layonsari, die im 16. Jh. lebten und im Tempel als Statuen dargestellt werden. In ganz Bali kennt man ihre Geschichte, die sogar Stoff für Tanzdramen und *Wayang*-Aufführungen liefert: Jayaprana wächst als Waise am Königshof von Buleleng auf. Der König erlaubt ihm, die schöne Layonsari zu heiraten, verliebt sich aber selbst in sie. Also lässt er Jayaprana von einem seiner Minister ermorden und versucht, Layonsari zu seiner Frau zu machen. Doch diese zieht den Selbstmord vor, und vereint wird das Ehepaar an der Teluk Terima bestattet. Von Besuchern wird eine kleine Spende erwartet.

Pemuteran

Dank der Schnorchel- und Tauchreviere vor der Ortschaft und rund um die nahe Pulau Menjangan boomt der Tourismus im wenige Kilometer östlich des Bali-Barat-Nationalparks gelegenen Pemuteran. Der Ort hat einen für die Nordküste schönen, breiten Sandstrand, dem ein natürliches Korallenriff im Osten und ein **künstliches Riff** (s. Kasten S. 265) im Westen vorgelagert sind. In keiner anderen Ecke Balis ist ein so großes Terrain mit Korallengärten in flachem Wasser ohne starke Strömungen oder hohe Wellen von der Küste aus zugänglich. Die Riffe sind Zufluchtsorte für u. a. Krokodil-, Skorpion-, Clown-, Rotfeuerfische und bunte Federsterne. Eine Tagestour zur Pulau Menjangan sollte jeder Besucher einplanen.

Es gibt kein richtiges Ortszentrum. Zahlreiche Unterkünfte erstrecken sich verstreut entlang der ziemlich lauten Durchgangsstraße und im Hinterland. Die größeren, teuren Unterkünfte liegen direkt am Strand. Viele Anlagen betreiben eigene Tauchzentren und vermitteln Wanderungen oder Bootstouren im Nationalpark. Abgesehen von der spannenden Unterwasserwelt passiert relativ wenig, sodass Nichttaucher am Strand richtig ausspannen können. Wer vor dem Strand schnorcheln möchte, findet eine Einstiegsstelle zum Biorock-Riff östlich vom Pondok Sari Beach Resort & Spa.

Rund 100 m weiter östlich betreiben die Reef Seen Divers das **Turtle Project Pemuteran**. Besucher können die Schildkrötenaufzucht mit 3 kleineren Becken für 25 000 Rp besuchen und tgl. gegen 9 Uhr für weitere 100 000 Rp eine hier geschlüpfte Babyschildkröte freilassen. Alle 30 Min. gibt's eine kurze Einführung mit Informationen zum Projekt, Fütterung um 16.30 Uhr. ⊙ 9–12 und 13–17 Uhr.

Wo wenige Kilometer östlich von Pemuteran steile Felswände die Straße an den Strand drängen, schmiegt sich der kleine, in die Felsklippen gebaute Höhlentempel **Pura Goa Tirta Surya** und gut 500 m weiter die von Affenhorden bevölkerte Tempelanlage **Pura Pulaki** an eine schwarze Klippe. Letztere ist zwar relativ schmucklos, wird aber dennoch oft zu den *Sad Kahyangan*, den sechs heiligsten Tempeln von Bali, gezählt. Seine Gründung geht auf den wohlbekannten Danghyang Nirartha aus Java zurück, dessen schöne Tochter Swabana von einem Mann aus Pegametan entführt wurde. In seinem Zorn verfluchte der Priester das Dorf, das gleich darauf in Asche lag, und die Bewohner verwandelten sich in niedere Dämonen. Die schöne Swabana verließ ihren unreinen Körper und stieg als Dewi Melanting in die Götterwelt auf. Zu ihrem Andenken ließ Nirartha den Tempel erbauen, und Dewi Melanting avancierte zur Göttin des Handels und Reichtums. Fast jeder Marktflecken auf Bali hat seitdem einen *Pura Melanting*, um der Göttin zu opfern.

ÜBERNACHTUNG

In der Hochsaison schnellen die Zimmerpreise nach oben. Dann verlangen manche der „günstigen" Homestays doppelt so viel wie sonst. In der Nebensaison kann man hingegen echte Schnäppchen ergattern.
Die Zimmer vieler Unterkünfte ähneln sich stark in ihrer Ausstattung und Gestaltung. So haben beispielsweise alle hier gelisteten Unterkünfte Open-Air-Bäder, die teilweise schön mit Pflanzen begrünt sind.

Untere Preisklasse

Jassri Homestay, ✆ 0822-3683 0189, 🖥 www.fb.com/jassrihomestay. Im kleinen, gepflegten Garten verbergen sich zurückversetzt von der Hauptstraße 6 saubere, geräumige, klimatisierte Zimmer mit guten Betten. Familiäre Leitung und sehr freundliches Personal. Leider hört man frühmorgens den Muezzin der gar nicht so nahen Moschee und etwas Straßenlärm. Frühstück inkl. ❷–❹

Pemuteran

ÜBERNACHTUNG
1. Pondok Rahayu Gh.
2. Pondok Sari Beach & Spa Resort
3. Amertha Bali Villas
4. Jassri Homestay
5. Taruna Boutique Homestay & Spa
6. Oma In Gh. (Dimpil Homestay)
7. Arjuna Homestay

SONSTIGES
1. Bali Diving Academy
2. Sea Rovers Dive Centre
3. Easy Divers
4. Dive Concepts

ESSEN
1. Poleng Beachfront Restaurant
2. Warung D'Bucu
3. La Casa Kita
4. Tirta Sari Restaurant
5. Warung Setia
6. Bali Balance Café & Bistro
7. Joe's Bar & Restaurant (70E Baresto)

Oma In Gh. (Dimpil Homestay), als Dimpil Gh. ausgeschildert, ☎ 0811-398 1528, 🖥 www.dimpilhomestay.blogspot.com. Hinter dem kleinen Restaurant und dem Pool werden in ruhiger Lage im langgezogenen Reihenhaus 8 Zimmer mit bequemen Himmelbetten vermietet. Wegen der hohen Decken schafft die Klimaanlage (+100 000 Rp) es nicht den Raum richtig herunterzukühlen. Der Garten ist recht karg, aber das Personal freundlich und hilfsbereit. ❷–❹

Pondok Rahayu Gh., ☎ 0852-3790 2341, 🖥 http://bit.ly/PondokRahayu. Rund um den gepflegten Garten liegen die 7 klimatisierten Zimmer mit Himmelbetten mit Moskitonetz und Safe. Pak Budi und Ibu Nila sorgen für eine nette, familiäre Atmosphäre. Kleines Frühstück inkl. ❷–❹

Mittlere Preisklasse

Arjuna Homestay, ☎ 0812-3635 1739, 🖥 www.arjuna-homestay.com. Im 2-stöckigen Haus gibt's 16 saubere, ansprechende, klimatisierte Zimmer mit dicken Matratzen und Moskitonetzen, oben mit kleinem Balkon. Zimmer für 3–4 Pers. für 520 000–650 000 Rp. Nach dem Tauchen entspannt man in den Liegesäcken am Pool oder an der kleinen Bar. Der freundliche Franzose Nicola ist darum bemüht, den ökologischen Fussabdruck zu minimieren: Neben Kollaborationen mit Trash Hero werden keine Plastikflaschen oder einzeln verpackte Butter und Marmeladen serviert, Wasserflaschen werden kostenlos aufgefüllt, und der Bau eines Trinkwasserbrunnens ist geplant. Tauchzentrum Dive Concepts (s. Aktivitäten). Frühstücksbuffet inkl. ❹

Taruna Boutique Homestay & Spa, ☎ 0813-3853 6318, 🖥 www.tarunapemuteran.com. Im hübschen Garten mit einladendem Pool verstecken sich saubere, angenehm duftende Zimmer mit dunklen, etwas älteren Möbeln und Veranda, wahlweise klimatisiert. Zudem Familienzimmer mit Terrasse und Luxuszimmer mit eigenem Garten. Restaurant, Spa und Kunstgalerie. Das freundliche Personal organisiert empfehlenswerte Kochkurse im Warung für 300 000 Rp p. P. Frühstück inkl. ❹–❺

Obere Preisklasse

Amertha Bali Villas, ☎ 0823-4128 0231, 🖥 http://amerthabalivillas.com. Große, attraktive, locker bebaute Hotelanlage mit Strand-

Tauchreviere rund um Pulau Menjangan

Menjangan verfügt über neun schöne Tauchreviere, die hier im Uhrzeigersinn vorgestellt werden. Im Westen der Insel liegt der anfängerfreundliche **POS 1** mit einem sandigen, bis zu 30 m abfallenden Hang, der von Weichkorallen und vielen Fischen bevölkert ist. Am sandigen **Eel Garden** im äußersten Westen sieht man u. a. Hartkorallen, riesige Schwämme, Anemonen- und Trompetenfische. Da hier meist etwas Strömung herrscht, ist der Spot gut für Drifttauchgänge erfahrener Taucher geeignet. Die Überreste eines Holzschiffs aus dem 19. Jh. können beim **Anchor Wreck (Kapal Budak)** in 33 m Tiefe erkundet werden. Zudem ist der Spot ein guter Ort, um Schildkröten und Haie zu beobachten und entlang dem sich über dem Wrack erstreckenden, artenreichen Steilabfall zu tauchen. Bereits auf 6 m findet sich der große Anker des Schiffs. Für Anfänger eignen sich die bereits ab 3 m Tiefe spannenden, strömungsarmen **Sandy Slopes** im Norden von Menjangan mit Aalen und Flundern. Die benachbarten **Korallengärten** wurden 2017 durch hohen Wellengang, Stürme und zu warmes Wasser in Mitleidenschaft gezogen. Entlang der von 8 auf 40 m abfallenden Steilwand leben große Schnapper und schwarz getüpfelte Riffhaie. Im Osten schließt sich mit dem **Temple Wall** unterhalb des der Hindu-Gottheit Ganesha gewidmeten Tempels ein sandiger Tauchspot an, in dem Krokodilfische und Nacktschnecken leben. Von hier geht's in einem entspannten Drifttauchgang bis zur **Bat Cave** im äußersten Osten der Insel, wo mit viel Glück Walhaie bestaunt werden können. Das **POS 2** im Südosten ist der beliebteste Tauchspot Menjangans und besteht aus einer bis zu 40 m tief abfallenden Riffwand mit Doktor-, Papageienfischen, Barrakudas, Garnelen und Haien. Manchmal schauen sogar Mantas vorbei. Der benachbarte **Cave Point** beherbergt Unterwasserhöhlen mit interessanten Felsformationen.

zugang und 34 geräumigen, komfortablen Zimmern mit etwas älterer Einrichtung, Himmelbetten, großen Fenstern, Moskitonetzen und großzügigen Bädern. 2–4 Zimmer teilen sich einen sehr schönen Gemeinschaftsbereich mit Pool und Liegen sowie Küchenzeile mit Mikrowelle. Sie können auch als ganze Villa gebucht werden (ab 1,7 Mio. Rp). Riesiger Pool neben dem guten Restaurant am Meer und Spa. Frühstück inkl. ❼–❽

Pondok Sari Beach & Spa Resort, ✆ 0362-94738, 🖥 www.pondoksari.com. Bei deutschsprachigen Urlaubern beliebte, weitläufige, gepflegte Gartenanlage mit Pool, Spa, Tauchzentrum unter schweizerischer Leitung und Strandzugang sowie 39 sauberen, hübsch dekorierten und eingerichteten, bereits etwas älteren Bungalows. Strandrestaurant. Frühstück und WLAN im Restaurant inkl. 4 Nächte Mindestaufenthalt in der Saison. ❻–❼

ESSEN

Bali Balance Café & Bistro, ☎ 0853-3745 5454, 🖥 www.fb.com/balibalance. Das freundliche, saubere Café bietet neben gutem Kaffee auch Vollkornbrot-Sandwiches, Salate, leckere Kuchen (Tipp: Streuselkuchen) und Quiche sowie Frühstück. Auf Bestellung gibt's sogar Zwiebelkuchen nach deutschem Rezept. Im kleinen Garten hinter dem Gebäude nette Sitzgelegenheiten an dunklen Holztischen. Mittlere bis obere Preisklasse. ⏰ 9–19 Uhr.

Joe's Bar & Restaurant (70E Baresto), ☎ 0852-3739 0151. Unter dem aus einem alten javanischen Haus gezimmerten *Joglo* und an der zu einem langen Tisch umfunktionierten *Jukung* werden günstige Gerichte aufgetischt. Der Chef hat lange in den USA gelebt. An der leider nicht mehr ganz üppig ausgestatteten Bar gibt's Cocktails und in der Hochsaison Fr abends Livemusik. Nette Atmosphäre. ⏰ 11–1 Uhr.

La Casa Kita, ☎ 0821-4703 9333, 🖥 https://la-casa-kita.business.site. Das luftige Restaurant mit Tischen im Garten ist für seine guten Steinofenpizzas bekannt, die besten im Ort. Weiterhin stehen die üblichen Favoriten auf der Speisekarte. ⏰ 14–23 Uhr.

Poleng Beachfront Restaurant, ☎ 0362-93264, 🖥 www.tamansaribali.com. Das direkt am Strand gelegene Hotelrestaurant des Taman Sari Resorts überrascht mit leckeren, fair bepreisten lokalen und westlichen Gerichten in großzügigen Portionen. Tipp: *Gado-Gado* und *Cah Kangkung* (Wasserspinat). Die Cocktails sind nicht der Rede wert. Kinderfreundlicher Service. ⏰ 11–21 Uhr.

Tirta Sari Restaurant, ☎ 0878-6313 1567, 🖥 www.tirtasaribungalow.com. An der Straße gelegenes, beliebtes Gartenrestaurant mit freundlichem Service sowie leckeren, schön angerichteten Speisen zu guten Preisen in großzügigen Portionen. Der saisonal erhältliche Mango-Eistee ist in seiner Ausführung einmalig. Eine gute Wahl zum Abendessen. Auch Kochkurse für 150 000–200 000 Rp p. P. ⏰ 9–22 Uhr.

Warung D'Bucu, ☎ 0853-3809 6639, 🖥 https://warungdbucu.business.site. Sehr beliebtes, luftiges Restaurant in ruhiger Lage mit ordentlichen Portionen zu günstigen

Das Biorock-Projekt

Die Korallengärten vor Pemuteran haben wie viele andere stark unter der Dynamitfischerei gelitten. Um die Jahrtausendwende begannen Einheimische ebenso wie Tourismusbetriebe zu begreifen, dass durch die Zerstörung auch der Fischbestand sowie die Tauchattraktionen und damit ihre Lebensgrundlage verschwinden würden. Deshalb haben sie in Zusammenarbeit mit der Global Coral Reef Alliance vor Pemuteran das größte Riff-Projekt der Welt initiiert.

Das **künstliche Biorock-Korallenriff** in Schwimmnähe zum Strand in 5–11 m Tiefe wird mithilfe von über 80 Stahlkäfigen, durch die eine 12 V und 5 Ampere hohe Gleichstromspannung fließt, „aufgeforstet" und dient zudem als Wellenbrecher. Die Spannung beschleunigt das Wachstum der mit dünnen Drähten an den Stahlkäfigen befestigten Korallen um ein Vielfaches und macht sie resistenter gegen externe Störungen wie erhöhte Temperaturen, Wasserverschmutzung oder Chemikalien. Allerdings ist die Aufrechterhaltung der Strukturen mit sehr viel Aufwand verbunden, v. a. wegen der zunehmenden Anzahl von Algen. Immer mehr Käfige sind auf ästhetische Aspekte ausgelegt, sodass Skulpturen von Göttern, Pflanzen und Tieren sowie ganze Fahrräder entdeckt werden können.

Das 2 km vor der Küste gelegene, vom gleichen Prinzip gestützte **Bio-Wreck-Korallenriff** entwickelt sich sehr vielversprechend. Hier können ein Käfig in Form einer Schildkröte und in direkter Nachbarschaft die größte vor Bali existente Koralle ertaucht werden. Letztere ist wohl über 1000 Jahre alt, während die Schildkröte erst 2009 versenkt wurde.

Die Tauchschulen beteiligen sich am Projekt. Informationen unter 🖥 www.globalcoral.org und 🖥 www.biorock-indonesia.com. Eine elf Jahre nach Beginn des Projekts gefilmte Dokumentation ist unter 🖥 www.vimeo.com/32615744 zu sehen, weitere Videos auf YouTube.

Erst die Arbeit, dann das Vergnügen – Kochkurs in Pemuteran

Preisen, aufmerksamen, freundlichen Mitarbeitern sowie thailändisch beeinflusster Speisekarte, die den Geschmack der Pemuteran-Touristen zu treffen scheint. Tipps: grüner Papaya-Salat mit Shrimps, *Sate Lilit* und zum Nachtisch Schoko-Lava-Cake. In der Hochsaison besser reservieren. Abholservice. ⏲ 11–22 Uhr.

€ **Warung Setia**, ✆ 0852-3831 1212, 🖥 https://warung-setia-pemuteran. business.site. Direkt an der lauten Straße lockt der kleine, günstige, freundliche Familienbetrieb mit einer zum D'Bucu ähnlichen Speisekarte. Einige Thai-Gerichte, Laksa, Salate, Sandwiches und Indonesisches in großzügigen Portionen. Zur Spezialität des Hauses, Pasta, stehen 7 Soßen zur Auswahl. Der scharfe Pomelo-Shrimp-Salat ist lecker. Da in der Küche alles frisch zubereitet wird, können die Wartezeiten etwas länger ausfallen. ⏲ 11–22 Uhr.

AKTIVITÄTEN

Kochkurse
Im **Taruna Boutique Homestay & Spa** und **Tirta Sari Restaurant** werden Kurse angeboten.

Tauchen, Schnorcheln und Freediving
Viele Tauchzentren sind relativ teuer. Etwas preiswerter, aber auch weniger professionell sind günstigen Unterkünften angeschlossene Tauchbasen. Schorchelausrüstung kann für etwa 50 000 Rp pro Tag ausgeliehen werden. Ein **Ausflug zur Pulau Menjangan** kostet für Schnorchler ab 300 000 Rp und für Taucher ab 1,1 Mio. Rp p. P. inkl. Ausrüstung, Abholung und Bootstransfers. Der Nationalparkeintritt von 200 000 Rp, an Sonn- und Feiertagen 300 000 Rp., wird bei allen hier genannten Preisen aufgeschlagen. Eine typische Halbtagstour beinhaltet 2 Schnorchel- bzw. Tauchgänge, Mittagessen und einen kurzen Aufenthalt an einem der feinen Sandstrände auf der Insel.

Bali Diving Academy, am Strand des Taman Sari Resort, ✆ 0812-4516 6466, 🖥 www.scubali.com. Beliebtes 5-Sterne-PADI-Tauchcenter unter holländischer Leitung mit deutschsprachigen Tauchlehrern, eigenem Pool und Boot. Open-Water-Kurse für 5,5 Mio. Rp bei max. 4 Schülern, Schnupperkurs ab 690 000 Rp, 1 Tauchgang im Hausriff ab 420 000 Rp, 2 Tauchgänge vor Menjangan ab 1,3 Mio. Rp. Bei einem Freediving-Schnupperkurs für 1,4 Mio. Rp taucht man bereits bis zu 10 m tief und hält 2 Min. die Luft an. 10 % der Einnahmen wandern in lokale Umwelt- und Gemeindeprojekte. Auffüllen von Wasserflaschen kostenlos.

 Dive Concepts, im Arjuna Homestay, ✆ 0821-4794 2491, 🖥 www.diveconcepts.com. Günstiges, gutes SSI-Tauchzentrum unter französischer Leitung. Ein 3-tägiger Open-Water-Kurs kostet 3,75 Mio. Rp, ein Schnupperkurs 900 000 Rp, Tauchgänge im Hausriff oder vor Menjangan 425 000 Rp und Schnorcheln 350 000 Rp. Auffüllen von Wasserflaschen kostenlos.

Easy Divers, ✆ 0813-5319 8766, 🖥 www.easy-divers.eu. Juri und Ana aus Slowenien betreiben die kleine, sympathische Tauchschule und nehmen sich viel Zeit für ihre Gäste und personalisieren Tauchgänge gern nach Vorlieben und Wünschen. 1 Tauchgang kostet 440 000 Rp, 2 Tauchgänge 800 000 Rp und 2 Tauchgänge vor Menjangan 1,38 Mio. Rp (plus Nationalparkeintritt 225 000 Rp wochentags bzw. 325 000 Rp am Wochenende). Alle Tauchgänge plus 240 000 Rp für die Ausrüstung. Den 3-tägigen Open-Water-Kurs gibt's für 5,5 Mio. Rp.

Sea Rovers Dive Centre, ✆ 0811-385 7118, 🖥 www.searovers.net. Bewährte Tauchschule unter Leitung des netten, gesprächigen Engländers Paul. SDI- oder SSI-Open-Water-Kurse kosten 4,6–5,25 Mio. Rp, ein Schnupperkurs ohne Tauchen vor Menjangan 900 000 Rp, inkl. Menjangan 1,5 Mio. Rp, zwei reguläre Tauchgänge vor Menjangan 1,45 Mio. Rp und Schnorcheln 600 000 Rp. Die Gruppen sind meistens kleiner. Auffüllen von Wasserflaschen gegen Kleingeld.

Trekking und Ausflüge

Ausflüge in den Bali-Barat-Nationalpark können von vielen Unterkünften arrangiert werden. Das

Dekompressionszeit einhalten

Vor der Weiterreise gilt es zu beachten, dass die kürzesten Verbindungen (130 km, mind. 3 1/2 Std.) in den Süden über die Berge (via Pupuan 1000 m, via Bedugul 1400 m) führen. Daher sollte der letzte Tauchgang je nach Tiefe und -dauer mind. 18 Stunden zurückliegen oder der Weg über die westliche Küstenstraße (160 km, ähnliche Fahrtdauer) gewählt werden.

Arjuna Homestay veranstaltet zudem Touren zum **Ijen-Krater auf Java** für 2 Pers. für 1,8 Mio. Rp, jede weitere Pers. 600 000 Rp. Sie starten um 23 Uhr, gegen 11 Uhr ist man wieder zurück in der Unterkunft.

TRANSPORT

Die **Busse** zwischen GILIMANUK und SINGARAJA (beide Ziele jeweils 25 000 Rp) können entlang der Hauptstraße angehalten werden.

Transporte in **Privatautos**, die über die Unterkünfte vermittelt und pro Pkw bezahlt werden, kosten:
AMED und TULAMBEN 600 000–700 000 Rp.
BUKIT-HALBINSEL, CANGGU, FLUGHAFEN, KUTA, LEGIAN, SANUR, SEMINYAK und UBUD 700 000–750 000 Rp.
CANDI DASA und PADANG BAI 700 000–800 000 Rp.
GILIMANUK 450 000 Rp.
JATILUWIH 650 000 Rp.
JIMBARAN 750 000 Rp.
LOVINA und MUNDUK 350 000–450 000 Rp.
PANTAI BALIAN 600 000 Rp.

PURA ULUN DANU BRATAN © RENATE LOOSE

Nord-Bali

Die Reize des Nordens liegen in den Kontrasten: In unter einer Stunde gelangt man von der trockenen Küste ins angenehm temperierte, fruchtbare Hochland. Auf Kulturinteressierte warten schmucke balinesische Pura, ein buddhistisches Kloster, ein chinesischer Tempel und ein Dorf der balinesischen Ureinwohner. Naturliebhaber können erloschene Vulkane besteigen oder auf einem Spaziergang die malerischen Wasserfälle der Bergwelt erkunden.

Stefan Loose Traveltipps

Danau Bratan Der malerisch am Ufer des Bergsees gelegene Tempel Pura Ulun Danu Bratan ist ein beliebtes Touristenziel. S. 283

Bedugul Der abwechslungsreiche Botanische Garten gleicht einem Märchenwald. S. 285

Danau Buyan und Danau Tamblingan Die landschaftlich imposante Fahrt nach Munduk führt an zwei malerischen Bergseen vorbei. S. 285

10 Munduk Das freundliche Bergdorf ist Startpunkt schöner Wanderungen durch die ländliche Umgebung. S. 286

Besteigung des Gunung Batur Durch die grandiose Landschaft steigt man zum Kraterrand des Vulkans auf. S. 294

11 Caldera des Gunung Batur In der Caldera des Vulkans fühlt man sich wie auf einem fremden Planeten. S. 295

12 Sekumpul Tief im Dschungel liegen die wohl höchsten und schönsten Wasserfälle der Insel. S. 297

MUNDUK © UYEN NGUYEN

BEI MUNDUK © SABINE BÖSZ

Wie lange? Mindestens 3 Tage

Bekannt für Delphintouren, Tempel mit prächtigen Steinmetzarbeiten und authentisches Dorfleben

Für Entdecker Auf der kurvigen Bergstraße nördlich vom Danau Bratan nach Sangsit zeigt sich die Bergwelt von ihrer schönsten Seite.

Outdoor-Tipp Bei einer Mountainbike-Tour kann man perfekt in die Bergwelt eintauchen.

Einmalige Kunstfertigkeit Die Tempelreliefs des Pura Dalem in Jagaraga und des Pura Meduwe Karang in Kubutambahan zählen zu den aussagekräftigsten der Insel.

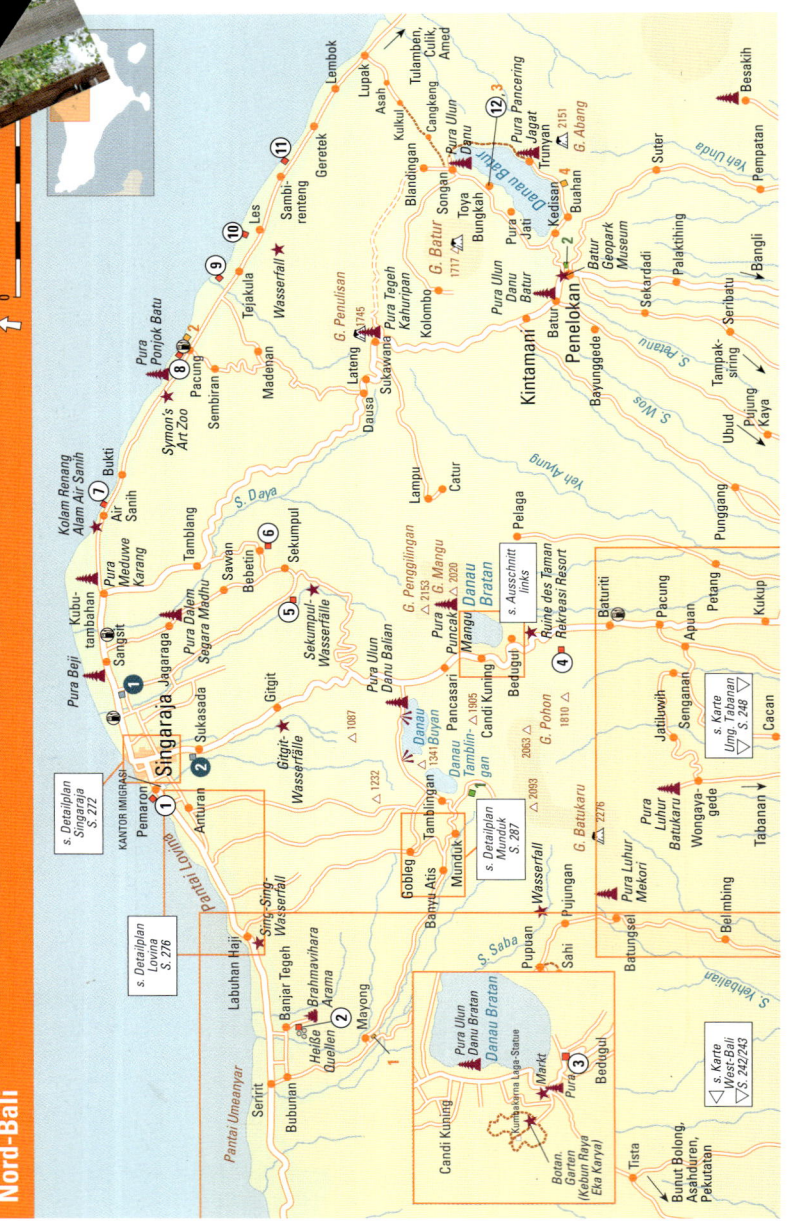

■ ÜBERNACHTUNG
UMGEBUNG LOVINA (S. 275)
① 1000 Dream Bungalow
② Pondok Wisata Grya Sari

BRATAN-MASSIV (S. 285)
③ Strawberry Hill Hotel
④ Bali Tree House Pelangi

VON SINGARAJA NACH OSTEN (S. 298)
⑤ Sekumpul Accommodation
⑥ Villa Manuk
⑦ Ciliks Beach Garden Air Sanih
⑧ Villa Boreh Beach Resort & Spa
⑨ Cili Emas
⑩ Desa Saya
⑪ Holiway Garden Resort & Spa

BATUR-MASSIV (S. 296)
⑫ Volcano Terrace, Mapa Lake View Bungalow

■ ESSEN
1 Terrasse du Lac Tamblingan Sari
2 Lakeview Hotel

■ TRANSPORT
❶ Penarukan-Busbahnhof
❷ Sukasada-Busbahnhof

■ SONSTIGES
1 Mayong Cultural Walk
2 Surya Indigo Traditional Weaving
3 Association of Mount Batur Trekking Guides, Segara Healing Bali Natural Hot Spring
4 Mount Abang Trekking Office

Der schmale Küstenstreifen wurde bereits 1854 von den Holländern kolonialisiert – 50 Jahre früher als Balis Süden. Der westliche Einfluss war hier entsprechend ausgeprägter, vor allem in der größten Stadt **Singaraja**, dem ehemaligen kolonialen Verwaltungszentrum. Das einzige klassische Touristenzentrum **Lovina** hat auf den ersten Blick seine beste Zeit hinter sich, aber durchaus seinen eigenen, verschlafenen Charme. Die Küstenstraße ist von Singaraja gen Westen stark befahren, weiter nach Osten wird es ruhiger, aber auch hier sind große Lkw unterwegs.

Die zentrale Bergkette reicht vom aktiven Vulkan **Gunung Batur** und seinem Kratersee inmitten der Mondlandschaft der Caldera auf der östlichen zu den malerischen Bergseen **Danau Bratan**, **Danau Buyan** und **Danau Tamblingan** auf der westlichen Seite. Abseits des Massentourismus kann man im angenehmen Bergort **Munduk** oder nahe den **Sekumpul-Wasserfällen** ein anderes Bali kennenlernen.

In den Hochlagen kann es empfindlich kühl werden, und die vulkanisch geprägte Landschaft ist rau und trocken. An den fruchtbaren, gemäßigt temperierten Hängen werden Obst und Gemüse, Kaffee, Nelken und Tabak geerntet. Rund um **Bedugul** gedeihen sogar Erdbeeren. An der Küste wachsen dagegen Reis und tropische Früchte wie Mango, Durian, Rambutan, Mangosteen, Orangen und sogar Trauben, aus denen Wein gekeltert wird (s. Kasten S. 43).

Vor dem Ausbau des Straßennetzes bildete das **Batur-Massiv** eine schwer zu überwindende Barriere nach Süden. Diese relative Isolation bei gleichzeitig engeren Kontakten zu fremden Kulturen hat dazu geführt, dass sich in Nord-Bali balinesische Bräuche und Kunstformen anders entwickelt haben. Die Institution des *Banjar* (Dorfgemeinschaft) ist weniger stark ausgeprägt, ebenso das Kastensystem. Die sonst charakteristischen vielstufigen *Meru*-Schreine sind nur selten in Tempeln zu finden. Tempelmauern und -tore sind dagegen häufig farbig bemalt und mit üppigen, teils grotesken Reliefs übersät. Noch lebendig ist die Tradition der Büffelrennen, für die, ähnlich wie im westlichen Distrikt Jembrana (s. Kasten „Wasserbüffelrennen" S. 259), Büffel gezüchtet und mit prächtigem, ornamentalem Kopfschmuck ausgestattet werden.

Singaraja

Singaraja ist mit 84 000 Einwohnern die Hauptstadt des Distrikts Buleleng, des flächenmäßig größten auf Bali, und die zweitgrößte Stadt der Insel. Wörtlich übersetzt „Löwenkönig", wurde die Stadt vor mehr als 400 Jahren zu Ehren des ersten Raja Ki Gusti Ngurah Panji Sakti benannt. Ihm gelang es, Buleleng durch Eroberungen ungefähr auf seine heutige Größe – ein knappes Drittel der Insel – auszudehnen.

Geschichte

Jahrhundertelang lag hier der wichtigste **Hafen** Balis, in dem chinesische, arabische, portugiesische, buginesische und javanische Händler aufeinandertrafen. Nach drei blutigen, aber erfolglosen Versuchen zwischen 1846 und 1849 erlangten die Holländer 1854 die Kontrolle über die Stadt. Der erste Schritt zur Eroberung der Insel war getan. Es sollte jedoch noch über 50 Jahre dauern, bis auch die letzten *Rajas* in Süd-Bali unterworfen waren.

Singaraja

Singaraja wurde Hauptstadt der Provinz Nusa Tenggara und blieb bis 1953 Balis Verwaltungszentrum. In den 1930er-Jahren trafen hier die ersten Touristen ein, um zu ihren Unterkünften in Munduk, Ubud, Sanur oder Denpasar weiterzureisen. Heute ist Singaraja eine typische Provinzstadt, gewürzt mit einer Prise **Kolonialgeschichte**, auffällig vielen muslimischen Einwohnern und fremden Einflüssen.

Im Stadtzentrum steht in der Jl. Pramuka der **Pura Agung Jagatnatha**, der größte Tempel Nord-Balis, zu dem bei zeremoniellen Anlässen Menschen aus der ganzen Region pilgern.

Kampung Bugis

Ganz und gar nicht balinesisch wirken im Kampung Bugis genannten historischen Stadtkern die breiten Straßen, die aus dem 19. Jh.

stammenden schmalen Geschäftshäuser und eine von den Holländern erbaute, mittlerweile stillgelegte Brücke. Das Gebiet um den ehemaligen Hafen ist von einigen alten Gebäuden geprägt, das östliche Flussufer zieren jenseits der alten Brücke coole Grafitti. Die große, zum Meer weisende Steinfigur **Yudha Mandala Tama** zeigt Ketut Merta, der für das Austauschen der holländischen mit der indonesischen Flagge sein Leben ließ und heute den **Pier mit Seafood-Warung** bewacht.

Ling Gwan Kiong

Einen Katzensprung entfernt steht der chinesische Tempel Ling Gwan Kiong von 1873, der vorwiegend von hokkien-chinesischstämmigen Balinesen besucht wird. Auf dem zentralen Altar wird die besonders in Indonesien populäre Gottheit Chen Fu Zhen Ren verehrt. Wandbilder berichten von ehemaligen chinesischen Königreichen. Neben einer über 200 Jahre alten Glocke aus England fallen die kleinen herumkrabbelnden Schildkröten ins Auge, ein Symbol für ein langes Leben. ⏲ 8–19 Uhr.

Gedong Kirtya und Museum

Die im alten Palastgebäude *(Sasana Budaya)* in der Jl. Veteran rund 2,5 km südlich untergebrachte historische Bibliothek **Gedong Kirtya** beherbergt seit 1928 die weltweit einzige Sammlung an *Lontar*-Schriften. Rund 3000 Exemplare, darunter die ältesten schriftlichen Überlieferungen Balis, sind in Blechkästen untergebracht und nach Themen wie Magie, Philosophie, Religion oder Medizin gruppiert. Auch andere historische Schriften und Bücher sowie alte balinesische Kalender werden hier aufbewahrt. ⏲ Mo–Do 8–16, Fr 9–16 Uhr, Spende erwünscht.

Auf dem Gelände liegt zudem das kleine **Museum Buleleng** mit einer Sammlung aus dem Besitz des letzten *Raja* von Buleleng sowie archäologischen Funden, Waffen und Gemälden. ⏲ Mo–Sa 8–16 Uhr, Spende erwünscht.

ÜBERNACHTUNG UND ESSEN

Singaraja Hotel, Jl. Surapati 12-14, ✆ 0362-330 1500, 🖥 www.singarajahotels.com. Hinter dem überwiegend leerstehenden Singaraja-Square-Komplex erhebt sich an der Küste gegenüber vom Ling-Gwan-Kiong-Tempel der große Neubaublock mit 148 beengten, klimatisierten Mittelklassezimmern mit kleiner Duschkabine und giftgrünen Akzenten. Pool mit Meerblick. ❸–❹

€ **Warung Tomat**, Jl. Udayana 8, ✆ 0362-330 1455, 🖥 www.fb.com/warungtomat. Der von einem netten New Yorker geleitete Laden hat gute, knusprig-dünne Pizzas in drei Größen und hausgemachte Pastas mit einer Auswahl aus 7 Soßen auf der Karte. Die Preise sind günstig (Pizzas ab 50 000 Rp), das Personal ist freundlich und alles sehr sauber. ⏲ Di–So 12–21 Uhr.

SONSTIGES

Einkaufen
Carrefour/Artasedana, Jl. Surapati 121. Der größte Supermarkt im Ort. ⏲ 9–22 Uhr.

Visaangelegenheiten
Kantor Imigrasi, südlich der Jl. Singaraja-Seririt, ca. 5 km westlich des Zentrums, ✆ 0362-32174, 🖥 https://singarajaimigrasi.carrd.co. Visaverlängerungen dauern 8 Tage bei dreimaligem Erscheinen. Die Wartezeiten sind deutlich kürzer als in Denpasar und die Mitarbeiter sind hilfsbereit. ⏲ Mo–Do 7.30–12 und 13–16, Fr 7.30–11.30 und 13.30–16.30 Uhr.

TRANSPORT

Minibusse, die zwischen den Busstationen im Stadtgebiet verkehren, kosten 7000–15 000 Rp.

Von der **Banyuasri-Busstation** im Westen der Stadt, die abends zu einem Nachtmarkt umfunktioniert wird, nach:
GILIMANUK, 86 km, via LOVINA (9 km, 15 000 Rp, 30 Min.) und PEMUTERAN (54 km, 25 000 Rp, 1 1/2 Std.) von 6.30–14.30 Uhr alle 30–40 Min. für 40 000–50 000 Rp in 2–2 1/2 Std. Nach Lovina auch mit blauen *Angkot*.
SURABAYA (Java), 386 km, um 19 Uhr für 190 000 Rp in 11 Std.

Von der **Sukasada-Busstation** im Süden der Stadt nach:

DENPASAR (Busbahnhof Ubung), 79 km, via BEDUGUL (28 km, 20 000 Rp, 1 Std.) von 9–14 Uhr für 30 000–60 000 Rp in 2–3 Std.

Vor der **Penarukan-Busstation**, 3 km östlich von Carrefour/Artasedana, nach:
AMLAPURA, 86 km, via TULAMBEN (61 km, 1 1/2 Std.) und CULIK (nahe AMED, 70 km, 1 3/4–2 Std.) von 7–17 Uhr alle 30–60 Min. für 30 000 Rp in 2 1/2 Std.
DENPASAR (Busbahnhof Ubung), 114 km, via KINTAMANI (45 km, 25 000 Rp, 1 1/2 Std.) und BANGLI (83 km, 30 000 Rp, 3 Std.) für 40 000–50 000 Rp in 4 Std.)

Lovina

Ein ausgedehnter Küstenabschnitt 6 bis 12 km westlich von Singaraja ist unter dem Sammelbegriff Lovina geläufig und bildete einst fraglos *das* touristische Zentrum von Nord-Bali. Dass die Hochzeiten schon einige Jahre zurückliegen, beweist ein am Besucherandrang gemessen großes Überangebot an älteren, trendresistenten Unterkünften, Restaurants und Geschäften. Bei einem Spaziergang entdeckt man nicht gerade wenige zu Vermietung oder Verkauf ausgeschriebene Gebäude, leer stehende Ladenzeilen, verblichene Hinweisschilder und verbarrikadierte Hotels, die dem Verfall preisgegeben scheinen. Auf der zentralen Jl. Binaria findet sich ein fast schon kreativ im Erdgeschoss einer ehemaligen Pizzeria untergebrachter Minimarkt, und weniger als 400 m weiter östlich ist an der lauten Hauptstraße das aus zigtausenden Muscheln zusammengesetzte, leider nicht mehr geöffnete Hotel Rattan-Resto fast eine Sehenswürdigkeit für sich.

Im seichten Wasser kann man meist mehr Auslegerboote zählen als sonnenbadende Touristen an den dunklen Sandstränden. Infolge des überschaubaren Besucheraufkommens buhlen Strandverkäufer und Vermittler von Touren umso heftiger um Neuankömmlinge. Wer sich davon bedrängt fühlt, sollte klar artikulieren, dass die Hilfe nicht gewünscht wird.

Dass es in Lovina selbst in der Hochsaison überschaubar und geruhsam zugeht, kann aber auch durchaus seine Reize haben. Es gibt das ganze Jahr über günstige Zimmer, eine gute Auswahl an Restaurants und einen top ausgestatteten Supermarkt für Selbstversorger. Zudem ist die Gegend ein guter Ausgangspunkt für Tagesausflüge, und auch im Hinterland warten einige nette Ziele.

Delphine

Die unangefochtene, wenn auch umstrittene Hauptattraktion von Lovina sind Bootstouren zu Delphinen, die sich jeden Morgen vor der Küste tummeln. Tierfreunden wird beim Anblick von viel zu vielen Booten, die auf einen gesichteten Delphin zu- und über ihn hinwegbrettern, schnell die Lust vergehen. Man sollte seinem Bootskapitän klar sagen, dass ein derart **aggressives Hetzen der Tiere** missbilligt wird.

Delphintouren starten ab 6 Uhr und können überall gebucht werden. Einfache Fischerboote für bis zu 6 Pers. kosten inkl. Transport zur Anlegestelle etwa 100 000 Rp p. P. Eine Alternative ist die Tour mit **Beautiful Fish Lovina** im Fiberglasboot von Made, ☏ 0813-3751 0300, 🖥 www.beautifulfishlovina.com, der zwar 300 000 Rp p. P. verlangt, sich aber auch mehr Zeit nimmt, erst gegen 7 Uhr losfährt, wenn der größte Morgentrubel vorbei ist, und auch längere Fahrstrecken in Kauf nimmt. Man kann zudem an Seilen hinter dem Boot hergezogen werden und so mit den Delphinen schwimmen.

Es gibt natürlich keine Garantie für das Auftauchen von Delphinen. Wenn sich in den seichten, ruhigen Gewässern keine Tümmler blicken lassen, fahren die kleinen Auslegerboote auch weiter hinaus. Dann muss man damit rechnen, nass zu werden, und Kamera, Handy und Geld sollten wasserdicht verpackt sein. Die vordersten Sitze kann man getrost anderen überlassen, denn hier wird es am nassesten.

ÜBERNACHTUNG

Untere Preisklasse

FunkyPlace, Jl. Singaraja-Seririt, ☏ 0878-6325 3156, 🖥 www.fb.com/funkyplacelovina. Sehr schön, kreativ bunt gestaltetes, freundliches Hostel mit entspannter Atmosphäre, Bar im Retro-Design mit regelmäßiger, guter

Livemusik und Shishas im Tree House, kleinem Jacuzzi-Becken sowie mäßigem, überaus günstigen Restaurant mit balinesischen Tanzaufführungen. In den sauberen Zimmern mit Ventilator und interessant gestalteten Bädern wird's ziemlich heiß. Auch Schlafsäle mit 3 Betten à 125 000–180 000 Rp und ein ausgefallenes, hochstandartiges Zelt. WLAN nur im kommunikativen Barbereich. ❸–❹

Mandhara Chico Bungalow, Jl. Kubu Cembong, 3,5 km außerhalb des Zentrums in Anturan, ✆ 0812-360 3268, 🖥 www.mandhara-chico-bali.com. Ruhige, außerhalb von Lovina direkt am Meer gelegene Anlage mit 12 gefliesten, etwas in die Jahre gekommenen, aber sauberen und günstigen Zimmern mit Du/WC und Veranda, teils klimatisiert. Auch für Kinder geeigneter Pool. Freundliche Betreiberfamilie. Frühstück inkl. ❷–❸

Mittlere Preisklasse

1000 Dream Bungalow, 5,7 km außerhalb des Zentrums in Pemaron, Karte S. 270, ✆ 0813-3974 8844, 🖥 www.1000dreambungalow.com. Gepflegte, kleine, ruhige Anlage direkt am Meer mit Pool und 8 sauberen, komfortablen Bungalows mit guten Matratzen und bepflanzten Open-Air-Bädern, in einem dient eine riesige Muschel als Waschbecken. Ein Riff liegt vor der Tür. Hilfsbereites Personal und familiäre Atmosphäre. Gusmar, der Vater des Gastgebers, ist ein angesehener Heiler *(Tukang Pijit)*. Motorradverleih. Gutes Restaurant. Schnorchelausrüstung, Transfers nach Lovina und Singaraja inkl., Frühstück +75 000 Rp. ❺–❻

Lovina Life, Jl. Singaraja-Seririt, ✆ 0362-339 1741, 🖥 www.lovinalife roomandcafe.com. Freundliches, modernes Boutiquehotel mit 10 Zimmern im 2-stöckigen Neubau vor dem Pool. Vom Straßenlärm hört man glücklicherweise nicht allzu viel. Die komfortabel ausgestatteten Zimmer punkten mit angenehm leiser Klimaanlage sowie ansprechender Einrichtung (z. B. eckige Metallschränke, Topfpflanzen), sind aber etwas spärlich ausgeleuchtet. Im Gebäude an der Straße sind das Restaurant und eine Boutique mit selbst designten T-Shirts, Kleidern und Kunsthandwerk untergebracht. Aufmerksamer Service. ❹–❺

Lovina Oasis, Jl. Kartika 9, ✆ 0813-3744 2316, 🖥 www.lovinaoasis.com. Im Flachbau vor dem länglichen Pool liegen die schönen, sehr sauberen, wenn auch etwas dunklen Zimmer mit Esstisch, kleiner, voll ausgestatteter Küchenzeile, Wasserspender und bequemen Betten. Sogar ein lokales Handy wird gestellt. Sehr nette Gastgeber. ❹–❺

Pandawa Village, Jl. Pandawa, 400 m landeinwärts von der Jl. Singaraja-Seririt, ✆ 0878-5268 0607, 🖥 www.instagram.com/pandawa_village. Abseits im Grünen gelegene, kleine, gepflegte, ruhige Anlage mit 5 sauberen, geräumigen Bungalows mit bequemen Betten, Wasserkocher, Safe und großem Bad. Schöner Ausblick auf den Fluss und die Felder vom Pool. Frühstück inkl. ❺

Saraswati Holiday House, Jl. Saraswati, ✆ 0362-339 1133, 🖥 www.saraswati-bali.com. Ruhige, von einer freundlichen fränkisch-balinesischen Familie geführte Gartenanlage mit Pool mit UV-gefiltertem Wasser. Die 2 geräumigen Bungalows mit Moskitonetz und bepflanztem Open-Air-Bad mit solarerwärmtem Wasser sind individuell gestaltet und verzichten ganz bewusst auf eine Klimaanlage. Gemeinschaftsküche. Alle organischen Abfälle werden kompostiert und zur Reinigung natürliche Reinigungsmittel verwendet. Frühstück inkl. ❹–❺

Obere Preisklasse

Puri Mangga, 3 km südlich von Lovina in Kayuputih, ✆ 0362-339 1096, Buchungen in Deutschland ✆ 09963-943 3823, 🖥 www.puri-mangga.de, Karte S. 276. Hoch über der Küste in einem 2 ha großen gepflegten Garten liegt die hübsch gestaltete Anlage unter der Leitung von Angie und Hans. Komfortable, klimatisierte Häuser im balinesischen Stil, Villen für bis zu 4 Pers. sowie ein günstigeres, einfaches Zimmer im *Lumbung* mit Außentoilette. Sehr freundlicher Service. Spa, Überlaufpool mit toller Aussicht und gutes Restaurant. Reichhaltiges Frühstück inkl., Abholung kostet extra. ❺–❼

The Lovina, Jl. Kartika, ✆ 0362-343 5800, 🖥 www.thelovinabali.com. Die luxuriöse 4-Sterne-Anlage umfasst 2 Pools, 66 Zimmer

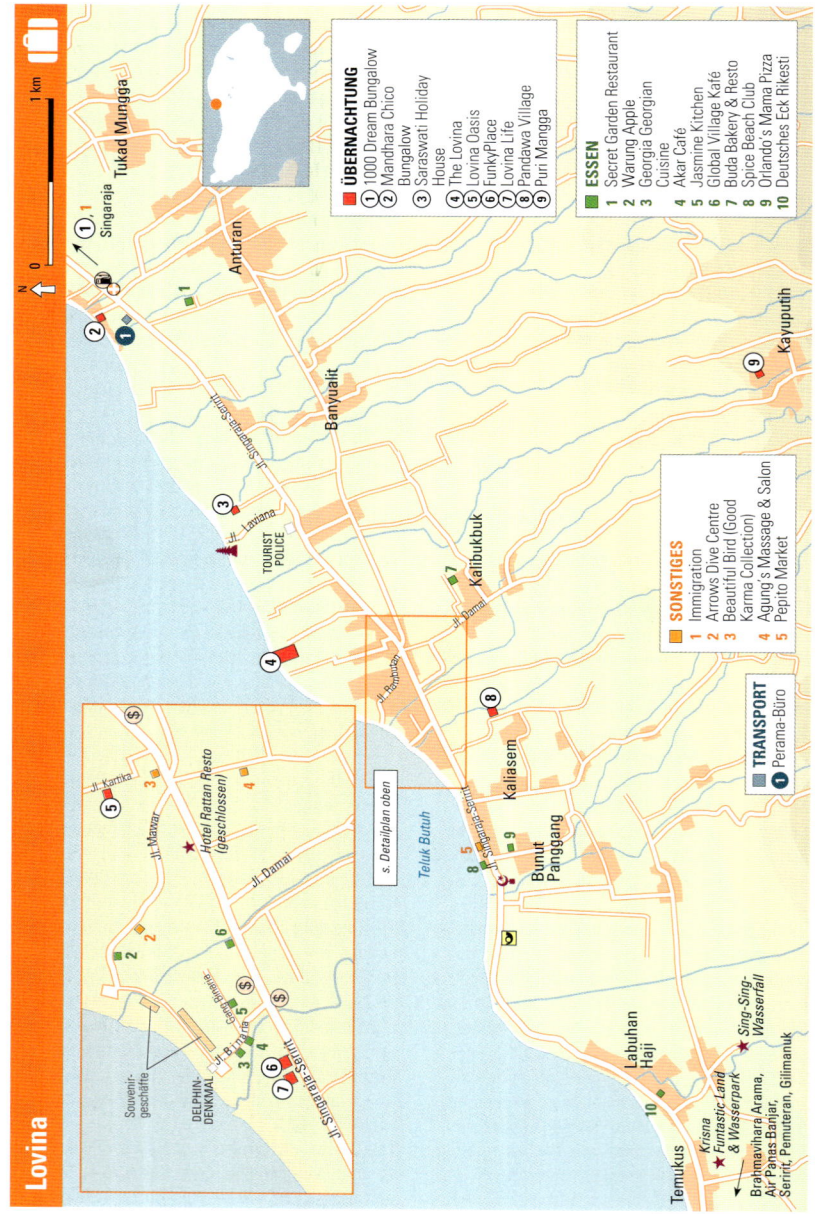

und geräumige Villen mit Wohnzimmer, dekorativen Bildern, Balkon oder Veranda sowie teils Privatpool und Küche. Professioneller Service. Fitnessstudio, Spa und Restaurant am Strand. Transfers nach Lovina, Schnorchelausrüstung und Frühstück inkl. ❼–❽

ESSEN

Akar Café, Jl. Binaria, ☎ 0362-343 5636, 🖥 http://bit.ly/AkarLovina. Das ganz in Grün gehaltene, kleine, saubere Café hat hinten einen gemütlichen Sitzbereich und serviert originelle, wohlschmeckende und erschwingliche Gerichte aus frischen Zutaten – ganz ohne Fleisch, teils auch vegan. Hummus, Salate, Nudeln mit Sesampesto und Cashewnüssen oder indische und mediterrane Teller – nichts ist teuer, aber alles lecker! Zudem Säfte, Tees und Frühstück. ⏰ 8–21 Uhr.

Buda Bakery & Resto, in Kalibukbuk 200 m abseits der Jl. Damai, ☎ 0812-469 1779, 🖥 www.fb.com/Budabakeryandresto. Freundliche, seit 2010 bestehende Bäckerei mit angeschlossenem Restaurant und luftigen Sitzplätzen im 1. Stock. Umfangreiche Speisekarte, faire Preise und hübsch präsentierte Kuchen. Die leckeren Backwaren werden auch außer Haus verkauft. Kostenlose Abholung in Lovina. ⏰ 8–21 Uhr.

Deutsches Eck Rikesti, Jl. Singaraja-Seririt, 3,5 km westlich vom Zentrum, ☎ 0362-42128, 0813-3793 5475, 🖥 www.deutscheseckbali.com. Ab vom Schuss haben sich der kernige Augsburger Richard und seine balinesische Frau, die sehr gut Deutsch spricht, ein Fleckchen rustikale Heimat inkl. 2 Schäferhunden erbaut. Es gibt recht gute, günstige deutsche Hausmannskost: Von Bouletten über Rouladen, Schweinebraten und Schnitzel bis hin zu hausgemachter Leberwurst, Marmelade, Grau- und Zwiebelbrot. Zudem ein Pool und Zimmervermietung, ❸–❹. ⏰ 8–21 Uhr.

Georgia Georgian Cuisine, Jl. Binaria, ☎ 0877-9789 3850, 🖥 www.fb.com/restaurantgeorgiabali. In Nord-Bali wohl einmalige Geschmacksabenteuer verspricht das helle, weiß-türkishellblau gehaltene, klimatisierte Restaurant. Zu dezenter georgischer Musik werden großzügige Portionen von auf Bali exotisch anmutenden vorderasiatischen Gerichten aufgetischt, etwa Imeruli (Brote mit georgischem Käse) und reichhaltige Lobio (Bohneneintopf) und Chirbuli (Pfannengericht mit Rührei in Tomaten-Walnuss-Soße). Das Betreiberpärchen und viele Gäste sprechen Russisch. ⏰ Di–So 12–21 Uhr.

Global Village Kafé, Jl. Singaraja-Seririt, ☎ 0362-41928, 🖥 www.fb.com/GlobalVillageFoundationBali, http://globalvillagefoundation.net. Das kreativ eingerichtete, sehr günstige Non-Profit-Restaurant an der Hauptstraße bietet ein top Preis-Leistungs-Verhältnis. Neben gutem Kaffee, Säften, Tees und Milchshakes werden auch Sandwiches und Gerichte aus aller Welt aufgetischt. Verkauf von lokal produziertem Kunsthandwerk. Als gemeinnützige Organisation unterstützt es die Ausbildung und medizinische Versorgung von benachteiligten Familien sowie Menschen mit Behinderungen und ist der größte Sponsor von Rollstühlen auf Bali. ⏰ 8–22 Uhr.

Jasmine Kitchen, Gang Binaria, ☎ 0362-41565. Thai-Restaurant mit typischen, wenn auch geschmacklich nicht ganz authentischen Gerichten. Currys, Fisch- und Fleischgerichte sowie Salate (Tipp: Entensalat mit Mangosteen und Miang Kham). Oben sitzt man schöner. Mittlere Preisklasse. ⏰ 10.30–22.30 Uhr.

Orlando's Mama Pizza, Jl. A.A. Pandji Tisna, hinter dem Pepito Supermarket 100 m landeinwärts, ☎ 0813-3894 9431, 🖥 www.orlandosmama.com. Wer Lust auf Pizza hat, bekommt diese im etwas versteckt gelegenen Gartenrestaurant nach US-Art, wahlweise mit knusprig-dünnem oder luftig-dickem Teig, aber immer lecker! Auch Liefer- und Abholservice. ⏰ Di–So 14–21 Uhr.

Secret Garden Restaurant, Jl. Pura Dalem, 350 m abseits der Hauptstraße, 3 km östlich vom Zentrum, ☎ 0887-332 1007, 🖥 www.secret-garden-restaurant.biz. Nettes, kleines Gartenrestaurant mit Gerichten zu mittleren Preisen. Zu empfehlen ist der im Bananenblatt gegarte Fisch. Sehr freundlicher Service. Zum Nachtisch gibt's sogar Kaiserschmarrn. Abholservice. ⏰ 17–22 Uhr.

Spice Beach Club, Jl. Singaraja-Seririt, 600 m westlich vom Zentrum, ☎ 0812-3900 0120, 🖥 www.fb.com/SpiceBeachClubBali. Das blauweiße, luftige Lounge-Restaurant an einem gesäuberten Strandabschnitt mit Liegen bietet Gerichte zu gehobenen Preisen. Es lohnt besonders zum Sundowner. Abwechslungsreiches Abendprogramm: Filmvorführungen Mo und Do, Balinesische Tänze Di, Livemusik Fr–So. ⏲ 10–22 Uhr.

€ **Warung Apple**, Jl. Mawar, ✆ 0813-3496 1799. Kleines, offenes, überaus günstiges Restaurant mit ordentlichen Gerichten und freundlichem Service. Der Chef des Hauses spricht sogar etwas Deutsch. Wer für wenig Geld satt werden und dabei eine große Auswahl haben möchte, ist hier richtig. ⏲ 10–22 Uhr.

EINKAUFEN

Beautiful Bird (Good Karma Collection), Jl. Singaraja-Seririt, 500 m östlich vom Zentrum, ✆ 0812-3678 9056, 🖳 http://bit.ly/GoodKarmaLovina. Im kleinen, unscheinbaren Geschäft an der Hauptstraße gibt's noch Souvenirs in guter, alter Bali-Qualität: Der liebenswürdige Made Surata und seine Kollegen schnitzen und bemalen mit viel Herzblut und Leidenschaft seit über 18 Jahren täuschend echte Vögel aus Holz. Kleine Exemplare kosten ab 100 000 Rp, große ab 200 000 Rp.

Pepito Market, Jl. Singaraja-Seririt, 600 m westlich vom Zentrum, ✆ 0877-8421 9277, 🖳 www.pepitosupermarket.com. Überraschend großer, gut sortierter Supermarkt mit Import- und frischen Backwaren, Frischetheke und Salaten. Ideal für Selbstversorger. 2 7–23 Uhr.

AKTIVITÄTEN

Tauchen und Schnorcheln

Wer in den vorgelagerten Korallenriffen schnorcheln möchte, muss mit einem Boot hinausfahren. Mangels starker Strömungen ist die Sicht oft sehr gut.
Die schönsten Tauch- und Schnorchel-Spots liegen jedoch vor der Insel **Menjangan** (S. 261) etwa 1 1/2 Fahrstunden westlich. Auch Ausflüge gen Osten, etwa zum **Wrack der USS Liberty** (S. 347, 2 Std.) bei Tulamben sind möglich.
In beiden genannten Orten gibt's eine bessere Auswahl an Tauchzentren.

Arrows Dive Centre, Jl. Mawar, ✆ 0362-41504, 🖳 http://arrows-dive.com. Professionelle, gleichzeitig lockere Tauchschule mit ordentlicher Ausrüstung. Open-Water-Diver für 5,48 Mio. Rp, 2 Tauchgänge vor Lovina 900 000 Rp, vor Menjangan 1,35 Mio. Rp, zur USS Liberty 1,125 Mio. Rp. Schnorchelausflüge ab 300 000 Rp.

Wellness

Agung's Massage & Salon, Jl. Damai, ✆ 0812-4616 8830, 🖳 www.agungs.com. Professioneller, kleiner, nicht weit von der Hauptstraße im Dorf gelegener Massagesalon, der eine Vielzahl von Massagen (ab 115 000 Rp pro Std.) und Schönheitskuren (ab 50 000 Rp) nach balinesischen und japanischen Methoden anbietet. Abholservice. ⏲ 11–19 Uhr.

TOUREN

Touren in die Umgebung, etwa zum Brahma Vihara Arama, lassen sich über Unterkünfte und Touranbieter organisieren. Tagesausflüge in die Umgebung kosten 500 000–700 000 Rp pro Auto und Guide.
Lovina Taxi, ✆ 0877-6256 2281, 0813-3937 1078, 🖳 www.lovinataxi.wordpress.com. Putu und seine Kollegen sind zuverlässige, sichere Fahrer, die bei Tagestouren in die Umgebung auch als Guides fungieren.

TRANSPORT

Die **Busse** zwischen SINGARAJA (Banyuasri-Busbahnhof; 9 km, 15 000 Rp, 30 Min.) und GILIMANUK (77 km, 35 000 Rp, 1 1/2–2 Std.) passieren Lovina an der Hauptstraße von 7–15 Uhr etwa alle 30–40 Min. Ein Ausstieg in PEMUTERAN (46 km, 25 000 Rp, 1 Std.) ist möglich.

Shuttlebusse

Perama, Halt an den Perama Cottages 3 km östlich vom Zentrum, ✆ 0362-41161, 🖳 www.peramatour.com, bietet Minibusse mit Abholung (Aufschlag 15 000 Rp). Preise p. P.: KUTA, SANUR und UBUD um 12 Uhr für 250 000 Rp.

Weitere Anbieter starten – soweit nicht anders angegeben – um 9 Uhr u. a. nach:
AMED und TULAMBEN für 150 000 Rp.
BEDUGUL für 150 000 Rp.
CANDI DASA und PADANG BAI für 350 000 Rp.
GILIMANUK für 150 000–220 000 Rp.
GILIS (Lombok) um 6 Uhr für 550 000 Rp.
KINTAMANI für 150 000–200 000 Rp.
MUNDUK für 150 000 Rp.
PEMUTERAN für 120 000–175 000 Rp (mind. 2 Pers.).
TIRTAGANGGA für 175 000 Rp.

Privattransporte

Transporte in Privatautos, die pro Pkw bezahlt werden, gibt's nach:
AMED, BALIAN, GILIMANUK oder MEDEWI für 500 000–550 000 Rp.
BEDUGUL oder PEMUTERAN für 300 000–350 000 Rp.
BUKIT-HALBINSEL für 700 000 Rp.
CANDI DASA oder PADANG BAI für 600 000–700 000 Rp.
CANGGU, KUTA, LEGIAN, SANUR oder SEMINYAK für 500 000–600 000 Rp.
FLUGHAFEN für 600 000–700 000 Rp.
MUNDUK für 300 000–350 000 Rp.
PEMUTERAN für 350 000 Rp.
SIDEMEN für 600 000 Rp.
TULAMBEN für 400 000–500 000 Rp.
UBUD für 500 000–550 000 Rp.

Umgebung von Lovina

Sing-Sing-Wasserfall

Wer der Hauptstraße von Lovina gen Westen folgt, erreicht 3,7 km vom Zentrum entfernt in Labuhan Haji, 200 m hinter dem Deutschen Eck, die Abzweigung zum Sing-Sing-Wasserfall. Während der Trockenzeit führt er wenig Wasser, und auch sonst ist er nicht so spektakulär, aber man kann hier baden. Die obere Stufe ist etwas schwerer zu erreichen. Meist begleiten jugendliche „Guides" Besucher auf dem rund 1 km langen Weg vom Parkplatz zum Wasserfall, wofür sie wiederholt unverschämt hohe Forderungen von 100 000 Rp p. P. stellten, 20 000 Rp sollten hier reichen. Eintritt frei, Parken 5000 Rp.

Krisna Funtastic Land

An der Hauptstraße liegt 4,3 km westlich vom Zentrum **Krisna Funtastic Land**, 🖳 www.fb.com/krisnafuntasticland, ein Rummel, der mehrheitlich einheimische Familien anzieht. Die einfachen Fahrgeschäfte gruppieren sich rund um eine Statue des Flöte spielenden Krisna, darunter auch ein kleines Riesenrad und ein ausrangiertes Flugzeug. Nebenan lockt ein **Wasserpark** und etwas weiter westlich ein günstiges Wassersportzentrum. Funtastic Land ⊕ Di–So 16–22 Uhr, Eintritt 50 000 Rp sowie 10 000–25 000 Rp pro Fahrt, alles inkl. 150 000 Rp, Wasserpark ⊕ Di–Do 11–17, Fr–So 9–17 Uhr, Eintritt 75 000 Rp, Kinder 50 000 Rp, Familien 200 000 Rp.

Brahmavihara Arama

Das Brahmavihara Arama, 🖳 www.brahmaviharaarama.com, ist das einzige buddhistische Kloster der Vipassana-Richtung auf Bali. Es liegt still und abgeschieden auf einem Hügel 10 km westlich von Lovina, etwa 2,5 km oberhalb des Dorfes Banjar Tegeh. Wer uraltes Kulturerbe erwartet, wird enttäuscht sein, wurde die Anlage doch erst ab 1958 erbaut und seitdem kontinuierlich erweitert. Das ganze Areal zeigt – ähnlich der Kirchen in Palasari und Belimbingsari (S. 258) –, wie Balinesen überall ihre eigenen Stilelemente einfließen lassen.

Um einen **Springbrunnen** führen Treppen, die mit den buddhistischen Erleuchtungsstufen beschriftet sind, zu Gebetsräumen mit Buddhas im chinesischen und südostasiatischen Stil. Die Nagaschlagen sehen balinesischen Barongs auffällig ähnlich und auch einige der Wächterstatuen könnten genauso gut einen Pura bewachen. Die **Gebetshalle** ist mit Reliefdarstellungen aus dem Leben des Siddhartha verziert. Rechter Hand steht ein großer goldener **Stupa** mit tibetischen und floral-balinesischen Elementen, von vielarmigen Wächtern behütet und vom Dalai Lama höchstpersönlich begründet. Dahinter erhebt sich eine dreistufige, aus einer Lotosblüte in einer Mischung aus balinesischem, chinesischem und tibetischem Stil erwachsende **Pagode**, in der Kuan Yin verehrt wird.

Touren in Nord-Bali

Mit dem eigenen Fahrzeug oder einem Wagen mit Fahrer und Lovina als Ausgangspunkt kann man schöne Ausflüge durch Nord-Bali unternehmen. Wir empfehlen:

Tour 1: Rundtour über Bedugul mit Übernachtung in Munduk

- **Länge:** 110 km
- **Dauer:** 3 1/2–4 Std. (reine Fahrzeit), 8–13 Std. (mit Besichtigungen, Wanderungen und Pausen)
- **Tipps zum Einkehren:** Picknick im Botanischen Garten, Don Biyu oder Warung Classic in Munduk
- **Tipps zur Übernachtung:** Aditya Homestay in Munduk und Lesong Hotel in Gesing
- **Nicht vergessen:** Schwimmsachen

Die vielseitige Tour sollte mit mind. einer Übernachtung im beschaulichen Munduk geplant werden. Für Eilige ist sie auch an einem Tag zu schaffen, wenn man frühmorgens startet, auf längere Spaziergänge verzichtet und das eine oder andere Ziel auslässt.

Man verlässt Lovina (KM 0) gen Osten und fährt auf der Hauptstraße nach **Singaraja** (KM 10, S. 271), wo man den chinesischen Tempel **Ling Gwan Kiong** besichtigen kann. Im Zentrum der Stadt biegt man rechts auf die Straße nach Süden ab. Am Straßenrand wird gleich mehrmals die Hauptattraktion ausgeschildert: die mehrstufigen **Gitgit-Wasserfälle** (KM 20–22, S. 283). Danach geht's auf der kurvigen Bergstraße über **Pancasari** nach **Bedugul**. Am See **Danau Bratan** liegt der vielbesuchte **Pura Ulun Danu Bratan** (KM 40, S. 284), und etwas weiter die Hauptstraße entlang locken der **Markt von Candi Kuning** (KM 41, S. 284) und dahinter der abwechslungsreiche **Botanische Garten** (KM 42, S. 284). Es geht über die landschaftlich tolle Stre-

© LORENZ SCHWEIZER

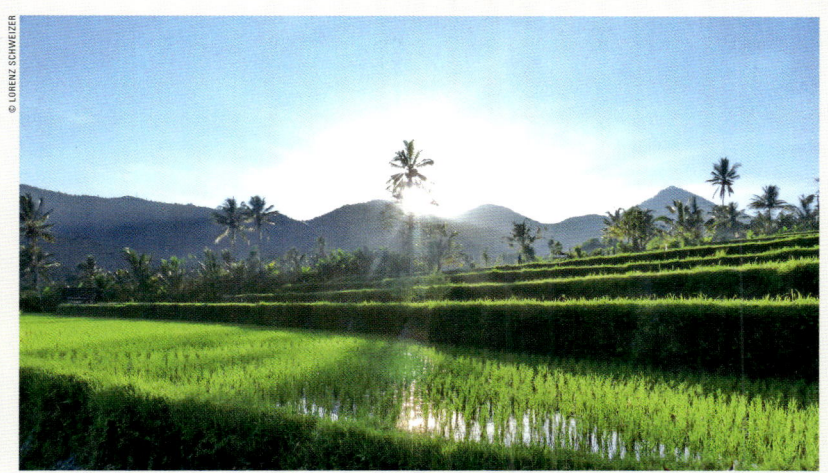

cke auf dem Grat über den beiden Bergseen **Danau Buyan** und **Danau Tamblingan** weiter in den Bergort **Munduk** (KM 70, S. 286), wo man es sich bei fantastischer Aussicht mit Blick auf die hinter den Bergketten untergehende Sonne gemütlich macht.
Am nächsten Morgen sind in der direkten Umgebung einige schöne Wanderungen möglich (s. Kasten S. 288), bevor die Fahrt auf der schmalen Straße via Mayong zurück an die Küste ansteht. In Seririt (KM 90) biegt man nach Osten ab und fährt nach Abstechern zum **Brahmavihara Arama** (KM 98, S. 279) und zu den nahen **heißen Quellen** (KM 99, S. 283) zurück nach Lovina (KM 110).

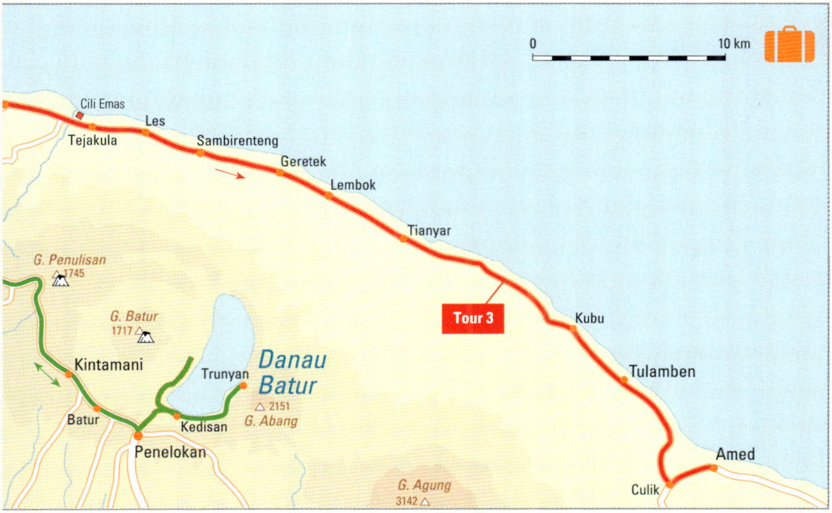

Amed: Zwischen den Gästehäusern wird immer noch traditionell Meersalz gewonnen

Tour 2: Zum Danau Batur
- **Länge**: 143 km (hin und zurück)
- **Dauer**: 4 1/2–5 Std. (reine Fahrzeit), 8–10 Std. (mit Besichtigungen und Pausen)
- **Tipps zum Einkehren**: Restaurant des Lakeview Hotels (Penelokan)

Bei der Tour, die sich mit einer Übernachtung am Danau Batur verlängern und entspannter gestalten lässt, verlässt man Lovina (KM 0) gen Osten und fährt entlang der Küstenstraße durch **Singaraja** (KM 10, S. 271). Bei **Kubutambahan** lohnt ein Abstecher zum **Pura Meduwe Karang** (KM 20, S. 297). Anschließend geht's auf der Straße nach Süden in die Berge. Nach steilen und kurvigen 40 km ist das Hochplateau um den **Gunung Penulisan** erreicht. Etwas weiter südlich ist der Bergort **Kintamani** (KM 61, S. 293) einen kurzen Zwischenstopp wert. Weiter geht's über **Penelokan** (KM 67, S. 295) mit toller Aussicht in die beeindruckende Kraterlandschaft des **Gunung Batur** und anschließend steil hinab in die Caldera. Am See **Danau Batur** (KM 75, S. 295) gibt's Unterkünfte, die Möglichkeit, den Vulkan zu besteigen (S. 294), sowie **Trunyan**, ein Dorf der balinesischen Ureinwohner (S. 296). Wer noch am selben Tag zurück nach Lovina möchte, sollte gute 2 Std. für die Rückfahrt einplanen.

Tour 3: Nach Ost-Bali
- **Länge**: 110 km (einfache Strecke)
- **Dauer**: 3 Std. (reine Fahrzeit), 6–7 Std. (mit Besichtigungen und Pausen)
- **Nicht vergessen**: Schwimmsachen

Die Tour ist an einem Tag zu schaffen und führt nach Ost-Bali. Wieder geht's von Lovina (KM 0) durch **Singaraja** (KM 10, S. 271). Die Hauptstraße führt entlang der Küste zum **Pura Beji** in Sangsit (KM 16, S. 296). Hinter dem Ort zweigt eine Straße ins Landesinnere nach **Jagaraga** (KM 24, S. 297) ab. Hier kann man Tempelanlagen mit reichen Reliefs und anschließend den schönen **Sekumpul-Wasserfall** (KM 31, S. 297) besuchen.
Zurück auf der Hauptstraße geht's über **Kubutambahan** mit dem hübschen **Pura Meduwe Karang** (KM 45, S. 297) und Stopps am **Kolam Renang Alam Air Sanih** (KM 50, S. 298) und beim verrückten **Symon's Art Zoo** (KM 55, S. 298) über **Sembiran**, **Tejakula** und **Sambirenteng** gen Osten. Man folgt der Küstenstraße bis **Tulamben** (KM 97, S. 348) mit vielen Tauchresorts oder ins entspannte **Amed** (KM 110, S. 342) oder übernachtet in einem der Resorts entlang der Strecke, z. B. im Cili Emas in Tejakula (KM 70, S. 299).

Auf der obersten Terrasse thront ein siebenstufiger **Miniaturnachbau des Borobudur** auf Java vor einem großen Meditationsplatz. Von hier bietet sich eine tolle Aussicht bis zur Küste. Im durch drei schön verzierte Eingangstore begehbaren Bau blicken Buddhas in die vier Himmelsrichtungen. Die Innenwände sind von Reliefs überzogen: Auf Kopfhöhe zeichnen sie den Lebensweg von Buddhas Halbbruder Prinz Nanda nach (inkl. gruseliger Höllendarstellungen), darüber künden sie von Buddhas Pfad zur Erleuchtung.

Wer an **Retreats** teilnehmen möchte, kontaktiert ✆ 0811-170 010, 0878-5546 2913. ⏰ 8–18 Uhr, Eintritt 20 000 Rp inkl. Leih-Sarong.

Air Panas Banjar

Von Banjar Tegeh sind auch die nahen **heißen Quellen** *(Air Panas Banjar)*, 🖥 https://banjar hotspring.co.id, ausgeschildert, ein von Bambus bewachsener Platz an einem plätschernden Bach mit einer Reihe von Verkaufsständen und gut besuchtem Naturschwimmbad mit drei Becken. Dem schwefelhaltigen Wasser werden heilende Qualitäten nachgesagt.

Wer direkt vorm Kassenhäuschen in den einfachen, alten, aber sauberen Zimmern des **Pondok Wisata Grya Sari**, ✆ 0815-5852 0100, ❸–❹, Karte S. 270, übernachtet, hat morgens und abends die Anlage fast für sich alleine. ⏰ 8.30–17.30 Uhr, Eintritt 20 000 Rp, Kinder 10 000 Rp, Parken 5000 Rp, ein Bad im Jacuzzi 15 000 Rp, Massagen im oberhalb gelegenen Spa-Bereich 75 000 Rp pro 30 Min.

Weiter nach Westen

In **Seririt**, 13 km westlich von Lovina, zweigt eine Straße ins Inselinnere ab, die über Munduk am Danau Tamblingan vorbei nach Bedugul führt. Auf der gut ausgebauten Küstenstraße geht's hingegen weiter gen Pemuteran (S. 262) nach West-Bali.

Bratan-Massiv

Das zentrale Bergmassiv der Insel erhebt sich etwa 20 km landeinwärts von Singaraja. Von beeindruckender Schönheit ist die hügelige Gebirgslandschaft rund um die drei großen Bergseen **Danau Bratan**, **Danau Buyan** und **Danau Tamblingan**. Hier oben breitete sich einst ein riesiger Krater aus, Reste davon befinden sich halbkreisförmig im Norden und Osten, mit dem **Gunung Penggilingan** (2153 m) als höchster Erhebung.

Im Krater lag bis zum Jahr 1818 ein riesiger See. Der Ausbruch eines Nebenvulkans verschaffte einem Teil der Wassermassen einen Abfluss, mit katastrophalen Folgen für viele Dörfer am Berghang. Zurück blieben die drei kleineren Seen, fruchtbare Böden und eine stimmungsvolle, beschauliche Landschaft. Richtung Südwesten ragen in unregelmäßigen Abständen bis zum **Gunung Batukaru** (2276 m) jüngere Vulkankegel auf.

Gitgit

Von Norden kommend, gelangt man 9–11 km südlich von Singaraja rund um das Dorf Gitgit zu den schönen, mehrstufigen **Gitgit-Wasserfällen**, die auch in der Trockenzeit Wasser führen. Bei allen Stufen geht's einen kurzen, aber schweißtreibenden Weg mit mitunter rutschigen Stufen entlang, vorbei an mehr oder weniger vielen Verkaufsständen. Schlussendlich kann man die aus einer Höhe von bis zu 40 m herabstürzenden Wassermassen bewundern.

Entlang der Straße liegen fünf Wasserfälle, die vom selben Fluss gespeist werden. Am Eingang werden pro Stufe etwa 20 000 Rp Eintritt fällig. Guides bieten ihre Dienste für überhöhte Preise an, sind aber nicht erforderlich. Im kühlen Wasser unterhalb des Gitgit Twin Waterfalls kann man baden.

Eine landschaftlich spektakuläre, schmale, aber gut befahrbare und wenig frequentierte Straße zweigt zwischen Gitgit und der Bratan-Hochebene von der Hauptstraße ab (ausgeschildert mit *Sekumpul Waterfall*). Sie führt durch die zauberhafte Bergwelt und kleine, ursprüngliche Dörfer, vorbei am Sekumpul-Wasserfall (S. 297) bis an die Küstenstraße bei Sangsit.

Danau Bratan

Der steilen Serpentinenstraße gen Bedugul folgend, erreicht man bald die Bratan-Hochebene. Am Ufer des Bergsees Danau Bratan versteckt sich in 1240 m Höhe hinter dem gigantischen Parkplatz einer der touristischsten und meistfotografierten Tempel der Insel, der **Pura Ulun Danu Bratan**, 🖥 https://ulundanuberatan.com. Leider wurde die Anlage in den letzten Jahren so intensiv kommerziell ausgebaut, dass viel von ihrem malerischen Charme verloren ging. So gibt's auch einen Spielplatz und einen Bootsverleih auf dem Gelände.

Hinter dem Ticketschalter betritt man eine gepflegte Gartenanlage mit lebensgroßen Tierstatuen. Ein Teil der 1663 begründeten Anlage liegt auf zwei kleinen Inseln in Ufernähe, die leider in der Trockenzeit immer wieder verlanden. Auf der äußersten Insel steht ein dreistufiger *Meru* (balinesische Pagode), in dem Shiva und seine Gemahlin Parvati in ihrer Manifestation als Dewi Danu, Göttin der Gewässer, verehrt werden. Der schlanke, elfstufige *Meru* auf der zweiten Insel ist Sitz von Vishnu als Gott des Wassers und der Berge sowie seiner Gattin Dewi Sri. Im größeren Tempelkomplex am Seeufer stehen u. a. ein siebenstufiger *Meru* für Brahma und ein dreistufiger Lotosthron *(Padmasana)* für die Hindu-Trinität Brahma-Vishnu-Shiva. Im Süden der Anlage finden sich die Schreine für die Vorfahren der *Rajas* von Mengwi.

Morgens ist die beste Zeit, um den Tempel ohne Wolken zu bewundern. Wer möchte, kann ein Boot mieten, um die Tempelanlage vom See aus fotografieren zu können. ⏲ 7–19 Uhr, Eintritt 75 000 Rp, Kinder 50 000 Rp, Parken Pkw 5000 Rp, Motorräder 3000 Rp.

Candi Kuning

Der größte Ort der Gegend liegt in 1200 m Höhe am Danau Bratan. Direkt an der Hauptstraße befindet sich an der Abzweigung zum Botanischen Garten (s. Kasten) der recht touristische **Markt** von Candi Kuning. Neben Blumen, Orchideen und anderen Hochlandgewächsen, Obst,

---

Lieblingsort: Eine Autofahrt durch den Botanischen Garten von Bedugul

Direkt neben dem Markt von Candi Kuning liegt die Einfahrt zum bereits 1959 gegründeten Botanischen Garten, **Kebun Raya Eka Karya**, 🖥 www.kebunrayabali.com. Alle 500 m wartet der fast 1,6 km² große, idealerweise mit dem eigenen Vierrad (Motorräder sind nicht erlaubt) zu erkundende Garten mit einer neuen Landschaft auf. An den Hängen des Gunung Pohon in 1250–1450 m Höhe sind Palmen, Farnwälder und Laubbäume vertreten. Insgesamt gedeihen mehr als 2000 Spezies, darunter 668 Baumarten, die meisten davon endemisch. Von April bis Juni lohnt ein Besuch ganz besonders, da dann viele Pflanzen in Blüte stehen. Pärchen schätzen den Garten als Ort für ein Rendezvous, und an Wochenenden kommen viele einheimische Touristen, die leider auch mancherorts ihren Müll zurücklassen.

Im wie ein verzauberter Märchenwald wirkenden Westbereich des Parks entdeckt man zwei kleine **Tempelanlagen** und im äußersten Nordenwesten eine imposant große **Birkenfeige**. Bis auf das Konzert der Zikaden und die Schreie der Affen herrscht oft völlige Stille. Wer sich zuvor – etwa auf dem Markt von Candi Kuning – mit Erdbeeren und anderem Obst eingedeckt hat, kann hier picknicken. Der Garten ist besonders für seine Begonien bekannt, von deren Vielfalt man sich im **Begonienhaus** überzeugen kann. Einen Eindruck des grenzenlosen Artenreichtums der gut 4000 Orchideenspezies Indonesiens (viele davon aus West-Papua) vermittelt der **Orchideenpark**. Auch der **Rosengarten** und das **Kaktushaus** sind kurze Zwischenstopps wert.

Mit aufmerksamen Augen und etwas Glück kann man Waldhühner *(Ayam Hutan)*, Eidechsen, Baummarder sowie einige der knapp 100 Vogel- und 37 Schmetterlingsarten sichten.

Aufgrund der Größe des Gartens wird eine Rundfahrt mit dem eigenen Auto empfohlen, aber auch ausgedehnte Spaziergänge sind möglich. Ein 8 km langer **Wanderweg** führt ab dem Etnobotani Gh. im Nordosten durch die Hügel.

⏲ 8–18 Uhr, Eintritt 20 000 Rp pro Auto sowie 20 000–30 000 Rp p. P., keine Einfahrt für Motorräder, parken 3000 Rp pro Motorrad. Englischsprachige Guides kosten 300 000 Rp. Am Eingang gibt's eine gute Karte vom Park.

Gemüse, Kräutern und Gewürzen werden auch viele billige Souvenirs verkauft. Beliebt sind die in der Gegend gedeihenden Erdbeeren. Mit etwas Verhandlungsgeschick kann es gelingen, die anfangs stark überteuerten Preise nach unten zu drücken, vor allem am späten Nachmittag, wenn kaum noch Touristen da sind. Manche Händler sind ziemlich aufdringlich. ⏱ 6–18 Uhr.

Bedugul

Im für seine Erdbeeren bekannten Bedugul, südlich des Bratan-Sees, 30 km südlich von Singaraja und 48 km nördlich von Denpasar, bieten sich tolle Aussichten auf wolkenverhangene Wälder, Kaffeeplantagen und Gemüsefelder. Der Name Bedugul deutet darauf hin, dass sich hier eine Kultstätte für Reisbauern befand, die vom Bratan-See das Wasser für ihre Reisfelder beziehen. Als Bedugul werden nämlich die kleinen Schreine bezeichnet, die vereinzelt zwischen den Reisfeldern zu sehen sind. Aufgestellt werden sie von den örtlichen *Subak*, den Bewässerungsgemeinschaften (mehr dazu s. S. 86).

Knapp 3 km südlich erhebt sich östlich der Straße die Ruine des **Taman Rekreasi Resort**, ein unter der Regentschaft von Suharto in den 1990er-Jahren initiiertes Großprojekt, das bereits kurz vor der geplanten Eröffnung geschlossen wurde. Heute ist es als Ghost Palace Hotel bekannt – angeblich lastet seit Baubeginn ein Fluch auf dem Resort, und es spukt in den Räumen. Zur letzten Recherche ließ uns Wachmann Besucher für 50 000 Rp linker Hand des Bambuszauns hinein, allerdings kann es jederzeit komplett geschlossen werden.

Danau Buyan und Danau Tamblingan

Rund 8 km nördlich von Bedugul beginnt eine landschaftlich reizvolle Strecke. Die Straße biegt hinter einer Haarnadelkurve gen Westen ab und führt auf einem schmalen Grat gen Munduk. Unterwegs liegen linker Hand einige einfache Warung mit Sitzgelegenheiten und fantastischen Ausblicken auf die Seen Danau Buyan und Danau Tamblingan. Bei entsprechenden Wetterverhältnissen kommt es auch vor, dass man über den Wolken fährt – ein ebenso tolles Erlebnis. Die Straße führt durch Kaffee- und Nelkenplantagen bis hinun Munduk.

ÜBERNACHTUNG

Bali Tree House Pelangi, Baturiti, ✆ 0857-3875 3496, 🖥 www.instagram.com/bali_tree house. Eine ungewöhnliche Unterkunft mit tollem Vibe: Abgelegen übernachtet man in ländlicher Umgebung in 4 einfachen, aber sauberen Baumhäusern mit Gemeinschaftsbädern. Die Häuschen stehen in einem gepflegten Garten inmitten von terrassierten, aktiv bewirtschafteten Gemüsefeldern. Bei klarer Sicht blickt man bis zum Gunung Batur und Agung. Die absolute Ruhe stört meist nur das Zirpen der Zikaden und Gackern der Hühner. Die Gastgeberfamilie und der Betreiber Putu sind sehr freundlich und kochen einfaches Essen. Motorräder für 100 000 Rp pro Tag. Frühstück und WLAN im zentralen Bereich inkl. ❸–❹

Strawberry Hill Hotel, in der Spitzkehre der Hauptstraße südlich des Ortseingangs von Bedugul, ✆ 0368-21265, 🖥 www.strawberry hillbali.com. In der gepflegten Gartenanlage liegen 17 saubere, hübsch gestaltete, wenn auch etwas kleine und aufgrund der Luftfeuchtigkeit leicht muffige Bungalows mit Veranda, hübschem Steinbad und bequemen Betten. Auch Familienbungalows ab 850 000 Rp. Gutes Preis-Leistungs-Verhältnis und freundlicher Service. Restaurant mit Billardtisch und Kaminfeuer. Frühstück inkl. ❺

ESSEN

Terrasse du Lac Tamblingan Sari, über dem Danau Tamblingan, 3,6 km vor Munduk, ✆ 0812-3839 1601, 🖥 www.fb.com/TerrasseDuLac TamblinganSari. Südwestlich, oberhalb des Bergsees werden schön angerichtete Gerichte serviert, darunter vor allem Westliches und für Touristengaumen angepasste indonesische Speisen. Viele französische Gäste. Wenn es kalt wird, kann man sich am Kamin wärmen, und wem es besonders gut gefällt, der kann hier komfortabel mit Kamin, aber ohne Aussicht übernachten, ❹–❺. ⏱ 7–20 Uhr.

10 HIGHLIGHT

Munduk und Umgebung

Der kleine Bergort in 700 m Höhe wurde nicht grundlos bereits von den Holländern geschätzt. Sie bauten inmitten der ländlichen Idylle Wochenend- und Ferienhäuser, um sich von der Hitze in Singaraja zu erholen. Bereits 1908 entstand im Ort das erste Gästehaus, fast 20 Jahre früher als die ersten Hotels im Süden. Neben dem angenehm milden Klima sind es besonders die sagenhaften Aussichten, hübschen Wasserfälle und schönen Spaziermöglichkeiten, die Munduk auch heute noch zu einem attraktiven Ziel machen. So kommen zahlreiche Franzosen, Deutsche und andere Kontinentaleuropäer hierher, darunter auch Familien mit kleinen Kindern, die gut und gerne mehrere Tage in Munduk verbringen können, ohne sich zu langweilen.

Der sympathische Ort erstreckt sich beiderseits der Durchgangsstraße auf einem Berggrat mit Blick auf die umliegenden bewaldeten Täler und pittoresken Gebirgszüge. Die Erde ist überaus fruchtbar, sodass hier fast alles gedeiht: von Reis über Mangos, Papayas, Erdbeeren und Rambutan bis zu Vanille, Kakao und Ingwer. Der hier geerntete Arabica-Kaffee ist angeblich der beste der Insel. Es sind jedoch besonders die Gewürznelkenplantagen, die dem Ort in den letzten Jahren etwas Wohlstand beschert haben. In vielen Höfen liegen die kostbaren Knospen zum Trocknen aus, und die Luft wird von ihrem süßlichen Aroma erfüllt. Munduk ist ein angenehmer Gegensatz zur touristischen Überentwicklung des Südens und Ubud – noch immer vergleichsweise dörflich geruhsam, familiär und authentisch. So wird man bei einem Spaziergang von den meisten Einheimischen noch mit einem freundlichen Lächeln begrüßt.

In **Mayong**, ca. 12 km nordwestlich von Munduk, erreicht man eine Straßengabelung: Nach Süden geht's auf einer gut ausgebauten, wenig befahrenen Straße über die Berge zur Südwestküste. Die Hauptstraße wird wenige Kilometer östlich vom Pantai Balian (S. 254) erreicht. Gen Norden gelangt man bei Seririt wieder ans Meer.

ÜBERNACHTUNG

In dem relativ milden Klima kommen viele Unterkünfte ohne Klimaanlage aus, dafür bieten alle Warmwasser und viele obendrein beeindruckende Aussichten auf die Plantagen und die umliegenden Steilhänge und Berge. Das Preis-Leistungs-Verhältnis ist im Allgemeinen gut, und die Preisunterschiede zwischen Hoch- und Nebensaison sind vergleichsweise gering. Falls nicht anders angegeben, liegen die Unterkünfte entlang der schmalen Hauptstraße.

Adila Warung & Homestay, am östlichen Ortsende, ☎ 0819-3655 1226, 🖥 www.fb.com/adilamunduk. Die kleine, familiäre Unterkunft wird von der sehr freundlichen Adila und ihrem Mann Putu geführt und punktet mit einem kleinen Pool sowie 6 recht modernen, sauberen, klimatisierten, etwas kleinen Zimmern mit bequemen Matratzen und Moskitonetz, darunter 4 Familienzimmer ab 600 000 Rp. Tolle Aussicht von der Terrasse. Auch Kochkurse für 300 000 Rp p. P. ❸–❹

Aditya Homestay, Jl. Pura Puseh, direkt südlich der Hauptstraße, ☎ 0852-3888 2968. Im einladenden, familiären Homestay mit Restaurant-Terrasse und unschlagbarer Aussicht wird man stets herzlich empfangen. Rund um den kleinen Innenhof gibt's 9 komfortable, sehr saubere Zimmer mit großen Fensterfronten und bequemen Matratzen. Die beste Aussicht genießt man aus dem fast komplett verglasten VIP-Familienzimmer mit großer Privat-Terrasse (400 000–500 000 Rp). Der äußerst zuvorkommende, hilfsbereite Putu ist das Herz des Ladens, kümmert sich rührend um die Gäste und gibt gute Tipps für Wanderungen. Leckeres, günstiges Abendessen und frische Säfte. Willkommensdrink und Frühstück inkl. ❸–❹

Dangin Mangkalan Homestay, ☎ 0852-3770 8960. Freundlicher Homestay mit kleinem, gepflegtem Garten und 8 gefliesten, geräumigen, sauberen Zimmern mit Himmelbetten. Die oberen mit toller Aussicht, weiter unten am Hang günstiger. 2 Familienzimmer für 3 Pers. ab 400 000 Rp. Die Betreiber sprechen gutes Englisch. Frühstück inkl. ❸–❹

Dong Paloh Hostel, ☎ 0856-393 9340, 🖳 https://msha.ke/dongpaloh. Von einer freundlichen jungen Familie betriebenes Hostel mit schallisoliertem Schafsaal mit 6 Betten mit Vorhang, Steckdose, Licht und großem Schließfach ab 170 000–200 000 Rp, in der Nebensaison ab 100 000 Rp, sowie 1 Zimmer mit großem Bett. Frühstück inkl. ❸

Ekommunity Bali, 1,4 km östlich von Munduk unterhalb der Hauptstraße, ☎ 0821-4795 1615, 🖳 www.desaeko.com. An den steilen Hang in hübscher, abgelegener Lage gebaute, modern-individuelle, naturnahe Anlage für die Generation Y mit freundlichen Mitarbeitern. Gäste übernachten in auf Podesten über das tiefe Tal gebauten Zelten mit regulären Betten, Stromanschluss und Lampe, aber ohne Ventilator, oder den beiden schick gestalteten, geräumigen 6-Bett-Schlafsälen mit harten Matratzen à 200 000 Rp. Das schicke Restaurant liegt nahe der Straße. Yoga (s. Aktivitäten und Touren). Frühstück inkl. ❺–❼

Kubu Shanti Sanda, Jl. Gesing, ☎ 0819-1611 4969. Schnucklige, mit dem Lesong Hotel assoziierte Unterkunft mitten in der malerischen Umgebung rund 15 Min. steilen Fußweg außerhalb. Unter der Obhut der herzensguten Betreiberfamilie wohnt man im gepflegten Garten in 3 einfachen, aber gemütlichen, sehr sauberen Zimmern mit bequemen Betten. Auch geeignet für Familien. Kulturinteressierte und aktive Gäste haben umfangreiche Möglichkeiten (s. Lesong). Motorradverleih (60 000 Rp pro Tag). Leckeres Frühstück mit Blick auf die Reisterrassen inkl., Mittag- und Abendessen möglich. ❸–❹

Lesong Hotel, Gesing, ☎ 0859-6594 4522, 🖳 www.lesonghotel.com. In ländlicher Umgebung werden inmitten der Reisfelder 4 geräumige, luftige, mit viel Holz gestaltete Zimmer mit bequemen Betten, Moskitonetzen, riesigen Fensterfronten, hochwertigen Bädern und großer Terrasse mit Liegesofas vermietet – der ideale Ort für einen entspannten Lesetag. Auch ein Familienzimmer mit 2 Doppelbetten ab 900 000 Rp. Ein Ausbau um 4 weitere Zimmer ist angedacht. Aktive Gäste sind willkommen, in der Küche mitzukochen, auf dem Reisfeld auszuhelfen oder an Tempelzeremonien teilzunehmen. Gute Wanderungen, auch mit Kanutour und abenteuerliche Mountainbike-Touren (s. Aktivitäten) komplettieren das Angebot. Die exzellent Englisch sprechende Ilo

Rundwanderungen um Munduk

Wandersaison:
Ganzjährig. Besonders von Nov–März setzt nachmittags oft Regen ein, während es morgens noch klar ist. Es empfiehlt sich, früh loszugehen.

Ausrüstung:
Geschlossene Schuhe (für die 3. Etappe wasserfest), Regenjacke oder Schirm, Badehose, Wanderstock (verleiht Sicherheit auf den schmalen Wegen zwischen den Reisterrassen und bei Begegnungen mit Hunden, die zwar laut kläffen, aber keine Gefahr darstellen).

Orientierung:
Es gibt kaum Wegweiser und sehr viele kleine, schmale Wege, was die Orientierung erschwert. Das engmaschige Wegenetz hat jedoch den Vorteil, dass man meist auch ans Ziel kommt, wenn mal eine Abzweigung verpasst wurde. Die Einheimischen helfen gerne weiter, die unten genannten Flurnamen sind allgemein bekannt.
Besser als das Kartenmaterial von Google sind die Open-Street-Maps, auf denen auch kleine Fußwege verzeichnet sind, etwa mit der App Maps.Me.

Die tropische Hügellandschaft rund um Munduk eignet sich hervorragend für Wanderungen und lässt sich problemlos auf eigene Faust erkunden. Einheimische sind Fremden gegenüber sehr aufgeschlossen. Wanderer, die die Dörfer, Reisfelder und Gewürznelkenplantagen durchstreifen, werden zumeist freundlich begrüßt. Wer das herzliche Lächeln erwidert, darf darauf hoffen, unterwegs zu einem Kaffee oder mit etwas Glück zu einer gerade stattfindenden Zeremonie eingeladen zu werden.

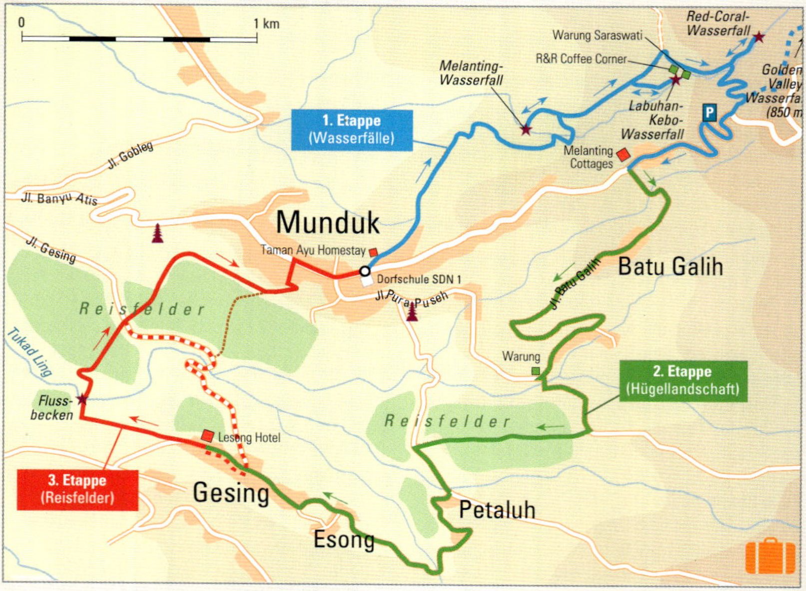

Der unten beschriebene Rundweg fasst die schönsten Abschnitte zusammen. Besonders Sportliche können ihn an einem Tag schaffen, wer sich eingehender für Flora, Fauna und Kultur interessiert, kann die Tour aber auch gut auf 2 oder 3 Aufenthaltstage verteilen.

1. Etappe: Wasserfälle

- **Länge**: 5,7 km
- **Höhenunterschiede**: 365 m auf, 180 m ab
- **Dauer**: 3–4 Std. (reine Laufzeit: 1 1/2 Std.)

Der schmale Fußweg beginnt im Zentrum von Munduk, gegenüber der Dorfschule SDN 1, und führt vorbei am Taman Ayu Homestay sowie Obst- und Nelkenpflanzungen hinunter in die nördliche Schlucht. Unterwegs bieten Warungs lokal angebaute Gewürze und Kaffee zu überhöhten Preisen an, deren Pflanzen in den angrenzenden Gärten gedeihen. An der Gabelung nach etwa 700 m folgt man dem Weg weiter geradeaus und auf einer Bambusbrücke (KM 1,1) über den Fluss.

Die nächsten 300 m geht's schweißtreibend steil hinauf zum Kassenhäuschen des **Melanting-Wasserfalls** (KM 1,4, 20 Min., Eintritt 10 000 Rp, Kinder 5000 Rp). Den aus rund 25 m Höhe hinunter in den Talkessel stürzende Wasserfall (KM 1,7, 40 Min.) erreicht man über 474 Stufen. Er ist auch in der Trockenzeit sehr schön anzusehen und bietet sich mit seinem Becken zum Abkühlen an. Das Licht ist am frühen Vormittag besonders schön.

Anschließend gelangt man über die Treppen wieder hinauf und auf dem asphaltierten, nach Osten führenden Weg bis zum Eingang des **Labuhan-Kebo-Wasserfalls** (KM 2,7, 1 1/4 Std., Eintritt 10 000 Rp, Kinder 5000 Rp). 221 Treppenstufen führen hinab zum ebenfalls sehr hübschen, etwas breiteren, aber niedrigeren Wasserfall (KM 3, 1 1/2 Std.), der nicht zum Schwimmen geeignet ist. Mit 2 hübschen Bambusbrücken, sauberen Toiletten und Mülleimern bietet sich das Areal für eine kleine Verschnaufpause an.

Weiter geht's zurück hinauf und nach Osten bis zur Weggabelung (KM 3,8, 2 Std.), an der man der Ausschilderung nach Munduk nach rechts folgt. Man passiert zwei einfache Restaurants, den kleinen freundlichen Familienbetrieb **R&R Coffee Corner** und den **Warung Saraswati** mit einer umfangreicheren Auswahl an Gerichten.

Kurz danach ist die Abzweigung zum recht schmalen, hohen **Red-Coral-Wasserfall** (auch Tanah Barak, KM 4,2, 2 1/2 Std., Eintritt 20 000 Rp) erreicht, der ganz ohne Treppen zugänglich und wohl auch deshalb stärker besucht ist. In der Trockenzeit ist das darunterliegende Becken nicht so recht zum Baden geeignet. Anschließend geht's zurück über den Fluss, zur Hauptstraße hinauf (KM 5,2, 3 Std.) und in etwa 800 m zu den Melanting Cottages.

Wer noch nicht genug von Wasserfällen hat, kann alternativ der Beschilderung zum nächsten Wasserfall folgen (Abzweigung am KM 5,0, 3 Std.). Nach rund 850 m erreicht man den kleinsten, aber nicht minder hübschen **Golden-Valley-Wasserfall** (KM 5,9, 3 1/2 Std., Eintritt frei). Direkt oberhalb kann man im **Eco Cafe** bei einem frisch gepressten Saft pausieren, bevor es in 400 m über Bambusstufen und -brücken hinauf zur Hauptstraße geht. Von hier sind es rund 2 km zu den Melanting Cottages.

2. Etappe: Malerische Hügellandschaft
- **Länge**: 5,3 km
- **Höhenunterschiede**: 110 m auf, 310 m ab
- **Dauer**: 2 Std.

Gegenüber den Melanting Cottages führt eine kleine Straße durch den Weiler **Batu Galih** und schlängelt sich durch Gewürznelkenplantagen zum Fluss hinab. Man biegt links über die Brücke ab und steigt die steile Straße empor bis zum Warung, der sich rechts auf einem Plateau über der Straße erhebt. Kurz danach zweigt rechts ein zementierter Fußweg ab, der dem Bach folgt. Man durchstreift die malerischen **Reisfelder von Dayang** und genießt die Aussicht auf das grüne Tal. Wenn der Fußweg wieder eine Straße erreicht, hält man sich links und folgt der Straße auf und ab durch die Weiler **Petaluh** und **Esong**, wo man noch Blicke auf die Felder erhascht, bevor man im Dorf **Gesing** wieder eine fahrbare Straße erreicht.

3. Etappe: Flussbecken und Reisfelder
- **Länge**: 2,5 km
- **Höhenunterschiede**: 200 m auf, 75 m ab
- **Dauer**: 1 Std.

Von der Straße in Gesing zweigt rechts talabwärts ein Fußweg ab. Der Einstieg befindet sich beim 3. Strommast vom Lesong Hotel aus gezählt. Sobald man den Bewässerungskanal erreicht, geht es rechts ab und einen schmalen Weg an den Reisfeldern vorbei zum Fluss hinab. Hier hat der Strom Becken in den Stein geschliffen, die Einheimischen als natürliche Pools und Wasser-

rutschen dienen und Wanderer zu einer Erfrischung einladen. **Achtung**: Das Durchqueren des schlüpfrigen Flussbeckens kann gefährlich sein und erfordert besondere Vorsicht! Man sollte absolut nicht von Stein zu Stein springen, sondern durch das Wasser waten und im Zweifelsfall lieber umdrehen und den Umweg über die östlich des Lesong Hotels nach Norden führende Jl. Gesing in Kauf nehmen.

Auf der gegenüberliegenden Flussseite steigt der Weg zu den Reisterrassen hinauf. Wo der Pfad die Straße erreicht, befindet sich rechts eine Anlage, in der Reis gedroschen, getrocknet und die Hülsen entfernt werden. Auf der anderen Straßenseite führt der Weg weiter die Terrassen hinauf und folgt anschließend dem Bewässerungskanal am Waldrand entlang oberhalb der Felder. Von hier aus lassen sich die unterschiedlichen Stadien des Reisanbaus gut beobachten. Vor einem Wohnhaus ist eine Weggabelung erreicht, links geht es steil nach Munduk hinauf.

Ein Beitrag von Lorenz Schweizer und Mischa Loose

ist die gute Seele des Hauses, und der aus dem Dorf stammende, sozial engagierte Nyoman ist eine unerschöpfliche Informationsquelle. Motorrad- (70 000–80 000 Rp pro Tag) und Mountainbike-Verleih (200 000 Rp pro Tag). Frühstück inkl. ❺–❻

Melanting Cottages, am östlichen Ortsende, ☏ 0851-0000 5266, 🖵 www.melantingcottages. com. In der Anlage am Hang trifft Tradition auf Moderne: Man übernachtet in 2-stöckigen Holzbungalows im klassischen Stil oder schönen, modernen Räumen mit allen Annehmlichkeiten, Massivholzmöbeln, toller Aussicht ins bewaldete Tal und verglastem Bad mit großer Wanne – ein bisschen Seminyak-Design in Munduk. Der lange versprochene Pool lässt weiter auf sich warten, ist aber immerhin schon gebaut. ❹–❼

Puri Lumbung Cottages, ☏ 0812-387 4042, 🖵 www.purilumbung.com. Ökotourismus-Projekt, das sich Wald- und Wasserproblemen annimmt, einen Bio-Garten unterhält, die lokalen Künste unterstützt und viele Workshops (s. Aktivitäten) anbietet. Auf dem weitläufigen, naturnah um einen Bach angelegten Grundstück liegen 34 komfortable Villas und 12 rustikale, aber charmante, in bis zu 90 Jahre alten, modifizierten *Lumbung* untergebrachte Cottages mit schönem Open-Air-Bad, Moskitonetz und toller Aussicht. Nachts gibt es ein Insekten- und Froschkonzert. Die angebauten Gewürze und Pflanzen sind oft beschildert. Frühstück inkl. ❻–❼

Sanak Retreat, Kayu Putih, ☏ 0811-397 758, 🖵 www.sanakbali.com. Abgeschieden und naturnah inmitten von Reisfeldern lockt das hochqualitative Boutiquehotel mit einer geschmackvollen, dezent in die Landschaft integrierten Anlage, einem schönen Pool und 10 toll designten, individuell eingerichteten Holzbungalows sowie einem Haus mit 3 Zimmern und Privatpool. Die Abfallvermeidung ist vorbildlich (Kompostierung, Grauwasserverwendung für den Bio-Gemüsegarten, Mülltrennung). Spa und Kinderzimmer mit Spielen und Büchern. Aufmerksamer, persönlicher Service und regelmäßige Aktivitäten und Ausflüge. ❽

Taman Ayu Home Stay, ☏ 0899-015 5357. Mit direktem Anschluss an die freundliche Großfamilie wohnt man in 7 einfachen, günstigen, sauberen Zimmern mit Moskitonetz und kleinem Balkon. Schöne Aussicht von der Dachterrasse. Frühstück im guten Restaurant inkl. ❷–❸

ESSEN

Fast allen Unterkünften sind kleine **Restaurants** angeschlossen, die mit günstigen Preisen und imposanten Ausblicken punkten. Empfehlenswert ist das Essen im **Aditya Homestay** und **Taman Ayu Home Stay**. Für höhere Ansprüche lohnt sich ein Abstecher zum **Sanak Retreat**. In den **Puri Lumbung Cottages** finden in unregelmäßigen Abständen Barbecue-Dinner mit Tanzvorführungen für 200 000 Rp p. P. statt.

Don Biyu Restaurant, ☏ 0812-398 7142, 🖵 www.fb.com/DonBiyu. Das rustikale, in einem großen Bambuspavillon untergebrachte Restaurant serviert neben einheimischen Spezialitäten Sandwiches, Chicken Wings und günstige Barbecue-Schweinerippchen in 3 Geschmacksrichtungen. Auch die Hunde profitieren sichtbar von den ordentlichen Portionen. Toller Ausblick. ⏱ 7–22 Uhr.

Warung Classic, Jl. Pura Puseh, ☏ 0819-9977 9750, 🖵 https://warung-classic-restaurant.business.site. Eines der vielen ähnlichen, kleinen, günstigen, familiengeführten Restaurants. Die freundlichen Betreiber servieren u. a. leckeres Ayam Goreng (Brathähnchen). Wenn es voll ist, kann man mit längeren Wartezeiten rechnen, schließlich wird alles frisch zubereitet. ⏱ 11–22 Uhr.

Warung Heaven Munduk, ☏ 0857-3701 1657. Im Restaurant mit guter Aussicht gibt's leckeres *Gado-Gado* und weitere indonesische Spezialitäten sowie eine gute Auswahl an Desserts. Die Besitzerin ist sehr freundlich und viele Zutaten stammen aus dem eigenen Garten. ⏱ 10–22 Uhr.

AKTIVITÄTEN UND TOUREN

An den vielfältigen **Workshops** und **Aktivitäten** der **Puri Lumbung Cottages** (s. o.) können auch bis zu 2 Tagesgäste teilnehmen. Auf dem Programm stehen Sprach-, Koch-, Web-, Tanz- und Musikkurse, Opfergaben-Arrangements,

Kräutermedizin-Unterweisungen sowie Wanderungen, Fahrradtouren, Massagen oder Yoga. Eine **Tour** mit Auto mit Fahrer zum Botanischen Garten und Pura Ulun Danu Bratan wird für 400 000 Rp angeboten.

Mountainbiking
Lesong Hotel, Gesing, s. Übernachtung. Mit 5 hochwertigen Mountainbikes und einem Kinderfahrrad kann man die pittoreske Umgebung erkunden. Lockere Fahrten führen durch die umliegenden Felder (9,5 km, 100 000 Rp), steigungsreichere Touren ziehen größere Kreise (19–23 km, 200 000 Rp, mit Transport 600 000 Rp). Die Fahrräder sind in Topzustand und kosten stets zusätzlich 100 000 Rp pro Fahrrad und Tour.

Schwimmen
Puri Sunny Camping, südlich der Hauptstraße, ✆ 0857-3877 1617, 🖥 https://bit.ly/PuriSunny. Der rund 20 °C kühle Pool inmitten der Reisfelder steht für 35 000 Rp, Kinder 25 000 Rp, auch Tagesgästen offen.

Trekking
Alle Unterkünfte organisieren **Wanderungen**: Spaziergänge zu den Wasserfällen in der Umgebung kosten um 150 000 Rp pro Std., es sind auch anspruchsvollere Treks und Halbtagestouren möglich.

 Mayong Cultural Walk, in Mayong 13 km westlich von Munduk, ✆ 0823-4071 9179, 🖥 http://mayongculturalwalk.xyz, Karte S. 280. Die familienfreundliche Halbtagstour für 300 000 Rp p. P. mit dem sehr gut Englisch sprechenden Putu Artana beginnt um 9 Uhr mit einem lockeren, gut 2-stündigen Spaziergang durch die Felder, wobei man viel über den Reisanbau und die gedeihenden Pflanzen-, Obst- und Gemüsesorten, aber auch über die lokale Kultur erfährt. Anschließend kocht seine Frau Ria ein reichliches, leckeres balinesisches Mittagessen.

Yoga
Ekommunity Bali, s. Übernachtung. 1 1/2-stündige Yogasessions um 9 und 17 Uhr ab 120 000 Rp, Hotelgäste zahlen nur die Hälfte.

TRANSPORT
In Ermangelung öffentlicher Verkehrsmittel müssen **Privatautos mit Fahrer**, die über die Unterkünfte vermittelt und pro Pkw bezahlt werden, gechartert werden.
Nach:
AMED 700 000–800 000 Rp.
BEDUGUL 350 000 Rp.
CANDI DASA 700 000 Rp.
CANGGU, KUTA, SANUR oder SEMINYAK 550 000 Rp.
FLUGHAFEN 600 000 Rp.
GILIMANUK (Fähre nach Java) 600 000 Rp.
JATILUWIH 500 000 RP.
LOVINA 300 000–350 000 Rp.
MEDEWI 600 000 Rp.
PADANG BAI 600 000 Rp.
PEMUTERAN 400 000 Rp.
SIDEMEN 600 000 Rp.
TIRTAGANGGA 700 000 Rp.
TULAMBEN 600 000 Rp.
UBUD 500 000 Rp, mit Stopps in Jatiluwih und am Gunung Batukaru 700 000 Rp, in Toya Bungkah am Danau Batur 750 000 Rp.

Batur-Massiv

Die rauen Facetten des Hochlands eröffnen sich am besten bei einer Fahrt durch das von Witterung und Vulkanismus geprägte Bergland um den **Gunung Batur** (1717 m). Die Region am zweitheiligsten Berg der Insel wurde wegen ihrer geologischen und botanischen Besonderheiten von der Unesco als Geopark ausgezeichnet. In den letzten 200 Jahren war der Batur über 25 Mal aktiv, zuletzt im Jahr 2000, zum Glück ohne Todesopfer. Die zwei schwersten Ausbrüche in den Jahren 1917, 1926 und 1963 hingegen forderten viele Menschenleben und vernichteten ganze Dörfer.

Von der Nordküste kommend hat man nach knapp 40 km die unzähligen Haarnadelkurven der steilen Straße hinter sich gelassen. Im Westen des Danau Batur verläuft die Hauptstraße nun über mehrere Kilometer auf dem Kraterrand. Im Südosten ragt der Randkegel des **Gunung Abang** („älterer Bruder") auf, der mit 2151 m höchsten Erhebung des Massivs.

In Sukawana erreicht man den nicht sonderlich spektakulären **Pura Tegeh Kahuripan** (auch Pura Puncak Penulisan), der sich linker Hand der Straße über mehrere Ebenen und 336 steile Stufen – das Einzige, was man beim Vorbeifahren erspäht – bis zum Gipfel des **Gunung Penulisan** (1745 m) streckt. Der am höchsten gelegene Tempel Balis wurde im 9. Jh. unter der Warmadewa-Dynastie gegründet und ist damit auch einer der ältesten. Seine wichtigste Gottheit ist Shiva in seiner Manifestation als Herr der Berge. In den Pavillons der obersten Ebene sind archäologische Fundstücke aus dem 9.–13. Jh. ausgestellt, darunter viele *Lingga*- und *Yoni*-Steine. Eintritt 30 000 Rp.

Kintamani

Das kühle, oft wolkenverhangene Kintamani, das sich westlich des Gunung Batur und nördlich von Penelokan entlang der Straße erstreckt, ist der größte Marktort am Batur-See. Alle drei Tage ist die Hauptstraße von morgens bis mittags mit Gemüselastern und Minibussen verstopft. Dann kann man die rauen Gebirgsbewohner dabei beobachten, wie sie um Kaffeebohnen, Obst und Gemüse feilschen.

Die aus den hiesigen Pariahunden gezüchtete **Kintamani-Hunderasse** – seit 2012 die erste international anerkannte Hunderasse Indonesiens – ist für ihr dichtes Fell und ihr aufmerksames Wesen bekannt, das sie zu guten Wachhunden macht. Dem Husky nicht unähnlich, können Kintamani-Hunde sogar klettern und sind auch im Ausland beliebte, teure Rassehunde.

Batur

Richtung Süden geht Kintamani in das Dorf Batur über. Es lag einst am Fuß des Vulkans. Nach einem schweren Ausbruch im Jahre 1917 wurde es fast gänzlich zerstört. Der Dorftempel blieb jedoch von den Lavamassen verschont, was man als gutes Omen interpretierte, das Dorf an gleicher Stelle wieder aufzubauen. Der nächste schwere Ausbruch 1926 vernichtete es erneut, diesmal mitsamt Tempel. Erst daraufhin wurde das Dorf an eine sicherere Stelle an den Rand des kesselförmigen Kraters verlegt.

Die Legende vom Batur-See

Einst lebte auf Bali der Riese **Kebo Iwa**, ein Wesen so groß wie ein Berg und erster Minister des Königs Ratna Banten (s. Kasten S. 231). Mit seiner ungeheuren Kraft half er den Menschen bei der Anlage neuer Reisterrassen und Bewässerungssysteme und auch beim Bau großer Tempel. So soll er die Felsenheiligtümer **Gunung Kawi** (S. 233) und **Goa Gajah** (S. 230) in nur einer Nacht mit seinen Fingernägeln aus dem harten Gestein geschabt haben. Als Belohnung für seine Arbeit gab er sich mit einer Mahlzeit zufrieden, aber das bedeutete für die Dorfbewohner, jedes Mal die Nahrung für mehr als 1000 Menschen zu opfern.

Nach einer Missernte konnten die Dörfler den Forderungen des Riesen nicht mehr nachkommen, und in seinem Ärger zerstörte er Häuser und Tempel und fraß einige Männer und Frauen. Die so Geplagten bedienten sich einer List: Wenn er ihnen einen tiefen Brunnen graben könne, versprachen sie Kebo Iwa reiche Belohnung. Der begann, mit seinen Händen ein tiefes Loch auszuheben, auf dessen Grund sich schon das Grundwasser sammelte. Aber selbst für einen Riesen war es eine ermüdende Arbeit, und so pflegte er in dem kühlen, feuchten Erdloch täglich seinen Mittagsschlaf zu halten.

Eines Tages versammelten sich die Menschen um den Brunnen und überschütteten den schlafenden Riesen mit Unmengen von Kalk, den man sonst zum Weißen der Hauswände gebrauchte. Der Kalk wurde im Wasser schnell zu einer harten Masse, die dem Riesen seine Bewegungsfreiheit raubte und ihn schließlich begrub. Das Wasser stieg, floss über den Brunnenrand und formte den Batur-See. Das ausgehobene Erdreich liegt noch immer an seinem Platz – als **Gunung Batur**. Manchmal regt sich der Riese noch, dann kommt es zu Erdbeben oder Vulkanausbrüchen.

Mittelpunkt des Ortes ist der große, bedeutsame, außerhalb von Feiertagen allerdings etwas verwahrloste **Pura Ulun Danu Batur**, der 1929 zu Ehren von Dewi Danu, der Göttin der

Bergsteigen am Batur-Massiv

Besteigung des Gunung Batur
- **Länge**: je nach Tour 11–16 km, 600–900 Höhenmeter
- **Dauer**: je nach Tour 4–7 Std., 1 1/2–4 Std. für den Aufstieg
- **Nicht vergessen**: Sonnenschutz, Windjacke, trittfeste Schuhe, warmer Pullover und lange Hose, T-Shirt zum Wechseln, Stirnlampe

Der Gunung Batur (1717 m) kann mit Guide bestiegen werden. Der Aufstieg über die unwirklichen Lavaformationen beginnt meist zwischen 3 und 4 Uhr morgens in Toya Bungkah und endet mit einem Picknick am Gipfel zum Sonnenaufgang – ein großartiges Erlebnis. Man sollte allerdings keine alpine Abgeschiedenheit erwarten, gerade in der Hochsaison sind viele Touristen unterwegs. Gegen 9 Uhr ist man wieder zurück und kann die müden Beine in den heißen Quellen entspannen. Alternativ werden auch Touren angeboten, die gegen 7 Uhr zum Sonnenaufgang starten und den Gipfel gegen 9 Uhr erreichen sowie solche, an denen man im Anschluss an die Gipfelbezwingung noch den umliegenden Kraterrand und Höhlen erkundet.

Touren werden in ganz Bali angeboten. Guides und Informationen bekommt man bei der **Association of Mount Batur Trekking Guides**, ✆ 0831-1446 0347, 0878-6313 0080, 🖥 https://bit.ly/BaturTrekking, die Büros in Toya Bungkah und am Parkplatz an der Umgehungsstraße betreibt. Die 4-stündige Tour zum Sonnenaufgang (3 Std. Marsch und 1 Std. Aufenthalt auf dem Gipfel) kostet 600 000 Rp für 2 Pers., die 6-stündige Tour über den Kraterrand und Pura Jati 600 000 Rp p. P.

Achtung: Eine Besteigung ohne Guide wird von der Organisation untersagt. Die jungen Männer zeigen sich schnell von einer aggressiven Seite, wenn man dennoch versuchen sollte, den Berg auf eigene Faust zu bezwingen – allerdings sind Bergsteigern im Alleingang in der Vergangenheit auch schlimme Unfälle widerfahren.

Man sollte sich stets vor dem Aufstieg über die Wetterlage erkundigen, andernfalls kann es sein, dass man in Regen gerät und durchnässt oder aufgrund schlechter Sicht umkehren muss. Zwischen November und März ist die Aussicht oft wolkenverhangen, sodass sich der Aufstieg möglicherweise nicht lohnt.

Besteigung des Gunung Abang
- **Länge**: 7 km, 760 Höhenmeter
- **Dauer**: 2 1/2–3 Std. für den Aufstieg, 1 1/2–2 Std. für den Abstieg
- **Nicht vergessen**: Sonnenschutz, Windjacke, trittfeste Schuhe, warmer Pullover

Südöstlich des Batur-Sees liegt der dritthöchste Berg Balis, Gunung Abang (2151 m). Fährt man aus dem Krater nach Penelokan, biegt man an der Gabelung auf dem Kraterrand links zum Startpunkt ab. Der Aufstieg startet meist gegen 3 Uhr. Der anstrengend zu gehende Pfad ist recht gut ausgetreten, führt aber steil durch verfilzten Buschwald und ist oft matschig und rutschig. In drei Etappen geht's bis zum Gipfel, den man zum Sonnenaufgang erreicht. Hier liegt ein kleiner Tempel, die Aussicht ist allerdings oft wolkenverhangen.

Mount Abang Trekking Office (Batur Volcano Sunrise Hiking), ✆ 0823-4138 5655, verlangt für die Tour für 1/2/3 Pers. 550 000/700 000/900 000 Rp, eine Budgetvariante gibt's für 250 000/350 000/450 000 Rp, jeweils inkl. Transfer ab Ubud.

Gewässer, aus dunklem Lavagestein errichtet wurde. Eindrucksvolle, hohe Tempeltore und Reihen von vielstufigen, schlanken *Meru* erheben sich am Rande des Steilhangs über dem Krater. Der *Pura* feiert sein *Odalan* an einem Vollmond im März oder April, zwei Wochen nach *Nyepi*. Eintritt 50 000 Rp, oft werden Touristen von Verkäuferinnen gedrängt einen teuren Sarong zu kaufen und es bieten sich Führer an, die anschließend viel Geld verlangen.

11 HIGHLIGHT

Penelokan und die Batur-Caldera

In 1450 m Höhe bietet sich in **Penelokan** („Aussichtspunkt"), 6 km südlich von Kintamani, ein einmaliger Blick auf den Berg **Gunung Batur** und seine Caldera. Bei gutem Wetter ist sogar die Südküste der Insel am Horizont zu erspähen. Am nördlichen Ortseingang werden – besonders in der Hochsaison – 30 000 Rp Maut erhoben.

Die spektakuläre Sicht in einen der größten Vulkankrater der Welt lockt zahlreiche Touristen an, die wiederum viele penetrante fliegende Händler nach sich ziehen. Entspannter lässt sich das **Panorama** bei einem Drink von der Terrasse des am Kraterrand gelegenen Restaurants im **Lakeview Hotel**, 🖳 www.lakeviewbatur.com, genießen. Es wird ähnlich der anderen Restaurants entlang der Straße von großen Touristenbussen angefahren, die mittags ihre Fahrgäste auf die überteuerten Buffets loslassen.

Im Osten des Ortes liegt das selten besuchte **Batur Geopark Museum** (Museum Geopark Batur), ✆ 0366-51186, 🖳 https://bit.ly/BaturMuseum. Im Mittelpunkt des zweistöckigen Rundbaus steht ein riesiges Modell des Batur-Massivs. Videos, Karten und Schautafeln erläutern geologische Phänomene von Vulkanen, speziell des Gunung Batur, seine Flora und Fauna sowie das Leben der Menschen. Zudem werden andere Unesco-Geoparks vorgestellt. ⊕ 8–16 Uhr, Eintritt frei.

Eine sehr steile Straße schlängelt sich in den Krater zum halbmondförmigen, 90 m tiefen **Danau Batur** hinab. In **Kedisan** geht's linker Hand nach **Toya Bungkah**, wo einige Touristen übernachten bevor sie die Besteigung des Vulkans in Angriff nehmen (s. Kasten S. 294). Die hügelige Strecke führt durch eine fremdartige Mondlandschaft – unwirtlich, trocken, wüstenartig und von großen, schwarzen Lavabrocken übersät. In dieser endzeitlichen Umgebung wird schwarzer Sand abgebaut und von schwer beladenen Lkw abtransportiert. Einen starken Kontrast bilden die fruchtbaren Zwiebel-, Tomaten- und Chili-Felder am Seeufer und Fischfarmen, in denen Tilapia *(Mujair)* gezüchtet wird.

Rund um die heißen Quellen am Ufer des Sees in Toya Bungkah finden sich überteuerte, unattraktiv zubetonierte Badeanlagen. Netter und ruhiger ist das familiengeführte **Segara Healing Bali Natural Hot Spring**, ✆ 0819-9937 3708, 🖳 www.baturhotspring.com, für 50 000 Rp p. P. oder 100 000 Rp p. P. inkl. Handtuch und Getränk. Ein Bad in den Becken mit heißem Quellwasser ist besonders nach der Bergbesteigung eine Wohltat! ⊕ 7–21 Uhr.

Touren mit sozialem Anspruch

Die schweizerisch-indonesisch geführte Stiftung **Zukunft für Kinder**, 🖳 www.zukunft-fuer-kinder.ch, engagiert sich bereits viele Jahre in der Region nördlich vom Danau Batur. Sie vermittelt **Trekkingtouren**, ✆ 0361-424 619, 🖳 https://mas.muntigunung.com/trekking-packages, die morgens starten, spektakuläre Aussichten versprechen und bis zu 6 km über den Krater hinab führen. Oftmals sind es weibliche Guides, die durch die wilde, noch weitgehend unberührte Bergwelt an den Hängen des Batur-Massivs führen. Dabei werden ihre Dörfer und Kleinbetriebe besucht, die etwa Hängematten oder Batik produzieren. Die Touren kosten ab Ubud/Amed bei 2 Pers. 1,3/1,45 Mio. Rp p. P., bei 4 Pers. 1,05/1,2 Mio. Rp p. P. inkl. Transfers und Verpflegung. Profite kommen Guides und Kooperativen in der ärmlichen Region Muntigunung zugute und werden für die Wasser- und Gesundheitsversorgung sowie Schulbildung verwendet.

Das australisch-holländische Paar Rachel und Sibran von **C. Bali Canoeing & Cycling**, ✆ 0813-5342 0541, 0878-4384 4610, 🖳 www.c-bali.com, hat fünf Jahre in Kedisan gelebt und bieten Tagesausflüge für 600 000 Rp p. P. (bei 2 Pers. ab Ubud) mit Fahrradtouren um und Kanutouren auf dem See an, auch kombiniert mit Schulbesuchen und Opfergaben-Arrangements. Kanuverleih kostet 100 000 Rp pro Std., Fahrräder 50 000 Rp pro Tag. Mit den Einkünften unterstützen sie seit über 12 Jahren die lokale Schule.

Trunyan

Das Dorf auf der anderen Seite des Sees ist wie Tenganan (S. 335) von den *Bali Aga* bewohnt, den Ureinwohnern Balis. Eingezwängt auf einem schmalen Landstreifen zwischen See und steilem Kraterrand leben hier rund 600 Menschen in fast völliger Isolation vom restlichen Bali. Besucher sind nicht so willkommen wie in Tenganan, werden aber geduldet, und es wird relativ viel gebettelt.

Viel zu sehen gibt es nicht: Mauern aus Lavablöcken umgeben die eng aneinandergereihten Grundstücke, auf denen man Gärten und Bäume vermisst. Wenn man Glück hat, kann man einen Blick auf arbeitende Weberinnen und Kunsthandwerker werfen. Hinter dem Ort führt ein steiler, gewundener Pfad die Kraterwand hinauf zu einem weiteren Dorf außerhalb des großen Kraters mit den Ländereien der *Bali Aga*.

Das größte Heiligtum ist der schmucklose, angeblich über 1100 Jahre alte **Pura Pancering Jagat** („Nabel der Welt"). In seinem siebenstufigen *Meru* wird eine 3 m hohe Statue der obersten Lokalgottheit aufbewahrt. Zum *Odalan* kurz nach Vollmond im September oder Oktober wird die Statue mit einer Mischung aus Kalk, Honig und Wasser gereinigt.

Die Bewohner von Trunyan wurden kaum von Fremdeinflüssen berührt und entwickelten eine einmalige Art der **Totenbestattung**. Die Leichen werden nicht wie bei hinduistischen Balinesen verbrannt, auch nicht wie bei den *Bali Aga* von Tenganan beerdigt, sondern in weiße Tücher gehüllt und im Freien aufgebahrt, wo sie dann verwesen. Ein oder zwei Mal im Jahr werden Verstorbene zeremoniell zum **Friedhof** gebracht, der eine kurze Bootsfahrt nördlich des Dorfs liegt. Besucher werden von den aufgebahrten Gebeinen und Schädeln der Ahnen begrüßt. Die Neuzugänge werden in elf Bambuskäfigen unter dem Schatten von bunten Regenschirmen und dem Baum *Taru Menyan* („süßer Duft") platziert, dessen süßliche Ausdünstung angeblich den Geruch der Verwesung neutralisiert. Tatsächlich riecht es weit weniger streng als erwartet.

Vor Ort lässt sich ein Preis von 250 000 Rp p. P. für eine **Bootstour von Trunyan** zum Friedhof und eine Führung durch das Dorf aushandeln, die ersten Preise sind meist unverschämt überhöht.

Man kann den Ort auch auf einer **Bootstour aus Kedisan** besuchen, wo Boote für die See-Rundfahrt gechartert werden können. Neben Trunyan wird auch in Toya Bungkah angelegt. Tickets sind an einem Kiosk zu bekommen. Manchmal muss man handeln, aber eigentlich sollten die Preise ausgewiesen sein.

Trunyan ist alternativ über eine schmale Straße zu erreichen, die ab Kedisan (an der Gabelung rechts) 8 km auf und ab am See entlangführt.

ÜBERNACHTUNG, ESSEN, SONSTIGES

Alle Unterkünfte verfügen über Warmwasser, organisieren Guides für Touren und servieren in ihren kleinen Restaurants auch Fisch aus dem See. Vor dem Lakeview Hotel und in Kedisan stehen **Geldautomaten**.

Mapa Lake View Bungalow, Toya Bungkah, ☎ 0813-3838 2096, ✉ mapabungalow@yahoo.com. Gepflegte Gartenanlage mit freundlichem Besitzer, Blick auf den See und den Berg sowie 5 Massivbungalows mit älteren Bädern. Dank der Lage abseits der Straße relativ ruhig. Frühstück inkl. ❹–❺

Volcano Terrace, Toya Bungkah, ☎ 0822-3744 4410, 🖥 www.instagram.com/volcano_terrace_official. Die ganz in weiß gehaltene Anlage mit Pool und 10 großen, nett eingerichteten Zimmern mit Panoramafenstern und Kühlschrank liegt ebenfalls etwas abseits. Die teuren Räume sind schicker und größer, schönen Seeblick haben aber alle Zimmer. Die Familie kocht für ihre Gäste leckere Gerichte. Frühstück inkl. ❹–❻

Von Singaraja nach Osten

Sangsit

Rund 8 km östlich von Singaraja steht nahe Sangsit 250 m nördlich der Hauptstraße der *Subak*-Tempel **Pura Beji**. Bereits im 15. Jh. wurde er zu Ehren von Dewi Sri, der Göttin der Fruchtbarkeit und des Reisanbaus, erbaut. Mythische Fabelwesen, Hexen, Dämonen und Schlangen bewachen den Eingang. Dass sich im Inneren nur ein Gebäude befindet, ist ebenso typisch für die nordbalinesischen Tempel wie die Fülle an filigranen, oft floralen Steinmetzarbeiten. Nachmittags hat man die Anlage häufig ganz für sich alleine. Eintritt 10 000 Rp, Leih-Sarong 5000 Rp.

Vom Pura Beji schlängelt sich ein kleiner Weg einige hundert Meter nordöstlich zum Unterwelttempel **Pura Dalem**. Die Reliefs an den Außenmauern zeigen recht drastische erotische Szenen.

Jagaraga

Etwa 500 m östlich von Sangsit zweigt eine Straße gen Süden zu sehenswerten Tempeln ab. Nach 4 km ist der **Pura Dalem Segara Madhu** in Jagaraga erreicht. Die Anlage ist mit reichen, fantasievollen Reliefdarstellungen an den Tempelmauern, bizarren Figuren und Dämonenköpfen ausgeschmückt. Bemerkenswert sind vor allem die häufigen „europäischen" Motive, vielleicht Karikaturen der ungeliebten Kolonialherren, vielleicht auch Darstellungen von Dämonen, die als Europäer verkleidet die Welt (Bali) unsicher machen. Man kann Ozeandampfer inmitten von Seeungeheuern, ins Meer stürzende Flugzeuge und langnasige Europäer im Auto, die von einem Banditen mit Pistole überfallen werden, entdecken. Die spannendsten Reliefs befinden sich zwar an der Außenwand, dennoch lohnt sich eine geführte Tour mit den örtlichen Guides, die vieles erklären und meist im gegenüberliegenden Warung anzutreffen sind.

12 HIGHLIGHT

Sekumpul

Hinter Jagaraga führt die Straße weiter nach Sekumpul, der Heimat der wohl schönsten und mit 80 m höchsten **Wasserfälle** in Bali. Das Wasser stürzt in sieben, von dichtem Dschungel durchkämmten Stufen in den malerischen Talkessel, wo ein natürlicher Pool zum Baden einlädt. Der schweißtreibende Weg dorthin führt 1,2 km über rund 350 steile Treppenstufen vorbei an Snackverkäufern, Reisfeldern, Kaffee-, Nelken- und Kakaoplantagen. Auf halber Strecke gibt's einen schönen Aussichtspunkt. An Wochenenden und Feiertagen ist der Ort i. heimischen Besuchern überlaufen, sonst is. hier ruhiger als am Gitgit.

Es ist theoretisch möglich, den Wasserfall ohne Guide zu besuchen. Am nördlichen (Haupt-)Eingang wird jedoch hartnäckig das Gegenteil behauptet und für einen Besuch mind. 125 000 Rp verlangt. Besser ist es, wenn man den südlichen Eingang nahe des Mungseng Breeze Restaurants nutzt, dort beträgt der Eintritt 20 000 Rp.

In Laufnähe zum Sekumpul-Wasserfall liegen noch eine Reihe weiterer, hübscher Wasserfälle, u. a. die **Fiji-Wasserfälle**, drei Katarakte, die an verschiedenen Stellen in ein pittoreskes Tal stürzen, sowie hübsch angelegte Reisterrassen.

Kubutambahan

Weiter auf der Hauptstraße von Sangsit gen Osten liegt Kubutambahan. Nur 400 m östlich der Abzweigung nach Kintamani erhebt sich nördlich der Straße der zu den neun wichtigsten Staatstempeln zählende **Pura Meduwe Karang** („der, dem die Erde gehört"). Hier werden der Sonnengott Surya, der Herr der Felder, sowie Dewi Sri, die Reis- und Fruchtbarkeitsgöttin, verehrt, und es wird für eine ertragreiche Ernte gebetet.

Der Tempel liegt auf einer Anhöhe und ist über zwei von 34 Skulpturen aus dem *Ramayana*-Epos gesäumte Eingangstreppen zu erreichen. Jenseits des Innenhofs stehen kleine Schreine, die den Gottheiten Ratu Ayu Sari, einer Erscheinungsform der Erdmutter Ibu Pertiwi, und Ratu Ngurah Sari, dem Beschützer der Feldfrüchte, geweiht sind. Die Reliefs der Tempelmauern und Schreine stellen Dämonen, Geister, Fürsten und erotische Handlungen sowie eine Kampfszene aus dem *Ramayana* dar. Eine Darstellung ähnelt gar dem letzten Abendmahl Christi.

Am Sockel der zentralen Terrasse im dritten Innenhof findet sich das ungewöhnliche Relief eines Fahrrads. Der in Stein gehauene **Radfahrer** ist der langen Nase nach zu urteilen ein Holländer, und zwar der Forscher und Künstler W. O. J. Nieuwenkamp, der 1904 die Insel mit einem Zweirad erkundete. Das bis dahin unbekannte Fortbewegungsmittel be-

... Balinesen so sehr, dass sie es ... agisches Vehikel hielten: Es lässt ... iebskette fahren, und Reifen und ... durch Ranken und Lotusblüten ... sprichwörtlich ein „Blumenfahrrad".

Eintritt gegen Spende. Guides erklären bei einem Rundgang die Details der einzelnen Reliefs, sie erwarten dafür eine Entlohnung, Leihsarong 10 000 Rp.

Air Sanih

Der Strand von Air Sanih, 6 km östlich von Kubutambahan, ist besonders für Reisende geeignet, die sich in Abgeschiedenheit erholen wollen. Das kleine Örtchen bietet lediglich ein Freibad, den an Feiertagen proppenvollen **Kolam Renang Alam Air Sanih**, ✆ 0821-4676 7776. Das saubere, kühle Frischwasser, das aus einer Quelle im benachbarten Tempel in drei relativ flache Pools sprudelt, läuft ins Meer ab. ⏱ 7–17 Uhr, Eintritt 10 000 Rp, Kinder 5000 Rp.

Symon's Art Zoo

Rund 4 km östlich von Air Sanih liegt die kuriose Galerie des 2018 verstorbenen, zu Lebzeiten überaus exzentrischen US-amerikanischen Künstlers Symon, ✆ 0819-3430 1205, 🖥 www.symonstudios.com, mit vielen bunten Gemälden und verrückten Statuen, z. B. einem großen blauen liegenden Buddha. ⏱ 8–18 Uhr, Eintritt frei.

Pura Ponjok Batu

Der Küstentempel erhebt sich 1,2 km weiter östlich spektakulär auf einem Felsen über dem Meer. Er ist dem mittlerweile wohl jedem Leser bekannte Priester Danghyang Nirartha gewidmet, der hier meditiert haben soll. Der Legende nach prophezeite er dabei die Strandung eines Schiffs, und als das Schiff tatsächlich auf Grund lief, machte er es wieder seetauglich und ließ die toten Matrosen auferstehen. Heute erinnert eine steinerne Schiffsminiatur unterhalb des Tempels an seine Wundertat. Eintritt und Führung gegen Spende.

Pacung

Wer der Küstenstraße weiter gen Osten folgt, stößt bei Pacung unweit der Abzweigung nach Sembiran auf **Surya Indigo Traditional Weaving**, ✆ 0812-362 6535, 🖥 www.instagram.com/suryaindigo. Von den örtlichen Frauen handgefertigte, hochwertige und -preisige Stoffe und Taschen (u. a. im traditionellen *Bebali*-Stil) werden im kleinen Shop verkauft. Man kann auch beim Herstellungsprozess zusehen. Die verwendete Baumwolle stammt von Anpflanzungen in der direkten Umgebung. ⏱ 9–17 Uhr.

Tejakula

Tejakula, 34 km östlich von Singaraja, war lange vor Benoa, Padang Bai und Singaraja ein bedeutender **Hafen**. Archäologische Funde, u. a. importierte Keramiken, belegen die bereits vor 2000 Jahren weitreichenden Handelsverbindungen der hier ansässigen balinesischen Ureinwohner *(Bali Aga)*. Im 17. Jh. vermischten sie sich mit aus der Zentralebene eingewanderten Balinesen und einigen persischen und chinesischen Händlern, die sich hier niederließen.

Eine der größten **Wayang-Wong-Truppen** der Insel ist in Tejakula beheimatet und so bedeutend, dass sie sogar von der Unesco ausgezeichnet wurde. Mit 72 bis zu 300 Jahre alten Masken führen sie aus dem *Ramayana*-Epos entliehene Geschichten auf. Details zum *Wayang Wong* s. S. 139.

Am steinigen Strand geht's noch beschaulich zu. Im ruhigen Wasser plantscht spätnachmittags die Dorfjugend, während ein paar Männer fischen. Nach weiteren gut 30 km durch die trockene Landschaft erreicht man den vom Tauchtourismus eroberten Ort **Tulamben** (S. 348).

ÜBERNACHTUNG

An dem vom Massentourismus unberührten Küstenabschnitt haben über die Jahre zahlreiche Deutsche Unterkünfte errichtet oder übernommen. Wer es ruhig, entspannt oder gehobener mag, wohnt hier netter als in Lovina oder Tulamben. Karte S. 270.

Sekumpul

 Sekumpul Accommodation, nahe den Sekumpul-Wasserfällen, ✆ 0813-3803 6796, 🖥 http://bit.ly/SekumpulAcco. Von einer freundlichen Familie geführte Unterkunft in idealer Lage für Wasserfall-Fans mitten im

Grünen. Die sauberen, geräumigen Zimmer haben Ventilator und Open-Air-Bad. Gutes Essen. Frühstück inkl. ❸–❹

Villa Manuk, nahe Bebetin, ☏ 0813-3866 5533, 🖥 www.villa-manuk.com. Ruhig in dörflicher Umgebung gelegene, familiäre Anlage mit schönem Bio-Garten und Quellwasserpool. Je 2 komfortable Zimmer in den 2 Villas sowie im Bambushaus mit Ventilator, Open-Air-Bad und Veranda oder Balkon. Fahrradverleih, Touren zu Webern und Wayang-Kulit-Künstlern, Kurse in Tanz und Gamelan sowie Massagen. Beate und Nyoman fördern die Schulbildung einheimischer Kinder und vermitteln ihnen Umweltbewusstsein. Leckere Mahlzeiten, gutes Frühstück mit hausgemachtem Brot. ❺–❻

Air Sanih

Ciliks Beach Garden Air Sanih, am Strand von Air Sanih, ☏ 0878-6055 1888, 🖥 www.ciliks beachgarden.com. Die 5 komfortablen, etwas älteren Villen im weitläufigen Garten mit Pool, Strandzugang und vielen Palmen sind fest in deutscher Hand. Alle mit Open-Air-Bädern, geschmackvollen Bambusmöbeln und Büchersortiment. Frühstück inkl. ❼–❽

Pacung

Villa Boreh Beach Resort & Spa, etwa 2 km östlich des Pura Ponjok Batu, 300 m nördlich der Hauptstraße, ☏ 0852-3724 8587, 🖥 www.villa boreh.com. In einem von Hornbills bewohnten Garten gelegen, verspricht die umweltbewusste Anlage unter deutscher Leitung mit Strandzugang und 2 Pools Entspannung pur. Von geschmackvollen Villen über kleinere klimatisierte Häuschen hin zu luftigen Alternativen im *Lumbung*-Stil sind die Räume allesamt individuell und liebevoll gestaltet. Die im Spa genutzten Produkte stammen aus eigener Herstellung. Restaurant und freundlicher Service. Frühstück inkl. ❺–❼

Tejakula

Cili Emas, 1,4 km nördlich der Straße, ☏ 0878-6245 6739, 0819-3434 8880, 🖥 www.ciliemas.com. Von den Ruhrpottlern Jochen und Nicole bewusst nachhaltig konzipierte, persönliche Anlage mit Pool und gepflegtem Garten am Meer. 5 Zimmer mit bequemen Himmelbetten und Open-Air-Bad, die teureren sind klimatisiert. Zudem *Lumbung*, Bungalows mit 2–3 Schlafzimmern und riesige Villen mit 2–3 Zimmern, Privatpool, großem Gemeinschaftsbereich mit Esstisch und ganz viel Privatsphäre. Septische Tanks, Abwasserrecycling und Energiesparmaßnahmen verringern die Umweltbelastung. Ein kleines Hausriff zum Schnorcheln, ein Yoga-Pavillon sowie das Spa sorgen für Abwechslung und Entspannung. Kajak-, Stand-Up-Paddle- und Motorradverleih (50 000 Rp pro Tag). Abends gemeinschaftliches, meist vegetarisches Essen mit Bio-Zutaten, Frühstück inkl. Rund 3 km östlich liegt 600 m nördlich der Hauptstraße das **Desa Saya** mit edlen Holzhäusern und Villas sowie Spa, großem Pool und Restaurant. Cili Emas: ❺–❼, Desa Saya: ❼

Sambirenteng

Holiway Garden Resort & Spa, 7,6 km östlich der Abzweigung zum Cili Emas 400 m nördlich der Straße, ☏ 0362-343 6365, 🖥 www.holiwaygarden.com. Das sehr gepflegte Resort unter der Leitung von Maria bietet im ansehnlichen Garten mit Palmen, Pool und Steg zum Hausriff 25 schöne, nach Feng-Shui-Prinzipien gestaltete Bungalows und Villen für bis zu 6 Pers. Alle mit Klimaanlage, Himmelbetten und Open-Air-Bad, teils auch mit Küche und Meerblick. Spa, Yoga-Kurse, Kajak- und Fahrradverleih (auch ein E-Bike). Kompost wird weiterverwendet und Plastikmüll separat entsorgt. Frühstück im Restaurant inkl. ❼–❽

AUSLEGERBOOTE; AMED © MISCHA LOOSE

Ost-Bali

Von saftig grünen Reisterrassen und fruchtbaren Flusstälern über neblige Bergwälder und einen alles überragenden Vulkan bis zu trockenen Küstenstreifen und kargen Lavaböden: Der Osten ist die landschaftlich vielfältigste Region der Insel. Die Unterwasserwelt ist berauschend, und Kulturinteressierte kommen in Palästen, Tempeln und ursprünglichen Dörfern auf ihre Kosten.

Stefan Loose Traveltipps

Semarapura (Klungkung) Die fantastisch-gruseligen Deckenmalereien der königlichen Gerichtshalle Kertha Gosa. S. 302

Besakih Zu Füßen des mächtigen Gunung Agung liegt das größte und bedeutendste Heiligtum von Bali. S. 306

Sidemen Das idyllische Tal mit Reisfeldern und mildem Klima ist der ideale Ort zum Ausspannen. S. 308

Nusa Penida Eine Fahrt über die Karsthügel führt zu Steilklippen mit spektakulären Aussichtspunkten. S. 311

13 Tauchen vor den Nusa-Inseln Vor Nusa Penida und Nusa Lembongan liegen anspruchsvolle Tauchspots. S. 316

Tenganan Die balinesischen Ureinwohner pflegen Kunsthandwerk und alte Traditionen. S. 335

Tirtagangga Im Lustgarten des letzten Raja von Karangasem zwischen Fabelwesen planschen. S. 339

14 Amed und Tulamben Auf T(a)uchfühlung mit Schiffswracks und Korallengärten gehen. S. 347

BESAKIH © MISCHA LOOSE

WASSERPALAST, UJUNG © MISCHA LOOSE

Wie lange? Mindestens 5 Tage

Bekannt für Paläste, Tempel, Tauchspots

Outdoor-Tipp Rafting auf dem Telaga Waja, Wanderungen bei Sidemen und Candi Dasa, Mopedtour auf Nusa Penida

Lokale Kultur erleben Bei Bali Asli vermitteln Kochkurse viel Lokalkolorit.

Tolle Aussichten Von den Patal Kikian Villas in Sidemen und vom Pura Luhur Lempuyang am Gunung Seraya

Ost-Bali ist landschaftlich wie kulturell besonders vielseitig. Kulturinteressierte besuchen die alte Gerichtshalle Kertha Gosa in **Semarapura** (Klungkung) mit ihren feinen Deckenmalereien oder **Pura Besakih**, den größten und heiligsten Tempelkomplex der Insel. Sportliche besteigen den **Gunung Agung** – wenn es die Sicherheitslage erlaubt – oder wandern durch seine fruchtbar-fotogenen Ausläufer zwischen **Sidemen** und dem Wassergarten **Tirtagangga**. Die Insel **Nusa Lembongan** ist v. a. bei Surfern und Tagesausflüglern beliebt. Die Juwelen ihrer großen Nachbarin **Nusa Penida** liegen hingegen unter der Wasseroberfläche sowie an wellenumtosten, spektakulären Klippen. An Balis Südostküste locken der Hafenort **Padang Bai** und die Touristenenklave **Candi Dasa** mit Buchten, Stränden und Korallenriffen. Auch vor **Amed** und **Tulamben** können Taucher schöne, intakte Korallengärten und Wracks erkunden. Amed ist zudem ein entspannter Ort zum Abschalten.

Semarapura (Klungkung)

Die Hauptstadt des Bezirks Klungkung war lange Zeit ein Zentrum der balinesischen Kultur. Heute kommen Touristen nur zum Sightseeing hierher, denn es gibt kaum Unterkünfte oder Restaurants. Obwohl bereits 1995 eingeführt, wurde der Name Semarapura nie wirklich geläufig, weshalb auch die Hauptstadt des gleichnamigen Distrikts immer noch Klungkung genannt wird.

Wer durchs Zentrum rund um die Jalan Diponegoro spaziert, findet die für Südostasien typischen **chinesischen Geschäftshäuser**, die hier jedoch mit eindeutig balinesischen Merkmalen versehen sind. Auch die von Textilhändlern dominierten **Marktgebäude** etwas südlich lohnen einen kurzen Abstecher.

Taman Gili

Den Schnittpunkt der großen Hauptstraßen, die aus allen vier Himmelsrichtungen ins Zentrum führen, markieren die restaurierten Überreste des Königspalastes. Am 28. April 1908 lieferten sich balinesische Truppen hier eine erbitterte Schlacht mit der niederländischen Kolonialarmee, die – zwei Jahre nach der dra-

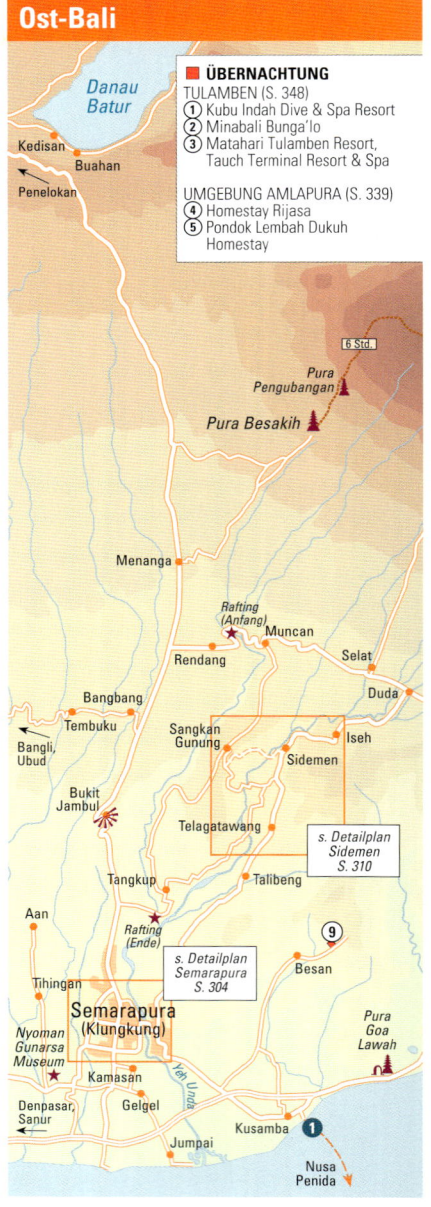

Ost-Bali

■ **ÜBERNACHTUNG**
TULAMBEN (S. 348)
① Kubu Indah Dive & Spa Resort
② Minabali Bunga'lo
③ Matahari Tulamben Resort, Tauch Terminal Resort & Spa

UMGEBUNG AMLAPURA (S. 339)
④ Homestay Rijasa
⑤ Pondok Lembah Dukuh Homestay

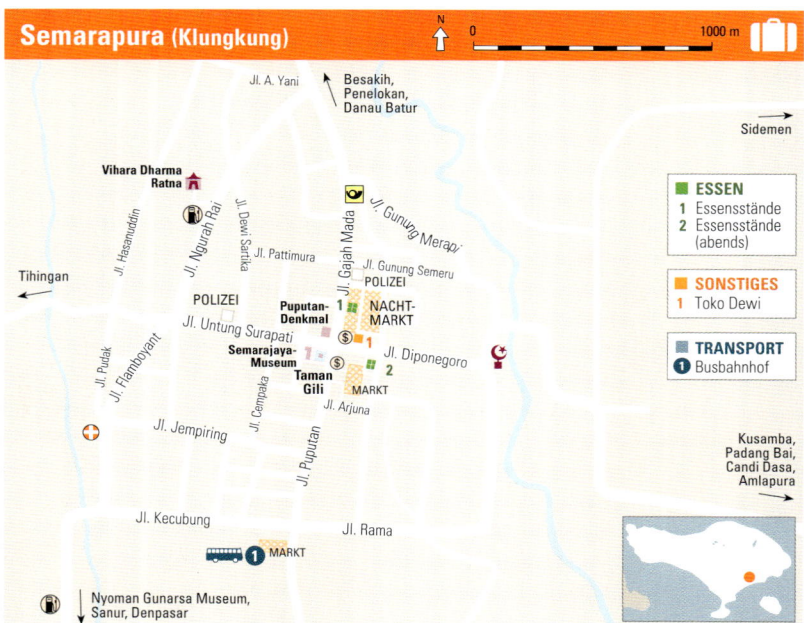

matischen Niederlage von Denpasar – in einem erneuten *Puputan* gipfelte: dem aufopferungsvollen Kampf bis in den Tod, der oft als ritueller Selbstmord des balinesischen Hofstaats beschrieben wird. An ihn erinnert das hohe **Puputan-Denkmal** nördlich des Taman Gili, wo sich auch der Ticketschalter befindet. Der begehbare Sockel des Denkmals enthält Dioramen der Ereignisse.

Der Palast wurde von den Kanonen der Niederländer fast völlig zerstört, nur das Südportal **Pemedal Agung** blieb erhalten.

Im nordöstlichen Bereich der Anlage liegt die rekonstruierte Gerichtshalle **Kertha Gosa**, die um 1700 unter König Dewa Agung Jambe errichtet wurde. Hier tagte ein Gericht aus Brahmanenpriestern und Adligen bei Fällen, die nicht durch die Dorfversammlungen geregelt werden konnten. Eindrucksvoller als jeder Gesetzestext es vermag, verdeutlichen bunte Deckenmalereien im *Wayang*-Stil, welche Strafen ein Delinquent erwarten konnte.

Ähnliche Bilder gibt's im **Bale Kambang**, einem Pavillon in der Mitte des großen Seerosenteichs.

Das kleine **Semarajaya Museum** westlich davon thematisiert das *Songket*-Weben, die Palmweinherstellung, die Salzgewinnung und den Kampf gegen die niederländischen Invasoren. Zudem sind Sänften, alte *Kris*, Kostüme, Alltagsgegenstände, Fotografien und ein Modell des Palastes ausgestellt. ⏰ 8–17 Uhr, Eintritt 50 000 Rp, Kinder 25 000 Rp, Führungen ab 50 000 Rp.

Vihara Dharma Ratna

Am Ende einer schmalen Gasse, die 1,4 km nordwestlich des Taman Gili von der Jalan Ngurah Rai abzweigt, kann ein neuerer **chinesischer Tempelkomplex** besichtigt werden. Er umfasst einen konfuzianischen Tempel mit Drachenfiguren und Lampions sowie einen buddhistischen Tempel, in dem ein goldener Buddha im Lotossitz von balinesisch inspirierten Wandverzierungen umkränzt wird. Besucher müssen einen Sarong tragen, der auf Anfrage ausgeliehen werden kann. ⏰ 7–22 Uhr, Eintritt frei (Spende).

Nyoman Gunarsa Museum

Das große Kunstmuseum (auch *Seni Lukis Bali Klasik*), ☎ 0362-22256, steht etwa 5 km südwestlich vom Zentrum nahe der von Polizistenattrappen „bewachten" Trimurti-Statue.

Auf drei Etagen sind eine vernachlässigte Sammlung klassischer Malerei aus dem 17.–19. Jh., Skulpturen, Masken und Stickereien ausgestellt, aber nur teilweise mit englischen Texten versehen. Beeindruckend sind die meterlangen Stoffbahnen mit Bildgeschichten im *Wayang*-Stil. Die expressionistischen Arbeiten von Nyoman Gunarsa (1944–2017) sind im Nebengebäude zu sehen, das nicht immer geöffnet ist. ⏰ Mo–Sa 9–16 Uhr, Eintritt 75000 Rp.

EINKAUFEN

Eine große Auswahl an *Ikat*-, *Endek*-, *Songket*- und Batik-Stoffen wird in den Läden des zweistöckigen **Marktgebäudes** feilgeboten. Günstiger bekommt man indonesische Stoffe in keinem Souvenirgeschäft.

Toko Dewi, Jl. Diponegoro, ☎ 0819-3309 9555. Der kleine Laden verkauft Kunsthandwerk, z. B. Bilder, Stoffe, Masken, Kris-Dolche, Lontar-Schriften, Schnitzereien, Holzfiguren und Wayang-Puppen. ⏰ 10–20 Uhr.

TRANSPORT

Vom zeitweise als Marktplatz fungierenden **Busbahnhof** im Süden verkehren unzuverlässig Busse und Minibusse von etwa 6–14 Uhr nach: AMLAPURA, 38 km, meist am frühen Morgen, für 25000 Rp, alternativ mit blauen oder weißen Bussen nach PADANG BAI, 17 km, für 20000 Rp und dort umsteigen.
DENPASAR (Batubulan), 24 km, für 20000–30000 Rp in 1 Std.
GIANYAR, 14 km, für 10000–15000 Rp in 1 Std.

Umgebung von Semarapura

Kamasan

Obwohl man hier vergeblich nach Ateliers und Galerien sucht, ist das 2 km südlich von Semarapura gelegene Dorf ein **Zentrum der traditionellen Malerei**, und das bereits seit der *Raja* von Gelgel 1380 seine Hofkünstler hier ansiedelte.

Die zweidimensionalen Gemälde im *Kamasan*-Stil sind unsigniert, denn Künstler galten traditionell als Handwerker im Dienste der Adligen. Neben der dekorativen Funktion hatten viele Gemälde den Zweck einer Chronik. Heute sind die Motive überwiegend dem *Ramayana* und *Mahabharata* entlehnt. Die Kenntnis der akkuraten Maltechnik und der Bedeutung von Gestik und Mimik der Figuren wird von Generation zu Generation weitergegeben. Auch Profanes wie Hüte und Schatullen aus Kokos wird so bemalt.

Wie der Ortsname andeutet (*Mas* bedeutet „Gold"), fertigten hier auch **Gold- und Silberschmiede** Schmuck für die Königsfamilie an. Heute werden v. a. silberne Schalen, in denen Frauen die aufgetürmten Opfergaben zum Tempel balancieren, und Schmuck für Tempelzeremonien im Ort produziert.

Der Hof von Gelgel

Nach dem Fall der Pejeng-Dynastie in Zentral-Bali im 14. Jh. etablierten von **Majapahit** (Ost-Java) eingesetzte Fürsten in Gelgel ein neues politisches und kulturelles Zentrum. Der Niedergang von Majapahit und der Vormarsch des Islam führten um 1500 zur Emigration von Mitgliedern des hindu-javanischen Adels sowie Priestern und Künstlern an den Hof von Gelgel. Unter König **Batu Renggong** stand dieser Mitte des 16. Jhs. im Zenit seiner Macht und streckte seine Fühler bis nach Lombok und Sumbawa aus. Für den Niedergang nach Batu Renggongs Tod wurde ein Fluch verantwortlich gemacht, der auf dem Palast von Gelgel lasten sollte. Und so wurde der Hof drei Generationen später nach **Klungkung** verlegt; heute ist Gelgel nur noch ein Dorf. Nach und nach entstanden weitere Fürstentümer auf Bali, meist Ableger des Hofes von Klungkung, dessen Vormachtstellung erst Anfang des 20. Jhs. durch die Niederländer gebrochen wurde.

Kusamba

Am schwarzen Sandstrand des Fischerdorfes, 6 km südöstlich von Kamasan, stechen kleine motorisierte Auslegerboote mit bunten Segeln am späten Nachmittag zum Fischen in See. Auch die Gewinnung von **Meersalz** (s. Kasten) trägt zum Einkommen bei. Vom Strand setzen Schnellboote nach Nusa Penida über, s. Transport.

Tihingan

Wenige Kilometer westlich von Semarapura werden seit Jahrhunderten **Musikinstrumente** für balinesische Gamelan-Orchester hergestellt. Ein Teil der rund 800 Einwohner arbeitet als Instrumentenbauer, während der andere Teil einzelne Klangelemente exakt auf ihre vorgesehene Tonlage stimmt. Die Werkstätten präsentieren Neugierigen gern die traditionellen Herstellungstechniken.

ÜBERNACHTUNG UND ESSEN

Bella Kita Mountain Retreat & Spa, Jl. Bukit Abah, Besan, 8,2 km nördlich von Kusamba, 0813-2931 0000, www.bellakita.com. Der aus dem Nachbardorf stammende Dicky hat mit 6 luxuriösen Villen mit balinesischen und javanischen Elementen, Überlaufpool mit fabelhafter Aussicht, Yoga-Pavillon, Spa und dem auch für Tagesgäste geöffneten Restaurant das ideale Getaway in einer ansonsten untouristischen Gegend geschaffen. Frühstück inkl. ❼

TRANSPORT

Die Überfahrt nach Toyapakeh oder Sampalan auf NUSA PENIDA ist von Kusamba aus deutlich kürzer als von Sanur. An Bord der Schnellboote gelangt man über eine Pontonbrücke.
Gangga Express, Pelabuhan Tribuana, Jl. Eka Bhuana, 0818-0546 4622, www.fb.com/ganggaexpress. Schnellboote nach BUYUK (Nusa Penida) um 10.30 und 16 Uhr, nach SAMPALAN um 6.30, 7, 8, 9, 12.15 und 14 Uhr für 150 000 Rp, Kinder 100 000 Rp, in 45 Min. Weitere Verbindungen ab Padang Bai (S. 329) und Sanur (S. 185).

Besakih

Es gäbe kaum einen passenderen Standort für den größten, ältesten und heiligsten Tempel der Insel als den „Weltnabel" der Balinesen, den Gunung Agung. Der Muttertempel **Pura Besakih** liegt rund 20 km nördlich von Semarapura, auf 950 m Höhe an der Südflanke des Vulkans. Er soll im 8. Jh. vom legendären Hindu-Priester Rsi Markandeya gegründet worden sein. Doch wahrscheinlich fand schon dieser ein uraltes Megalithenheiligtum vor, das der Verehrung eines Berggottes und der Ahnen diente.

Über die Jahrhunderte wuchs ein Komplex mit über 200 Gebäuden. Jedes Herrscherhaus, jeder Familienclan und jede klassische Berufsgruppe ist mit einem eigenen Tempel vertreten. Der bedeutendste ist der **Pura Penataran**

Die Salzmacher von Kusamba

Das Meerwasser wird frühmorgens über ebene Sandflächen versprüht. Gegen Mittag hat sich eine Salzschicht auf dem Sand gebildet, die zusammengeharkt und in große Bottiche gefüllt wird. Den Boden des Bottichs bildet ein feines Bambussieb. Mehrmaliges Übergießen des Salz-Sand-Gemischs mit Wasser löst das Salz, und die so gewonnene Lake wird auf Bambusgerüsten in ausgehöhlten Palmenstämmen der Sonne ausgesetzt, damit das Wasser verdunstet. Die übrige Masse wird abgeschöpft, in Bambuskörbe gefüllt, damit die letzte Flüssigkeit abtropft, und anschließend auf geflochtenen Tellern in der Sonne zu Tafelsalz getrocknet.
Eine Familie produziert so bis zu 100 kg pro Woche. Langjährige Erfahrung ist das Erfolgsgeheimnis: Die Salzmacher kennen den richtigen Moment zum Abschöpfen des Salzbreis. Wird zu spät abgeschöpft, ist das Salz zu bitter wegen der enthaltenen Magnesiumsalze, die eine geringere Wasserlöslichkeit haben und später kristallisieren als Tafelsalz. Schöpft man zu früh ab, sind die Magnesiumsalze zwar noch nicht gelöst und versickern mit dem Wasser, aber man erhält nur eine kleine Menge reines Tafelsalz.

Agung für die damalige Königsfamilie von Klungkung. Nur Hindus dürfen das allerheiligste Innere betreten, einige Nebentempel können in korrekter Bekleidung auch von Touristen besichtigt werden. Da Pura Besakih aus zahlreichen Einzeltempeln besteht, wundert es nicht, dass häufig Zeremonien abgehalten werden, meist nach dem *Saka*-Kalender bei Vollmond. Siehe auch Kasten S. 47.

Auf den 300 m zwischen Ticketschalter und Eingang herrscht Touristenrummel mit Essens- und Souvenirständen. Ein früher Besuch lohnt, denn ab 11 Uhr ist der Berg oft wolkenverhangen. Eintritt 60 000 Rp inkl. Guide, Sarong und Motorradtaxi zum Eingang.

TRANSPORT

Die meisten Besucher kommen in Reisebussen oder mit dem eigenen Fahrzeug. Ein **gecharterter Pkw** ab SIDEMEN kostet 250 000–300 000 Rp.

Gunung Agung

Einer Legende nach soll die Hindu-Gottheit Pashupati die spirituelle Mitte der Welt, den heiligen Berg Meru, gespalten und den Gunung Agung aus einem seiner Fragmente geformt haben. Den Balinesen gilt der Vulkan als Zentrum des Kosmos und Sitz der Götter, den Bergsteigern als ultimative Herausforderung.

Sofern er nicht wegen **Ausbruchsgefahr** gesperrt ist (s. Kasten S. 309), sollte die Besteigung des mit 3031 m höchsten Bergs der Insel in der Trockenzeit erfolgen. Organisierte Touren starten nachts, sodass man zum Sonnenaufgang auf dem Gipfel beim Frühstück die Aussicht bis Lombok und Java genießen kann, bevor sich im Laufe des Vormittags die Wolken zusammenziehen.

Achtung: Guides sind unbedingt erforderlich, da sich Wanderer bereits verirrt haben und es anspruchsvolle Kletterpassagen zu meistern gilt. Für den Aufstieg ist eine gute bis sehr gute Kondition erforderlich! Wer an einem Tag hinauf und wieder herunter möchte, ist 8 Std. zum Kraterrand bzw. 10–12 Std. zum Gipfel und zurück unterwegs. Man benötigt feste Schuhe, Regenschutz, warme Kleidung, eine Stirnlampe

Nichts aufschwatzen lassen!

Guides sind im Ticketpreis inkludiert, doch meist verlangen sie ein hohes Trinkgeld von mehr als 200 000 Rp im Anschluss an die Führung. Auch im Tempelkomplex auftauchende Begleiter, die ungefragt etwas zum Gesehenen erzählen, fordern hinterher einen saftigen Obolus. Wer eine Führung wünscht, sollte den Preis stets vorher aushandeln!

Am Eingang warten manchmal bettelnde Kinder und Verkäuferinnen mit Postkarten, Blüten und Opfergaben – im ersten Moment noch gratis, im nächsten wird dann Geld verlangt. Manch einer wird schon am Parkplatz von den Verkäuferinnen abgefangen.

und Verpflegung. Gaskocher sind aufgrund der Waldbrandgefahr verboten! Manche Guides sind selbst nicht entsprechend ausgerüstet. Zeitweise beschränken Wolken die Sicht auf wenige Meter, und nach Regenfällen ist der Untergrund extrem rutschig.

Der einfachste Weg zum **Krater** beginnt in 1575 m Höhe am **Pura Pasar Agung** in **Sebudi** nördlich von Selat. Der Aufstieg führt zunächst über 297 Stufen zum Tempel und von dort 2 Std. durch den Bergwald. Wo dieser ausdünnt, steht ein kleiner Tempel. Von hier sind es 3–4 Std. zwischen Lavabrocken hindurch bis zum 2866 m hohen Rand des gut 700 m breiten Kraters. Oberhalb der Baumgrenze wird man mit wundervollen Ausblicken auf Süd-Bali und Lombok belohnt.

Der **Gipfel** liegt westlich des Kraters und knapp 200 m höher, dazwischen erstreckt sich ein schmaler, gefährlicher Grat aus losem Lavagestein, den man nicht überqueren sollte! Stattdessen führt ein dreistündiger, körperlich anstrengender Marsch auf 2500 m links ab zum Gipfel, allerdings hat man auf diesem Weg keine Aussicht in den Krater und bewegt sich streckenweise nur krabbelnd voran.

Ein weiterer Pfad zum Gipfel beginnt östlich vom **Pura Besakih** und führt zunächst 2 Std. am Fuße des Agung entlang nach Norden. Etwa 20 Min. nach Passieren des **Pura Pengubangan** (1182 m, mit Straßenanbindung) beginnt der

Aufstieg über die Westflanke des Vulkans. Der verzweigte, steile Pfad führt durch dichten Bergwald, der ab etwa 2200 m ausdünnt. Der höchstgelegene, halbwegs geschützte Ort für eine Übernachtung ist der **Puri Agung** genannte Felsen auf 2610 m.

Ein empfehlenswerter Guide ist Ketut Subawa, 0852-0372 3242, www.bawamountagungtrekking.com. Touren kosten 1,8–2,5 Mio. Rp bei 2 Pers. inkl. Verpflegung und Ausrüstung. Günstiger ist's ab Sidemen.

Sidemen

Rund 12 km nördlich von Semarapura liegt in einem malerischen, ganzjährig grünen Tal nahe den Flüssen Sungai Unda und Telaga Waja das idyllische Sidemen mit ursprünglicher Atmosphäre – einer dieser Orte, die den agrarromantischen, tropisch-traumhaften Urlaubsversprechen der Reisebranche am nächsten kommen.

Hervorragend entspannen lässt es sich an den Pools und Terrassen familiengeführter Unterkünfte, die sich locker zwischen den Reis- und Gemüsefeldern verteilen und mit malerischen Ausblicken punkten. Aktive können Wanderungen, Ausflüge zum Pura Besakih oder nach Semarapura (Klungkung) sowie Rafting- oder Trekkingtouren unternehmen.

Die Szenerie ist landwirtschaftlich geprägt, selbst einige Gästehausbetreiber bestellen nebenbei noch ihre Felder. Da das Wasser im vulkanisch porösen Boden rasch versickert, werden diese während der Trockenmonate über Kanäle bewässert. Wenn kein Wasser mehr zur Verfügung steht, reicht die Bodenfeuchtigkeit nicht mehr für den Nassreisanbau, aber immerhin für Gemüse und Gewürze.

Die größte Zeremonie auf Bali

Die größte Zeremonie im Pura Besakih ist **Bhatara Turun Kabeh**, die an Vollmond im März/April, zwei Wochen nach *Nyepi*, dem balinesischen Neujahr, stattfindet. Alle fünf Jahre ist das Fest besonders groß, alle zehn Jahre noch größer – und alle hundert Jahre nennt man es **Eka Dasa Rudra**, das wichtigste Tempelfest überhaupt, bei dem das Universum sechs Wochen lang mit Gebeten und Opfergaben symbolisch gereinigt wird. Alle Balinesen pilgern dann zum Pura Besakih. Eka Dasa Rudra markiert eine Jahrhundertwende im *Saka*-Kalender. Da dieser Mondkalender im Jahr 78 n. Chr. beginnt, fand das Fest letztmalig im März 1979 (Ende des *Saka*-Jahres 1899) statt.

Es ist nicht ganz klar, warum man schon 1963 einen Versuch startete, das Fest zu begehen, obwohl Brahmanen und religiöse Gelehrte davon abrieten und auf das falsche Datum verwiesen. Nicht zuletzt mögen politische Gründe eine Rolle gespielt haben: Anfang der 1960er-Jahre war Bali eine der am stärksten vernachlässigten Provinzen der jungen Nation. Indonesiens erster **Präsident Sukarno**, dessen Mutter aus Bali stammte, hatte seine Teilnahme am Fest angekündigt – ein politisches Manöver, um sein verblichenes Image aufzupolieren. Auch eine Rattenplage und die katastrophale Wirtschaftslage ließen es ratsam erscheinen, das gestörte Gleichgewicht wiederherzustellen. Doch die unzufriedenen Götter zürnten, und es kam zur Katastrophe.

Im Februar 1963, als die Vorbereitungen zum Fest begannen, quollen Rauchwolken aus dem Krater des seit Jahrhunderten regungslosen **Gunung Agung**, Asche schwebte in der Luft und schwache Erdbeben waren zu spüren – ein Warnsignal. Trotzdem eröffnete man die Zeremonie am 8. März, allerdings ohne Sukarno, der vorsichtshalber zu Hause geblieben war. Am 12. März stieß der Agung Schlamm und Felsbrocken aus, und am 17. März wälzten sich glühende Lavaströme die Bergflanken hinab Richtung Muttertempel. Viele Menschen fanden den Tod, dutzende Dörfer wurden vernichtet, doch der Pura Besakih blieb größtenteils unversehrt. Jedem war nun klar, dass Sukarno kein Liebling der Götter sein konnte. Natürlich musste Eka Dasa Rudra zum rechtmäßigen Zeitpunkt – im März 1979 – wiederholt werden.

Achtung: vulkanische Aktivität des Gunung Agung

Seit 2017 kommt es immer wieder zu kleineren Ausbrüchen des Vulkans. Seine erhöhte Aktivität dauert mit intermittierenden Ruhephasen seitdem an. Prognosen für den weiteren Verlauf sind schwierig. Auf einer relativ kleinen Insel wie Bali bedroht ein Ausbruch natürlich auch immer die Haupteinnahmequelle, den Tourismus: In der Vergangenheit stornierten viele Urlauber ihre bevorstehende Reise, der **Flugverkehr** kam aufgrund von Aschewolken zum Erliegen und in einigen Orten hatte die Versorgung von tausenden aus dem **Evakuierungsradius** (je nach Warnstufe 4–10 km) Geflüchteten oberste Priorität.

Man kann sich online über den Status des Vulkans informieren. Wenn der Gunung Agung auf 🖥 https://magma.esdm.go.id als „awas" in Rot gekennzeichnet wird, gilt die höchste Warnstufe. Wer dann die Evakuierungszone sowie Tulamben, Kubu und Besakih meidet und sich nicht tagelang in den möglichen Abflusszonen bei Tirtagangga und nördlich von Sidemen aufhält, hat wenig zu befürchten. Auch Amed gilt als sicher; die dortigen Schnellboote nach Lombok bieten sogar eine Alternative zur Ab- und Weiterreise, falls der Flughafen auf Bali gesperrt sein sollte.

ÜBERNACHTUNG

Fast alle Unterkünfte haben ein Restaurant. Dank milder Temperaturen kann auf Klimaanlagen verzichtet werden.

Bukit Luah, ☎ 0852-3772 1290. An der westlichen Flanke des Tals liegt in einem nahezu untouristischen Ortsteil das kleine Homestay mit Blick auf Tabola. Die nette Familie vermietet einen Bungalow und 2 Zimmer in einem zweistöckigen Haus, alle mit Balkon bzw. Veranda, Klimaanlage und unverbauter Aussicht. Schlicht eingerichtet, dafür preisgünstig. Frühstück inkl. ❹

Darmada Eco Resort, ☎ 0853-3803 2100, 🖥 www.darmadabali.com. Auf dem idyllischen, parkähnlichen Grundstück mit Quellwasser-Pool und Yoga-Pavillon am Zusammenfluss zweier Bäche verteilen sich 7 Zimmer (davon 3 für Familien) weitläufig auf Doppelhäuschen mit Veranda, großem Himmelbett und Open-Air-Bad. Die teureren sind deutlich ansprechender und mit hübschen Zementkacheln geschmückt, die das niederländisch-indonesische Besitzerpaar in Sidemen herstellt. Liegen, Separées und das stete Wasserplätschern laden zum Entspannen ein. Frühstück inkl., WLAN nur in den Gemeinschaftsbereichen. ❻–❼

Embang Homestay, ☎ 0853-3399 7092. Bei Jero und Gusti ist man gut aufgehoben und wohnt in 5 sauberen Zimmern mit traditionellem Touch, Moskitonetz und herrlicher Aussicht vom Balkon. Ein teures Zimmer liegt jenseits eines kleinen Reisfelds. Leckere Hausmannskost. Pavillon für Massagen. Frühstück inkl. ❹–❻

Khrisna Homestay, ☎ 0815-5832 1543, 🖥 https://bit.ly/2sqpsXs. Der freundliche Wayan und seine Frau vermieten in ihrem Bio-Garten mit Pool 10 in Bungalows untergebrachte Zimmer mit guten Matratzen, aber ohne schöne Aussicht. Familienzimmer 750 000– 900 000 Rp. Frühstück inkl. ❸–❹

Patal Kikian Villas, 2 km nordöstlich vom Dorf, ☎ 0813-5327 8504, 🖥 www.patalkikianvillas.com. Die fantastische Aussicht vom Hügel weit oberhalb der Straße wussten bereits illustre Gäste wie Mick Jagger und David Bowie zu schätzen. Nach einem gründlichen Facelift beherbergt die altehrwürdige Bleibe nun 6 geräumige Häuschen mit Open-Air-Bad. Vom Überlaufpool und Restaurant hat man Panoramablick bis zum Gunung Agung. Keine Twin-Betten und nicht fußläufig ins Dorf. Frühstück inkl. ❼–❽

Sawah Indah Villa, ☎ 0853-3805 3904, 🖥 www.fb.com/villainsidemen. Offen gestaltete Anlage mit Pool, Spa und 15 eleganten, hellen Zimmern in kleineren Häuschen sowie einer großen Villa für Familien (1,2 Mio. Rp). mit Balkon und Blick auf die Felder. Einige Räume mit schönen Open-Air-Bädern mit frei stehender Steinbadewanne. Freundlicher Service. Frühstück inkl. ❹–❺

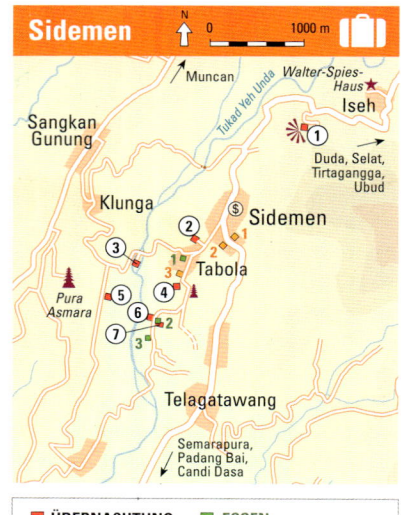

ÜBERNACHTUNG
1. Patal Kikian Villas
2. Villa Shantiasa
3. Darmada Eco Resort
4. Khrisna Homestay
5. Bukit Luah
6. Embang Homestay
7. Sawah Indah Villa

ESSEN
1. Villa Karma Loka
2. Rad-Ha Warung
3. Warung Ayu

SONSTIGES
1. Kupu-Kupu
2. Pelangi
3. Wäscherei

Villa Shantiasa, 0853-3782 3996, www.shantiasabali.com. Sehr nettes 2-stöckiges Domizil mit Blick auf die Felder, kleinem Restaurant, Überlaufpool und 4 hellen, komfortablen Zimmern mit großer Veranda und Himmelbett. Daneben eine 2-stöckige Villa, die auch langfristig vermietet wird. Frühstück inkl. ❺–❻

ESSEN

Darmada Eco Resort, s. Übernachtung. Etwas Abwechslung von den üblichen Speisekarten bieten indische Samosas, Currys und Chais. 8–22 Uhr.
Patal Kikian Villas, s. Übernachtung. Auch wenn sich die Auswahl von den meisten Optionen im Dorf kaum unterscheidet, die versteckt am Hang oberhalb der Straße gelegene Unterkunft lohnt allein schon der grandiosen Aussicht wegen für ein Mittagessen. Man kündigt sich am besten telefonisch an. 7.30–22 Uhr.
Rad-Ha Warung, 0812-363 8284, https://radhawarung.wordpress.com. Der freundliche Ketut empfängt die Gäste, während Nengah in ihrem hübschen überdachten Gartenrestaurant balinesische Hausmannskost und ein paar westliche Gerichte zaubert, die im Verhältnis zur Qualität günstig sind. Mehrgängige Spezialitäten sollten einen Tag im Voraus bestellt werden. 12–21 Uhr.
Villa Karma Loka, 0852-0511 0916. Im 2. Stock über der Rezeption fabriziert die Küche des Hauses leckere balinesische und Thai-Gerichte, z. B. Hühnchen in Pandanblättern und gute Currys. 8–22 Uhr.
Warung Ayu. Im kleinen Restaurant gibt es authentische balinesische und weniger authentische Thai-Gerichte. Empfehlenswert sind *Pepes Ikan*, im Pandanblatt gegarter Fisch mit Gemüse, sowie der Pancake mit Kokosraspeln und Palmsirup. 9–21 Uhr.

EINKAUFEN

Pelangi, Jl. Semarapura-Karangasem 67, 0812-392 3483, https://pelangi-traditional-weaving.business.site. Schon vor der touristischen Erschließung war Sidemen für qualitativ hochwertige *Songket*- und *Endek*-Stoffe bekannt. Im Shop kann man Stoffe direkt bei den Erzeugern kaufen und im Gebäude dahinter Weberinnen einer lokalen Kooperative bei der Arbeit zuschauen. Weniger Auswahl, aber etwas bessere Preise gibt es gegenüber bei **Kupu-Kupu**, 0858-5785 6344, https://bit.ly/KupuKupuSidemen. beide 8–18 Uhr.

AKTIVITÄTEN UND TOUREN

Bergsteigen
Sofern der Vulkan ruhig ist, vermitteln Unterkünfte geführte Besteigungen des **Gunung Agung** für 500 000–600 000 Rp p. P. bei 2–3 Pers. Man wird gegen 1.30 Uhr morgens abgeholt und tritt nach einer Stunde Fahrt die Besteigung an. Mehr Infos S. 307.

Massagen

Unterkünfte vermitteln Masseure und Masseurinnen aus dem Dorf oder betreiben selbst kleine Spas. Die teils schmerzhaften oder an sensiblen Bereichen durchgeführten Chakra-Massagen von **Mangku Mastra**, ✆ 0857-3744 5765, 🖥 www.fb.com/mangkumastrasidemen, sind nicht jedermanns Sache. Man sollte ihn besser vorher unverbindlich kennenlernen.

Rafting

2 1/2 Std. Rafting auf dem **Telaga Waja** (Schwierigkeitsgrad 3–4, etwa 16 km) von Rendang nach Tangkup kosten ab 400 000 p. P. Transport, Mittagessen und Guide inkl. (S. 62). Eine Versicherung ist nicht immer eingeschlossen.

Wandern

Auf Wanderungen durch Reis- und Gemüsefelder werden Dorfleben, Feldarbeit, Nutz- und Heilpflanzen und balinesische Traditionen vorgestellt. Ein guter Guide ist **Ketut Laba**, ✆ 0857-3859 2827, 🖥 www.sidementourandtrekking.com, der ab 2 Pers. 75 000 Rp pro Std. verlangt.

TRANSPORT

Transporte in **Privatautos**, die über die Unterkünfte vermittelt und pro Pkw bezahlt werden, gibt's nach:
AMED 300 000–350 000 Rp.
CANDI DASA und SANUR 250 000–300 000 Rp.
KUTA und FLUGHAFEN 350 000 Rp.
LOVINA 600 000 Rp.
PADANG BAI 250 000 Rp.
PENELOKAN 350 000 Rp.
SEMARAPURA (KLUNGKUNG) 200 000 Rp.
UBUD 300 000–400 000 Rp.

Nusa Penida

Bis vor wenigen Jahren fristete die mit 202,6 km² größte der Nusa-Inseln ein touristisches Schattendasein. Doch dann wurden die Fotospots an den hiesigen Felsklippen dank Internet und Instagram populär. Auf die Influencer folgten immer mehr Touristen und lösten einen Bau- und Investitionsboom aus.

Neue Unterkünfte ent und häufig wird man bei de oder Toyapakeh von einen den Spalier an Taxis begrüßt, asiatische und australische) herumkutschieren. Es lohnt sich tens eine Übernachtung einzupla   ... auch weiter entfernte Ecken erkunden zu können oder einen Tauchausflug zu unternehmen.

Während die West- und Südküste von Steilklippen geprägt ist, bestehen das Inselinnere und die Ostküste aus hügeligem Kuppenkarst mit ausgeprägter Trockenheit. Entlang der flach abfallenden Nordküste reihen sich – durchsetzt von Unterkünften, Beach Clubs und Tauchzentren – mehrere Dörfer aneinander: In **Toyapakeh** werden traditionell Algen angebaut (s. Kasten S. 322). Im benachbarten Ortsteil **Nyuh** legen viele Fähren an. In **Sampalan** gibt's den größten Markt und viele Essensstände und in **Ped** den wichtigsten Tempel: der dem Dämon Jero Gede Macaling geweihte **Pura Ped**. Auch viele weitere Tempel sind hübsch anzuschauen und wurden in den letzten Jahren renoviert, erweitert oder aufwendig bemalt.

Bei Ankunft am Hafen wird an einem Stand eine **Inselsteuer** von 25 000 Rp, Kinder 15 000 Rp, erhoben, an den Attraktionen zudem meist eine Parkgebühr von 5000–10 000 Rp.

Crystal Bay

Die von zahlreichen Pauschaltouren angefahrene Bucht könnte so schön sein, doch sie ist ein Opfer ihrer eigenen Popularität geworden. An einem der wenigen Badestränden auf Penida liegen dicht an dicht gedrängt die Touristen in der prallen Sonne, während ihre Fahrer am Parkplatz die Wartezeit mit Glücksspiel zubringen. Hinter den Warung sammelt sich der Müll in einer stinkenden kleinen Lagune. Immerhin: Die Sonnenuntergänge sind schön und in der Nebensaison ist es deutlich weniger überlaufen.

Tipp: Wer die steilen Treppen im Süden überwindet, gelangt nach einem Fußweg von rund 400 m zum saubereren **Pandan Beach**, wo zudem deutlich weniger los ist. Wer zeitig kommt, hat die Chance, eine Liege mit Schirm zu ergattern.

Von Rendang nach Tirtagangga

Eine landschaftlich reizvolle, auch für Motorräder geeignete **Fahrstrecke** führt durch die Dörfer südlich des Gunung Agung. Dabei beeindruckt die natürliche, fotogene Schönheit: dichter Urwald, saftig-grüne Flusstäler, Reisfelder und Gemüseplantagen.

- **Dauer**: 2 bis 3 Stunden je nach Stopps und Abstechern
- **Länge**: ca. 28 km, mit Abstecher nach Sidemen ca. 43 km
- **Straßenbeschaffenheit**: streckenweise schmal und sehr viele Kurven

Von der Jl. Raya Besakih biegt man bei Rendang nach Osten ab. Nach 1,2 km bietet sich 700 m nördlich der Hauptstraße ein Zwischenstopp am **Mahagiri Panoramic Restaurant**, ☏ 0812-381 4775, 🖳 www.fb.com/mahagiripanoramicbali, an. Hier kann man den Blick über herrliche Reisterrassen und den majestätischen Gunung Agung schweifen lassen. Leider gibt es tagsüber nur ein auf Reisegruppen zielendes Buffet, das mit 121 000 Rp p. P. überteuert ist. ⏱ 7–22 Uhr. Zurück auf der Hauptstraße geht es durch schöne Täler über **Muncan** und vorbei an den Startpunkten von Rafting-Touren (S. 62) nach **Selat**. Nach insgesamt 10 km zweigt in **Duda** (KM 10) eine Straße nach Iseh, Sidemen und Semarapura ab; geradeaus geht's weiter nach Tirtagangga.

Langer Abstecher nach Sidemen

Wer Zeit und Lust hat, kann bereits in Muncan die ringförmig um den Ortskern verlaufende Straße statt über die nordöstliche über die südöstliche Ausfahrt verlassen. Dann wird nach 4 km in **Sangkan Gunung** linker Hand eine Abzweigung erreicht, die sich landschaftlich reizvoll ins Tal von Sidemen schlängelt. Über sie ist die Rückkehr zur Hauptstraße via Iseh möglich.

Kurzer Abstecher nach Iseh

Wer auf den langen Abstecher verzichtet, kann für eine Stärkung die 2,7 km von Duda zu den **Patal Kikian Villas** fahren, deren Restaurant (S. 310) ebenfalls mit fabelhafter Aussicht punktet. Dabei passiert man Iseh, 400 m südlich der Rechtsabzweigung, wo der deutsche Maler **Walter Spies** ein Haus mit Atelier besaß. Hierher zog er sich zurück, wenn es ihm in Campuhan (Ubud)

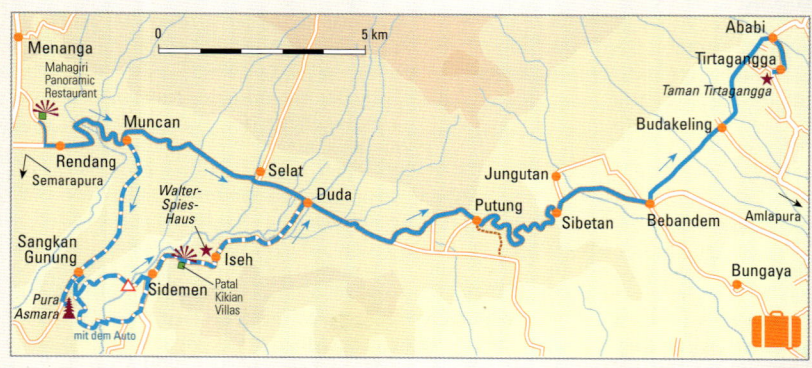

zu turbulent wurde. Nach Spies' Tod im Jahr 1942 lebte hier der Schweizer Maler Theo Meier. Die heutigen Besitzer vermieten das Anwesen an zahlungskräftige Gäste, 🖥 https://villaiseh.com.

Duda, Sibetan, Bebandem

Zurück auf der Hauptroute geht's an der Gabelung 1,2 km östlich von **Duda** nach links ab. Rund 7 km östlich gelangt man in ein Obstanbaugebiet. Rambutan-, Durian- und Mangobäume überschatten die Häuser und Höfe. In **Sibetan**, der „Heimat der Salak", werden überwiegend Schlangenfrüchte (S. 43) angebaut, die an kleinen, stacheligen Palmen gedeihen und zu Wein, Bonbons und Sirup verarbeitet werden.

Alle drei Tage findet in **Bebandem**, 3,7 km östlich von Sibetan, zusätzlich zum täglichen Obst- und Gemüsemarkt ein Viehmarkt statt. Die ersten Kühe werden gegen 5 Uhr zum Markt gebracht und teils sogar mit Kopfschmuck präsentiert. Die kleinen Schweinchen haben es weniger komfortabel, sie werden zum leichteren Transport auf ein Bambusgestell gebunden. Bereits ab 9 Uhr löst sich der Viehmarkt auf, aber das übrige Markttreiben dauert bis in den späten Vormittag. Die Weiterfahrt geht östlich vom Markt an der T-Kreuzung nach links und nach 250 m nach rechts.

Budakeling

Von Bebandem führt die Route nach 1,5 km durch das buddhistische **Budakeling**. Äußerlich unterscheidet es sich kaum von anderen Dörfern. Für die lokalen buddhistischen Priester besteht kein großer Unterschied zwischen Buddhismus und Hinduismus. Als Angehörige der Brahmanenkaste wird ihnen sogar das Privileg zuteil, gemeinsam mit hohen Hindu-Priestern wichtige Zeremonien zu leiten. Auch die hiesigen **Gold- und Silberschmiede** genießen hohes Ansehen, denn der Volksglaube sieht etwas Magisches in den Metallen und jenen, die sie bearbeiten. Die Kaste der Schmiede genießt daher einen erhöhten Status.

Die Straße trifft nach 3 km in Ababi 1 km nördlich von Tirtagangga auf die Hauptstraße nach Amlapura und Culik.

Angel's Billabong

Dramatische Steilklippen mit populären Fotospots prägen die Südküste, allen voran **Angel's Billabong**. Durch vorsichtiges Klettern gelangt man in die von scharfkantigen Felsen umrahmte kleine Lagune, in der (bei ausreichendem Wasserstand) gebadet werden kann. **Achtung:** Keinesfalls sollte man sich der Öffnung nähern – wiederholt sind Touristen von Wellen erfasst und aufs Meer hinausgezogen worden!

Auf dem Weg zur Lagune passiert man die von steilen Felswänden umrahmte Bucht von Pasih Uug, auch **Broken Beach** genannt. Sie wird durch einen unterhöhlten Felsabschnitt vom Meer gespeist und kann vorsichtig zu Fuß umrundet werden.

Kelingking Beach

Über einen 9 km weiten Umweg durchs Hinterland ist ein weiterer Fotospot zu erreichen. Er ist weniger als Strand von Interesse, sondern wegen der Aussicht auf den weit ins Meer ragenden Felsgrat, der steil gegen die Brandung abfällt. Die beste Sicht hat man von den hinabführenden Stufen, die nach Regenfällen jedoch nicht ungefährlich und auch sonst nichts für Leute mit Höhenangst sind. Es braucht festes Schuhwerk, einen sicheren Tritt und etwa 20 Min. Zeit. Auch hier sollte wegen der tückischen Wellen und gefährlichen Strömung nicht gebadet werden! In der Hochsaison kann es auch am Kelingking Beach voll werden.

Pura Segara Kidul

Eine kaum besuchte Attraktion ist der **hinduistische Schrein**, der am Fuße der Steilklippen exakt dort errichtet wurde, wo das Wasser der **Guyangan-Quelle** aus dem Fels sprudelt und sich in kleinen Senken sammelt. Gründe für die relative Ruhe sind die schlechte Straßenanbindung und die schweißtreibenden **724 Stufen** über eine abenteuerlich angelegte Treppe, die mit spektakulärer Aussicht auf die Brandung im Zickzack die Felswand hinabführt. Das Durchwaten des Wassers ist barfuß machbar, besser sind Badeschuhe. Unterhalb des Schreins kann in einem natürlichen Becken gebadet werden. 8–17 Uhr, Eintritt inkl. Sarong 15 000 Rp.

Tanglad

In Tanglad weisen Schilder den Weg zur Kooperative **Tenun Ikat Warna Alam**, 0821-4745 8780, wo traditionelle, mit Naturfarben kolorierte Stoffe gewebt werden. Im trockenen, hügeligen Hinterland war das Weben stets eine wichtige Einkommensquelle, und so sind viele Grundstücke mit Morinda-Bäumen (für rote Farbe) und Indigo (für blaue Farbe) bepflanzt. Das Färben mit Naturprodukten erlebte in den vergangenen Jahren ein Revival nachdem es im Zuge des Aufkommens synthetischer Färbemittel in den 1980er-Jahren beinahe ausgestorben war. Heute werden die auf Penida typischen *Cepuk*-Stoffe u. a. von Threads of Life (S. 220) in Ubud vermarktet; günstiger sind sie vor Ort.

Goa Giri Putri

An der Ostküste führen bei **Karang Sari** 110 Stufen vom Parkplatz zu einem schmalen Felsspalt hinauf. Wer nach Entrichten einer

Tipps für die Nusa-Inseln

- Wer die Nusa-Inseln mit dem **Motorrad** abseits der Hauptrouten erkunden möchte, sollte sich auf schlechte Straßen mit Schlaglöchern und viel Gefälle einstellen. Daher unbedingt vor Abfahrt die Bremsen checken! Fahranfänger nehmen besser ein Auto mit Fahrer.
- Besonders auf Nusa Penida verfahren sich immer wieder Touristen zwischen **Funklöchern** und Schleichwegen. **Tipp:** Die Karten offline auf dem Smartphone speichern und die gewählten Ausflugsziele vorab markieren.
- Da es an Geldautomaten mangelt, sollte man ausreichend **Bargeld** mitnehmen. Einige Hotels zahlen gegen Gebühr auch Bares aus.
- Der Ausflug auf die Inseln sollte nicht in die letzten Urlaubstage vor dem Rückflug gelegt werden, denn bei hohem Wellengang sowie an bestimmten **religiösen Feiertagen** verkehren keine Boote.

Spende (20 000 Rp) und Erhalt einer Segnung hindurch krabbelt, findet sich in einer unerwartet großen, ausgeleuchteten Höhle wieder, die als Tempel genutzt wird.

In der rund 200 m langen Giri-Putri-Höhle werden an sechs Schreinen göttliche Wesen wie der Herr der Schlangen **Hyang Naga Basuki**, aber auch Hindu-Gottheiten sowie die buddhistische Göttin **Kuan Yin** verehrt. Es herrscht eine interessante Atmosphäre, besonders bei Zeremonien (häufig an Samstagen sowie zu *Galungan*).

In der Höhle leben zudem die **endemischen Krabben** *Karstama balicum* und *Karstama emdi*, deren Bestände mit steigendem Aufkommen an Pilgern und Touristen jedoch dramatisch abgenommen haben. Leihsarong gibt's im Shop am Parkplatz für 5000 Rp.

Bali Bird Sanctuary

Im Vogelschutzgebiet der **Friends of the National Parks Foundation**, ☎ 0813-5322 9944 (Pak Damai), 🖥 www.fnpf.org, wurden bedrohte Vogelarten angesiedelt, um sie bei ausreichendem Nachwuchs im ursprünglichen Habitat wieder auszuwildern. Allerdings mit mäßigem Erfolg, denn wirklich gut funktioniert hat das Konzept bislang nur beim **Bali-Star**, von dem es 2005 nur noch zehn wildlebende Exemplare gab. Nach intensiver Pflege zählt die Population heute rund 200 Vögel, 30–40 davon leben auf Nusa Penida.

Geführte Wanderungen zur Vogelbeobachtung kosten nach Voranmeldung (besser mehrere Tage im Voraus) ab 100 000 Rp p. P. **Freiwillige** können in der Unterkunft des Schutzgebiets bei Sampalan wohnen und 2–4 Std. am Tag mithelfen.

13 HIGHLIGHT | Tauchen vor den Nusa-Inseln

Die starke Strömung in der Lombok- und der Badung-Straße macht die Tauchplätze vor Nusa Penida, Nusa Ceningan und Nusa Lembongan zu etwas ganz Besonderem. Das aufsteigende, kalte, nährstoffreiche Wasser lässt farbenprächtige Korallengärten mit rund 250 Korallen- und 560 Fischarten gedeihen und Großfische finden hier ausreichend Nahrung. Makrelen, Haie, Thunfische, majestätische Mantarochen und der seltene, prähistorisch anmutende Mondfisch *(Mola Mola)* mit Flossenspannweiten von bis zu 3 m werden regelmäßig gesichtet, besonders von Mai–November.

Nusa Penida
Beliebt ist der **Manta Point**, eine bis zu 20 m tiefe Putzerstation für Mantarochen und Schildkröten vor der Südküste. Auch der **Malibu Point** vor der Ostküste ist ideal, um Großfische zu sichten. Beim Drifttauchen am Abhang des **SD Point** vor der Nordküste geht's an schönen Korallengärten mit winzigen Meeresbewohnern, aber auch Mantas, Haien und Barrakudas vorbei; meist ist die Sicht gut, aber die Strömung stark und wechselhaft. Das an der nördlichen Westküste gelegene **Toyapakeh-Riff** bietet auch weniger erfahrenen Tauchern Korallengärten mit Kleintieren, Skorpions- und Kugelfischen, Hummern und Aalen sowie vereinzelten Großfischen; erst am Steilabfall nimmt die Strömung zu.
Bei guten Sichtverhältnissen kann man in der **Crystal Bay** vor der Westküste in etwa 30 m Tiefe Teppichhaie und Adlerrochen, von Juli–November auch Mondfische erspähen. In der Hochsaison ankern hier manchmal über 30 Tauchboote zugleich.

Nusa Ceningan
Um die farbenprächtige Korallenwand und die bunten Fischschwärme an der **Ceningan Wall** zu genießen, braucht es wegen der starken Strömung viel Erfahrung und einen guten Tauchguide. Am anderen Ende der Insel lässt sich der Tauchspot **Double Rainbow** prima mit der nahen Crystal Bay (s. o.) kombinieren.

Nusa Lembongan
Am 30 m tief abfallenden Steilhang **Blue Corner**, dem besten Tauchrevier für Großfische, tummeln sich Mantas, Rochen, Haie und Schildkröten. Mit etwas Glück sind auch Mondfische zu bestaunen.

Sie zahlen pro Person und Nacht US$36 im Zimmer bzw. US$14 im Schlafsaal, rechtzeitige Reservierung vorausgesetzt.

ÜBERNACHTUNG

Alam Selumbung Garden, Sakti, ☎ 0823-5901 1723. Rund um den spärlichen Garten mit kleinem Pool mit Liegen und Sonnenschirmen wohnen Gäste in 8 hübschen, gepflegten Zimmern. Das Essen ist lecker und es werden Touren organisiert. 3 km von der Crystal Bay entfernt. Frühstück inkl. ❹
Coco Resort Penida, Sakti, ☎ 0812-464 5410, 🖥 www.warungcocoresort-penida.com. Eine der schönsten Anlagen auf Nusa Penida: Um den von einem Garten umgebenen Pool mit Sonnenschirmen und Liegen verteilen sich 18 geräumige, komfortable *Lumbung* mit hohen Dächern, guten Matratzen, TV, Klimaanlage und netter Deko. Leider etwas hellhörig. Transportdienste und Touren sind überteuert. Freundlicher Service, Frühstück inkl. ❼
€ **Gepah Garden Cottage**, Batumunggul, ☎ 0878-6228 8156, 🖥 www.fb.com/gepahgardencottage. Familiengeführte Bleibe mit Garten und 5 Zimmern in 3 Bungalows, die mit dem Nötigsten ausgestattet und dank großer Fenster hell sind. Sehr einfache und kleine Bäder. Trotz der zurückversetzten, ruhigen Lage gibt's etwas Meerblick und Wellenrauschen. Frühstück inkl. ❸

Der **Mangrove Point** im Mangrovengebiet ist die Heimat farbenfroher Fische und herrlicher Korallen. Außerdem lassen sich Schwärme von Kaiser- und Drückerfischen, Muränen, Haie, Riesenbarsche und Barrakudas blicken.

Achtung: Die Tauchplätze sind aufgrund der starken, unberechenbaren Strömungen nichts für Anfänger, v. a. im Nordwesten von Nusa Lembongan und zwischen Nusa Penida und Nusa Ceningan. Die teils abwärtsziehenden Strömungen haben schon erfahrene Taucher das Leben gekostet. Ein kundiger Tauchguide ist unabdingbar! Um den erhöhten Risiken zu begegnen, haben sich einige Tauchanbieter zur Lembongan Marine Association, 🖳 www.fb.com/LembonganMarine, zusammengeschlossen und ein Sicherheitskonzept erarbeitet, das z. B. eine einheitliche Funkfrequenz auf allen Booten vorschreibt.

The Box Paradise, Sampalan, 60 m südlich der Hauptstraße, ✆ 0856-0119 6796, ✉ theboxparadise@gmail.com. Freundliches Domizil mit kleinem Pool und beschirmten Liegen, wo man laufnah zum Ufer in 5 komfortablen, liebevoll dekorierten *Lumbung* wohnt. Etwas wortkarger Service. Frühstück inkl. ❺–❻

The Packer Box, Buyuk, 200 m südlich der Hauptstraße, ✆ 0857-3881 2329, 🖳 www.fb.com/packerbx. Relativ ruhig gelegenes Hostel mit 2 klimatisierten Schlafsälen, die ab 125 000 Rp p. P. jeweils 8 Kojen mit Rollo und Leselicht haben. Zudem 3 weniger gelungene Doppelzimmer, bei denen die Matratze über der Badezimmerdecke liegt und über eine Leiter erreichbar ist. ❹

ESSEN

Preisgünstige **Warung** und **Essensstände** mit indonesischen Gerichten öffnen abends entlang der Hauptstraße in Buyuk und Ped.
Ba'Bar Kitchen, Nyuh, ✆ 0831-1454 5870, 🖳 http://bit.ly/babarkitchen. Das zur Straße offene Restaurant serviert für Penida-Verhältnisse gute Pizza und Pasta. Die Portionen könnten allerdings größer sein. ⏱ 12–22 Uhr.

🌳 **Penida Colada**, Ped, ✆ 0853-3388 1101, 🖳 www.fb.com/penidacolada. Das professionell geführte Strandrestaurant hat Seafood-Gerichte (etwa King Prawn Sate), aber auch Pasta, Salate und ganztägiges Frühstück. Auf Palmöl und Geschmacksverstärker wird verzichtet. Hier kann man den Tag bei Cocktails, Bier, Wein und Säften zu fairen Preisen ausklingen lassen. Happy Hour von 16–18 Uhr, Auffüllen von Wasserflaschen und Verkauf von Kokosöl, Stoffen aus Tanglad sowie Seife von Noesa. Wer am Strand eine Tüte Müll sammelt wird mit einem kostenlosen Kaffee oder einer Kokosnuss belohnt. ⏱ 8–23 Uhr.

EINKAUFEN

Noesa, Ped, ☎ 0878-7894 2750, 🖥 http://noesasoap.com. Hier wird Bio-Seife mit aromatisierenden tropischen Beigaben wie Aloe Vera, Kokosöl, Algen, Kurkuma oder Ingwer hergestellt und verkauft. Auch Geschäfte auf Nusa Penida verkaufen die Seife. Kurse in der Seifenherstellung werden ab 4 Teilnehmern angeboten.

AKTIVITÄTEN

Schnorcheln

Über die meisten Unterkünfte und Anbieter lassen sich Schnorcheltouren zu den geschützten Buchten im Westen und einzelnen Spots im Norden arrangieren, die meist 250 000–300 000 Rp p. P. kosten.
In Zusammenarbeit mit der bekannten Berliner Graffiti-Crew 1UP, dem Allcapsstore, der PangeaSeed Foundation sowie Sea Walls: Artists for Oceans ist das weltweit erste „**Unterwasser-Graffiti**" entstanden – das künstliche Korallenriff in 1UP-Form liegt vor dem Next Level Cafe.

Tauchen

Blue Corner Dive, 500 m nordwestlich von Nyuh, ☎ 0812-3655 5503, 🖥 www.bluecornerdive.com. Die beliebte Tauchschule bietet 2 Tauchgänge für 1,5 Mio. Rp mit max. 4 Tauchern pro Guide. In Kooperation mit Unterkünften auch Pauschalangebote inkl. Übernachtungen.
Scuba Junkie, Nyuh, ☎ 0811-390 7078, 🖥 www.scubajunkiepenida.com. Der erfolgreiche Anbieter ist auch auf Nusa Penida eine gute Wahl für alle, die ein Rundum-sorglos-Paket für Taucher suchen. 3 Tage/2 Nächte ab 4,22 Mio. Rp inkl. 6 Tauchgängen. Zwei Tauchgänge kosten 1,4 Mio. Rp zzgl. 150 000 Rp für den Manta Point.

NAHVERKEHR

Minibusse (Bemos) sind auf Nusa Penida nahezu „ausgestorben". **Motorräder** können für 70 000–90 000 Rp pro Tag in den Unterkünften und am Hafen gemietet werden. **Mietwagen mit Fahrer** kosten 700 000–900 000 Rp pro Tag.

TRANSPORT

Alle angegebenen Preise gelten p. P.

Boote

Nach NUSA LEMBONGAN geht's mit **Wassertaxis** ab Toyapakeh von 6.30–17.30 Uhr etwa stdl. für 50 000 Rp in 20–30 Min. Die Boote steuern die **Yellow Bridge** zwischen Nusa Lembongan und Nusa Ceningan an.

Fähren

PADANG BAI mit der **Autofähre** ab Sampalan (Dermaga MB II, Pelabuhan Roro Nusa Jaya Abadi) zwischen 7.30 und 9.30 Uhr sowie 10 und 12 Uhr für 32 000 Rp, Kinder 23 000 Rp, Motorrad 56 000 Rp, Pkw 328 000 Rp, in 1–1 1/2 Std.
Tipps: Sowohl die Abfahrtszeiten als auch die Einhaltung der offiziellen Preise am Ticketschalter sind nicht verlässlich, so haben etwa einige Reisende kein Wechselgeld erhalten. Autofahrer sollten am Vortag frühmorgens erscheinen und ihr Fahrzeug auf die Warteliste setzen lassen. Motorroller müssen sich am Abreisetag so früh wie möglich anstellen. Oft fährt die Fähre früher als angegeben. Wer kein Fahrzeug überführen möchte, nimmt ein Schnellboot und erspart sich den Stress.

Schnellboote

Einige Anbieter holen Gäste von der Unterkunft ab und sorgen für den Weitertransport auf Bali. Auf die nachfolgenden Preisbeispiele erhalten Kinder 30–50 % Rabatt.
Schnellboote nach Bali brauchen 30–45 Min. Vor manchen Anbietern muss gewarnt werden (s. Kasten S. 329).

Nach KUSAMBA ab 150 000 Rp:
Gangga Express, ☎ 0818-0546 4622, 🖥 www.gangga-nusapenida.com. Ab Buyuk um 7 und

16 Uhr, ab Sampalan um 6.30, 7.30, 8, 11, 13 und 15 Uhr.

Nach SANUR für 175 000–350 000 Rp:
Caspla Bali Sea View, ✆ 0851-0044 1680, 🖥 www.baliseaview.com. Ab Buyuk um 16.30 Uhr.
Maruti Express, ✆ 0813-3875 4848, 🖥 http://marutigroupfastboat.com. Ab Toyapakeh, 300 m nördlich vom Strand, um 7.30, 12.30 und 16.30 Uhr.
Mola-Mola Express, ✆ 0813-3877 4009, 🖥 www.instagram.com/molamolaexpress. Ab Sampalan um 16.45 Uhr.
Optasal, ✆ 0812-3700 4078. Ab Nyuh um 6.45, 8, 9, 13, 14, 15.30, 16.30 und 17 Uhr, ab Buyuk um 7.30 und 15.30 Uhr.

Nach SERANGAN für 450 000 Rp:
Gili Getaway, ✆ 0811-380 1717, 🖥 www.giligetaway.com. Ein empfehlenswerter Anbieter (S. 359). Ab Toyapakeh um 13.30 Uhr.

Schnellboote nach Lombok brauchen 2–2 1/2 Std.

Nach GILI GEDE:
Gili Getaway, s. o. Ab Buyuk um 11.15 Uhr für 900 000 Rp.

Nach GILI TRAWANGAN, GILI AIR und BANGSAL:
Golden Queen Fast Boat, ✆ 0811-381 8500, 🖥 www.goldenqueenfastboat.com. Ab Nyuh um 10 und 12 Uhr für 400 000–550 000 Rp.

Nusa Lembongan

Die von Korallenriffen umgebene und von Mangroven und Kalksteinkliffs gesäumte, 8 km² große Insel ist von Bali durch die 12 km breite Straße von Badung getrennt. Obwohl deutlich kleiner als Nusa Penida, erfährt sie dank der schönen **Strände**, lohnenswerten **Surfspots** und dem breiteren Angebot an Unterkünften und Restaurants den größeren Besucherzustrom. Landschaftlich prägen karge Vegetation, poröse Felsen und spärlich besiedelte Hügel das Bild. Dazwischen schotten sich luxuriöse Villen für Touristen wie „Inseln auf der Insel" von ihrer Umgebung ab.

Ein Besuch auf Nusa Lembongan lohnt auch als Tagesausflug von Bali oder Nusa Penida aus, da es kaum Sehenswürdigkeiten gibt und die meisten Besucher ihre Zeit an Aussichtspunkten, Stränden und in Beach Clubs verbringen. V. a. asiatische Touristen werden im Rahmen von organisierten Tagestouren mit kleinen Lkw herumgefahren. Um individuell und auch jenseits der gelben Brücke mobil zu sein, sind Motorroller erforderlich.

Jungutbatu
Am meisten los ist an der Westküste in Jungutbatu, wo viele Boote anlegen und sich die Unterkünfte bis weit nach Norden aneinanderreihen. Einige Küstenabschnitte werden von Algenbauern bewirtschaftet (s. Kasten S. 322). Von Jungutbatu aus ist von April bis Oktober auch die Sicht auf den **Sonnenuntergang** am schönsten, von Oktober bis April dagegen vom **Sunset Point**.

Mushroom Bay und Dream Beach
Im Westen eignet sich die beliebte **Mushroom Bay** mit einigen Hotels und einem sauberen Strand direkt vor dem **Pura Segaran** zum Baden. Leider ist der Strand nur bei Ebbe einigermaßen breit und wegen der vertäuten Boote von Seilen durchzogen. Über einen Pfad gelangt man in die östlich benachbarte **Tamarind Bay**.

Am **Dream Beach** weiter im Süden sind Schwimmen und Surfen aufgrund starker Strömungen und heftiger Brandung gefährlich. Viele Tagesgäste relaxen daher für 50 000 Rp am Überlaufpool der **Dream Beach Huts**, 🖥 http://dreambeachlembongan.com, und begnügen sich mit der Aussicht. Kurz vor dem Dream Beach führt rechts ein Weg querfeldein zum **Devil's Tear**, wo sich die Wellen dramatisch an den Felsen brechen.

Underground House
Im Dorf **Lembongan** leben die meisten der 5000 Insulaner. Wer etwas südlich des großen *Beringin*-Baums der Beschilderung **Gala-Gala** folgt, gelangt zum Underground House. Das unterirdische, ca. 500 m² große Labyrinth mit nied-

rigen Durchlässen wurde 1961–75 von einem einzigen Mann aus dem Stein gehauen, inspiriert durch eine Legende aus dem *Mahabarata*. In wenigen Minuten besichtigt, ist es den Eintrittspreis kaum wert; einige handeln ihn auf bis zu 20 000 Rp herunter. ⊕ 9–18 Uhr, Eintritt 50 000 Rp.

Nusa Ceningan

Ein Abstecher zur kleinen Nachbarinsel führt über die schmale **Yellow Bridge**, die für Autos nicht befahrbar ist. So hat man hier noch seine Ruhe vor den vielen Tagesausflüglern, die mit Pauschaltouren nach Nusa Lembongan kommen.

Vorbei an Algenfeldern führen schlechte Straßen zu versteckten, gezeitenabhängigen Stränden und Aussichtspunkten mit Blick auf die Brandung. An der **Blue Lagoon** – wenige Meter gegenüber vom Eingang der Secret Point Huts – bohren sich die Wellen tief in die zerklüfteten Klippen.

Westlich der Secret Point Huts liegt der bei Fotografen beliebte **Mahana Point** mit Blick auf die von Surfern geschätzten, linksbrechenden Wellen – zum Klippenspringen sollte man sich aber nicht verleiten lassen! Fotogene Sonnenuntergänge versprechen Lokale wie der **Le Pirate Beach Club**.

ÜBERNACHTUNG

Während **Jungutbatu** und die **Mushroom Bay** fußläufig zu erkunden sind, ist man an den übrigen Buchten und auf Nusa Ceningan auf Transport angewiesen. In einigen günstigen Unterkünften ist das Leitungswasser etwas salzig.

Jungutbatu

Bunda 7 Bungalow, ☏ 0812-3766 1111, 🖥 www.fb.com/Bunda7bungalow. Neben 10 in Reihenbungalows untergebrachten günstigen Zimmern mit Bastwänden, bequemen Betten und teils Klimaanlage stehen zwei 2-stöckige *Lumbung* mit Open-Air-Dusche auf dem spärlich begrünten Gelände neben der Straße. Akzeptables Preis-Leistungs-Verhältnis, zumal ein Pool die kleine Anlage komplettiert. Frühstück inkl. ❸–❹

€ **Krisna Homestay**, ☏ 0821-4703 6910, ✉ krisnalembongan@gmail.com. Empfehlenswerte Budget-Bleibe in Laufnähe zur Anlegestelle, mit einer Handvoll klimatisierter, sauberer Zimmer mit Veranda und guten Matratzen bei freundlichen Gastgebern. Frühstück inkl. ❷–❸

Tigerlillys Boutique Hotel, ☏ 0812-4664 0343, 🖥 www.tigerlillyslembongan.com. Hinter dem Restaurant und dem kleinen Pool stehen 8 zweistöckige, einladende *Lumbung* mit klimatisiertem Schlafbereich oben sowie Veranda, Open-Air-Bädern und Warmwasser unten. Die Zimmer sind ansprechend dekoriert und hochwertig eingerichtet, besonders die teure Suite mit Himmelbett. Nachfüllen von Wasserflaschen, Frühstück inkl. ❼

Yogi Beach Bungalow, ☏ 0821-4435 8781, 🖥 www.fb.com/shipwreack. Auf dem ruhigen, spärlich bepflanzten Grundstück mit Liegen am Meer gibt's 5 einladende, helle Massivbungalows und 4 klimatisierte Zimmer im Neubau mit bequemen Betten, Veranda und Warmwasser, teils auch Kühlschrank, zu fairen Preisen. Kleines Restaurant und hilfsbereiter Besitzer. Frühstück inkl. ❸–❹

Mushroom Bay

🏨 **Alam Nusa Huts**, ☏ 0819-1662 6336. Im beschaulichen, schattigen Garten unweit vom Strand stehen 4 etwas kleine, gemütliche *Lumbung* mit Himmelbett, Klimaanlage, Veranda und Open-Air-Dusche. Freundlicher Service. Spa. Frühstück inkl. ❹

Mola Mola House, ☏ 0812-3820 6067, 🖥 www.molamolalembongan.com. Eine gute Wahl mit Strandzugang sind die hohen, strohgedeckten *Lumbung* mit Balkon im 1. Stock und offenem Sitzbereich darunter. Sie umschließen einen gepflegten kleinen Garten, auf Sonnenliegen kann im Schatten von Schirmen und Palmen relaxt werden. Strandrestaurant (s. Essen). Frühstück inkl. ❺

Perdana Homestay, ☏ 0821-4655 2616, 🖥 www.fb.com/perdanalembongan. Ein paar Schritte vom Strand entfernt vermieten die herzlichen Inhaber preisgünstige, gepflegte und saubere Bungalow- und Reihenhaus-Zimmer mit Moskitonetz, Klimaanlage, Kühlschrank und Veranda. Pool im kleinen Garten. Frühstück inkl. ❸–❺

Lembongan

🏨 **Bong Hostel**, am Hang ca. 500 m westlich der Yellow Bridge, ☏ 0811-380 8001, 🖥 www.fb.com/bonghostel. Das originell gestaltete Hostel mit Überlaufpool wirkt wie ein Design-Baumhaus, bietet aber ein sauberes, klimatisiertes Doppelzimmer sowie Schlafsäle mit Meerblick und guten Matratzen in kompakten kleinen „Boxen" oder Etagenbetten für 235 000–250 000 Rp p. P. Auf der Gemeinschaftsterrasse mit Küche, Hängematten, Sitzkissen und Blick bis zum Meer wird gemeinsam gegrillt. Frühstück inkl. ❺

Bukit Permata, südöstlich vom Dorf, oberhalb der Uferstraße, ☏ 0812-176 6278, 🖥 www.fb.com/bukitpermatalembongan. Etwas versteckt am Hang oberhalb der Straße liegen 8 Zimmer in Bungalows auf einem üppig begrünten Grundstück. Es gibt keine Twin-Betten, aber einen Pool, gute Aussicht und ein gutes Preis-Leistungs-Verhältnis. ❸–❹

Nusa Ceningan

Ceningan Resort, ☏ 0811-389 7702, 🖥 www.ceninganresort.com. Die 8 spärlich eingerichteten, übertreuerten Bungalows sind in erster Linie für Taucher interessant. Trotzdem ist das Resort mit winzigem Pool beliebt, denn die ausländischen Betreiber Dave und Lea kümmern sich um ihre Gäste, betreiben Aufforstung von Mangroven und servieren leckeres Essen. Mit ausleihbarem Stand-Up-Paddle oder Kajak gelangt man schnell in die Mangroven. Kinder unter 8 Jahren sind unerwünscht. Frühstück inkl. ❺–❻

Twilight Huts, ☎ 0821-4468 7979, 🖥 www.fb.com/twilightlembongan. Wer einen Pool an der Steilklippe bevorzugt, bekommt die 10 klimatisierten Bungalows mit Safe und Kühlschrank (aber ohne Twin-Betten) der kleinen Unterkunft im balinesischen Stil zu einem etwas besseren Preis-Leistungs-Verhältnis als in den benachbarten Anlagen. Frühstück inkl. ❹–❻

ESSEN

Bali Eco Deli, Jungutbatu, ☎ 0821-3732 7521, 🖥 www.baliecodeli.net. Der kleine, entspannte Deli serviert frische Säfte, guten Kaffee und allerlei Leckereien, wie etwa haus-

Die Algenfarmer

In einigen Buchten der Nusa-Inseln hängt ein unverwechselbarer Geruch in der Luft, wenn gerade weiß-gelber, grüner oder dunkelroter Seetang auf Plastikmatten getrocknet wird. Während die Männer – kleine Auslegerboote oder schwimmende Pontons hinter sich herziehend – im flachen Wasser die **Felder** abgrasen, verteilen die Frauen die Algenhaufen mit Harken zum Trocknen oder setzen entlang von Drahtseilen junge Schösslinge in die Bambusrahmen ein. Im nährstoffreichen Wasser der geschützten Buchten gedeihen die anfälligen Gewächse besonders gut, da sie kaum Temperaturschwankungen ausgesetzt sind. Allenfalls Fische machen den Algenbauern die Ernte streitig.

Nach einer Reifezeit von gut einem Monat und dreitägiger Trocknung wird der Seetang nach Sanur verkauft, wo er zu Pulver zermahlen und nach Japan, China oder in den Westen exportiert wird. Aus **Algenpulver** werden Polysaccharide wie Karrageen und Agar gewonnen, die als Lebensmittelstabilisatoren sowie in der Kosmetik- und Pharmaindustrie Verwendung finden.

Algen sind reich an Eiweiß, Vitaminen, Mineralien und Spurenelementen. Wer ihre heilende Wirkung testen möchte, kann sich auf Nusa Lembongan eine **Algenpackung** machen lassen oder bei einer **Algenmassage** entspannen.

gemachtes Brot, Kuchen, Waffeln, Salate oder Müsli. Es wird kein Palmöl verwendet, viele Zutaten kommen aus ökologischem Anbau, 90 % der Küchenabfälle sowie die Abwässer werden im Garten verwendet, zudem wird Solarstrom generiert und man kann Wasserflaschen auffüllen lassen. ⏰ 7–18 Uhr.

Kayu, Jungutbatu, ☎ 0878-5180 6128, 🖥 www.fb.com/kayulembongan. Unter dem Joglo-Dach kommen neben Poke Bowls und Frühstücksvarianten v. a. Salate, Tacos und (auch vegetarische) Burger auf den Tisch. Smoothies und Kombucha ergänzen das Getränkeangebot. ⏰ 8–22 Uhr.

Mola-Mola, Mushroom Bay, 🖥 www.instagram.com/mola_mola_dive_lembongan. Das Café-Bistro mit Tischen im Sand ist in der Mushroom Bay die beste Adresse zum Frühstück oder Mittagessen mit Meerblick. Es gibt Poke und Quinoa Bowls, Salate, klassische Frühstücksteller und guten Kaffee. ⏰ 8–22 Uhr.

Nick's Place, südlich von Jungutbatu, ☎ 0852-3834 7999, 🖥 www.instagram.com/nicksplace.lembongan. Hierher zieht es all jene, die für fleischlastige Spezialitäten wie saftige Barbecue-Schweinerippchen, Burger oder knusprige Ente schwärmen. Livemusik und kleiner Pool. Freundlicher Service und kostenlose Abholung. ⏰ Mo–Mi 11–23, Do–So 11–24 Uhr.

€ **Nyoman's Warung**, im Norden von Jungutbatu, ☎ 0822-3629 3577, 🖥 https://nyomanswarunglembongan.com. Einfaches Strandrestaurant mit Plastikstühlen im Sand. Die nette Betreiberin kocht seit 2000 leckere und günstige indonesische Gerichte. Empfehlenswert ist *Pepes Ikan*, im Bananenblatt gegarter Fisch. Gut Ding will Weile haben, also Zeit mitbringen und nicht wundern, wenn alles nacheinander kommt. Abends reservieren oder früh erscheinen. Abholung möglich. ⏰ 10–22 Uhr.

Sandy Bay Beach Club, Sunset Beach, ☎ 0877-4329 1700, 🖥 www.sandybaylembongan.com. Die stilvolle Strandlounge ist schon zum Frühstück beliebt. Tagsüber liegt man am Pool und geht gen Sonnenuntergang über zu kühlem Bier, Cocktails oder Weinen. Zu essen gibt's preislich gehobene indonesische und internationale Gerichte. Nebenan ein Spa und eine Boutique. Kostenlose Abholung. ⏰ Mi–Mo 12–21 Uhr.

UNTERHALTUNG

Blue Corner Dive, Jungutbatu, ☎ 0818-0546 0219, 🖥 www.fb.com/BlueCornerBar Lembongan. In der Filiale in Jungutbatu steigt jeden Fr ab 19 Uhr die beliebteste Party der Insel, zu der sich auch Expats und Besucher von anderen Orten einfinden und Cocktails, Sangria und kaltes Bintang schlürfen. Auffüllen von Wasserflaschen. ⏰ 7–23 Uhr.

AKTIVITÄTEN

Schnorcheln
Gute Schnorchelplätze sind **Mangrove Point**, **Wall Bay** und **Giant Trevally Point** an der Nordküste. Ein 2–3-stündiger Ausflug mit einem *Jukung* kostet 300 000–400 000 Rp pro Boot inkl. Ausrüstung. Letztere ist bei den Tauchzentren meist besser in Schuss. Wer bei Tauchausflügen mitfährt, zahlt ab 250 000 Rp (+100 000 Rp für den Manta Point). Das **Ceningan Resort** (s. Übernachtung) bietet geführtes Schnorcheln mit Guide und guter Ausrüstung für 650 000 Rp inkl. Mittagessen.

Surfen
Vor Jungutbatu trumpfen die Surfreviere **Shipwreck**, **Lacerations** und **Playground** mit meterhohen Wellen auf, die sogar in der Regenzeit geritten werden können. Auch vor dem **Mahana Point** von Nusa Ceningan tummeln sich Wellenreiter. Boote lassen sich je nach Dauer für 200 000–350 000 Rp chartern, oder man paddelt vom Strand. Bretter werden für 60 000–75 000 Rp pro 2 Std. verliehen. 2–3-stündige Kurse kosten 350 000–450 000 Rp.

New Bro Surfing, Jungutbatu, ☎ 0822-3625 8403, 🖥 www.newbrosurfing.com. Unter der Leitung des freundlichen Lena wird alles rund ums Wellenreiten organisiert. Eine Surfsession kostet 450 000 Rp inkl. Ausrüstung.

Nusa Islands Surf School, Mushroom Bay, ☎ 0812-3777 7653, 🖥 www.nusaislandsbali.com. Beliebte Surfschule mit guter Ausrüstung und sympathischen Guides. Eine Surfsession kostet 350 000 Rp inkl. Ausrüstung. Auch GoPro-Kameras und Pauschalangebote mit Schnorcheltour und Motorrollervermietung.

Schöne Strände und lohnende Surfspots locken Besucher nach Nusa Lembongan.

Tauchen

In den Tauchschulen kosten 2 Tauchgänge 1,2–1,5 Mio. Rp (+100 000 Rp für Manta Point), der Open-Water-Kurs 5,2–6,3 Mio. Rp.

Big Fish Diving, Jungutbatu, ca. 500 m nordöstlich der Bootsanlegestelle, ✆ 0813-5313 6861, 🖥 www.bigfishdiving.com. Die Tauchschule der Secret Garden Bungalows hat einen Pool und unterrichtet in kleinen Gruppen alle Stufen bis zum Divemaster.

 Blue Corner Dive, ✆ 0823-4130 8480, 🖥 www.bluecornerdive.com. Die Meeresbiologen Andrew und Cody legen Wert auf ökologisch verträglichen Umgang mit der Unterwasserwelt. Bei sechstägigen Kursen werden biologische, wissenschaftliche und ökologische Kenntnisse und Methoden vermittelt.

Yoga

Es gibt jeweils 2–3x tgl. 60–90-minütige Yoga-Sessions für 120 000–150 000 Rp p. P. in Jungutbatu bei **Yoga Bliss**, ✆ 0819-1585 4341, 🖥 www.yogablisslembongan.com, und **Yoga Shack**, auf dem Gelände der Secret Garden Bungalows, ca. 500 m nordöstlich der Bootsanlegestelle, ✆ 0813-5313 6861 🖥 www.bigfishdiving.com/yoga-lembongan, sowie zwischen Mushroom Bay und Selegin Bay bei **Yoga Dunia**, ✆ 0813-5398 0227, 🖥 www.yoga-dunia.com.

TOUREN

An der Bootsanlegestelle nordöstlich von Jungutbatu werden halbstündige Touren mit kleinen Gondelbooten in die **Mangroven** für 100 000–200 000 Rp bei max. 4 Pers. angeboten. Eine gute Gelegenheit, um einen Einblick in das fragile Ökosystem zu erhalten und Warane, Krebse, Vögel und Fische zu erspähen.

Tipp: Alternativ kann man an der Anlegestelle Kajaks oder Stand-Up-Paddles für 150 000 Rp pro Std. leihen und auf eigene Faust losziehen – am besten bei einsetzender Flut, wenn viel klares Wasser den Meeresarm füllt.

SONSTIGES

Geld

In Jungutbatu, südöstlich vom Dorf Lembongan und nahe der Mushroom Bay gibt's unzuverlässig funktionierende **Geldautomaten**. Da es häufiger zu Fällen von Skimming (S. 50) kommt, sollte im Netz nach aktuellen Warnungen diesbezüglich gesucht werden. Einige **Money Changer** geben gegen Kreditkartenzahlung und Gebühr Bargeld aus.

Medizinische Hilfe

East Medical Care Center, Mushroom Bay, ☎ 0813-3955 5515, 🖥 www.eastmedicalcarecenter.com. Die 24-Std.-Krankenstation hat moderne Ausstattung und einen kleinen Krankenwagen. Krankentransporte aufs Festland werden organisiert. Eine Konsultation kostet 500 000 Rp. Preisgünstiger ist das kommunale **Puskesmas**.

Motorradverleih

Motorräder gibt's in Jungutbatu, Mushroom Bay sowie einigen Unterkünften für 60 000–80 000 Rp pro Tag.

Wellness

Wer reserviert, wird auch abgeholt, aber nicht aus Nusa Ceningan.
Harumaya Day Spa, ☎ 0822-3780 5682, 🖥 www.harumayadayspa.com. Massagen für 200 000 Rp pro Std., zudem Gesichtsmasken mit Algen, Haartherapien, Nagelpflege, Waxing und mehrstündige Anwendungen ab 400 000 Rp. ⏱ 9–20 Uhr.
Kemilau Spa, ☎ 0812-3611 2726, 🖥 www.fb.com/kemilauspa. Deutlich teurer, dafür näher an Jungutbatu und mit auch für Paare geeigneten Separees im Garten. Massagen ab 300 000 Rp. ⏱ 9–22 Uhr.

TRANSPORT

Alle angegebenen Preise gelten p. P.

Boote

Nach TOYAPAKEH (Nusa Penida) geht's mit **Wassertaxis** ab der Yellow Bridge zwischen Nusa Lembongan und Nusa Ceningan von 6.30–17.30 Uhr etwa stdl. für 50 000 Rp.

Schnellboote

Schnellboote legen von Jungutbatu oder der Mushroom Bay ab. Das Angebot fluktuiert stark, manche Anbieter gehen pleite oder benennen sich nach Zwischenfällen um, vor einigen muss gewarnt werden (s. Kasten S. 329). Die meisten holen Gäste von der Unterkunft ab, jedoch nicht von Nusa Ceningan. Einige sorgen am Zielort für den Weitertransport nach Süd-Bali und Ubud.

Schnellboote nach Bali verkehren für 200 000–400 000 Rp pro Strecke in 30–45 Min. Die offiziellen Preise können in der Nebensaison bis auf 175 000 Rp pro Strecke heruntergehandelt werden.

Nach SANUR:
Arthamas Express, ☎ 0812-3921 6964, 🖥 www.arthamasexpress.com. Ab Jungutbatu um 8.15, 13 und 16.15 Uhr.
Dream Beach Express, ☎ 0821-450 83170, 🖥 http://dreambeachexpress.com. Ab Mushroom Bay um 9, 13 und 16.30 Uhr.
Glory Fast Cruise, ☎ 0811-399 964, 🖥 www.gloryfastcruise.com. Ab Jungutbatu um 8, 12.15 und 15.45 Uhr.
Lembongan Paradise Cruise, ☎ 0821-4153 2011, 🖥 www.lembongancruise.com. Ab Mushroom Bay um 8, 11 und 15.30 Uhr.
Optasal, ☎ 0812-3700 4078. Ab Mushroom Bay um 7, 8, 9, 11, 13, 14.30, 15.30, 16, 16.30 und 17 Uhr, aber ohne Transfer.
Scoot Fast Cruises, ☎ 0361-280 762, 🖥 www.scootcruise.com, ab Jungutbatu um 13.30 und 16.30 Uhr.

Nach SERANGAN:
Rocky Fast Cruises, ☎ 0821-4404 0928, 🖥 www.rockyfastcruise.com. Ab Jungutbatu um 9, 11, 13 und 16 Uhr.

Schnellboote nach Lombok
Scoot Fast Cruises, s. o. Ab Jungutbatu nach GILI TRAWANGAN, GILI AIR und BANGSAL um 10.45 Uhr für 750 000 Rp in 2 1/2–3 Std.

Verkehren bei zu hohem Wellengang keine Boote, bleibt nur der Umweg über Padang Bai und Lembar bzw. ein Flug nach Lombok.

Goa Lawah

Wenige Schritte nördlich der Küstenstraße zwischen Süd-Bali und Padang Bai bildet der große, dem Gott Maheswara geweihte „Todestempel" den Eingang zur heiligen Höhle. Der **Pura Goa Lawah** erscheint in allen Verzeichnissen der *Sad Kahyangan* (der sechs heiligsten Tempel von Bali), die ansonsten selten übereinstimmen. Sicher war die Höhle schon eine Kultstätte, bevor der Tempel im 11. Jh. von Empu Kuturan, einem Hindu-Priester aus Java, gegründet wurde.

Die Balinesen halten sie für den Ausgang eines **Höhlensystems**, das bis zum Pura Besakih am Fuße des Gunung Agung reicht. Als im 17. Jh. der Anspruch eines Prinzen der Mengwi-Dynastie auf die Thronfolge angezweifelt wurde, stellte das oberste Gericht in Klungkung den jungen Mann auf die Probe: Sollte er einen Aufenthalt bei den giftigen Schlangen in der Höhle überleben, dann wäre sein Anspruch gerechtfertigt. Der Prinz überstand das Abenteuer und tauchte nach ein paar Tagen unversehrt aus einer Höhle beim Besakih-Komplex wieder auf. Als weiteres Indiz gilt das spurlose Verschwinden zweier Kampfhähne am Pura Goa Lawah – angeblich wurden sie wenige Tage darauf am Besakih wiederentdeckt.

Wer schon andere Tempel kennt, wird hier wenig Neues entdecken, wenn nicht gerade eine große Zeremonie oder das *Odalan* ansteht. Es wird alle 210 Tage an einem Dienstag gefeiert, zehn Tage nach *Kuningan*. Häufiger kann man den Ausflug der **Fruchtfledermäuse** (eigentlich kleine Flughunde) gegen Sonnenuntergang beobachten. Sie hängen tagsüber zu Tausenden in dicken Trauben von der Höhlendecke. ⏱ 7–19 Uhr, Eintritt 25 000 Rp, Leih-Sarong und Tempelschal 5000 Rp, Guides 50 000 Rp.

TRANSPORT

Die Küstenstraße von Sanur ist bis 1,2 km vor Goa Lawah vierspurig, dann wird sie enger und kurviger. Zur Abzweigung nach Padang Bai sind es 6,5 km.

Padang Bai

Dicht an dicht reihen sich am Strand von Padang Bai die *Prahu*, **Auslegerboote**, deren Bug mit magischen Augen und einem „Schnabel" verziert ist. Der überschaubare Hafenort liegt 2 km abseits der Fernstraße. Er fungiert nicht nur als Zwischenstation auf dem Weg nach Lombok: Backpacker und Taucher bevorzugen Padang Bai gegenüber Candi Dasa als Basis für Ausflüge in die Umgebung oder zu den Tauchspots vor den Nusa-Inseln.

Seit viele Schnellboote nach Lombok von anderen Orten starten, übernachten hier weniger Touristen. Dennoch sind die engen Straßen um die Mittagszeit mit Autos vollgestopft, die Tagesbesucher herumfahren, zu Schnellbooten bringen oder auf Neuankömmlinge aus Lombok warten. Hochbetrieb herrscht, wenn eine der großen Fähren aus Lombok oder Nusa Penida anlegt. Dann wird alles Erdenkliche – von gackernden Hühnern bis zu Elektrogeräten – verladen.

Auf einem Hügel östlich des Hafens baute sich der legendäre Religionslehrer, Tempelgründer und Reformator Empu Kuturan im 11. Jh. eine Einsiedlerklause. Daran erinnert heute der kleine **Pura Silayukti**, einer der ältesten Tempel der Insel.

Nördlich davon liegt die kleine, geschützte Bucht **Blue Lagoon** mit schönem Strand. Sie eignet sich zum Schnorcheln und für die ersten Tauchgänge, bei steigender Flut kann die Strömung jedoch tückisch werden. Ein Bistro vermietet Sonnenliegen und Schnorchelausrüstung, allerdings sollten Badeschuhe

---

Die Unterweltschlangen

Seltsame Naturphänomene sind den Balinesen heilig. Beim Anblick der dunklen Höhle wundert man sich nicht, dass hier Götter der Unterwelt verehrt werden, allen voran **Naga Basuki**, der Herr der Schlangen. Er ist eine der beiden Unterweltschlangen (die andere ist Antaboga), die die Weltenschildkröte Bedawang umschlingen, auf der die Insel Bali ruht. Manifestationen von Naga Basuki sollen in den Tiefen der Höhle leben und sich von verendeten Fruchtfledermäusen ernähren. Touristen wird oft eine große Schlange am Höhleneingang gezeigt, die in einem Felsspalt lebt.

getragen werden. Die Bucht ist über einen Pfad vom Parkplatz an der steilen Zufahrt zum Bloo Lagoon Eco Village erreichbar, Parkgebühr 5000 Rp, Motorrad 2000 Rp.

Zum (eher hell-gelblichen) **White Sand Beach** (Pantai Bias Tugel) in der südlich vom Hafen gelegenen Bias-Tugel-Bucht gelangt man entweder auf einem fünfzehnminütigen Fußmarsch über den Hügel oder mit eigenem Fahrzeug in 1,3 km über die Jalan Penataran Agung. Vom Eingang geht's zu Fuß steil hinab zum Strand. An den Strandbistros werden Liegestühle und Schirme für 20 000 Rp vermietet. Bei Verzehr von Essen und Getränken sind sie meist kostenfrei. ⏲ 10–18 Uhr, Eintritt 10 000 Rp.

Das farbliche Kontrastprogramm ist 1 km südlich erreicht. Zunächst der Straße folgend und dann über kleine Wege durch den Palmenwald erreicht man den ruhigen, breiten **Black Sand Beach**. Der schwarze Sand kann sehr heiß werden und die heftige Strömung erschwert das Schwimmen.

ÜBERNACHTUNG

 Bamboo Paradise Homestay, Jl. Penataran Agung, ✆ 0822-6630 4330, 🖥 www.fb.com/bambooparadisebali. Einladendes, familiäres Gästehaus mit kleinem Garten, 7 einfachen Zimmern mit Bambusmöbeln sowie einem kleinen, klimatisierten Schlafsaal mit Etagenbetten für 6 Pers. à 135 000 Rp. Dekorative Wayang-Figuren und Batikstoffe verschönern die Unterkunft und der persönliche Service und die zutraulichen Haushunde sorgen dafür, dass man sich schnell wohlfühlt. Frühstück inkl. ❸–❹

Bloo Lagoon Eco Village, oberhalb der Blue Lagoon, ✆ 0823-3410 0300, 🖥 www.bloolagoon.com. Das Resort mit Spa und großem Pool hat 26 Bungalows mit 1–3 Zimmern, viel Privatsphäre und beeindruckender Aussicht auf die nordwestliche Bucht. Die Schlafzimmer werden durch Luftschlitze ventiliert und die Wannenbäder machen was her. Ein Gemüsegarten, LED-Leuchten sowie der Verzicht auf Klimaanlagen in den Schlafzimmern schonen die Ressourcen. Freundliche Mitarbeiter, aber kaum Parkplätze. Frühstück und Yoga inkl. ❼

Hotel Puri Rai, Jl. Silayukti 7X, ✆ 0363-41385, 🖥 www.puriraihotels.com. Hinter dem von einer riesigen Garuda-Vishnu-Statue bewachten Parkplatz liegen rund um 3 große Pools 9 Steinhäuser mit je 4 geräumigen, kühlen, komplett ausgestatteten Zimmern mit schattiger Veranda. Restaurant mit breiter Auswahl an Seafood. Frühstück inkl. ❺

OK Divers Resort & Spa, Jl. Silayukti 6, ✆ 0811-385 8830, 🖥 www.okdiversbali.com. Jenseits des Tauchzentrums und des luftigen Restaurants mit Pool beherbergt der Innenhof mit Palmen neben einem weiteren Pool einen 2-stöckigen Bau mit 30 komfortablen, gut ausgestatteten Zimmern; die teureren sind etwas größer. 2 Familienzimmer für je 1,2 Mio. Rp und ein barrierefreies Zimmer. Professioneller Service und Rabatte bei Schnellboot-Tickets. Frühstück inkl. ❺–❼

ESSEN UND UNTERHALTUNG

Wasserflaschen können in vielen Unterkünften und Restaurants günstig aufgefüllt werden.

Omang Omang, Jl. Silayukti 12, ✆ 0363-438 1251, 🖥 www.fb.com/OmangOmang999. Angesagte Café-Bar mit Hockern an der Straße und rustikalem Innenraum. Besonders wenn ab 19.30 Uhr Livebands wie *Komang Moko Blues Experience* oder die *Blues Mates* spielen, ist der Laden bis spät in die Nacht gefüllt. Lohnt dank gutem Kaffee aber auch nachmittags. ⏲ 7.30–22 Uhr.

Ozone Café, Jl. Segara, ✆ 0812-3617 1620. Durch kräftige Farben akzentuierter Traveller-Treff mit Frühstück, preisgünstigen balinesischen Gerichten, Fisch, leckerem Cordon Bleu und einer großen Auswahl an Cocktails in gemütlichen Sitzecken oder am Tisch. ⏲ 8–23 Uhr.

Topi Inn, Jl. Silayukti 99, ✆ 0363-41424, 🖥 www.topiinn.nl. Das luftige, kreativ gestaltete Restaurant existiert schon seit 1990 und verzichtet bei der Essenszubereitung auf chemische Zusätze. Große Auswahl an leckeren Baguettes, vegetarischen Gerichten, knackigen Salaten und Kuchen. Die günstigen indonesischen Gerichte sind nicht immer schmackhaft. Do und Mo ab 19.30 Uhr

Livemusik. Freundlicher Service und Workshops (s. Aktivitäten). ⏲ 7.30–22, Bar bis 1 Uhr.
Zen Inn, Jl. Segara 10, ☎ 0819-3309 2012, 🖥 www.zeninn.com. Im einladenden, luftigen Restaurant mit Bar kann man zwischen klassisch gemalten Filmplakaten internationale Küche, frischen Fisch und hausgemachte Burger zu angemessenen Preisen genießen. ⏲ 8–22 Uhr.

AKTIVITÄTEN

Trekkingtouren zum Gunung Rinjani auf Lombok sollten nicht in Padang Bai gebucht werden (S. 329).
Im **Topi Inn** (s. Essen) beugen Brettspiele, aber auch Batik-, Flecht- und Kochkurse sowie Unterricht im Gamelanspiel und Silberschmieden für 10–17 € p. P. dem Aufkommen von Langeweile vor.

Schnorcheln

Vor der Blue Lagoon liegen hübsche Korallengärten, man sollte aber die bei Flut anziehende Strömung berücksichtigen. Am Strand von Padang Bai können Auslegerboote gechartert werden, die Schnorchler zum beliebten Spot **Tanjung Jepun** bringen. Die Ausrüstung gibt's für 30 000 Rp pro Tag, 2-stündige Schnorcheltrips für 2 Pers. ab 300 000 Rp.

Tauchen

Am artenreichen Steilabfall nördlich der **Blue Lagoon** tummeln sich Haie, Schildkröten, Muränen und kleinere Riffbewohner. Zwischen den Korallenstöcken am **Shark Point** (auch Pura

Kecil) sind fast immer Haie, Rochen und größere Fischschwärme zu sichten. Die von Korallen bewachsenen Pfeiler der **Jetty** sind Heimat bunter Jungfische und werden daher von kleineren Räubern wie Skorpionfischen oder dem gut getarnten Fransen-Drachenkopf aufgesucht. Ferner werden Tauchspots in ganz Ost-Bali angesteuert.
Absolute Scuba, Jl. Silayukti, ✆ 0821-4458 1655, 🖥 www.absolutescubabali.com. Große, seit 2005 bestehende Tauchschule mit 3 Booten, Pool und eigenem Hotel, ❺–❻. Open-Water-Kurse kosten 5,4 Mio. Rp, ein Schnupperkurs mit zwei Tauchgängen 1,6–1,8 Mio. Rp und zwei Tauchgänge je nach Gebiet 1,2–1,5 Mio. Rp, zzgl. Ausrüstung (ab 175000 Rp). Max. 4 Taucher pro Guide.

Water Worxx, Jl. Silayukti, ✆ 0363-41220, 🖥 www.waterworxbali.com. Gute Tauchschule mit 2 Booten, geleitet von David und Claudia aus Deutschland. Open-Water-Kurse kosten 5,8–6,8 Mio. Rp, ein Schnupperkurs mit zwei Tauchgängen 1,7 Mio. Rp und zwei Tauchgänge je nach Gebiet 920000–1,8 Mio. Rp, zzgl. Ausrüstung (300000 Rp).

TRANSPORT

Busse
DENPASAR, 17 km, via SEMARAPURA (Klungkung, 20000 Rp, 45 Min.) gegen 6 oder 7 Uhr mit *Bahagia* für 50000 Rp in 1 1/2 Std. Der Zustieg in öffentliche Busse sollte an der Hauptstraße möglich sein. Zur Abzweigung mit Motorradtaxis für etwa 20000 Rp.

Shuttlebusse
Minibusse von **Perama**, 🖥 www.peramatour.com, fahren von der Hafenstraße nach:
KUTA via SANUR um 13.30 Uhr für jeweils 125000 Rp in 1 1/2–2 Std. Abholung von und Drop-Off an der Unterkunft für 15000 Rp extra.

Privattransporte
Transporte in Privatautos, die pro Pkw bezahlt werden, gibt's nach:
AMED oder TULAMBEN für 350000–450000 Rp.
BUKIT-HALBINSEL für 500000 Rp.
CANGGU für 450000 Rp.
FLUGHAFEN für 400000–500000 Rp.
KUTA, LEGIAN oder SEMINYAK für 400000 Rp.
SANUR für 350000 Rp.
UBUD für 400000–500000 Rp.

Schnellboote
Transfers in Süd-Bali, Senggigi und auf Nusa Lembongan sind oft inkl. Die offiziellen **Preise** können v. a. in der Nebensaison heruntergehandelt werden, wenn man sich zeitig erkundigt oder nach Rabatten fragt. Kinder zahlen 30–50 % weniger.

Das **Angebot** fluktuiert, manche Anbieter gehen pleite oder benennen sich nach Zwischenfällen einfach um. Da es oft unangenehm schaukelig wird, sind Schnellboote für Kleinkinder ungeeignet und auch wenig seefesten Erwachsenen nicht zu empfehlen. Eine Ausnahme bilden die großen Schnellfähren von Eka Jaya, auf denen bis zu 180 Pers. Platz finden, ohne mit jeder Welle hin und her zu schaukeln. Bei allzu hohem Wellengang bleibt trotzdem nur die langsame Fähre nach Lembar, s. u.

Auf die GILIS und nach LOMBOK in 1 1/2–2 1/2 Std. mit:
Blue Water Express, ✆ 0813-3841 8988, 🖥 https://bluewater-express.com. Nach GILI TRAWANGAN, GILI AIR und BANGSAL 1x tgl. meist vormittags für 790000 Rp.
Eka Jaya, ✆ 0363-41442, 🖥 www.baliekajaya.com. Nach SENGGIGI, GILI TRAWANGAN, GILI MENO, GILI AIR und BANGSAL um 9 und 12.30 Uhr für 385000 Rp, Transfers kosten extra.

Warnung

Der Anbieter **Semaya One Fast Cruises** fiel wiederholt durch unprofessionelle Organisation sowie betrügerisches und für die Passagiere gefährliches Fehlverhalten auf. Die Boote legen mit großer Verspätung ab, werden überladen, sind ohne Klimaanlage unterwegs, oder das unfreundliche Personal scheinen Beschwerden nicht zu kümmern. Bei anderen kleinen Anbietern herrschen mitunter ähnliche Zustände. Zeitlich oftmals unzuverlässig sind dem Vernehmen nach auch **Golden Queen Fast Boat** und **Caspla Bali Sea View**.

Die traditionellen Auslegerboote (Jukung) können erstaunliche Geschwindigkeiten erreichen.

Gili Gili Fastboat, ☎ 0818-0858 8777, 🖥 www.giligilifastboat.com. Nach Gili TRAWANGAN und GILI AIR um 8.30 Uhr für 790 000 Rp.

Schiffe

Die langsamen großen Fähren sind nicht nur preiswerter, sondern im Vergleich zu den Schnellbooten auch die angenehmere Alternative für alle, die schnell seekrank werden. Die Schiffe sind alles andere als Luxus, aber man kommt schnell ins Gespräch mit Einheimischen, für die eine Fahrt im Schnellboot schlichtweg unerschwinglich ist. Einige Agenten verkaufen überteuerte Tickets, deshalb nur zum **offiziellen Schalter** gehen.

LEMBAR (Lombok) rund um die Uhr etwa alle 1 1/2 Std. für 62 000 Rp, Kleinkinder 6000 Rp, Motorrad ab 161 000 Rp inkl. 2 Pers., Pkw 1,13 Mio. Rp inkl. 4 Pers., in 4–6 Std.
Tipp: Aufgrund der überzogenen Taxipreise in Lembar sollte man die Weiterreise vorab organisieren, z. B. nach SENGGIGI via MATARAM oder nach KUTA LOMBOK für 150 000–250 000 Rp, jeweils inkl. Fährticket.

NUSA PENIDA (Sampalan) mit der **Autofähre** (Dermaga MB II, Pelabuhan Roro Nusa Jaya Abadi) zwischen 9.30 und 11.30 Uhr sowie 14 und 16 Uhr für 32 000 Rp, Kinder 23 000 Rp, Motorrad 56 000 Rp, Pkw 328 000 Rp, in 1–1 1/2 Std.
Tipps: Die Abfahrtszeiten sind nicht verlässlich. Da viele Lkw übersetzen, sollten Selbstfahrer ihr Auto am Vortag bei Mangku Caplis, ☎ 0878-6110 2575, auf die Warteliste setzen. Für einen Monat im Jahr (meist Aug/Sep) liegt das Schiff zur Wartung im Dock. Für Motorradfahrer lohnt die unzuverlässige und unbequeme Fähre kaum, da ein Roller auf Nusa Penida nur geringfügig mehr kostet als die Überführung.

Candi Dasa

Kaum ein Ort in Ost-Bali steht bei älteren Pauschaltouristen und europäischen Pensionären derart hoch im Kurs wie Candi Dasa. Das ehemalige Fischerdorf wurde bereits in den 1970er-Jahren für den Tourismus erschlossen und hat sich zu einer 2 km langen Ansammlung von Mittelklassehotels, komfortablen Resorts und Restaurants entlang der stark befahrenen Hauptstraße entwickelt.

Man lässt es ruhig angehen, brutzelt am Pool in der Sonne oder unternimmt Ausflüge nach Tenganan, Tirtagangga, Ujung oder Amlapura. In Ermangelung eines Strandes (s. Kasten S. 333) stören weder Strandpartys noch Motorboote die Atmosphäre. Noch ruhiger sind die westlichen Küstenabschnitte **Pantai Balina**, **Pantai Mendira** und **Pantai Sengkidu**.

Der **Pantai Pasir Putih** – der nächste Strand, der diese Bezeichnung verdient – liegt 5 km östlich in einer schönen Bucht. Mit feinem Sand zwischen den Zehen kann man auf Liegen in der Sonne lümmeln und gut schwimmen, Essensstände sorgen für das leibliche Wohl. Wer in Perasi am Schild mit der Aufschrift „White Sand Beach" oder „Virgin Beach" rechts abbiegt, muss im Dorf 10 000 Rp zahlen und am Strand erneut 10 000 Rp Eintritt. Man umgeht den ersten Eintritt über die südwestliche Jalan Raya Bukit Asah, die am Pura Bias Putih endet.

ÜBERNACHTUNG

Untere Preisklasse

Ida's Homestay, ☏ 0363-41096, 0823-4181 9480, ✉ jsidas1@aol.com. Wer die Traveller-Idylle von einst sucht, wird im weitläufigen Palmengarten des Stuttgarters Jörg fündig: Seit 1974 führt er eine Oase der Ruhe mit entspannter Atmosphäre und 6 individuell eingerichteten, einfachen Holzhäusern mit guten Matratzen, Moskitonetz, Open-Air-Bad und Veranda. Auch für Familien geeignet. Ein preiswertes Einzelzimmer ohne Strom und mit Außentoilette. Frühstück inkl. Reservierung empfehlenswert. ❸–❹

Temple Café & Seaside Cottages, ☏ 0363-41629, 0878-6038 4092, 🖥 www.fb.com/templecafe. Im hübschen Steingarten mit Tischen und Stühlen am Wasser stehen 14 ältere, gepflegte Massivbungalows mit harten Schaumstoffmatratzen, Klimaanlage und Wasserkocher. Zwei Bungalows wurden komplett erneuert und mit Kochnischen und Kühlschrank aufgewertet. Die charismatische Besitzerin Shirley spricht Deutsch. Poolbenutzung im gegenüberliegenden Watergarden für 25 000 Rp. ❸–❹

Mittlere und obere Preisklasse

Ganesh Lodge, Jl. Pantai Indah, ☏ 0363-41567, 0819-1560 0577, 🖥 www.fb.com/ganeshlodgebali. Rund um den üppigen tropischen Garten mit Pool, Liegen und Lotosteichen verteilen sich 12 einladende, geräumige und modern ausgestattete, klimatisierte Zimmer mit guten Matratzen. Die teureren mit Raumteiler, dekorativen Akzenten und künstlerischem Touch. Gutes Restaurant, Frühstück inkl. ❹–❻

Kelapa Mas Homestay, ☏ 0363-41369. Die unscheinbare ältere Anlage im balinesischen Stil überzeugt durch den tropischen Garten, einen Pool und gepflegte, teils sehr geräumige Bungalows mit bequemen Betten. Der Aufpreis für die teureren Räume mit Meerblick lohnt. Freundlicher Service. ❹–❺

Puri Bagus Candidasa, ☏ 0363-41131, 🖥 www.puribaguscandidasa.com. Weitläufige Anlage im balinesischen Stil mit mehreren Pools, Spa und professionellem, diskretem Service. Die 48 gepflegten, sehr geräumigen Bungalows haben gute Matratzen, Wasserkocher, mit Naturstein gestaltete Bäder und Föhn. Freundlicher Service. Deutschsprachiges Tauchzentrum. Um 14 Uhr werden balinesische Traditionen wie das Basteln von Opfergaben oder Tänze gezeigt. Reichhaltiges Frühstück inkl. ❻–❽

Pantai Sengkidu

Amarta Beach Cottages, ☏ 0363-41230, 0819-3662 9503, 🖥 www.amartabeachcottages.com. Im ruhigen Palmengarten am Meer stehen 14 geräumige, einfache Bungalows mit Himmelbetten, Schaumstoffmatratzen, kleinem Kühlschrank, Wasserkocher und bepflanzten Bädern. Netter sind die 6 Suite-Zimmer im hinteren Bereich mit großen, bequemen Betten und neueren Bädern. Korallenriff vor der Tür, Schnorchelverleih, Pool und Spa. Frühstück inkl. ❹–❻

Pantai Balina

Lumbung Damuh, 2 km westlich, gegenüber vom Royal Bali Beach Club, Karte S. 302, ☏ 0363-41553, 0813-3736 5838, 🖥 www.fb.com/LumbungDamuh. Fernab vom Touristenrummel laden die freundliche Tania und ihr Mann Lempot in ihr kleines Refugium mit Meerblick. Zwischen Palmen stehen 4 etwas enge,

Candi Dasa

Tenganan

Penta Medica Clinic,
Pantai Balina,
Padang Bai

Jl. Raya Candidasa

Pantai Sengkidu

Pantai Mendira

■ ÜBERNACHTUNG
1. Amarta Beach Cottages
2. Temple Café & Seaside Cottages
3. Ida's Homestay
4. Kelapa Mas Homestay
5. Ganesh Lodge
6. Puri Bagus Candidasa

einfache, aber liebevoll eingerichtete *Lumbung* mit Moskitonetz, Kühlschrank und teils Open-Air-Bädern. Unter den Bungalows befinden sich gemütliche Liegen und Kissen zum Ausspannen. Abends selbst gebackene Pizzen. Von Mo–Sa gibt Tania auch Yoga-Stunden. Frühstück mit frisch gebackenem Brot inkl. ❹–❺

ESSEN UND UNTERHALTUNG

€ Bis zu einem Dutzend Essensstände öffnen abends schräg gegenüber der Polizei am **Pasar Batu Madeg** neben dem Hindutempel.

Crazy Kangaroo, 📞 0363-41996, 🖥 www.crazy-kangaroo.com. Schickes Restaurant mit Bar, Billard und einsehbarer Küche. Von indonesischen Klassikern über Seafood bis zu zarten Steaks und Pasta ist alles zu haben. Do Abend wird der *Legong*-Tanz aufgeführt, So *Kecak* und Zaubertricks, Di und Sa gute Livemusik und jeden 2. Fr im Monat ein Pub Quiz. Happy Hour 17–19.30 Uhr. Abholservice. ⏲ 12–23 Uhr.

La Rouge, 📞 0363-41991, 🖥 www.fb.com/LaRougeRestaurant. Rouge, wohin man blickt: Auf kitschigen roten Plüschsesseln, an rot gedeckten Tischen oder unter freiem Himmel im Garten. Aus dem Tandoori-Ofen und der einsehbaren Küche kommen indische, aber auch balinesische und ein paar westliche Gerichte. Die Preise sind leicht gehoben, aber die Portionen stillen selbst den großen Hunger. Cocktails gibt's auch. ⏲ 10.30–23 Uhr.

Loaf Cafe, 📞 0363-438 1130, 0812-4629 9878, 🖥 https://bit.ly/2LcsUeU. Eine gute Anlaufstelle für Frühstück mit gutem Brot nach europäischer Machart, Wraps und Eggs Benedict. Das kleine, klimatisierte Café hat auch leckere Kuchen und guten Kaffee im Angebot. ⏲ 8–15 Uhr.

The Hot Dog Shop, 📞 0817-975 5231. Kleiner Imbiss an der Straße, der Hot Dogs, Burger sowie Burritos zu vernünftigen Preisen zubereitet. ⏲ 11–20 Uhr.

Vincent's Restaurant, 📞 0363-41368, 0811-388 701, 🖥 www.vincentsbali.com. Die beste Adresse im Ort unterteilt sich in eine Lounge-Bar mit Sesseln, einen Innenbereich mit Tischen sowie einen begrünten Innenhof. Zu gepflegtem Jazz und klassischen Balladen bekommen Gäste exquisite balinesische und internationale Küche serviert, z. B. Seafood, herzhafte Sandwiches, vegetarische Gerichte und überzeugende Steaks. Große Auswahl an Weinen und Bieren. Das feine Ambiente wird

durch den professionellen Service abgerundet. Do ab 19 Uhr guter Live-Jazz, Mo Piano-Musik. ⏲ 11–22 Uhr.

EINKAUFEN

Gemini Shop, ✆ 0878-6325 8632. Gute Auswahl an Souvenirs, Hygieneartikeln und Snacks. Zudem eine kleine Apotheke. ⏲ 8–21 Uhr.
Temple Café, s. Übernachtung. Shirley verkauft selbst gemachte Chutneys und Marmeladen mit Früchten wie Tamarillo, Ananas und Tomate oder Apfel und Datteln.

AKTIVITÄTEN UND TOUREN

Ausflüge
Über Unterkünfte oder Anbieter wie Perama (s. Transport) sind **Autos mit Fahrer** zu mieten. Tagestouren in Ost-Bali kosten 450 000–550 000 Rp.

Kochkurse
Le Zat Beach Restaurant, im Ashyana Candidasa Resort, ✆ 0812-394 1075, 🖥 www.lezatbeachrestaurant.com. Das Restaurant am Meer veranstaltet um 10 oder 16 Uhr Kochkurse ab 2 Pers. mit 5 indonesischen Gerichten für 600 000–650 000 Rp p. P. inkl. Abholung. Wer einen morgendlichen Marktbesuch in Amlapura dazu bucht, startet bereits um 8 Uhr und zahlt 200 000 Rp mehr.

Tauchen und Schnorcheln
Fast jedes Hotel verleiht Schnorchelausrüstung ab 30 000 Rp pro Tag und organisiert Ausflüge mit Auslegerbooten ab 250 000 Rp. Getaucht wird vor Tulamben (S. 347), Nusa Penida (S. 316)

Der verlorene Strand von Candi Dasa

Viele der Riffe vor Candi Dasa wurden durch die **Dynamitfischerei** und den **Korallenabbau** stark beschädigt. Aus den herausgebrochenen Korallenblöcken gewann man Kalk, der in Gipsmühlen zur **Zementproduktion** genutzt wurde. In den 1980er-Jahren hatte die Zerstörung ein solches Ausmaß erreicht, dass die Brandung ungebremst auf die Küste rollte und fast den gesamten Strand abtrug. Seit 1989 verschandeln daher Wellenbrecher aus Beton die Küste. Doch während sich die Riffe erholt haben und wieder Schnorchler und Taucher anlocken, erinnert nur ein schmaler Sandstreifen an den ehemals breiten Strand.

oder der kleinen Insel **Gili Biaha**, wo ein anspruchsvoller Höhlentauchgang in die Shark Cave die Möglichkeit bietet, Haie, Barrakudas und Feuerfische zu sehen.
Orca Dive Club Bali, Puri Bagus Candidasa, 0811-399 4200, www.orca-diveclubs.com. Tauchschule unter deutscher Leitung. Zwei Tauchgänge ab 65 €, zum Manta Point vor Nusa Penida für 130 €, plus 22 € für die Ausrüstung. Der Open-Water-Kurs kostet 376 €, online 306 €. Schnorchler können bei Ausflügen nach Amed und Tulamben mitfahren und zahlen halbtags/ganztags 25/35 €.

Wandern
Trekking Candi Dasa, 0878-6145 2001, www.trekkingcandidasa.com. Somat leitet entspannte 2-stündige Wanderungen nach Tenganan für 350 000 Rp p. P. inkl. Abholung, Kinder bis 15 Jahren kostenfrei. Es geht durch eine abwechslungsreiche Landschaft, während Somat über das Leben der Bauern, ihre Arbeit und Nutzpflanzen informiert. Anspruchsvolleres Trekking mit Kletterpartien kostet 350 000 Rp p. P. und ist für Kinder und Jugendliche unter 15 Jahren nicht geeignet. Bei nur einem Teilnehmer +100 000 Rp.

Yoga
Puri Bagus Candidasa, s. Übernachtung. Auf dem Hotelgelände werden Di und Fr um 7.30 Uhr Yoga-Sessions für 200 000 Rp p. P. angeboten, für Hausgäste kostenfrei.

SONSTIGES
Medizinische Hilfe
Penta Medica Clinic, Jl. Raya Manggis 88, 0363-41909, www.pentamedica.com. Kleine Privatpraxis mit Notfallambulanz, zahnmedizinischer Abteilung und ziemlich hohen Preisen. 8–20 Uhr.

Motorradverleih
Mopeds gibt's ab 60 000 Rp pro Tag.

Wellness
Jaya Spa, Puri Bagus Candidasa, s. Übernachtung. Das Spa verwöhnt mit Massagen ab 360 000 Rp pro Std. und teuren Schönheitsbehandlungen. 9–21 Uhr.

TRANSPORT

Motorradtaxis *(Ojek)* fahren Kurzstrecken nach TENGANAN und zum PASIR PUTIH für 20 000–30 000 Rp.
Ein paar wenige **Busse** aus bzw. nach AMLAPURA (13 km, 20 000 Rp) fahren morgens durch den Ort und müssen angehalten werden.

In Tenganan werden aufwendig hergestellte Palmblattmanuskripte als Souvenirs angeboten.

Shuttlebusse

Perama, ℡ 0363-4114, 🖥 www.peramatour.com, fährt folgende Ziele an:
KUTA und FLUGHAFEN via SANUR um 13 Uhr für 125 000 Rp.
Abholung und Drop-Off jeweils 15 000 Rp. Andere Anbieter kosten etwas mehr, bieten aber zusätzliche Abfahrtszeiten und holen ohne Aufpreis vom Hotel ab.

Privattransporte

Transporte in Privatautos, die pro Pkw bezahlt werden, gibt's nach:
AMED und TULAMBEN für 350 000–400 000 Rp.
BUKIT-HALBINSEL für 450 000–500 000 Rp.
CANGGU für 450 000–500 000 Rp.
FLUGHAFEN für 425 000 Rp.
KUTA, SANUR und SEMINYAK für 350 000–400 000 Rp.
LOVINA für 650 000 Rp.
MUNDUK für 650 000 Rp.
PADANG BAI für 125 000–175 000 Rp.
PEMUTERAN für 900 000 Rp.
SIDEMEN für 275 000 Rp.
TENGANAN für 100 000 Rp.
TIRTAGANGGA für 150 000 Rp.
UBUD für 350 000–400 000 Rp.

Tenganan

Etwa 3,4 km landeinwärts von Candi Dasa liegt das Dorf Tenganan der **Bali Aga**. Neben den Bewohnern von Trunyan am Batur-See (S. 296) zählen sie zu den konservativsten der balinesischen Ureinwohner. Jahrhundertelang lebten sie weitgehend isoliert und blieben ihren Traditionen treu. Ihre aristokratische Herkunft führen sie auf die Pejeng- bzw. Bedulu-Könige des 10.–14. Jhs zurück und geben gar Götterkönig Indra als Stammesvater an. Anders als in Trunyan ist man hier auf Touristen eingestellt.

Das wie eine Festung nach außen abgeschottete Dorf besteht aus zwei terrassenartig abgestuften Reihen von Steinhäusern, zwischen denen die gemeinschaftlich genutzten Gebäude liegen. Nahezu jedes Haus verkauft Palmblattmanuskripte *(Lontar)* und aufwendige Doppel-*Ikat*, aber auch Souvenirs ohne Bezug

Die Traditionen der Bali Aga

Den Hinduismus haben die *Bali Aga* nur in Ansätzen übernommen. So werden in den Dorftempeln statt der üblichen Götter mysteriöse Steine verehrt, es gibt kein Kastensystem, keine Zahnfeilung, und die Toten werden begraben. Das Dorf wird patriarchalisch, aber auch „kommunistisch" verwaltet: Es gibt keinen privaten **Landbesitz** und jeder Einwohner ist abhängig von Familienstand, Geschlecht, Alter usw. Mitglied einer der Dorforganisationen.
Der Name des Dorfes lautet **Tenganan Pegringsingan**, wobei sich das letzte Wort auf die einzigartigen **Doppel-Ikat** bezieht, die nur hier hergestellt werden. Vor dem Weben werden die Fäden mit Extrakten aus Wurzeln, Rinden, Blättern oder Früchten gefärbt. Die in jahrelanger Kleinarbeit gefertigten Stücke sind mehrere Millionen Rupiah wert und werden nur zu wichtigen Anlässen getragen.
Bei Zeremonien werden **Tänze** aufgeführt, die sich von den üblichen balinesischen Tänzen unterscheiden, z. B. der *Abuang*, bei dem unverheiratete Jungen und Mädchen auftreten. Musikalische Begleitung liefert das heilige *Gamelan Selunding*, dessen Klangkörper aus Eisen und nicht aus Bronze gefertigt sind. Bei den zur jährlichen Zeremonie *Usaba Sembah* ausgetragenen, oft blutig endenden **Ritualkämpfen** *(Makare Karean)* schlagen zwei junge Männer mit dornenbesetzten, länglichen Pandanblättern aufeinander ein.
Zudem folgt Tenganan einem anderen **Kalendersystem** als das übrige Bali. Am Haupteingang erfährt man, wann Feste stattfinden.

zu den *Bali Aga*: Batik aus Java, bemalte Eier aus Ubud und *Ikat* aus Amlapura. Ein kurioser Anblick sind die knallig pink, gelb oder orange gefärbten Hühner. Interessierte können beim Beschreiben der *Lontar* nach alten Vorlagen und beim Spielen des *Gamelan* zusehen.

Die übrigen Balinesen, die stolz auf ihre Anpassungsfähigkeit sind, haben für die erzkonservativen *Bali Aga* meist nur ein mitleidiges Lächeln übrig. Lange litt Tenganan unter Bevölkerungsschwund, denn die Tradition ver-

† außerhalb der Dorfgemeinschaft. verstieß, wurde verbannt. So ⁻inwohnerschaft im Laufe des ⁻ehr als die Hälfte auf etwa 300 ⁻er; Kinderlosigkeit und allmähliche ⁻eneration waren die Folge. Selbst die *Bali Aga* verstanden, dass sich etwas ändern musste. Seitdem erhalten Angeheiratete von außen ein Bleiberecht – sofern sie sich einer rituellen Scheinkremation unterziehen, um das alte Leben hinter sich zu lassen und als Bewohner von Tenganan „wiedergeboren" zu werden.

In der Nähe befinden sich zwei weitere *Bali-Aga*-Dörfer, die aber längst nicht mehr so traditionell sind. **Asak** besitzt ein antikes *Gamelan*-Orchester. Wenn es bei wichtigen Zeremonien gespielt wird, tanzen die Mädchen und jungen Frauen den *Rejang*-Tanz, wobei sie einen aus hunderten Frangipani-Blüten gebastelten Kopfschmuck tragen. **Bungaya**, wie Tenganan von Mauern umgeben, wird von Steinmetzen und Korbflechtern bewohnt.

Amlapura (Karangasem)

Als Klungkung im 17. Jh. politisch an Einfluss verlor, stieg Karangasem zur mächtigsten balinesischen Dynastie auf. Bald herrschte man gar über weite Teile der Nachbarinsel Lombok. Im Anschluss an den katastrophalen Ausbruch des Gunung Agung 1963 wurde die Stadt umbenannt, um die bösen Geister zu vertreiben. Gleichwohl ist die Bezirkshauptstadt mit gut 30 000 Einwohnern und vielen Einbahnstraßen noch heute unter ihrem alten Namen Karangasem bekannt. Auffällig ist der relativ große Anteil an Muslimen, bedingt durch die Zeit, als muslimische Sasak aus Lombok am Hof dienten.

Obwohl Touristen meist nur den königlichen Palast besuchen, lohnt auch der zentrale Markt **Pasar Umum Amlapura Timur** einen Besuch. Besonders frühmorgens, wenn die schmalen Gänge rappelvoll sind, bieten sich im chaotischen Getümmel zahlreiche authentische Fotomotive. Zudem hat auch die Umgebung ihre Reize.

Puri Agung Karangasem

Ganz im Gegensatz zu den anderen Königshäusern auf Bali durfte der mit den Niederländern kooperierende *Raja* von Karangasem seinen Titel und einen Teil seiner Privilegien und Ländereien während der Kolonialzeit behalten. Zum königlichen Anwesen zählt der sehenswerte **Puri Agung Karangasem** in der Jalan Teuku Umar, der Ende des 19. Jhs. von den Niederländern als Zeichen der Kooperation erbaut wurde. Er diente anschließend dem ersten kolonialen Statthalter Anak Agung Gede Jelantik als Residenz.

In den öffentlich zugänglichen Bereichen fallen europäische und chinesische Einflüsse ins Auge. Jenseits des Vorhofs *(Bencingah)* liegt *Jaba Tengah*, der zweite Hof mit Litschibäumen und dem *Bale Kambang*, wo der Adel inmitten des Seerosenteiches bei festlichen Anlässen zu speisen pflegte. Nördlich davon hängen im *Maskerdam* genannten Gebäude Fotos vom letzten *Raja* und einigen seiner 35 Frauen. Dahinter

---

Wie die Bali Aga zu ihren Ländereien kamen

Das wohlhabende Tenganan besitzt ausgedehnte Ländereien von über 900 ha, deren Besitz auf eine Legende zurückgeht. Demnach suchte im 14. Jh. der König sein Lieblingspferd. Männer aus Tenganan entdeckten das bereits verstorbene Tier. Als Belohnung versprach der König, dass alles Land, in dem der Verwesungsgeruch wahrzunehmen sei, ihnen gehören solle. Mit einem Vertrauten des Herrschers ritten sie kreuz und quer durch das Land, ohne den Geruch loszuwerden, denn ein Dorfältester hatte ein Stück des verwesenden Fleisches unter seinem Sattel versteckt. Und so freuten sich die Männer über den neuen, nicht ganz rechtmäßig erworbenen Grundbesitz. Die heute überwiegend brachliegenden oder renaturierten Ländereien wurden früher von Pachtbauern bestellt, die nicht zur Dorfgemeinschaft gehörten und einen Teil der Ernte erhielten. So blieb den *Bali Aga* viel Zeit für ihre komplexen religiösen Riten.

Amlapura (Karangasem)

befindet sich das nach englischen Möbeln benannte *Bale London* für die Köche und Bediensteten.

Nordwestlich des Teichs liegen das erhöht gebaute *Bale Pawedaan* für zeremonielle Zwecke (z. B. Zahnfeilungen) sowie das Leichenverbrennungen vorbehaltene *Bale Pamandesan*. Die nicht zugänglichen Gebäude östlich des Teichs werden von Nachfahren der königlichen Familie bewohnt. ⊕ 8–17 Uhr, Eintritt 10 000 Rp.

SONSTIGES

Bali Med, 2 km nordwestlich vom Pasar Karangsokong, ☏ 0363-430 1618, 🖥 https://balimedhospital.co.id. Besser als das staatliche RSUD ist diese kleine Privatklinik mit Notaufnahme, Rettungswagen, Kinder-, Haut- und Augenarzt. Für stationäre Aufenthalte sollte man besser in die Krankenhäuser in Süd-Bali (S. 53). ⊕ Mo–Fr 8–21 Uhr.

NAHVERKEHR UND TRANSPORT

Busse

Öffentliche Busse verkehren kaum noch. Am Busbahnhof **Terminal Karang Sokong** im Westen der Stadt bzw. an der Straße vor dem benachbarten Markt erwischt man eventuell vormittags einen nach:

DENPASAR (Batubulan), 58 km, via SEMARAPURA (Klungkung, 25 000 Rp) und GIANYAR für 40 000 Rp in 2 Std.
SINGARAJA, 89 km, via CULIK und TULAMBEN für 30 000 Rp in 2 1/2 Std.

Minibusse

Innerhalb des Stadtgebiets verlangen *Bemos* 5000 Rp pro Strecke. Vom Terminal hinter dem Markt starten vormittags Minibusse in die nähere Umgebung. Nachmittags muss man oft chartern. Von Touristen werden häufig höhere Preise verlangt.
CULIK (bei Amed) via TIRTAGANGGA für 20 000 Rp.
PADANG BAI via CANDI DASA (10 000–20 000 Rp) für 20 000–40 000 Rp.
UJUNG für 10 000 Rp.

Umgebung von Amlapura

Taman Sukasada

Wer genug von überlaufenen Sehenswürdigkeiten hat, findet alternativ zu Tirtagangga in **Ujung**, rund 2 km südlich von Amlapura, einen sehenswerten, sehr viel weitläufigeren Wassergarten ohne Besuchermassen und kitschigen Kommerz. Er wurde 1919 zur Krönung des letztes Königs Anak Agung Anglurah angelegt und nach der Zerstörung durch die Eruption des Gunung Agung 1963 und ein großes Erdbeben 1979 mit Geldern der Weltbank restauriert. Besonders morgens und am späten Nachmittag eignet sich das Areal ideal für Spaziergänge.

Herzstück der Anlage ist der fotogene **Balai Gili** in der Mitte des nördlichen Teichs. Das über zwei Brücken erreichbare Gebäude im balinesischen Kolonialstil war ein Rückzugsort der Aristokratie und beherbergt heute Fotos der letzten Königsfamilie von Karangasem sowie einige alte Möbelstücke.

Westlich davon ziehen sich terrassierte, von Vögeln bevölkerte Gärten den Hang hinauf, wo ein Pavillon gute Sicht auf das Areal bietet. Südlich des Balai Gili liegt ein weiterer Lotosteich mit Pavillon. Dazwischen be-

Schaukämpfe und Bankette

Einige Bräuche in Ost-Bali zeugen von den wechselseitigen Einflüssen mit dem für lange Zeit von Karangasem regierten Westteil von Lombok. So erinnern die an hohen Feiertagen ausgetragenen **Gebug-Schaukämpfe** an das *Peresean* auf der Nachbarinsel (s. Kasten S. 369). Zur Begleitung des kleinen *Gamelan Rereyongan* kämpfen zwei Männer aus rivalisierenden Teams mit elastischen Rattanstöcken *(Gebug)* gegeneinander. Wie Peitschen knallen sie gegen die kurzen Büffelledershilde, die jeder Kämpfer zur Verteidigung trägt. Eine Jury verteilt Punkte für erzielte Treffer.

Auch die Tradition des **Megibung** stammt aus der Zeit, als Karangasem über Teile der Nachbarinsel herrschte. Es heißt, der Raja habe 1692 während der Invasion des Sasak-Reiches stets gemeinsam mit seinen Soldaten gespeist. Seine Kameradschaft stärkte die Truppenmoral und begründete das Megibung-Bankett. Hierfür trägt man zu feierlichen Anlässen eine Fülle an Speisen auf und verzehrt diese in großer Runde, auf dem Boden sitzend. Die Bankette können gigantische Ausmaße annehmen: Im Jahr 2006 veranstaltete der Bupati von Karangasem im Taman Sukasada von Ujung ein *Megibung* für über 20 000 Menschen!

findet sich ein moosbewachsener Brunnen mit Nymphen und Vasen. In der Mitte symbolisiert eine Statue, die einen Krug mit sprudelndem Wasser hält, den Reichtum ihrer Erbauer. ⏱ 7–19 Uhr, Eintritt 75 000 Rp.

Jasri

Von Ujung fährt man etwa 1 km nach Nordwesten, biegt nach Westen ab und gelangt nach 3 km an eine Kreuzung, an der es nach Norden zur Hauptstraße nach Candi Dasa und nach Süden zu den strandnahen Unterkünften von **Jasri** geht. Nur 150 m nordöstlich der Abzweigung nach Jasri führt eine holprige Piste zur Schokoladenmanufaktur **Sorga Bali Chocolate**, ✆ 0363-21687, 🖳 www.sorgachocolate.com.

Besucher erfahren im Rahmen einer **Führung mit Verkostung** für 50 000 Rp p. P. etwas über die Inhaltsstoffe sowie den Produktionsprozess der Schokolade. Nach der Ernte im Juni/Juli und Nov/Dez fermentieren die Kakaobohnen auf Bananenblättern, bevor sie getrocknet, handverlesen und schließlich maschinell verarbeitet werden. Das Ergebnis sind spannende Geschmacksrichtungen, z. B. mit Rambutan oder Salz aus Amed. Mit einem Kakaogehalt von bis zu 100 % sind sie nichts für verweichlichte Milka-Esser, aber ein Genuss für echte Connaisseure. Workshops zur Herstellung eigener Schokolade für 350 000 Rp p. P. müssen zwei Tage im Voraus gebucht werden. ⏲ 8–17 Uhr.

Tirtagangga

Nördlich von Amlapura schlängelt sich die Hauptstraße vorbei an schönen Reisterrassen. Hier empfiehlt sich **Tirtagangga** mit seinem angenehmen Klima, wunderbaren Ausblicken und netten Unterkünften als Ruhepol und Ausgangspunkt für Ausflüge.

Den 1946 erbauten, dreistufig angelegten Wassergarten **Taman Tirtagangga** zieren steinerne Fabelwesen und Seerosenteiche. „Wasser des Ganges" ist – gottseidank – nur symbolisch gemeint, denn gespeist wird die Anlage von einer heiligen Quelle, die oberhalb des Gartens unter einem Banyanbaum hervortritt.

Nicht nur Wasser, auch Touristen strömen in Scharen durch die Anlage. Man kann auf einem Pfad aus Betonpfeilern über den nordöstlichen Karpfenteich gehen. Dahinter umgeben animalische Wasserspeier einen elfstufigen Brunnen. Im Teich auf der anderen Seite liegen bunte Boote für asiatische Touristen, und generell scheint man hier dem Kitsch nicht abgeneigt.

Es heißt, wer im nordwestlichen Becken badet, bleibt ewig jung – also Schwimmsachen nicht vergessen. Umkleidekabinen sind vorhanden. Westlich des Badebeckens stellt ein Kreis aus acht verwitterten Steinfiguren die menschlichen Zustände im Spannungsfeld zwischen Göttern und Dämonen dar. ⏲ 8–17 Uhr, Eintritt 50 000 Rp, Kinder 15 000 Rp, Schwimmen 10 000–20 000 Rp, Kinder 5000 Rp. Am Eingang sind Restaurants, günstiger isst man auf der anderen Straßenseite.

Von Tirtagangga nach Culik

Jenseits von Tirtagangga zweigt eine schöne Strecke über **Ababi** und **Budakeling** nach Westen ab (S. 313). Nach Norden windet sich die Straße über eine kleine Passhöhe. Die Ausbrüche des Gunung Agung haben die Umgebung von **Abang** mit fruchtbaren Böden gesegnet. Die Reisterrassen beiderseits des Passes gehören zu den schönsten Landschaften der Insel.

Im krassen Gegensatz dazu steht die Gegend rund um **Culik**. Abgesehen von Lontarpalmen und knorrigen Sträuchern gedeiht wenig in diesem trockenen Landstrich. Gewaltige, erstarrte Lavaströme ziehen sich von der kahlen Ostflanke des Gunung Agung bis an die steinige Küste.

ÜBERNACHTUNG

Karte S. 337.

Jasri

Aashaya Jasri Resort, Jl. Pantai Jasri, ✆ 0363-21054, 🖥 www.jasriresort.com. Wer Abgeschiedenheit sucht, findet im gepflegten Garten mit Café und kleinem Pool 9 kompakte Zimmer in Holzbungalows und Massivhäuschen sowie 5 größere Villen, meist mit Himmelbett, balinesischer Dekoration sowie Open-Air-Bad. Abendessen auf Vorbestellung, Frühstück inkl. ❺–❼

Tirtagangga

Cabé Bali Bungalows, Desa Temega, 1,3 km südlich von Tirtagangga, im Straßenknick 600 m von der Hauptstraße nach Norden, nur von Süden kommend ausgeschildert, ✆ 0363-22045, 🖥 www.cabebali.com. Umrahmt von Reis- und Gemüsefeldern vermieten die Deutsche Barbara und ihr Mann Sukarto im Garten mit Pool 4 geräumige, gepflegte Bungalows mit Holzmöbeln, Ventilator, Safe und Veranda. Freundliche Mitarbeiter. 3-stündige geführte Spaziergänge möglich. Gute Küche im Restaurant. Frühstück sowie Tee und Kaffee am Nachmittag inkl. ❻–❼

Homestay Rijasa, gegenüber dem Parkplatz vom Taman Tirtagangga, ✆ 0363-21873. Im Garten liegen 9 einfache, geräumige Massivbungalows mit Ventilator, weichen Schaumstoffmatratzen und teils

Warmwasser. Die freundlichen Vermieter haben 2 weitere Bungalows mit guter Aussicht im Leging View in Ababi und vermitteln Guides für Wanderungen, s. Aktivitäten. Frühstück inkl. ❷–❸

Ababi

Pondok Lembah Dukuh Homestay, auf der Straße nach Ababi nach 800 m links ab auf einen 300 m langen unbefestigten Weg, ✆ 0821-4689 5254, 🖳 www.fb.com/Pondok.Dukuh. Das freundliche Homestay am gepflegten, steil angelegten Garten punktet mit toller Aussicht und 5 sehr einfachen Bungalows mit Ventilator, die teureren mit Warmwasser und bepflanztem Open-Air-Bad. Die freundlichen Gastgeber kochen abends preiswerte indonesische Kost. Zum Taman Tirtagangga gelangt man auf einem ca. 400 m langen, steil herabführenden Trampelpfad. Frühstück inkl. ❷–❸

ESSEN

Bali Asli, Gelumpang, ✆ 0822-3690 9215, 🖳 www.baliasli.com.au. In traumhafter Lage mit Blick auf die Reisterrassen und den Gunung Agung serviert das beliebte, luftige Restaurant unter Leitung der Australierin Penelope authentische balinesische Speisen. Viele Zutaten sind regional, dafür sind die Preise allerdings gesalzen. Es gibt ein üppiges *Megibung*-Menü für 228 000 Rp p. P. sowie hausgebraute Fruchtbiere. Ein Erlebnis sind die Kochkurse und Touren (s. Aktivitäten). ⏱ 11–17.30 Uhr.

EINKAUFEN

 Sensatia Botanicals, Jasri, ✆ 0363-23260, 🖳 www.sensatia.com. Der Naturkosmetikhersteller mit Shops in Ubud und Süd-Bali verkauft seine Produkte im kleinen Laden neben der Produktionsstätte. Verwendung finden ausschließlich dermatologisch und ökologisch unbedenkliche Inhaltsstoffe, ein Teil der Erlöse wird an die Mitarbeiter ausgeschüttet und das Dorf mit monatlichen Spenden unterstützt. Für Wassersportler dürften die Sonnencremes interessant sein, die u. a. als „reef-save" gelten. Die aromatisierten Seifen sind nette Souvenirs. Die ausgegebenen Tüten sind aus Tapioka und vollständig kompostierbar. ⏱ Mo–Fr 9–18, Sa 9–17, So 12–18 Uhr.

AKTIVITÄTEN UND TOUREN

Fahrradfahren

Bungbung Adventure Biking, im Homestay Rijasa, ✆ 0813-3804 1232. 3-stündige Fahrradtouren kosten 300 000 Rp p. P. bei 4 Pers. Entweder führen sie durch die Dörfer der Umgebung sowie zu einer Grundschule oder es geht 20 km weit vom Hang des Gunung Agung talwärts über Waldwege an Tempeln und Dörfer vorbei bis nach Tirtagangga.
Mountainbike-Touren mit Mittagessen gibt's auch bei **Bali Asli** (s. Essen).

Kochkurse und Ausflüge

Bali Asli, s. Essen. Die rund 6-stündigen Kombinationen aus Kochkurs und geführter Tour für 1 Mio. Rp p. P. sind sehr beliebt: Man startet mit einem Besuch auf dem Morgenmarkt oder im Dorf Pangi, um anschließend ein balinesisches Mittagessen zuzubereiten. Weiterhin gibt's für 745 000–905 000 Rp p. P. folgende Touren: Eine Wanderung zum Pura Luhur Lempuyang, eine Radtour nach Tirtagangga oder eine Vespa-Tour zum Palast in Amlapura, alle mit Mittagessen. Überteuert ist die abendliche Street-Food-Tour ab 17 Uhr für 600 000 Rp. Günstiger sind die 3-stündigen „Cultural Encounters" zu den Themen Jamu (traditionelle Kräutermedizin), balinesische Spirituosen (mit Cocktail-Session) oder Tanz, Mantras und Gesang, jeweils inkl. Getränken und Snacks.

Wandern

Homestay Rijasa, s. Übernachtung. Geführte Spaziergänge in der Gegend von Tirtagangga kosten 300 000 Rp p. P. für etwa 3 Std., die Wanderung nach Tenganan (5–6 Std.) bei 2 Pers. 700 000 Rp inkl. Transport.

Wellness

Der betagte **I Made Putu Tungtang**, ✆ 0812-392 6321, ein traditioneller Masseur, knetet für 120 000 Rp pro Std. gegen Muskelkater, Magen-

Der Taman Tirtagangga ist mit seinen zahlreichen Fotomotiven beliebt bei Touristen aus aller Welt.

beschwerden und andere Probleme an. Er spricht kaum Englisch, die Verständigung klappt aber auch so.

TRANSPORT

In die wenigen vormittags verkehrenden **Busse** von Amlapura nach CULIK (10 000 Rp) und SINGARAJA (30 000 Rp, 2 1/2 Std.) kann man an der Hauptstraße zusteigen. **Minibusse** von **Perama**, 🖥 www.peramatour, setzen Passagiere hier lediglich ab, nehmen aber keine auf – bleiben nur **Transporte in Privatautos**, die pro Pkw bezahlt und von den Unterkünften vermittelt werden. Preisbeispiele: AMED und TULAMBEN 150 000 Rp, CANDI DASA 300 000 Rp, PADANG BAI 350 000 Rp, SIDEMEN 400 000 Rp, UBUD ab 500 000 Rp.

Gunung Seraya

Über dem Ostzipfel der Insel thront die Ruine des **Gunung Seraya** (1238 m). Sein stark zerschnittener Mantel zeigt, dass der Vulkan schon lange inaktiv ist. Nur hier und da lassen fast kreisförmig angeordnete Bergkuppen die Ausdehnung des ehemaligen Kraters erahnen.

Wie alle Berge auf Bali ist auch dieser mit einem Heiligtum bestückt. An seiner Westflanke, erhebt sich der schön gelegene Tempelkomplex des **Pura Lempuyang Luhur**, einer der sechs heiligsten Tempel der Insel. Der javanische Hindu-Priester Empu Kuturan soll ihn im 11. Jh. als östlichen der vier Richtungstempel gegründet haben. Die anderen sind Pura Luhur Batukaru (Westen), Pura Puncak Mangu oberhalb des Bratan-Sees (Norden) und Pura Andakasa westlich von Padang Bai (Süden).

Die Anfahrt verläuft über Abang ins Dorf **Ngis**. Der Beschilderung folgend, geht's auf einer steilen, kurvigen Straße zum Parkplatz. Von hier ist es nicht mehr weit zum **Pura Penataran Agung Lempuyang** mit drei beeindruckenden Treppenaufgängen und dem auf Instagram beliebten Fotomotiv (s. Kasten S. 342).

Der Lempuyang-Komplex besteht insgesamt aus sieben Tempeln im Umkreis von ca. 4 km. Zum nächstliegenden Tempel sind es 2 km, von dort zum dritten Tempel geht es durch einen von Affen bevölkerten Wald. Für den gesam-

...her gut 5 km und 1700 Stufen zum ... braucht man rund 3 Std. und fes... ..erk. ⏱ 8–18 Uhr, Eintritt überteuerte ... Rp inkl. Parken, obligatorischem ...iebus und Fake-Foto.

Von Ujung nach Amed

Eine interessante Tour führt von Ujung (S. 338) an der Küste entlang durch eine der trockensten und ärmlichsten Regionen Balis. Die schmale Straße kann in der Regenzeit überschwemmt sein, ist oft unübersichtlich, steil und kurvig und sollte daher äußerst vorsichtig befahren werden.

Während die Landschaft auf der Südseite des Gunung Seraya noch fruchtbar ist und grüne Bambuswälder hervorbringt, wird sie im Norden zusehends trockener und nahezu baumlos. Rechter Hand fallen Felswände steil ab ins Meer, auf dem morgens kleine Fischerboote den Fang einholen. Auf der anderen Seite knabbern Kühe und Ziegen die wenigen grünen Stängel an den Hängen des zerklüfteten Vulkans ab.

Gute 5 km östlich von Seraya kann man bei der Kooperative **Karya Sari Warna Alam** den Frauen beim Weben von Baumwoll- und Seidenstoffen zuschauen und den Färbeprozess mit Naturfarben verfolgen. Im Verkaufsraum werden die Stücke ab 250 000 Rp verkauft.

Etwa 5 km weiter nordöstlich, auf halber Strecke nach Amed, ragt die 45 m hohe Metallkonstruktion eines **Leuchtturms** empor. Mit Erlaubnis der Anwohner kann gegen eine Spende (15 000 Rp) hinaufgeklettert werden, um die Aussicht zu genießen. Das von Korallen umgebene, vorgelagerte Eiland **Gili Selang** wird manchmal von Tauchschulen aus Amed oder Candi Dasa angesteuert. Nach etwa 1 1/2 Std. Fahrt erreicht man die Ausläufer von Amed.

Amed

Unter dem Namen des Fischerdorfs an der trocken-heißen Nordostküste werden allgemein auch die Nachbardörfer **Jemeluk**, **Bunutan**, **Lipah**, **Leyan**, **Selang** und **Banyuning** zusammengefasst. Zusammen bilden sie einen 9 km langen, hügeligen Küstenstreifen, dessen schwarze Sand- und Steinstrände von schroffen Felsklippen unterbrochen werden.

Als Ausgangspunkt für lohnende Tauchgänge und die kürzeste Überfahrt nach Lombok empfängt Amed einen beachtlichen Zustrom an Touristen. Viele schätzen die Ruhe, die von Expats geprägte Restaurantszene und die Möglichkeit, schnell und einfach vom Ufer aus die herrliche Unterwasserwelt zu entdecken (s. Kasten S. 347). Gleichzeitig findet sich auch über Wasser mehr Abwechslung als im nahen Tulamben. Vieles ist auf die Touristen ausgerichtet.

In Bunutan, Lipah und Selang liegen **bunte Fischerboote** dicht aufgereiht. Frühmorgens kann man beobachten, wie die Fischer ihren Fang an die Strände holen. Am Strand von Amed kann zudem die traditionelle **Gewinnung von Meersalz** (s. Kasten S. 306) beobachtet werden, das an kleinen Straßenständen verkauft wird.

Am frühen Abend versammeln sich viele Besucher am **Sunset Point** von Jemeluk, dessen Bucht vor dem Hintergrund des mächti-

---

Gates of Heaven - das berühmte Fake-Foto

Kaum ein Fotomotiv auf Bali hat einen derartigen Hype ausgelöst wie die traumhaft wirkenden Aufnahmen des auf den Gunung Agung ausgerichteten *Gapura* des **Pura Penataran Agung Lempuyang** mit unverbautem Blick gen Himmel. Davor eine spiegelglatte Wasseroberfläche, in der Mitte der einsame Tourist – die perfekte Bildkomposition. Dann die Ernüchterung: Der Gunung Agung ist meist wolkenverhangen, den Spiegeleffekt erzeugt ein Einheimischer mit einer Glasplatte, und schon frühmorgens kann die Wartezeit bis zu drei Stunden betragen. Daher unser **Tipp:** Statt lange auf ein Foto zu warten, lieber mehr Zeit an anderen, kaum besuchten Tempeln verbringen.

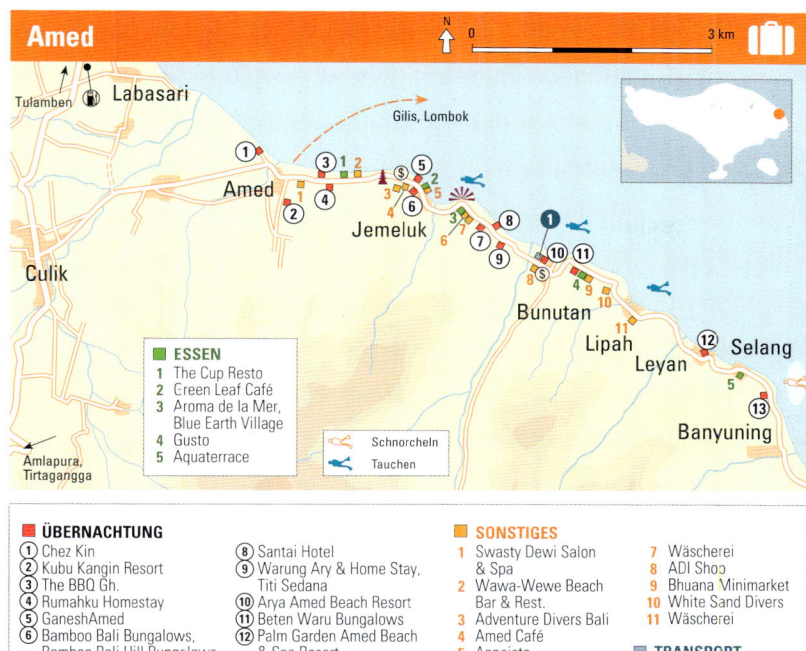

ESSEN
1 The Cup Resto
2 Green Leaf Café
3 Aroma de la Mer, Blue Earth Village
4 Gusto
5 Aquaterrace

ÜBERNACHTUNG
① Chez Kin
② Kubu Kangin Resort
③ The BBQ Gh.
④ Rumahku Homestay
⑤ GaneshAmed
⑥ Bamboo Bali Bungalows, Bamboo Bali Hill Bungalows
⑦ Om Shanti Villa & Cottages
⑧ Santai Hotel
⑨ Warung Ary & Home Stay, Titi Sedana
⑩ Arya Amed Beach Resort
⑪ Beten Waru Bungalows
⑫ Palm Garden Amed Beach & Spa Resort
⑬ Baliku Dive Resort

SONSTIGES
1 Swasty Dewi Salon & Spa
2 Wawa-Wewe Beach Bar & Rest.
3 Adventure Divers Bali
4 Amed Café
5 Apneista
6 Amed Scuba
7 Wäscherei
8 ADI Shop
9 Bhuana Minimarket
10 White Sand Divers
11 Wäscherei

TRANSPORT
❶ Freebird-Express-Büro

gen Gunung Agung die perfekte Bühne für den Sonnenuntergang bildet. Beiderseits der Straße wurde der Aussichtspunkt mit Restaurants und Cocktailbars ausgeschmückt.

Einziger Wermutstropfen ist das Straßenbild, denn es gibt weder Beleuchtung noch Fußgängerwege, dazu wenig Schatten und praktisch keine öffentlichen Verkehrsmittel.

ÜBERNACHTUNG

Die meisten Unterkünfte reihen sich entlang der schmalen Küstenstraße, was man leider auch hört (Ohrstöpsel nicht vergessen!). Besonders die Resorts im Osten bilden mit ihren gut gewässerten Gärten einen starken Kontrast zur spärlichen Vegetation der Umgebung. Südlich der Straße sind viele Zimmer nur über steile Treppen erreichbar.

Untere Preisklasse

Bamboo Bali Bungalows, Jemeluk, ✆ 0859-3502 6619, 🖳 www.bamboobali.nl. Die 11 einfachen, sauberen Bungalows mit Hängematten auf der Veranda haben schön verzierte Holztüren, Klimaanlage, Himmelbetten mit guten Matratzen und Open-Air-Bäder. Wie für den balinesischen Baustil typisch, sind sie etwas dunkel. Neuer und einladender sind die 5 Zimmer der benachbarten **Bamboo Bali Hill Bungalows**, ❺, deren Pool auch Gäste der günstigeren Zimmer nutzen können. Freundlicher Besitzer. Frühstück inkl. ❸–❹

Beten Waru Bungalows, Bunutan, ✆ 0815-5867 4743, 🖳 www.fb.com/Betenwarubungalow. Die 7 geräumigen, klimatisierten Zimmer am steilen Hang bieten ein gutes Preis-Leistungs-Verhältnis, einen Pool mit Sonnenliegen und teils auch schönen Meerblick. Etwas Grün lockert die Anlage auf. Frühstück inkl. ❸–❹

Chez Kin, Amed, ✆ 0817-979 8597, 🖥 www.fb.com/chezkin1001nuits. Das kleine, eng bebaute Grundstück mit Meerblick ist eine der günstigsten Optionen am Strand. 3 einfache Zimmer mit hohen Decken, Moskitonetzen und dicken Matratzen, das teurere hat Klimaanlage und eine Veranda. Nebenan 2 klimatisierte Front Bungalows. Frühstück inkl. ❸–❹

Rumahku Homestay, Jemeluk, ✆ 0819-664 7079. Im liebevoll angelegten Garten mit kleinem Fischteich werden 4 Zimmer mit Moskitonetz und Open-Air-Dusche vermietet, davon 3 mit Klimaanlage und 2 ohne Warmwasser. Familiäre Atmosphäre und persönlicher Service. Leckeres Essen im Warung an der Straße. Frühstück inkl. ❷–❸

€ **Warung Ary & Home Stay**, Bunutan, ✆ 0819-3653 3871, ✉ warung_ary@yahoo.com. Steile Treppen führen den Hang hinauf zu 6 sauberen, klimatisierten Zimmern mit Himmelbett und Warmwasser. Von den Verandas der oberen Zimmer hat man eine tolle Aussicht aufs Meer. Restaurant. Frühstück inkl. Sehr ähnlich, aber eine Spur günstiger und teils ohne Klimaanlage sind die 5 Zimmer nebenan im **Titi Sedana**, ✆ 0838-4697 0459. ❷–❸

Mittlere Preisklasse

Arya Amed Beach Resort, Bunutan, ✆ 0363-23513, 🖥 http://aryaamed.com. Die gepflegte Gartenanlage mit Restaurant und großem Pool am Meer hat 22 etwas in die Jahre gekommene, komplett ausgestattete Zimmer (davon 2 nur mit Ventilator) mit Himmelbetten und Badewanne sowie deutlich einladendere und gepflegtere Bungalows, die den Aufpreis lohnen. Frühstück inkl. ❹–❼

GaneshAmed, Jemeluk, ✆ 0813-5364 7992, 🖥 www.ganeshamed.com. Schöner Garten am Meer mit kleinem Pool und 4 großen Zimmern mit Klimaanlage, Bad und Veranda mit Meerblick, zudem 2 kleinere, günstigere Zimmer. Der Service könnte aufmerksamer und freundlicher sein. Frühstück inkl. ❹–❺

🧳 **Kubu Kangin Resort**, Amed, ✆ 0877-5508 9801. Familiengeführtes Kleinod mit schönem Garten, Pool und 4 umfunktionierten javanischen Häuschen mit Open-Air-Bad und Kühlschrank. Hier wohnt man ruhig, weil ausreichend von der Straße entfernt; nur die Zufahrt ist in ziemlich schlechtem Zustand. Frühstück inkl. ❺–❻

Om Shanti Villa & Cottages, Jemeluk, ✆ 0858-5706 9673, 🖥 www.fb.com/OmShanticottages amed. Gepflegte Anlage, die sich an den Hang schmiegt, mit kleinem Pool und 4 gemütlichen Räumen, die mit Klimaanlage, Kühlschrank und einer großzügigen Veranda überzeugen, teils auch mit großem Open-Air-Bad. Auch für Familien geeignet. Von ganz oben hat man tollen Meerblick. Freundlicher Service und gutes Preis-Leistungs-Verhältnis. Frühstück inkl. ❹–❺

The BBQ Gh., Amed, ✆ 0817-976 0633, 🖥 https://bit.ly/BBQGhAmed. Die günstigeren Bungalows der kleinen Anlage am Strand stehen in zweiter Reihe und haben Veranda, Klimaanlage, Kühlschrank und recht ansprechende Bäder. Davor befinden sich zwei 2-stöckige Familienbungalows mit direktem Blick aufs Meer sowie auf den Gunung Agung. Keine Parkmöglichkeit. Frühstück inkl. ❹–❻

Obere Preisklasse

Baliku Dive Resort, Selang, ✆ 0363-430 1871, 🖥 www.amedbaliresort.com. Die 9 stilvollen und komfortablen Villen mit Blick auf die Bucht und den Gunung Nampu sind komplett ausgestattet mit Himmelbetten, Minibar, Wasserkocher, Veranda mit Sitzecke und hübschen Bädern mit Eckbadewanne oder Regendusche. Der Pool lädt zum Entspannen ein. Teures Restaurant, Tauchzentrum. Frühstück inkl. ❻–❼

Palm Garden Amed Beach & Spa Resort, Leyan, ✆ 0363-430 1058, 0828-9769 1850, 🖥 www.palmgardenamed.com. Das gepflegte Resort unter Schweizer Leitung liegt am Strand in einem Palmengarten mit Pool und bietet neben 9 komfortablen Bungalows mit Open-Air-Bad und Terrasse auch 2 geräumigere Zimmer mit Privatpool. Durch den steilen Straßenabschnitt nebenan sind die Fahrzeuge besonders laut zu hören. Frühstück inkl. ❼–❽

Santai Hotel, Bunutan, ✆ 0821-4776 0379, 🖥 www.santaibali.com. In der üppig begrünten, aber dicht bebauten Anlage mit Pool am Meer stehen 10 einladende, geräumige, ältere 2-stöckige Cottages aus Naturmaterialien mit

Der ruhige Küstenort Amed ist Ausgangspunkt für tolle Tauchtouren und die kürzeste Überfahrt auf die Gilis.

bequemen Himmelbetten, Bambusinterieur, Bastwänden, Safe und Open-Air-Bad, manche sind etwas dunkel. Spa, Do traditionelle Tänze ab 19 Uhr im Restaurant. Frühstück inkl. ❻–❼

ESSEN

Einige Restaurants bieten kostenlosen Abholservice, da die Distanzen nicht fußläufig sind und die Straße für Fußgänger wenig geeignet ist.
Aquaterrace, Leyan, ✆ 0812-3674 0829, 🖥 www.aquaterrace-amed.com. In luftiger Lage werden aus der einsehbaren Küche des kleinen, japanisch-balinesisch geführten Restaurants leckere, überwiegend japanische Speisen in mittlerer Preislage serviert. Auch gute Saftkreationen, Salate und einheimische Gerichte. Shuttleservice. ⏰ 7–21 Uhr.
Aroma de la Mer, Jemeluk, ✆ 0819-9912 3847, 🖥 www.fb.com/aromadelamer. Von den beiden Restaurants am Sunset Point ist der luftige Bambusaufbau über dem Tauchzentrum die bessere Wahl für alle, die nach dem Sundowner ein balinesisch-indonesisches Abendessen zu sich nehmen möchten. Die herzliche Putu und ihr Team servieren reichliche Portionen, dazu kühles Bier oder Mocktails. Zudem Kochkurse (S. 346). Shuttleservice. ⏰ 8–22 Uhr.

🌳 **Blue Earth Village**, Jemeluk, ✆ 0821-4554 3699, 🖥 www.blueearthvillage.com. Die luftige Konstruktion aus Holz und Bambus mit Sitzkissen ist ein beliebter Treffpunkt der Tauch- und Yoga-Community. Hier gibt's vegetarische/vegane Gerichte, die ohne Palmöl oder Geschmacksverstärker, dafür mit vielen frischen Bio-Zutaten zubereitet werden. Salate, balinesische Gerichte und respektable Pizzas. Filme und Pub Quiz (s. Unterhaltung). ⏰ 12–22 Uhr.

🌳 **Green Leaf Café**, Jemeluk, ✆ 0812-3826 7356, 🖥 www.fb.com/GreenLeaf CafeAmed. Entspanntes, geselliges Café, in dem man auf Sitzkissen aufs Meer hinausblickt und aus einer kleinen, aber feinen Auswahl von Snacks, Salaten, Tagesgerichten und veganen Optionen wählen kann – ebenfalls frei von Palmöl und voller Bio-Zutaten. Auch Frühstück. Auffüllen von Wasserflaschen. ⏰ 8.30–18.30 Uhr.

Gusto, Bunutan, ☎ 0813-3898 1394, 🖥 http://bit.ly/gustoamed. Das luftige Restaurant unter ungarischer Leitung überzeugt mit gutem Wiener Schnitzel, exzellenten Nachspeisen sowie aufmerksamem Service. Mittlere, dem netten Ambiente angemessene Preise. Shuttleservice. ⏲ 13–22 Uhr.

The Cup Resto, Amed, ☎ 0819-1614 1668, 🖥 https://the-cup-resto.business.site. Unprätentiöses Café-Restaurant mit floralen Wanddesigns. Von der Dachterrasse im 3. Stock bietet sich eine formidable Aussicht auf den Gunung Agung und das Meer. Eine gute Adresse für einen anständigen Kaffee, ein kleines Mittagessen oder einen Snack. Freundlicher Service. ⏲ 7–22 Uhr.

UNTERHALTUNG

Blue Earth Village, s. Essen. Di werden ab 19 Uhr Filme gezeigt, Do wird ein Pub Quiz veranstaltet.

Wawa-Wewe Beach Bar & Restaurant, Jemeluk, ☎ 0363-23522, 🖥 www.bali-wawa wewe.com. In der Strandbar wird Mo und Do ab 20 Uhr gute, laute Livemusik gespielt. Dazu gibt's kühle Drinks, aber nicht besonders gutes Essen. ⏲ 8–23 Uhr.

EINKAUFEN

Kleine Supermärkte sind der ADI Shop und Bhuana Minimarket sowie der Laden vor dem Amed Café. ⏲ 7–21 Uhr.
Das **GaneshAmed** (s. Übernachtung) hat einen kleinen **Buchladen**.

AKTIVITÄTEN UND TOUREN

Bootstouren

Lohnenswert ist eine mit Schnorcheln kombinierte **Fahrt im Fischerboot**, die für 2–3 Pers. etwa 250 000–300 000 Rp für 2–3 Std. kosten sollte. Idealerweise beginnt die Fahrt mit dem *Jukung* am frühen Morgen oder endet am Spätnachmittag mit Grillen am Strand.

Fahrradtouren

East Bali Bike Tour, ☎ 0812-466 7752, 🖥 www.eastbalibike.com. Ab 600 000 Rp p. P. führen 4–6-stündige Fahrradtouren von „leicht" bis „fordernd" bis zu 28 km und meist *downhill* durch Dörfer und den Wald. Man sollte vorher die Gruppengröße und körperliche Fitness mit dem Guide besprechen. Hin- und Rücktransport im Pkw sowie Mittag- bzw. Abendessen am Pantai Perasi inkl.

Freediving

Apneista, im Green Leaf Café, Jemeluk, ☎ 0813-3830 1158, 🖥 www.apneista.com. Professionell angeleitete 2-tägige Apnoetauchkurse für US$200, ein SSI-Zertifikat kostet 250 000 Rp extra.

Kochkurse

Aroma de la Mer, Jemeluk, s. Essen. Jeden Mo und Fr laden Putu, Iluh und Sincan zum gemeinsamen Einkaufen der Zutaten und anschließendem Kochen von 2 Gerichten für 250 000–400 000 Rp p. P., je nachdem ob vegetarisch oder mit Fleisch bzw. Fisch.

Schnorcheln

Die Buchten von Bunutan, Jemeluk und Leyan sowie die Unterwasserwelt vor dem **Amed Café** sind sehr gut zum Schnorcheln geeignet. Die Ausrüstung wird in vielen Unterkünften und Tauchzentren ab 25 000 Rp pro Tag verliehen, kann an den beliebten Spots aber schon mal 60 000 Rp kosten.

Tauchen

Zwei Tauchgänge vor der Küste kosten inkl. Transport und Ausrüstung 900 000–1,1 Mio. Rp, ein Schnupperkurs 1,2–1,3 Mio. Rp und der 3-tägige Open-Water-Diver 4,8–5 Mio. Rp. Fast alle Tauchschulen haben eigene Gästezimmer oder kooperieren mit Unterkünften.

Adventure Divers Bali, ☎ 0813-5313 6113, 🖥 www.adventurediversbali.com. Freundlicher Service. Unter den Fittichen der Belgierin Liselotte fühlen sich auch Anfänger schnell wohl.

Amed Scuba, Jemeluk, ☎ 0819-9912 3847, 🖥 www.amedscubabali.com. Das Tauchzentrum unter deutscher Leitung hat etwas

14 HIGHLIGHT — Den Ozean vor der Tür – Tauchen vor Amed und Tulamben

Die Tauchspots vor Amed und Tulamben sind dank schwacher Strömungen, milder Wassertemperaturen, kurzer Wege und der sehr guten Zugänglichkeit vom Ufer her sowohl für Anfänger als auch Reisende mit wenig Zeit geeignet.

Der wohl bekannteste Spot vor Tulamben ist das 125 m lange und bis zu 17 m breite Wrack der **USAT Liberty**, ein 1942 rund 40 m vor der Küste versenktes US-Versorgungsschiff. Bekannt als leichtester Wracktauchgang der Welt wird das von Korallen überwachsene Schiff an manchen Tagen von mehr Tauchern als Fischen bevölkert. Kein Wunder also, dass Insider hier bevorzugt nachts tauchen, wenn der Trubel vorbei ist und andersartige Meeresbewohner zu sehen sind. Etwas südlich locken weitere Tauchspots, z. B. das vor einer unzugänglichen Steilklippe gelegene, nur per Boot erreichbare, topografisch interessante **Batu Kelebit** mit hoher Artenvielfalt.

Nur fünf Fahrminuten nördlich von Tulamben liegt ein jüngeres Wrack namens **Kubu**. Tulamben hat zudem gute Hausriffe und die **Drop-Off** genannte Steilwand mit großen Meeresfischen. Im schwarzsandigen Meeresgrund finden sich farbenfrohe Nacktschnecken und anderes ausgefallenes Meeresgetier.

An der Küste von Amed ist der bunte Korallengarten bei **Jemeluk** besonders attraktiv, wo man wenige Meter vom Ufer entfernt in geringer Tiefe durch ein lebhaftes Gewimmel von Kleinfischen, Schwämmen, Fächerkorallen und überwucherten Felsen taucht, bevor man über einen artenreichen Abhang zurück vor den Strand driftet. Hier tummeln sich viele Schnorchler und Tauchanfänger. Wer gern tiefer taucht, kann sich den bis zu 40 m herabreichenden Steilabfall vor **Bunutan** entlang treiben lassen, der von Barrakudas, Kugelfischen, Weiß- und Schwarzspitzenhaien frequentiert wird. In **Lipah** taucht man morgens schon mal alleine. Hier sind Fassschwämme, Muränen, Feuerfische und der eine oder andere Oktopus zu sehen. Das **Wrack** eines japanischen Frachtschiffs bei Selang auf 3–15 m Tiefe ist auch für Anfänger geeignet und zeichnet sich durch eine bunte Vielfalt an Fischen aus.

höhere Preise, dafür einen eigenen Pool, persönliche Betreuung und kleine Gruppen.
White Sand Divers, Lipah, ✆ 0857-9235 9912, 🖥 https://amedwhitesanddivers.com. Die kleine, aber feine Tauchbasis nutzt den Pool im Vienna Beach Resort und steuert gern weniger überlaufene Tauchspots an. Manager und Tauchlehrer Ketut spricht auch Deutsch.

Yoga
Blue Earth Village, s. o., Kursplan auf 🖥 www.fb.com/blueearthvillage. Im schicken Bambus-Shala des beliebten Treffpunkts werden regelmäßig 90-minütige Vinyasa-Yoga-Sessions für 100 000 Rp p. P. mit fantastischem Blick auf den Gunung Agung und das Meer angeboten.

SONSTIGES

Motorradverleih
Zahlreiche Unterkünfte vermieten Motorräder ab 60 000 Rp pro Tag.

Wellness
Swasty Dewi Salon & Spa, Amed, ✆ 0813-3949 3497, 🖥 www.bit.ly/SwastyAmed. Nettes kleines Spa mit Garten und angenehmer Atmosphäre, das neben verschiedenen Massagen (ab 120 000 Rp pro Std.) auch Scrubs, Masken und kosmetische Behandlungen anbietet.
⏱ 9–20 Uhr.

TRANSPORT

Öffentliche Busse
Die nächste Zustiegsmöglichkeit ist **Culik**, 3 km westlich von Amed, doch die Kleinlaster oder blau-weiß gestreiften Minibusse *(Angkot)* verkehren nur noch selten und müssen an der Straße angehalten werden. Viele Fahrer verlangen von Amed nach Culik mehr als die üblichen 10 000 Rp, oder man muss gleich chartern.
Von Culik fahren nur noch sehr wenige Busse nach AMLAPURA (15 000 Rp, 30–45 Min.) oder SINGARAJA (30 000 Rp, 2 1/2 Std.), meist

zwischen 6 und 9 Uhr. Wer mit einem solchen Bus ankommt, sollte mit der Unterkunft eine Abholung vereinbaren.

Shuttle-Busse

Perama, ☎ 0361-751 875, 🖥 www.peramatour.com. Der Anbieter holt für 15 000 Rp von der Unterkunft ab und fährt gegen 11.30 Uhr via TIRTAGANGGA (75 000 Rp) nach SANUR, KUTA oder UBUD sowie zum FLUGHAFEN (jeweils 200 000 Rp).

Privattransporte

Transporte in Privatautos, die pro Pkw bezahlt werden, werden über Unterkünfte und Tourbüros vermittelt:
BUKIT-HALBINSEL für 650 000–800 000 Rp.
CANDI DASA für 300 000 Rp.
CANGGU, KUTA, LEGIAN, SEMINYAK und zum FLUGHAFEN für 500 000–700 000 Rp.
JIMBARAN und NUSA DUA für 650 000–750 000 Rp.
LOVINA für 450 000–650 000 Rp.
MUNDUK für 800 000 Rp.
PADANG BAI für 350 000 Rp.
PEMUTERAN für 600 000–900 000 Rp.
SANUR für 450 000–600 000 Rp.
SIDEMEN für 300 000 Rp.
TIRTAGANGGA und TULAMBEN für 150 000–250 000 Rp.
UBUD für 450 000–600 000 Rp.

Schnellboote

Freebird Express, ☎ 0819-9924 2600, 🖥 www.freebird-express.com. Nach GILI TRAWANGAN, GILI AIR und BANGSAL zwischen 9 und 9.30 Uhr für 300 000–350 000 Rp p. P. (online teurer) inkl. Abholung aus Amed und Tulamben in rund 1 Std. Bei hohem Seegang fallen die Boote aus, dann bleibt der Umweg über Padang Bai und Lembar oder Sanur.

Tulamben

Das verschlafene Örtchen 10 km nordwestlich von Amed ist für sich genommen uninteressant: Lkw röhren die Hauptstraße entlang, es ist kaum etwas los, das von Kakteen übersäte Hinterland ist meist knochentrocken und der steinige, schmale Strand eignet sich nicht wirklich zum Baden.

Die Riffe aber sind ein Highlight! Außerhalb der Monsunzeit bieten sich in vier auch für Anfänger geeigneten Revieren sehr gute Möglichkeiten zum Tauchen oder Schnorcheln (s. Kasten S. 347). Das in Spuckweite vom Strand liegende Liberty-Wrack zieht ebenfalls jede Menge Taucher an. Und so hat sich Tulamben ganz auf diese Klientel eingestellt.

Wer mit hoteleigenen Tauchschulen taucht, kann günstige Pauschalangebote wahrnehmen. Zwei Tauchgänge kosten 700 000–1,1 Mio. Rp, den Open-Water-Kurs gibt's ab 3,5 Mio. Rp. Angenehmer wohnt man im nahen Amed.

ÜBERNACHTUNG

Karte S. 302.
Kubu Indah Dive & Spa Resort, Kubu, 4,6 km nordwestlich vom Ortskern, ☎ 0813-3815 5851, 🖥 www.kubuindahresort.com. Die große, abgelegene, palmenbestandene Anlage unter Schweizer Leitung mit 2 Pools, Spa, Hausriff und Tauchzentrum steht bei ruhesuchenden deutschsprachigen Gästen hoch im Kurs. 15 schöne, helle, mit *Alang-Alang*-Gras gedeckte Bungalows mit Klimaanlage, Safe und Kühlschrank sowie Meerblick. Gutes Restaurant, teures Tauchen. Frühstück und Abholung aus Tulamben inkl. ❺–❼

Matahari Tulamben Resort, ☎ 0813-3863 6670, 🖥 www.divetulamben.com. Das weitläufige Resort hat 22 einfache, klimatisierte Zimmer und Familien-Bungalows mit Kühlschrank jenseits der Rezeption sowie 6 günstigere Zimmer im Haus auf der anderen Seite der lauten Straße. Von den Tauchguides und der Ausrüstung waren einige enttäuscht. Frühstück inkl. ❸–❻

Minabali Bunga'lo, 500 m nordwestlich des Ortskerns, 3,5 km südöstlich vom Kubu Indah Dive & Spa Resort, ☎ 0811-397 8997, 🖥 www.minabalitulamben.com. Die beschauliche, ummauerte Anlage mit kleinem Pool ist nicht leicht zu finden, punktet aber mit 6 einladenden, gemütlichen Zimmern mit Klimaanlage, Himmelbetten und bepflanzten

Open-Air-Bädern sowie der persönlichen Atmosphäre. Die nette Französin Christine kümmert sich um ihre Gäste. Abends gemeinsames Essen. Frühstück inkl., Reservierung empfehlenswert. ❺–❻

Tauch Terminal Resort & Spa, ☎ 0361-772 920, 0819-9336 6222, 🖵 https://tulamben.com. Die 25 bei deutschsprachigen Tauchern beliebten, geräumigen Zimmer sind einladend, wohnlich und mit Klimaanlage, Liegen auf dem Balkon bzw. der Veranda, Safe und Minibar ausgestattet. Ausspannen kann man im gepflegten Garten, in Sitzecken, in 2 Pools oder im Spa. Frühstück, Schnorchelausrüstung, Trinkwasser, Fahrräder, Kajaks und Stand-Up Paddles inkl. ❼

ESSEN

Karte S. 302.

Slice and Brew, im Zentrum, ☎ 0813-6713 8138, 🖵 www.fb.com/Balitauchen. Deutsch geführtes Restaurant mit bunt gemischter Speisekarte – von Gyoza über Pho bis Pizza – zu mittleren Preisen. Auch Kuchen und große Kaffeeauswahl. Die Wartezeiten kann man am Billardtisch überbrücken. ⏱ 8–22 Uhr.

Wayan Restaurant & Bar, im Zentrum, gegenüber von Bali Dive Quest, ☎ 0813-3853 8996, 🖵 https://wayan-restaurant-tulamben.business.site. In dem zur Straße offenen Pavillon werden günstige indonesische und westliche Gerichte sowie Seafood zubereitet. Vermittlung von Perama-Transporten. ⏱ 8–22 Uhr.

TRANSPORT

Ein paar wenige **Busse** kommen vormittags durch den Ort. Nach SINGARAJA verlangen sie 30 000 Rp, nach AMLAPURA 20 000 Rp.

Perama, ☎ 0361-751 875, 🖵 www.peramatour.com. Perama holt für 15 000 Rp von der Unterkunft ab und startet vom Wayan Restaurant gegen 11.45 Uhr nach UBUD, SANUR, KUTA und zum FLUGHAFEN für 200 000 Rp.

Transporte in Privatautos, die pro Pkw zu bezahlen sind, werden über Unterkünfte und Tourbüros vermittelt:
AMED und TIRTAGANGGA für 250 000–325 000 Rp.
BUKIT-HALBINSEL für 600 000–750 000 Rp.
CANDI DASA für 300 000–375 000 Rp.
CANGGU, KUTA, LEGIAN, SEMINYAK und zum FLUGHAFEN für 500 000–650 000 Rp.
LOVINA für 400 000–550 000 Rp.
MUNDUK für 600 000–800 000 Rp.
PADANG BAI für 300 000–350 000 Rp.
PEMUTERAN für 600 000–650 000 Rp.
SANUR für 450 000–500 000 Rp.
SIDEMEN für 300 000 Rp.
UBUD für 450 000–500 000 Rp.

GUNUNG RINJANI © MISCHA LOOSE

Lombok

Nicht nur auf Bali gibt es traumhafte Strände und Landschaften, mächtige Vulkane, bunte Unterwasserwelten und faszinierende Kultur. Auch die östliche Nachbarinsel hat einiges zu bieten. Wenngleich sich die Inseln topografisch und landschaftlich ähneln, hat das überwiegend muslimische Lombok seinen ganz eigenen Charakter. Außerhalb der Touristenzentren begegnet man wenigen Reisenden – ideal für authentische Erlebnisse abseits der ausgetretenen Pfade.

Stefan Loose Traveltipps

Sekotong-Halbinsel Die traumhaften Korallenriffe des Südwestens. S. 356

Kuta Lombok Fantastische Surfreviere und Sandstrände in den Buchten des Südens. S. 359

Tetebatu und Umgebung Am Fuße des Gunung Rinjani liegen idyllische Dörfer, saftig grüne Reisterrassen und erfrischende Wasserfälle. S. 368

Senggigi Im ältesten Urlaubsort der Insel kann man prima entspannen und Kunsthandwerk erstehen. S. 377

15 Gili Trawangan, Meno und Air Auf den chilligen Inseln lassen Touristen aus aller Welt fünf gerade sein und genießen das Strandleben. S. 387

16 Gunung Rinjani Der Kratersee im heiligen Vulkan bietet ein wunderbares Panorama. S. 407

Wie lange? Mindestens 6 Tage

Bekannt für kleine Strandinseln vor der West- und Ostküste, den zweithöchsten Vulkan Südostasiens und die Kultur der Sasak

Für Entdecker Die Wasserfälle bei Tetebatu und Senaru, die windgepeitschte Küste der Ekas-Halbinsel, Fahrradtouren in West-Lombok

Mitbringsel gefällig? Kunsthandwerk in Senggigi, Upcycling-Souvenirs auf Gili Trawangan, Fair-Trade-Stoffe in Sukarara

Lokale Kultur erleben Sasak-Traditionen in Sade und Ende, authentisches Dorfleben in Mas-Mas

Lombok

ÜBERNACHTUNG
SEKOTONG-HALBINSEL (S. 357)
1. The Bebaleq Bangko-Bangko
2. Pearl Beach Resort
3. Alam Karang
4. Pelangi Homestay & Bungalow, Tanjungan Bukit
5. Palm Beach Garden
6. Cocotinos
7. Krisna Bungalow

UMGEBUNG KUTA LOMBOK (S. 360)
8. Batu Bambu
9. Drop In

EKAS-HALBINSEL (S. 366)
10. Ombak Resort

NORDOSTEN (S. 413)
11. Bidara Cottages
12. Pondok Siola

TETEBATU (S. 368)
13. Flush Harmony
14. Brigadoon Lombok
15. Les Rizières, Hakiki Inn
16. Sama Sama Bungalows

MENINTING (S. 380)
17. Pondok Anggrek Putih

BANGSAL (S. 385)
18. Arnel Bungalows
19. Hotel Tugu
20. Rinjani Beach Eco Resort

ESSEN
1. Nautilus Restaurant
2. Laut Biru
3. Ashtari

SONSTIGES
1. Surf Camp Lombok
2. Rumah Sakit Harapan Keluarga

TRANSPORT
1. Mandalika-Busbahnhof
2. Flughafen Bandara Internasional Lombok

Die meisten Besucher kommen mit dem Flugzeug oder Schnellboot aus Bali und machen Station in **Senggigi** sowie auf den Inseln **Gili Trawangan**, **Gili Meno** und **Gili Air**. Aktivtouristen besteigen den mächtigen **Gunung Rinjani** oder reiten die Wellen vor den Surfstränden bei **Kuta Lombok**.

Wer Zeit mitbringt und Ruhe sucht, kann auf der südwestlichen **Sekotong-Halbinsel** und ihren vorgelagerten Eilanden einsame Strände und schöne Tauch- und Schnorchelgründe entdecken. Wer hingegen gern zu Wasserfällen wandert, kleine Dörfer und ihre ländliche Umgebung erkundet und milde Temperaturen bevorzugt, sollte einen Aufenthalt in **Tetebatu** einplanen.

Reisende, die über Land weiter nach Sumbawa wollen, müssen **Labuhan Lombok** ansteuern. Ansonsten ist der Osten Lomboks touristisch noch wenig erschlossen: Nur in **Sembalun** (S. 408) am Gunung Rinjani, auf der **Ekas-Halbinsel** (S. 366) und den **östlichen Gilis** (S. 413) gibt's Unterkünfte für Touristen.

Geografie

Die 4739 km² große Insel hat eine Maximalausdehnung von etwa 160 km. Den Norden dominiert der **Gunung Rinjani**, mit 3726 m Indonesiens zweithöchster Vulkan. In Ost- und Süd-Lombok erschweren Wasserknappheit und die **ausgedehnte Trockenzeit** die Landwirtschaft, sodass sich die Bevölkerung in den gut gewässerten Ebenen um Mataram und Praya ballt. Etwa 20 % der Fläche werden für die **Landwirtschaft** genutzt. Angebaut werden Reis und Kokosnüsse, in trockenen Gegenden eher Tabak und Mais. Der besonders aride Süden und die 26 vorgelagerten kleinen Inseln (*Gili*) unterscheiden sich deutlich von der grünen Landschaft am Gunung Rinjani. Ähnlich wie auf Bali liegen im Süden die schönsten Strände und attraktivsten Surfreviere. Zwischen beiden Inseln verläuft die zoogeografische **Wallace-Linie** (S. 83), jenseits derer die Arten der asiatischen mit solchen der australischen Fauna und Flora koexistieren.

Geschichte

Ältesten Aufzeichnungen zufolge bestand einst ein Sasak-Reich namens Selaparang. Geologische Forschungen belegen eine gewaltige Eruption des nicht mehr existenten Vulkans **Samalas** im Jahr 1257, die verheerende Folgen für das Weltklima hatte. Das auf Lontar-Blättern verfasste *Babad Lombok* beschreibt, wie der Ausbruch einen hufeisenförmigen Krater hin-

---

Die Kultur der Sasak

Die Sasak unterscheiden sich sprachlich wie kulturell von den Balinesen. Das alte **Kastensystem** aus Priestern, Adligen und dem übrigen Volk ist nahezu unbedeutend geworden, hat aber in einigen Gebieten einen gewissen Einfluss hinterlassen. So kommt in Zeremonien und Angelegenheiten im Zusammenhang mit dem Gewohnheitsrecht bis heute die Priestersprache *Adji Kerama* zur Anwendung. Bis in die Kolonialzeit hinein wurde auf Lombok die der javanischen Schrift ähnliche Jejawen-Schrift für Aufzeichnungen genutzt, allerdings finden sich kaum noch Sasak-Sprecher, die sie lesen können. Wer sich für die Sasak-Sprache interessiert, findet auf 🖳 https://sasakproject.wordpress.com viel Wissenswertes und in der App Sasak Dictionary für Android ein umfangreiches Vokabular mit englischen Übersetzungen.

Was **traditionelle Musik** betrifft, bestechen die Sasak durch deutlich mehr Power, als man es von den eher zarten Klängen auf Bali oder Java kennt. Zu festlichen Anlässen kommt das perkussiv-treibende **Gendang Beleq** zum Einsatz: ein 12–15 Mann starkes Ensemble um zwei große Trommeln, begleitet von einem schweren Gong, einer Flöte und vielen Zimbeln. Die bunten Musikertrachten und andere **traditionelle Textilien** werden für besondere Anlässe in aufwendiger, oft wochenlanger Heimarbeit produziert, z. B. in Sukarara (S. 367) und Pringgasela.

Die lokale **Küche** macht ausgiebigen Gebrauch von Chili. Zu den Klassikern zählen *Pelecing Kangkung*, Wasserspinat mit Chili und Limetten, sowie *Ayam Taliwang*, junges Hühnchen vom Grill – wir empfehlen einen Besuch im Roemah Langko oder Omah Cobek (S. 372).

> ### Verhaltenstipps für Lombok
>
> Im konservativen Lombok sollten Besucher gewisse Regeln beachten, um Fauxpas und Konflikte zu vermeiden. So ist Nacktbaden nicht nur verboten, sondern verletzt die Wertvorstellungen der Einwohner. Auch weite Ausschnitte, kurze Röcke, nackte Oberkörper, Alkoholkonsum und der öffentliche Austausch von Zärtlichkeiten sind verpönt. Im Fastenmonat Ramadan (S. 47) ist es tabu, tagsüber öffentlich oder im Beisein von Fastenden zu essen und zu trinken. Abends sind besonders in ländlichen Regionen nur wenige Frauen (allein) unterwegs.

terließ und die Hauptstadt des Königreichs in Schutt und Asche legte.

Die javanische Chronik *Negara Kertagama* beschreibt das Lombok des 14. Jhs als Vasall des Majapahit-Reichs. Die **Niederländer** landeten 1674 auf der Insel, siedelten aber erst viel später an der Ostküste. Zu Beginn des 18. Jhs. gründeten balinesische Invasoren vier Fürstentümer auf Lombok. Gemeinsam mit den Sasak bekämpften die Niederländer ab 1891 diese Hindu-Dynastie, und 1894 war die Insel erfolgreich ins Kolonialreich integriert.

Heute ist Lombok Teil der Provinz **West-Nusa-Tenggara** und Mataram zugleich Insel- und Provinzhauptstadt. Zwar krempelt der **Tourismus** seit den 1990er-Jahren ganze Landstriche um, der internationale Flughafen verbindet die Insel mit dem Ausland und Investoren lecken sich die Finger nach neuen Grundstücken und Bauprojekten. Außerhalb der wenigen prosperierenden Zonen ist die Insel jedoch weiterhin ursprünglich und ländlich – und die Menschen sind deutlich ärmer als die westlichen Nachbarn auf Bali.

Bevölkerung und Religion

Etwa 85 % der 3,8 Mio. Einwohner sind Sasak (Kasten S. 354). Den Rest bilden Balinesen, Javaner, Sumbawanesen und Chinesen. Auf die Nachfahren jemenitischer Händler trifft man vorwiegend in Mataram und Ampenan.

Über 90 % der Einwohner sind **Muslime**, und die Zahl der Moscheen wächst wie nirgendwo sonst in Indonesien. Mit der Bezeichnung „Insel der tausend Moscheen" wird sogar offiziell geworben. Wahrscheinlich brachten islamische Gelehrte aus Sumbawa im 17. Jh. ihren Glauben auf die bis dahin hindu-buddhistisch geprägte Insel.

Daraus entstand **Wetu Telu**, eine Mischreligion aus Ahnenkult, Hinduismus und Islam. Seit der antikommunistischen Hatz 1965/66, der auch „Irrgläubige" zum Opfer fielen, ist ihre Anhängerschaft auf wenige Tausend geschrumpft, die überwiegend in der Gegend von Bayan leben.

In West-Lombok praktiziert die balinesische Minderheit den **Hinduismus**, wie er auf der Nachbarinsel allgegenwärtig ist. In der Gegend rund um Gangga und Bentek sowie im Südwesten rund um den Bukit Mereje wird außerdem eine traditionelle Form des **Buddhismus** praktiziert.

Lembar

In einer Bucht an der Westküste, 35 km südlich der Hauptstadt Mataram, liegt der wichtigste Hafen der Insel. Hier legen die großen Fähren und Frachtschiffe an, es gibt Geldautomaten und Essensstände, und man wird von Fahrern belagert – alles in allem wenig einladend. Wegen der überteuerten Privattaxis sollten per Schiff eintreffende Besucher ihre Weiterreise bereits organisiert haben oder sich auf zähe Preisverhandlungen einstellen. Auf wartende Blue-Bird-Taxis ist leider kein Verlass (allenfalls per Bestellung). Wer auf die Inseln Gili Nanggu, Sudak oder Kedis möchte, spart unter Umständen Zeit und Geld mit einem gecharterten Fischerboot ab Lembar, das (nach langwierigen Verhandlungen) ca. 350 000 Rp kosten sollte.

TRANSPORT

Minibusse

Bereits auf Bali sollte man **Shuttlebusse** für die Weiterfahrt nach Mataram, Kuta Lombok, Senggigi oder Bangsal buchen. Bei mind. 2 Pers. verkehren sie auch zu weiteren Zielen auf Lombok. In Lembar wird es schwierig, einen

Zwei Jahre für eine Perle

In den geschützten Buchten gedeihen Zuchtperlen, die in Lombok vorwiegend cremefarben sind. Die Perlaustern werden in Tanks gezüchtet und künstlich mit Algen ernährt. Nach etwa einem Monat werden sie an Leinen im Meer aufgehängt. Nach rund 15 Monaten sind sie auf 9–11 cm Größe gewachsen und bekommen eine Kugel aus der Schale einer Süßwassermuschel sowie das Gewebestück einer Perlauster eingesetzt. Die Austern werden geschlossen und zurück in den Ozean gehängt. Binnen vier Wochen umwächst das Gewebestück die Kugel. Dieser Perlsack sondert Perlmutt auf die Kugel ab und formt so die Perle. Nach eineinhalb bis zwei Jahren ist diese groß genug, um entnommen zu werden. Perlen von geringerer Güte werden in Sekarbela (Mataram) und Senggigi verarbeitet und verkauft. Perlen erster Güte werden nach Japan, Europa und in die USA exportiert. Deutlich günstiger sind Süßwasserperlen, weil sie zwar länger, aber weitgehend unabhängig vom Wetter wachsen und weniger glänzen. Im Rahmen einer Führung besichtigen kann man die Autore Pearl Farm, ✆ 0813-3992 0020, 🖥 www.autorepearls.com.au, in Teluk Nara zwischen Senggigi und Bangsal (Karte S. 352) für 180 000 Rp p. P.

Platz in diesen Bussen zu ergattern, und es werden überhöhte Preise verlangt.

Öffentliche Minibusse *(Angkot)* warten von 6–16 Uhr an der 500 m vom Hafen entfernten Hauptstraße. Man sollte vorher den Preis aushandeln und erst am Ziel bezahlen:
MATARAM für 25 000 Rp in 1 Std.
SEKOTONG-HALBINSEL (z. B. Tembowong für Boote nach Gili Gede) für 30 000 Rp in 1 1/2 Std. Nachmittags muss man lange warten oder für das Zehnfache chartern.

Taxis
Am Hafen selbst warten nur Privattaxis, bei denen um den Preis gefeilscht werden muss. Blue-Bird-Taxis mit Taxameter warten (sofern sie zuvor Passagiere zum Hafen befördert haben) an der rund 500 m entfernten Hauptstraße. Preisbeispiele:
BANGSAL für 300 000–350 000 Rp in 1 1/4 Std.
KUTA LOMBOK ab 300 000 Rp in 1 1/2 Std.
MATARAM für 80 000–100 000 Rp in 45 Min.
SEKOTONG-HALBINSEL für 200 000–250 000 Rp in 1 Std.
SENGGIGI für 250 000–350 000 Rp in 2 Std.
TETEBATU für 400 000–500 000 Rp in 2 1/2 Std.

Fähren
PADANG BAI (Bali) rund um die Uhr etwa alle 1 1/2 Std. für 62 200 Rp, Kinder 5 900 Rp, Motorrad ab 160 600 Rp inkl. 2 Pers., Pkw 1,13 Mio. Rp inkl. 4 Pers., in 4–6 Std., je nach Wellengang und eventuellen Verzögerungen in den Häfen.
SURABAYA mit der KM Kirana VII 2–3x wöchentlich für 190 000 Rp, VIP mit Schlafplatz 300 000 Rp, Kinder 215 000 Rp (inkl. Mahlzeit), Motorräder ab 320 000 Rp, Pkw ab 1,98 Mio. Rp in 20 Std. Die genauen Tage und Abfahrtszeiten für diese Verbindung wechseln jeden Monat und sind auf Buchungsplattformen wie 🖥 www.nurcholis.com abrufbar.

Sekotong-Halbinsel

Die hügelige Halbinsel und ihre zwölf kleinen vorgelagerten Eilande warten mit schönen Tauch- und Schnorchelgründen und Robinson-Feeling auf. Seicht ins flache Wasser abfallende Sand- und Steinstrände wechseln sich mit felsigen Abhängen und Mangroven ab. Man kann die Inseln auch als Tagesausflug ansteuern, entspannter wird es mit Übernachtungen.

Neben der Unterwasserwelt und den Stränden gibt es wenig zu sehen und kaum Einkaufsmöglichkeiten, zudem ist die Infrastruktur bescheiden, und auf den Inseln lässt die Stromversorgung zu wünschen übrig. Hier und da sieht man noch letzte Glücksritter unter blauen Plastikplanen illegal nach dem nächsten Hauptgewinn schürfen – ein Überbleibsel aus dem Goldrausch der Jahre 2008 bis 2013.

An der Südküste befindet sich die malerische Bucht **Teluk Mekaki**. Die Brandung ist zum Schwimmen zu gefährlich, die Bucht bietet aber ein spektakuläres Panorama. Einzige Bleibe war die für Taucher konzipierte Belongas Bay Lodge, die zuletzt aber geschlossen war. Wer einen Ausflug an die entlegene Bucht plant, sollte Wasser und Verpflegung mitbringen, die Straßen sind zudem nicht die besten.

Im äußersten Westen gelangen Freunde halsbrecherischer Wellen über eine schlechte Schotterstraße zum Surfspot **Desert Point** in der Nähe des Fischerdörfchens **Bangko-Bangko**. Über einem scharfen Korallenriff bilden sich linksbrechende Tubes, die Surfer über zehn Sekunden lang verschlingen können und v. a. von Mai bis September viele Wellenreiter anlocken. Einige Essenstände und Homestays haben sich auf die Klientel eingestellt, aber Luxus darf man hier nicht erwarten.

Die „Secret Gilis"

Längst nicht mehr „geheim", aber alles andere als überlaufen, bieten die südlichen Gilis Ruhe und Entspannung. Intakte Riffe in seichten, geschützten, strömungsarmen Gewässern bieten sich mit ihrer Fülle an Korallen, Fischen und Makrotierchen auch für Anfänger zum Tauchen und Schnorcheln an.

Die große **Gili Gede** beheimatet fünf Dörfer mit rund 1500 Einwohnern, die von der Fischerei, dem zunehmenden Tourismus und der Perlenzucht leben. An der Nord- und Ostküste liegen Strände aus Sand und Korallenschrott, im Westen Mangroven und sumpfige Passagen. Ein befestigter Pfad führt fast um die ganze Insel (5–6 Std.), im Nordosten läuft man streckenweise am Strand und im Süden über Felsen. Die kürzeste Querverbindung von West nach Ost führt von Gili Gede Indah nach Orong Bukal. In Labuan Cenik, südlich von Gili Gede Indah, produziert eine **Frauenkooperative** kleine Täschchen aus Plastikmüll. Zudem lohnt der Weg auf den nördlichsten der drei Hügel, von wo man gute Sicht auf die Nachbarinseln und das Festland hat.

Die winzige, östlich gelegene **Gili Nanggu** ist in Privatbesitz und an Wochenenden mit Tagesausflüglern überlaufen. Ansonsten hat man den schönen Strand für sich allein. Unweit liegen **Gili Tangkong**, östlich dahinter **Gili Sudak** mit einer überteuerten Unterkunft sowie die winzige **Gili Kedis**, die in nur fünf Minuten zu Fuß umrundet ist.

Nördlich und westlich von Gili Gede liegen die von Dynamitfischerei und Bootsankern in Mitleidenschaft gezogenen Riffe der kleinen **Gili Ringgit** und **Gili Asahan**. Letztere beherbergt neben einem Fischerdorf auch ein Restaurant (s. Essen), das sich mit überraschend guter indonesischer und italienischer Küche für ein Mittagessen während der Schnorcheltour anbietet. Ein schönes Riff liegt unmittelbar vor der Ostküste von **Gili Layar**.

ÜBERNACHTUNG UND ESSEN

In manchen Unterkünften auf den Inseln duscht man mit leicht salzigem Brackwasser, **Strom** gibt's oft nur nachts, daher ist auch Warmwasser die Ausnahme. Die besseren Optionen bieten zumindest im Restaurant WLAN. Der nächste **Geldautomat** befindet sich im Alfamart in Sekotong, also genügend Bargeld mitführen oder im Vorfeld klären, ob Kreditkartenzahlung möglich ist! Vorbuchungen sind zumindest auf den Inseln erforderlich. Karte S. 352.

Nördliche Sekotong-Halbinsel

Cocotinos, ☏ 0819-0797 2401, 🖥 www.cocotinos-sekotong.com. Gepflegtes Resort mit Garten, Pool, Tauchzentrum und 36 komfortablen Zimmern in Massivbungalows mit TV, Wasserkocher, Trinkwasserspender und hohen Decken. Der Aufpreis für die mittlere Kategorie lohnt nicht, die teuren Villen dagegen haben u. a. Privatpools. Frühstück inkl., online deutlich günstiger. ❻–❽

Krisna Bungalow, ☏ 0818-0369 4450, 🖥 http://bit.ly/krisnabungalow. Dicht an der Straße liegen neben dem kleinen Restaurant einfache Zimmer mit Ventilator, Veranda und Blick aufs Wasser. Besser sind die klimatisierten Räume im *Lumbung*-Stil auf 2 benachbarten Grundstücken mit Pools. Motorradverleih, Schnorcheltouren ab 175 000 Rp. Frühstück inkl. ❸–❺

Palm Beach Garden, ☏ 0818-0374 7553, 🖥 www.misterknittel.magix.net/public/home.html. Der Deutsche Andreas lebt auf einem großen, palmenbestandenen Grundstück am Meer, weit abseits der Hauptstraße. Seine

Gäste wohnen in 5 älteren, geräumigen Bungalows mit Moskitonetz und treffen sich auf der geselligen Veranda zum gemeinsamen Essen. Neben dem Steg kann man baden. Andreas hilft beim Weitertransport, vermietet Motorroller und organisiert Schnorcheltrips. ❷–❸

The Bebaleq Bangko-Bangko, ✆ 0812-3603 9257, 🖥 https://the-bebaleq-resort-and-watersport.business.site. Der nette Jhon vermietet einen sauberen, einfachen Bungalow mit Schlafzimmer im oberen Stockwerk und einem schattigen Sitzbereich darunter. Für indonesisches Essen und Motorradverleih sorgen er und seine Familie im Dorf nebenan. ❸

Gili Asahan

Erreichbar ab Labuhan Poh (s. Nahverkehr).

Pearl Beach Resort, ✆ 0819-0724 7696, 🖥 http://pearlbeach-resort.com. Schöne, ruhige Gartenanlage auf einem großen Grundstück am Meer, wo man prima entspannen kann und in 11 locker verteilten, strohgedeckten Massivbungalows mit bequemen Betten, Terrasse, Hängematten, Sitzkissen und Warmwasser wohnt. Die 2 teuren haben Klimaanlage, der Strom wird teils aus Solaranlagen gewonnen. Gutes Hausriff, Massagen, Verleih von Kajaks und SUP-Boards. Frühstück inkl. ❻–❼

Nautilus Restaurant, Gili Asahan Eco Lodge, ✆ 0813-3960 4779, 🖥 https://giliasahan.com/nautilus-restaurant. Das luftige, offen und einladend gestaltete Restaurant unter einem großen Strohdach lädt zum Verweilen ein. Morgens kommen Frühstück, frische Säfte und guter Kaffee auf den Tisch, später lohnen die italienischen Panini, Pizzen und italienische Seafood-Gerichte. ⏰ 7–21.30 Uhr.

Gili Gede

Erreichbar ab Tembowong (s. Nahverkehr) sowie ab Gili Trawangan.

Alam Karang, ✆ 0821-4443 1932, 🖥 www.alamkaranglumbung.com. Die freundliche Besitzerin Marie und ihr Team vermieten direkt am Strand vier strohgedeckte Bungalows im Lumbung-Stil mit Meerblick, Moskitonetz und Klimaanlage. In der Mitte lädt das Haupthaus mit kleinem Restaurant auf seine Veranda. ❻

 Pelangi Homestay & Bungalow, neben Tanjungan Bukit, ✆ 0818-0376 1806. Neben dem kleinen Warung mit Shop vermieten Anton und seine freundliche Familie 4 sehr einfache, saubere Zimmer mit Kaltwasser-Dusche, guten Matratzen, kleiner Veranda und Hängematte. ❸

Tanjungan Bukit, ✆ 0818-0529 0314, 🖥 www.fb.com/alceleden. Ita aus West-Sumatra und der Franzose Alain führen ihre kleine, über Treppen erreichbare Bungalowanlage mit Liebe zum Detail. Die ansprechenden Zimmer haben Open-Air-Bäder, die teureren sind größer und bieten etwas mehr Privatsphäre. Es gibt ein Restaurant und einen luftigen Sitzbereich am Wasser. Günstige Bootstouren. Frühstück und Boots-transfer inkl. ❺

AKTIVITÄTEN

Schnorcheln

Schnorcheltouren lassen sich über die meisten Unterkünfte organisieren und kosten je nach Entfernung und Anzahl der Stopps 200 000–350 000 Rp pro Boot, Maske und Flossen 25 000–50 000 Rp.

Tauchen

Um die Halbinsel verteilen sich neun Tauchspots. Während die Nordküste von April–Dez am besten zu betauchen ist, empfiehlt sich der Süden von Nov–April, denn von Mai–Okt treten in diesem Gebiet gefährliche Abwärtsströmungen auf. In den anspruchsvollen Tauchrevieren Magnet, Blue Hole und Cathedral sind sogar Hammerhaie zu sehen. Zum Zeitpunkt der Recherche war **Scuba Froggy** in Senggigi (S. 383) und Kuta Lombok (S. 364) der einzige Anbieter, der die südliche Halbinsel ansteuerte. Auf der Nord-/Südseite kosten 2 Tauchgänge 1,9/2,2 Mio. Rp. Für die Spots im Süden ist eine Zertifizierung als Advanced-Open-Water mit 50 Tauchgängen vorzuweisen.

NAHVERKEHR

GILI ASAHAN ab Labuhan Poh für 30 000 Rp p. P., Charter für 100 000 Rp.

GILI GEDE ab Tembowong (200 m hinter der Tankstelle) von 7–17 Uhr je nach Zielort für 25 000–80 000 Rp in 5–15 Min. Oft werden Wucherpreise verlangt.
GILI LAYAR ab Tembowong für 150 000 Rp.
GILI NANGGU und GILI SUDAK ab Taun/Tawun für 250 000–300 000 Rp hin und zurück.

TRANSPORT

Minibusse

Wer sich vorher erkundigt und rechtzeitig zur Hauptstraße bringen lässt, erwischt eventuell morgens ein *Angkot* nach MATARAM via LEMBAR (20 000 Rp, 1 Std.) für 50 000 Rp in 1 1/2 Std.

Privattaxis

Die Unterkünfte vermitteln Autos mit Fahrer.
BANGSAL (Boote nach Gili Trawangan, Gili Meno oder Gili Air) für 450 000–500 000 Rp in 2 1/2 Std.
EKAS-HALBINSEL für 600 000 Rp in 3 1/2 Std.
FLUGHAFEN für 350 000 Rp in 1 1/2 Std.
KUTA LOMBOK für 400 000–450 000 Rp in 2 1/2 Std.
LEMBAR (Fähren nach Bali) für 200 000–250 000 Rp in 1 Std.
MATARAM und SENGGIGI für 350 000–400 000 Rp in 1 1/2–2 Std.
SENARU und TERESGENIT (Gunung Rinjani) für 700 000–750 000 Rp in 4 Std.
TETEBATU für 550 000–600 000 Rp in 3 Std.

Boote

Gili Getaway, ✆ 0811-380 1717, 🖥 www.giligetaway.com, fährt vom ko-ko-mo Resort auf Gili Gede nach SERANGAN (Bali) via BUYUK (Nusa Penida) am Mo und Fr gegen 12 Uhr für 960 000 Rp in 2 Std. Es lohnt sich, nach Rabatten zu fragen.

Kuta Lombok

Einst hatte das verschlafene Nest mit seinem berühmt-berüchtigten Namensvetter auf Bali außer einem Strand und vielen Surfern kaum etwas gemein. Dann zogen immer neue Unterkünfte, Cafés, Restaurants und Yoga-Studios immer mehr und immer zahlungskräftigere Touristen an – oder war es umgekehrt?

Längst sind es nicht nur Wellenreiter, sondern auch Familien, Wellnessreisende, Backpacker und Honeymooner, die die fotogenen Buchten und Strände schätzen. Zudem ragt der Ort mit seiner gastronomischen Vielfalt aus dem Einheitsbrei auf Lombok heraus.

Ein Fest für die Meereswürmer

Das **Bau Nyale**, am 20. Tag des 10. Monats im Sasak-Kalender (meist Februar), zählt zu den wichtigsten Ritualen auf Lombok. Das Fest geht auf die Sage von der wunderschönen **Königstochter Mandalika** zurück. Prinzen von weither hielten um ihre Hand an. Um einen Krieg zwischen den Bewerbern zu verhindern, stürzte sich die Prinzessin vom Bukit Seger ins Meer. Sie wollte ihre Liebe nicht einem einzigen Mann schenken und damit Zwietracht säen. Mit ihren letzten Worten kündigte sie an, jedes Jahr am 20. Tag des 10. Monats aus dem Meer zu steigen, sodass alle Menschen an ihrer Liebe und Schönheit teilhaben könnten. Und das tut sie – in Gestalt der **Palolo-Würmer** *(Eunice viridis)*, die tatsächlich jedes Jahr an besagtem Datum in Scharen zur Fortpflanzung am Pantai Seger erscheinen –, ein Phänomen, das auch auf Timor und Samoa bekannt ist.

Drei Tage dauern die **Feierlichkeiten am Pantai Seger** mit *Peresean*-Kämpfen (S. 369), Tänzen und Musik. Das Fest ist auch eine Kontaktbörse, denn über die Rezitation von Gedichten in Dialogform flirten unverheiratete Sasak mit dem anderen Geschlecht. Nach einer großen **Prozession**, der Aufführung des Dramas von Mandalika von 22–4 Uhr und dem selbstmörderischen Sprung der Prinzessin erscheinen die Meerwürmer, die *Nyale*. Jetzt stürmen die Menschen zum Strand, um sie zu fangen und später zu traditioneller Medizin zu verarbeiten oder zu essen. Ein guter Fang verkündet eine reiche bevorstehende Ernte. Auch von Besuchern wird erwartet, dass sie von den (gekochten) Würmern probieren.

Entsprechend ist Kuta Lombok auf die Größe einer Kleinstadt angewachsen, und als wäre das nicht genug, entsteht östlich der Ortschaft das 1200 ha große **Mandalika Project** mit teuren Hotels, Golfplätzen, einer Marina für Jachten und einer 4,3 km langen MotoGP-Strecke – eine künstliche Luxuswelt, die in krassem Gegensatz zu den bescheidenen, teils ärmlichen Lebensverhältnissen von Kuta Lombok steht, wo noch immer Kinder zu Stränden und Lokalen laufen, um Armbändchen zu verkaufen.

ÜBERNACHTUNG

Da man für die Erkundung der Umgebung ohnehin ein Fahrzeug benötigt, muss die Unterkunft nicht zwingend in Strandnähe gesucht werden. Beinahe jede Unterkunft vermittelt oder vermietet Motorroller.

Untere Preisklasse

Albany Homestay, ✆ 0821-4433 6718, 🖥 http://bit.ly/albanyhomestay. Die kleine, ummauerte Anlage mit etwas Grün bietet 4 strohgedeckte, klimatisierte Massivbungalows mit großen schattigen Terrassen, guten Matratzen und TV, fast alle auch mit Warmwasser. Da es nur wenige Zimmer (und kaum Durchgangsverkehr) gibt, hat man die meiste Zeit seine Ruhe. Frühstück, Tee und Kaffee inkl. ❸

Botchan Hostel, ✆ 0370-650 2550, 🖥 www.instagram.com/botchanhostel. Bei Backpackern beliebte Unterkunft mit Pool und Liegen im Garten sowie 4 klimatisierten 4- bis 8-Bett-Zimmern (eins nur für Frauen) und einem 10-Bett-Zimmer für 105 000–140 000 Rp p. P. Die meisten Betten sind Etagenbetten, einige Einzelbetten stehen auf eingezogenen Zwischenböden. Alle Zimmer haben eine Veranda. Mehr Privatsphäre bieten 3 DZ. Frühstück inkl. ❸

Indonesia Backpacker Hostels, ✆ 0877-7733 2184, 🖥 www.instagram.com/p/CmN4VIbrrWX. In einem von der Straße zurückversetzten schmalen Garten mit Sitzmöglichkeiten und Bar zielt dieses gesellige Hostel vorwiegend auf ein junges Publikum mit Affinität zu Pub Crawls. Die zweckmäßigen, klimatisierten Zimmer im Reihenhaus sind im Wesentlichen noch dieselben wie zu Zeiten, als die Adresse noch unter Imelda Homestay firmierte. Nebenan liegt ein Supermarkt. ❷

€ **Pipes Hostel**, ✆ 0878-6598 8986, 🖥 www.pipeshostel.com. Auch in diesem versteckten Backpacker-Kleinod geht's gesellig, aber nicht lärmig zu. Zwischen tropischen Pflanzen wohnt man in 6–12-Bett-Zimmern wahlweise für 120 000 Rp (Ventilator und Außen-WC), 135 000 Rp (Ventilator, Du/WC mit Warmwasser) oder 150 000 Rp (Klimaanlage, Du/WC mit Warmwasser), wobei die Betten teilweise einfach dicke Matratzen auf dem Boden sind. Die Unterkunft punktet nicht nur mit einem Pool und regelmäßigen Aktivitäten, sondern auch mit einer Skatebowl. Skateboards können geliehen werden. Gute Atmosphäre und freundliche Mitarbeiter.

Mittlere und obere Preisklasse

Bamba, Jl. Raya Kuta, ✆ 0878-6051 9009, 🖥 www.soitgoes.id. Hinter dem zentral gelegenen, straßenseitigen Knalpot Restaurant lockt eine einladend gestaltete Bleibe mit Pool; Schlafsäle mit 10 Betten im Pod-Stil kosten 200 000 Rp p. P., ein Doppelbett im 6-Pers.-Zimmer 375 000 Rp. Eine Bar mit geselliger Atmosphäre rundet den Aufenthalt ab. Frühstück inkl. ❺

🌳 **Batu Bambu**, 1 km nach Norden, östlich der Straße, ✆ 0823-5955 3829, 🖥 www.batubambu.com, Karte S. 352. Die von Elisa aus Deutschland geführte Unterkunft mit Pool liegt abseits vom Trubel und hat 6 liebevoll mit Naturmaterialien eingerichtete Zimmer, benannt nach Kindern, deren Schulbesuch aus den Einnahmen über eine eigens gegründete Stiftung finanziert wird. Eines der Zimmer ist für bis zu 4 Pers. geeignet, die günstigsten haben Gemeinschaftsbäder, die teureren zwar ebenfalls kein Warmwasser, aber Klimaanlage. Der Bau einer Plastikrecyclinganlage ist auf einem guten Weg. Reservierung empfohlen. Frühstück aus Bio-Zutaten inkl. ❹–❺

Novotel Lombok, ✆ 0370-653 333, 🖥 www.novotellombok.com. Älterer 4-Sterne-Ferienclub mit zwei großen Pools, Spa, Tauch-

Kuta Lombok

ESSEN
1. Ashtari
2. Milk Espresso
3. KRNK
4. TERRA
5. Gulas Garden Bar & Restaurant
6. Seasalt
7. Umibozu

SONSTIGES
1. Matcha Spa
2. Mana Yoga Studio
3. Nalua Surfshop
4. Fresh Market
5. Scuba Froggy (2x)
6. Blue Marlin Dive
7. Surfer's Bar

ÜBERNACHTUNG
1. Pipes Hostel
2. Kura-Kura Surf Camp
3. Botchan Hostel
4. Yuli's Homestay
5. Albany Homestay
6. Indonesia Backpacker Hostels
7. Bamba
8. Novotel Lombok

zentrum und einem überteuerten Strandrestaurant. 102 Zimmer und Villen, teilweise mit Privatpool, in einer Mischung aus westlicher und traditioneller Sasak-Architektur. Viele kostenfreie Angebote, darunter Livemusik, geführte Spaziergänge, Aqua-Aerobic, Ausflüge, Volleyball, Kochkurse und Yoga sowie abendliche Filmvorführungen. Ideal für einen komfortablen Familienurlaub. Frühstück inkl. ❼–❽

Yuli's Homestay, ☏ 0819-1710 0983, 🖥 www.yulishomestay.com. Mit ihrem großen, bis auf die Gebetsrufe der nahen Moschee ruhigen Garten, 3 Pools und Sitzbereichen zum Ausruhen wirkt die Anlage mehr wie ein kleines Resort als ein Homestay. Die 31 sauberen Zimmer in Massivbungalows und einem Reihenhaus sind mit Kunsthandwerk dekoriert, haben Klimaanlage und gute Matratzen. Warmwasser gibt's in Außenduschen. Frühstück inkl. ❹

Einheimische und Touristen zieht es an die weißen Sandstrände von Kuta Lombok und Umgebung.

ESSEN

Ashtari, 2 km westlich, 0811-388 4838, www.ashtarilombok.com, Karte S. 352. Auf einem Hügel gelegenes, mediterran angehauchtes Lokal mit toller Aussicht und Tischen und Sitzkissen drinnen sowie auf der Terrasse. Es werden Frühstück, indonesische und moderne indische Küche, Salate und Sandwiches zu mittleren bis gehobenen Preisen serviert, die man unter anderem mit dem hauseigenen Slow-Food-Konzept und Zutaten aus nachhaltigem Anbau begründet. Bei Reservierung ist das Shuttle in den Ort inkl. 8–21 Uhr.

Gulas Garden Bar & Restaurant, 0818-0579 8169, www.fb.com/gulasgardenlombok. Das von der Straße zurückversetzte Gartenrestaurant mit überdachten *Berugas* punktet mit nettem Ambiente, internationalen Gerichten (auch Seafood) zu angemessenen Preisen und freundlichem Service. Zudem stört der Straßenlärm weniger als in anderen Lokalen. 13–22 Uhr.

KRNK, 0853-3761 5945, www.krnk-lombok. com. Der stylisch mit alten Nähtischen, Paletten und Fensterläden im Industrial-Look gestaltete, luftige Laden hat Quinoa und Poke Bowls, Pasta, gute Burger, Pizza, Tacos, vegetarische Gerichte, Cocktails und Säfte im Angebot. Die Portionen könnten großzügiger sein. 12–23 Uhr.

Milk Espresso, 0823-5917 7439, www.fb. com/milkespresso. Beliebtes, stilsicher in Schwarz, Weiß und Grau designtes Café, in dem neben dem belebenden schwarzen Getränk gesunde Bowls (z. B. mit Lachs), Bagels und Frühstückskreationen, später Pasta und tropische Drinks wie Drachenfrucht-Margarita serviert werden. Abends trifft man sich zu Cocktails und gelegentlicher Livemusik. 7–14 und 15–24 Uhr.

Seasalt, 0812-3944 6023, www.fb.com/ seasaltlombok. Kleines Restaurant im Stil einer Taverne, das neben Fisch, wechselnden Tagesgerichten und vegetarischen Optionen etwa Souvlaki, Knoblauchbrot und (ausbaufähiges) Tsatsiki sowie hausgemachte Sangria anbietet: eine schöne Abwechslung. Innerhalb der Ortschaft wird auch kostenfrei geliefert. 12–22 Uhr.

TERRA, 0859-3663 3130, www.terra. health. „Food that loves you back" trifft den Nagel auf den (Salat-)Kopf, denn Chefköchin Mamiko tischt eine originelle, vegane Cuisine mit

kreativen Gerichten wie Tempeh-Sushi, Barbecue-Jackfrucht-Röllchen oder Rohkostpizza auf. Viele Zutaten sind roh oder durch Enzyme und Keimung „aktiviert". Im klimatisierten 1. Stock sitzt man angenehmer und kann in die einsehbare Küche lugen. Die mittleren bis gehobenen Preise sind der Qualität angemessen. ⊙ 8–16 Uhr.
Umibozu, ✆ 0877-7888 8575, 🖵 www.instagram.com/umibozu_ramen. Benannt nach einem japanischen Meeresgeist, serviert man in dem japanischen Restaurant kräftige Nudeleintöpfe *(Ramen)*, Teigtaschen *(Gyoza)* und Sushi-Kreationen. Die Nudeln sind hausgemacht, und auch sonst stimmt die Qualität. ⊙ 12–22 Uhr.

UNTERHALTUNG

Mana Yoga Studio, s. Aktivitäten. Das Yogastudio zeigt tgl. um 19.30 Uhr einen Film im Restaurant, das aktuelle Programm ist auf der Website zu lesen. Den Eintritt von 50 000 Rp kann man wie einen Coupon auf Essen und Getränke anrechnen lassen.
Surfer's Bar, ✆ 0853-3849 7038, 🖵 www.fb.com/surfersbarkutalombok. Die lässige Bar mit Barhockern und Holzbänken avanciert besonders freitags zum spätabendlichen Treffpunkt der Surfer und Traveller, denn ab 20 Uhr tritt eine gute Liveband auf. ⊙ 19–2.30 Uhr.

EINKAUFEN

Fresh Market, ✆ 0877-8421 9281. Der bestsortierte Supermarkt hält neben den gängigen Produkten anderer Minimärkte auch eine kleine Auswahl an Delikatessen und Importwaren parat, zudem frisches Obst, das jedoch nicht immer korrekt gewogen wird. ⊙ 7–23 Uhr.
Nalua Surfshop, ✆ 0819-0796 9162, 🖵 www.naluasurf.com. Die kleine Boutique verkauft überwiegend Klamotten, Beach Wear, Schmuck und Surf-Zubehör. Infos zum Surfbrettverleih s. u. ⊙ 8–22 Uhr.

AKTIVITÄTEN UND TOUREN

Dirt Biking
Feel Lombok, ✆ 0859-3838 0730, 🖵 www.feel-lombok.com. Eine geführte Tagestour zu 3 Off-Road-Parcours im hügeligen Gelände der Südküste startet ab 2 Pers. und kostet ab 875 000 Rp inkl. geländegängigem Motorrad

Empfehlenswerte Surfcamps in und um Kuta Lombok

Drop In, 4 km nordöstlich, ✆ 0819-1604 0533, 🖵 www.dropinlombok.com, Karte S. 352. Im chilligen Garten mit Pool, Liegen, Restaurant und gemütlichen Ecken zum Relaxen wohnen je max. 6 Teilnehmer ab 16 Jahren für eine Woche (beginnend am So) in ansprechenden Bungalows oder zwei klimatisierten 3-Bett-Schlafsälen für 15,5–17 Mio. Rp. Die eidgenössisch-bajuwarischen Besitzerinnen haben alles gut organisiert. Die erfahrenen Surflehrer vermitteln Anfängern auch theoretisches (Grund-)Wissen. Fotos von den Ausflügen, Flughafen-Transfers, ein Abendessen und tgl. Frühstück inkl.

Kura-Kura Surf Camp, Palm Green Homestay, Mengalung, ✆ 0859-5411 8606, 🖵 www.kurakurasurfcamp.com, Karte S. 361. Das Surfcamp mit einwöchigen Kursen beschäftigt eine der wenigen Surflehrerinnen auf Lombok. Surf Camps mit 5 bzw. 7 Übernachtungen in einem von 8 Bungalows, jeweils ab Sa, kosten 519 bzw. 659 €, eine nicht surfende Begleitperson zahlt 400 000 Rp pro Nacht. Fotoanalysen der Übungseinheiten, theoretische Unterweisungen, Flughafentransfers und tgl. Frühstück sind inkl.

Surf Camp Lombok, im Süden von Gerupuk, ✆ 0821-4501 5464, 🖵 www.surfcampindonesia.com, Karte S. 352. Seit 2007 ansässige Schule unter schwedischer Leitung. Anfänger- oder Fortgeschrittenenkurse kosten für eine oder zwei Wochen 690/990 €. Vollpension, jegliche Ausrüstung, Yoga und sonstige Aktivitäten sind inkl. Untergebracht wird man in sehr einfachen Zimmern mit Bambusbetten und Moskitonetzen für 2–5 Pers. oder zwei besseren Häusern mit mehr Privatsphäre (+200 000 Rp pro Tag). Vom Gewinn werden Kinder und Jugendliche gefördert.

und Wasser. Achtung: Wer keinen Motorradführerschein hat, ist im Ernstfall nicht über seine Auslandskrankenversicherung abgesichert.

Paragliding
Sky Lombok Paragliding, ✆ 0823-4083 2043, 🖥 http://skylombokparagliding.com. Tandemflüge mit dem versierten Gleitsegler Dodi und seinem Team bieten für bis zu 25 Minuten einen unvergesslichen Blick über die Buchten der Südküste und starten unter anderem vom Bukit Merese. Der Preis von 900 000 Rp beinhaltet den Transport und ein GoPro-Video des Flugs.

Surfen
Surfbrettverleihe finden sich an den Surfständen. Ein Boot zu den Wellen kostet 150 000–200 000 Rp. Man kann sich nach den besten Zeiten erkundigen und mit einem Bootsführer oder Surfguide für den nächsten Tag verabreden. Die besten Bedingungen herrschen von Sep–Dez und Feb–Mai.
Nalua Surfshop, s. Einkaufen. Der Shop verleiht Surfbretter für 60 000 Rp pro Tag und bietet 2 1/2-stündige Kurse für 490 000–550 000 Rp an. 🕗 8–22 Uhr. Für Surfcamps s. Kasten.

Tauchen
Während von Nov–Mai auch Anfänger tauchen können, herrschen von Juli–Sep anspruchsvolle Bedingungen. Es gibt 18 Tauchspots, 2 sind besonders beliebt: **Boro Bagik** bietet von Weichkorallen bedeckte Felsen und ein Plateau mit Barrakudas, Thun- und Kaiserfischen. Bei **JJR** sind farbenfrohe Korallen, Weichtiere und Fische wie der Napoleon-Lippfisch anzutreffen.
Blue Marlin Dive, ✆ 0812-3739 3491, 🖥 www.bluemarlindive.com. Der auf den Gilis und in Labuan Bajo etablierte, große Anbieter hat einen Ableger mit 2 Booten in Kuta Lombok. 2–3 Tauchgänge kosten 1,9–2,2 Mio. Rp, der Open-Water-Kurs 5,9 Mio. Rp und der Schnupperkurs 2 Mio. Rp inkl. Mittagessen.
Scuba Froggy, mit einer Filiale im Zentrum und einer im Novotel, ✆ 0878-6454 1402, 🖥 www.scubafroggy.com. Der einzige Anbieter, der auch die Tauchspots Magnet und Cathedral vor der Belongas-Bucht ansteuert, s. S. 357. 2 bzw. 3 Tauchgänge vom Boot kosten 1,3/1,7 Mio. Rp (vor dem weit entfernten Pink Beach teurer), der Open-Water-Kurs kostet 5,5 Mio. Rp und ein Schnupperkurs zwischen 900 000 und 1,7 Mio. Rp je nach Umfang.

Yoga
Ashtari, s. Essen, ✆ 0823-4053 9445, 🖥 www.ashtari.yoga, Karte s. S. 352. Im Yoga Shala mit guter Aussicht aufs Meer gibt's tgl. 2 Sessions mit Hatha, Vinyasa, Restorative Yoga oder Yin Yang für 120 000 Rp, 3 Sessions für 320 000 Rp, 5 Sessions für 500 000 Rp. Zudem monatliches Yoga bei Vollmond und Yoga-Lehrgänge.
Mana Yoga Studio, ✆ 0853-3862 8659, 🖥 www.manalombok.com. In der stimmungsvollen Location mit Duschen gibt's tgl. 2 Sessions mit Vinyasa, Yin, Yin-Yang oder Slow Flow für 120 000 Rp, 3 Sessions für 320 000 Rp und 5 Sessions für 500 000 Rp.

SONSTIGES

Auto- und Motorradvermietungen
Die meisten Unterkünfte vermitteln **Pkw** mit Fahrer ab 450 000 Rp pro Tag. **Motorräder** werden fast überall ab 60 000 Rp pro Tag angeboten. **Benzin** hat die Tankstelle in Kuta Lombok, entlang der Küste ist es bestenfalls in Flaschen am Straßenrand erhältlich.

Sicherheit
Achtung: Eine kriminelle Masche verlangt von Touristen die teure „Auslösung" ihrer zuvor **gestohlenen Roller**. Daher sind bewachte Parkplätze (5000–10 000 Rp) oder die Nähe von Essensständen als Abstellorte ratsam. Niemals Wertsachen im Fahrzeug lassen!
Allein reisende Frauen sollten gesunde Vorsicht walten lassen und nachts nicht an einsame Orte oder zum Strand gehen, in der Vergangenheit gab es Überfälle und sexuelle Übergriffe.

Wellness
Matcha Spa, ✆ 0823-3905 0182. Das Spa punktet mit angenehmem Ambiente und qualitativ hochwertigen Produkten. 1 Std. Massage kostet 180 000 Rp, hervorzuheben sind die 1 1/2-stündi-

gen Wellness-Bäder und Scrubs nach indonesischer Tradition *(Mandi Lulur)* inkl. Massage für 310 000 Rp. Auch Haarbehandlungen. ⌚ So–Fr 10–19.30 Uhr.

TRANSPORT

Taxis mit Taxameter dürfen Passagiere absetzen, aber nicht aufnehmen. Bleiben to die private Pkw mit Fahrer, die an jeder Ecke vermittelt werden. Preisbeispiele jeweils pro Fahrzeug:
BANGSAL für 350 000–400 000 Rp in 2 1/2 Std.
FLUGHAFEN für 150 000 Rp in 30 Min.
LABUHAN LOMBOK für 300 000 Rp in 2 1/2 Std., günstiger sind Minivans von Damri von Mo–Sa zwischen 12 und 14 Uhr ab dem Parkplatz der großen Moschee
SEKOTONG-HALBINSEL für 400 000–450 000 Rp in 2 1/2 Std.
SELONG BLANAK (und zurück) für 300 000 Rp in 30 Min., günstiger sind Minivans von Damri gegen 8 und 9 Uhr vom Parkplatz der großen Moschee für 20 000 Rp, zurück 12 und 14 Uhr.
SENARU für 600 000–700 000 Rp in 5 Std.
SENGGIGI, MATARAM und LEMBAR für 300 000–350 000 Rp in 1 1/2–2 Std.
TANJUNG AAN, TANJUNG MAWUN und GERUPUK für 120 000–150 000 Rp in 10–20 Min.
TETEBATU für 300 000–350 000 Rp in 2 Std.

Die Umgebung von Kuta Lombok

Von Kuta Lombok nach Selong Blanak

Nach Westen windet sich die Straße die Hügel hoch und runter, mit schönen Aussichten über Kokos- und Tabakplantagen. Hier und dort klaffen ockerfarbene Wunden in der Landschaft, das Werk von Glücksrittern und Prospektoren, die nach Gold und Kupfer graben oder neues Bauland gewinnen wollen.

Etwa 2 km westlich des Restaurants Ashtari liegt linker Hand die **Goa Bangkang**, eine Höhle, die zum Sonnenuntergang von Tausenden Fledermäusen verlassen wird. Eine Führung enttäuscht, wenn man nur die vorderen Kammern sieht. Die hinteren sind beeindruckender, stinken aber stark nach Guano. Eintritt 60 000 Rp inkl. Getränk und Lampe.

Nur 350 m weiter weist ein Schild den Weg zur westlich der Straße gelegenen **Goa Buwun Prabu**, die im vorderen Bereich schönen Lichteinfall bietet. Boden und Wände im hinteren Teil sind nahezu flächendeckend mit Kakerlaken übersät, die vom Kot der Fledermäuse leben. Der Zugang erfolgt von oben über eine Holztreppe, Eintritt 60 000 Rp inkl. Regenschirm zum Schutz gegen herabfallenden Guano.

Nach 7 km erreicht man die traumhaft schöne, halbmondförmige **Teluk Mawun** mit fast schneeweißem Sand und glasklarem Wasser. Im westlichen Bereich kann auch bei Ebbe gebadet und geschnorchelt werden. Kleine *Warung* sorgen für das leibliche Wohl. Zeitweise trüben penetrant auftretende Kinder, die Armbänder verkaufen, die Idylle.

Der Strand von **Teluk Mawi** ist schwerer zu erreichen. Man folgt der Straße weitere 10 km und nimmt die ausgeschilderte Linksabzweigung, danach die rechte und anschließend die linke Seite der Gabelungen. Bei abnehmender Flut bilden sich hier für fortgeschrittene Surfer ideale rechtsbrechende Wellen. Das Riff reicht bis dicht an den Strand, weshalb Baden bei Ebbe kaum möglich ist. Einfache *Warung* spenden Schatten und sorgen für Verpflegung, ein Surfbrett muss jedoch mitgebracht werden.

Weiter westlich liegt der lange, weiße Sandstrand von **Selong Blanak**, der sich als Beach Break gut für Surfanfänger und zum Baden eignet. Hier fühlen sich auch Familien wohl. Liegen mit Schirm kosten 50 000 Rp am Tag, Surfbretter meist 100 000 Rp. Mehr Auswahl als die Imbissbuden hat das Strandrestaurant **Laut Biru** mit guter Küche und gehobenen Preisen, ⌚ 8–21 Uhr. Am späten Nachmittag werden oft Wasserbüffel von ihren Weideflächen am Strand entlang heimwärts getrieben – ein beliebtes Fotomotiv. Hinter dem Hügel im Nordwesten erreicht man von der Landseite her den kaum bekannten **Pantai Tomang-Omang**, den man die meiste Zeit für sich hat. Im Dorf und ringsherum haben sich einige nette Unterkünfte angesiedelt, sodass man hier auch mehrere Tage verbringen und die Seele baumeln lassen kann.

Von Kuta Lombok nach Gerupuk

Östlich von Kuta wird der sagenumwobene **Pantai Seger** (s. Kasten S. 359) im Osten vom Bukit Merese (mit guter Sicht auf den Sonnenuntergang) und im Westen vom Bukit Seger flankiert. Bei passenden Wetterverhältnissen erfreuen sich die zwei vorgelagerten, durch Paddeln erreichbaren Reef Breaks bei erfahrenen Wellenreitern großer Beliebtheit.

Idyllisch und besser besucht ist der lange, weiße Sandstrand von **Tanjung Aan**, 6 km östlich von Kuta Lombok. Wenn die Sonne scheint, erstrahlt das Wasser in Blautönen. Surfanfänger können in Ufernähe erste Stehversuche wagen. Der Reef Break weiter draußen sollte erfahrenen Wellenreitern vorbehalten bleiben, denn er kann bedrohlich mächtig sein. Dann schaut man lieber von einer Sonnenliege oder Strandschaukel aus zu und schlürft vor den Strandrestaurants eine Kokosnuss.

Eine schlechte Straße führt ins Fischerdorf **Gerupuk** 7 km östlich, dessen große Bucht fünf anfängergerechte Breaks bietet und das sich auf Surfklientel eingestellt hat, für sich genommen aber unattraktiv ist. Der innere, von Mangroven gesäumte Bereich der Bucht dient Krabben- und Hummerzuchten.

Die nördlichen Sasak-Dörfer

An der Hauptstraße nach Sengkol liegt 4,7 km nördlich von Kuta Lombok das traditionelle, für Touristen aufgehübschte Dorf **Sade**. Bei einer Führung gegen Spende können aus Holz, Reisstroh und Lehm errichtete Häuser begutachtet werden, deren mit *Alang-Alang*-Gras gedeckte Dächer alle paar Jahre erneuert werden. Zudem erfährt man einiges über Kultur und Zusammenleben der Sasak. Durch die vielen Verkaufsstände, einen Busparkplatz und den eingangs platzierten Geldautomaten wirkt das Dorf ziemlich kommerziell.

Sade rühmt sich als Grabstätte der Könige Pejanggik und Nyatok sowie verschiedener Islamgelehrter. Rund 900 m nördlich pilgern in **Rembitan** (auch: Rambitan) viele Muslime auf einen Hügel zur kleinen **Mesjid Kuno**, einer der ältesten Moscheen der Insel mit Strohdach und geflochtenen Bambuswänden.

Nur 1,4 km nördlich liegt **Ende**, in dem ebenfalls Touristen zwischen den traditionellen Häusern herumgeführt werden. Mit nur 35 Familien ist es deutlich kleiner als Sade und weniger stark auf den Verkauf von Souvenirs fokussiert. Für den Besuch und Führungen werden separate Spenden erwartet.

Ekas-Halbinsel

An der windgepeitschten und buchtenreichen Südostküste prägen ärmliche Fischerdörfer, raue Klippen und einsame Strände das Bild. In diese betörende Ödnis locken ein paar Homestays, Surfcamps und Luxusunterkünfte all jene, denen Kuta Lombok schon zu voll wird. Die westliche Ekas-Bucht bietet sich mit (anfängergerechten) Wellen zum **Surfen** an. Man kann auch Schnorcheln und eine Tour zum einsamen **Pink Beach** am Ostzipfel der Halbinsel unternehmen, der einen schwachen Rosastich aufweist, Eintritt 25 000 Rp. Die besten Winde zum **Kitesurfen** herrschen von April–Sep. Bargeld sollte mitgebracht werden.

ÜBERNACHTUNG UND AKTIVITÄTEN

Ombak Resort, am Ortseingang von Jeruwaru, links der Straße, ℡ 0813-3789 1745, 🖥 https://ombakresorts.wixsite.com. Hübsche kleine Anlage mit Pool, Restaurant, 8 wohnlichen Zimmern und einer Suite. Auch 4-Bett-Zimmer mit Etagenbetten für 250 000 Rp p. P. Gäste werden jeden Morgen zu den Surfspots gefahren und können Anfängerkurse buchen. Motorroller-Vermietung. ❻–❼

TRANSPORT

Von Kuta Lombok zum Fischerdorf **Awang**, von dort per Boot nach EKAS für 400 000 Rp, ein Taxi kostet 600 000 Rp und braucht 2 Std. Ab Labuhan Lombok fährt man 1 Std. Die meisten Straßen in der Gegend sind schlecht und für unsichere Fahrer nicht zu empfehlen.

Praya und der Flughafen

Rund 30 km südöstlich von Mataram liegt die Distrikthauptstadt Praya, deren 900 000 Einwohner zählender Verwaltungsbereich Zentral-Lombok vom Gunung Rinjani wie ein Pizzastück an die Südküste reicht. Etwa 75 % der Bewohner sind Bauern. Fast überall wird Reis angebaut, aber auch Tabak, Vanille, Baumwolle, Kokosnüsse und Maniok. Der internationale Flughafen liegt einige Kilometer südlich von Praya. Da Mataram nur eine Stunde und Kuta Lombok nur eine gute halbe Stunde entfernt liegen, muss man auch bei einem frühen Flug nicht hier übernachten.

TRANSPORT

Busse
Vom Flughafen nach SENGGIGI via MATARAM (Epicentrum Mall, 40 000 Rp, 1 Std.) mit Damri-Bussen etwa stdl. von 9–17 Uhr für 50 000 Rp in 1 1/2 Std.

Taxis
Wer mit den Fahrern handelt, die am Ausgang des Flughafens warten, kann mit einem Festpreis etwas günstiger wegkommen als mit den offiziellen Taxis von **Blue Bird**, ✆ 0370-627 000, und **Express**, ✆ 0370-647 555. Es lohnt sich, wenn man auf dem Weg zum Zielort für Sightseeing oder Einkäufe anhalten möchte.
Preisbeispiele für Taxameter:
BANGSAL (Boote nach Gili Trawangan, Gili Meno und Gili Air) für 250 000–300 000 Rp in 1 1/2 Std.
KUTA LOMBOK für 100 000 Rp in 30 Min.
LABUHAN LOMBOK (Fähren nach Sumbawa) für 300 000 Rp in 1 1/2–2 Std. MATARAM für 150 000 Rp in 45–60 Min.
SEKOTONG-HALBINSEL ab 350 000 Rp in 1 1/2 Std.
SENARU, SEMBALUN und TERESGENIT (Gunung Rinjani) für 550 000–650 000 Rp in 4 Std.
SENGGIGI für 200 000–230 000 Rp in 1–1 1/4 Std.

Flüge
Vom **Bandara Internasional Lombok** (BIL bzw. LOP), 🖥 www.lombokairportonline.com, fliegen:
AirAsia, 🖥 www.airasia.com, nach JAKARTA, KUALA LUMPUR (Malaysia) und SURABAYA.
Citilink, 🖥 www.citilink.co.id, nach DENPASAR (Bali), JAKARTA und SURABAYA.
Garuda Indonesia, 🖥 www.garuda-indonesia.com, nach JAKARTA und SURABAYA.
Lion Air, Wings Air und Batik Air, 🖥 www.lionair.co.id, nach BIMA, DENPASAR (Bali), JAKARTA, MAKASSAR, SUMBAWA BESAR und SURABAYA.
Scoot, 🖥 www.flyscoot.com, nach SINGAPORE.
Super Air Jet, 🖥 www.superairjet.com, nach BATAM, JAKARTA, SURABAYA und YOGYAKARTA.

Sukarara

Das rund 8000 Einwohner zählende Weberdorf Sukarara, 5 km von Praya bzw. 25 km von Mataram entfernt, ist für die hervorragende Qualität der **Songket**-Stoffe (S. 37) bekannt, die zu *Sarong*s, Schals, Kissenbezügen oder Hemden verarbeitet und verkauft werden. Die von vielen Fahrern angesteuerte Kooperative **Patuh** gibt kurze Führungen. An kleinen Holzrahmen weben die Frauen knapp 20 cm Stoff pro Tag. Im Geschäft verwandeln sich die Führer in hartnäckige

Fair gehandelte Stoffe

Statt in den großen Geschäften empfehlen wir, in kleinen Läden oder direkt bei den Produzentinnen von Sukarara einzukaufen, z. B. bei der Kooperative **Abadi**, gleich um die Ecke von Patuh im Ortsteil Belung Lauk. Pak Rudi, ✆ 0819-1702 7015, führt auf Englisch (gewürzt mit ein paar Brocken Deutsch) durch die Siedlung hinter dem Geschäft, erläutert den Webprozess und geht auf die Motive ein. Rund zwei Dutzend Weberinnen verkaufen hier hochwertige *Songket*- und *Ikat*-Stoffe zu fairen Preisen. Für ein einfach gemustertes Stück zahlt man etwa 300 000 Rp, für einen Sarong mit kompliziertem Motiv und den dazugehörigen Tempelschal ab 600 000 Rp – durchaus angemessen angesichts der wochenlangen Arbeit, die darin steckt.

Verkäufer – bei Desinteresse hilft eine Spende für die Führung beim höflichen Abgang. In den großen Geschäften hängt auch aus Java eingeführte Batik- und Massenware. Vom Profit sehen die Weberinnen wenig, sie überlassen ihre Stoffe den Großhändlern zu Niedrigpreisen.

Tetebatu und Umgebung

Die geruhsame Ortschaft am Südhang des Gunung Rinjani liegt auf etwa 650 m Höhe, umgeben von Reisfeldern, kleinen Bächen, Wasserfällen und Wald. Fruchtbare Böden und stete Bewässerung erlauben den ganzjährigen Anbau von Reis, Tabak, Chili, Obst, Gewürzpflanzen, Tapioka, Kakao und Macadamia-Nüssen. So ist die Landschaft stets grün und von üppiger Pflanzenvielfalt.

Dank der angenehmen Temperaturen lassen sich herrliche **Wanderungen** unternehmen. Bereits in unmittelbarer Nähe liegen Wasserfälle, etwa der kleine **Tibu Topat**, der hinter dem Black Monkey Forest Cafe (nördlich der Abzweigung zu den Sama Sama Bungalows) gegen eine Spende über einen Trampelpfad zugänglich ist. Weiter nördlich liegt der **Black Monkey Forest**, ein kommunaler Sekundärwald, in dem schwarze Languren leben.

Rund 6 km nördlich von Tetebatu liegt beim Dorf Barong Panas der 20 m hohe **Jukut-Wasserfall** (auch Air Terjun Jeruk Manis oder Aik Temer), dessen Wasser dem Volksglauben nach Krankheiten kuriert. Vom Parkplatz sind es 1,5 km zu Fuß durch den Wald. Hier wird der Eintritt in den Rinjani-Nationalpark (S. 407) fällig, den man mit etwas Glück und angesichts des kurzen Aufenthalts auf 100 000 Rp heruntergehandelt kann.

Bei einem Ausflug mit dem eigenen Fahrzeug können der Morgenmarkt in **Kotaraja**, die Bambuskunstläden in **Loyok** und die fest in weiblicher Hand befindlichen Töpfereien in **Masbagik** besucht werden. Es ist faszinierend zu beobachten, wie die Frauen hier in wenigen Minuten eine Vase formen.

In **Pringgasela** tragen die Frauen mit handgewebten Stoffen zum Familieneinkommen bei. Sie verkaufen neben farbenfrohen *Songket* (S. 37) auch mit Naturfarben kolorierte *Ikat*.

Traditionell erzeugt man Blau mit Indigo, Braun mit Makassar-Ebenholz, Rot mit Betel, Gelb mit Safran und Orange mit Tamarinden.

ÜBERNACHTUNG

Die meisten Unterkünfte ballen sich an der Straße nach Kembang Kuning, östlich der Abzweigung, während man nördlich der Abzweigung mehr authentisches Dorfleben mitbekommt und preisgünstiger wohnt. Dank milder Nächte sind Klimaanlagen überflüssig.

Östlich der Abzweigung

Flush Harmony, ✆ 0819-1725 1532, 🖵 https://flush-harmony.business.site. Die von der Straße weit in die Reisfelder zurückversetzte Unterkunft punktet mit Sonnenliegen am Pool, von denen man einen schönen Blick in die Landschaft und aufs Rinjani-Massiv hat. Die 5 Zimmer in Massivbungalows und einem 2-stöckigen Häuschen sind zeitgemäß ausgestattet und das kleine Café-Restaurant serviert einfache Gerichte. ❺

Hakiki Inn, Jl. Raya Tetebatu, ✆ 0818-0373 7407. Die netten Besitzer Gun und Rusmiati vermieten um einen Garten an den Reisfeldern 9 spärlich eingerichtete Bungalows und *Lumbung* sowie ein größeres Zimmer im Haupthaus, teils mit Dusche, Warmwasser, guten Matratzen und Veranda, einige auch mit Sicht auf den Rinjani. Restaurant. ❷–❺

Les Rizières, ✆ 0859-0313 8111, 🖵 www.les-rizieres.com. Katie und Thomas beherbergen ihre Gäste im großen Haus mit gemütlichen Zimmern sowie größeren Räumen im Nebenhaus. 2 Zimmer haben Etagenbetten. Im Zentrum der Anlage liegt das Restaurant, eine große Bambuskonstruktion mit Sitzkissen im 1. Stock sowie ebenerdig Tischen und Stühlen. Persönlicher Service, gute Infos und gesellige Abende. Reservierung ratsam. Frühstück inkl. ❹–❻

Nördlich der Abzweigung

Brigadoon Lombok, ✆ 0817-570 9555, 0812-3299 9003, 🖵 https://bit.ly/brigadoonbnb. Das von der Straße zurückversetzte Homestay überzeugt mit 4 kompakten Zimmern (eins mit

Die rituellen Stockkämpfe der Sasak

Ein martialisches Ritual ist der **Peresean**-Stockkampf, bei dem zwei mit Sarong und Kopftuch bekleidete Kämpfer *(Pepadu)* unter Aufsicht eines Schiedsrichters *(Pekembar)* und begleitet von traditionellen Rhythmen mit Rattanstöcken aufeinander eindreschen. Der Kampf dauert fünf Runden, und Kopftreffer bringen die höchste Bewertung. Zur Verteidigung dienen Schilde aus gehärteter Büffelhaut *(Ende)*. Ist ein Kampf entschieden, treten weitere junge Männer des Dorfes gegeneinander an. Das laute Aufeinanderknallen von Stöcken und Schilden wird von einem Ensemble mit treibender Musik begleitet. Blutige Wunden sind eher die Regel als die Ausnahme, auch weil vergossenes Blut als Omen für eine gute Ernte gilt. Im Anschluss an die Kämpfe wird oft ausgelassen gefeiert. Der auf individuelle Touren spezialisierte Veranstalter **Kostuba**, ℘ 0812-3450 0178, 🖳 www.kostubatravel.com, arrangiert Peresean-Vorführungen im Dorf Ungga (auch Ungge, 15 Min. westlich vom Flughafen), wo sich die gemeinnützige **Jage Kestare Foundation**, 🖳 www.fb.com/jagekastarefoundation, für Englischunterricht und die Besserstellung von Frauen im Dorf engagiert.

Twin-Betten) mit guten Matratzen, sauberem Gemeinschaftsbad, der herzlichen Art der Gastgeber Brian und Yayuk und dem zutraulichen Hund Attila. Gäste können den großen TV im Wohnzimmer nutzen und Yayuk im Bio-Garten zur Hand gehen. ❹

€ **Sama Sama Bungalows**, ℘ 0823-4029 6543, 🖳 www.fb.com/tetebatusamasambungalows. 3 Gehminuten südwestlich der Straße liegen am Ende eines Trampelpfads mitten im Grünen 3 einfache, preisgünstige Bungalows mit Hängematten. Bei Gastgeber und Guide Andy gibt's viel Ruhe und Verpflegung durch das kleine, hauseigene Lokal. Abends greift man schon mal zur Gitarre und singt gemeinsam. Frühstück inkl. ❷

AKTIVITÄTEN UND TOUREN

Bergsteigen
Auch von Süden ist die Besteigung des Gunung Rinjani möglich. Die Routen sind allerdings anstrengender, da man mehr Höhenmeter überwinden und durch den Dschungel trekken muss. Der Aufstieg von Tetebatu oder Timbanuh aus endet am Krater (Gunung Sangkareang) bzw.

am Gunung Kondo einem 3200 m hohen Nebengipfel des Rinjani.
Allgemein sei von dieser Route abgeraten, da auf den betriebsamen Nordrouten in Notfällen schneller reagiert und evakuiert werden kann. Wer sich davon nicht abschrecken lässt und eine Besteigung ohne andere Touristen bevorzugt, kann den Trek in 2 Tagen ab US$155 p. P. organisieren, z. B. über Unterkünfte oder **Jaya Trekker**, 0819-3890 0548, www.jayatrekker.com.

Wandern

Von den Unterkünften vermittelte Guides führen halb- oder ganztags für 150 000–300 000 Rp (mit Motorradtransport etwas teurer) durch Dörfer und Reisfelder, zu Wasserfällen und in den Black Monkey Forest. Ein guter Guide erläutert Nutzpflanzen am Wegesrand und führt zu kleinen Plantagen und Produktionsstätten. **Ron**, 0853-3702 0691, 0823-5918 6789, ist der Inhaber der WinaWani Bungalows und leitet empfehlenswerte 2 1/2–3-stündige Spaziergänge, die zwischen Reisfeldern zu einer Tabakhütte, einem Gewürzspeicher (mit Verkauf), dem Tibu-Duren-Wasserfall, wo gebadet werden kann, dem Black Monkey Forest und dem Tibu-Topat-Wasserfall führen.

TRANSPORT

Nach PAOKMOTONG geht's mit dem **Motorradtaxi** für 30 000 Rp, dort Zustieg in **Busse** nach MATARAM oder LABUHAN LOMBOK für je 25 000 Rp.
Private **Pkw mit Fahrer** sind über Unterkünfte zu bestellen. Preisbeispiele:
BANGSAL für 350 000–400 000 Rp in 2 1/2–3 Std.
KUTA LOMBOK für 300 000–350 000 Rp in 2 Std.
LABUHAN LOMBOK für 350 000 Rp in 2 Std.
LEMBAR für 400 000–500 000 Rp in 2 1/2 Std.
MATARAM für 300 000–350 000 Rp in 2 1/2 Std.
SEKOTONG-HALBINSEL für 550 000–600 000 Rp in 3 Std.
SENGGIGI für 400 000 Rp in 2–2 1/2 Std.

Aik Berik

Die Fahrt zwischen Tetebatu und Mataram lässt sich gut mit einem Besuch der Wasserfälle bei **Aik Berik** verbinden, sofern man ein eigenes Fahrzeug und feste Schuhe oder Badeschuhe hat. Am Eingang legt man fest, zu wie vielen Wasserfällen der Guide führen soll. Die Wanderung zu allen fünf Wasserfällen für

Authentisches Dorfleben entdecken

Etwas Besonderes bietet das Dorf **Mas-Mas**, https://wisata-mas-mas.business.site. Besucher bekommen auf einer abwechslungsreichen Tour Einblicke ins tägliche Leben. Dabei kann man die Schule besuchen, Korbflechterinnen treffen, bei der Herstellung von *Krupuk* aus Bananenstauden zusehen oder den Bauern bei Aussaat und Ernte helfen. Je nach Saison werden Reis, Chili, Tabak, Mais, Erdnüsse und Obst angebaut. Kompetent erklärt Pak Habib den landwirtschaftlichen Zyklus und zeigt beim Spaziergang Obstsorten, Blumen und Heilpflanzen. Den Abschluss bildet ein traditionelles Sasak-Essen.
Führungen für mind. 2 Pers. beginnen nach Voranmeldung (spätestens einen Tag im Voraus) gegen 9 Uhr, dauern 5–6 Std. und kosten 150 000 Rp p. P., Kinder bis 12 Jahre 75 000 Rp, Essen und Getränke inkl., Abholung und Weitertransport mit dem Auto für 500 000–600 000 Rp. Die Einnahmen kommen dank eines Verteilungsschlüssels allen zugute. Besucher werden gebeten, ihre Schultern zu bedecken, Sarongs gibt's vor Ort. **Übernachtung** im Homestay für 150 000 Rp inkl. Frühstück.
Wer als **Freiwilliger** Englisch oder Deutsch unterrichten möchte, zahlt 100 000 Rp pro Tag für Kost und Logis, sollte aber mind. eine Woche Zeit mitbringen.
Anmeldung bei **Pak Habib**, 0817-575 8182, 0823-5944 3272, habib_kemus@yahoo.com.
Anfahrtsbeschreibung auf www.vbtmasmas.wordpress.com/how-to-go-there. Von Westen kommend, ist Mas-Mas hinter Pacordau, von Süden via Kopang und von Osten via Lendangara ausgeschildert.

120 000 Rp p. P. dauert mit Baden etwa 2 1/2 Std. Alternativ sind die ersten beiden auch mit Motorradtaxis erreichbar, die Touristen am Eingang mitunter penetrant aufgenötigt werden.

Den bekanntesten von ihnen, **Benang Stokel**, erreicht man zu Fuß in etwa 15 Min. über einen befestigten Weg durch den Wald. An zwei Stellen stürzt das Wasser eine rund 20 m hohe, mit Farnen bewachsene Felswand hinab.

In gut 30 Min. kann man weiter zum **Benang Kelambu** laufen, einem dichten Wasservorhang, der eine üppig bewachsene, 35 m hohe Felswand hinabstürzt. Der Legende nach kam Prinzessin Rinjani hierher, um ungestört zu baden.

Schwieriger zu finden sind die versteckten Wasserfälle **Pengkelep Udang**, **Kliwon** und **Sesere**. Der Weg ist steil und rutschig, und es geht mehrmals durch einen Bach.

Mataram

Die Hauptstadt der Provinz West-Nusa-Tenggara ist mit den Nachbarstädten Ampenan und Cakranegara zu einem 500 000 Einwohner zählenden Ballungsraum zusammengewachsen. Da sich die meisten Touristen allenfalls für medizinische Behandlung oder die Visumsverlängerung in die Stadt begeben, lässt es sich, wenn man Touristenenklaven meiden möchte, gut aushalten. Man kann ausgesprochen günstig wohnen und essen gehen, es gibt Einkaufszentren und Kinos, und viele Ausflugsziele sind gut erreichbar. Wirklich urban ist die Stadt nur im Zentrum, gen Norden und Süden verliert sich die Urbanität nach wenigen Blocks zwischen Reisfeldern und dörflichen Strukturen.

Masjid Raya Hubbul Wathan

An der Jalan Pejanggik mit den für indonesische Provinzhauptstädte typischen Verwaltungs- und Repräsentativbauten dominiert die gigantische **Masjid Raya Hubbul Wathan** mit bis zu 114 m hohen Minaretten das Stadtbild. Mit einer Kapazität von 15 000 Gläubigen ist sie eine der größten Moscheen Südostasiens und das höchste Gebäude der Provinz. Die Kuppel ist von innen mit stilisierten floralen und geometrischen Lombok-Motiven bemalt, und von der Decke hängt ein Leuchter in Form einer Lotosblüte. Besucher werden manchmal außerhalb der Gebetszeiten herumgeführt, die bedeckende Kleidung wird vor Ort ausgeliehen, ⊕ 9–17 Uhr. Nachts erstrahlt die Moschee in bunten Farben.

West Nusa Tenggara Museum

Es lohnt sich, in 30–45 Minuten das kleine, den Inseln Lombok und Sumbawa gewidmete **Museum Nusa Tenggara Barat**, Jl. Panji Tilar Negara 6, zu besichtigen. Im vorderen Raum sind detaillierte Miniaturen der Vulkane Tambora und Rinjani sowie Gesteinsproben aus der Mine von Batu Hijau zu sehen. Die kulturhistorische Ausstellung dahinter präsentiert Textilien, archäologische Fundstücke, Keramiken, Haushaltsgegenstände, Waffen, Werkzeuge, Münzen und Musikinstrumente. Einige Dolche im Badik- und Golok-Stil sind sehr aufwendig gearbeitet. Eine Karte zeigt die antikolonialen Aufstände Ende des 19. Jhs. und eine Tafel die alten Schriftsysteme auf Lombok und Sumbawa. ⊕ Di–Do 8–15, Fr 8–11, Sa, So 8–15 Uhr, Eintritt 7000 Rp.

Cakranegara

Im betriebsamen „Cakra" leben außer den Sasak auch viele Balinesen und Chinesen. Im ersten Stock des **Pasar Cakra** an der Jalan Selaparang wird besonders morgens mit Fisch, Fleisch und Gemüse gehandelt, während die Bekleidungsgeschäfte im Erdgeschoss überwiegend Massenware vertreiben. In den östlichen Gassen werden Flecht- und Webarbeiten verkauft.

Weiter östlich steht der größte Hindutempel von Lombok, **Pura Meru**, aus dem Jahr 1720. Im Vergleich zu den imposanten Tempeln auf Bali wirkt er ziemlich vernachlässigt. Im inneren Bereich stehen ein großer sowie 33 kleinere Schreine. Die drei *Meru* mit ihren sieben-, neun- und elfstufigen Dächern sind den Hindugottheiten Brahma, Vishnu und Shiva geweiht. ⊕ 8–17 Uhr, Eintritt frei (Spende), manchmal wird von Touristen willkürlich ein völlig überzogener Eintrittspreis verlangt.

Zum Vollmond Ende November/Anfang Dezember findet hier und im Pura Lingsar (S. 376) das fünftägige Hindu-Fest **Pujawali** statt, zu dem neben Tanz und Musik auch der nachmittägliche *Perang Topat* („Klebreis-Krieg") gehört. Dabei bewerfen sich muslimische Sasak und lokale hinduistische Balinesen in spaßiger Manier mit Klebreis.

Der **Taman Mayura** schräg gegenüber war früher Teil des 1744 errichteten balinesischen Palastes. Nach dem Ausbau im Jahr 1866 half die Ansiedlung von Pfauen (Sanskrit: Mayura), die vielen Schlangen zu reduzieren. Das Areal wird von einem großen Teich dominiert, in dessen Mitte ein Pavillon *(Bale Kambang)* steht, der ähnlich wie in Klungkung (S. 302) als Gerichtshalle diente. Östlich steht der meist unzugängliche Pura Jagathnata Mayura. ⏱ 8–17 Uhr, Eintritt 20 000 Rp.

Ampenan

Jenseits der westlichen Brücke über den Jangkok liegt das ehemalige jemenitisch-arabische Altstadtviertel **Kampung Arab**. Über die Jalan Pabean gelangt man zur Meerseite, wo zu später Stunde ein **Nachtmarkt** stattfindet, der für seine frischen Fischgerichte bekannt ist. Um das große Pertamina-Treibstoffterminal herum geht es im Norden zum schwarzen Sandstrand, wo die vielen bunt bemalten Fischerboote ein schönes Fotomotiv abgeben. Wer sich für einen authentischen Obst-, Gemüse- und Fleischmarkt begeistern kann, schlendert morgens über den wuseligen **Pasar Ampenan** oder weiter nördlich über das noch größere Getümmel im **Pasar Kebon Roek**.

ÜBERNACHTUNG

Aston Inn, Jl. Panca Usaha 1, ☎ 0370-750 5000, 🖳 www.astonhotelsinternational.com. Das Hotel in zentraler und daher relativ lauter Lage punktet mit einem großen Pool, Bar, Spa, Restaurant sowie komfortablen Zimmern. Von den höheren Etagen hat man eine schöne Aussicht. ❹

Dewi Sri Guest House, Jl. Cendana 24, ☎ 0819-5300 0254, 🖳 www.dewisriguesthouse.com. Chris und Dewi beherbergen Traveller in sauberen, einfachen DZ mit guten Matratzen oder in zwei 4-Bett-Zimmern für 150 000 Rp p. P. Im begrünten Innenhof gibt's einen Gemeinschaftsbereich mit Pool und Liegen. Motorradverleih. ❸

Melati „Viktor", Jl. Abimanyu, ☎ 0370-633 830 (Haus 1), 621 722 (Haus 2), 62408 (Haus 3). In unmittelbarer Nachbarschaft liegen die auf drei Häuser verteilten, schlichten Zimmer, wie sie für ältere Provinzunterkünfte in Indonesien typisch sind. **Haus 1** bietet um den Parkplatz 12 Zimmer mit guten Matratzen und TV, teils auch Klimaanlage und Warmwasser. Die 6 Zimmer in den 2-stöckigen **Häusern 2** und **3** haben teils Klimaanlage und ein etwas besseres Preis-Leistungs-Verhältnis. Nicht unbesehen buchen und als Langschläfer schauen, auf welchem Grundstück gerade Hähne gehalten werden! Frühstück inkl. ❷

ESSEN

Abends reihen sich **Essensstände** mit Tischen und Stühlen entlang der östlichen Jl. Pejanggik. **Delicio**, Mataram Mall, Jl. Pejanggik, ☎ 0370-629 915. Im kitschig-rustikalen, etwas schummrig ausgeleuchteten, klimatisierten Restaurant mit Pub-Atmosphäre gibt's neben europäischen, indonesischen und indo-chinesischen Gerichten allein 17 Kaffeevariationen sowie Kuchen. ⏱ 9–23 Uhr.

Istana Rasa, Jl. Subak III 21, ☎ 0370-637 684. Das kleine Lokal in einem Wohnviertel hat sich auf kräftige Eintöpfe spezialisiert. V. a. die extrem lange köchelnde Ochsenschwanzsuppe mit Fleischeinlage *(Sop Buntut)* und der reichhaltige Hühnereintopf *(Soto Banjar)* können überzeugen, sind aber mit 75 000–80 000 Rp nichts für Sparfüchse. An manchen Tagen sind die Suppen vorzeitig ausverkauft. ⏱ 8–20 Uhr.

Omah Cobek, Jl. Maktal 6, ☎ 0370-614 1650. Im klimatisierten Restaurant werden authentische indonesische und Sasak-Gerichte wie *Iga Bakar* (gegrillte Rippchen), *Ayam Taliwang*, *Bebek Rica Rica* (Ente in Chilisoße), *Gurameh* (gegrillter Fisch) oder *Karedok* (kleingehackter Kohl in süß-scharfer Soße) aufgetischt. ⏱ 10–22 Uhr.

Rock Gilis Coffee, Jl. Langko 23, ☎ 0370-617 0758. Das (für Mataram-Verhältnisse) kreativ und gemütlich eingerichtete Café-Restaurant mit freundlichem Service und abwechslungsreichen Sitzmöglichkeiten hat eine gute Auswahl an Kaffeevariationen, Smoothies, Mocktails sowie akzeptable Pizza und Pasta. ⏱ 8–24 Uhr.

Roemah Langko, Jl. Langko 68, ☎ 0370-630080, 🖥 https://puteralombok.com/lombok. Das luftige, große Restaurant in einem stilsicher gestalteten Haus mit dezent kolonialem Flair serviert exzellente indonesische und Sasak-Gerichte, etwa den pikant-sauren Fischeintopf *Sop Asam Ikan Laut*, das *Ayam Taliwang* und sehr leckere *Sate*. Geschmack und Ambiente rechtfertigen die mittleren Preise und lohnen sogar die Anfahrt aus Senggigi. ⏱ 10–22 Uhr.

EINKAUFEN

Einkaufszentren und Supermärkte

Epicentrum Mall, Jl. Sriwijaya 333, 🖥 www.lombokepicentrum.com. Das größte Einkaufszentrum beherbergt einen **Hypermart**, den Matahari Department Store, Bekleidungsgeschäfte, Restaurants, Cafés sowie ein Multiplex-Kino von **Cinema 21**, 🖥 www.21cineplex.com. ⏱ 10–22 Uhr.

Mataram Mall, Jl. Pejanggik. Im alten Einkaufszentrum gibt's einen großen **Hero-Supermarkt** mit importierten Lebensmitteln sowie Elektronik-, Bekleidungs- und Haushaltswarengeschäfte. ⏱ 9–22 Uhr.

Trans Mart, Jl. Selaparang 60. Die kleine Mall beherbergt neben einem Carrefour, diversen Cafés und Food-Outlets auch ein Kino, 🖥 www.cgv.id. ⏱ 10–22 Uhr.

Souvenirs

Lombok Pearls Collection, Jl. Ahmad Yani 2, ☎ 0370-613 0864. Ein Showroom mit Perlen aus Lombok in verschiedenen Güteklassen und Verarbeitungsformen. Mehr über den Anbau von Perlen im Kasten auf S. 356. ⏱ 9–18.30 Uhr.

SONSTIGES

Medizinische Hilfe

Ambulanz, ☎ 0370-622 254.

RSUD, Jl. Bung Karno 3, ☎ 0370-750 2424, 🖥 https://rsud.ntbprov.go.id. Das staatliche Krankenhaus verfügt über eine nach Tauchunfällen überlebenswichtige Dekompressionskammer. Weniger volle Warteräume gibt es im klimatisierten VIP-Bereich für Privatpatienten.

Rumah Sakit Harapan Keluarga, Jl. Ahmad Yani 9, ☎ 0370-617 7000, Notruf 7009, 🖥 www.harapankeluarga.co.id. Das angeblich beste Krankenhaus der Insel mit CT- und Röntgengerät sowie Apotheke hat bei Service und Kommunikation viel Luft nach oben.

Post

Hauptpostamt, Jl. Sriwijaya 37, ☎ 0370-632 645. ⏱ Mo–Do und Sa 8–14, Fr 8–11 Uhr. Filialen s. Karte S. 374/375.

Visaangelegenheiten

Kantor Imigrasi, Jl. Udayana 2, ☎ 0370-632 520, 0819-9994 9000 (WhatsApp), 🖥 https://kanimmataram.kemenkumham.go.id. Visaverlängerungen kosten 500 000 Rp und benötigen nur 3–4 Werktage, da weniger Andrang herrscht als auf Bali. Man sollte mit langen Hosen, bedeckten Schultern und ohne Flipflops erscheinen. Nachmittags dauert es länger. ⏱ Mo–Do 8.30–16, Fr 8.30–12 und 13–16.30 Uhr.

NAHVERKEHR

Vom **Mandalika-Busbahnhof** (s. u.) verkehren gelbe **Minibusse** für 5000 Rp p. P. auf Rundkursen durch die Stadt bis zum **Pasar Kebon Roek** in Ampenan, Jl. Adi Sucipto.

Taxis von **Express**, ☎ 0370-647 555 und **Blue Bird**, ☎ 0370-627 000, berechnen bei Einstieg 6500–7000 Rp sowie 3800–5000 Rp pro km. Bestellungen +20 000–25 000 Rp, pro Wartestunde +42 000 Rp.

Vor der **Epicentrum Mall** stoppen Damri-Busse zum FLUGHAFEN gegen 7 und 14 Uhr für 40 000 Rp in 1 Std. sowie unregelmäßig von 10–18 Uhr nach SENGGIGI für 10 000 Rp in 30 Min.

TRANSPORT

Die Fahrt mit öffentlichen Transportmitteln ist oft mit Wartezeiten und Umstiegen verbunden. Schneller und direkter sind Minibusse privater

Mataram, Ampenan und Cakranegara

ÜBERNACHTUNG
1. Dewi Sri Guest House
2. Aston Inn
3. Melati „Viktor" 1
4. Melati „Viktor" 2
5. Melati „Viktor" 3

ESSEN
1. Roemah Langko
2. Rock Gilis Coffee
3. Pizza Hut
4. Essensstände (abends)
5. Delicio
6. Omah Cobek
7. Istana Rasa

Anbieter sowie Taxis. Fahrten nach Bali und Sumbawa sind in großen, klimatisierten Bussen angenehmer.

Fernbusse

Am **Mandalika-Busbahnhof**, 2 km östlich von Cakranegara in Bertais, sollte man sich von aufdringlichen Vermittlern nicht aus der Ruhe bringen lassen und Tickets nur von Vermittlern im Terminal kaufen. Einige Unternehmen fahren an zentraleren Standorten ab, die wir nachstehend angeben. Die Preise für Fernziele enthalten 1–2 Mahlzeiten sowie die Gebühren für alle Überfahrten. Einige Unternehmen verkaufen Tickets im Stadtzentrum, z. B. **Langsung Indah**, Jl. Pejanggik, ✆ 0813-3808 6883.
BIMA via SUMBAWA BESAR (150 000 Rp, 7–8 Std.) und DOMPU (225 000 Rp, 9–10 Std.) vom Busbahnhof um 9 und 15 Uhr für 225 000 Rp in 13–14 Std. Dort Umstieg in Kleinbusse nach SAPE für 30 000 Rp mit Anschluss an die Fähre nach LABUAN BAJO, insgesamt 26–28 Std.
MALUK (Sumbawa) via TALIWANG (105 000 Rp, 6–7 Std.) vom **Damri-Office**, Jl. TGH. Faesal 10, ✆ 0878-6574 8544, um 6, 8 und 20 Uhr für 115 000 Rp in 8–9 Std., wer beim Ticketkauf anfragt, wird gegen geringen Aufpreis auch bis SEKONGKANG gebracht.
SUMBAWA BESAR mit **Panca Sari**, Jl. Panca Usaha Blok A 8, ✆ 0878-6396 4555, und mit **Sumbawa Utama**, einen Block weiter westlich auf der anderen Straßenseite, ✆ 0878-6597 6366, insgesamt 13x tgl. von 7–20 Uhr für 120 000–140 000 Rp in 7–8 Std.
SURABAYA via MENGWI (225 000 Rp, 7–8 Std.) und PROBOLINGGO vom Busbahnhof gegen 11 Uhr für 325 000 Rp in 16–18 Std.

Minibusse

Ab **Kebon Roek** nach BANGSAL via SENGGIGI (15 000–20 000 Rp) für 30 000 Rp.
Lokale Busse für Ziele auf Lombok warten außerdem südlich vom Mandalika-Busbahnhof auf Passagiere und füllen sich morgens am schnellsten. Der Fahrpreis sollte nur beim Fahrer oder bei seinem Helfer entrichtet werden.
ANYAR (nördlich von SENARU) via BANGSAL (35 000 Rp) für 50 000 Rp in 4 Std.
LABUHAN LOMBOK via PAOKMOTONG (20 000 Rp, Umstieg nach TETEBATU) und AIKMEL (25 000 Rp, Umstieg nach SEMBALUN) für 40 000 Rp in 2 1/2–3 Std.
LEMBAR für 25 000 Rp in 1 Std.

Taxis

BANGSAL für 100 000 Rp in 1 Std.
FLUGHAFEN für 110 000–150 000 Rp in 45 Min.
KUTA LOMBOK für 300 000–350 000 Rp in 2 Std.
SEKOTONG-HALBINSEL für 350 000–400 000 Rp in 1 1/2–2 Std.
SENARU für 450 000–500 000 Rp in 2 1/2–3 Std.
SENGGIGI für 30 000–50 000 Rp in 15–20 Min.
TETEBATU für 300 000–350 000 Rp in 2 1/2 Std.

Die Umgebung von Mataram

Narmada

Rund 6 km östlich von Mataram liegt gegenüber dem Markt südlich der Straße der **Taman Narmada**. Der auf einem 2 ha großen Areal angelegte Komplex wurde 1727 vom balinesischen *Raja* von Karangasem errichtet und nach dem Narmada-Fluss in Indien benannt. Er ist mit seinen terrassenförmigen Gärten, Schwimmbecken und dem Angelteich ein bei Einheimischen beliebtes Ausflugsziel, jedoch etwas vernachlässigt. Am obersten Teich wird *Air Awet Muda* („Wasser, das jung hält") verkauft. Viele Einheimische sind von der verjüngenden und reinigenden Wirkung des Quellwassers überzeugt. ⏲ 8–17 Uhr, Eintritt 10 000 Rp, Schwimmen 5000 Rp. Führungen gegen eine Spende, die vorab ausgehandelt werden sollte. Vom Mandalika-Busbahnhof verkehren gelbe Minibusse für 5000 Rp. Im April finden auf den Reisfeldern der Umgebung Ochsenrennen *(Malean Sapi)* statt.

Lingsar

Der etwas vernachlässigte **Pura Lingsar**, etwa 7 km nordwestlich von Narmada (Motorradtaxi 25 000 Rp), wurde 1714 ebenfalls von der balinesischen Fremdherrschaft errichtet und 1878 restauriert. Die Gründung des Tempels geht auf eine Legende zurück, wonach bei der Ankunft der ersten balinesischen Hindus die Quelle *Aik Mual*, etwa 200 m östlich, zu fließen begann.

> ### Rafting auf dem Jangkok River
>
> In Batu Mekar, zwischen Lingsar und Suranadi starten in der Regenzeit (Okt–März) spaßige Schlauchboot-Touren auf dem Fluss. Nach einer Sicherheitseinweisung und dem Anlegen von Helm und Schwimmweste geht's 10 Minuten zu Fuß zum Startpunkt. Die Rafting-Etappe ist 6,5 km lang, führt durch eine schöne Uferlandschaft über einige Stromschnellen und Abstürze und ist mit 300 000 Rp p. P. für das Gebotene durchaus günstig. Infos und Kontakt bei **Lombok Rafting**, ✆ 0817-362274, 0817-579 0891.

Der nördliche Bereich besitzt vier Schreine, wobei der linke, *Hyang Tunggal*, am Gunung Agung auf Bali, der rechte am Gunung Rinjani ausgerichtet ist. Im südlichen Teil der Anlage verehrten schon *Wetu-Telu*-Anhänger (S. 355) in weiße Tücher gewickelte, vulkanische Steine und ein dem Gott Vishnu gewidmetes Becken mit heiligen Aalen. ⏲ 7–18 Uhr, Eintritt frei (Spende).

Suranadi

Das von Reisfeldern, Wald und Obstplantagen umgebene Suranadi ist ein nettes Ausflugsziel, allerdings nicht an Wochenenden oder Feiertagen, wenn viele einheimische Gruppen kommen und die Gärtnereien, Badepools und Campingplätze bevölkern.

Der älteste Hindutempel Lomboks ist der von Danghyang Nirartha im 16. Jh. an einer Quelle mit heiligen Aalen begründete **Pura Suranadi**. Tempelwächter locken die Fische gegen eine Spende mit hart gekochten Eiern und beharrlichem Klopfen hervor. Dahinter fallen drei aus schwarzem Stein errichtete, mit balinesischen Elementen verzierte Schreine auf: Links der siebenstufige *Padmasana*, der auf zwei großen Naga-Schlangen fußt, mittig der *Betara Lingsar Gunung Rinjani* und rechts der kleine *Ngelurah*, der aussieht wie ein Thron. ⏲ 7.30–18 Uhr, Eintritt frei (Spende).

Etwa 270 m nördlich des Tempels beginnt eine ca. 1 1/2-stündige Wanderung durch den **Taman Wisata Alam Suranadi**, einen 52 ha großen Wald mit fünf heiligen Quellen. Leider sind Schilder und Pfade nicht in bestem Zustand. Ein Weg führt rechts am Information Center vorbei zu uralten Mahagoni-Bäumen und weiter zum *Pohon Jodoh* – zwei großen, wie ein Liebespaar zusammengewachsenen Bäumen. Über einen Bach geht's weiter zu verschiedenen „Big Trees", darunter einem 50 m hohen Feigenbaum mit 3,57 m Stammumfang. ⏲ 8–17 Uhr, Eintritt 15 000 Rp.

Wenige Minibusse verkehren vormittags für 6000 Rp vom Markt in Narmada bis zur Abzweigung nach Suranadi. Chartern kostet 50 000 Rp.

Senggigi

Früher war Senggigi ein Fischerdorf, doch schon Mitte der 1990er-Jahre hatte es sich zur größten Touristenenklave von Lombok entwickelt. Heute wird mit dem Namen ein 13 km langer Küstenabschnitt nördlich von Ampenan verbunden, der besonders von Ruheständlern, Expats und Familien geschätzt wird, seitdem es die junge Crowd vornehmlich nach Kuta Lombok und auf die Gilis zieht.

Zwischen den Luxushotels der nördlichen Buchten finden sich schöne Strände, im Süden sind sie schmal und steinig. Man sollte sich auf fliegende Händler gefasst machen, die mit Sarongs und Bauchläden an den Stränden und entlang der Hauptstraße unterwegs sind. Bedingt durch die anspruchsvolle Klientel ist das Serviceniveau für indonesische Verhältnisse hoch. Während sich Senggigi hervorragend zum Relaxen und als Basis für Ausflüge eignet, sind die örtlichen Sehenswürdigkeiten an einer Hand abgezählt.

Batu Bolong und Batu Layar

Der balinesische **Pura Batu Bolong**, etwa 2 km südlich vom Zentrum auf einem Felsvorsprung am Meer, ist einer der besten Plätze, um die untergehende Sonne zu beobachten, ⏲ 7–18 Uhr, Eintritt frei, Sarong und Tempelschal für 10 000 Rp.

Weiter südlich befindet sich **Makam Batu Layar**, das Grab von Sayid Al-Hadrami, der im

16. Jh. den Islam auf Lombok verbreitete. An *Lebaran Topat* pilgern Muslime hierher, die im Anschluss an den Ramadan eine weitere Woche gefastet haben. Auch von hier genießt man eine schöne Aussicht aufs Meer.

Kerandangan Nature Reserve

Nördlich von Senggigi kann man etwa 2 km nordwestlich der Hauptstraße im 320 ha großen **Naturschutzgebiet** *(Taman Wisata Alam Kerandangan)* auf Waldwegen und Trampelpfaden zum Putri-Kembar- und Goa-Walet-Wasserfall wandern. Mit etwas Glück erspäht man schwarze Haubenlanguren und Schmetterlinge, aber in der Trockenzeit lassen sich Tiere nur selten Blicken. In das wenig besuchte Naturschutzgebiet sollte man nicht allein wandern. ⏱ 8–17 Uhr, Eintritt überteuerte 100 000 Rp, Sa und So 150 000 Rp.

Strände im Norden

Die Strände von **Mangsit** eignen sich gut zum Schwimmen und dank anfängergerechter Wellen auch für die ersten Stehversuche auf dem Surfbrett. Oft wird eine Eintritts- oder Parkgebühr von 5000–10 000 Rp fällig. Weiter nördlich windet sich die Straße den Hügel Bukit Malimbu hinauf, entlang einer Steilküste und hinab an den kleinen **Pantai Nipah**, wo man schwimmen, schnorcheln und sich an Imbissbuden stärken kann. Unter der Woche ist kaum jemand hier.

ÜBERNACHTUNG

Viele Unterkünfte liegen an der Jl. Raya Senggigi. In den Resorts im Norden sind Essen, Trinken und Dienstleistungen teuer, und das Ortszentrum ist nur mit Taxis erreichbar.

Mangsit

Holiday Resort Lombok, ☎ 0370-693 444, 🖥 www.holidayresort-lombok.com. In der 15 ha weiten, gepflegten Gartenanlage am Strand und im Hotelblock gegenüber sind 189 komfortable Zimmer, Bungalows und Suiten mit Balkon oder Terrasse, TV, Wasserkocher und Föhn untergebracht. Man sollte nicht an der Straße oder der lauten Hauswäscherei wohnen.
Große Poollandschaft, Tennisplatz, Fitnessraum, Spa, Tauchzentrum von Blue Marlin. ❼
Puri Mas Beach Resort, ☎ 0370-693 831, 🖥 www.purimas-lombok.com. Zwischen Sasak-Statuen stehen im gepflegten Garten 45 komfortable, mitunter etwas kleine Bungalows sowie Suiten und Poolvillen mit Marmorboden, teils auch schönem Open-Air-Bad oder Jacuzzi. Restaurant und Überlaufpool am Meer. Der Strand ist nicht sonderlich schön, und Kinder unter 12 Jahren sind unerwünscht. Das Spa liegt 2 km außerhalb (Shuttle-Service). Regelmäßig Yoga und Kochkurse. Gutes Frühstück inkl. ❼–❽
Qunci Villas, ☎ 0370-693 800, 🖥 www.qunci villas.com. Das Strandhotel mit professionellem Service umfasst 75 luxuriöse Zimmer und drei Poolvillen in tropischen Gärten; letztere liegen hangseitig auf der anderen Straßenseite. An den Wänden hängen Gemälde, fast alle Zimmer haben Open-Air-Bäder. Drei große Überlaufpools mit Liegen, das Spa und die beiden Restaurants eignen sich perfekt zum Entspannen. Professioneller Service. Reservierung empfehlenswert. ❼–❽

Senggigi

Mama Bella's Retreat, Jl. Arjuna III 11, ☎ 0822-9709 8654, 🖥 https://mamabellasretreat.com. Ein verstecktes, gepflegtes Kleinod unter indonesisch-niederländischer Leitung mit 10 einladenden Zimmern um einen von Palmen beschatteten Pool mit Liegen. Freundlicher Service. Laufnah zum Zentrum, aber dennoch kaum Straßenlärm, nur die nahe Moschee stört ab und an die Ruhe. ❹–❺
Raja's Bungalows, Gang Arjuna I, ☎ 0812-373 4171, ✉ rajas22@yahoo.com. Um den kleinen, üppigen Garten nahe der Moschee liegen 5 einfache, saubere Zimmer in Massivhäuschen mit guten Matratzen, Bambusmöbeln, Moskitonetz, Open-Air-Bad und hübschen Details. Nur der *Lumbung* mit Außenbad hat kein Warmwasser. In der gemütlichen Sitzecke kann man sich mit Vermieter Adrian auf Deutsch unterhalten. Frühstück inkl. ❸–❹
Sendok Hotel, ☎ 0852-3915 9779, 🖥 www.instagram.com/sendok_hotel_lombok. Die mit einer Prise Kolonialstil gewürzte Gartenanlage

Ein typischer Anblick in den Buchten von Senggigi: Die hölzernen Auslegerboote *(outrigger)* der Fischer. ▶

mit Pool hinter dem Restaurant umfasst 17 nach indonesischen Sagenhelden und Gottheiten benannte Zimmer, die unterschiedlich gut ausgestattet sind. Über Instandhaltungsmängel muss man in Anbetracht der Preisklasse wohl hinwegsehen können, und die billigen Ventilator-Zimmer fanden wir nicht empfehlenswert. Freundlicher Service. Frühstück inkl. ❸–❻

Sheraton Senggigi Beach Resort, ✆ 0370-693 333, 🖥 https://sheraton.marriott.com. Im ältesten 5-Sterne-Hotel der Insel schaffen viel Holz und warme Töne in den 155 komfortablen Zimmern und Villen trotz kleiner Schönheitsfehler ein angenehmes Ambiente, und man wohnt dennoch zentral in Laufnähe zu Restaurants, Bars und Geschäften. Traumhafte Poollandschaft mit Kinderbecken, 3 Restaurants, Sunset Lounge, Tennisplatz, Fitnessraum und Spa. Gutes Frühstücksbuffet inkl. ❼

Batu Bolong

Sunset House, ✆ 0370-692 020, 🖥 www.sunsethouse-lombok.com. Eine der wenigen mittelpreisigen, meerseitigen Anlagen mit gepflegtem Garten, *Pondoks* und Pool sowie geräumigen, in die Jahre gekommenen Zimmern, von denen sich einige einen zusätzlichen Pool teilen. Manche Zimmer riechen feucht, oder man blickt auf eine Wand – am besten nicht ungesehen buchen. Die 15 Räume auf der anderen Straßenseite im assoziierten **The Inn** sind weniger abgewohnt. Alle haben gute Matratzen, TV, Klimaanlage, Kühlschrank, Safe, Terrasse oder Balkon. Frühstück inkl. ❹–❺

Villa Mata Ano, Jl. Alamanda 8A+B, ✆ 0819-0611 1426. Im ruhigen, zurückversetzten Villenviertel versteckt sich ein Komplex aus mehreren Häusern, die sich terrassenartig an den Hang schmiegen und 15 geräumige, einladende Zimmer mit allem Pipapo beherbergen. Wer des Treppensteigens mächtig ist und keinen Meerblick braucht, kann hier komfortabel wohnen und hat sogar einen Pool. Frühstück inkl. ❹–❺

Meninting

Pondok Anggrek Putih, 600 m östlich der Hauptstraße, ✆ 0877-8432 5182, 🖥 www.anggrekputih.com, Karte S. 352. Im gepflegten tropischen Garten mit Pool und Liegen vermieten Dewi aus Java und der Grieche Chris 5 geräumige Zimmer mit Holzboden, Wasserkocher, Klimaanlage und Veranda oder Balkon im großen Haus. Keine Twin-Betten. Essen gibt's auf Bestellung. Motorradvermietung sowie tolle Kochkurse für 350 000 Rp p. P. Gutes Frühstück inkl. Frühzeitige Reservierung empfehlenswert. ❸–❹

ESSEN

Einige Restaurants bieten kostenlosen Abholservice.

Asmara Restaurant, ✆ 0370-693 619, 🖥 www.fb.com/asmara.restaurant.lombok. Sakinah aus Deutschland und ihr Team bieten seit 1997 angenehmes Ambiente, professionellen Service, leckere europäische und asiatische Küche zu mittleren bis gehobenen Preisen sowie ausgezeichneten Kaffee. Besonders der Mahi-Mahi-Fisch mit Wasabi-Soße und das Rinderragout mit Kartoffelbrei haben uns geschmeckt. Mit Leihbibliothek und Billardtisch. ⏱ Fr–Mi 17–22 Uhr.

Café Alberto, ✆ 0370-693 039, 🖥 www.cafealberto.com. Im luftigen Restaurant mit abwechslungsreichen Sitzgelegenheiten am Pool gibt's Pasta, Seafood, Salate und eine gute Auswahl an Cocktails. Zum Sonnenuntergang sitzt man bei Kerzenschein, und ab 18 Uhr werden die leckersten Pizzas von Senggigi aufgetischt. ⏱ 8–23 Uhr.

HamburgerYa!, über Pasta Pojok, ✆ 0877-5000 7494, 🖥 www.hamburgerya.com. Das Burger-Restaurant kredenzt erstklassige Fleischbrötchen mit Namen wie The Godfather, The Italian oder (vegetarisch) The Pulled Jackfruit zu mittleren, der Qualität angemessenen Preisen. Zudem gibt's Chicken Wings, Nachos, teure Steaks und eine große Auswahl an Getränken. ⏱ 15–22 Uhr.

Square Restaurant, Senggigi Square 10, ✆ 0370-693 688, 🖥 www.fb.com/square.lombok. Stilsicheres, vergleichsweise schickes Restaurant mit guter Weinauswahl. Alternativ zu den hübsch angerichteten, mitunter kreativen internationalen Gerichten gibt's etwas günstigere indonesische Klassiker sowie ein

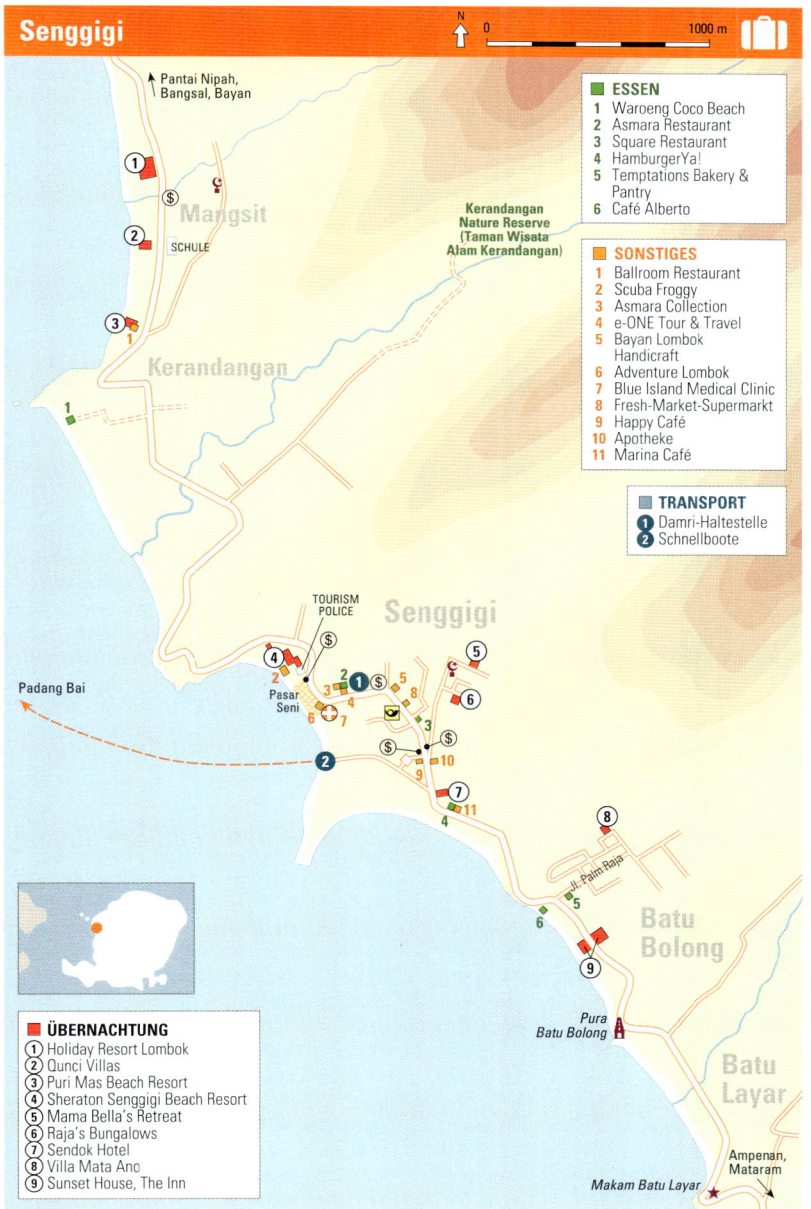

mehrgängiges Sasak-Menü. Monatlich wechselnd wird ein 5-Gänge-Menü mit passenden Weinen für 500 000 Rp p. P. angeboten. ⏰ 11–23 Uhr.
Temptations Bakery & Pantry, ✆ 0813-3990 6799, 🖥 www.temptations-lombok.com. Das an den Delikatessenladen mit Bäckerei angeschlossene Restaurant mit Tischen im Freien ist eine lohnende Option für spätes Frühstück und Brunch dank einer guten Auswahl an Sandwiches, Croissants, Salaten, Eggs Benedict, aber auch vollwertigen Gerichten von Seafood über Lamm und Steaks bis hin zu indonesischen Klassikern wie *Rawon*. ⏰ 10.30–19 Uhr.

Waroeng Coco Beach, ✆ 0821-4468 3300. Am Kerandangan-Strand sitzt man zwischen Palmen in luftigen Gazebos mit Meerblick und genießt traditionelle Kräutergetränke *(Jamu)*, gegrillten Fisch, indonesische Gerichte, Currys und Gemüsekuchen mit Zutaten aus dem eigenen Garten. Zudem gibt's gute Säfte – ein herrlicher Ort für den Sonnenuntergang. ⏰ 11–21 Uhr.

UNTERHALTUNG

Neben Bars, in denen sich auch Westler wohlfühlen, und Clubs mit guter Livemusik gibt's zwielichtige Karaokeschuppen und trübselige Etablissements für Einheimische. Viele bleiben während des Fastenmonats Ramadan (S. 47) geschlossen.
Puri Mas Beach Resort, s. Übernachtung, ✆ 0878-6561 5553. Parallel zum Abendessen präsentiert man im **Ballroom Restaurant** jeden Do ab 19.30 Uhr erst lateinamerikanische Tänze und später kurze Peresean-Stockkämpfe (S. 369), Gendang Beleq (S. 354) und Sasak-Tänze.

Happy Café, ✆ 0370-693 984. Beliebtes, luftiges Bar-Restaurant mit internationaler Küche und flottem Service. Touristen und Einheimische lauschen ab 20.30 Uhr den Coversongs der exzellenten Livebands. Hier ist auch unter der Woche etwas los, die Stimmung ist gut, und die Auswahl an Wein, Bier und Spirituosen stimmt. ⏰ So–Fr 12–1, Sa 13–1 Uhr.
Marina Café, ✆ 0370-693 136, 🖥 www.marinasenggigi.com. In der 2-stöckigen,

Vorsicht beim Genuss von Arak!

Seit es in Senggigi und auf den Gilis **Methanol-Vergiftungen** mit Todesfolge gab, ist von Arak (z. B. in Cocktails) aus unbekannter Herstellung absolut abzuraten. Eine gut organisierte Alkoholmafia panscht den beliebten Palmschnaps, um ihn in Touristenzentren in Umlauf zu bringen, oft unter gefälschtem Etikett. In Cocktails fällt das Methanol zunächst nicht auf. Je nach Mischung drohen schon nach wenigen Gläsern **Erblindung**, **Kreislaufkollaps** oder sogar der **Tod**. Im Supermarkt gekaufte Flaschen mit Siegel sowie Arak vertrauenswürdiger Herkunft (z. B. aus teuren Hotelbars) sollten unbedenklich sein, doch im Zweifelsfall kann der Verzicht Leben und Gesundheit retten! Anweisungen zur Ersten Hilfe im **Notfall** geben deutsche Giftnotrufstellen, z. B. an der Berliner Charité, ✆ +49-30-19240, 🖥 http://giftnotruf.charite.de.

ziemlich dunklen Diskothek spielt eine gute, rockige Liveband Di–So ab 22 Uhr indonesische und westliche Songs, und in den Pausen heizen DJs dem (erst nach Mitternacht zahlreichen) Publikum zu Elektro und Clubhits ein. Bier ist im Vergleich zu den potenten Longdrinks relativ teuer. ⏰ So–Do 18–2, Fr und Sa 18–3 Uhr.

EINKAUFEN

Auf dem Souvenirmarkt **Pasar Seni** gibt's kunstvoll bemalte Masken, Schalen und Schnitzereien, die Preise sollte man allerdings herunterhandeln, ⏰ 8–20 Uhr. Lebensmittel und Importprodukte führen der gut sortierte **Fresh Market**, ✆ 0818-166 537, ⏰ 7–23 Uhr sowie die **Temptations Bakery & Pantry** (s. Essen).
Asmara Collection, vor dem Asmara Restaurant, ✆ 0370-693 109. Kleine Boutique mit Kunsthandwerk, Stoffen, Seifen und anderen Souvenirs aus Lombok und dem restlichen Archipel. ⏰ 9–21.30 Uhr.
Bayan Lombok Handicraft, ✆ 0370-693 784, 🖥 www.bayanlombok.com. Wer Kunsthandwerk ohne Verhandlungsstress erwerben möchte, findet hier eine breite Auswahl an

Schnitzereien, Gemälden, Metallfiguren und anderen Souvenirs zwischen „klassisch" und „kitschig" zu Festpreisen. Verpackungs- und Versandservice. ⏲ 9.30–22.45 Uhr.

AKTIVITÄTEN UND TOUREN

Bergsteigen

Viele Anbieter in Senaru (S. 411) holen Gäste ohne Aufpreis aus Senggigi, Bangsal oder vom Flughafen ab. Es ist daher nicht notwendig, bei Vermittlern in Senggigi zu buchen. Denn oft werden Bergsteiger von unterschiedlichen Vermittlern zu einer Gruppe zusammengefasst, sodass dieselbe Leistung mitunter zu verschiedenen Preisen angeboten wird. Es sollte genau festgehalten werden, welche Verpflegung und Gruppengröße vereinbart wurde, um bei Nichteinhaltung eine Grundlage für Reklamationen zu haben.

Fahrradtouren, Dorfbesuche und Wanderungen

Adventure Lombok, Pasar Seni, ✆ 0812-3811 1101, 🖥 www.adventure-lombok.com. Der Anbieter organisiert Aktivitäten in ganz Lombok, darunter Halbtagestouren wie eine Reisfeldwanderung (US$58 p. P.) oder eine Radtour zum Kerta-Gangga-Wasserfall (US$85 p. P.).

e-ONE Tour & Travel, vor dem Asmara Restaurant, ✆ 0819-3317 2356, ✉ e-one@asmara-group.com. Sakinah arrangiert empfehlenswerte Tagestouren wie z. B. zum Dorf Mareje im Südwesten der Insel, wo zwischen fantastischen Reisterrassen mehrere buddhistische Tempel liegen.

Tauchen und Schnorcheln

Scuba Froggy, Mangsit, ✆ 0878-6551 1090, 🖥 www.scubafroggy.com. Die Tauchbasis bietet Tauchtouren zu den nördlichen Gilis wie auch zu den kleinen „Secret Gilis" vor der südlichen Sekotong-Halbinsel. 3 Tauchgänge kosten 1,6 Mio. Rp, 1 Tauchgang am Hausriff 700 000 Rp. Wer nicht taucht, kann für 650 000 Rp zum Schnorcheln an 3 Spots mitfahren. Anfänger können alle gängigen PADI-Kurse belegen, vom Bubblemaker bis zum Divemaster.

Mit dem Boot von Lombok nach Flores

An den viel beworbenen **Liveaboard-Touren** zwischen Lombok und Flores mit – je nach Kapazität des Schiffs – bis zu 35 Passagieren scheiden sich die Geister. Bei ruhiger See kann das Erlebnis herausragend sein, bei hohem Wellengang und lustloser Crew einfach nur strapaziös und furchtbar. Am 1. und 2. Tag geht's ab Bangsal oder Labuhan Lombok die Nordküste Sumbawas entlang, wo geschnorchelt und ein Wasserfall auf Pulau Moyo besucht wird. Dann geht es via Pulau Satonda zum Komodo-Nationalpark. Am 3. Tag und gegebenenfalls 4. Tag ist man auf Komodo den Waranen auf der Spur und ein letztes Mal Schnorcheln, bevor man Labuan Bajo ansteuert. Vollpension, Schnorchelausrüstung und Transfers sind inklusive. Um für einen eventuellen Reklamationsfall gerüstet zu sein, sollte nie bei Vermittlern, sondern immer direkt beim Anbieter gebucht werden. Klar ist: Die Tour ist allenfalls etwas für seefeste Abenteuerlustige ohne Komfortansprüche. Zarte Naturen oder Familien mit Kindern sollten lieber von Labuan Bajo aus Tagestouren zu den Inseln im Komodo-Nationalpark unternehmen.

Wanua Adventure, ✆ 0819-9943 5791, 0821-4711 3355, 🖥 https://wanuaadventure.com. Einer der wenigen Anbieter im preiswerten Segment startet Mo, Mi und Sa mit einem rustikalen Schiff mit Toilette und Wasserbottich samt Schöpfkelle zum Duschen zur 4-tägigen Tour gen Osten. Übernachtet wird an Deck für 2,8 Mio. Rp, der Aufpreis für die heißen Kabinen (3,3 Mio. Rp) lohnt kaum.

Deutlich teurer, zeitlich sehr begrenzt verfügbar und nur für Taucher sind die Tauchsafaris von Anbietern wie **Scuba Froggy**, 🖥 www.empress-liveaboard.com, die mit der MV Empress auch zwei-, dreimal im Jahr zwischen Bali und Flores unterwegs sind.

SONSTIGES

Auto- und Motorradvermietungen
Fast alle Unterkünfte und Reisebüros vermitteln Fahrzeuge. Einen Roller gibt's ab 50 000 Rp und Autos ab 300 000 Rp pro Tag.

Medizinische Hilfe
Die Krankenhäuser von Mataram sind nicht weit (S. 373). Kleine Privatpraxen *(Clinic)* finden sich im Zentrum entlang der Hauptstraße.

Polizei
Senggigi Tourism Police, nördlich des Pasar Seni, ✆ 0370-693 267.

Post
Postfiliale, s. Karte. ⏰ Mo–Do 7.30–15, Fr 7.30–11.30, Sa 7.30–13 Uhr.

TRANSPORT

Busse
Ab der Haltestelle unweit vom Asmara Restaurant geht's mit **Damri-Bussen** zum FLUGHAFEN via MATARAM (10 000 Rp, 30 Min.) ungefähr stdl. 7–14 Uhr für 50 000 Rp in 1 1/2 Std. Sie verkehren recht unzuverlässig, weshalb man ausreichend Zeit einplanen sollte.

Minibusse
Billige öffentliche *Bemos* fahren nur noch selten nach Kebon Roek in AMPENAN (Mataram) für 10 000–15 000 Rp. Regulär fahren dafür Minibusse von privaten Vermittlern entlang der Hauptstraße meist gegen 8.30 oder 10.30 Uhr. Preisbeispiele p. P. gegebenenfalls inkl. Fährticket:
BANGSAL für 50 000 Rp in 1 Std.
FLUGHAFEN für 100 000–120 000 Rp in 1 1/2 Std.
GILI AIR, GILI MENO und GILI TRAWANGAN via Bangsal für 75 000 Rp in 1 1/2 Std.
KUTA, SANUR, UBUD und CANDI DASA (alle auf Bali) für 160 000–175 000 Rp in 7–8 Std.
KUTA LOMBOK für 125 000–150 000 Rp in 2 1/2 Std.
LEMBAR für 100 000–110 000 Rp in 1 Std.
PADANG BAI (Bali) für 135 000–175 000 Rp in 5–6 Std.
SENARU und TETEBATU für 200 000–275 000 Rp in 2 Std.

An den Stränden von Senggigi fühlen sich auch Familien wohl.

Die Angebote nach LABUAN BAJO (Flores) sind letztlich auch nur Fernbusse vom nicht allzu weit entfernten Mataram nach BIMA (Sumbawa, 325 000–400 000 Rp), kosten aber 450 000–500 000 Rp und dauern 27–29 Std. Auf eigene Faust ist es deutlich günstiger.

Taxis
Im Vergleich zu den obengenannten Transfers lohnen sich Fahrten mit den Taxis von **Blue Bird**, ☏ 0370-627000, bereits ab 2 Pers. Preisbeispiele:
BANGSAL für 100 000–120 000 Rp in 30 Min.
FLUGHAFEN für 200 000–220 000 Rp in 1–1 1/4 Std.
KUTA LOMBOK für 300 000 Rp in 2 Std.
MATARAM für 50 000–60 000 Rp in 20–30 Min.
SEKOTONG-HALBINSEL für 250 000–300 000 Rp in 2 Std.
SENARU für 300 000–350 000 Rp in 2 Std.
TETEBATU für 350 000 Rp in 2–2 1/2 Std.

Schnellboote
Eka Jaya, ☏ 0878-6009 7535, 🖥 www.ekajayafastboat.com. Nach PADANG BAI (Bali) um 10.30 Uhr für 425 000 Rp in 1 1/2 Std.

Bangsal und Umgebung

Die Orte **Pemenang** und das geschäftige Markt- und Verwaltungsstädtchen **Tanjung** erreicht man auf der schmalen Küstenstraße Richtung Norden. Von Mataram aus empfiehlt sich die verkehrsarme Küstenstraße via Senggigi als Alternative zu der von Kurven und Gefälle geprägten, viel befahrenen Route über den **Pusuk-Pass**.

Die Boote zu den vorgelagerten Inseln Gili Trawangan, Gili Meno und Gili Air legen in **Bangsal** ab, einem Ortsteil von Pemenang, in dem man nicht länger als nötig verweilen möchte. Auch Schnellboote nach Bali, Senggigi oder Gili Gede machen hier Halt. Wer mit öffentlichen Verkehrsmitteln ankommt, kann an der Kreuzung in Pemenang aussteigen und die 1,2 km zum Bootshafen laufen oder mit einer kleinen Kutsche *(Cidomo)* für 15 000–20 000 Rp p. P. fahren. Auf den **bewachten Parkplätzen** entlang der Zufahrtstraße und westlich der Ticketschalter können Motorräder für 10 000 Rp und Autos für 30 000 Rp pro Tag abgestellt werden.

ÜBERNACHTUNG UND ESSEN

Arnel Bungalows, etwa 400 m vor der Anlegestelle, ☏ 0370-619 5212. Wer vor Sonnenuntergang kein Boot mehr bekommt, kann sich bei dem freundlichen niederländisch-indonesischen Besitzerpaar einquartieren. Die 4 Zimmer und Bungalows sind sauber und mit bequemen Betten und Moskitonetz ausgestattet. Frühstück inkl. ❸

Hotel Tugu, Abzweigung 3 km nördlich, ☏ 0370-612 0111, 🖥 www.tuguhotels.com/hotels/lombok. An einem ruhigen, weißen Sandstrand liegen 36 stilvoll und einladend gestaltete Bungalows, Villen und Suiten, die mit Antiquitäten, Kunsthandwerk und alten Drucken stimmungsvoll eingerichtet sind. Einige haben freistehende Badewannen. Golfplatz, großer Pool und Spa. *Jamu-*, Koch- und Yogakurse werden an der in einem restaurierten Kolonialbau untergebrachten Rezeption vermittelt. Sehr freundlicher, aufmerksamer Service – eines der besten Luxushotels auf Lombok. ❽

Rinjani Beach Eco Resort, Sokong, 12 km nordöstlich, ☏ 0819-3670 0579, 🖥 www.rinjanibeach.com. Hideaway in einem Garten mit Hängematten und Pool am Strand. Es gibt 9 aus Bambus und Naturmaterialien konstruierte, nach unserem Dafürhalten überteuerte Bungalows mit Moskitonetz, Safe und Open-Air-Bad, bis auf die günstigste Kategorie alle mit Warmwasser. Kajak- und Schnorchelverleih, Organisation von Tauchgängen. Wegen der wenig attraktiven Umgebung ohne touristische Angebote nur etwas für Ruhesuchende. Nur Barzahlung. Frühstück inkl. ❹–❻

TRANSPORT

Minibusse und Pkw mit Fahrer
Lokale Minibusse *(Bemo)* und größere 11-Sitzer vom Typ Colt fahren ab der Kreuzung, 1 km südlich der Anlegestelle, via SENGGIGI zur Minibus-Haltestelle Kebon Roek in MATARAM für 30 000 Rp, einige auch bis zum Mandalika-Busbahnhof für 35 000 Rp.

Damri-Busse fahren jeweils gegen 8 und 9 Uhr zum FLUGHAFEN sowie nach SEMBALUN für 20 000 Rp in 2 Std.

Die meisten Touristen nutzen **Pkw mit Fahrer** bzw. **private Minibusse**, die auch auf den Gilis gebucht werden können. Preisbeispiele p. P.:
FLUGHAFEN für 200 000 Rp in 2 Std.
KUTA LOMBOK und TETEBATU für 225 000 Rp in 2 1/2–3 Std.
LEMBAR (Fähren nach Bali) für 110 000 Rp in 1 1/2 Std.
MATARAM via SENGGIGI (30 Min.) für 100 000 Rp in 1 Std.
SENARU für 200 000 Rp in 2 Std.

Taxis

Blue-Bird-Taxis mit Taxameter warten bis gegen 18 Uhr an der Zufahrtsstraße 400–500 m südlich. **Private Fahrer** haben sich in der Kooperative „Wisnuman" organisiert. Deren überteuerte Preise können etwas heruntergehandelt werden, da sie am oberen Ende der folgenden Preisspannen liegen:
FLUGHAFEN für 300 000–350 000 Rp in 2 Std.
KUTA LOMBOK für 350 000–400 000 Rp in 2 1/2 Std.
LEMBAR für 300 000–350 000 Rp in 2 Std.
MATARAM für 200 000 Rp in 1 Std.
SEKOTONG-HALBINSEL für 450 000–600 000 Rp in 3 Std.
SENARU (Gunung Rinjani) für 300 000–350 000 Rp in 1 1/2 Std.
SENGGIGI für 150 000–200 000 Rp in 30 Min.
TETEBATU für 400 000–550 000 Rp in 2 1/2–3 Std.

Boote

Die rustikalen **öffentlichen Boote** sind in der Kooperative „Karya Bahari" organisiert, die am Hafen einen Ticketschalter mit Preisaushang betreibt. Zu den Booten muss man ein paar Schritte durchs Wasser waten. Sie fahren bis 17 Uhr bei genügend Passagieren (20–30 Pers. pro Überfahrt) in 10–20 Min. nach GILI AIR für 18 000 Rp, GILI MENO für 21 000 Rp und GILI TRAWANGAN für 23 000 Rp. Am kürzesten sind die Wartezeiten vormittags, an Feiertagen fahren weniger Boote. Der Charterpreis beträgt 560 000/650 000/750 000 Rp.

Schnellboote nach GILI TRAWANGAN, GILI MENO und GILI AIR legen um 10, 11, 13 und 14 Uhr für 85 000 Rp vom Pier ab und werden von Vermittlern beworben. Sie lohnen allenfalls, wenn man nasse Füße oder Spritzwasser unbedingt vermeiden will. Ansonsten wartet man auch nachmittags nicht allzu lange auf die günstigen öffentlichen Boote.

Schnellboote nach BALI oder GILI GEDE (Sekotong-Halbinsel) müssen hier ebenfalls einen Stopp einlegen. Wer sich bei den auf Gili Trawangan aktiven Anbietern ankündigt, kann zusteigen. Vermittler in Bangsal verlangen oft überteuerte Preise für die Strecke.

Gili Trawangan

Die drei kleinen, enorm beliebten Inseln Gili Trawangan, Gili Meno und Gili Air sind dank schöner Strände und kristallklarem Wasser zu einer etablierten Station auf vielen Reiserouten avanciert. Mit Schnellbooten von Bali aus er-

---

Vorsicht vor Betrügern und Abzocke

Zur Hochsaison sind die Hafenzufahrt und der Parkplatz von Agenten gesäumt, die überteuerte Tickets verkaufen und behaupten, dass alles ausverkauft, das bereits erworbene Ticket nicht gültig sei oder keine Boote mehr verkehren würden. Oft wird auch versucht, die Namen der Reisenden auf eine noch leere Passagierliste zu schreiben, um dann anzubieten, die „stundenlange Wartezeit" durch Aufbuchung für eine frühere Abfahrt zu verkürzen. Einige Guides bzw. Fahrer laden ihre Gäste in Restaurants an der Zufahrtsstraße ab und erwarten, dass man dort Essen, Getränke oder Tickets kauft, um danach Provision zu kassieren. Man sollte sich nicht aus der Ruhe bringen lassen und zielsicher die offiziellen Ticketschalter am Hafen ansteuern. Wer von den Gilis kommt, sollte darauf vorbereitet sein, dass „hilfsbereite" Träger ungefragt das Gepäck nehmen, hinterher aber saftige Trinkgelder verlangen.

15 HIGHLIGHT Urlaub vom Urlaub – Strandkultur auf den Gilis

Einen Gang runterschalten, den Gaumen verwöhnen und gepflegt nichts tun – für viele genau das Richtige nach ihrer aufregenden Reise durch Bali oder Lombok. Wie gut, dass die Gilis hierfür wie gemacht sind, und genau darum sind sie wohl auch so beliebt. Hier verbringt man seine Tage mit Sand zwischen den Zehen, Sonne auf dem Pelz und einem Drink in der Hand. Ruft der Hunger, braucht man nicht weit von der Liege zu rollen, und nur wenige Stranddestinationen Indonesiens können mit dem **kulinarischen Angebot** mithalten. In den Beach Clubs und strandnahen Restaurants von Gili Trawangan kann man mediterran frühstücken, vegetarisch zu Mittag essen, bei Kaffee und Kuchen überlegen, ob man später lieber mexikanisch, italienisch oder indisch schlemmen möchte, um sich letztlich doch für frischen Fisch zu entscheiden und mit einer Wasserpfeife oder Cocktails auf den späten Abend einzustimmen. Vor einigen Strandbars stehen **Schaukeln im Meer** – ein beliebtes Fotomotiv. Für die Nutzung von Sonnenschirmen und gegebenenfalls Pools gilt ein **Mindestverzehr** von 100 000–130 000 Rp.

Gili Trawangan

Tagsüber empfehlen sich die gediegene **Pearl Beach Lounge** und der lässige **Le Pirate Beach Club**, beide mit Pool. Für den Sundowner geht's im Süden zur **Paradise Sunset Bar** oder nebenan ins beliebte **PinkCoco**. Wenige Gehminuten von hier ziehen **The Exile** und der benachbarte **Malibu Beach Club** mit gelegentlicher Livemusik auch Familien aus den Unterkünften der ruhigen Westküste an.

Gili Meno

Der südwestliche, nahezu weiße Sandstrand ist – sofern er gereinigt wird – die vielleicht **beste Badestelle** der drei Inseln. Schicke Beach Clubs gibt es keine, aber einige Hotels haben Strandbars mit Liegen, Schirmen oder Gazebos und ein entsprechendes Angebot. Zum Sonnenuntergang bietet das rustikale **Diana Café** die beste Aussicht.

Gili Air

Auf Gili Air liegen Sonnenanbeter auf der Ostseite am Strand der **Zipp Bar** (S. 404) oder unter Sonnenschirmen in den Sitzkissen der **nördlichen Strandrestaurants**. Abends geht's ins **PinkCoco Sunset Bar & Resto** (S. 405) oder in die **Legend Bar** (S. 404).

Auch wenn der Tourismus die Haupteinnahmequelle darstellt und der soziale Umgang offen und entspannt scheint, sollten Besucher den **muslimischen Glauben** der Einheimischen respektieren. Abseits der Strände, v. a. in der Nähe einer Moschee, gehört es sich nicht, in knappen Badesachen herumzulaufen; Nacktbaden ist ohnehin gesetzlich verboten. Im Fastenmonat **Ramadan** sollte man tagsüber nicht im Beisein von Fastenden essen oder trinken, es sei denn, dies wird explizit erlaubt (etwa in Hotels oder Restaurants).

reichbar, bilden sie gewissermaßen die touristische Peripherie der westlichen Nachbarn – auch wer Lombok nicht bereist, fährt zumindest auf die Gilis.

Die ersten Bewohner waren **Bugis** aus Süd-Sulawesi, die Gili Air vor rund 200 Jahren wegen ihrer Süßwasservorkommen ansteuerten. Gili Meno wurde später der Salzgewinnung wegen besiedelt. Im **Zweiten Weltkrieg** nutzten die japanischen Besatzer Gili Trawangan als Gefangenenlager und als Spähposten. In die Erhebung trieben sie kleine Tunnel (*Terowongan*), die der Insel ihren späteren Namen gaben. Richtige Dörfer entstanden erst ab den 1970er-Jahren durch das Anlegen von Kokosplantagen und den Zuzug von Sasak

Gili Trawangan

■ ÜBERNACHTUNG
1. Desa Dunia Beda
2. Karma Kayak
3. Eden Eco Resort
4. Belukar Villas
5. Wombat's B&B
6. Villa Almarik Resort
7. My Mate's Place
8. Gili Joglo
9. Green Banana
10. Gili Castle
11. Broken Compass
12. Gili Beach Bum Hotel
13. Gili Nyepi
14. Koi Gili Gh.
15. Rumah Kundun
16. Vila Ombak

■ ESSEN
1. Window Bar
2. The Roast House
3. Tiki Grove
4. Samadhi Living
5. Kayu Café
6. Gili Gelato
7. Le Petit Gili
8. Pesona Restaurant
9. The Beach House
10. Scallywags Seafood Bar & Grill
11. Pearl Beach Lounge
12. ko-ko-mo Restaurant

■ SONSTIGES
1. Lutwala Dive
2. Le Pirate Beach Club
3. Mad Monkey
4. Gili Golf
5. Cats of Gili
6. Yin
7. Fly Gili
8. kleine Arztpraxis
9. Sweet & Spicy
10. Lava Bar
11. Freedive Gili, Gili Yoga
12. Soraya Yoga
13. Manta Dive, Evolution Bar
14. Gili Eco Shop
15. Sama-Sama Bar
16. William Bookshop
17. Blue Marlin Dive
18. Dream Divers
19. Azure Spa
20. The Irish Bar (Tir Na Nog)
21. The Exile
22. Malibu Beach Club
23. Stud Horse Riding
24. Sunny Surf School
25. Surfbrettverleih
26. Paradise Sunset Bar, PinkCoco

Schnorcheln
Tauchen

■ TRANSPORT
1. Scoot Fast Cruises
2. Eka Jaya
3. Ticketschalter für öffentliche Boote

LOMBOK

388　GILI TRAWANGAN　　www.stefan-loose.de/bali

(S. 354), in den 1980er-Jahren gefolgt von den ersten Touristen.

Heute treffen Rucksackreisende und Yoga-Schüler auf Sauf- und Tauchtouristen, indonesische Familien, Honeymooner aus Down Under und die asiatische Schickeria. Viele Expats prägen das bunte Treiben mit. Trotz allem geblieben sind eine entspannte Atmosphäre und die bescheidene Infrastruktur – statt Autos und Motorrädern juckeln hier Pferdekutschen und Radfahrer (sowie ein paar E-Roller) über die sandigen, kaum beleuchteten Wege.

Während es auf Gili Air und Gili Meno eher beschaulich zugeht, genießt die größte Insel **"Gili T"** einen Ruf als Partyhochburg. Bis zu 1500 Besucher treffen in der Hochsaison täglich hier ein. Da sich das 1500 Einwohner zählende Dorf, die meisten Unterkünfte und der laute Trubel an der Ostküste ballen, ist der Rest der Insel noch immer relativ ruhig. Trawangan lässt sich in einem zweistündigen Spaziergang umrunden, und während auf der Ostseite die ersten Beats aus den Bars wummern, kann man im Westen in Ruhe den Sonnenuntergang genießen. Das Abendrot lässt sich auch vom 72 m hohen **Bukit Trawangan** im Süden beobachten.

Aufgrund der Korallen eignen sich nur wenige Stellen zum Schwimmen. Auch beim Strandspaziergang sind Flipflops oder Badeschuhe ratsam. Im Nordosten und Osten liegt ein vorgelagertes Riff. Man kann am Oststrand gen Norden laufen und sich schnorchelnd von der Strömung zurücktreiben lassen. Über der Wasseroberfläche verschandeln im Nordosten künstliche Wellenbrecher die Sicht.

Wie immer bringt der wachsende Tourismus auch Probleme mit sich: Aufgrund des hohen Verbrauchs muss reichlich Wasser vom Festland eingekauft werden, obwohl es eine Entsalzungsanlage gibt. Zudem weist das aus immer tieferen Erdschichten gewonnene Grundwasser einen zunehmenden **Salzgehalt** auf. Der Energiehunger der Klimaanlagen, Pools und Kühlschränke ist immer schwieriger zu decken – Stromausfälle sind die Folge. Schließlich wird das in Indonesien allgegenwärtige **Müllproblem** auf den kleinen Inseln besonders sichtbar, allerdings kämpfen Initiativen dagegen an (Kasten S. 391).

ÜBERNACHTUNG

Untere Preisklasse

Broken Compass, Jl. Ikan Hiu, ☎ 0819-9840 0694, 🖥 www.the-broken-compass.com. In dem mit Farbe und kreativ integrierten Glasflaschen dekorierten Hostel sorgen 2 Pools, eine Tischtennisplatte, gemeinsame Aktivitäten und die gesellige Bar für Austausch und Interaktion. Es gibt 6 klimatisierte Schlafsäle mit je 3 Betten à 170 000–190 000 Rp. Die 6 sauberen DZ mit eigenem Bad bieten mehr Privatsphäre. Frühstück inkl. ❹–❺

Gili Beach Bum Hotel, Jl. Pantai, ☎ 0877-6526 7037, 🖥 www.gilibeachbum.com. Hinter dem Pool und einer Kletterwand befindet sich ein selbsternanntes „Partyhotel" mit bunten Wanddesigns und Frühstücksraum im 1. Stock. Hier und im Nebenhaus gibt's 20 Zimmer mit Klimaanlage und Farbklecksen auf dem Boden, darin je 3 Einzelbetten mit Schließfach, Leselampe und Steckdose für 160 000–180 000 Rp. Wegen der benachbarten **Lava Bar** abends recht laut. Frühstück inkl.

Gili Castle, Jl. Ikan Hiu, ☎ 0853-3992 0711, 🖥 www.gili-castle.com. Nichts für Ruhesuchende: Um den geselligen Innenhof mit Bar, Sitzkissen, lustigen Wanddesigns und Pool werden in 9 Zimmern mit Klimaanlage und Gemeinschaftsbad je 3 Einzelbetten mit Schaumstoffmatratzen à 120 000–180 000 Rp vermietet. Zudem 7 DZ mit besseren Matratzen, teils auch eigenen Bädern. Sonntags ist Poolparty. Frühstück inkl. ❸–❹

Koi Gili Gh., Jl. Ikan Beronang, ☎ 0819-0728 4665. Hinter dem kleinen bepflanzten Vorhof steht ein gelbes Reihenhaus mit 5 zweckmäßigen, älteren und für den Preis absolut annehmbaren Zimmern mit guten Matratzen, Klimaanlage und Veranda samt Bambusmöbeln. Frühstück inkl. ❷

Rumah Kundun, Jl. Bulu Babi, ☎ 0813-3863 1414, 🖥 http://bit.ly/rumahkundun. Ein preiswerter Dauerbrenner ist das kleine Reihenhaus mit 4 geräumigen, hübsch dekorierten, teils klimatisierten Zimmern mit guten Matratzen, farbigen Akzenten und Veranda. Hier fühlt man sich wohl und schont den Geldbeutel. Frühstück inkl. ❸

Wombat's B&B, ☎ 0821-4482 6369, 🖥 https://i86717.wixsite.com/wombats-trawangan. Bei einer netten deutschsprachigen Familie finden Gäste im Norden der Insel ein ruhiges Quartier mit Garten. Die 5 einladenden Zimmer (darunter eins für Familien) sind ausgesprochen sauber, hell und mit Klimaanlage, guten Matratzen und Veranda ausgestattet. Gutes Preis-Leistungs-Verhältnis, Fahrradverleih. Unbedingt reservieren. Frühstück inkl. ❸

Mittlere Preisklasse

Belukar Villas, ☎ 0813-5300 9112, 🖥 www.belukarvillas.com. Ruhig gelegen, ansprechend aber dezent designt und geräumig – die 14 einladenden Zimmer mit schattiger Veranda rund um den Pool sind ihr Geld wert und eine gute Wahl für Honeymooner und Familien, die gern auch mal einen Tag faulenzen ohne rauszugehen. Frühstück inkl. ❺–❻

Eden Eco Resort, ☎ 0853-3883 8768, 🖥 www.edenecoresort.com. Im hübschen, ruhig gelegenen Garten mit Pool führen Kenneth und Steph ein kleines, idyllisches Refugium aus 6 einladend dekorierten, gepflegten Bungalows mit Klimaanlage, guten Matratzen und schattiger Veranda.

Gut zu wissen

In der Hauptsaison von Mai–September sind **Aufschläge** von 50–100 % auf die Nebensaisonpreise üblich, in einigen Unterkünften auch noch im Oktober. Da die Inseln in der Saison extrem gut besucht sind, sollte vorgebucht werden.

Je nach **Lage** kann es sein, dass man am frühen Morgen von krähenden Hähnen oder dem zum Gebet rufenden Muezzin geweckt wird – Ohrstöpsel mitnehmen!

Oft bieten ältere Unterkünfte oder solche ohne Pool ein **besseres Preis-Leistungs-Verhältnis** als neuere, online hoch gelobte Unterkünfte.

Bei weiter entfernten Unterkünften gilt es zu beachten, dass nachts viele **Wege unzureichend beleuchtet** sind und zur **An- und Abreise** mit Gepäck ein *Cidomo* sinnvoll sein kann.

Das kleine Café-Restaurant hat eine originelle Speisekarte. Frühstück inkl. ❺

Gili Nyepi, Jl. Bintang Laut, ☏ 0853-3749 1996, 🖥 www.gilinyepi.com. Die gepflegte, kleine Gartenanlage mit Yoga-Raum unter Leitung der Niederländerin Denise umfasst 4 saubere, einladende Zimmer in Massivhäuschen mit Klimaanlage, Himmelbetten, guten Matratzen, hohen Decken und Safe. Frühstück inkl. ❹

Green Banana, ☏ 0812-3978 6629, ✉ green bananagili@gmail.com. In Strandnähe – allerdings auch nicht weit von der Moschee entfernt – wohnt man in 8 Zimmern mit guten Matratzen, Klimaanlage, TV, Safe und allgemein gutem Standard. Der 2-stöckige Compound verfügt zudem über einen kleinen Pool. ❹

Karma Kayak, Jl. Pantai, ☏ 0818-0559 3710, 🖥 www.karmakayak.com. Freundliche, ruhige Anlage von Grace und Astrid aus den Niederlanden. Hinter Pool und Restaurant (auch vegane Gerichte) liegen 9 klimatisierte, nüchtern-modern gestaltete Bungalows und Zimmer in 2-stöckigen Häusern. Vor dem Strand mit eigener Bar kann man gut am Hausriff schnorcheln. Von der Leihgebühr für Schnorchelausrüstung geht die Hälfte an den Gili Eco Trust (s. Kasten). Reservierung empfehlenswert. Badeschuhe und Frühstück inkl. ❺–❻

My Mate's Place, Jl. Ikan Duyung, ☏ 0818-0577 9466, 🖥 www.fb.com/mymatesplacegili. Etwas zu sehr zubetoniertes Party-Hostel mit funktional gehaltenen 2-stöckigen Bauten in denen bis zu 48 Pers. in 3-Bett-Zimmern für 220 000–250 000 Rp p. P. unterkommen. Zudem 25 DZ. Die lässige Atmosphäre, gemeinsame Aktivitäten und Rabatte für bestimmte Anbieter auf der Insel sind ideal für junge Leute in Feierlaune, die Anschluss suchen. ❹–❺

Obere Preisklasse

Desa Dunia Beda, Jl. Pantai, ☏ 0811-390 676, 🖥 www.desaduniabeda.com. Für Familien und Paare auf der Suche nach einer originellen Unterkunft mit indonesischem Flair eignen sich die 12 weitläufig über ein grünes Grundstück verteilten Holzhäuser in javanischen Bauweisen, die mit zentralen Himmelbetten,

Das grüne Gewissen der Gilis

Der **Gili Eco Trust**, Jl. Ikan Hiu, 🖥 www.giliecotrust.com, ist ein seit seiner Gründung 2002 auf vielen Gebieten tätiger Umweltverein von Tauchschulen, Hotels und Privatpersonen. Die ersten Initiativen konzentrierten sich auf zerstörte Korallenriffe: Fischer erhalten einen finanziellen Ausgleich für den Verzicht auf destruktive Fischereimethoden. Zur Stärkung des Korallenbestands wurden schwach elektrisierte Biorock-Skelette installiert. Die Einheimischen werden im Umgang mit der Unterwasserwelt geschult und säubern gemeinsam mit Touristen und Expats regelmäßig die Strände, z. B. am „Debris Free Friday" ab 17 Uhr.

Weitere Projekte sind Mülltrennung, -recycling, -kompostierung und -entsorgung. So bringt ein Boot regelmäßig den Müll nach Lombok. Die Initiative **Horses of Gili**, 🖥 www.fb.com/horsesofgili, sorgt für veterinärmedizinische Betreuung der *Cidomo*-Pferde. **Cats of Gili**, Jl. Nautilus, 🖥 www.fb.com/CatsOfGili, kümmert sich um die Sterilisation und medizinische Behandlung streunender Katzen. Im **Gili Eco Shop** kann man spenden, Upcycling-Souvenirs erstehen und sich über die Projekte informieren.

Davon unabhängig existiert das von Tauchern initiierte Projekt **Gili Shark Conservation**, 🖥 www.gilisharkconservation.com, das auf den Erhalt der Riffe und der darauf lebenden Arten abzielt, insbesondere Schildkröten und Haie. Ein passiver Beitrag von Touristen ist die in Tauchzentren erhobene **Riffsteuer** von 50 000 Rp plus 100 000 Rp für das Meeresschutzgebiet.

Klimaanlage, Open-Air-Bad, hochwertigem Holzinterieur und antiquarischem Touch punkten. Pool, Frühstück und Schnorchelausrüstung inkl. ❼–❽

Gili Joglo, Jl. Ikan Hiu, ☏ 0813-5678 4741, 🖥 www.gilijoglo.com. Etwas abseits des Trubels hat der Martinique-Franzose Didier aus alten Holzhäusern aus Java 3 stilvolle Villen für Familien und Honeymooner errichtet.

Zwei mit je 2 Schlafzimmern, Wohnbereich, Bar und Küche, teils auch mit Open-Air-Bädern. Die Gladak-Villa hat einen kleinen Pool. Das Haus im Lombok-Stil für 2 Pers. bietet mehr Privatsphäre. Reichhaltiges Frühstück inkl. ❼–❽

Vila Ombak, Jl. Pantai, ☎ 0370-614 2336, 🖥 www.vilaombak.com. Das weitläufige Resort mit 2 Pools, Restaurant, Spa und Tauchschule hat 149 Zimmer in komfortablen *Lumbung*, Bungalows oder 2-stöckigen Neubauten im hinteren Bereich. Letztere haben geräumige Bäder, sind teurer, aber stilneutral. Breites Freizeitangebot. Frühstück inkl. ❼

Villa Almarik Resort, Jl. Pantai, ☎ 0370-619 7427, 🖥 www.almarik-lombok.com. Die ältere Gartenanlage mit Liegen am Strand und wenig einladendem Pool punktet mit der ruhigen, aber zentrumsnahen Lage und 24 großzügigen Zimmern in kühlen, etwas dunklen Doppelbungalows. Alle mit Steinboden, TV, Kühlschrank, Wasserkocher und Föhn, teils auch mit schöner Sitzecke. Die teureren sind mit *Ikat*-Stoffen, dekorativen Keramiken und Holzarbeiten wohnlicher. Frühstück und Afternoon Tea inkl. ❼

ESSEN

Viele Restaurants füllen Wasserflaschen gegen eine kleine Gebühr auf, mehr Infos und genaue Standorte auf 🖥 www.refillmybottle.com.

Amerikanisch

Le Petit Gili, Pasar Seni, ☎ 0878-6585 5545, 🖥 www.fb.com/LePetitGili. Der beliebte Imbiss serviert an rustikalen Holztischen neben Nasi Goreng, Burritos, Baguettes und Sandwiches auch günstige Burger. Wer danach noch hungrig ist, kann mit Hot Dogs vom Stand gegenüber nachlegen. ⏱ 24 Std.

The Roast House, Jl. Ikan Nautilus neben Gili Golf, ☎ 0817-491 6004, 🖥 www.fb.com/giliroasthouse. Das urig gestaltete, mit Postern und Magazinseiten beklebte Bar-Restaurant serviert unprätentiöses „Pub Grub", z. B. dick belegte Burger, Sandwiches und Grillhähnchen. ⏱ Do–Di 15–22 Uhr.

Tiki Grove, Jl. Vila Kelapa, ☎ 0819-1673 3427, 🖥 www.fb.com/tikigrovegilit. Rustikales Bar-Restaurant mit guter Atmosphäre unter einem großen Strohdach, das sich abends dermaßen füllt, dass ohne Reservierung kein Tisch mehr zu bekommen ist. Der Renner sind die exzellenten, mit Fisch, Huhn oder vegetarisch belegten Tacos, aber auch der Pulled Chicken Burger enttäuscht nicht. ⏱ Di–So 15–22.30 Uhr.

Café-Restaurants und Eisdielen

Gili Gelato, Jl. Pantai, ☎ 0877-6595 3052, 🖥 www.fb.com/giligelatogilitrawangan. Das Eis wird auf der Insel in 16 wechselnden Geschmacksrichtungen hergestellt und an mehreren Zweigstellen für 25 000 Rp pro Kugel bzw. 40 000 Rp für 2 Kugeln verkauft. ⏱ 8–23 Uhr.

Kayu Café, Jl. Pantai, ☎ 0818-0349 0572, 🖥 www.fb.com/kayucafe. Das mit viel Holz *(kayu)* eingerichtete, klimatisierte Café überzeugt mit hausgemachten, relativ teuren Kuchen sowie mittelpreisigen Salaten, Bowls, Frühstück, Quiches und Suppen sowie Falafeln. Zudem frische Säfte, Smoothies, Tee und guter Kaffee sowie Verkauf von Bio-Produkten. ⏱ 7–17 Uhr.

Samadhi Living, Jl. Gurita, 🖥 www.samadhicollection.com. Das empfehlenswerte, fast etwas zu Instagram-kompatible Café-Restaurant mit Vintage-Design und einer netten Dachterrasse überzeugt mit abwechslungsreichen Frühstücksvarianten, herzhaften Buddha Bowls und nahöstlich-mediterranen Hauptgerichten. Man verzichtet auf Geschmacksverstärker, Konservierungsstoffe und Fleisch. ⏱ 8–22 Uhr.

Indisch

Pesona Restaurant, Jl. Pantai, ☎ 0813-3808 8963, 🖥 www.pesonaresort.com. Das für einen Inder in diesen Breitengraden durchaus respektable Strandrestaurant mit Sitzkissen an flachen Tischen und im Haupthaus serviert mittelpreisige Currys, Biryanis, Samosas, Naan-Brote, Tandoori-Kebabs sowie Fruchtlassis und Shisha. Gute Auswahl für Vegetarier. ⏱ 10–1, Küche bis 23 Uhr.

Auf dem Nachtmarkt von Gili Trawangan gibt es viele Spezialitäten zu entdecken.

Indonesisch

€ Südlich der Bootsanlegestelle findet am Pasar Seni ein kleiner, beliebter **Nachtmarkt** statt auf dem Sate, preisgünstige indonesische Gerichte vom Buffet und Süßes an Tischen verzehrt oder mitgenommen werden können. Das Seafood ist teilweise übertreuert im Vergleich zu Restaurants. ⏲ ab 17.30 Uhr.

International

ko-ko-mo Restaurant, Jl. Pantai, ☏ 0370-613 4920, 🖥 https://kokomogilit.com. Das hochpreisige, luftige Restaurant serviert abends bei Kerzenschein an weiß gedeckten Tischen eine kleine, aber feine Auswahl an schön angerichteten Kreationen, z. B. Spinat-Seafood-Ravioli oder in Basilikum marinierter Thunfisch. Weine und Cocktails können tagsüber auch auf den Strandliegen geschlürft werden. ⏲ 7–23 Uhr.
Pearl Beach Lounge, Jl. Pantai, ☏ 0811-397 9990, 🖥 www.pearlbeachlounge.com. Schicke, von einer offenen, muschelförmigen Holzkonstruktion überdachte Strandbar mit diskreter Atmosphäre und Blick auf Lombok. Große Auswahl an Weinen, Cocktails und Longdrinks sowie Sandwiches, Salaten, Fingerfood und Hauptgerichten aus der Fusion- und Allerweltsküche. Nicht billig, aber preislich der Qualität durchaus angemessen. ⏲ 8–22.30 Uhr.
The Beach House, Jl. Pantai, ☏ 0878-6440 4891, 🖥 www.beachhousegilit.com/eat-drink, und das wenige Schritte entfernte **Scallywags Seafood Bar & Grill**, ☏ 0819-1743 2086, 🖥 www.scallywagsresort.com, wetteifern ab 18 Uhr um das beste Seafood-Barbecue. Dann werden Fische, Garnelen und andere Meerestiere auf einer Theke ausgelegt und frisch zubereitet, Beilagen sind inkl. Im Beach House etwas günstiger (nach Discount fragen lohnt). Alternativ internationale Küche à la carte. ⏲ 7–22.30 Uhr.
Window Bar, Jl. Pantai, 🖥 www.instagram.com/windowbargili. Die mit dem Hula! Beach Club assoziierte Strandbar mit kleinen Tischen im Sand unter weißen Schirmchen, bietet sich bei einer Inselumrundung für eine Verschnaufpause oder auch für den Sundowner an. Die überschaubare Speisekarte listet u. a. gegrilltes Seafood, Fish & Chips, Nasi Goreng sowie preiswerte Mocktails. Abends werden die Cocktails und Shisha-Sorten interessant. Di, Mi und So legt ab 17 Uhr ein DJ auf. ⏲ 11–23 Uhr.

UNTERHALTUNG

DJs und Livebands spielen abends in Bars an der südöstlichen Jl. Pantai. Größere Partys steigen Mo bei **Blue Marlin Dive**, Di in der **Lava Bar**, Sa in der **Sama-Sama Bar** und So in der **Evolution Bar**. Ein **Pub Crawl**, 🖥 www.fb.com/gilitpubcrawl, startet Di und Do ab 19 Uhr in der **The Irish Bar (Tir Na Nog)** für 250 000 Rp p. P. inkl. T-Shirt.

Evolution Bar, Jl. Pantai, ✆ 0819-0720 2796, 🖥 www.instagram.com/evolution_bar_gili trawangan. In der von Neonlicht ausgeleuchteten Location stehen Trinkspiele wie Beer Pong ganz hoch im Kurs. Die Rangliste der trinkfestesten Besucher am Eingang sagt eigentlich schon alles. ⏰ 18–1 Uhr.

Lava Bar, Jl. Pantai, ✆ 0878-6409 6864. Ein beliebter Treffpunkt zum „Vorglühen" mit Happy Hour von 19–21 Uhr und einem Rock-'n'-Roll-Bingo am Fr ab 20 Uhr. Di ist Latin Music Party. ⏰ 18–1 Uhr.

Mad Monkey, ✆ 0823-4082 0907, 🖥 www.fb.com/MadMonkeyGiliT. Der Beach-Club-Ableger der Hostel-Kette am Oststrand bietet neben dem abendlichen Treiben an der Bar jeden So von 17–19 Uhr Akustikmusik sowie Di und Fr ab 15 Uhr eine Poolparty mit Schaum und DJ-Set. Dazwischen auch Beer Pong oder Quiz-Abende. ⏰ 11–22 Uhr.

Sama-Sama Bar, ✆ 0811-3941 6415, 🖥 www.fb.com/samasamabar2020. In der großen, beliebten Reggae-Bar kann man den Tag relaxt mit einem Bier oder günstigen Mojitos ausklingen lassen. Es gibt Akustikmusik ab 18.30 Uhr, eine richtige Band spielt ab 21 Uhr – dann wird es voll und laut. ⏰ 18–1 Uhr.

EINKAUFEN

In **Minimärkten** bekommt man alles Nötige von Snacks und Kosmetikartikeln bis zu Spirituosen und Bier. Viele verkaufen auch Kokosöl, das auf der Insel hergestellt wird. Am Oststrand gibt's zudem **Spirituosenläden** und im **Gili Eco Shop** nette Accessoires und Mitbringsel aus dem örtlichen Upcycling-Projekt.

William Bookshop, hinter dem Pasar Seni. Hier gibt's gebrauchte Bücher sowie Briefmarken. ⏰ 8–22 Uhr.

AKTIVITÄTEN

Kochen

Sweet & Spicy, ✆ 0878-6577 6429, 🖥 https://gilicookingschool.webs.com. Um 11 und 16 Uhr werden bis zu 3 Std. lang 3 Gerichte, 2 Soßen und 1 Dessert zubereitet und gemeinsam gegessen. Je nach Gruppengröße kostet der Spaß 330 000–385 000 Rp p. P.

Minigolf

Gili Golf, Jl. Nautilus, ✆ 0821-4501 6419, 🖥 www.fb.com/giligolftrawangan. Die bunte Minigolf-Anlage mit Bar lädt für 50 000 Rp p. P. auf einen 18-Loch-Kurs. Zudem Trampolinspringen für 50 000 Rp und Tischfußball. ⏰ 10–23 Uhr.

Paddeln

Auf der Ostseite werden am Strand 1er- bzw. 2er-**Kajaks** für 1/2/4 Std. für 100 000/150 000/200 000 Rp bzw. 150 000/225 000/250 000 Rp vermietet. **Stand-Up-Paddles** (SUP) kosten 100 000 Rp für die erste Std., anschließend

---

> **Vorsicht beim Feiern!**
>
> Wie überall sonst sollte man auch auf den Gilis beim Feiern ein gesundes Maß an Vorsicht walten lassen. Das Fehlen einer Polizei macht es so gut wie unmöglich, Diebstahl, Vergewaltigungen oder Ausschank von gepanschtem Alkohol zu ahnden! Man sollte seine **Getränke nie aus den Augen lassen**, damit keine Substanzen zugemischt werden können. Es ist wiederholt vorgekommen, dass junge Frauen so gefügig gemacht und vergewaltigt wurden! Allein reisende Frauen sollten aufpassen, mit wem sie einen Drink nehmen, und sich in bedrohlichen Situationen (z. B. wenn sie bedrängt werden) sofort bemerkbar machen und den Schutz anderer Traveller suchen. Zudem sollten bei allzu günstigen Mixgetränken oder „Local Booze" die Alarmglocken schrillen. Mehr dazu s. Kasten S. 382.

wird's günstiger. Morgens gibt's sogar Yoga auf SUPs (s. u.).
Vorsicht: Beim Versuch, die Insel zu umrunden oder nach Gili Meno überzusetzen, wurden bereits Leute von der Strömung abgetrieben.

Reiten

Stud Horse Riding, ☎ 0813-3960 0553, 🖥 www.fb.com/studhorseriding. Ausritte auf gepflegten Australier-Pferden kosten 300 000 Rp pro 30 Min. bzw. 500 000 Rp pro Std. (nur Barzahlung) inkl. Helm und Guide. Wer noch nicht reiten kann, geht mit dem Pferd einfach spazieren oder lässt es durch den Guide führen – auch für Kinder eine schöne Aktivität. Zum Sonnenuntergang werden Pferde für kurze „Instagram-Ausritte" vor den Strandbars im Südosten angeboten.

Schnorcheln

Ausrüstung wird am Strand für 30 000 Rp pro Tag vermietet, allerdings ist die in Tauchzentren vermietete Ausrüstung besser in Schuss. Die besseren Schnorchelgebiete liegen vor der Nord- und Nordostküste. Für weiter seewärts gelegene Stellen sollte man die überladenen Touren in (Glasboden-)Booten für 150 000 Rp meiden und entweder als Schnorchler auf den Tauchbooten mitfahren oder ein Boot mit Guide chartern (z. B. als kleine Gruppe), um unabhängig und ohne Zeitdruck zu sein, Kostenpunkt für 3–4 Std. 700 000–800 000 Rp. **Achtung**: Die Strömung kann gefährlich sein!

Subwing, ☎ 0821-4557 1347, 🖥 www.subwinggiliislands.com. Sa–Do werden die Schnorchler ab 9 Uhr bei 3–4-stündigen Ausflügen für 450 000 Rp p. P. je 2x 25 Min. an einem einfach zu steuernden, per Seil am Boot befestigten Flügel durchs Wasser gezogen, sodass der Eindruck des „Fliegens" unter Wasser entsteht. Ein teurer Nachahmer ist **Fly Gili** am Oststrand, der 700 000 Rp berappt.

Silberschmieden

Yin, Jl. Pantai, ☎ 0818-0370 0275, 🖥 www.yinjewelryforthesoul.com. In der Werkstatt hinter dem Schmuckgeschäft kann man sich von 10–13 und 15–18 Uhr unter Anleitung sein eigenes Souvenir aus Silber gestalten. Nach einem gezeichneten Entwurf geht's ans Schmelzen, Formen, Sägen und Stanzen des Metalls, bevor es am Ende glänzend aufpoliert wird. Im Preis von 400 000 Rp sind 5 g Silber enthalten, zusätzliches Silber wird nach Marktpreis berechnet.

Surfen

Südlich der Pearl Beach Lounge sowie im Westen auf Höhe des Leuchtturms können auch Anfänger bei Flut surfen. **Surfbrettverleihe** am Strand bieten Informationen, praktischen Unterricht und verleihen Bretter für 100 000 Rp pro 2 Std. Südwestlich vom ko-ko-mo Resort bietet **Sunny**, ☎ 0812-3971 4211, 2-stündige Kurse für 750 000 Rp.

Tauchen

In fast allen Tauchzentren gelten dieselben **Preise**: Schnupperkurse für 950 000 Rp, Open-Water-Diver 5,9 Mio. Rp und Tauchgänge 540 000 Rp. Hinzu kommen 100 000 Rp für das Meeresschutzgebiet und 50 000 Rp „Riffsteuer". Oft sind deutschsprachige Tauchlehrer verfügbar, und fast jede Tauchschule vermietet Zimmer. Insbesondere zur Hochsaison wird es auf den Tauchbooten entsprechend voll.

Dream Divers, ☎ 0812-375 4583, 🖥 www.dreamdivers.com. Die Tauchbasis mit Pool und SSI-Standards bietet fast immer auch Kurse in deutscher Sprache. Gäste des hauseigenen Hotels können zudem gratis zum Schnorcheln mitfahren, sofern sich die Tauchspots dafür eignen.

Freedive Gili, ☎ 0813-9286 6683, 🖥 www.freedivegili.com. In 2–4-tägigen Kursen nach SSI-Standard wird man für 4,4–8,3 Mio. Rp ans Apnoetauchen herangeführt. Mit ein wenig Übung im 25 m langen Pool und der richtigen Technik kann man seinen Atem schnell doppelt so lange anhalten und am Leitseil über 20 m tief hinabsteigen. Einzelne Tauchgänge kosten ab 475 000 Rp.

Lutwala Dive, ☎ 0877-6549 2615, 🖥 www.lutwala.com. In Gruppen von bis zu 4 Pers. werden Anfänger auch auf Deutsch ans Tauchen herangeführt. Das Tauchzentrum verfügt über einen originell integrierten Pool und engagiert sich im Tierschutz. Der Open-Water-Kurs kostet

Tauchen und Schnorcheln vor den Gilis

Ein Schnorchelausflug oder Tauchgang lohnt besonders für Anfänger. Erfahrene Schnorchler und Taucher könnten hingegen vom Zustand der Korallen und der Artenvielfalt unmittelbar vor den Stränden enttäuscht sein. Seit Einrichtung eines kleinen **Meeresschutzgebiets** können sich die durch Fischerei, Bootsanker, Erdbeben und Bleiche beschädigten Korallen langsam erholen.

Am **Shark Point** westlich von Gili Trawangan kann man im flacheren Teil Weichkorallen und Schildkröten beobachten oder in den tieferen, strömungsstärkeren Gefilden Bekanntschaft mit ungefährlichen Riffhaien, Barrakudas und Rochen machen. Im **Coral Fan Garden** weiter nördlich betaucht man einen bunten Korallengarten mit Fächerkorallen und vielen Kleinfischen. Am planktonreichen **Manta Point** tummeln sich besonders in der Regenzeit viele faszinierende Rochen. Der Steilabfall **Halik** endet in einer Reihe von Schluchten mit Tiefen bis zu 35 m und bietet im flacheren Teil schöne Hartkorallen, Papageienfische, Schildkröten und Muränen. Erfahrene Taucher haben im **Deep Halik** die Möglichkeit, auf die Suche nach Mantas, Oktopussen und Haien zu gehen. An der bis zu 25 m tiefen **Meno Wall** westlich von Gili Meno tummeln sich Schildkröten und Ammenhaie. Unter dem Titel **Nest** hat der Bildhauer Jason deCaires Taylor vor Gili Meno in geringer Tiefe eine Kreisformation von 48 menschlichen Skulpturen versenkt, die nach und nach von Lebewesen besiedelt werden. Schnorcheltouren machen auch vor der Nordostküste von Gili Meno Halt, wo große Meeresschildkröten, blaue Korallen und die kuriosen, „Weihnachtsbaumwurm" genannten Kalkröhrenwürmer zu sehen sind. Das **Hans Reef** vor Gili Air eignet sich für Anfänger, die zwischen Seepferdchen und Fangschreckenkrebsen ihre ersten Tauchgänge sicher absolvieren und dabei Muränen und Glaswelse sichten können. Zwischen den Bogen und Überhängen der mit Weichkorallen bewachsenen und bis zu 30 m tiefen **Air Wall** kann man quirligen Korallenbewohnern, Oktopussen und Skorpionfischen begegnen, etwas tiefer auch Haien und Anglerfischen. Ein Stück nördlich finden erfahrene Taucher zwischen Gili Meno und Gili Air im **Simon Reef** mit 14–35 m Tiefe schöne Korallen und Großfische vor.

6,4 Mio. Rp, dauert dafür aber auch 3 volle Tage und umfasst 4 Tauchgänge.
Manta Dive, ℅ 0812-3788 9378, 🖳 www.manta-dive.com. Alteingesessene Schule mit Pool, die nach SSI-Standard unterrichtet.

Yoga

Die meisten Sessions dauern 90 Min. und kosten 150 000–200 000 Rp, Rabatte gibt's ab 3 Sitzungen.
Fly Gili, Jl. Pantai, ℅ 0819-0784 5203, 🖳 www.fb.com/flygiliwatersports. Beim Sunrise SUP geht's mit Yoga-Lehrerin Marki um 6 Uhr für 300 000 Rp für eine 75-minütige Yoga-Session auf dem Stand-Up-Paddle raus aufs Wasser, wobei mit der Drohne gleich das zugehörige Video angefertigt wird. Um 17 Uhr gibt's dann nochmal Yoga zum Sonnenuntergang am Strand für 200 000 Rp.
Gili Yoga, Jl. Pantai, ℅ 0813-9286 6683, 🖳 www.giliyoga.com. Um 7.30 und 17.30 Uhr gibt's hier Sessions in Hatha, Vinyasa und Yin-Yoga. Wer 2 Kurse am Tag belegt, zahlt nur 225 000 Rp.
Soraya Yoga, Jl. Ikan Todak, ℅ 0859-5521 5874, 🖳 www.sorayayoga.com. Tgl. 2 Sessions in Vinyasa, Hatha, Yin und weiteren Stilen. Zudem längere Retreats und Workshops.

TOUREN

Viele Vermittler bieten neben Schnorchel- und Angelausflügen auch Touren auf Lombok an. Besteigungen des Gunung Rinjani sollten direkt bei den Anbietern gebucht werden (S. 411). Zu Bootstouren von Lombok nach Flores s. S. 383.

SONSTIGES

Fahrräder
Überall werden Fahrräder für 10 000–15 000 Rp pro Std. bzw. ab 50 000 Rp pro Tag vermietet.

Im Norden und Westen ist der Sand auf den Wegen so tief, dass man nur schiebend vorankommt.

Medizinische Hilfe
Blue Island Medical Clinic, Vila Ombak, ✆ 0819-9970 5701, 🖳 http://blueislandclinic.com. Die kleine Privatpraxis berechnet 300 000 Rp pro Untersuchung und organisiert Rettungstransporte, etwa zur Dekompressionskammer in Mataram.

Post
Der Briefkasten im **William Bookshop** wird wöchentlich geleert. Hier werden auch Briefmarken verkauft.

Wellness
Azure Spa, ✆ 0823-3910 4881, 🖳 www.azurespagili.com. Empfehlenswertes Spa mit Massagen für 220 000–300 000 Rp pro Std., auch mehrstündige Anwendungen und Kosmetik. ⏲ 12–20 Uhr.

NAHVERKEHR

Pferdekutschen heißen hier **Cidomo**, eine Zusammenziehung aus dem Sasak-Wort *cikar* (Handwagen), dem indonesischen *dokar* (Pferdewagen) und dem internationalen *motor*. Auf Gili Trawangan sind sie meist gelb, auf Gili Air und Gili Meno blau-weiß. Die Fahrer kaufen oder pachten die Vehikel und 2–3 Tiere, die abwechselnd davor gespannt werden. Sie bilden eine Kooperative mit **festen Preisen**, die neben dem Ticketoffice für die öffentlichen Boote auf einer Tafel aufgedruckt sind. Da auch Tierfutter auf die Inseln gebracht wird, ist ein *Cidomo* nicht billig. Von der Bootsanlegestelle kostet eine Fahrt zum Hotel 50 000–100 000 Rp, eine Rundfahrt für max. 3 Pers. 175 000 Rp. Vormittags zur Check-out-Zeit sind viele *Cidomo* belegt – am besten über die Unterkunft vorbestellen lassen, ✆ 0877-6547 0423.

Man sollte vor der Fahrt darauf achten, dass die Tiere keine Verletzungen haben. Manche Fahrer laden selbst schwachen und verletzten Pferden zentnerweise Gepäck und Passagiere auf.

Fußgänger sollten besonders im Osten auf die rücksichtslos die schmalen Wege entlangpreschenden Kutschen achten.

TRANSPORT

Busse und Minibusse
Preisbeispiele inkl. Bootsfahrt und gegebenenfalls Fähre:
CANDI DASA, DENPASAR, KUTA, SANUR oder UBUD für 250 000–275 000 Rp; KUTA auch per Schnellboot für 500 000 Rp.
FLUGHAFEN und KUTA LOMBOK für 200 000–275 000 Rp.
LEMBAR für 175 000 Rp.
MATARAM und SENGGIGI für 90 000–150 000 Rp.
PADANG BAI mit der Fähre ab Lembar für 200 000–225 000 Rp.
SENARU und TETEBATU für 250 000–300 000 Rp.

Sumbawa
SUMBAWA BESAR für 275 000–300 000 Rp.
DOMPU für 300 000–350 000 Rp.
BIMA für 325 000–400 000 Rp.
SAPE für 400 000–450 000 Rp.

Flores
LABUAN BAJO für 500 000–550 000 Rp.

Boote zu den Nachbarinseln
Tickets für Fahrten am selben Tag bekommt man am Schalter am Oststrand, ⏲ bis 17 Uhr. Nach BANGSAL bei genügend Passagieren (20–30) bis 17 Uhr für 23 000 Rp, Charter 750 000 Rp, zudem Schnellboote um 11, 12, 14 und 15 Uhr für 85 000 Rp.
Nach GILI AIR via GILI MENO (35 000 Rp, Charter 500 000 Rp) um 9.30 und 16 Uhr für 40 000 Rp, Charter 560 000 Rp. Schnellboote nach Bangsal (s. o.) halten auch hier.

Schnellboote zu anderen Zielen
Zahlreiche Anbieter verbinden die Gilis und Lombok mit Bali. Einige haben Büros am Oststrand (Karte S. 352), aber alle müssen vor Abfahrt die Hafensteuer in Bangsal entrichten. Wer vom nördlichen Lombok her kommt, spart mit Schnellbooten viel Zeit im Vergleich zu der

Tipps für die Überfahrt im Schnellboot

Da die Überfahrt in den kleinen Schnellfähren schon bei mittlerem Seegang (v. a. durch starken Ostwind in der ersten Jahreshälfte) sehr schaukelig und anstrengend wird, ist sie nicht uneingeschränkt zu empfehlen. Wer leicht seekrank wird oder mit Kindern unterwegs ist, sollte die große **Schnellfähre von Eka Jaya** nehmen, die weniger stark von den Wellen durchgerüttelt wird. Einige Wagemutige sitzen oben an Deck, was jedoch rundweg gefährlich werden kann! Wer im Voraus organisiert, kann online buchen, zahlt jedoch deutlich mehr im Vergleich zum Ticketkauf vor Ort – Ausnahmen sind die Hochsaison und Scoot Fast Cruises, die kaum Preisnachlässe anbieten. Besser vor Ort erkundigen und nach **Rabatten** fragen. Wenn wegen zu hoher Wellen keine Schnellboote fahren, bleibt nur der Umweg zur großen Fähre ab Lembar (S. 356) oder ein Flug (S. 367).

zwischen Lembar und Padang Bai verkehrenden Fähre.
Nach AMED je nach Saison und Verhandlungsgeschick für 300 000–350 000 Rp in 1 Std. mit **Freebird Express**, ℡ 0859-6720 2288, 🖥 www.freebird-express.com. Ab Gili Trawangan um 10.40 Uhr via Gili Meno, Gili Air und Bangsal.

Auf die NUSA-INSELN für 450 000–750 000 Rp in 2 1/2–3 Std. mit:
Blue Water Express, ℡ 0813-3841 8988, 🖥 www.bluewater-express.com. April–Juni und Okt–März ab Gili Trawangan um 14.10 Uhr und ab Gili Air um 14.35 Uhr, von Juli–Sep stattdessen um 13.55 Uhr bzw. 14.20 Uhr; Ziel ist NUSA PENIDA.
Scoot Fast Cruises, ℡ 0812-3999 0887, 🖥 www.scootcruise.com. Ab Gili Trawangan um 12.55 Uhr via Gili Meno, Gili Air und Bangsal nach NUSA LEMBONGAN inkl. Transfer zur dortigen Unterkunft.

Nach PADANG BAI für 385 000–550 000 Rp in 70–90 Min. mit:
Blue Water Express, s. o. Von Juli–Sep ab Gili Air um 10.20 Uhr, ab Gili Trawangan um 10.55 Uhr, von Nov–März ab Gili Trawangan um 12.10 Uhr, ab Gili Air um 12.35 Uhr.
Gili Gili Fastboat, ℡ 0818-0858 8777, 🖥 www.giligilifastboat.com. Ab Gili Trawangan um 10.30 Uhr, ab Gili Air um 10.45 Uhr.
Eka Jaya, ℡ 0878-6009 7535, 🖥 www.ekajayafastboat.com. Ab Gili Trawangan um 8.30 Uhr via Gili Meno, Gili Air und Bangsal. Die große Fähre mit klimatisiertem Deck fasst max. 180 Pers.

Nach SANUR für 450 000–750 000 Rp in 3 1/2 Std. mit:
Scoot Fast Cruises, s. o. Ab Gili Air um 12.55 Uhr via Gili Meno, Gili Trawangan und Nusa Lembongan.

Gili Meno

Die kleinste und ruhigste der drei Inseln kann zu Fuß in einer Stunde umrundet werden. Sie ist deutlich naturbelassener und oft bis in den Juni hinein vergleichsweise grün. Stromausfälle sind häufiger als auf Gili Trawangan, daher sollte man nach Einbruch der Dunkelheit eine Taschenlampe dabeihaben. Von den Erdbeben im Jahr 2018 hat sich Gili Meno nicht so schnell erholt wie die Nachbarinseln: Ruinen und aufgegebene Gebäude sind noch immer zu sehen.

Der Osten hat die **schönsten Strände**, mit feinem hellem Sand und guten Badestellen. Nördlich vom Karma Beach säumen bizarr geformte **Santigi-Bäume** das Ufer, die wie Treibholz aussehen, aber lebendig und an Ort und Stelle verwurzelt sind. Im Westen liegt ein mangrovengesäumter **Salzsee**, an dessen Rand in der Trockenzeit häufig weiße Häufchen glitzern. Vom Steg im Südosten könnte man gut **Wasservögel** beobachten, leider ist er verfallen und sollte nicht betreten werden.

Grüne Meeres- und Echte Karettschildkröten kommen zur Regenzeit bis etwa April an die Strände, wo ihre Eier von Freiwilligen eingesammelt werden. Die Babyschildkröten werden im **Gili Meno Turtle Sanctuary** am Oststrand und in einem kleinen Becken am Diana Café

Gili Meno

ÜBERNACHTUNG
1. Meno House
2. Villa Sayang & Villa Sunset
3. Turtle Bungalows
4. Kampung Meno Bungalows
5. Meno Dream Resort
6. Meno Suites
7. maoMeno

TRANSPORT
1. Bootsanlegestelle

ESSEN
1. Jizzy Warung
2. Diana Café
3. Yaya Warung
4. Brotherhood Bar

SONSTIGES
1. Divine Divers
2. Rust Shop
3. Blue Marlin Dive

im Westen bis zur Freilassung gehalten. Eine Praxis, die u. a. der Gili Eco Trust (S. 391) missbilligt, da die Entwicklung der Jungtiere in den kleinen Becken leidet (v. a. Motorik, Tauch- und Sehvermögen) und sich Krankheiten ausbreiten können.

ÜBERNACHTUNG

Einige der günstigen Unterkünfte nutzen Salzwasser-Duschen, Frischwasser gibt's bei den mittelpreisigen und teureren Anlagen. Es gelten dieselben Hinweise wie für Gili Trawangan, S. 390.

Kampung Meno Bungalows, ✆ 0819-0787 7632, 🖥 www.fb.com/kampung menobungalows. Sylvie aus Frankreich managt die gemütliche kleine Anlage mit Garten und 7 liebevoll eingerichteten Häuschen mit guten Matratzen und netten Details, davon 5 mit Klimaanlage. Das in warmen Erdtönen gehaltene Restaurant lädt zum Verweilen ein. ❹–❺

Gili Meno ist die ruhigste der Gili-Inseln. Per Boot geht's zu Schnorchel- und Tauchplätzen.

maoMeno, ☎ 0877-6542 2799, 🖥 www.mao-meno.com. Im Süden der Insel liegt versteckt im Grünen ein nettes Refugium für Paare, Familien und Kleingruppen bis 5 Pers. Die Bungalows und Häuschen sind mit Naturmaterialien gestaltet und eignen sich insbesondere für Traveller, die gern das Yoga-Angebot direkt vor der Tür nutzen: Hier gibt's tgl. eine Session im hauseigenen Yoga Shala. Frühstück inkl. ❺

Meno Dream Resort, ☎ 0819-1596 1251, 🖥 www.fb.com/menodreamresort. Versteckt im Inselinneren überzeugt die verspielte Gartenanlage von Made aus Lombok und Berni aus Slowenien mit 5 ansprechenden Zimmern mit Open-Air-Bad, Wasserkocher und Klimaanlage, teils auch Kühlschrank in Holzhäuschen mit warmen Farben und Korbsesseln auf der Veranda. Ein kleiner Pool mit Liegen sorgt für Abkühlung. Frühstück inkl. ❺–❻

Meno House, ☎ 0811-397 7890, 🖥 www.menohousegili.com. Unter den höherpreisigen Unterkünften sticht das australisch geführte Boutiquehotel mit seinem terrassenartigen Aufbau und dem Pool mit Wasserfall heraus. Die 6 wohnlichen Häuschen mit Open-Air-Bädern sind hochwertig eingerichtet und genießen teils Meerblick. Schlechte Nachricht für Familien: Kinder und Jugendliche unter 18 Jahren sind nicht erwünscht. ❼–❽

Meno Suites, ☎ 0818-0566 6365, 🖥 www.instagram.com/menosuites. Das mit Bambus nach außen abgeschirmte und nach innen unterteilte Reihenhaus besteht aus 4 klimatisierten, hellen Zimmern mit farbigen Akzenten, TV, kleinem Dipping Pool und Terrasse mit Sofa. Zudem gibt es einen weiteren, günstigeren Bungalow ohne Pool. Es fehlt ein Garten, dafür hat man Privatsphäre und vor dem Haus ein offenes Bistro als Gemeinschaftsbereich. Frühstück inkl. ❺

Turtle Bungalows, ☎ 0819-3303 7210, ✉ turtlebungalows@gmail.com. Hinter dem kleinen Restaurant liegen im spärlich bepflanzten Garten 8 gemütliche Massivhäuschen mit Spitzdach oder im *Lumbung*-Stil, eingerichtet mit guten Matratzen, Klimaanlage, Moskitonetz und kleinem Kühlschrank. Kein Warmwasser, trotzdem stimmt das Preis-Leistungs-Verhältnis. Frühstück inkl. ❷–❸

Villa Sayang & Villa Sunset, ☎ 0818-361 052, 🖥 www.villasayanggilimeno.com. Im großen Garten mit Pool und großer Zisterne liegen 2 liebevoll eingerichtete, familienfreundliche Ferienhäuser: Villa Sayang mit 2 Zimmern im Obergeschoss, großem Balkon, Küche, Wasserspender und Open-Air-Bad. Die Villa Sunset hat ebenfalls 2 Zimmer und Küche. Zustellbett mit Moskitonetz für Kleinkinder. Nicht online buchbar ist der günstige Bungalow mit Ventilator. Die sehr freundlichen, deutschsprachigen Gastgeber Silvia und Saleh organisieren Transporte und verwöhnen ihre Gäste auf Wunsch mit selbst gebackenem Brot, Marmelade oder Räucherfleisch. Unbedingt reservieren. Kaffee, Tee und Wasser inkl. ❺–❼

ESSEN UND UNTERHALTUNG

Generell reicht Gili Meno kulinarisch nicht an das breite Angebot und die Qualität der beiden Nachbarinseln heran. Infos für einen gelungenen Strandtag im Kasten auf S. 387.

 Brotherhood Bar, ☎ 0878-6684 4531. Südöstlich vom See sollte man im rustikal aus Sperrholz, Treibgut, alten Flaschen und Kunststoffen zusammengeschusterten Treffpunkt auf ein Bier vorbeischauen. Hier findet sich fast immer jemand für einen netten Plausch. Man kann sich über anstehende Cleanups informieren, zuletzt So ab 15.30 Uhr. Die Einnahmen sowie Spenden kommen Projekten mit Kindern und Upcycling-Workshops zugute. ⏲ 8–24 Uhr.

Diana Café. Beliebtes, rustikales Restaurant mit Bar, Muscheldeko, Blick auf Gili Trawangan sowie Tischen und *Berugas* am Strand. Neben Seafood-Barbecue werden indonesische und internationale Gerichte in großen Portionen und durchschnittlicher Qualität zu verträglichen Preisen serviert. Bier ist relativ teuer. ⏲ 8–22 Uhr.

Jizzy Warung, ☎ 0813-5333 9882. Das mit Abstand beliebteste Ziel, wenn es um's Essen geht: Das einfache Lokal kann nicht mit Meerblick oder Cocktails aufwarten, dafür mit schmackhaften indonesischen Gerichten wie *Rendang*, *Gado-Gado*, *Sate*, Currys und Nasi-Goreng-Variationen. Die günstigen bis mittleren Preise sind absolut fair. ⏲ 8–22 Uhr.

Yaya Warung. Das abends beliebte Strandrestaurant macht einen verlotterten Eindruck, serviert aber frisches Seafood mit Beilagen sowie Currys, Frühstück und Pasta zu sehr günstigen Preisen. Da es etwas länger dauern kann, lohnt zum Abendessen ein frühes Erscheinen, bevor sich die Nachbartische und Gazebos füllen. ⏲ 9–22 Uhr.

AKTIVITÄTEN

Die nordwestliche Küste eignet sich zum **Schnorcheln**; Ausrüstung gibt's für 30 000 Rp pro Tag. Die Strömung kann stark sein, sodass man nicht zu weit vom Strand wegschwimmen sollte. Ein Boot kann für etwa 550 000 Rp für 3 Std. gechartert werden, um zu entfernteren Schnorchelplätzen zu gelangen. Die Preise der nachstehenden **Tauchzentren** sind vereinheitlicht (S. 395).

Blue Marlin Dive, ☎ 0812-3946 8996, 🖥 www.bluemarlindive.com. Der große Anbieter unterhält eine Niederlassung mit zwei Booten. Max. 5 Pers. pro Gruppe, auch deutschsprachige Tauchlehrer.

Divine Divers, ☎ 0852-4057 0777, 🖥 www.divinedivers.com. Die Tauchschule mit zwei Booten und geselligem Restaurant bietet Kurse manchmal auch auf Deutsch sowie Pauschalangebote mit Übernachtung in eigenen Zimmern. Schnorchler können auf Anfrage für 100 000 Rp mitfahren.

SONSTIGES

Am Oststrand verkauft der **Rust Shop** eine Auswahl an Lebensmitteln, Sonnenbrillen und Hygieneartikeln.

Kleine Wehwehchen versorgt die **Blue Island Medical Clinic**, ☎ 0819-9970 5702, 🖥 www.blueislandclinic.com. Ernsthafte Erkrankung? Besser nach Mataram oder Bali!

NAHVERKEHR UND TRANSPORT

Cidomo (S. 397) kosten 65 000–80 000 Rp pro Fahrt bzw. 170 000 Rp für die Inselrundfahrt.

Boote zu den Nachbarinseln

Boote zu den Nachbarinseln fahren bei genügend Passagieren oder wenn man sie für 450 000–550 000 Rp chartert. Da sie vormittags recht zuverlässig verkehren, sind die teureren Schnellboote nur ratsam, wenn man ansonsten lange warten müsste oder unter Zeitdruck steht.
BANGSAL gegen 7, 8, 12 und 15.30 Uhr für 21 000 Rp, Schnellboote um 11.15, 12.15, 14.15 und 15.15 Uhr für 85 000 Rp.
GILI AIR um 9.50 und 16.20 Uhr für 35 000 Rp oder mit Schnellbooten nach Bangsal.
GILI TRAWANGAN gegen 8.50 und 15.20 Uhr für 35 000 Rp, Schnellboote um 10.30, 11.30, 13.30 und 14.30 Uhr für 85 000 Rp.

Schnellboote zu anderen Zielen
S. Transport auf S. 397.

Gili Air

Die Lombok am nächsten gelegene der drei Inseln ist mit knapp 1800 Einwohnern im Verhältnis zur Fläche die am dichtesten besiedelte, doch davon merken die meisten Besucher wenig. Selbst in der Hauptsaison ist Gili Air ruhiger und übersichtlicher als Gili Trawangan und noch in der Nebensaison deutlich betriebsamer als Gili Meno.

Die Insel lässt sich auf einem knapp zweistündigen Spaziergang umrunden. Wer mit dem Rad fährt, muss streckenweise schieben, da der Weg im Norden und Westen sehr sandig ist. Im Inselinneren ist es nicht immer einfach, sich auf den verschlungenen Pfaden zu orientieren. Die Stromversorgung ist in den letzten Jahren zuverlässiger geworden, die kaum existente Straßenbeleuchtung hingegen nicht – nachts daher besser das Handy oder eine Taschenlampe mitnehmen!

Am meisten ist im Südosten, wo sich von der Anlegestelle im Süden durch das Dorf bis auf etwa halber Höhe des Oststrands Restaurants, Souvenirläden und Unterkünfte ballen. Nach Norden und Westen dünnt das Angebot zwar aus, doch haben sich auch hier zwischen Palmen, den „gili-typischen" Brachen und vereinzelten kleinen Schutthalden erstaunlich viele Unterkünfte und Restaurants angesiedelt. Besonders den Nordstrand säumen Restaurants mit Liegen und Sitzkissen. Tipps für einen Tag am Strand s. Kasten auf S. 387.

ÜBERNACHTUNG

Einige der günstigen Unterkünfte nutzen Salzwasser-Duschen, Frischwasser gibt's in teureren Anlagen. Es gelten dieselben Hinweise wie für Gili Trawangan, S. 390.

Untere Preisklasse
Begadang Backpackers, ✆ 0813-5396 0730. Auf dem großen Grundstück verteilen sich einfache Bambushütten mit Moskitonetz, Ventilator und teils Gemeinschaftsbad sowie 2-stöckige, klimatisierte Häuschen im *Cabin Style*. Einzelreisende finden Mehrbett-Zimmer à 150 000–180 000 Rp p. P. Geselligkeit steht im Vordergrund, man entspannt in Sitzkissen am Pool, schaut Filme im Freien, spielt Spiele oder trifft sich an der Bar. Als Bar-Restaurant und Treffpunkt auch für Gäste von außerhalb interessant. ❸–❹

Mangga Homestay, ✆ 0878-8453 1912, 🖥 https://bit.ly/manggahomestay. Freundliches Homestay von Din und seiner Familie mit 2 äußerst preiswerten, sauberen und klimatisierten Zimmern im Erd- und Obergeschoss, die über Du/WC mit Warmwasser, Moskitonetze, gute Matratzen und Kühlschränke verfügen. Eine Kochmöglichkeit ist vorhanden. Frühstück inkl. ❷

Matahari Bungalows 1, 2 und **3**, ✆ 0878-6524 4732 (1), 0819-1708 6935 (2). Die benachbarten Anlagen mit eigenen Strandrestaurants im Norden bieten zwei Dutzend teils klimatisierte Bungalows mit Moskitonetz, guten Matratzen, teils Open-Air-Bad und Kühlschrank. Nr. 1 ist besser in Schuss und hat einen kleinen Pool, Nr. 2 und 3 eignen sich für preisbewusste Traveller, die günstig am Strand wohnen möchten. Frühstück inkl. ❷–❹

Melbao Homestay, ✆ 0823-3988 7653, ✉ melbaohomestay@gmail.com. Das eng ummauerte Homestay mit zwei Reihenhäusern empfiehlt sich für Sparfüchse, die keinen Wert auf's Drumherum legen. Es bietet null Charme, dafür 8 Zimmer mit Klimaanlage, guten

Gili Air

ÜBERNACHTUNG
1. Matahari Bungalows 1, 2 und 3
2. Sedjiwa
3. Begadang Backpackers
4. Mangga Homestay
5. Ananda B&B
6. Captain Coconuts
7. Melbao Homestay
8. Omah Gili

TRANSPORT
1. Blue Water Express
2. Bootsanlegestelle
3. Scoot Fast Cruises

SONSTIGES
1. Mirage Bar
2. Legend Bar & Restaurant
3. PinkCoco Sunset Bar & Resto
4. H2O Day Spa
5. H2O Yoga & Meditation Centre
6. Flowers & Fire
7. Buchladen
8. Escape Room Gili Air
9. Manta Dive
10. Blue Island Medical Clinic
11. Oceans 5 Dive
12. Gili Cooking Classes
13. Dream Divers

ESSEN
1. Pachamama
2. Perla Nera
3. Classico Italiano
4. Barefoot Blondie
5. Coffee & Thyme, Gili Gelato
6. Zipp Bar
7. Sharkbites

Matratzen und Hängematte auf der Veranda. Einige mit Moskitonetz, aber ohne Warmwasser. Frühstück inkl. ❷

Mittlere und obere Preisklasse

Ananda B&B, ✆ 0817-472 1177, 🖥 www.fb.com/AnandaGiliAir. Versteckt im dörflichen Inselinneren hat man in den 3 Bungalows der Schottin Elaine zwischen Palmen und Bougainvilleen seine Ruhe – bis auf die lauten Gebetsrufe aus der nahen Moschee. Die Zimmer mit Ventilator oder Klimaanlage haben keine Twin-Betten und sind ein bisschen *old school*, aber einladend. Frühstück inkl. ❹

Captain Coconuts, ✆ 0812-3712 1468, 🖥 www.captaincoconutshotel.com. Das einladende Boutique-Resort um den Garten mit Pool bietet freundliche, helle, im Antikholz-Look gestaltete Bungalows aus restaurierten Elementen traditioneller Häuser, kombiniert mit westlichem Komfort, Wasserspender und kreativen Hinguckern (etwa Bäume im Badezimmer). Zudem 2 x 9 frei von der Decke hängende Einzelbetten für je 150 000–175 000 Rp mit

Moskitonetz, Lampe, Schließfach und Steckdose in einem luftigen, 2-stöckigen Bambusbau – originell, aber nichts für empfindliche Schläfer. Gutes Restaurant. ❻

Omah Gili, ☎ 0818-875 588, 🖥 www.omahgili. com. Um das Restaurant und den kleinen Pool liegen 16 Zimmer in geräumigen *Lumbung* oder javanischen *Gladak*-Häusern mit Klimaanlage, hohen Decken, mitunter leicht durchgelegenen Matratzen, Trinkwasserspender, dekorativen Stoffen und Veranda, teils auch mit Open-Air-Bad. Es könnte gepflegter sein, aber dafür stimmt das Preis-Leistungs-Verhältnis, besonders bei Onlinebuchungen. Freundlicher Service. Frühstück sowie ganztägig Tee und Kaffee inkl., WLAN in der Lobby. ❹–❻

Sedjiwa, ☎ 0819-3315 0668, 🖥 www.sedjiwagili. com. Die nach der Corona-Pause von einer indonesischen Café-Marke fortgeführte kleine Gartenanlage mit Palmen, Pool und Strandlage hat 8 strohgedeckte, klimatisierte Häuschen mit Federkernmatratzen und Moskitonetz; die teureren sind größer und etwas schicker. Vorm Strandrestaurant stehen Sonnenliegen, abends gibt's Seafood vom Grill. Frühstück inkl. ❺

ESSEN

Viele Restaurants füllen Wasserflaschen gegen eine kleine Gebühr auf, Standorte finden sich auf 🖥 www.refillmybottle.com.

Barefoot Blondie, ☎ 0812-4662 3552. Luftig, offen und mit viel Holz gestaltetes Café-Restaurant im 1. Stock über der Küche, mit guten Frühstücksoptionen wie Müsli-Bowls, Fruchtjoghurts, belegten Bagels, Sandwiches und Kaffee von Bauern aus Senaru. Der hauseigene Ripple Maker kreiert auf Wunsch individuelle Bilder und Schriftzüge in den Kaffeeschaum. Auch vollwertige Gerichte mit und ohne Fleisch, am Mittwochabend zudem Cocktails. ⊕ Do–Di 7.30–17, Mi 7.30–14.30 und 19.30–23 Uhr.

Classico Italiano, ☎ 0819-1604 3357, 🖥 www.fb.com/classicoitalianogiliair. Alessio und Andreana aus Italien führen das beliebte, luftige Restaurant mit überschaubarer Karte, freundlichem Service und sehr guten Pizzen aus dem holzbefeuerten Steinofen. Zudem italienischer Kaffee und Desserts.

Reservierung empfehlenswert. Um die Ecke liegt das dazugehörige **Perla Nera**, 🖥 www.fb. com/perlaneragiliair, mit guter hausgemachter Pasta. ⊕ Di–So 18–22 Uhr.

Coffee & Thyme, ☎ 0853-3733 4927, 🖥 www.fb. com/coffeeandthyme. Das offene Bistro und das kleine Restaurant dahinter lohnen für einen Kaffee oder Snack, denn hier werden sehr leckere Wraps (z. B. mit koreanischer Fleischfüllung), Kuchen und Saftkreationen in mittlerer Preislage serviert. ⊕ 7–19 Uhr. Nebenan ist ein Stand von **Gili Gelato** (S. 392).

Pachamama, ☎ 0813-3865 9937, 🖥 www. pachamamagiliair.com. Abseits vom Geschehen serviert das Konzeptrestaurant für Ernährungsbewusste kreative vegetarische und vegane Gerichte aus regionalen Zutaten. Auf Geschmacksverstärker, Industriezucker oder Palmöl wird verzichtet. Die Preise sind gehoben. Nebenan ist ein Shop mit Kunsthandwerk und Stoffen. ⊕ Mo–So 9–21 Uhr.

Sharkbites, ☎ 0877-5243 2220, 🖥 www.fb. com/sharkbitesgiliair. Das Strandrestaurant vor der Tauchbasis von Dream Divers empfiehlt sich für alle mit Lust auf gute Burger, Paninis und Low-Carb-Sandwiches, die wahlweise auch vegetarisch belegt werden. Beim Feta-Salat und den Fleischbällchen mit Kartoffelbrei kommt auch Rote Beete zum Einsatz. Dienstags gibt's Tacos und gute Margharitas, außerdem hat der Laden die beste Auswahl an Biersorten auf Gili Air. ⊕ 11–22 Uhr.

Zipp Bar, ☎ 0853-3301 3575, 🖥 www.fb.com/zippbarrestaurantandbungalows. Hier serviert man ab 17 Uhr frisches Seafood zu angemessenen Preisen sowie westliche und günstige indonesische Gerichte. Gesessen wird überdacht zu Tisch oder auf Sitzkissen am Strand. Die Reste werden von umherstreunenden Katzen stibitzt. Happy Hour von 16–20 Uhr, Livemusik Fr und Sa ab 19 Uhr. ⊕ 8–23 Uhr.

UNTERHALTUNG

In Bezug auf den Alkoholgenuss gelten die Warnungen auf S. 382 und S. 394.

Legend Bar & Restaurant, ☎ 0822-4770 7722, 🖥 www.legendbargiliair.id. Mi ab 18 Uhr häufig Livemusik von der Akustikgitarre, später Rock und Reggae, gefolgt von House und Techno ab 21 Uhr. Besonders zur monatlichen Full Moon Party beliebt. ⏲ 9–24 Uhr.

Mirage Bar, ✆ 0819-1725 8974. Zum Sonnenuntergang am Nordstrand bietet sich die lässig eingerichtete Strandbar mit Cocktails, Bier, Tapas und Lassis an. Oft werden abends auch Filme gezeigt, und man kann Billard spielen. ⏲ 9–23 Uhr.

PinkCoco Sunset Bar & Resto, ✆ 0819-3314 7080, 🖥 www.pinkhotels.com. Der knallrosafarbene Ableger der regionalen Hotelkette serviert im Strandrestaurant nicht nur potente Drinks, leckere Tapas und solide Küche. Von der Dachterrasse oder auch von den Bean Bags im Sand hat man schöne Sicht auf den Sonnenuntergang. Die Preise sind dem Ambiente und Service angemessen, und: Wer rosa Kleidungsstücke trägt, bekommt 10 % Rabatt (auch Unterwäsche zählt). ⏲ 17–22 Uhr.

AKTIVITÄTEN

Escape Room

Escape Room Gili Air, ✆ 0878-8882 2200, 🖥 www.escaperoomgiliair.com. Hinter der scheinbar auf den Kopf gestellten Lobby finden Hobby-Detektive versteckte Hinweise auf das Erbe von Uncle Joe. Um es zu finden, ist nicht nur Köpfchen, sondern auch Teamwork gefragt. Manche der Rätsel haben es wirklich in sich. Spielbeginn alle 2 Std., Kostenpunkt bei 2/3/4/+ Pers. 350 000/300 000/250 000/200 000 Rp p. P. ⏲ 9–21 Uhr.

Kochkurse

Gili Cooking Classes, ✆ 0859-6416 5582, 🖥 www.gilicookingclasses.com. In einer luftigen Küche mit Kochinsel finden 1 1/2– 2 1/2-stündige Kurse um 11.30, 16 und je nach Saison 19 oder 20 Uhr mit 3 Menüs für 290 000– 395 000 Rp statt.

Schnorcheln

Der schmale Oststrand eignet sich aufgrund der Korallen nur stellenweise zum Schwimmen, dafür umso besser zum Schnorcheln. Schildkröten und Fischschwärme sind keine Seltenheit, aber man sieht auch viele tote Korallen. Ausrüstung gibt's ab 25 000 Rp pro Tag.

Subwing, s. S. 395. Der Anbieter auf Gili Trawangan offeriert seine drei- bis vierstündi-

Pferdewagen sind auf den Gili-Inseln immer noch das häufigste Transportmittel.

gen Ausflüge von Sa–Do um 8.30 Uhr auch ab Gili Air. Teilnehmer werden 2x für je 25 Min. mit dem Subwing durchs Wasser gezogen.

Surfen
Vor der Südküste erlaubt der „Play Gili" genannte Surfspot bei guten Wetterverhältnissen geübten Surfern den Ritt auf einer zum Barrel geformten, rechtsbrechenden Welle. Der Spot ist relativ unbekannt, weshalb sich auch kein Surfbrettverleih findet – am besten rumfragen oder ein Brett von Gili Trawangan mitbringen.

Tauchen
Infos zum Tauchen im Kasten auf S. 396, die Preise sind wie auf Gili Trawangan (S. 395).
Dream Divers, ℡ 0370-693738 (Office auf Lombok), 🖥 www.dreamdivers.com. Seit langem etablierte Tauchschule mit 2 Booten und eigener Unterkunft, die nach längerer Corona-Pause zum Zeitpunkt unserer Recherche noch bis zum Abschluss von Renovierungsarbeiten geschlossen war.
Manta Dive, ℡ 0813-5305 0462, 🖥 www.manta-dive-giliair.com. Professionelle Tauchschule mit Pool, PADI- und SSI-Kursen, eigener Unterkunft und 2 Booten. Max. 4 Pers. pro Guide.
Oceans 5 Dive, ℡ 0813-3877 7144, 🖥 www.oceans5dive.com. Neben den üblichen Kursen auch Schulungen zu Korallen und zur Bestimmung von Fischen. Eine der wenigen DDI-Schulen für körperbehinderte Taucher.

Yoga und Meditation
Einzelne Sessions kosten 130 000 Rp p. P., bei mehreren Kursen winken Rabatte.
Flowers & Fire, ℡ 0813-3943 8293, 🖥 www.flowersandfire.yoga. Nettes Yogazentrum mit Pool und einem verträumten Garten. Unter dem großen offenen Bambuskonstrukt finden 2–3x tgl. Sessions mit Vinyasa, Pranayam, Slow Flow, Hatha, Yin oder Yin Yang statt. Im Café-Restaurant kann man sich anschließend stärken.
H2O Yoga & Meditation Centre, ℡ 0853-3791 1423, 🖥 www.h2oyogaandmeditation.com. Die mit Zimmern, Restaurant und Pool bestens für Retreats ausgestattete Anlage lädt tgl. 2x am Nachmittag zu Meditation oder Yoga ein. Di und Fr ist der jeweils erste Termin ein 3 1/2-stündiger Anfängerkurs für 350 000 Rp. Einstündiges Aqua Yoga Mi und So um 9.30 Uhr.

SONSTIGES

Medizinische Hilfe
Eine kleine Arztpraxis (s. Karte) und die Filiale der **Blue Island Medical Clinic**, ℡ 0819-9970 5703, versorgen einfache Beschwerden. Letztere verlangt für einfache Konsultationen und Behandlungen horrende Preise. Ernsthafte Erkrankungen sollten besser in Mataram (S. 373) oder auf Bali (S. 53) behandelt werden.

Wellness
H2O Day Spa, ℡ 0877-6103 8836, 🖥 www.h2oyogaandmeditation.com. Das Spa bietet Massagen für 200 000 Rp pro Std., zudem Body Scrubs und Gesichtsbehandlungen, Maniküre und Reiki-Behandlungen. ⏲ 7–18 Uhr.

NAHVERKEHR

Mit einem *Cidomo* (S. 397) gelangt man für 40 000–80 000 Rp von der Bootsanlegestelle zum Hotel. Eine Inselrundfahrt kostet ab 180 000 Rp. Vielerorts können **Fahrräder** für 50 000 Rp pro Tag geliehen werden, dick bereifte Fat Bikes kosten mehr.

TRANSPORT

Boote zu den Nachbarinseln
Am Schalter des südlichen Piers gibt's Tickets für Fahrten am selben Tag, ⏲ 7–17 Uhr. Meist werden die günstigen Boote rasch voll, die teuren **Schnellboote** für 85 000 Rp p. P. empfehlen sich nur unter Zeitdruck oder wenn man keine nassen Füße bekommen möchte.
BANGSAL bei genügend Passagieren (max. 40 Pers.) für 18 000 Rp. Ein verlässliches Boot legt gegen 8.30 Uhr für 35 000 Rp ab. Schnellboote um 11.30, 12.30, 14.30 und 15.30 Uhr für 85 000 Rp.
GILI TRAWANGAN via GILI MENO (35 000 Rp) gegen 8.30 und 15 Uhr für 40 000 Rp. Schnellboote um 10.15, 11.15, 13.15 und 14.15 Uhr für 85 000 Rp.

Schnellboote zu anderen Zielen
S. Transport S. 397.

Gunung Rinjani

Der abenteuerliche Höhepunkt vieler Indonesienreisen, aber auch eine körperliche Herausforderung, ist die Besteigung des zweithöchsten Vulkans im Inselreich. Die bewaldete, von Bächen und Quellen durchzogene Nordseite lohnt aber auch sonst einen Besuch, denn hier sind ohne größere Anstrengungen schöne Wanderungen zu Wasserfällen möglich.

Während der Kolonialzeit wurde ein 40 000 ha großes Gebiet um den 3726 m hohen Berg erstmals unter Naturschutz gestellt. Seitdem wurde es um mehr als die Hälfte erweitert und zum **Nationalpark** erklärt. Besonders bedeutend sind die ausgedehnten Bergwälder als einziger natürlicher Wasserspeicher der Insel. Lombok beheimatet keine große Vielfalt an Säugetieren – umso spannender ist die Vogelwelt, die einen australischen Einschlag hat. So kommen Arten von Honigfressern und der Timor-Gelbwangenkakadu vor.

Der Gunung Rinjani ist für die Einheimischen das spirituelle Zentrum der Insel und Wohnsitz der Götter. Viele pilgern an Pujawali (S. 371) zum halbmondförmigen, blauen Kratersee **Danau Segara Anak** („Kind des Ozeans") auf knapp über 2000 m Höhe. Dort werfen die Gläubigen während der *Pekelan*-Zeremonie Opfergaben ins Wasser und baden in den **heißen Quellen**. Das *Aik Kalak* („heißes Wasser") soll eine heilende, lebensverlängernde Wirkung haben. An der Ostseite des Sees erhebt sich der im Verlauf vieler Eruptionen nach 1847 entstandene, 2363 m hohe **Gunung Baru** (auch Gunung Barujari), ein kleinerer Vulkan, der zuletzt 2015 ausbrach.

Das schwere Erdbeben von 2018 zog die Region im Norden des Gunung Rinjani am stärksten in Mitleidenschaft. Ein Großteil der Gebäude wurde zerstört oder schwer beschädigt, Hunderttausende verloren ihr Zuhause. Hier und da sind Trümmerhaufen und kaputte Häuser zu sehen: stumme Zeugen dieser Katastrophe.

Bayan

Ist Bali die Insel der tausend Tempel, so ist Lombok die der tausend Moscheen, und die älteste von ihnen steht in Bayan. Die **Masjid Kuno Bayan Beleq** von 1634 soll von Sunan Prapen errichtet worden sein, einem der neun Wali, die den Islam im Archipel verbreiteten. Heute wird sie nur noch an hohen muslimischen Feiertagen genutzt. Während der untere Teil aus groben Steinen gemauert wurde, sind die Wände aus Bambus und das Dach aus *Alang-Alang*-Gras. Der schlichte Bau umschließt eine Trommel, die einst zum Gebet rief, und vier Säulen, die die vier umliegenden Dörfer symbolisieren. In einer Drachenfigur verweisen drei Vögel auf die Trinität des *Wetu Telu* (S. 355). Für eine Besichtigung muss man sich im Gästebuch registrieren und Geld spenden. Gegenüber liegt ein Shop mit Souvenirs und handgewebten Stoffen.

Batu Kok und Senaru

Die Mehrzahl der Besucher wohnt in Batu Kok und Senaru, wo sich die meisten Unterkünfte befinden. Der knapp 40 m hohe **Sendang Gile** liegt am Ende eines befestigten Fußwegs, der unweit vom Pondok Senaru Cottage östlich der Hauptstraße über 315 Stufen in 20 Minuten in die Schlucht führt. Der Legende nach jagten Einheimische eine große Raubkatze, die in blinder Wut das Dorf angegriffen hatte, und entdeckten dabei zufällig den Wasserfall (*Sendang* bedeutet „Wasserfall", *Gile* „verrückt"). Über zwei Stufen stürzt das kühle Nass aus einer Höhe von 31 m, und wer hinter den Wasserfall gelangt, verjüngt sich der Überlieferung nach um ein Jahr. Zum Baden ist das Wasser jedoch zu flach. Eintritt 20 000 Rp.

Etwas oberhalb von hier führt ein naturbelassener Pfad in 30 Min. zum tiefer im Wald gelegenen Wasserfall **Tiu Kelep**. Sein ursprünglich zum Baden geeigneter Pool wurde beim Erdbeben verschüttet. Es bleibt abzuwarten, ob er mit der Zeit wieder freigespült wird.

Nur mit Guide geht es noch tiefer in den Wald zum Wasserfall **Betara Lenjang**. Es empfehlen sich Badeschuhe, da auch ein knietiefer Bach durchquert werden muss, und wegen der diebischen Makaken sollte man Sonnenbrillen oder Plastiktüten im Rucksack verstauen. Bereits am Eingang zum Sendang Gile können Guides für 150 000 Rp angeheuert werden. Mitunter versuchen Einheimische, westlichen Besuchern mit Nachdruck überteuerte Touren aufzunötigen.

Sembalun

An der Ostseite des Rinjani bietet sich Sembalun als alternativer Ausgangspunkt für eine Besteigung an. Die Ortschaft selbst ist zwar unattraktiv und die Klientel sind vor allem Einheimische, die Umgebung ist aber durchaus fotogen: Die Ortsteile **Sembalun Lawang** und **Sembalun Bumbung** erstrecken sich auf 1100 m Höhe in einem von steilen Bergkämmen eingerahmten Tal. Die karge Savanne mit wenigen Bäumen und Sträuchern täuscht, denn hier wird Obst und Gemüse angebaut.

Süße Erdbeeren können vom Feld genascht werden, und eine der besten Kaffeesorten von Lombok gedeiht hier oben. Mit etwas Glück erleben Besucher das rituelle **Pangilan Sapi**, bei dem die Bauern ein bis zwei Mal im Monat unter lauten Rufen („Siooo, siaaa!") ihre halbwild lebenden Kühe von den oft höher gelegenen Graslandschaften zurück ins Dorf treiben. Dabei kommt Salz zum Einsatz, das auf die Grasnarbe gestreut und von den Tieren dankbar angenommen wird.

Besonders reizvoll ist die steile, kurvige Anfahrt von Süden via **Suela** und **Sapit**. Nach 45-minütiger Fahrt durch den Nationalpark lichtet sich die Vegetation, und man gelangt zu einem Aussichtspunkt am **Pusuk-Pass** mit Blick auf das Tal von Sembalun.

ÜBERNACHTUNG UND ESSEN

Bei den meisten Pauschalangeboten ist die erste Übernachtung nach Anreise im Preis inbegriffen. Übernachtungen nach erfolgtem Abstieg sind optional, da die Weiterfahrt meist noch am selben Tag möglich ist.

Senaru und Batu Kok
Entfernungsangaben jeweils ab dem Beginn des Trails in den Nationalpark.

 Rinjani Lighthouse, 300 m, ☎ 0878-6574 1856, 🖥 www.rinjanilighthouse.com. Die Deutschen Melle und Ari und ihr lokaler Partner Danil vermieten auf dem großen Grundstück mit Mangobäumen 4 geräumige Zimmer in 2 Häusern mit kühlen Böden, Moskitonetzen und Warmwasser. Zudem ein Familienhaus mit Steinboden, Bastwänden, Kochnische, Trinkwasserspender und 1 Doppelbett sowie 2 Etagenbetten. Mehr Privatsphäre bietet ein zum Bungalow umfunktionierter Reisspeicher. Mit Spenden der Gäste werden Wasserfilter für das Dorf gekauft und es wird beim Aufbau eines bildungsorientierten Gemeindezentrums geholfen. Frühstück inkl. ❹
Rinjani Lodge, 1,5 km, ☎ 0819-0738 4944, 🖥 www.rinjanilodge.com. Die teuerste Unterkunft im Ort hat 2 Pools (Tagesgäste zahlen 25 000 Rp), gute Aussicht ins Tal und 13 einladende, komfortable Zimmer in Bungalows mit zentral im Raum platziertem Bett, TV, Klimaanlage, Veranda oder Balkon und bepflanzten Open-Air-Bädern. Gutes Restaurant mit toller Aussicht. Frühstück inkl. ❼
Rudy Trekker, gegenüber der Rinjani Lodge, ☎ 0812-3929 9896, 🖥 www.rudytrekker.com. Der Trekkingveranstalter bietet über seinem Restaurant sowie im Garten dahinter 25 empfehlenswerte Zimmer mit guten Matratzen, Klimaanlage, TV und Warmwasser. Die hinteren am Pool mit Kinderbecken sind ruhiger und zu bevorzugen. Frühstück inkl. ❹–❺

Sembalun
Rinjani Garden, ☎ 0819-0905 4700, 🖥 www.fb.com/rinjanigardensembalun. In einer ruhigen Nebenstraße wohnt man im Garten mit Blick auf den Berg im Reihenhaus in kleinen, sauberen Zimmern mit Warmwasser und Veranda oder im Zelt für 200 000 Rp. Frühstück im einfachen Restaurant inkl. ❹
Rudi's Villa, ☎ 0812-3710 5767, 🖥 www.rudisvillasembalun.com. Die große Fläche des Grundstücks füllen neben dem Restaurant und Pool die 18 Zimmer in Bungalows und Reihenhäusern, ausgestattet mit Warmwasser, TV und guten Matratzen. Insgesamt ein besserer Standard als bei vielen anderen Unterkünften im Ort. Schlafsaalbetten sind nur Matratzen

Besteigung des Gunung Rinjani

Die Bergbesteigung ist ein berauschendes, außerordentlich anstrengendes Abenteuer und gelingt nur mit lizenzierten Guides und fähigen Trägern. Obwohl man unnötiges Gepäck in der Unterkunft lässt und Träger die Verpflegung und Ausrüstung schleppen, muss man körperlich fit sein. Festes Schuhwerk mit Profil, ein Rucksack sowie warme, wetterfeste Kleidung sind erforderlich – am Gipfel herrschen oft einstellige Temperaturen. In Senaru kann man manches ausleihen. Organisierte Besteigungen führen in 2–4 Tagen je nach Wunsch zum Kraterrand, zum Kratersee, zu den heißen Quellen oder bis hinauf zum Gipfel. Da die Preise für 1–3 Personen hoch sind, sollten Budgetreisende die Besteigung in größeren Gruppen erwägen (s. Aktivitäten und Touren).

Achtung: Besonders der erste Tag kann auch für den Kopf sehr anstrengend sein, da es fast 2000 m Höhenunterschied zu überwinden gilt. Man sollte viel Wasser trinken und regelmäßige Pausen einlegen, um der **Höhenkrankheit** und damit verbundenen Kopfschmerzen vorzubeugen.

Auf den Routen ab Senaru und Sembalun sind jeweils **max. 150 Bergsteiger pro Tag** zugelassen, von Timbanuh und Aikberik im Süden je 100. Bereits ab Sep kann es am Gipfel die meiste Zeit bewölkt und regnerisch sein. In der **Regenzeit** von Dez–April werden nur Touren bis zum Kraterrand zugelassen. Von Jan–März bleibt der Nationalpark wegen Erdrutsch- und Steinschlaggefahr gänzlich geschlossen. Mit der Sperrung des Gipfels, des Lake Camps oder des ganzen Parks muss auch bei vulkanischer Aktivität gerechnet werden. Für eine Wetterprognose ist 🖥 www.mountain-forecast.com/peaks/Mount-Rinjani/forecasts/3726 zu empfehlen.

- **Route:** Senaru – Base Camp – Kraterrand – Gipfel
- **Dauer:** 3 Tage
- **Länge:** 22 km

Die Tour startet frühmorgens etwa 1 km nördlich vom Nationalparkeingang (600 m Höhe). Es geht in 5–6 Stunden über 7,4 km erst durch dichten Wald, dann über spärlich bewachsene Hügel zum **Base Camp** (Pos 3) auf 2000 m. Man kann hier übernachten, doch die schöne Nachmittagssonne und den herrlichen Sonnenuntergang am Kratersee sieht nur, wer auch noch den nächsten, sehr steilen Abschnitt mit viel Geröll zum **Kraterrand bei Plawangan 1** (2641 m) zurücklegt. Die meisten Gruppen schlagen hier nach 9,2 km Strecke ihr Lager für die windig-kalte Nacht auf, um den Sonnenuntergang genießen zu können und Kraft für den nächsten Tag zu tanken, der mit einem imposanten Sonnenaufgang (oft über den Wolken) grüßt.

Ist man sehr gut in Form und schnell unterwegs, kann am ersten Tag noch vor Sonnenuntergang der Abstieg in den Krater zum **Lake Camp** in Angriff genommen werden (ohne längere Pausen und Abstecher insgesamt etwa 9 Stunden und 12 km). Bei Regen ist der Pfad rutschig und gefährlich.

Das Lake Camp am Kratersee ist ein schöner, wenngleich etwas vermüllter Zeltplatz mit Trinkwasserquelle, und die heißen Quellen liegen nicht allzu weit entfernt.

Der 6–8-stündige Aufstieg zum **Gipfel** ist extrem anstrengend, belohnt aber mit einem unvergesslichen Sonnenaufgang. Bei wolkenfreiem Himmel hat man eine tolle Sicht bis nach Sumbawa im Osten und Bali im Westen.

- **Route:** Sembalun – Kraterrand – Gipfel
- **Dauer:** 2 Tage
- **Länge:** 14 km

Von hier ist der Gipfel schneller erreicht, da man nicht hinunter zum Lake Camp wandert. Im Gegensatz zu den Touren ab Senaru kann der Berg ab Sembalun (1156 m) in einer anstrengenden Zweitagestour bezwungen werden. Am ersten Tag geht es durch schattenlose Savanne. Als Belohnung für die Strapazen eröffnet sich bereits während des Aufstiegs eine wunderbare Aussicht. In 7 1/2–8 Stunden ist man am Kraterrand bei **Plawangan 2** (2639 m), wo der Sonnenuntergang über dem **Kratersee** zu bewundern ist. Nach einer kurzen Nacht folgt der 3–4-stündige Aufstieg zum **Gipfel**, den man kurz vor Sonnenaufgang erreicht.

410 BESTEIGUNG DES GUNUNG RINJANI

auf dem Boden und kosten 100 000 Rp p. P. ❹–❺

Sembalun Homestay, ✆ 0819-1817 7443, 🖥 www.rinjanitrekkingtour.com. Auf dem reizlosen Hinterhof werden 5 schmucklose, preisgünstige Reihenhaus-Zimmer mit Matratzen auf dem Boden und nur dem Nötigsten an Ausstattung vermietet. Eine Option für Sparfüchse, die lediglich eine preiswerte Bleibe vor/nach der Bergbesteigung suchen. Frühstück inkl. ❷

Teresgenit

Rinjani Mountain Garden, ✆ 0818-569730, 0853-9820 6789, ✉ rinjanigarden@hotmail.de. Das etwa 2 ha große, in die Reisterrassen eingepasste Areal mit Quellwasserpool und traumhafter Lage ist einmalig, denn hier laufen viele Tiere überwiegend frei herum: Ein zutraulicher Hund, Katzen, Truthähne, Gänse, ein Pony, ein Pferd, ein Affe und sogar ein Nashornvogel werden von den deutsch-indonesischen Gastgebern genauso gut gepflegt wie die Gäste. Man wohnt in komfortablen Bungalows, kleinen Holzhütten, 2 Massivhäuschen mit Terrasse oder Zelten mit Gemeinschaftsbädern. Die indonesischen Gerichte und die deutsche Hausmannskost sind lecker und reichhaltig. Organisation von Transport, Touren in die Umgebung und Bergbesteigungen. Kinder bis 6 Jahre kostenlos, gutes Frühstück mit selbst gebackenem Brot inkl. ❹–❺

TOUREN

Die Bergbesteigung lohnt nur als **Pauschaltour**. Sich selbst um Ausrüstung, Guide und Träger zu kümmern wäre teurer und sehr zeitaufwendig. Im Tourpaket sollten ein Guide, Träger, der **Parkeintritt** (150 000 Rp p. P. und Tag), Versicherung, Zelt, Schlafsack, Kochutensilien, Wasser und 3 Mahlzeiten pro Tag inkl. sein. Mit dem Preis steigt meist nicht nur die Qualität der **Verpflegung**, sondern auch die der **Ausrüstung**, die vor dem Start überprüft werden sollte. Luftmatratzen isolieren nachts besser vor der Bodenkälte als dünne Isomatten.

Die Veranstalter bilden meist **Gruppen** von 4–10 Pers. mit 3 Trägern und 1–2 Guides. Einzelreisende sollten sich vor Ort oder direkt bei den Anbietern umhören, um sich einer Gruppe anzuschließen. Bucht man an anderen Orten auf Lombok, sollte auch die erste Übernachtung, v. a. aber der Transport inbegriffen sein, denn die Anreise mit öffentlichen Verkehrsmitteln ist lang und strapaziös.

Rinjani Trekking Center, Senaru, ✆ 0853-3751 1869, 🖥 www.rinjanitrekkingcenter.com. Beim Anbieter unter balinesischer Leitung stimmt die Kommunikation und in den meisten Fällen auch die Leistung. Je nach Gruppengröße und Verpflegung kosten 2 Tage als private Tour ab US$215, 3 Tage in der Gruppe ab US$220 und 4 Tage ab US$250. Vor Ort sind Rabatte möglich.

Rinjani Women Adventure, Batu Kok, ✆ 0817-572 3315, 🖥 www.rinjaniwomenadventure.com. Sukatni war die erste Frau im männerdominierten Trekking-Betrieb und hat andere Frauen zu Guides ausgebildet. Bei 2–3 Pers. kosten 2 Tage zum Kraterrand 2,65 Mio. Rp, eine 3-Tages-Tour zum Gipfel 3,5 Mio. Rp. Empfehlenswert ist auch der **Panorama Walk**, der ab 8 Uhr zu einem Wasserfall, in den Ortsteil mit traditionellen Häusern, zu Reisfeldern, Kakao- und Kaffeeplantagen führt. Er kostet bei 1/2–3/4–6 Pers. 450 000/350 000/280 000 Rp p. P. inkl. Wasser, Eintritt zum Wasserfall und Mittagessen.

Vorsicht vor Billigangeboten und Betrügern!

In der Vergangenheit gab es Betrugsfälle, bei denen Touristen vorgegaukelt wurde, über offizielle Stellen zu buchen. Von Angeboten angeblicher Vertreter des Nationalpark-Managements auf Bali sollte man Abstand nehmen! Generell sollte man vorsichtig sein, wenn der Anbieter völlig marktunübliche Preise verlangt und diese nicht begründen oder die entsprechende Leistung nicht schriftlich nachweisen kann. Anhand von Online-Bewertungen lässt sich schnell in Erfahrung bringen, ob womöglich an der Verpflegung oder Ausrüstung gespart oder die Sicherheit vernachlässigt wird.

Rudy Trekker, Senaru, s. Übernachtung, 0812-3929 9896, 0818-0365 2874, www.rudytrekker.com. Nicht der billigste Anbieter, doch die Isomatten sind dick, die Zimmer in Senaru komfortabel, das Essen ist gut und das Englisch der Guides (2 für max. 6 Pers.) passabel. Für 2–3 Pers. kostet die 2-tägige Tour zum Gipfel US$250, die 3-tägige Tour US$320 und die 4-tägige US$385. Transport inkl.

SONSTIGES

Ein kommunales **Gesundheitszentrum** *(Puskesmas)* liegt 4 km nördlich von Senaru, ein weiteres an der Hauptstraße in Sembalun. Mit ernsthaften Beschwerden besser nach Mataram oder Bali.

TRANSPORT

€ Am günstigsten ist die An- und Abreise im Rahmen einer Pauschaltour. Wer nach dem Abstieg nicht hier übernachtet, fährt direkt weiter. Wer auf die Gilis möchte, kommt erst spät am Nachmittag in Bangsal an und muss länger aufs nächste Boot warten, chartern oder in Bangsal übernachten.

Motorradtaxis kosten von Senaru nach Sembalun 80 000–100 000 Rp, nach BAYAN oder ANYAR 25 000 Rp. Von Anyar verkehren vormittags wenige **Busse** via PEMENANG (Bangsal) nach MATARAM für 50 000 Rp in 3–4 Std.

Minibusse fahren vormittags von Sembalun nach AIKMEL für 35 000 Rp, wo man nach MATARAM (25 000 Rp, 2 1/2 Std) umsteigen kann.

Taxis

Die Unterkünfte vermitteln Pkw mit Fahrer nach/zum:
BANGSAL für 300 000–350 000 Rp in 1 1/2 Std.
FLUGHAFEN für 500 000–550 000 Rp in 4 Std.
KUTA LOMBOK für 600 000–700 000 Rp in 5 Std.
LABUHAN LOMBOK für 340 000–450 000 Rp in 2 Std.
LEMBAR (Fähren nach Bali) für 500 000 Rp in 3–3 1/2 Std.
SEKOTONG-HALBINSEL für 700 000–750 000 Rp in 4–4 1/2 Std.
SENGGIGI und MATARAM für 400 000–500 000 Rp in 2–3 Std.

Vom Bootsanleger nördlich von Labuhan Lombok geht's zu den östlichen Gilis.

Die östlichen Gilis

Im trockenen Osten führt eine 15-minütige Bootsfahrt zu den kaum besuchten Inseln **Gili Kondo**, **Gili Petagang** und **Gili Bidara** mit hervorragenden Schnorchelgründen und einsamen Sandstränden. Mittendrin liegt außerdem **Gili Kapal**, das keine Insel im eigentlichen Sinne ist, mehr eine Sandbank, die als Fotospot populär geworden ist. Man kann im Rahmen von organisierten Tagestouren aus Senggigi und Mataram oder auf eigene Faust anreisen, z. B. als Zwischenstopp auf der Fahrt von Senaru nach Labuhan Lombok oder Kuta Lombok.

Der Schalter am Parkplatz der Bootsanlegestelle, etwa 14 km nördlich von Labuhan Lombok, verkauft Touren zu Festpreisen: Eine Fahrt zu den Inseln und zurück kostet 350 000 Rp p. P., jeder weitere Stopp 75 000 Rp mehr, Schnorchel und Flossen je 25 000 Rp. Zelte zum Übernachten gibt's für 100 000 Rp. Infos und Kontakt unter ✆ 0852-3954 8496 (Suyanto).

ÜBERNACHTUNG

Bidara Cottages, 12 km nördlich von Labuhan Lombok, Abzweigung 200 m südlich der Abzweigung zur Bootsanlegestelle, ✆ 0819-9764 5318, 🖥 www.bidaracottages.com. Auf dem großen, aber schattenarmen und gärtnerisch ausbaufähigen Grundstück mit Pool vermieten die freundlichen Betreiber einfache, saubere Zimmer in Bungalows mit Ventilator oder Klimaanlage und solarerwärmtem Wasser. Es gibt einfache Gerichte und Touren zu den vorgelagerten Gilis. ❹

Pondok Siola, 15 km nördlich von Labuhan Lombok, ✆ 0822-4747 5821, 🖥 http://bit.ly/pondoksiola. Der nette Heri heißt Gäste in 2 Einzel- und 3 Doppelbungalows mit Klimaanlage, Veranda und guten Matratzen willkommen, die in einem palmenbestandenen Garten am Strand liegen. Die teureren sind größer. Es gibt ein Restaurant, viel Ruhe und Schnorcheltouren zu den östlichen Gilis.

Labuhan Lombok

Von Labuhan Lombok legen Fähren nach Sumbawa ab. Der Fährhafen ist als **Labuhan Kayangan** ausgeschildert und liegt etwa 3,5 km außerhalb des Ortes. Man erreicht ihn, wenn man vom Markt an der Hauptkreuzung nach Osten abbiegt und der Straße folgt. Am Hafen gibt's Geldautomaten.

Als Fotostopp in der Nähe bieten sich die 4,6 km nördlich stehenden **Riesenbäume** (Pohon Purba) mit ihren gewaltigen Brettwurzeln an. Sie ragen westlich der Straße 40–50 m in die Höhe, gehören zur Gattung der Feigen und sind rund 350 Jahre alt. Parken 5000–10 000 Rp.

TRANSPORT

Busse und Motorradtaxis

Motorradtaxis (Ojek) zwischen Hafen und Markt kosten 15 000 Rp. Vom Markt nach MATARAM via AIKMEL (Umstieg nach SEMBALUN) und PAOKMOTONG (Umstieg nach TETEBATU) nur vormittags mit **Bussen**, die erst abfahren, wenn genügend Passagiere da sind, für 40 000 Rp in 3 Std. **Damri** hat **Minibusse** vom Hafen nach KUTA LOMBOK Mo–Sa um 8 und 10 Uhr für 15 000 Rp.

Taxis und Minibusse

Wer von der Fähre kommt, wird von Fahrern belagert. Taxis mit Taxameter (z. B. Blue Bird) können Passagiere absetzen, müssen jedoch außerhalb des Geländes warten. Oft sind nur Privattaxis verfügbar. Preisbeispiele:
BANGSAL via SENGGIGI 400 000–500 000 Rp in 3–4 Std.
FLUGHAFEN für 300 000 Rp in 2 1/2 Std.
KUTA LOMBOK für 300 000–350 000 Rp in 2 1/2 Std.
SENARU oder SEMBALUN 350 000 Rp in 2 1/2 Std.

Fähren

Nach POTO TANO (Sumbawa) geht's rund um die Uhr alle 45–60 Min. für 19 000 Rp, Kinder 9000 Rp, Motorrad 75 000 Rp, Pkw 530 000 Rp, in 1 1/2–2 Std.

Anhang

Sprachführer	414
Glossar	422
Reisemedizin zum Nachschlagen	423
Bücher	429
Filme	431
Index	432
Danksagung	441
Bildnachweis	442
Impressum	443
Kartenverzeichnis	444

Sprachführer

Eine Nation – ein Land – eine Sprache: Der Slogan der indonesischen Nationalisten in den 1920er-Jahren verdeutlicht den politischen Stellenwert einer einigenden Sprache. Seit 1945 ist das aus dem Riau-Malaiisch entwickelte Indonesisch Staatssprache. Viele Wörter wurden aus Fremdsprachen übernommen – aus Regionalsprachen ebenso wie aus dem Arabischen, dem Sanskrit, dem Chinesischen, dem Holländischen und dem Englischen. Viele Wortschöpfungen sind daher auch ohne Übersetzungshilfen verständlich (z. B. *informasi, taksi, polisi* oder *dokter*). Leider ist nicht alles so einfach zu verstehen, deshalb hier einige Hilfestellungen:

Grundregeln

Attribute stehen immer hinter dem Bezeichneten, z. B. ist *langit* (Himmel) *biru* (blau) nicht „himmelblau", sondern der „blaue Himmel". Alle Worte, außer Namen, Anredeformen, Satzanfang und Sonderbezeichnungen, werden kleingeschrieben.

Zudem wird das Hilfsverb „sein" *(ada)* im Indonesischen nur dann verwendet, wenn explizit auf dieses „sein" Bezug genommen wird, z. B. bei der Aussage, dass etwas nicht da ist *(tidak ada)*. Wenn man sagen möchte: „Ich bin hungrig", aber nur die Worte für „ich" *(saya)* und „hungrig" *(lapar)* kennt, reicht das aus.

Aussprache

Generell werden die Wörter so ausgesprochen, wie sie geschrieben werden – mit wenigen Ausnahmen:

(e) selten wie in „Meer", häufig verschluckt oder wie „gekommen"
(c) *candi* (Tempel): ein tsch wie in „rutschen"
(j) *jalan* (Straße): ein weiches dsch wie z. B. in „Gin"
(kh) *akhirnya* (endlich): wie in „Loch"
(ng) *bunga* (Blume): wie in „singen"
(ny) *nyanyi* (singen): ähnlich wie das gn in „Champagner"
(r) *roti* (Brot): gerolltes r wie im bayerischen Dialekt
(y) *wayang* (Theater): wie in „ja"

Wörterbücher und Sprachführer

Mit * gekennzeichnete Titel sind auch als E-Book zu haben, teils nur in englischer Fassung.

Indonesisch Wort für Wort*, Gunda Urban (Reise Know-How, 2016). In der Kauderwelsch-Reihe sind auch ein Sprachführer Balinesisch, Javanisch sowie indonesischer Slang und Jugendsprache erschienen.

Kamus Jerman – Indonesia, Adolf Heuken (Gramedia, 2014). Das empfehlenswerteste zweibändige Wörterbuch ist in jeder Gramedia-Buchhandlung in Indonesien zu bekommen.

Kamus Jerman – Indonesia, R. Yunia und T. Kühne (Jakarta 2016). Kleineres und handlicheres Wörterbuch.

Apps und Websites

Indonesisch lernen mit Babbel von Babbel, in der Basisversion kostenlos als App und unter http://de.babbel.com. Gute App mit Wörtern und Redewendungen. Neben dem Basiswortschatz kann eine kostenpflichtige Vollversion heruntergeladen werden. Gute Sprachfassung, aber nicht immer zuverlässige Spracherkennung.
Learn Bahasa Indonesian/Learn Indonesian – Phrasebook for Travel in Indonesia von Appoxis, kostenlos. Die englischsprachige App ist eine gute Ergänzung des Basiswortschatzes. Die nach Kategorien sortierten Sätze werden vorgesprochen. Die Pro-Version kostet knapp 5 €.

Ortsnamen besser verstehen

Air Terjun	**Wasserfall**
Bukit	**Hügel**
Danau	**See**
Goa	**Höhle**
Gunung	**Berg**
Gunung berapi	**Vulkan**
Hutan	**Wald**
Jalan	**Straße**
Kampung, desa	**Dorf**
Kota	**Stadt**
Negara, negeri	**Land**
Pantai	**Strand**
Pulau	**Insel**
Puncak	**Gipfel**
Pusat	**Zentrum**
Sungai	**Fluss**
Taman nasional	**Nationalpark**

www.jot.de. Online-Wörterbuch, das mehr als 15 500 Übersetzungen umfasst (Deutsch–Indonesisch, Indonesisch–Deutsch).

Wortschatz

Fragen

Was?	Apa?
Was ist das?	Apa ini?
Wer?	Siapa?
Wie viel?	Berapa?
Wie lange?	Berapa lama?
Wie weit?	Berapa jauh?
Wann?	Kapan?
Wann kommt der Bus an? (Frage nach Ankunftszeit)	Kapan bis datang? / Jam berapa bis datang?
Warum?	Mengapa?/Kenapa?
Warum (ist das) so?	Mengapa begitu?
Wie?	Bagaimana?
Wie geht/funktioniert das?	Bagaimana caranya?
Wo?	Di mana?

Personen

ich	saya (förmlich) / aku (umgangssprachlich)
du/Sie	kamu/Anda
er/sie	dia
wir	kita/kami* (*ohne die angesprochene Person)
ihr	kalian
sie (Plural)	mereka

Anrede

Herr, Vater	bapak (pak)
Frau, Mutter	ibu (bu)
älterer Bruder, ältere Person (freundschaftlich)	kakak (kak)
jüngerer Bruder, fremdes Kind	adik (dik)
Großmutter	nenek
Großvater	kakek (kek)

Bruder/Schwester (förmlich)	*saudara*
Kind	*anak*
Frau	*perempuan/wanita*
Mann	*laki-laki*
Freund	*kawan/teman*

Grußformeln

Herzlich willkommen	*Selamat datang*
Guten Morgen	*Selamat pagi*
Guten Mittag	*Selamat siang*
Guten Nachmittag (von ca. 14 Uhr bis Sonnenuntergang)	*Selamat sore*
Guten Abend	*Selamat malam*
Schlafe gut	*Selamat tidur*
Auf Wiedersehen (zu dem, der bleibt)	*Selamat tinggal*
Auf Wiedersehen (zu dem, der geht)	*Selamat jalan*

Gespräch

Wie geht's?	*Apa kabar?*
Mir geht's gut.	*Kabar baik. / Baik-baik.*
Wie heißt du?	*Siapa nama kamu?*
Ich heiße …	*Nama saya …*
Woher kommst du?	*Dari mana?*
Aus Deutschland, der Schweiz, Österreich.	*dari Jerman, dari Swiss, dari Austria.*
Wohin gehst du?	*(Pergi/Mau) ke mana?*
Zum Strand.	*Ke pantai.*
Spazieren.	*Jalan-jalan.*
Wo wohnst du?	*Tinggal di mana?*
Im Hotel.	*Di hotel.*
Wie lange bist du schon in Indonesien?	*Sudah berapa lama di Indonesia?*
Schon lange.	*Sudah lama.*
Einen Tag.	*Satu hari.*
Eine Woche.	*Satu minggu.*
Sprichst du Indonesisch?	*Bisa bicara bahasa Indonesia?*
Nur ein wenig.	*Sedikit saja.*
Ich verstehe kein Indonesisch.	*Saya tidak mengerti bahasa Indonesia.*
Ich verstehe nicht.	*Saya tidak mengerti.*
Wie alt bist du?	*Umur berapa?*
20 Jahre.	*Dua puluh tahun.*
Alleine? (Sofern man alleine unterwegs ist)	*Sendiri? / Kok sendiri?*
Schon verheiratet?	*Sudah kawin/nikah?*
Falls „Ja", folgt: Wie viele Kinder?	*Berapa anak-anak?*
Vielen Dank.	*Terima kasih banyak.*
Gern geschehen!	*Sama-sama!*
Bitte! (fordernd/bittend/anbietend)	*Tolonglah…! / Saya minta… / Silahkan..!*
Entschuldigung!	*Permisi!* (vorher)
	Maaf! (nachher)
Das macht nichts, kein Problem.	*Tidak apa-apa.*
gut/okay	*bagus/baik-baik*
ja/nein (nicht)	*ya/tidak*
Bsp.: Ich weiß nicht.	*Saya tidak tahu.*
kein(e, s)	*bukan*
Bsp.: Das ist kein Buch.	*Ini bukan buku.*
Tu (das) nicht! (verneinter Imperativ)	*Jangan …!*
Bsp.: Fass das/mich/ etc. nicht an!	*Jangan memegang!*
Ich lerne Indonesisch.	*Saya belajar bahasa Indonesia.*
Ich mag/möchte/kann/ muss/brauche	*saya suka/mau/bisa/ harus/perlu*
Sprechen Sie Englisch?	*Apakah Anda bisa bicara bahasa Inggris?*
Bitte sprich langsam!	*Tolong bicara lebih pelan!*
Was ist das?	*Apa ini? / Apa itu?*
Wie heißt das auf Indonesisch?	*Bagaimana dalam bahasa Indonesia?*
Was ist die Bedeutung von …?	*Apa artinya …*
Darf ich fotografieren?	*Boleh saya (ambil) foto?*
Religion/Glaube	*agama/kepercayaan*
kennen/wissen	*tahu*

Essen und Trinken

Brot	*roti*
Essen	*makanan*

Krabben	udang
Tintenfisch	cumi-cumi
Fleisch	daging
Büffel	kerbau
Ente	bebek
Huhn	ayam
Rind	sapi
Schwein	babi
Ziege	kambing
Frucht	buah
Frühstück	sarapan/makan pagi
Gemüse	sayur
Kartoffel	kentang
Knoblauch	bawang putih
Zwiebel	bawang bombay
Glas	gelas
Mittagessen	makan siang
Portion/zum Mitnehmen	porsi/bungkus
Teller	piring
Wasser	air
essen	makan
mögen	suka
trinken	minum
gebraten, frittiert	goreng
gekocht (in Wasser)	rebus
heiß	panas
kalt	dingin
(sehr) lecker	enak/lezat
warm	hangat
Ich habe Hunger/Durst.	Saya lapar/haus.
Ich hätte gern …	Saya minta …
Ich möchte essen.	Saya mau makan.
Ich mag kein Fleisch.	Saya tidak suka daging.
Das Essen ist gut!	Makanan itu enak!

Mehr dazu im Abschnitt „Essen und Trinken" S. 39.

Einkaufen

Baumwolle	kapas
Brief	surat
Briefmarke	pranko
Briefumschlag	amplop
Buchhandlung	toko buku
Einkaufsladen	toko
Geld	uang/duit
Gepäck	barang
Hemd	kemeja
Hose	celana
Internetcafé	warnet
Kleidung	pakaian
Koffer	koper
Lohn, Verdienst/Ernte, Einkommen	gaji/hasil
Markt	pasar
Moskitocoils, Mückenschutz	obat nyamuk
Papier	kertas
Postamt	kantor pos
Preis/Kosten	harga/ongkos, biaya
normaler (richtiger) Preis	harga biasa
Festpreis	harga pas
Seide	sutra
Shampoo	sampo, sampu
(gewebter) Stoff	kain
Supermarkt	pasar swalayan
Tageszeitung	koran
T-Shirt	kaos
billig	murah
teuer	mahal
zu (teuer)	terlalu (mahal)
(etwas) bezahlen	(mem)bayar
(etwas) kaufen	(mem)beli
(etwas) verkaufen	(men)jual
Wie viel kostet es? (wörtl.: Wie viel der Preis?)	Berapa harganya?
Kann man handeln/feilschen?	Boleh menawar?
Geht es billiger?	Bisa turun?

Orientierung

geradeaus	terus
links/rechts abbiegen	belok kiri/kanan
Norden/Süden	utara/selatan

Osten/Westen	timur/barat
vorbei	lewat
weit/nah	jauh/dekat
eintreten	masuk
hinausgehen	keluar

Reisen und Transport

Achtung!	awas
Auto	mobil
Bahnhof	stasiun
Brücke	jembatan
Busbahnhof	terminal bis
Eisenbahn	kereta api
Fahrkarte	karcis, tiket
Businessklasse	bisnis
günstigste Klasse	ekonomi
Fahrkartenschalter	loket
Fahrrad	sepeda dorong
Flughafen	bandara
Flugzeug	pesawat
Hafen	pelabuhan
Kreuzung	perempatan
Motorrad	sepeda motor
Schiff/Fähre	kapal laut/feri
Sitzplatz	tempat duduk
Straße	jalan
Tankstelle	pompa bensin
Taxi	taksi
Vorsicht!	hati-hati
hin und zurück	pulang pergi (pp)
in/auf	di
nach/in/von	ke
unten/oben	di bawah/di atas
von/aus	dari
vor/hinter	di depan/di belakang
langsam	pelan
schnell	cepat
aufbrechen, abfahren	berangkat
Auto fahren	naik mobil
fliegen	terbang
Flugzeug fliegen	naik pesawat
gehen nach	pergi ke
mieten	sewa
umherreisen	keliling
zu Fuß gehen	jalan kaki
zurückkehren	pulang
Ich gehe nach …	Saya pergi ke …
Ich komme aus …	Saya datang dari …
Ich wohne (übernachte) in …	Saya tinggal (nginap) di …
Welche Richtung?	Arah mana?
in … Richtung	di arah …
Wo ist/gibt es …?	Dimana ada …?

Übernachten

Bad	kamar mandi
Bett	tempat tidur
Decke (zum Zudecken)	selimut
Fenster	jendela
Handtuch	handuk
Klimaanlage	AC
Kühlschrank	kulkas
Moskito	nyamuk
Moskitonetz	kelambu
Schlüssel	kunci
Stuhl	kursi
Tisch	meja
Tür	pintu
Warmwasser	air panas
Zimmer	kamar
leer	kosong
voll	penuh
aufstehen	bangun
baden, duschen	mandi
schlafen	tidur
sitzen	duduk
Kleidung waschen	cuci pakaian
Wo gibt es ein Hotel?	Di mana ada hotel?
Haben Sie ein freies Zimmer?	Ada kamar kosong?
für 2 Personen (Nächte)	untuk dua orang (malam)

Umwelt

Ameise	*semut*
Baum	*pohon*
Blatt	*daun*
Blume	*bunga*
Bucht	*teluk*
Ebbe	*air surut*
Eisen	*besi*
Elefant	*gajah*
Fisch	*ikan*
Flut	*air pasang*
Gipfel	*puncak*
Gold	*(e-)mas*
Hirsch	*rusa*
Holz	*kayu*
Hund	*anjing*
Katze	*kucing*
Koralle	*karang*
Luft	*udara*
Maus	*tikus*
Meer	*laut*
Mond	*bulan*
Moschee	*mesjid*
Nassreisfeld	*sawah*
Pferd	*kuda*
Quelle	*mata air*
Sand	*pasir*
Schlange	*ular*
Silber	*perak*
Sonne	*mata hari*
Stein	*batu*
Stern	*bintang*
Strand	*pantai*
Tier	*binatang*
Vogel	*burung*
Wasserfall	*air terjun*
Welle	*ombak*
Welt	*dunia*

Wetter

Blitz	*kilat*
Regen	*hujan*
Wind	*angin*
Wolken	*awan*
nass	*basah*
trocken	*Kering*

Zeit

Minute	*menit*
Stunde	*jam*
Tag	*hari*
Woche	*minggu*
Monat	*bulan*
Jahr	*tahun*
Jahrhundert	*abad*
Ära, Zeitalter	*zaman*
jeden Tag	*setiap hari*
Montag	*hari Senin*
Dienstag	*hari Selasa*
Mittwoch	*hari Rabu*
Donnerstag	*hari Kamis*
Freitag	*hari Jumat*
Samstag	*hari Sabtu*
Sonntag	*hari Minggu*
Morgen	*pagi*
Mittag	*siang*
Nachmittag	*sore*
Abend	*malam*
heute, dieser Tag	*hari ini*
morgen	*besok*
übermorgen	*lusa*
gestern, zuletzt	*kemarin*
bald (bis 12 Stunden)	*sebentar lagi*
jetzt	*sekarang*
noch nicht	*belum*
später	*nanti*
schon/fertig	*sudah*
vor …	*… yang lalu*
lange andauernd	*lama*
vorher, früher	*dulu*
gerade, vorhin	*tadi*

vor, bevor	sebelum
Zeit	waktu
Wie spät ist es?	Jam berapa?
„Gummizeit" (die typische indonesische Unpünktlichkeit)	jam karet

Freizeit

Fußball	sepak bola
Party, Feier	pesta
ein Buch lesen	membaca buku
entspannen, relaxen	bersantai
schwimmen	berenang
spielen	(ber)main
tauchen	menyelam

Farben

(hell-) blau	biru (muda)
braun	coklat
gelb	kuning
grün	hijau
rot	merah
schwarz	hitam
weiß	putih

Körperteile

Arm	lengan
Auge	mata
Bauch	perut
Bein, Fuß	kaki
Brust (bei Frauen)	dada/payudara
Finger	jari
Haar	rambut
Hand	tangan
Kopf	kepala
Mund	mulut
Nase	hidung
Ohr	telinga
Rücken	punggung
Zahn	gigi
Zeh	jari kaki
Zunge	lidah

Krankheit

Arzt/Apotheke	dokter/apotik
Blut	darah
Durchfall haben	mencret, diare
Erkältung	flu, masuk angin
Fieber	demam
Husten	batuk
Krankenhaus	rumah sakit
kommunale Poliklinik	puskesmas (pusat kesehatan masyarakat)
Medizin	obat
Schnupfen	pilek
gesund	sehat
sterben	meninggal
sich übergeben	muntah
Ich bin krank/habe Schmerzen.	Saya sakit.
Mein Kopf/Bauch/Zahn schmerzt.	Saya sakit kepala/perut/gigi.

Gefühle und Gemütszustände

enttäuscht	kecewa
froh, glücklich, sich wohlfühlen	senang
glücklich/fröhlich	bahagia/gembira
müde	lelah, capek
wütend, zornig	marah
mögen/lieben/vermissen	suka/cinta/rindu

Wichtige Adjektive

alt/jung/neu	tua/muda/baru
freundlich	ramah
friedlich/sicher	damai/aman
groß/klein	besar/kecil

Mini-Sprachführer Balinesisch

Gerade abseits der Touristenorte kann man sein Gegenüber mit ein paar Worten Balinesisch schwer beeindrucken.

Guten Morgen (bis ca. 10 Uhr)	*Rahajeng semeng*
Guten Tag (bis ca. 14 Uhr)	*Rahajeng tengai*
Guten Nachmittag (bis Sonnenuntergang)	*Rahajeng sanje*
Guten Abend/Nacht	*Rahajeng peteng*
Ich	*Tiang/cang*
Du	*Ci/ragane*
Ja	*Ae*
Nein	*Sing*
Groß	*Gede*
Klein	*Cenik*
Viel	*Liu*
Wenig	*Bedik*
Wie geht's?	*Kenken kabare?/Punapi gatra?*
Mir geht's gut.	*Tiang/cang becik-becik*
Wie heißt du?	*Nyen adane?/Sira wastan ragane?*
Ich heiße …	*Uling dije ci/ragane?*
Wo kommst du her?	*Adan tiang/cang …*
Ich komme aus …	*Tiang/cang uling …*
Schön, dich kennenzulernen.	*Demen metepuk jak ci/ragane.*
Ich bin zum ersten Mal auf Bali.	*Niki pertama kaline tiang ke Bali.*
Ich war schon oft auf Bali.	*Tiang sube sesai ke Bali.*
Danke/Vielen Dank	*Suksma/suksma gati*
Bitteschön	*Suksma mewali*
Wie teuer ist das?	*Aji kude hargane?*
Wann …?	*Pidan …?*
Wer …?	*Nyen …?*
Wie …?	*Kenken …?*
Wo …?	*Dije …?*
Wohin/woher …?	*Kije …?*
Wie weit ist …?	*Mekelo …?*

gut aussehend (für Frauen/Männer)	*cantik/ganteng*	**lang/kurz**	*panjang/pendek*
hoch/niedrig	*tinggi/rendah*	**leise, still**	*sepi*
laut, betriebsam, voller Leute	*ramai*	**schmutzig/ hässlich**	*kotor/ jelek*
kaputt	*rusak*	**schön** (Dinge)	*indah*

www.stefan-loose.de/bali

Glossar

A
Adat traditionelles Gewohnheitsrecht
Alang-Alang Riedgras, das zum Decken von Häusern verwendet wird
Angkot öffentlicher Minibus, der auf einer festen Strecke verkehrt und entlang dieser überall angehalten werden kann; auch: Bemo
Animismus schriftlose Religion, die von der Beseeltheit aller Dinge und einem Regelwerk der Naturelemente ausgeht

B
Bale Versammlungshalle der Dorfgemeinschaft
Banjar Dorfrat, Dorfversammlung
Barong magiegeladene, menschenähnliche riesige Figur
Bemo s. Angkot
Beruga traditionelle, hölzerne Pavillons, manchmal mit einem Strohdach

C
Cidomo Pferdekutsche

E
Endek handgewebter Stoff, bei dem die einzelnen Kettfäden schon vor dem Weben im aufwendigen *Ikat*-Verfahren eingefärbt werden

G
Galungan erster Tag der zehntägigen Feier zu Ehren der Schöpfer der Welt
Gamelan typisch balinesisches Orchester, das von einem Gong angeführt wird, um den herum sich die anderen Instrumente formieren.

I
Ikat traditionelle Webtechnik, bei der das Garn vor der Verarbeitung abschnittsweise abgebunden und eingefärbt wird. Besonders aufwendig sind Doppel-*Ikat*.

J
Jukung traditionelle balinesische Fischerboote, bunte Einbaumkanus mit Ausleger, deren Buge mit magischen Augen und einem Schnabel verziert sind

K
Kopi Luwak Katzenkaffee, dessen Bohnen durch den Verdauungsprozess des Fleckenmusangs ihr berühmtes Aroma erhalten. Die ausgeschiedenen, aber nicht verdauten Bohnen werden zu Kaffee gemahlen. Der Kaffee ist eine begehrte und teure Spezialität, aus Tierschutzperspektive aber höchst fragwürdig.
Kraton Palastanlage eines Sultans oder Rajas
Kris asymmetrischer, traditioneller Dolch, dem eine spirituelle Bedeutung beigemessen wird. Er gilt als Symbol für die Würde des Mannes.
Kulkul Glockenturm mit Schlitztrommel, die den Tod eines Dorfbewohners verkündet oder zum Banjar zusammenruft
Kuningan letzter Tag der zehntägigen Feier zu Ehren der Schöpfer der Welt

L
Lamak Opfergabe aus kunstvoll geflochtenen Palmblättern
Lontar altjavanisches Wort, das ein Blatt *(ron)* vom Rontal-Baum *(tal)* bezeichnet
Lontar-Schriften in die Blätter der Lontar- (Rontal-)Palme geritzte Schriften
Lumbung traditionelle Reisspeicher auf Pfählen

M
Mandi klassische indonesische Art zu duschen. Besteht aus einem großen Wasserbehälter und einer kleinen Schüssel, mit der man den Körper mit Wasser übergießt.
Melasti aufwendige Prozessionen, die zu einer Wasserquelle, zumeist zum Strand, führen und die rituelle Reinigung von Figuren, Masken oder anderen Heiligtümern beinhalten
Meru balinesische Pagode, ein turmartiges Bauwerk, v. a. bei Tempeln zu finden; der Berg Meru ist Sitz der Götter.
Moksa Vorgang der Nirwana-Erlangung

N

Ngaben rituelle Verbrennung, durch die ein Verstorbener seine nächste Wiedergeburt erreicht. Die Asche wird anschließend im Meer oder in Flüssen verstreut.
Nyepi balinesisches Neujahrsfest und Tag der Stille

O

Odalan Jahresfeier eines Tempels; wichtigstes Tempelfest
Ojek Motorradtaxi

P

Pande balinesische Schmiede
Pantun indonesische Gedichtform, oft im Duett vorgetragen
Pemangku Laienpriester
Penjor mit Opfergaben behängter, dekorativer hoher Bambusstab
Prahu malaiische Segelboote
Pratima kleine steinerne Götterfiguren. Sie dienen als Behälter für die göttlichen Ahnen oder Götter bei ihren Besuchen auf der Erde.
Puputan der in ausweglos erscheinenden Situationen von den Könighäusern durchgeführte rituelle Massenselbstmord
Pura balinesischer Tempel
Puri balinesischer Palast
Purnama Vollmond

R

Raja König

S

Sad Kahyangan Bezeichnung für die sechs heiligsten Tempel auf Bali
Sasak die ursprünglichen Einwohner Lomboks und deren Sprache
Sawah Reisfeld im Nassreisanbau
Slendang Tempelschal
Songket Stoff mit Gold-/Silberstickerei; Brokat
Subak Gemeinschaft von Reisbauern
Sudra die niedrigste Kaste des hinduistischen Kastensystems

T

Trimurti Dreiheit von Shiva, Vishnu und Brahma (Hinduismus)

W

Wantilan Hahnenkampfarena, oft im Inneren eines Tempels
Warung Essensstand, Garküche
Wayang Kulit Schattenspiel mit flachen Spielpuppen aus Tierhaut *(kulit)*
Wetu Telu die ursprüngliche Religion der Sasak

Reisemedizin zum Nachschlagen

Chikungunya-Fieber

Es kommt immer wieder zu regional begrenzten Ausbrüchen dieser **Virusinfektion**, die durch Aedes-Mückenarten übertragen wird. Sie kommen vermehrt auf Plantagen und Baustellen vor. Die Infektion verursacht nach einer Inkubationszeit von drei bis sieben Tagen Kopfschmerzen, Gelenkschmerzen, Übelkeit und hohes Fieber und ist äußerlich nicht von einer Malaria zu unterscheiden. Die Symptome klingen in der Regel nach sieben bis zehn Tagen ab. Die Krankheit ist normalerweise nicht tödlich, dennoch sterben noch immer Menschen nach einem schweren Verlauf daran. Leider gibt's keine medizinische Behandlung.

Denguefieber

Denguefieber ist global rasant auf dem Vormarsch, die Fallzahlen haben sich in den letzten 50 Jahren verdreißigfacht. Die **Viruserkrankung** tritt auch in Ballungsräumen immer häufiger epidemieartig auf, vor allem zur Regenzeit, und nimmt besonders bei Kindern und Jugendlichen einen schweren Verlauf.

Überträger ist die **Tigermücke** *Aedes aegypti* mit schwarz-weiß gebänderten Beinen, die ganztags sticht und sich anders als die Anopheles-Mücke auch in Städten wohlfühlt. Nach der Inkubationszeit von bis zu einer Woche kommt es zu Fieberanfällen, Kopf- und Muskelschmerzen. Nach drei bis fünf Tagen kann ein Hautausschlag am ganzen Körper auftreten. Normalerweise klingen nach ein bis zwei Wochen die Krankheitssymptome ab. Schwere Verläufe, bei denen es zu inneren und äußeren Blutungen kommt und die zum Tod führen können, sind bei Reisenden selten.

Wie bei der Malaria ist der Schutz vor Mückenstichen die beste Vorsorge. Es gibt **keine Impfung** oder spezielle Behandlung. Der Impfstoff Dengvaxia wurde zwar 2018 für den Europäischen Markt zugelassen, erwies sich aber als wenig wirksam. Schmerztabletten, fiebersenkende Mittel und kalte Wadenwickel lindern die Symptome. **Achtung:** Keinesfalls sollten ASS, Aspirin oder andere acetylsalicylsäurehaltige Medikamente genommen werden, da diese einen lebensgefährlichen hämorrhagischen Verlauf begünstigen können.

Durchfall und Verstopfung

Das Hauptübel, mit dem sich Indonesien-Reisende herumplagen, ist **Durchfall** (Diarrhöe). Verdorbene Lebensmittel, nicht kontinuierlich gekühlter Fisch, zu kurz gegartes Fleisch, ungeschältes, schon länger liegendes, aufgeschnittenes Obst, Salate, kalte Getränke oder schlecht gekühlte Eiscreme sind oft die Verursacher. Da auch Mikroorganismen im Wasser durchschlagende Wirkung zeigen können, sollte man nur Wasser aus Flaschen oder Wasserspendern trinken. Eis ist meist unbedenklich, solange es sich nicht um zerstoßenes Stangeneis handelt, das eigentlich nur zum Kühlen dient. Erkrankte sollten auf Gemüse und Obst verzichten und fette Speisen meiden.

Eine **Elektrolyt-Lösung** (Elotrans, für Kinder Oralpädon), die die verlorene Flüssigkeit und Salze ersetzt, reicht bei harmlosen Durchfällen völlig aus und wird auch in Indonesien verkauft. Eine Alternative sind isotonische, elektrolythaltige Sportgetränke. Wer selbst eine Lösung herstellen möchte, nimmt 4 Teelöffel Zucker oder Honig, 1/2 Teelöffel Salz und 1 l Orangensaft oder abgekochtes Wasser.

Zur Not, etwa vor langen Fahrten, kann auf ein **Antidiarrhoikum**, das die Darmtätigkeit stilllegt, zurückgegriffen werden. Zudem hilft eine Bananen- oder Reis-und-Tee-Diät sowie Cola in Maßen. Bei längeren Erkrankungen einen Arzt aufsuchen – es könnte sich auch um eine Ruhr oder Cholera handeln. Zudem ist zu bedenken, dass die Wirksamkeit anderer Medikamente, darunter die Antibabypille, durch anhaltenden Durchfall beeinträchtigt werden kann.

Verstopfungen können durch eine große Portion geschälter Früchte, darunter Ananas oder Papaya (mit Kernen essen), gelöst werden.

Giardiasis / Lambliasis

Giardiasis ist eine Infektion des Verdauungstraktes, ausgelöst von dem Parasiten Giardia lamblia, der über fäkal verunreinigtes Wasser oder Lebensmittel aufgenommen wird. Die Symptome treten ein bis zwei Wochen nach der Infektion auf: Durchfälle, Bauchkrämpfe, Blähungen, Müdigkeit, Gewichtsverlust und Erbrechen. Bei ausbleibender Behandlung mit Antibiotika verschlimmert sich das Krankheitsbild, daher sollte unverzüglich ein Arzt aufgesucht werden.

Giftige Tiere

An Land

In Indonesien leben einige giftige **Schlangen**, darunter Bambusotter und Kobra, aber die weitverbreitete Angst vor einem Biss steht in keinem Verhältnis zum Risiko. Gefährlich ist eventuell die Zeit nach Sonnenuntergang, vor allem bei Regen. **Giftschlangen** greifen Menschen nur an, wenn sie sich attackiert fühlen. Da Schlangen im Gelände relativ leicht zu übersehen sind, sollten beim Wandern knöchelhohe Schuhe und lange Hosen getragen werden. Auch ein Stock hilft dabei, Schlangen zu vertreiben. Einige Schlangen töten durch ein Blutgift, in diesem Fall benötigt man sofort ein Serum, andere töten durch ein Nervengift, dann ist zudem eine künstliche Beatmung wichtig. Das Krankenhaus, in das der Betroffene schnellstens gelangen sollte, muss zudem sofort informiert werden, damit Arzt und Serum beim Eintreffen bereitstehen. Ein Foto, eine Beschreibung des Tiers oder die getötete Schlange selbst helfen bei der Bestimmung der Art. Man sollte sich aber keiner zusätzlichen Gefahr aussetzen!

Stiche von **Skorpionen** sind in der Region nicht tödlich. Kräutertabletten und Ruhigstellen des betroffenen Körperteils lindern den Schmerz, Wasserkontakt meiden. Normalerweise lassen die starken Schmerzen nach ein bis zwei Tagen nach.

Auch die großen **Tokee-Geckos** können beißen, wenn sie sich bedroht fühlen. Die kleinen sind hingegen harmlos.

Im Wasser

Durchaus real ist die Gefahr, mit nesselnden und giftigen Meerestieren in Kontakt zu kommen. Zwei Arten von Fischen, die man nur schwer vom Meeresboden unterscheiden kann, können gefährlich werden: **Stachelrochen**, deren Gift fürchterliche Schmerzen verursacht, und **Steinfische**, die sehr giftige Rückenstacheln besitzen. Beim Schnorcheln führt die Berührung von **Feuerkorallen** zu stark brennenden Hautreizungen, während giftige Muränen, Rotfeuerfische und Seeschlangen nur ganz selten gefährlich werden. **Seeigel** sind zwar nicht giftig, ein eingetretener Stachel verursacht aber eiternde Wunden.

Tipp für alle Surfer und Schnorchler: Bei Korallenverletzungen eine Zitrusfrucht in die Wunde reiben. Durch die Säure stirbt die Koralle und die Wunde entzündet sich so meist nicht.

Wie überall auf der Welt breiten sich auch in Indonesien vermehrt **Quallen** aus, sodass Badende immer häufiger ihre giftigen Tentakel streifen. Die Wunden sollten sofort mit reichlich Salzwasser oder Essig abgewaschen werden, um alle Quallennesseln zu entfernen und die Haut zu neutralisieren. Auf keinen Fall Süßwasser oder Alkohol verwenden! Anschließend geht's so schnell wie möglich in ein Krankenhaus. Menschen, die unter Allergien leiden, reagieren besonders heftig.

Hepatitis (Gelbsucht)

Hepatitis ist in Indonesien sehr weit verbreitet. Nach Schätzungen des Gesundheitsministeriums leiden über 25 Mio. Indonesier und Indonesierinnen an der Krankheit, und die meisten wissen es nicht einmal.

Die Infektion der Leber wird von verschiedenen **Virus**-Typen verursacht. Inzwischen sind die Typen A–G bekannt, für Reisende spielen besonders die ersten beiden eine Rolle. Während in Südostasien viele Menschen nach einer harmlosen Hepatitis-A-Infektion im Kindesalter immun sind, trifft dies nur auf ein Drittel aller Europäer zu. Ob eine Impfung notwendig ist, zeigt ein Antikörpertest.

Hepatitis A, auch Reisegelbsucht genannt, wird oral durch infiziertes Wasser und Lebensmittel übertragen. Die Symptome ähneln am Anfang einer Grippe: Übelkeit, Erbrechen, gelegentlich Durchfall und allgemeine Abgeschlagenheit. Später kommt es zu einer Gelbfärbung der Haut, der Stuhl wird heller und der Urin dunkler. Einen guten Schutz bieten die Impfstoffe Havrix und Vaqta (auch als Kombi-Impfung Twinrix für Hepatitis A und B bzw. ViATIM oder Hepatyrix für Hepatitis A und Typhus erhältlich). Eine Impfung ist bei langen Aufenthalten zu erwägen.

Hepatitis B ist die gefährlichste Hepatitis-Ausprägung und wird vor allem durch Intimkontakte oder Blut (ungenügend sterilisierte Injektionsnadeln, Bluttransfusionen, Tätowierung, Piercen, Akupunktur) übertragen. Die Symptome ähneln denen einer Hepatitis A, jedoch kann eine Hepatitis B chronisch werden. Im schlimmsten Fall führt sie nach einigen Jahren zu einer Leberzirrhose und zum Tod.

Hepatitis C und D werden auf demselben Weg übertragen wie Hepatitis B und können ebenfalls zu gefährlichen Langzeitschäden führen.

Insekten, Stiche und Bisse

Insekten, besonders Fliegen, sind allgegenwärtig und zu Beginn der Trockenzeit eine echte Plage. Auch in der heißen Jahreszeit lassen sie sich in Scharen von Lichtquellen und Wärme anlocken, doch die meisten sind eher lästig als gefährlich.

Ameisen und Tausendfüßler

Unangenehme Zimmergenossen sind Ameisen, die in unglaublichen Mengen auftauchen können, wenn sie Essbares vorfinden. Deshalb möglichst keine Lebensmittel mit aufs Zimmer nehmen oder sie luftdicht in Dosen verschließen – im Zweifelsfall mit Klebeband abdichten. Die roten **Feuerameisen** *(Semut Merah)* sind besonders aggressiv und ihre Bisse überaus schmerzhaft. Sie leben auf Büschen und Bäumen und sind in vielen Gärten zu finden.

Auch Bisse von **Tausendfüßlern** sind schmerzhaft.

Bettwanzen

Obwohl sich die meisten Gastgeber um Sauberkeit bemühen, haben sich Bettwanzen in manchen Traveller-Unterkünften zu einer Plage entwickelt. Besonders betroffen sind fensterlose Schlafsäle und Billigzimmer mit einer hohen Fluktuation an Gästen.

Die 1–7 mm großen, gold- oder rotbraunen, nachtaktiven Insekten leben versteckt in Bettritzen, schmalen Spalten und Hohlräumen in Bettgestellen und -kästen sowie zwischen den Matratzen, unter Polstern und Gardinenvorrichtungen. Nachts krabbeln die Wanzen ins Bett, um bei friedlich Schlummernden Blut zu saugen. Nach dem 5–10 Minuten dauernden Mahl wandern die Tiere in ihre Verstecke zurück. Der beim Stich abgegebene Speichel verursacht Quaddeln und Juckreiz, der 7–10 Tage andauern kann. Nach gegenwärtigem Wissensstand übertragen Bettwanzen keine Krankheitserreger. Dennoch sollte man beim Einzug in Billigunterkünfte Matratzen und Bettgestelle untersuchen und Bettwanzen stets an der Rezeption melden.

Mit einem doppelten Klebeband rings um die Matratze kann man einige nachts eventuell fangen. Ist man von nicht entdeckten Wanzen überfallen worden und findet am Morgen kleine Blutspuren im Bett oder Quaddeln auf der Haut, sollte man darauf achten, sie nicht weiterzuverbreiten, gründlich duschen, die Kleidung heiß waschen und das Gepäck mit Insektenspray behandeln.

Bei intensivem Kontakt ist es sinnvoll, alle Klamotten entlang der inneren Nähte – dem beliebtesten Eiablageplatz – auf die winzigen, aber sichtbaren Eier zu überprüfen. Haben sie es sich einmal im Rucksack bequem gemacht, wird es sehr schwer, sie wieder loszuwerden.

Vorsorglich sollte niemals Gepäck aufs Bett gelegt werden. Mittlerweile haben so viele Reisende Bettwanzen als unfreiwillige Souvenirs mitgebracht, dass sie selbst in deutschen Städten zu einem häufigen Fall für Kammerjäger geworden sind.

Blutegel

Blutegel warten vor allem während der Regenzeit auf Dschungelpfaden an feuchten Stellen darauf, dass ein Warmblüter vorbeikommt. Meist kriechen sie in die Schuhe und saugen sich mit bis zu 5 ml Blut voll – dem bis zu Fünffachen ihres Körpergewichts! Dabei wird ein Enzym abgegeben, das die Blutgerinnung stoppt. Sind sie voll gesaugt, fallen sie ab. Von einer einzigen Mahlzeit können *leeches* bis zu ein Jahr überleben.

Vorbeugende Maßnahmen: Hosen in die Stiefel schnüren oder besser *leech socks* (dichte Stulpen, die keine Egel eindringen lassen; werden meist von Veranstaltern gestellt) anziehen. Zudem hilft es, um die Stiefel Ringe mit insektenabwehrendem Spray zu sprühen. Man kann Blutegel, die am Körper entlangwandern, leicht wegschnipsen, bevor sie sich festgebissen haben. Festsitzende Blutegel löst man besser mit ätherischen Ölen (*Cap-Kapak* ist vielerorts erhältlich) als mit Salz oder einer glühenden Zigarette ab.

Kakerlaken

Sie kommen in den besten Häusern vor. Man kann wochenlang in billigen Hotels wohnen, ohne eines dieser Tierchen gesehen zu haben, und während der ersten Nacht in einer besseren Unterkunft huschen sie plötzlich durchs Badezimmer und verschwinden im nächsten Abfluss. Ist ihre Population übermächtig, hilft nur Sprühen. Da sie in der Regel Abstand halten, kann man sie auch ignorieren.

Moskitos

Gefährliche Zimmergenossen sind Moskitos, denn die Stechmücke *Anopheles* kann Chikungunya-Fieber, Malaria sowie Japanische Encephalitis und die *Aedes-aegypti*-Mücke, die tagsüber sticht, Denguefieber übertragen. Tipps zum Schutz vor Mücken finden sich im Abschnitt Gesundheit auf S. 53.

Sandfliegen

An einigen Sandstränden treten vor allem am Nachmittag und Abend winzig kleine Fliegen auf, deren gemeine Bisse sich erst Stunden später durch juckende, extreme Hautrötungen bemerkbar machen. Kratzen erhöht die Gefahr einer Entzündung, die mitunter erst nach einem Monat abklingt und Narben hinterlässt. Hier hilft nur sich von betroffenen Stränden fernzuhalten und sich vor dem Strandbesuch mit einem Hautöl einzureiben.

Japanische Enzephalitis

Die **Virusinfektion**, die zu einer schweren **Hirnhautentzündung** führen kann, wird durch nachtaktive Moskitos in ländlichen Regionen vor allem in der Regenzeit übertragen. Die Symptome entwickeln sich nach 4–10 Tagen: Fieber, Kopfschmerzen, Nackensteife und Erbrechen. Die Vermeidung von Mückenstichen ist die beste Vorbeugung.

In Deutschland ist der Impfstoff Ixiaro ab einem Alter von zwei Monaten zugelassen und wird zweimal im Abstand von vier Wochen gespritzt. Eine Impfung ist für Reisende zu erwägen, die einen langen Aufenthalt in gefährdeten Regionen oder Endemie-Gebieten planen.

Malaria

Auf Bali und Lombok tritt Malaria regionsabhängig das ganze Jahr über auf, doch herrscht in der Regenzeit ein höheres Risiko. Als malariafrei gelten die Großstädte sowie die Tourismuszentren im Süden Balis, hingegen besteht im Hinterland und auf Lombok ein geringes Malaria-Risiko.

Die häufigste Form der Malaria in Indonesien ist die *Malaria tropica*, die unbehandelt zum Tod führen kann. Die weibliche *Anopheles*-Mücke, die den Erreger *Plasmodium falciparum* überträgt, sticht zwischen Beginn der Dämmerung und Sonnenaufgang. Die Frage, welche vorbeugenden Maßnahmen die richtigen sind, sollte mit Hilfe eines Reisemediziners auf Reiseart, -dauer und gesundheitliche Verfassung abgestimmt werden.

Über die beste **medikamentöse Prophylaxe** ist immer wieder heftig debattiert worden. Allen Mitteln gemein ist, dass sie unangenehme Nebenwirkungen hervorrufen können. So kann z. B. das Tauchen problematisch werden (s. https://bit.ly/2z1QeW5). Zu den am häufigsten verschriebenen Präparaten gehören Lariam (Wirkstoff Melfloquin) und Malarone (Wirkstoff Atovaquon/Proguanil).

Wer sich in einem Gebiet ohne ärztliche Versorgung infiziert hat, kann zur Überbrückung mit einer **Standby-Therapie** mit Lariam oder Malarone beginnen. Wer aus Indonesien zurückkehrt und an einer nicht geklärten fieberhaften Erkrankung leidet, auch wenn es sich nur um leichtes Fieber und Kopfschmerzen handelt und erst Monate nach der Rückkehr auftritt, sollte dem Arzt unbedingt vom Tropenaufenthalt berichten. Die ersten Symptome einer Malaria können denen eines banalen grippalen Infektes ähneln und werden daher häufig verkannt.

Mit einem **Schnelltest** wie MalaQuick können Reisende im Notfall anhand eines Blutstropfens selbst feststellen, ob sie an Malaria erkrankt sind. Frühzeitig diagnostizierte Malariainfektionen haben über die Behandlungszeit von einer Woche hinaus oft keinen großen Einfluss auf die Urlaubsreise.

Tetanus

Verletzungen sind nie auszuschließen, und **Wundstarrkrampf**-Erreger finden sich überall auf der Erde. Die Grundimmunisierung erfolgt über zwei Impfungen im Abstand von vier Wochen, die nach einem Jahr aufgefrischt werden müssen. Danach genügt eine Impfung alle zehn Jahre. Gut ist die Impfung mit dem Tetanus-

Diphterie-Pertussis-Impfstoff (für Personen ab fünf Jahre). So erhält man gleichzeitig einen Schutz vor Diphtherie und Keuchhusten.

Tollwut

In Indonesien ist Tollwut leider noch weitverbreitet. Nachdem es auf Bali wiederholt Fälle bei Menschen, die von Tieren gebissen wurden, gegeben hat, sind Zehntausende von streunenden Hunden eingeschläfert worden. Dennoch stellt Tollwut weiterhin eine nicht zu unterschätzende Gefahr da!

Theoretisch können alle Säugetiere mit dem Tollwut-**Virus** infiziert sein. Wer von einem streunenden Hund, einer Katze oder einem Affen gekratzt oder gebissen wurde, muss die Wunde sofort mit viel Wasser und Seife oder einem anderen Detergens (Shampoo, Geschirrspülmittel) für mindestens 15 Minuten waschen und anschließend mit einem Desinfektionsmittel behandeln – PVP-Jod, 70 % Alkohol (schmerzhaft) o. Ä. Hierdurch wird das Virus bereits in der Wunde inaktiviert. Anschließend gilt es, schnellstmöglich ärztlichen Rat und eine Impfung zu suchen.

Eine vorbeugende Impfung ist bei längerem Aufenthalt oder intensivem Kontakt mit Tieren sinnvoll. Hat man eine Grundimmunisierung mit drei Injektionen oder entsprechende Auffrischungsimpfungen, braucht man im Notfall keine passive Impfung mit Immunglobulin, das nicht immer verfügbar ist, zudem lediglich zwei statt fünf Spritzen. Nach tollwutverdächtigem Kontakt hat man zudem ein größeres Zeitfenster von bis zu 72 Stunden für diese Injektionen.

Typhus

Typhus ist eine **Salmonellenerkrankung**, die durch die Einnahme infizierter Lebensmittel oder Getränke verursacht wird. Typische Symptome sind ansteigendes Fieber, einhergehend mit einem eher langsamen Puls und Benommenheit. Später folgen eventuell Hautausschlag, Verstopfung oder Durchfall und Bauchschmerzen.

Empfehlenswert ist die gut verträgliche dreifache Schluckimpfung mit Typhoral L; parallel eingenommene Antibiotika oder Malaria-Prophylaxe machen sie jedoch wirkungslos. Drei Jahre lang schützt eine Injektion der Typhus-Impfstoffe Typhim VI oder Typherix.

Wurmerkrankungen

Würmer können überall lauern: in rohem oder halbgarem Fleisch und Fisch, verunreinigtem Wasser oder auf Gemüse. Sie setzen sich an verschiedenen Organen fest und sind oft erst Wochen nach der Rückkehr festzustellen. Die meisten Wurmerkrankungen sind harmlos und durch eine einmalige Wurmkur zu vernichten. Nach einer Reise in abgelegene Gebiete ist es sinnvoll, den Stuhl auf Würmer untersuchen zu lassen. Das wird selbst dann notwendig, wenn man über einen längeren Zeitraum auch nur leichte Durchfälle hat.

An durch Hunde- oder Katzenkot verunreinigten Stränden können Infektionen mit **Hakenwürmern** auftreten. Die Parasiten dringen durch die Fußsohlen ein und graben sich von außen sichtbare Gänge. Zur Behandlung empfiehlt es sich, einen Facharzt aufzusuchen.

Eine unangenehme Erscheinung sind **Lungen- und Leberegel**, die in rohem Süßwasserfisch, fermentierter Fischsoße und Schalentieren vorkommen können. Die Symptome hängen von der Schwere des Befalls ab. Bei Leberegeln kann es zu Fieber und Gelbsucht kommen, Lungenegel verursachen Husten (z. T. mit rötlichem Auswurf), Fieber und Brustschmerzen. Die Diagnose erfolgt anhand einer Stuhlprobe. Die beste Prävention ist, auf rohe oder halbgare Süßwassertiere zu verzichten.

Hakenwürmer und Leberegel klingen nach bedrohlichen Erregern, doch besteht bei den meisten Touristen ein sehr geringes Risiko, den Parasiten überhaupt ausgesetzt zu sein, sofern die elementaren Regeln für den Verzehr bedenklicher Lebensmittel beachtet werden.

Zika-Virus

Das Zika-**Virus** ist eine mit dem Dengue-Virus verwandte Tropeninfektion. Zika wird durch Stiche der *Aedes*-Mücken, aber vermutlich auch durch ungeschützten Geschlechtsverkehr, Urin und Speichel übertragen. Der Krankheitsverlauf ist meist milde – nur etwa 20 % der Infizierten entwickeln überhaupt Symptome –, was eine Diagnose erschwert. Die Symptome reichen von Hautausschlag, Fieber und Gelenkschmerzen über Bindehautentzündung und (seltener) Muskel- und Kopfschmerzen und klingen meist nach wenigen Tagen, spätestens nach einer Woche ab.

Die Erkrankung verläuft extrem selten tödlich, kann aber zu Missbildungen und Gehirnschäden bei Föten und Neugeborenen führen, wenn sich Frauen im ersten Drittel der Schwangerschaft infizieren. Bisher gibt es keine Impfungen und auch keine Medikamente zur Behandlung, sodass die Vermeidung von Mückenstichen immer noch die einzige zuverlässige Schutzmaßnahme darstellt.

Bücher

Nicht jede Buchhandlung hat alle gelisteten Bücher im Programm. Dafür erscheinen immer mehr in digitaler Form oder sind online, z. B. über **DCO**, 🖥 www.dco.co.th, oder Amazon sowie gebraucht bei Internet-Antiquariaten zu bekommen. Buchhandlungen sind in den Regionalkapiteln gelistet. Eine der größten Ketten in Indonesien ist **Periplus**, 🖥 www.periplus.com.

Mit * gekennzeichnete Titel sind auch als E-Book zu haben, teils nur in englischer Fassung.

Allgemeine Einführungen

Copeland, Jonathan und Ni Wayan Murni, *Secrets of Bali – Fresh Light on the Morning of the World** (Orchid Press 2010). Umfassende, klar verständliche Erläuterungen des balinesischen Alltags, der Religion, Feste, Architektur, Tänze und Künste.

Covarrubias, Miguel, *Island of Bali** (Periplus 2008). Das Standardwerk über Bali. In weiten Teilen immer noch faszinierend aktuell, auch wenn es erstmals 1937 aufgelegt wurde.

Eiseman, Fred B. Jr., *Bali – Sekala & Niskala** (Periplus 2009). Eine aufschlussreiche Sammlung von mit wissenschaftlicher Akribie verfassten Kapiteln über die unterschiedlichsten Aspekte Balis. Natur, Religion, Alltagskultur, Feste und Rituale werden detailliert beleuchtet.

Pisani, Elizabeth, *Indonesien und so weiter – Die Erkundung einer unglaublichen Nation** (DuMont Reiseverlag, 2015). Mehr als eine Reisebeschreibung. Fundiert, informativ und unterhaltsam. Das beste Buch, das in den letzten Jahrzehnten über Indonesien geschrieben wurde.

Romane

Barley, Nigel, *Bali – Das letzte Paradies** (Klett-Cotta 2015). Der unterhaltsam geschriebene Roman nimmt den Leser mit auf eine spannende Reise ins Bali der 1930er-Jahre. Der Künstler Walter Spies lebte damals in der Nähe von Ubud und empfing zahlreiche Berühmtheiten.

Baum, Vicki, *Liebe und Tod auf Bali** (Kiepenheuer & Witsch 2007). Der Roman (Erstveröffentlichung 1937) erzählt von den tragischen Ereignissen der Jahre 1904–1906, in Bali als *Puputan* – das Ende – bekannt. Die Holländer nehmen die angebliche Plünderung eines chinesischen Schiffes zum Vorwand, um im Süden der Insel einzumarschieren. Die Invasion gipfelt im *Puputan* von Badung, wo Hunderte von Balinesen ihrem Fürsten freiwillig in den Tod folgen.

Gilbert, Elizabeth, *Eat, Pray, Love** (Fischer Taschenbuch 2022). Kaum ein Buch (und die dazugehörige Verfilmung) löste einen derartigen Bali-Hype aus wie die Schilderung der Autorin auf Selbstfindungsreise, welche schließlich auf Bali ihr krönendes Ende findet.

Gounelle, Laurent, *Der Mann, der glücklich sein wollte – Unterwegs auf der Reise zu sich selbst** (Goldmann 2010). Die Geschichte von Juliens Selbstfindung ist eingebettet in die balinesische Kultur und vermittelt eine Menge Denkanstöße und Lebensweisheiten – gut zu lesen und leicht verständlich.

Lewis, Richard E., *Bones of the Dark Moon** (Create Space 2013). Empfehlenswerter, sehr spannender Roman über die Hintergründe der Massaker von 1965/66.

McPhee, Colin, *Ein Haus in Bali** (Unionsverlag 2015). Der in den 1930er-Jahren verfasste Roman ist das einzige Buch seiner Zeit über Bali, das von einem professionell ausgebildeten Musiker geschrieben wurde. Es widmet sich besonders dem Gamelan und der Musik allgemein, aber auch anderen Aspekten der Kultur.

Rusmini, Oka, *Erdentanz** (Horlemann 2015). Die Geschichte balinesischer Frauen wird über einen Zeitraum von vier Generationen erzählt. Dabei zeigt sich, wie die durch gesellschaftliche Zwänge und das Kastensystem entstandenen hierarchischen Strukturen ihr Leben beeinflussen.

Geschichte und Gesellschaft

Endres-Stamm, Monika und Ida Ayu Agung Mas, *Tempeltänzerin und Senatorin – Ein Leben für Bali* (Elisabeth Sandmann Verlag 2015). Die bewegte und bewegende Lebensgeschichte einer außergewöhnlichen Frau, die zunächst traditionell in einer Brahmanenfamilie aufwächst, nach ihrer Rückkehr von einem Studienaufenthalt in Deutschland als Frauenrechtlerin aktiv wird und schließlich als erste Senatorin Balis ins Parlament einzieht.

Geerken, Horst H., *Der Ruf des Geckos – 18 erlebnisreiche Jahre in Indonesien** (Books on Demand 2015). Der deutsche Elektriker Geerken war am Aufbau des balinesischen Radios beteiligt und berichtet von den Zuständen zwischen 1963 und 1981, mit Ausflügen in die deutsch-indonesische Vergangenheit, z. B. zu den Malern Raden Saleh und Walter Spies sowie zur deutschen Marine vor Java im Ersten Weltkrieg. Auch die Sammlung humorvoller Reiseberichte *Indonesien gestern und heute – Reiseberichte der anderen Art** (Books on Demand 2016) ist lesenswert.

Geertz, Clifford, *Dichte Beschreibung* (Suhrkamp 1987). Aufsatzsammlung mit vielen Essays, z. B. zum Hahnenkampf oder zu der Bedeutung der Namensgebung auf Bali. Auch für Nichtanthropologen spannend, genauso wie *Negara – The Theatre State in Nineteenth-Century Bali* (Princeton University Press 1980).

Hanna, Willard A., *Bali Chronicles** (Periplus 2012). Ausführliche Abhandlung der balinesischen Geschichte bis in die 1970er-Jahre. Besonders beleuchtet werden Kultur und Religion und die Gründe für ihr Überleben mitten im islamischen Indonesien. Ebenfalls sehr empfehlenswert ist *A Brief History of Bali** (Periplus 2016), das die Historie der Insel mit Unterstützung von Co-Autor Tim Hannigan bis ins Hier und Heute behandelt.

Pringle, Robert, *A Short History of Bali – Indonesia's Hindu Realm** (Allen & Unwin 2004). Gute historische Abhandlung der wichtigsten Ereignisse in der Geschichte der Insel – vom Java-Mann bis zu Megawatis Zeit als Präsidentin.

Kunst und Kultur

David, Bettina, *Kulturschock Indonesien** (Reise Know-How 2015). Die Indonesien-Expertin vermittelt sowohl gesamtindonesische als auch teilkulturelle Sitten, Glaubenssysteme und Verhaltensregeln. Dabei werden nicht nur traditionell typische Denksysteme, Tabus und Gepflogenheiten, sondern auch Jugendkultur, Slang und moderne Lebensweisen erläutert.

Davison, Julian, Luca Invernizzi und Nengah Enu, *Balinese Architecture** (Periplus 2003). Einführung in profane und sakrale Architektur samt ihrer rituell-religiösen Bedeutung. Baustile und -techniken, Materialien, Ornamentik, Raumkonzepte – was will man als Architekturfan mehr?

Leitess, Lucien (Hrsg.), *Bali fürs Handgepäck* (Unionsverlag 2014). Eine Sammlung von erhellenden Texten der berühmtesten westlichen Wissenschaftler, Autoren und Wahlbalinesen zu Kunst, Kultur und Alltag.

Moog, Thomas, *Bali – Götter, Geister und Dämonen* (Mackingerverlag 2015). Umfangreiche Betrachtung der balinesischen Götterwelt mit über 400 Fotos und guten Beschreibungen.

Ramseyer, Urs, *Kunst und Kultur in Bali* (Schwabe Basel 2002). Standardwerk zur balinesischen Kunst und Bedeutung der Religion für das künstlerische Schaffen.

Tanz und Theater

Büchner, Dirk E., *Ramayana* (Govinda 2012/ 2014/2017). Das ursprünglich aus Indien stammende hinduistische Epos ist eine literarische Grundlage des *Wayang* wie auch balinesischer Tänze. Hier in der umfangreichen Gesamtversion in aktuell vier und in Zukunft bis zu sieben Bänden mit erklärenden Fußnoten.
I Wayan Dibia und Rucina Ballinger, *Balinese Dance, Drama and Music – A Guide to the Performing Arts of Bali** (Periplus 2011). Illustrierte Einführung zu den typischen Formen der darstellenden Künste und Musik.

Bildbände

Fleischmann, Arthur, *Bali in the 1930s* (Pictures Publishers 2007 – nur auf Bali erhältlich). 1937 erreichte der ungarische Bildhauer Fleischmann Bali mit einer 35-mm-Kamera im Gepäck. Auf über 1800 tollen Fotos hielt er das damalige Inselleben fest.
Lococo, Anita und Reto Guntli, *Living in Bali* (Taschen 2022). Der schöne Bildband zu moderner Architektur und luxuriösem Raumdesign auf der „Insel der Götter" regt zum Träumen an.

Kochbücher

De Neefe, Janet, *Fragrant Rice – My Continuing Love Affair with Bali* (Periplus 2006). Die spannende Lebensgeschichte der Protagonistin, die zwei erfolgreiche Restaurants führt, ist reich an lustigen Anekdoten, tiefen Einblicken in die Bedeutung verschiedener Rituale und leckeren balinesischen Rezepten.
Holzen, Heinz von, *Step by Step Cooking Balinese** (Marshall Cavendish 2010). Schön gestaltetes Kochbuch mit kreativen Rezepten eines hervorragenden Kochs, der auf Bali beliebte Restaurants betreibt. *The Food of Indonesia** (Periplus 2014) liefert einen feinen schönen Überblick über die Küchen des Archipels.
Susanti, Jenny und Wemheuer, Andreas, *Bali & Java Street Food – Kulinarische Reiseskizzen mit vielen Rezepten* (Hädecke Verlag 2015). Man begleitet die beiden Autoren auf ihrer kulinarischen Entdeckungsreise durch Indonesien und kann die toll bebilderten Leckereien gleich nachkochen. Besonders für Freunde fleischloser Küche lohnt auch ein Blick in *Indonesisch vegetarisch* (Hädecke Verlag 2015).

Filme

Eat, Pray, Love (2010)
Die Verfilmung des Bestsellers von Elizabeth Gilbert (S. 429) sorgte für einen Bali-Boom. Gezeigt werden sehr schöne Bilder der Region um Ubud, die Handlung ist recht seicht.

The Act of Killing (2012)
Mehrfach preisgekrönter Dokumentarfilm über die Massenmörder von 1965/66. Die noch heute unbehelligten Täter stellen ihre Tötungsmethoden nach und sind auch noch stolz darauf – verstörend sehenswert. Ähnlich herausragend die Fortsetzung *The Look of Silence* (2014).

Index

A
Abang 339
Abkommen von Linggarjati 102
Adat-Partei 98
Adharma 117
Affen 193
Affenwald 249
Air Sanih 298
Air Terjun Tegenungan 232
Aktivitäten 62
Algenfarmer 322
Alkohol 382
Ambon 97
Amed 342
  Essen 345
  Transport 347
  Übernachtung 343
Amlapura 336
Ampenan 372
Angel's Billabong 314
Anggur Hitam 44
Angkot 31, 68
Anreise 33
Apps 415
Arak 43
Arbeitslosenquote 114
Architektur 92
Art Zoo 298
Asahduren 253
Asienkrise 105
Atman 118
Auslandsgespräche 67
Auslandsreise-Krankenversicherung 77
Aussprache 414

B
Badong 259
Bahasa Indonesia 101, 414
Bale Agung 126
Bale Banjar 89
Bale Gong 126
Bale Kambang 304
Bale Paruman 126
Bale Pewedaan 126
Bali Aga 86, 296, 334, 335
Bali Barat-Nationalpark 260
Bali Bird Park 229
Bali Bird Sanctuary 315
Bali Butterfly Park 251
Balih-Balihan 134
Bali Safari & Marine Park 237
Bali-Star 83
Bali-Straße 81
Bali-Tiger 84
Bali-Wein 43
Bali Zoo 229
Bandaneira 97
Bandara Internasional Lombok 367
Bangko-Bangko 357
Bangli 237
Bangsal 385
Banjar 89
Bankkarten 50
Banten 97
Banten Tegeh 116
Banyan-Bäume 82
Bapak Pembangunan 105
Baris 137
Barong 124, 136
Barrierefreies Reisen 59
Batavia 96
Batubulan 201, 230
Batugendeng-Halbinsel 356
Batu Kok 407
Batu Layar 377
Batur 293
Batur-Massiv 81, 292
Bau Nyale-Fest 359
Bayan 407
Bebali 134
Bedugul 285
Bedulu 230, 231
Bemo 68
Benoa Harbour 186
Benzin 69
Berge 81
Besakih 306
Betteln 76
Bevölkerung 85
Bevölkerungswachstum 100
Bhatara Turun Kabeh 308
Bhuta Yadnya-Rite 124
Bier 44
Bingin Beach 190
Biorock Reef Structures-Projekt (Pemuteran) 265
Blahbatuh 232
Blumen 82
Blutegel 426
Bombenanschlag 149
Bonnet, Rudolf 37, 131, 210
Boote 73
Botanischer Garten von Bedugul 284
Botschaften 35
Brahma Vihara Arama 279
Bratan-Massiv 81, 283
Brem 43
Briten 97
Bücher 429
Budakeling 313
Buddhismus 115
Budi Utomo 100
Bugis 387
Bukit-Halbinsel 189
Bumbung 257
Bunut Bolong 253
Bupati 114
Buruan 232
Busse 73

C
Cagar Alam Batukaru 253
Cakranegara 371
Calonarang 125
Campuhan 210
Candi Bentar 126
Candi Dasa 330
  Aktivitäten 333
  Essen 332
  Transport 334
  Übernachtung 331

Candi Kuning 284
Canggu 172
Catur Muka 143
Cekik 260
Celuk 228
Chikungunya-Fieber 423
Christen 258
Cidomo 397
Cikar 259
Cili-Motiv 129
Clown 139
Clubs 74
Cokorda Gede Agung Sukawati 131
Corona-Pandemie 107, 112
Covid 19 107
Crystal Bay 311

D
Daendels, Herman Willem 97
Dalang 134
Dämonenmauer 92
Danau Batur 295
Danau Bratan 82, 283
Danau Buyan 82, 285
Danau Segara Anak 407
Danau Tamblingan 82, 285
Danghyang Markandeya 116
Danghyang Nirartha 116, 192
Datenpakete 67
Delphintouren 274
Demak 96
Denguefieber 423
Denpasar 143
Deutero-Malaien 93
Dewa Manggis 236
Dewa Yadnya-Riten 120
Dewi Sri 88
Dharma 117
Diplomatische Vertretungen 35
Dong Son-Kultur 232
Dorfstruktur 92
Dreamland Beach 190
Drogen 61

Durchfall 52, 424
Durian 42
Dwi Fungsi 113

E
Eat, Pray, Love 429
Ehrenschuld 100
Einkaufen 36
  DVDs 155
Einreisebestimmungen 78
Eintrittspreise 30
Einwanderungsbehörde 79
Eka Dasa Rudra 109, 308
Ekasari 258
Ekas-Halbinsel 366
Empu Kuturan 116, 192
Empu Sang Kulputih 116
Endek 236
Enten 84
Erkältung 53
Essen 39, 52
Essensmärkte 39
Ethische Politik 100

F
Fähren 35, 73
Fahrräder 68
Fahrradtouren 340
Familienplanung 105
Feiertage 47
Feste 120
Filme 431
Fisch 44
Fleisch 44
Flora 82
Flüge 33, 34, 73
Fluggsellschaften 34
Flughafentransfers 33
Fotografieren 48
Frauen 48, 87
Früchte 42
Frühgeschichte 93
Führerschein 69

G
Gajah Mada 95, 108
Galungan 121

Gambuh 139
Gamelan 131
Gamelan-Musik 133
Garuda 112
Gebug-Schaukämpfe 338
Geckos 83
Gedung Kirtya 273
Geld 49
Geldautomaten 49
Geldwechsel 49
Gelenkte Demokratie 103
Gelgel 108, 130, 305
Gelungan 259
Gemüse 44
Geografie 81
Gepäck 50
Gerupuk 366
Geschichte 93
  Bali 107
  Indonesien 93
Gesellschaft 86
Gesundheit 52
Getränke 43
Gewürze 45
Gianyar 236
Giardiasis 424
Gili Air 402
  Aktivitäten 405
  Essen 404
  Transport 406
  Übernachtung 402
  Unterhaltung 404
Gili Gede 357
Gilimanuk 258
Gili Meno 398
  Aktivitäten 401
  Essen 401
  Übernachtung 399
Gili Nanggu 357
Gili Trawangan 386
  Aktivitäten 394
  Essen 392
  Sicherheit 394
  Transport 397
  Übernachtung 390
  Unterhaltung 394
Gitgit 283

Gitgit-Wasserfälle 283
Glossar 422
Goa Gajah 230
Goa Giri Putri 314
Goa Lawah 325
Golkar 105
Gottheiten 117
GPS 70
Guides 30
Gunarsa Museum 305
Gunung Abang 81, 292, 294
Gunung Agung 81, 112, 307
Gunung Baru 407
Gunung Batukaru 252, 283
Gunung Batur 81, 292, 294, 295
Gunung Kawi 233
Gunung Penggilingan 283
Gunung Penulisan 293
Gunung Rinjani 407
Gunung Seraya 81, 341

H

Habibie, Bacharuddin Jusuf 106
Hahnenkampf 88
Handeln 38
Hanuman 138
Hatta, Mohammad 101
Hayam Wuruk 95
Helmpflicht 70
Hepatitis 425
Hinduismus 94, 115
Hochsaison 29
Holländer 96, 98
Holzschnitzer 233
Holzschnitzereien 228

I

Ida Sanghyang Widhi Wasa 117
Ikat 37, 334
Impfungen 52
Indisierung 94
Inflation 114
Informationen 55

Insekten 425
Iseh 312
Islamisierung 95

J

Jaba 126
Jaba Tengah 126
Jagaraga 297
Japaner 101
Japanische Encephalitis 427
Jasri 338
Jatiluwih 251
Jauk 136
Java-Krieg 98
Jemaah Islamiyah 111
Jeroan 126
Jimbaran 187
Joged Bumbung 139

K

Kabupaten 114
Kahyangan Tiga 128
Kajeng Kliwon 119, 124
Kakadu 83
Kalender 79, 119
Kamasan 305
Kanda Empat 123
Kapal 245
Karangasem 336
Karma 118, 122
Kasten 90
Kebo Iwa 231, 293
Kebun Raya Eka Karya 284
Kebyar Duduk 138
Kecak-Tanz 135, 193
Keliki 235
Kelingking Beach 314
Kelod-Kaja 92
Kemenuh 232
Kepala Desa 99, 114
Kerambitan 247
Keramik 245
Kertanegara-Reich 95
Kertha Gosa 304

Kinder 56
Kintamani 293
Klian 114
Klima 52
Klimawandel 29, 33
Klungkung 302
Kochbücher 431
Kochkurse 220, 333
Kolonialherrschaft 96, 109
Kommunismus 103
Kommunisten-verfolgung 104, 110, 355
König Mayadenawa 236
Konsulate 35
Korallenabbau 333
Korallenriffe 84
Kori Agung 126
Krankenhäuser 53
Kreditkarten 50
Kriminalität 60
Kris 130
Krupuk 45
Kubutambahan 297
Küche, balinesische 40
Küche, indonesische 40
Kukuh 249
Kul Kul-Trommel 90, 126
Kultur 23, 120
Kuningan 121
Kunst 23, 120, 128
Kunsthandwerk 37, 128
Kusamba 306
Kuta 148
 Einkaufen 154
 Essen 152
 Touren 156
 Transport 158
 Übernachtung 149
 Unterhaltung 154
Kuta Lombok 359
 Aktivitäten 363
 Essen 362
 Sicherheit 364
 Transport 365
 Übernachtung 360
Kutri 232

L

Labuan Sait Beach 191
Labuhan Kayangan 413
Labuhan Lombok 413
Lambliasis 424
Langzeitaufenthalte 78
Lebenserwartung 85
Legian 159
   Essen 160
   Übernachtung 159
   Unterhaltung 163
Legong 135
Lembar 355
Lembongan 319
Lempad, I Gusti Nyoman 131
Ling Gwan Kiong 273
Lingsar 376
Linienbusse 72
Literatur 429
Lombok
   Flüge 367
   Geografie 354
   Geschichte 354
   Medizinische Hilfe 373
   Religion 355
   Verhaltensregeln 355
Lombok-Straße 81
Lontar-Schriften 86, 116
Lovina 274
   Aktivitäten 278
   Einkaufen 278
   Essen 277
   Touren 278
   Transport 278
   Übernachtung 274

M

Mahabharata 116
Maheswara 325
Majapahit 95, 108, 130, 355
Makaken 83
Makepung 259
Malakka 95
Malaria 427
Malerei 37, 131, 219, 235
Mandi 74
Mangrove Information Centre 187
Mangroven 82
Mangsit 378
Mantarochen 83
Manusia Yadnya-Riten 123
Marga 249
Margarana 249
Märkte 39, 92
Mas 228
Mas-Mas 370
Mataram 371
   Einkaufen 373
   Essen 372
   Kampung Arab 372
   Pura Meru 371
   Souvenirs 373
   Taman Mayura 372
   Transport 373
   Übernachtung 372
   West Nusa Tenggara Museum 371
Mataram-Reich 96
Medien 58
Medizinische Hilfe 53
Meersalzgewinnung 306
Melasti 125
Mengwi 244
Mietwagen 31, 69
Militär 113
Minibusse 68
Mobilfunk 66
Moksa 118
Mondfisch 83, 316
Mond von Pejeng 232
Monkey Forest 249
Monumen Bajra Sandhi 144
Moskitos 427
Motorräder 70
Mücken 53, 57, 427
Munduk 286
Museen
   ARMA – Agung Rai Museum of Art 203
   Bali Museum 144
   Batur Geopark Museum 295
   Blanco Renaissance Museum 202
   Gunarsa Museum 305
   Le Mayeur Museum 177
   Museum Gedong Arca Purbakala 231
   Museum Pasifika 194
   Museum Puri Lukisan 202
   Museum Tanteri 249
   Neka Art Museum 203
   Ogoh-Ogoh-Museum 254
   Rudana Museum 203
   Subak Museum 246
   West Nusa Tenggara Museum 371
Museum Tanteri 249
Museum von Pejeng 107
Mushroom Bay 319
Musik 132

N

Nachtleben
   Kuta 154
   Legian 163
   Seminyak 168, 171
   Senggigi 382
Nacktbaden 62
Naga Basuki 326
Nahverkehr 68
Namen 91
Narmada 376
Nasakom 103
Nationalpark 82
Natur 21
Naturschutz 84
Nebelwald 82
Negara 257
Negara Kertagama 95
Nepotismus 105
Neue Ordnung 104
Ngaben 122
Ngerupuk 125
Ngis 341
Niederländer 355
Niederschlag 29
Notrufnummern 50, 66

Nung Nung 251
Nusa Ceningan 320
Nusa Dua 194
Nusa Lembongan 319
   Aktivitäten 323
   Essen 322
   Jungutbatu 319
   Transport 325
   Übernachtung 321
Nusa Penida 311
Nyekah 123
Nyepi 120, 125

O
Odalan 120
Ogoh Ogoh 125
Ogoh-Ogoh-Museum 254
Open-Air-Badezimmer 74
Organisierte Touren 26
Ortsnamen 415, 416
Ost-Timor 106

P
Pacung 298
Padang Bai 326
   Aktivitäten 328
   Essen 327
   Tauchen 328
   Transport 329
   Übernachtung 327
Padmasana 126
Palasari 258
Palinggih 126
Palmenwälder 82
Pamuhunan 123
Panca Sila 112
Panimpanan 126
Pantai Balian 254
Pantai Batu Bolong 172
Pantai Echo 172
Pantai Kedungu 247
Pantai Keramas 236, 237
Pantai Lebih 236, 237
Pantai Medewi 255
Pantai Nipah 378
Pantai Seseh 172
Pantai Soka 254

Paon 126
Papierkalender 120
Partai Indonesia 101
Partai Komunis
   Indonesia 100
Partai Nasional
   Indonesia 101
Pasar Badung 144
Pasar Burung Satria 144
Pasimpangan 126
Pasir Putih 331
Patulangan 122
Pawukon-Kalender 47, 119
Pedanda 118
Pejaten 249
Pejeng 231
Pejeng-Dynastie 108, 305
PELNI 35
Pemaksan 90
Pemangku 118
Pemedal Agung 304
Pemenang 385
Pemuteran 262
Penatahan 251
Pendidikan Nasional
   Indonesia 101
Penelokan 295
Penestanan 211
Pengabenan 122
Pengambengan 258
Penglipuran 238
Penjor 121
Perancak 257
Perlenzucht 356
Perserikatan Komunis Di
   Hindia 100
Petang 251
Petulu 233, 234
Pflanzen 82
Pita Maha 131
Pitra Yadnya-Riten 122
Plantagen 100
Politik 113
Portugiesen 96
Post 59
Präsident 113
Pratima 125

Praya 367
Preiskategorien 74
Prinz Diponegoro 98
Prinzessin
   Mahendradatta 108, 136
Prinzessin Mandalika 359
Proto-Malaien 93
Pujawali 371
Pujung 235
Pulau Menjangan 260, 261
Puputan 109, 304
Puputan-Platz 143
Pura 125
Pura Alas Kedaton 249
Pura Batu Bolong 377
Pura Beji 296
Pura Besakih 306
Pura Dalem 92, 128
Pura Desa 92, 128
Pura Desa Ubud 208
Pura Gede Perancak 257
Pura Goa Lawah 326
Pura Gunung Kawi
   Sebatu 235
Pura Jagatnata 143
Pura Kahyangan Jagat 232
Pura Kebo Edan 231
Pura Kehen 237
Pura Lempuyang Luhur 341
Pura Lingsar 376
Pura Luhur Batukaru 252
Pura Luhur Mekori 253
Pura Luhur Rambut Siwi 255
Pura Luhur Uluwatu 192
Pura Meduwe Karang 297
Pura Meru 371
Pura Pancering Jagat 296
Pura Pasar Agung 307
Pura Ped 311
Pura Penataran Agung 306
Pura Penataran Sasih 231
Pura Ponjok Batu 298
Pura Pulaki 262
Pura Puseh 92, 128
Pura Sakenan 185
Pura Segara Kidul 314
Pura Silayukti 326

Pura Suranadi 377
Pura Taman Ayun 244
Pura Tanah Lot 243
Pura Tegeh Kuripan 293
Pura Tirta Empul 236
Pura Tirta Sudamala 238
Pura Ulun Danu Batur 293
Pura Ulun Danu Bratan 284
Pura Ulun Siwi 188
Puri Agung 247
Puri Agung Kanginan 336
Puri Anyar 247
Puri Saren Agung 208
Puri Sukawati 210
Puskesmas 53
Putera 102

R

Raffles, Stamford 97
Rafting 222, 251
Rai, I Gusti Ngurah 109, 111
Raja-Reiche 108
Ramayana 116, 117, 138
Rangda 125, 136
Ratna Banten 231
Regen 29
Regent 99
Regierung 113
Reiher 234
Reisekosten 30
Reisemedizin 423
Reisepass 78
Reiserouten 24
Reisezeit 29
Reiseziele 21
Reiten 395
Religion 23, 86, 115
Renville-Abkommen 102
Repräsentantenhaus 113
Resident 99
Restaurants 40
Rituale 120
Routenvorschläge 24
Rumah Makan 39
Rupiah 49

S

Sade 366
Sad Kahyangan 128
Saka-Kalender 119
Sampalan 311
Sandfliegen 427
Sangeh 249
Sanghyang 135, 138
Sangsit 296
Sanur 176
 Aktivitäten 182
 Einkaufen 182
 Essen 178
 Transport 176, 183
 Übernachtung 177
Saraswati 121
Sarekat Dagang Islam 100
Sarong 51
Sasak 86, 354
Sawah 82
Schiffe 73
Schildkröten 186
Schlangen 424
Schnellboote 73
Schnorcheln 64
Sebatu 235
Sebudi 307
Seealgen 83
Sekotong-Halbinsel 356
Sekumpul-Wasserfall 297
Selat 312
Selong Blanak 365
Semarapura 302
Sembalun 408
Seminyak 163
 Aktivitäten 171
 Einkaufen 170
 Essen 164
 Übernachtung 163
 Unterhaltung 168, 171
Senaru 407
Senggigi 377
 Einkaufen 382
 Essen 380
 Pura Batu Bolong 377
 Transport 384
 Übernachtung 378
 Unterhaltung 382
Serangan 185
 Transport 186
Sezessions-
 bestrebungen 103
Shakti 117
Shiva 117
Shuttlebusse 72
Sicherheit 60
Sida Karya-Maske 137
Sidemen 308
SIM-Karten 66
Singapadu 229
Singaraja 271
Sing-Sing-Wasserfall 279
Sita 138
Sjahrir, Sutan 101
Sjarifuddin, Amir 102
Skimming 50
Smit, Arie 132
Songket 37
Souvenirs 37
Speditionen 59
Spies, Walter 37, 131, 135, 210, 252, 312
Sport 62
Sprache 91
Sriwijaya 94
Staatspräsident 113
Staatswappen 112
Stand Up Paddling 64
Stockkämpfe 369
Strände 24
 Bukit-Halbinsel 193
 Gilis 387
 Pantai Balian 255
Strömung 81
Stromversorgung 52
Subak 86, 128
Subak Museum 246
Suharto, Haji Mohamed 104
Sukarara 367
Sukarno 101, 102, 308
Sukarnoputri, Megawati 106
Sukawati 228
Suluban Beach 191

Suranadi 377
Surfen 24, 63
  Bukit-Halbinsel 189, 193
  Gili Trawangan 395
  Kuta 157
  Kuta Lombok 364
  Nusa Lembongan 323
  Pantai Balian 254
  Pantai Medewi 255
  Sanur 182
  Sekotong-Halbinsel 357
  Süd-Bali 174

T
Tabanan 246
Tagesbudget 30
Taman Budaya
  Art Center 144
Taman Gili 302
Taman Mayura 372
Taman Narmada 376
Taman Nasional Bali
  Barat 82, 260
Taman Nusa 237
Taman Sukasada 338
Taman Wisata Alam
  Suranadi 377
Tampaksiring 233
Tanah Lot 243
Tanglad 314
Tanjung Benoa 196
Tanz 133
Tanzaufführungen 206
Taro 236
Tauchen 24, 64, 278
  Amed 346, 347
  Candi Dasa 333
  Gili Air 406
  Gilis 396
  Gili Trawangan 395
  Kuta Lombok 364
  Lovina 278
  Nusa Lembongan 324
  Padang Bai 328
  Pemuteran 266, 267
  Pulau Menjangan 264
  Sanur 183

Senggigi 383
Tulamben 347, 348
Taxis 68
Tegallalang 233
Teges 230
Tejakula 298
Telefon 66
Teluk Mawi 365
Teluk Mawun 365
Teluk Mekaki 356
Teluk Terima 260, 261
Tempel 30, 125
Tempeletikette 76
Tenganan 335
Terminal Bus Mengwi 245
Terrorismus 110
Tetanus 427
Tetebatu 368
Textilien 37
Tiere 83
Tierschutz 84
Tihingan 306
Tirtagangga 339
Toiletten 74
Tokee-Gecko 83
Tollwut 83, 428
Topeng 137
Touren 26
Tourismus 109, 115
Touristen-Visum 78
Toya Bungkah 295
Transmigrasi 86
Transport 31, 67
Trimurti 117
Trinken 39
Trinkgeld 76
Tropenmedizinische
  Institute 52
Trunyan 296
Tsunami 61
Tuak 43
Tulamben 348
Tumpek 121
Typhus 428

U
Übernachtung 31, 73

Ubud 201
  Aktivitäten 220
  ARMA – Agung Rai
    Museum of Art 203, 221
  Blanco Renaissance
    Museum 202
  Einkaufen 218
  Essen 213
  Feste 218
  Kochkurse 220
  Malerei 219
  Medizinische Hilfe 224
  Museum Puri Lukisan 202, 221
  Neka Art Museum 203
  Tanzaufführungen 206
  Touren 223
  Transport 224
  Übernachtung 208
  Unterhaltung 217
  Wellness 222
Udayana 108
Ujung 338
Uluwatu 192
Umgebung von Tabanan 247
Umwelt 84
Umwelt und Reisen 45
Unabhängigkeit 101, 102, 109
Unabhängigkeitsbewegung
  Acehs 106
Unterhaltung 74
Upanishaden 116

V
van Deventer, Conrad
  Theodor 100
Veden 116
Veganer 39
Vegetarier 39
Vereenigde Oostindische
  Compagnie (VOC) 96
Verfassung 102
Vergnügungsparks 156
Verhaltenstipps 74
Verkehrsregeln 72
Versicherungen 77

Verwaltung 114
Vihara Dharma Ratna 304
Vihara Satya Dharma 187
Visa 78
Vishnu 117
Visumsverlängerung 79
Vögel 229, 234
Volkskongress 113
Volksraad 100
Vorwahlen 66
Vulkane 81, 112

W
Wadah 122
Wahid, Abdurrahman 106
Währung 49
Wali 133
Wallace-Linie 83, 354
Wandern 294, 295
Wantilan 88, 92, 126
Warmadewa 130
Warnasari 258
Warung 30, 39

Wäschereien 74
Wasserbüffelrennen (Negara) 259
Wassersport 24, 187, 197
Wayang Kulit 37, 129, 134, 206
Wayang Wong 139
Websites
  Allgemeine Infos 55
  Behindertenorganisationen 59
  Informationen 55
  Kreditinstitute 50
  Reisemedizin 53
  Vergleichsportale 34
Wechselkurse 49
Wellness 65, 222
Wertsachen 60
West-Papua 103
Wetu Telu 355
Widodo, Joko 107, 113
Wirtschaft 114
Wirtschaftswunder 105

WLAN 74
Wörterbuch 415
Wundstarrkrampf 427
Wurmerkrankungen 428

Y
Yeh Embang 255
Yeh Pulu 230
Yoga 222, 324, 396, 406
Yogyakarta 98
Young Artists 37, 132
Yudhoyono, Susilo Bambang 106

Z
Zahnfeilungszeremonie 123
Zeit 79
Zeitverschiebung 57
Zika-Virus 428
Zoll 79
Zwangsanbausystem 99
Zweiter Weltkrieg 101

✓ Forum
✓ Updates

https://www.stefan-loose.de/updates/asien/bali-indonesien/

Danksagung

Wir danken allen Menschen, die uns unterwegs mit Tipps und Informationen versorgt haben, sowie unseren Familien und Freunden.

Ein ganz besonderes Dankeschön gilt Uyen Nguyen und Juliane Jacobi, die uns unterstützt und schöne Fotos beigesteuert haben.

Unser besonderer Dank gilt zudem Bich Van Nguyen, Christian Wachsmuth, Eva Eichenauer, Christiane Hauk und David Huthmann für ihren Einsatz bei vergangenen Aktualisierungen dieses Buches sowie Werner Mlyneck, der dieses Buch ins Leben rief.

Für das entgegengebrachte Vertrauen und die Unterstützung möchten wir Stefan und Renate Loose, dem gesamten Bintang-Team in Berlin und dem DuMont Reiseverlag in Ostfildern danken.

Für ihre Hilfe und Gastfreundschaft während unserer Recherche auf Bali gilt Andreas „Andre" Reich in Sanur, unserem Fahrer Derrick, Jon Zürcher und Suci in Kuta, unserer Gastfamilie in Ubud rund um Kadek und Wayan, Holger Webel in Amed, Shirley in Candi Dasa sowie Sindu und Rina im Tourist Office in Kuta ein herzliches Dankeschön. Auf Lombok bedanken wir uns bei Silvya und Saleh auf Gili Meno, Ari in Senaru, Elisa, Toni sowie Pak Rudi.

Für ihre Beiträge danken wir Lorenz Schweizer, Basilisa Dengen, Alexander Kesper und Harald Span ganz herzlich, zudem Oliver Tschopp, Lorenz Schweizer, Josie Grabarevic, Elizabeth Michiel und Tizza Taylor für ihre Fotos.

Für hilfreiche Leserbriefe und Internet-Updates bedanken wir uns bei unseren Lesern und Leserinnen Anna Deuster, Barbara B., Clemens Bader, Corinna Heilmann, Daniela Laurer, Emil W., Fabian und Yumiko, Heidrun Malze, Jennifer Rusnak, Julian Langstädtler, Kathrin Reineke, Lena Kolling, Maren Wissenbach, Michael und Jenni Fischer, Nadia Schiener, Oliver Oes, Sabrina Groh, Sandra Hechelmann, Sebastian Münz, Schokolade55, Torsten Gesche, Ulrich Perschke, Wendelin Groß und York Gräber.

Bildnachweis

Umschlag

Titelfoto Shutterstock.com, Amsterdam (NL) / Denis Moskvinov; Hinduistische Prozession balinesischer Frauen in traditioneller Tracht mit Opfergaben
Umschlagklappe vorn huber-images.de / Bortoli Manfred; Dreamland Beach, Bukit-Halbinsel
Umschlagklappe hinten LOOK-foto / age fotostock; Reisterrassen

Highlights

S. 6 Getty Images / Rhonda Gutenberg
S. 7 oben Mauritius Images / Alamy / Wibowo Rusli
S. 7 unten iStockphoto / HassanHans
S. 8 Mischa Loose
S. 9 oben Shutterstock.com, Amsterdam (NL) / jaja
S. 9 unten Shutterstock.com, Amsterdam (NL) / Denis Moskvinov
S. 10 Mischa Loose
S. 11 oben iStockphoto / greta6
S. 11 unten iStockphoto / estivillml
S. 12/13 Shutterstock.com, Amsterdam (NL) / Marius Dobilas
S. 14 oben Mischa Loose
S. 14 unten laif / hemis.fr / Romain Cintract
S. 15 oben Shutterstock.com, Amsterdam (NL) / Jhon Images
S. 15 unten iStockphoto / John Anderson
S. 16 oben Oliver Tschopp
S. 16/17 unten Corbis / JAI / Michele Falzone
S. 17 oben Corbis / JAI / Michele Falzone
S. 18 oben Corbis Images / Design Pics / Dave Fleetham
S. 18 unten Shutterstock.com, Amsterdam (NL) / Maridav
S. 19 oben iStockphoto / dima266f2
S. 19 unten Shutterstock.com, Amsterdam (NL) / Akarat Phasura
S. 20 laif / Hemispheres

Regionalteil

Sabine Bösz S. 269 (unten)
Fotolia Cristinaciochina S. 98; Mariló S. 112; Virginieva Nos S. 334
Moritz Jacobi S. 31, 32, 75, 80, 87, 162, 193, 220, 241, 282, 324, 330, 351, 351, 362, 369, 379, 393, 405
Mischa Loose S. 22, 141, 199 (2), 250, 300, 301 (2), 313, 345, 350
Renate Loose S. 38, 184, 268
Andrea Markand S. 440
Uyen Nguyen S. 198, 240, 241 (oben), 261, 269 (oben)
Lorenz Schweizer S. 63, 281, 289
picture alliance / Nic Bothma S. 140
Christian Wachsmuth S. 322, 409
Philipp Wachsmuth S. 317
Shutterstock.com, Amsterdam (NL) Ahmet Cigsar S. 225; aiko_koni S. 42; Daniel-James Clarke S. 195; DIMA PHOTOGRAPHER S. 400; fernanda photos S. 341; Gekko Gallery S. 256; Hagen Production S. 266; ibnufm S. 412; khafidmukriyanto S. 384; Natanael Ginting S. 206; Peter Galleghan S. 141; Putu Artana S. 264; Stephane Bidouze S. 290; Vectoniverse S. 106

Impressum

Bali
Lombok
Stefan Loose Travel Handbücher
10., vollständig überarbeitete Auflage **2023**
© DuMont Reiseverlag, Ostfildern

Alle Rechte vorbehalten – insbesondere die der Vervielfältigung und Verbreitung in gedruckter Form sowie die zur elektronischen Speicherung in Datenbanken und zum Verfügbarmachen für die Öffentlichkeit zum individuellen Abruf, zur Wiedergabe auf dem Bildschirm und zum Ausdruck beim Nutzer (Online-Nutzung), auch vorab und auszugsweise.

Die in diesem Buch enthaltenen Angaben wurden von den Autoren nach bestem Wissen erstellt und vom Lektorat im Verlag mit großer Sorgfalt auf ihre Richtigkeit überprüft. Trotzdem sind, wie der Verlag nach dem Produkthaftungsrecht betonen muss, inhaltliche und sachliche Fehler nicht vollständig auszuschließen.
Deshalb erfolgen alle Angaben ohne Garantie des Verlags oder der Autoren. Der Verlag und die Autoren übernehmen keinerlei Verantwortung und Haftung für inhaltliche und sachliche Fehler. Alle Landkarten und Stadtpläne in diesem Buch sind von den Autoren erstellt worden und werden ständig überarbeitet.

Gesamtredaktion und -herstellung
Bintang Buchservice GmbH
Tempelhofer Ufer 1A, 10961 Berlin
www.bintang-berlin.de
Redaktion: Sabine Bösz
Lektorat: Oliver Kiesow, Silvia Mayer
Satz: Holger Ebeling
Bildredaktion: Gritta Deutschmann
Karten: Katharina Grimm, Klaus Schindler
Reiseatlas: © DuMont Reiseverlag, Ostfildern

Printed in Poland

www.stefan-loose.de/bali

Kartenverzeichnis

Reiserouten
Bali und Lombok intensiv 28
Für Einsteiger 25
Standard 27

Touren
Gunung Rinjani-Nationalpark 410
Munduk 288
Nord-Bali 280/281
Von Rendang nach Tirtagangga 312
Ubud Spaziergänge 227
Ubud Tagestour 209

Regionalteil
Amed 343
Amlapura (Karangasem) 337
Bangli 239
Candi Dasa 332/333
Canggu und die umliegenden Strände 175
Denpasar 145
Gianyar 237
Gili Air 403
Gili Meno 399
Gili Trawangan 388/389
Kuta 150
Kuta Lombok 361
Legian 161
Lombok 352/353
Lovina 276
Mataram, Ampenan und Cakranegara 374/375
Munduk 287
Negara 258
Nord-Bali 270
Nusa Dua und Tanjung Benoa 196
Nusa Lembongan und Nusa Ceningan 320
Nusa Penida 315
Ost-Bali 302/303
Padang Bai 320
Pantai Balian 255
Pemuteran 263
Sanur 179
Semarapura (Klungkung) 304
Seminyak 167
Senggigi 381
Sideman 310
Singaraja 272
Süd-Bali 142
Tabanan 247
   Umgebung 248
Ubud 204/205
   Umgebung 229
West-Bali 242/243
Westliche Bukit-Halbinsel 190
Zentral-Bali 200

Bali Lombok — Reiseatlas

Symbol	Bedeutung
	Schnellstraße
	Fernstraße
	Hauptstraße
	Nebenstraße
	Straße, nicht asphaltiert
	Fahrweg
	Fußweg
	Straße in Bau; Straße in Planung
	Straße für Kfz gesperrt
	Tunnel
	Fähre, Schiffsverbindung
	Riff
	Provinzgrenze
	Distriktgrenze
	Nationalpark; Naturpark
	Internationaler Flughafen
	Hafen
	Sehenswürdigkeit; Moschee
	Balinesischer Tempel; Buddha-Tempel
	Chinesischer Tempel; Wetu-Telu-Heiligtum
	Badestrand; Windsurfen
	Tauchen; Gute Schnorchelmöglichkeit
	Busstation; Schutzhütte
	Leuchtturm; Mangrovenwald
	Wasserfall; Höhle
	Berggipfel; Pass, Joch
	Naturpark; Aussichtspunkt
	Information; Krankenhaus
	Museum; Theater
	Polizei; Post
	Busbahnhof
	Denkmal, Monument

Bali: Gilimanuk, Negara, Mendaya, Seririt

Bali: Batur-See, Gunung Agung, Amlapura, Candi Dasa

Lombok: Mataram, Ampenan, Labuhan Lembar, Praya

Lombok: Praya Selong, Labuhan Haji

Lombok: Gilis, Senggigi, Mataram, Ampenan, Gunung Rinjani

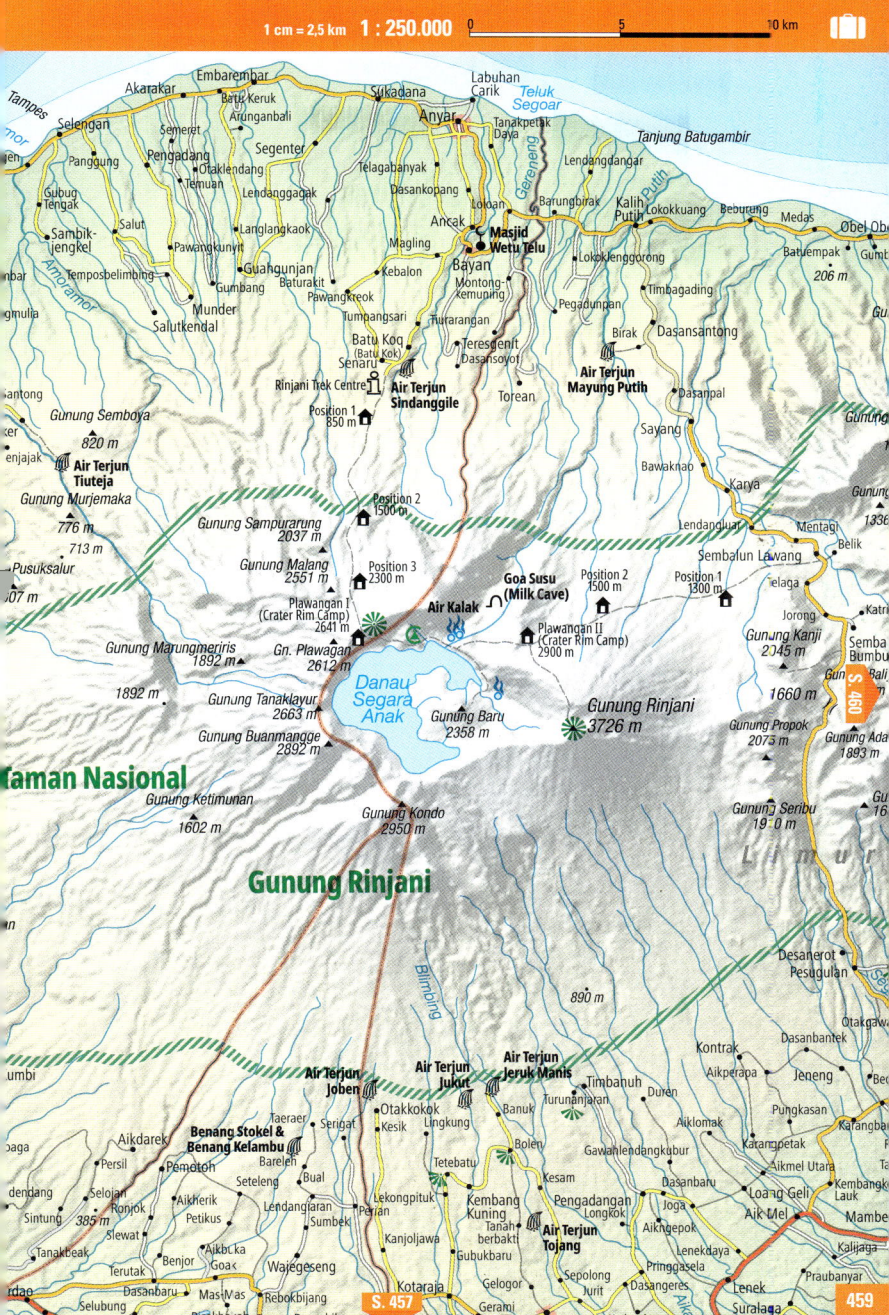